Début d'une série de documents
en couleur

BIBLIOTHÈQUE INTERNATIONALE DES SCIENCES SOCIOLOGIQUES

LE CRIME
CAUSES ET REMÈDES

PAR

CESARE LOMBROSO

AVEC UN APPENDICE

SUR LES PROGRÈS DE L'ANTHROPOLOGIE CRIMINELLE
PENDANT LES ANNÉES 1895-99

Illustré de 12 figures dans le texte et de 10 planches hors texte

PARIS

LIBRAIRIE C. REINWALD

SCHLEICHER FRÈRES, ÉDITEURS

15, RUE DES SAINTS-PÈRES, 15

1899

TOURS

IMPRIMERIE DESLIS FRÈRES

6, rue Gambetta, 6

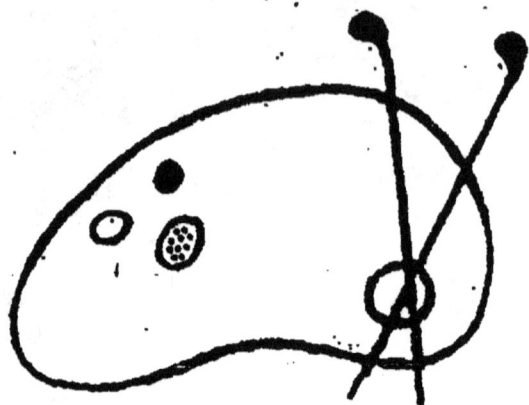

Fin d'une série de documents
en couleur

BIBLIOTHÈQUE INTERNATIONALE

DES

SCIENCES SOCIOLOGIQUES

PUBLIÉE SOUS LA DIRECTION DE

A. HAMON

PROFESSEUR A L'UNIVERSITÉ NOUVELLE DE BRUXELLES

PAR

LA LIBRAIRIE C. REINWALD

SCHLEICHER FRÈRES, ÉDITEURS

15, *Rue des Saints-Pères*, 15, *Paris*

Le public est justement préoccupé par les questions sociales. Riches et pauvres, savants et ignorants s'y intéressent. La nécessité de les étudier et de les résoudre s'est imposée à tous.

A cause même de la gravité de ces problèmes sociaux, foule d'hommes se sont adonnés à ces recherches sociologiques. Pénétrées peu à peu par la véritable méthode scientifique, c'est-à-dire par la méthode d'observation et d'expérimentation, ces études permettent de voir de plus en plus clair dans une foule de phénomènes sociaux. Cette tendance de tous les esprits vers l'étude des questions sociales a provoqué la création de chaires de sociologie dans les universités, a engendré toute une littérature particulière, qui est accueillie de plus en plus favorablement par un public de plus en plus nombreux.

L'Université nouvelle de Bruxelles a montré à tous, la première, le chemin à suivre, en accordant aux sciences sociologiques une place exceptionnelle. Les Français ont suivi en créant le Collège libre des Sciences sociales, et bientôt après se fondait à Londres le Collège des Sciences sociales et politiques. Les Italiens, marchant dans la même voie, vont établir un collège semblable à Milan.

La *Bibliothèque internationale des Sciences sociologiques* a pour objet de répondre à ce mouvement social d'une si haute importance pour l'avenir et la grandeur des nations. Dans tous les pays, des hommes s'adonnent à ces études de sociologie et concourent à répandre la connaissance des phénomènes sociaux et des rapports qui les unissent. Notre *Bibliothèque* doit donc être internationale, afin d'accueillir les bonnes, fortes et belles œuvres, quelle que soit la nationalité de leurs auteurs.

La sociologie, c'est la sicence du développement et de la constitution des sociétés humaines. A la sociologie se rattachent donc toute une série de sciences relatives aux sociétés, c'est-à-dire aux rapports qui unissent entre eux les hommes vivant en collectivité. L'économique, la politique, l'éthique, la criminologie, la psychologie sociale sont des sciences sociologiques. A ce même ordre d'idées se rattache l'étude des relations des individus sous les modes divers de la famille du mariage, du droit, de la religion. On peut aussi classer, parmi les sciences sociologiques, l'étude des systèmes et de l'histoire du socialisme, car ce sont études concernant la constitution des sociétés.

La *Bibliothèque internationale des Sciences sociologiques* comprendra des ouvrages traitant de toutes ces matières. Notre but, en publiant cette Bibliothèque, est de contribuer à l'avancement des Sciences sociologiques. Notre but est, par conséquent, d'aider au progrès de l'humanité, à sa marche incessante vers un mieux être s'étendant à toutes les branches de son activité.

Les ouvrages qui paraîtront en cette Bibliothèque s'adressent à tous. Il n'est pas permis de rester étranger aux connaissances des questions sociales, car tous nous vivons en société, participons plus ou moins à la direction de ces sociétés, en subissons plus ou moins les avantages et les nuisances. A chaque instant on discute les questions sociales les plus graves. Trop souvent, en ces discussions, une ignorance plus ou moins profonde se révèle chez ceux qui y prennent part. Il importe que la connaissance raisonnée, scientifique, des phénomènes sociaux pénètre peu à peu dans les cerveaux de tous et permette à chacun de participer utilement à la direction des sociétés. Cette universalisation des sciences sociologiques mettra fin au désordre social qui affecte toutes nos formes actuelles de société et permettra la réalisation de ce mieux être que chacun appelle de tous ses désirs.

Cette Bibliothèque s'adresse donc à tout le public, à

tous ceux qui ont conscience qu'il est de leur intérêt de
connaître la véritable nature des phénomènes sociaux.

*Cette collection paraît par volumes in-12 de 2 fr. 50
à 5 francs, par volumes in-8° de 7 fr. 50 à 10 francs.
Chaque volume a, suivant les prix, de 160 à 700 pages.*

EN VENTE:

POUR PARAITRE:

BIBLIOTHÈQUE INTERNATIONALE

DES

SCIENCES SOCIOLOGIQUES

PUBLIÉE SOUS LA DIRECTION DE

A. HAMON

PROFESSEUR A L'UNIVERSITÉ NOUVELLE DE BRUXELLES

III

BIBLIOTHÈQUE INTERNATIONALE DES SCIENCES SOCIOLOGIQUES

LE CRIME

CAUSES ET REMÈDES

PAR

CESARE LOMBROSO

AVEC UN APPENDICE

SUR LES PROGRÈS DE L'ANTHROPOLOGIE CRIMINELLE
PENDANT LES ANNÉES 1895-98

Illustré de 12 figures dans le texte et de 10 planches hors texte

PARIS

LIBRAIRIE C. REINWALD

SCHLEICHER FRÈRES, ÉDITEURS

15, RUE DES SAINTS-PÈRES, 15

—

1899
Tous droits réservés

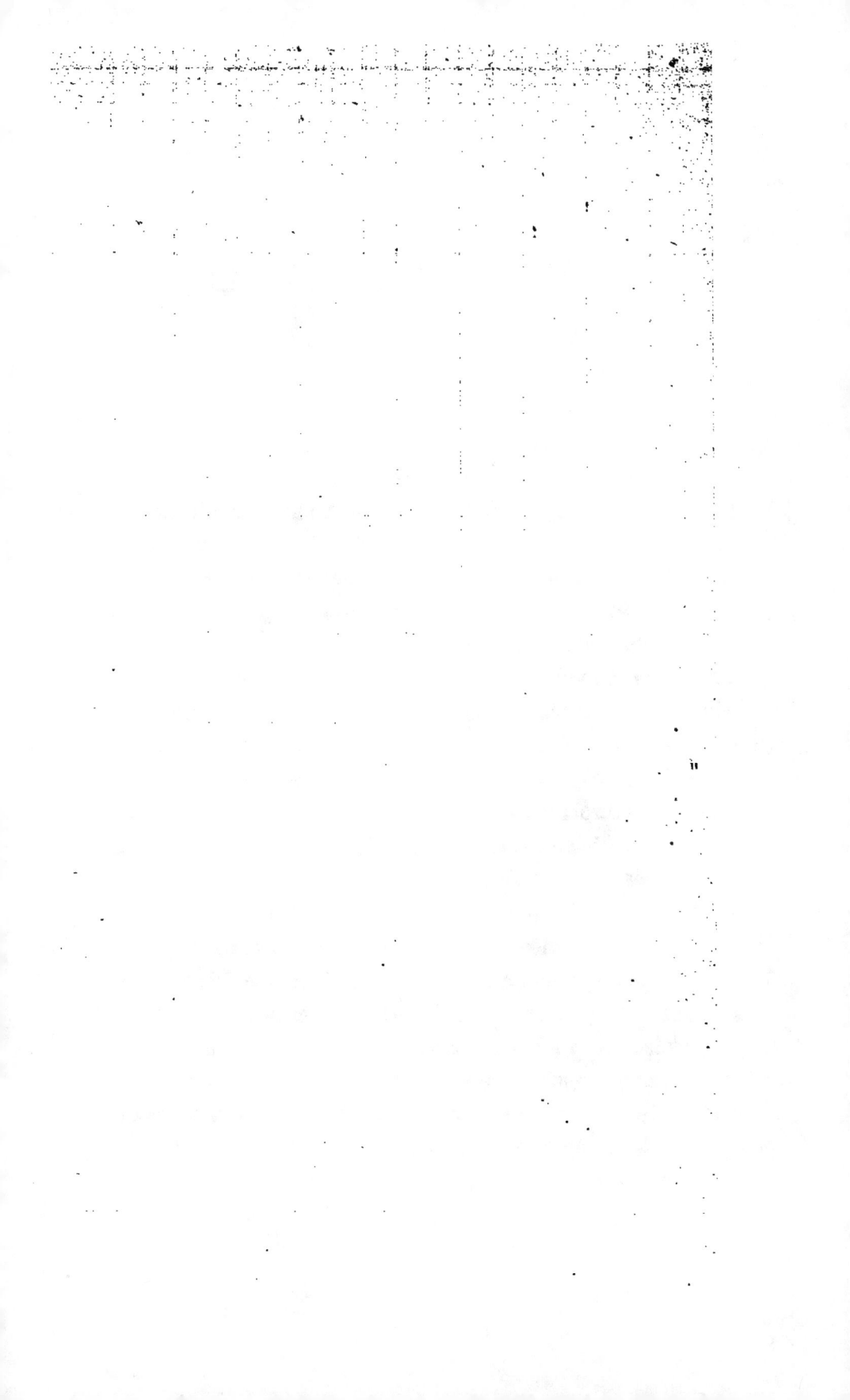

A MAX NORDAU

———

Dans ce livre que je vous dédie, comme à celui qui a su tirer les fruits les plus féconds des nouvelles doctrines que j'ai essayé d'introduire dans le monde scientifique, je tâche de répondre par des faits à ceux qui n'ayant pas lu les éditions originelles de mon *Homme criminel* et de mon *Crime politique*, ni les travaux de Pelmann, Ferri, Kurella, Du Hamel, Salillas, Havelock-Ellis, Bleuler, etc., accusent mon école d'avoir laissé de côté l'étude des causes économiques et sociales du crime ; et de n'avoir su y suggérer aucun remède, rivant, pour toujours, victime consacrée, le criminel à son destin, et l'humanité à sa férocité atavique ; parce que, ayant démontré l'existence du criminel-né, elle viendrait par cela seul à déclarer son incurabilité. Mais outre qu'il n'y a aucune raison de condamner une école parce qu'elle révèle un fait (car le fait a en soi sa raison d'être), la vérité est que pendant que les autres savants ne proposaient aucun moyen efficace pour empêcher le crime, sauf l'empirisme cruel et stérile des prisons et des déportations, et pendant que les peuples les plus pratiques n'arrivaient à quelques bons résultats que sporadiquement et après des tâtonnements contradictoires, mon école initiait toute une vraie stratégie nouvelle pour prévenir le crime après en avoir étudié l'étiologie et en se basant sur ses indications.

Et d'abord: la distinction entre le criminaloïde et le criminel d'occasion, le criminel par passion, et le criminel-né: et l'étude précisée par la statistique des causes les plus puissantes du crime nous signalent avec précision les personalités sur lesquelles on peut faire converger nos cures — et les moyens les plus puissants pour y réussir.

Certainement pour le criminel-né il n'y a qu'une thérapie sporadique: ce que j'appelle la symbiose, la canalisation du crime — lorsqu'on essaye d'utiliser dans un but honnête ses mauvais penchants. Mais ces mesures ne peuvent être que individuelles; même si elles ne le sont pas leur résultat en est tout-à-fait problématique.

Bien autrement on peut espérer d'agir avec les criminaloïdes (1), qui n'ont pas des penchants au mal aussi enracinés. Ici, encore il faut commencer le traitement dès la première jeunesse par ce que j'appellerai le nourrissonnage morale, qui enlève les petits criminels à l'influence des parents mauvais et à celle de la rue, en les éparpillant dans les fermes et dans les colonies.

Ici la législation et les influences du milieu ont une grande importance: ainsi l'émigration des pays trop denses dans les pays moins peuplés, dans les campagnes surtout, prévient une des influences les plus mauvaises, celle de la densité de la population; le divorce prévient bien des adultères et des empoisonnements, etc.; la guerre contre l'alcoolisme par tous les moyens, même par les associations politiques, religieuses, par les journaux et les sociétés de tempérance, par les peines sévères contre les marchands de vin et contre les ivrognes, a une importance considérable contre les rixes et les blessures, importance qui a déjà été fixée par la statistique.

Ajoutons, toutefois, que les mesures préventives et répressives directes ne suffisent pas toujours; ainsi on boit, par

(1) Voir *Homme criminel*, vol. 2me, pag. 485 à 539.

exemple, parce qu'on a besoin d'une excitation cérébrale, besoin qui se fait toujours plus grand dans les pays civilisés. Il faut donc chercher d'assouvir ce besoin par d'autres excitations moins dangereuses.

Mais ici surgit une autre difficulté; que presque toutes les causes physiques et morales du crime se présentent avec une double face, en complète contradiction. Ainsi, s'il y a des crimes favorisés par la densité, la rébellion, par exemple: il y en a, tels que le brigandage et l'homicide par vengeance, qui sont provoqués par la moindre densité. Et s'il y a des crimes provoqués par la misère, il y en a presque autant qui sont favorisés par l'extrême richesse (1).

La même contradiction s'observe lorsqu'on passe d'un pays à l'autre; ainsi l'homicide en Italie diminue avec la grande densité et avec la grande richesse, tandis que le phénomène inverse se voit en France, où ce crime s'accroît avec la plus grande densité et la plus grande richesse, ce qui s'explique par la grande influence de l'alcoolisme et par l'immigration étrangère (1).

La religion, qui chez les protestants paraît empêcher bien des crimes, les accroît ou, tout au moins, les laisse accroître dans plusieurs pays catholiques.

Et si l'instruction semble utile pour prévenir l'homicide, les blessures, etc., elle paraît bien des fois, lorsqu'elle est trop avancée, dangereuse pour l'escroquerie, le faux témoignage et le crime politique (2).

La difficulté s'accroît parce que, même si l'on a trouvé les moyens opportuns pour changer le milieu, il n'est pas très facile de les appliquer. Par exemple: on peut contrecarrer par les bains froids l'influence dangereuse de la chaleur sur la fréquence du crime, surtout sur les blessures, sur les homicides

(1) Voir ici pag. 141, 152, 76.
(2) Voir ici pag. 270, 134.

et les crimes contre les mœurs : mais il n'est pas aisé d'entraîner toute une partie de la population, comme le faisait l'ancienne Rome, dans les thermes, ou à la mer, comme on le pratique dans beaucoup de villages des Calabres.

L'homme d'état qui veut prévenir le crime doit, donc, n'être pas unilatéral. Il doit parer aux influences dangereuses de la misère, et à celles de la richesse, à celles de l'ignorance et à celles de l'instruction etc.

Pour marcher droit dans ce dédale contradictoire l'étude du criminel combinée à celle de son étiologie, est le seul guide qui soit assuré.

On comprend après cela l'incertitude, l'embarras auquel ces contradictions exposent les hommes politiques; et l'on comprend que ceux qui ont pour métier, pour idéal même, de faire toujours des lois, trouvent plus commode, plus aisé, de changer quelques pages du code pénal; et l'on comprend aussi que c'est la prison, le pire de tous les remèdes (si tant est qu'on puisse l'appeler remède, et non poison), qui sera toujours appliquée comme le plus simple et le plus pratiquable des moyens de sauvetage. Elle a pour soi l'ancienneté et l'habitude, ce qui pour l'homme ordinaire est de la plus grande importance; car il est bien plus aisé aux hommes d'appliquer un seul remède que d'en chercher plusieurs et de les différencier selon les influences du sexe, de l'âge, etc.

Nous n'avons tracé ici que les premières lignes du nouveau système thérapeutique du crime que j'entends exposer dans ce livre; je me corrige, ce n'est pas un système tout-à-fait nouveau.

Il est bien avéré que des nations pratiques, et moins viciées que les nôtres par un passé trop glorieux, et pour cela moins adoratrices des vieux codes, sans connaître un mot d'anthropologie criminelle, étaient déjà arrivées, çà et là, empiriquement, à plusieurs des réformes que nous suggérons;

l'asile criminel, par exemple, les *truant schools*, les *ragged schools*, les sociétés contre les maltraitements des enfants, et les maisons pour les alcooliques sont des institutions qui sans être fixées dans un code, ont été appliquées plus ou moins dans l'Amérique du Nord, en Angleterre, dans la Suisse, en Suède et surtout à Londres et à Genève, où la religion, abandonnant les formules rituelles, s'est attachée fanatiquement, puissamment, à la guerre contre le crime, réussissant ainsi bien des fois à enrayer son ascension, et cela surtout dans la plus grande capitale du monde, à Londres, où toutes les circonstances, comme la grande richesse, la grande densité, la grande immigration, se donnaient la main pour l'augmenter.

Mais ces tentatives partielles, disséminées çà et là comme des oasis dans le désert, et sans cohordination, sans justification scientifique, n'ont point eu cet essor, ni cette efficacité dans le monde, qui surgissent d'une démonstration complète, scientifique et pratique en même temps; toutefois elles nous sont très précieuses, parce que toujours les applications partielles précèdent et préparent la codification scientifique; et parce qu'elles donnent à nos réformes, vis-à-vis des esprits timides, le baptême le plus assuré, celui de l'expérience.

Il s'agit, maintenant, de les compléter et de les systématiser tout-à-fait d'après les données de la biologie et de la sociologie, en leur donnant une base scientifique solide. C'est ce que j'essaie dans ce livre.

Turin, 30 décembre 1898.

C. LOMBROSO.

PREMIÈRE PARTIE

ETIOLOGIE DU CRIME

Chapitre I

Influences météoriques et climatiques
Saisons - Mois - Grandes chaleurs.

Tout crime a pour origine des causes multiples ; et si très souvent ces causes s'enchaînent et se confondent, nous ne devons pas moins, obéissant à une nécessité scolastique ou de langage, les considérer chacune isolement comme cela se pratique pour tous les phénomènes humains auxquels on ne peut presque jamais assigner une cause unique sans relation avec d'autres. Chacun sait que le choléra, le typhus, la tuberculose dérivent de causes spécifiques ; mais personne n'oserait soutenir que les phénomènes météoriques, hygiéniques, individuels et psychiques n'y soient étrangers ; si bien que les plus savants observateurs eux-mêmes restent tout d'abord indécis sur les véritables influences spécifiques.

1. — *Températures excessives.* — Parmi les causes déterminantes de toute action biologique, on compte les phénomènes météoriques : et parmi ceux-ci la chaleur : ainsi la *Drosera Rotundifolia*, exposée à l'eau à 43°, 8″ se courbe et devient plus sensible à l'action des substances azotées (DARWIN, *Plantes*

insectivores); mais à une température très-élevée à 54°, 4'
elle ne présente plus aucune inflexion et ses tentacules se
paralysent temporairement jusqu'à ce que, laissée dans l'eau
froide, ils se détendent de nouveau.

La statistique et la physiologie humaine démontrent que la
plupart de nos fonctions subissent l'influence de la chaleur (1).
On comprend dès lors quelle action doit avoir la chaleur
excessive sur la psyche humaine.

L'histoire n'enregistre aucun exemple d'une région tropi-
cale, où le peuple se soit soustrait à la servitude, et dans
lequel la chaleur excessive n'ait donné lieu à une surproduc-
tion : et en portant l'abondance de la production, à une distribution inégale, d'abord, de la richesse, et en suite du pouvoir
politique et social.

Dans les pays sujets aux grandes chaleurs, le peuple ne
compte pour rien : il n'a ni controle, ni voix dans le gouvernement, et si parfois il y eut des révolutions dans le gouvernement, ce furent des révolutions de palais, mais jamais du
peuple, qui n'y attachait aucune importance (BUCKLE, *Hist. of
civil.*, I, 195-196).

Buckle, entre autres raisons, en trouve une explication dans
la moindre résistance que l'homme acquiert à la lutte, ayant
un moindre besoin de combustible, de vêtements et de nourriture; grâce à cette plus grande facilité de l'existence l'homme
est inévitablement entraîné à l'inertie, à la Tapas, au Kieff, au
Joga, aux ascétismes de la Thébaïde. L'inertie, provoquée
par la chaleur excessive et par le sentiment habituel de faiblesse qui la suit, rend l'économie plus accessible aux spas-
modies, favorise les tendances aux molles contemplations, à
l'admiration exagérée, et par suite, au fanatisme religieux et
despotique; de là, l'excès de libertinage qui s'alterne avec une
superstition excessive, comme l'absolutisme le plus brutal avec
l'anarchie la plus effrénée.

(1) *Pensiero e meteore* de C. LOMBROSO (*Bibliot. scientif. int.*).
Milano, 1878.

Dans les pays froids, la résistance à la vie est plus grande, grâce à l'activité que doit déployer l'homme pour se procurer l'aliment, le vêtement et le combustible; mais, justement pour cela, l'idéalité et l'instabilité y sont moins fréquentes : le froid excessif rend l'imagination paresseuse, les esprits moins irritables et moins inconstants ; l'homme devant, en outre, suppléer au défaut de chaleur par une grande quantité de combustible et d'aliments carbonieux, consomme des forces qui se perdent au détriment de la vitalité individuelle et sociale. De là et de l'action dépressive exercée directement par le froid sur les centres nerveux, provient le grand calme et la douceur de caractère des habitants des régions polaires. Le docteur Rink nous dépeint certaines tribus des Esquimaux si pacifiques et si calmes qu'elles n'ont même pas dans leur langue des paroles correspondantes à l'idée de querelle: la plus grande réaction aux offenses est chez elles le silence (R. BRITANNIQUE, 1876). Larrey vit, sous les glaces de la Russie, devenir débiles et même lâches des soldats que jusque là, ni les périls, ni les blessures, ni la faim n'avaient pu faire faiblir.

Bove raconte que chez les Tschiuoki, à 40°, il n'y a jamais ni querelles, ni violences, ni délits.

Preyer, le hardi voyageur polaire, nota comment, à 40°, sa volonté était paralysée, ses sens obtus et sa parole embarrassée (PETERMANNS. MITTHEILUNG., 1876).

Ceci nous explique pourquoi, non seulement la despotique Russie, mais encore les libérales terres scandinaves, ont été autrefois si peu révolutionnaires (Voir mon *Crime politique et les révolutions*, Ire partie).

2. — *Action thermique modérée.* — L'action qui au contraire pousse le plus aux rébellions et aux crimes, est celle de la chaleur relativement modérée. C'est un fait que confirment les observations sur la psychologie des peuples méridionaux et qui nous démontrent leurs tendances à l'instabilité, à la prédominance de l'individu sur la Commune et sur l'État; sans doute parce que la chaleur excite les centres nerveux à la

manière des alcools, mais sans toutefois arriver au point de provoquer l'inertie, ou bien parce que, sans les anéantir complètement, elle diminue les besoins humains en augmentant la production agricole et en diminuant les exigences de nourriture, de vêtements et de spiritueux. — Dans le jargon de Parme le soleil est appelé le *Père des mal vêtus*.

Daudet, qui a écrit tout un roman (*Nouma Roumestan*) pour peindre la grande influence de nos climats méridionaux sur les tendances morales, dit: « Le méridional n'aime pas les liqueurs: il se sent ivre dès la naissance: le soleil, le vent, lui distillent un terrible alcool naturel, dont tous ceux qui naissent là bas sentent les effets. Les uns n'ont que cette petite chaleur qui délie la langue et les gestes, redouble l'audace et fait voir du bleu de partout, fait dire des mensonges; d'autres arrivent au délire aveugle. Et quel est le méridional qui n'ait pas senti les momentanées prostrations des toxiques, cet abattement de tout l'être qui succède à la colère, aux enthousiasmes ? »

Neri Tanfucio (*Napoli a colpo d'occhio*) fait remarquer que l'inconstance est un des caractères du peuple méridional. « On dirait des créatures naïves quand tout à coup on s'aperçoit qu'ils sont des fripons achevés; ainsi ils sont à la fois laborieux et paresseux, sobres et intempérants; en somme leur caractère, dans la plèbe, bien entendu, a des aspects si divers et se transforme si rapidement, qu'il est impossible de le fixer.

« Le climat favorise la perte de la pudeur.

« Ils sont prolifiques; la pensée de l'avenir des enfants ne les épouvante pas.

« Le lazzarone vole à l'occasion, mais jamais cependant s'il y a un danger à courir ; vantard, il raconte dix et accomplit un. Lorsqu'il cherche querelle, il gesticule et crie pour faire peur à la peur qu'il a, il cherche d'éviter les voies de faits, mais s'il en vient aux mains, il devient féroce.

« Jaloux, il balafre la femme dont il doute; indépendant, il ne peut supporter les hôpitaux ni les refuges.

« Lorsqu'ils ont du travail, ils le font très bien. Ils sentent

vivement les affections de la famille, se contentent de peu
et ne s'enivrent pas.

« Rusés, menteurs et timides, leur existence est une série
de petites fraudes, de tromperies et d'acte de mendicité. Pour
avoir un sou d'aumône ils sont capables de vous lécher les
souliers sans s'en sentir humiliés.

« Leur science est la superstition : passe-t-il un bossu, un
aveugle, ils ont une conjuration spéciale. Leurs idées se dérou-
lent toutes dans le cercle de Dieu, diable, sorcières, *iettatura*,
Sainte Trinité, honneur, couteau, vol, ornements et... camorre.

« La plèbe a peur de cette dernière, mais elle la respecte,
car elle sait que ces despotes la protègent contre d'autres
despotes. C'est l'unique autorité de laquelle elle peut espérer
quelque chose qui ressemble à de la justice... ».

3. — *Crimes et saisons.* — D'après cela il est facile de comprendre combien la chaleur influe sur beaucoup de crimes.
Suivant la statistique de Guerry, il ressort qu'en Angleterre
et en France les crimes de viols et d'assassinats l'emportent
dans les mois chauds ; et Curcio fait les mêmes observations
parmi nous.

Sur 100 viols en	Angleterre (1834-56)	France (1820-60)	Italie (1869)	
Janvier	5,25	5,29	26	en tout
Février	7,39	5,67	22	»
Mars	7,75	6,39	16	»
Avril	9,21	8,98	28	»
Mai	9,24	10,91	29	»
Juin	10,72	12,88	29	»
Juillet	10,46	12,95	37	»
Août	10,52	11,52	35	»
Septembre	10,29	8,77	29	»
Octobre	8,18	6,71	14	•
Novembre . . . :	5,91	5,16	12	»
Décembre	3,08	4,97	15	»

Suivant Guerry en Angleterre et Curcio en Italie, le maximum des assassinats s'observe dans les mois plus chauds ;
ils s'élevèrent :

	Angleterre	Italie Crimes contre les personnes (1869)
en Juillet . . .	1049	307
» Juin	1071	301
» Août	928	343
» Mai	842	288
» Février . . .	701	254
» Mars	681	273
» Décembre . .	651	236
» Janvier . . .	605	237

L'empoisonnement aussi, suivant Guerry, prédomine en mai. Le même phénomène se remarque dans les rébellions : en étudiant, comme je l'ai fait, dans le *Crime Politique*, les 836 soulèvements qui éclatèrent dans le monde entier de 1791 à 1880, je trouvais que pour l'Asie et l'Afrique. le plus grand nombre s'était produit en juillet (13 sur 53). — En Europe et en Amérique, leur recrudescence dans les mois chauds ne pourrait être plus marquée.

En Europe, le nombre maximum se constate en juillet, et en Amérique en janvier, qui sont respectivement les deux mois plus chauds: le nombre minimum est donné par janvier et décembre en Europe, par mai et juin en Amérique; mois qui se correspondent par rapport à leur température.

Maintenant si de l'ensemble de l'Europe, nous passons aux nations en particuliers, nous trouvons encore le plus grand nombre de révolutions dans les mois chauds. Juillet à la prépondérance en Italie, en Espagne, en Portugal et en France ; août en Allemagne, en Turquie, en Angleterre et en Écosse et avec mars en Grèce. Mars domine en Irlande, en Suède, en Norvège, au Danemark; janvier en Suisse, septembre en Belgique et dans les Pays-Bas; avril en Russie et en Pologne, et le mois de mai en Bosnie, dans la province d'Herzégovine, en Serbie, en Bulgarie. D'après cela l'influence des mois chauds parait plus grande dans les pays du sud.

4. — *Saisons*. — En réunissant les données sur les soulèvements en Europe, pendant la durée de 100 ans, nous trouvons par saison :

	Espagne	Italie	Portugal	Turquie d'Europe	Grèce	France	Belgique et Pays-Bas	Suisse	Bosnie, Herz, Serbie, Bulgarie	Irlande	Angleterre et Écosse	Allemagne	Autriche-Hongrie	Suède, Norvège, Danemark	Pologne	Russie d'Europe
Printemps	23	27	7	9	6	16	7	6	7	6	5	7	3	4	6	3
Été	39	29	12	11	7	20	8	5	3	3	9	11	6	4	1	0
Automne	18	14	4	5	3	15	6	3	1	3	5	4	7	2	2	2
Hiver	20	18	6	3	3	10	2	10	4	3	4	3	2	2	1	1

D'où l'on voit que l'été tient le premier rang dans 9 nations, parmi lesquelles toutes celles du sud. Dans 4 c'est le printemps, parmi lesquelles les plus septentrionales; pour une c'est l'automne (Autriche-Hongrie) et pour une autre l'hiver (Suisse). Sauf deux exceptions, le printemps a toujours plus de révolutions que l'automne. Nous trouvons en suite que 5 fois, et principalement dans les pays plus chauds, l'hiver a plus de révolutions que l'automne; 8 fois il en à moins et 3 fois un nombre égal.

Si maintenant nous voulons y comprendre l'Amérique, spécialement celle du Sud, en observant que là janvier correspond à notre mois de juillet et février au mois d'août (v. s.), nous trouvons:

	Amérique	Europe
Printemps . . .	76	142
Été	92	167
Automne	54	94
Hiver	61	92

Il en résulte donc que l'été tient le premier rang dans les deux hémisphères; le printemps surpasse toujours l'automne et l'hiver, comme dans les crimes, sans doute à cause des premières chaleurs, mais aussi par suite de la diminution des provisions : l'automne et l'hiver au contraire diffèrent peu dans le nombre des révolutions ; ainsi pour l'Amérique, l'hiver donne 7 révolutions de plus que l'automne ; pour l'Europe, deux de moins.

Quant aux autres délits, avec une évidente prépondérance de l'été et du printemps, nous avons, suivant Guerry :

	Crimes contre les personnes en Angleterre	en France
en Hiver	17,72	15,93
au Printemps . .	26,20	26,—
en Été	31,70	37,31
en Automne . . .	24,38	20,60

Benoiston de Chateneuf signale la plus grande fréquence des duels dans l'armée en été (COBRE, *Crimes et suicides*, 1891, pag. 628).

J'ai démontré la même influence sur les productions géniales (*Homme de génie*, 1er partie).

5. — *Années chaudes*. — Ferri dans son *Das Verbrechen in seiner Abhängigkeit von dem järhlichen Temperaturwechsel*, 1882, a démontré comment de l'étude des statistiques criminelles françaises de 1825 à 1878, on peut conclure, non seulement pour les mois, mais aussi pour les années plus ou moins chaudes, à un parallèlisme presque complet de la chaleur avec la criminalité.

L'influence de la température nous apparait très marquée et constante de 1825 à 1848, et souvent même plus grande que celle exercée par la production agricole. Depuis 1848, sauf les perturbations plus graves, agricoles et politiques, réapparait de temps en temps la coïncidence entre la température et la criminalité, spécialement pour les homicides et les assassinats ; comme dans les années 1826, 1829, 1831-32, 1833, 1837, 1842-43, 1844-45, 1846, 1858, 1865, 1867-68 ; bien que cependant d'une manière beaucoup moins évidente

GEOGRAPHIE DU CRIME

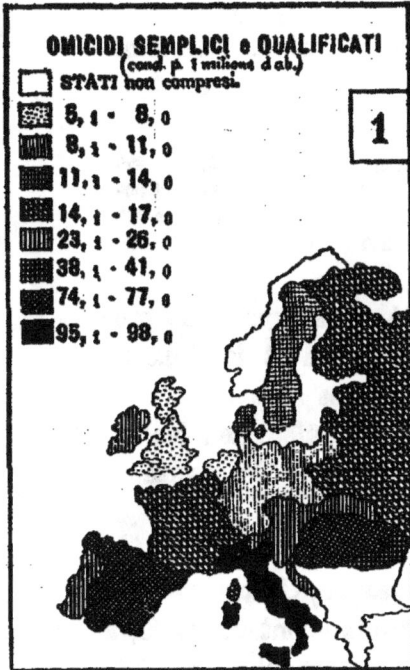

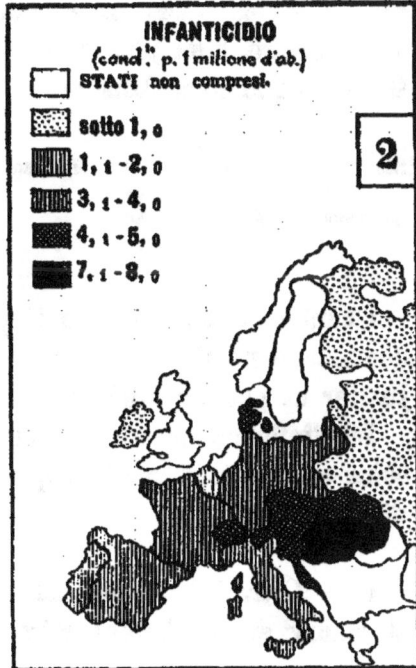

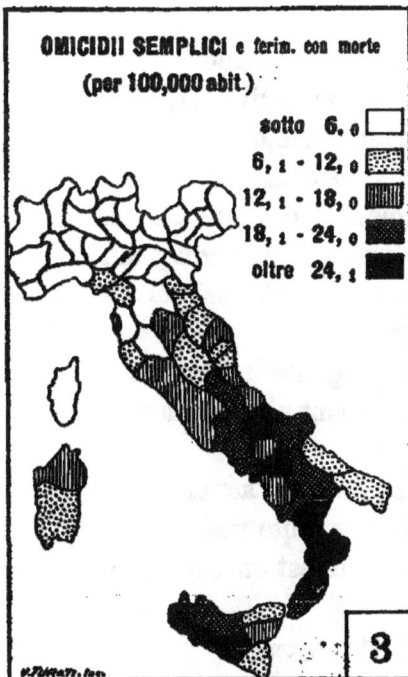

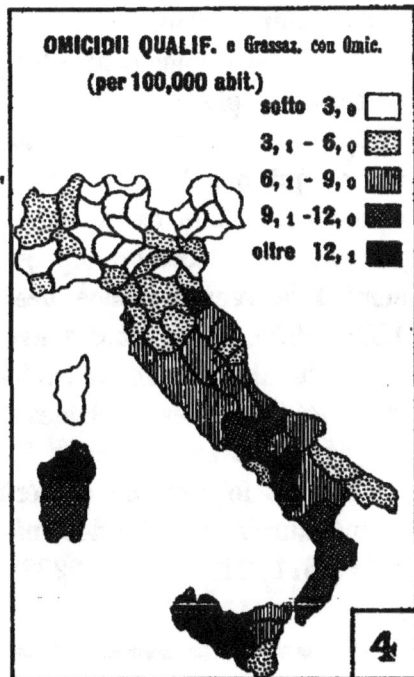

OMICIDI SEMPLICI e QUALIFICATI
(cond. p. 1 milione d'ab.)

☐ STATI non compresi.

- 5, 1 - 8, 0
- 8, 1 - 11, 0
- 11, 1 - 14, 0
- 14, 1 - 17, 0
- 23, 1 - 26, 0
- 38, 1 - 41, 0
- 74, 1 - 77, 0
- 95, 1 - 98, 0

1

INFANTICIDIO
(cond. p. 1 milione d'ab.)

☐ STATI non compresi.

- sotto 1, 0
- 1, 1 - 2, 0
- 3, 1 - 4, 0
- 4, 1 - 5, 0
- 7, 1 - 8, 0

2

OMICIDII SEMPLICI e ferim. con morte
(per 100,000 abit.)

- sotto 6, 0 ☐
- 6, 1 - 12, 0
- 12, 1 - 18, 0
- 18, 1 - 24, 0
- oltre 24, 1

3

OMICIDII QUALIF. e Grassaz. con Omic.
(per 100,000 abit.)

- sotto 3, 0 ☐
- 3, 1 - 6, 0
- 6, 1 - 9, 0
- 9, 1 -12, 0
- oltre 12, 1

4

[1] Homicides simples et qualifiés.
[3] Homicides simples et blessures
suivies de mort.

[2] Infanticides.
[4] Homicides qualifiés et vols sur les
grands chemins avec homicide.

que pour les viols et attentats à la pudeur, qui suivent au contraire, bien plus exactement, les variations thermométriques annuelles. Ainsi :

Les homicides de 470 en 1830 atteignirent en 1832 à 520 et la temp. de 31° à 33°
  »   » 435 » 1848   »   » 1850 à 560   »   » 31° à 33°
Les viols   de 380 » 1848   »   » 1852 à 640   »   » 31° à 33°
  »   » 550 » 1871   »   » 1874 à 830   »   » 31°,5 à 33°,5

Quant aux délits contre la propriété, nous avons une prédominance notable en hiver ; par ex. : le vol et le faux en janvier et peu de différence dans les autres saisons.

Ici l'influence météorique est tout à fait différente : les besoins augmentent pendant que les moyens de les satisfaire diminuent.

6. — *Calendriers criminels*. — Lacassagne, Chaussinaud (1) et Maury en établissant cette démonstration ont composé, à l'aide de la statistique de chaque délit en particulier, de véritables calendriers criminels sur le modèle de ceux des botanistes pour la flore.

Parmi les crimes contre les personnes, l'infanticide occupe la première place en janvier, février, mars et avril (647, 750, 783, 662) ; cela correspond au plus grand nombre de naissances qui ont lieu au printemps, qui décroissent en mai et surtout en juin et juillet, pour augmenter de nouveau en novembre et décembre (époque du carnaval) ; ça correspond aussi à la recrudescence des naissances illégitimes (1100, 1131, 1095, 1134) et des avortements.

Les homicides comme les blessures atteignent le maximum en juillet (716). Les parricides au contraire sont plus nombreux en janvier et en octobre.

Juin est le mois où se vérifie le maximum d'action de la température sur le viol des enfants ; vient en suite mai, juillet, août (2671, 2175, 2459, 2238) ; le minimum est en décembre

(1) *Marche de la criminalité en France*, 1880, Lyon.

(993) suivi des autres mois froids, pendant que la moyenne mensile est de 1684. Les viols sur les adultes ne suivent pas la même marche : leur maximum est en juin (1078), le minimum en novembre (534); ils augmentent en décembre et janvier (584) (je crois à cause du carnaval); ils restent en suite stationnaires en février (616), et remontent en mars et mai (904), pendant que la moyenne mensile est de 698.

Les blessures ont une allure irrégulière parce qu'elles sont moins influencées par le climat : elles s'élèvent en février (937), décroissent durant les mois suivants (840-467) pour remonter en mai (983), juin (958), redescendent en juillet (919) et reprennent en août (997) et septembre (993) pour subir une nouvelle décroissance en novembre et décembre (886).

Dans les crimes contre la propriété, les variations ne sont pas aussi prononcées, bien qu'ils offrent une différence en plus de 3000 en décembre et janvier (16,879, 16,396) et en général dans les saisons froides, et une décroissance en avril (13,491) et dans les saisons chaudes. Évidemment il ne s'agit pas ici d'une cause directe du froid, mais bien de l'augmentation des besoins en hiver et de ce que les moyens d'y subvenir diminuent, d'où une plus grande nécessité du vol (moyenne mensile 14,630).

Enfin si nous suivons les curieuses études de Maury (*Le mouvement moral de la société*, 1860) faites d'après les observations de Guerry mois par mois, on peut conclure :

En mars l'infanticide tient absolument le premier rang; sur 10,000 crimes il compte pour 1193 ; viennent en suite le viol avec violence 1115, la supposition et disparition de part 1019, le rapt de mineurs 1054; en 3me file viennent les menaces par écrit 997.

En mai nous trouvons en première ligne le vagabondage 1257, en suite le viol et l'attentat à la pudeur 1150, puis l'empoisonnement 1144, et enfin le viol de mineurs 1106; ce dernier, grâce à la chaleur, s'élève brusquement au 4° degré du 35° qu'il était en mars; en avril il descend déjà au 10°, en juin il est au 2° avec le chiffre de 1303.

En juin la première place revient à un crime analogue, le viol sur les adultes 1313 ; le 4° appartient également à un délit sexuel, l'avortement 1080, pendant que le parricide occupe le 3° rang avec 1151.

En juillet, le viol sur enfants s'élève au premier degré 1330 ; les autres délits plus nombreux sont du même genre : enlevement de mineurs 1118, attentats à la pudeur 1093.

En 3ᵐᵉ lieu viennent les blessures sur consanguins 1100.

Au mois d'août la lascivité descend au 3° rang ; ce sont les incendies ruraux qui l'emportent, mais là, ce n'est plus la température, mais l'occasion qui excite le coupable, cette époque de la récolte étant la plus propice à la vengeance sur les propriétés ; mais, observe très bien Maury, la chaleur n'est certainement pas non plus étrangère à cette tendance violente et passionnée, et c'est sans doute pour cela que les faux témoignages cèdent le pas aux subornations de mineurs.

En septembre les passions brutales s'apaisent et les attentats sur les enfants sont au 15° degré, et au 25° ceux sur les adultes ; les vols, les abus de confiance tiennent au contraire la 4° place.

La concussion, la corruption ont en septembre et en octobre la primauté, ce qui est dû aux louages et aux réglements de caisse qui ont lieu à ces époques.

Les nombreuses suppositions et disparitions de parts correspondent au plus grand nombre de naissances.

D'octobre à janvier, l'assassinat, le parricide, le vol sur la voie publique sont plus fréquents, grâce aux nuits prolongées et à la solitude des champs.

En novembre reprennent les affaires et il s'en suit un plus grand nombre de faux en écriture et de corruptions.

En janvier l'émission de fausse monnaie, les vols dans les églises prennent le dessus, grâce sans doute à l'obscurité des jours.

En février réapparaît l'infanticide et la suppression d'enfants, qui sont en relation avec le plus grand nombre de conceptions.

Les crimes de débauche avaient atteint en octobre le 28e rang et l'attentat sur les adultes le 29e; en novembre ils descendirent au 24e et 26e.

On ne saurait douter de l'influence de la chaleur sur les crimes passionnels; je l'ai démontré d'une autre manière: en consultant les régistres de cinq maisons de détention d'Italie (1) qui me furent communiqués, avec cette courtoisie qui lui est habituelle, par le comm. Cardon; d'un autre côté par l'observation faite, durant cinq ans, par Virgilio dans la maison de détention d'Averse. J'ai pu me convaincre que les punitions pour actes de violences dans ces maisons sont bien plus nombreuses dans les mois chauds. Voir:

Mai . . . 346	Octobre . . 368
Juin 522	Novembre . 364
Juillet . . 503	Décembre . 352
Août 433	Janvier . . 362
Septembre . 500	Février . . 361

On obtient les mêmes résultats dans les maisons de santé, en tenant compte des accès aigus des aliénés. (Italie):

	(1867)	(1868)
Le maximum en septembre	460	191
» en juin . .	452	207
» en juillet .	451	294
Le minimum en novembre	206	206
» en février .	205	121
» en décembre	245	87
» en janvier .	222	139

7. — *Chaleurs excessives.* — La chaleur excessive au contraire surtout si elle est mêlée à l'humidité, exerce une moindre influence. Corre en effet (*Facteurs généraux de la criminalité dans les pays créoles. — Arch. d'anth. crim.*, 1889, IV, 20) observa pour les crimes des créoles à la Guadeloupe que quand

(1) Ancone, Alexandrie, Oneille, Gênes, Milan, les punitions enregistrées le furent pour graves indisciplines, altercations et violences contre les personnes.

on atteint le maximum de la chaleur (5 juillet, 29°, 3) il y a le minimum de crimes, spécialement contre les personnes, pendant qu'en mars (avec seulement 17°) il y a le maximum des criminels.

Il s'agit donc ici d'une inversion semblable à celle que les trop grandes chaleurs exercent sur les révolutions: et cela parce que la chaleur humide, excessive, agit comme déprimant: et le froid léger, au contraire, comme excitant.

Durant la fraîche saison on nota 53 crimes contre la propriété

$$
\text{Dans la chaude saison on nota} \begin{cases} 48 & » & » \text{ les personnes} \\ 23 & » & » & » \\ 51 & » & » \text{ la propriété.} \end{cases}
$$

Corre observe aussi que pour les crimes contre les personnes, le mois de juin fournit la proportion plus grande — et janvier la plus faible.

8. — *Autres influences météoriques.* — Les directeurs des prisons observent généralement que les détenus sont plus agités à l'approche des orages et du premier quart de la lune; quant à moi, je n'ai pas de données suffisantes pour le démontrer. Mais comme les aliénés, qui ont de nombreux points de contact avec les criminels, sont très sensibles aux influences thermométriques et ressentent vivement les variations barométriques et lunaires, il est très probable qu'il en soit de même pour les criminels (1).

Un fait cependant m'a prouvé que les influences organiques agissent en même temps que celles météoriques; c'est que durant plusieurs années, ayant noté, jour par jour, les entrées des criminels dans les prisons judiciaires de Turin, j'ai vu constamment, les mêmes jours, y entrer un nombre remarquable, jusqu'à 10, 15, d'individus hernieux ou asymétriques, blonds ou bruns, souvent même provenant de pays différents; et cela dans les jours d'une même semaine, dans laquelle, par conséquent, l'influence de la température était invariable.

(1) Voir *Pensiero e meteore* de C. LOMBROSO. Milano, Dumolard, 1878.

Les influences économiques et politiques de ces dernières années l'ont emporté et ont rejeté en seconde ligne les influences météoriques : ainsi en France l'action de la chaleur moyenne de l'année sur les révoltes, si évidente dans le passé, diminue dans ces dernières années; c'est ainsi que quoique dans les mêmes circonstances climatiques l'Europe du nord (Russie, Danemark), qui n'avait jamais de soulèvements, en a eu ces derniers temps plusieures; mais malgré cela, les influences météoriques ne peuvent être mises en doute.

9. — *Crimes et rébellions dans les pays chauds.* — Dans tout cela, l'influence prépondérante du facteur thermique apparaît évidente quoiqu'elle ne soit pas exclusive, et cela se voit encore mieux dans la recherche de la distribution géographique des crimes et des rébellions politiques.

Dans les zones méridionales en effet, de la France et de l'Italie, il se commet beaucoup plus de crimes contre les personnes que dans les régions du nord et du centre; nous reviendrons sur ce fait en parlant de la *camorra* et du brigandage. Guerry a démontré qu'en France les crimes contre les personnes sont au sud plus nombreux du double, 4,9, que dans le centre, et au nord 2,7, 2,8. Viceversa les crimes contre la propriété sont plus fréquents au nord, 4,9, en comparaison du sud et du centre, 2,3.

En Italie :

	Crimes dénoncés	Homicides qualifiés simples etc. et vols sur les grands chemins avec homic.	Vols qualifiés
		Proportions sur 100.000 habitants.	
Italie septentrionale	746	7,22	143,4
» centrale	862	15,24	174,2
» méridionale	1094	31,00	143,3
» insulaire	1141	30,50	195,9

Dans l'Italie du nord, la Ligurie, par le seul fait de son climat plus doux, offre, comparativement aux autres régions, un plus grand nombre de crimes contre les personnes.

Le maximum des crimes dénoncés en 1875-84 fut fourni par le Latium, puis par les régions insulaires; le minimum par le nord, avec une proportion qui va de 512 crimes sur 100,000 habitants en Piémont, de 689 en Lombardie à 1537 dans le Latium; 1293 en Sardaigne, 1287 dans les Calabres. Nous trouvons les plus fortes proportions d'homicides exclusivement au sud et dans les îles.

En Russie, l'infanticide et le vol dans les églises sont en majorité au sud-est, pendant que l'homicide et plus encore le parricide vont en augmentant du nord-est au sud-ovest (Anutschin).

Holtzendorff calcule « que le nombre des assassinats dans les États méridionaux du Nord-Amérique sont 15 fois supérieurs à ceux des septentrionaux; ainsi dans le nord de l'Angleterre on a 1 homicide sur 66,000 habitants; dans le sud 1 sur 4 à 6,000 habitants. Dans le Texas, suivant Redfield, on en eut 7,000 sur 818,000 habitants en 15 ans. Enfin dans les écoles, on trouva des enfants munis d'armes insidieuses » (1).

En observant la répartition des homicides simples et qualifiés en Europe (2), nous en trouvons le plus fort contingent en Italie et dans les autres pays méridionaux d'Europe, et les chiffres plus bas dans les régions situées plus au nord, comme l'Angleterre, le Danemark et l'Allemagne. On peut en dire autant des révoltes politiques dans toute l'Europe (voir les planches de mon *Crime politique*, 1889). Nous voyons effectivement que le nombre de ces crimes va en augmentant à mesure que nous allons du nord vers le sud, c'est précisément la même allure ascensionnelle du nord au sud que présente la chaleur; nous voyons la Grèce donner 95 révolutions sur une population de 10 millions d'habitants, c'est-à-dire le maximum; la Russie 0,8, soit le minimum; nous observons que les plus faibles proportions sont dans les régions du nord: Angleterre et Ecosse, Allemagne, Pologne, Suède,

(1) *Assassinat et peine de mort*. Berlin, 1875.
(2) Voir Planche I. n. 1.

Norvège et Danemark, et les plus grandes dans les régions méridionales : Portugal, Espagne, Turquie d'Europe, Italie méridionale et centrale, et une proportion moyenne justement dans les régions centrales.

Nous trouvons en résumé dans :

L'Europe du nord 12 révoltes env. sur 10 millions d'hab.

>   centrale 25   »   »   »
>   mérid. 56   »   »   »

Considérant en suite séparement l'Italie, nous voyons que 27 révolutions eurent lieu sur 10 millions d'habitants dans la région septentrionale ; 32 dans l'Italie centrale et 33 dans l'Italie méridionale (dont 17 dans les îles, Sardaigne, Corse, Sicile).

Nous trouvons une nouvelle preuve de ces faits, quant aux homicides et aux rébellions, dans la *Statistique decennale de la criminalité en Italie* publiée par le comm. Bodio et dans la *Statistique criminelle de l'année 1884 pour l'Espagne* publiée par le ministre espagnol de grâce et de justice (Madrid, 1885).

En divisant par chaque degré de latitude le nombre de ces crimes et en le proportionnant à la population, nous trouvons :

GEOGRAPHIE DU CRIME

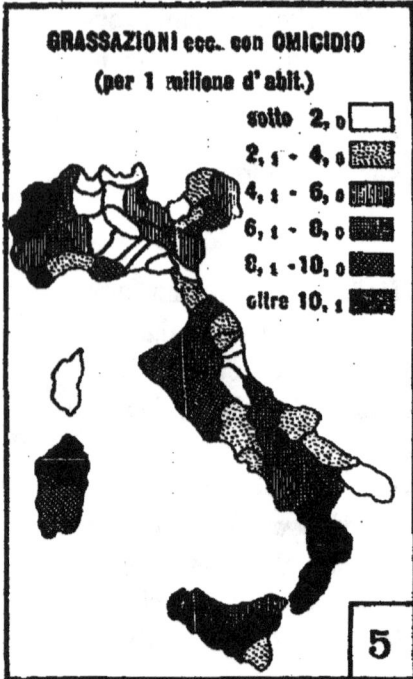

GRASSAZIONI ecc. con OMICIDIO

(per 1 milione d' abit.)

sotto 2, 0
2, 1 - 4, 0
4, 1 - 6, 0
6, 1 - 8, 0
8, 1 -10, 0
oltre 10, 1

5

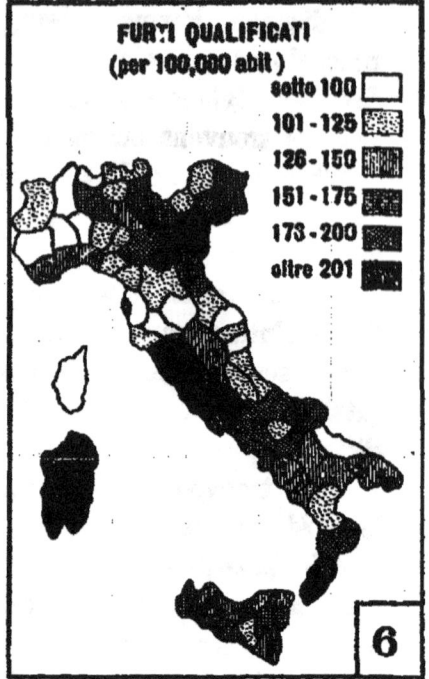

FURTI QUALIFICATI

(per 100,000 abit.)

sotto 100
101 - 125
126 - 150
151 - 175
173 - 200
oltre 201

6

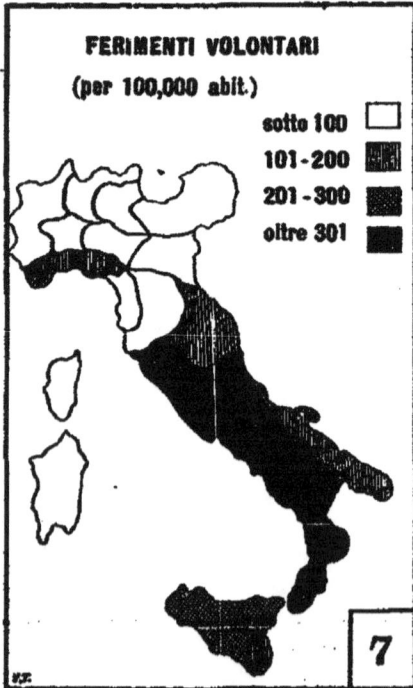

FERIMENTI VOLONTARI

(per 100,000 abit.)

sotto 100
101 - 200
201 - 300
oltre 301

7

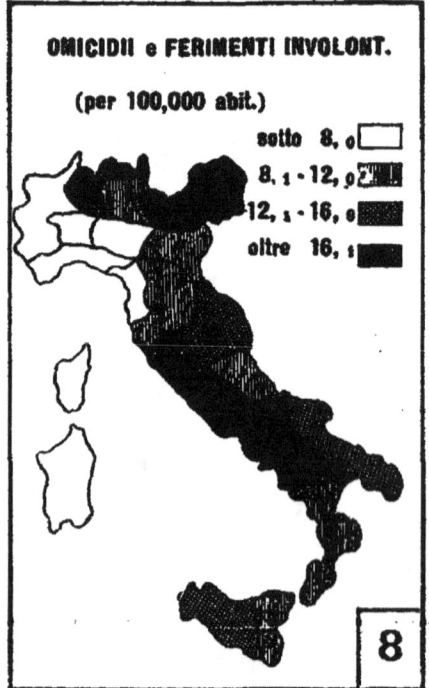

OMICIDII e FERIMENTI INVOLONT.

(per 100,000 abit.)

sotto 8, 0
8, 1 - 12, 9
12, 1 - 16, 0
oltre 16, 1

8

[5] Vols sur les grands chemin
avec homicide.
[7] Blessures volontaires.

[6] Vols qualifiés.

[8] Homicides et blessures involontaires.

	Espagne (1)		Italie (2)	
		sur 100,000 habitants		
	Nombre des crimes commis		Nombre des crimes dénoncées	
Degrés de latitude	Révoltes contre les gardiens	Rév. contre les personnes	Révoltes contre les gardes	Homicides
du 36° au 37° environ	14	74,3	—	—
» 37° » 38° »	12	112,1	36,7	39,9
» 38° » 39° »	9	58,5	42,0	32,8
» 39° » 40° »	8	48,4	30,6	30,0
» 40° » 41° »	11 (3)	72,4	37,8 (5)	31,9
» 41° » 42° »	9 (4)	39,7	36,8 (6)	28,7
» 42° » 43° »	6	31,2	32,7	20,9
» 43° » 44° »	5	29,7	18,7	14,1
» 44° » 45° »	—	—	19,8	9,2
» 45° » 46° »	—	—	19,2	5,8
» 46° » 47° »	—	—	16,2	5,8 (7)

D'après ce tableau l'action du climat est évidente; elle n'est modifiée que par les rébellions provoquées par l'influence de la capitale (3) (4) et des grandes villes (4) (5).

(1) Pour l'Espagne, dans la 1re classe de crimes sont compris : les rébellions, séditions, résistances, attentats contre les autorités publiques et leurs agents, insultes aux fonctionnaires des administrations, publiques désordres publics; dans la 2e : les parricides, assassinats, homicides, décharges d'armes à feu contre les personnes, blessures, avortements, infanticides et duels (duels, infanticides et avortements ne sont ensemble que 33, sur 9154, nombre des autres crimes).

Il faut noter que ce nombre est celui des crimes qui ont donné lieu à procédures et dont l'existence par conséquent a été certifiée.

(2) Pour l'Italie ces classes comprennent : la première : rébellions, outrages, violences, etc. contre dépositaires et agents de l'autorité et de la force publique ; la seconde : homicides qualifiés, simples et par imprudence, blessures suivies de mort, vols sur les grands chemins, chantage, extorsion et rapine avec homicide; ce sont les crimes dénoncés.

(3) Il faut noter que l'on y comprend la capitale de Madrid.

(4) On y comprend la capitale de Barcellone et Saragosse.

(5) On y comprend la capitale de Naples.

(6) On y comprend la capitale de Rome.

(7) Rappelons que la division des provinces n'étant pas faite par régions climatériques, mais par régions historiques, politiques, etc., quelques zones, spécialement en Italie, se trouveraient entre l'un et l'autre degré de latitude ; c'est pour cela que nous avons tenu compte spécialement de la position du chef-lieu de province, dans lequel du reste se commet le plus grand nombre de crimes.

Réciproquement en Espagne, les vols qualifiés se commettent autant dans les provinces du nord, Santander, Léon, que dans celles du sud, à Cadix comme dans le centre à Badajos, Cacerez et Salamanque, parce qu'ils dependent moins du climat et plus de l'occasion, c'est pour cela que l'infanticide et le parricide sont plus fréquents dans les provinces du centre (où est la capitale) et du nord. — Il en est de même en Italie et en France et en général dans toute l'Europe.

En Italie nous voyons, d'après les études de Ferri résumés dans la (Planch. I, 3-4), dominer l'influence de la chaleur dans toute l'Italie méridionale et insulaire, sauf dans la Sardaigne pour les homicides simples, et dans la Sardaigne et Forli pour les homicides qualifiés. Les assassinats augmentent également dans l'Italie méridionale et insulaire, excepté dans la partie colonisée par les Grecs — les provinces de Pouille, Catane, Messine, etc. (Planch. I).

Les blessures volontaires augmentent aussi en vertu de la même loi, exception faite de la Sardaigne où elles décroissent; dans la Ligurie elles sont aussi en plus grand nombre (Planch.).

Les parricides ont une allure analogue: très fréquents, il est vrai, dans l'Italie méridionale et insulaire, sauf dans la partie grecque, ils augmentent encore en nombre au cœur du Piémont.

Les empoisonnements abondent également dans l'Italie insulaire et dans les Calabres, comme dans les anciens États romains, mais là, ils ne sont évidemment pas dûs à l'influence du climat (Planch. I, 2).

L'infanticide aussi se voit en fortes proportions dans les Calabres, et en Sardaigne, mais il sévit aussi dans le Abruzzes et en Piémont, se rendant de la sorte, presque indépendant du climat.

Les vols sur les grands chemins suivis d'homicides sont pour les mêmes raisons très abondants dans le haut Piémont, à Massa et Port Maurice, ainsi qu'aux extrêmes limites de l'Italie et dans les îles (Pl. II, 5). Les vols qualifiés, qui sont si fréquents en Sardaigne, dans les Calabres, et à Rome, fournissent un autre maximum à Venise, Ferrare, Rovigo, Padoue, Bologne, Rome, indépendamment presque de l'effet du climat (FERRI, *Omicidio*, 1895) — (Planch. II, 6).

Il en est de même en France, où l'on voit les assassinats et les homicides sévir avec plus de rigueur au midi (Pl. III, 34; Planch. IV, 39), sauf quelques exceptions qui s'expliquent ethniquement.

Les parricides et les infanticides sont au contraire plus répandus dans le nord, le centre et le sud, sans que celà soit dû à une influence spéciale du climat, mais essentiellement parce que dans ces pays prédominent les causes occasionnelles (Pl. IV, 37; Pl. V, 36).

CHAPITRE II.

Influence orographique sur le crime — Géologie Terrains goîtrigènes, marécageux, etc.

Afin de rechercher les autres influences, et specialement les influences orographiques et ethniques, j'ai recours à la distribution géologique et orographique de la France de Réclus (*Géographie*); de Chassinaud, *Étude de la statistique criminelle de France*, Lyon, 1881; de Collignon, *Contribution à l'étude anthrop. de la population française*, 1893; idem, *Indice céphalique suivant le crime en France*; *Archives d'anthrop. crim.*, 1890); de Topinard, *La couleur des yeux et cheveux* (*Arch. d'anthr.*, 1879); pour l'Italie: Livi, *Saggio di risultati antropometrici*, Roma, 1894; id., *Sull'indice cefalico degli Italiani*, Roma, 1890; pour la statistique des condamnés en France: à la *Justice en France* (1882), avec les moyennes des condamnés de 1826 à 1880: aux belles œuvres de Socquet, *Contribution à l'étude statistique de la criminalité en France*, de 1876 à 1880, Paris, 1884; de Joly, *La France criminelle*, 1890; à l'Atlas dell'*Omicidio* de Ferri, 1895, qui surpasse tout ce qui a été fait jusqu'à présent en Italie et en France sur cette question; et enfin à de très belles statistiques pénales de Bodio.

1. — *Géologie*. — Mes recherches antérieures m'avaient déjà prouvé que les conditions géologiques ont très-peu d'influence sur les crimes politiques, la proportion des soulèvements étant à peu près également distribuée dans les différents terrains, en France, sauf une petite disproportion pour les terrains jurassique et calcaires (Voir *Délit politique*, p. 77).

La même remarque se peut appliquer à la distribution des

crimes contre les personnes en France, où pour la durée de
54 ans nous trouvons :

21 % pour les départements en prévalence de terraines jurass. calcaires
19 % » » » » granitiques
32 % » » » » argilleux
21 % » » » » alluviens

Avec des différences presques nulles, on observe les mêmes
proportions pour les crimes contre la propriété.

2. — *Orographie.* — En étudiant le rapport de l'orographie
avec la proportion des crimes contre les personnes tentés ou
consommés durant 54 ans en France, nous voyons que
la proportion minimum 20 % se trouve dans les départements de plaines

» moyenne 33 % » » » collines
» maximum 35 % » » » montagneux

sans doute parce que la montagne offre plus de facilité aux
embuscades et qu'elle abrite des populations plus actives.

Je ne doute pas qu'il n'y ait un rapport réel entre la criminalité et la plus grande activité, car j'ai trouvé la même repar-
tition en France pour la génialité et les tendances révolutionnaires plus fréquentes dans les départements montagneux 50 %
et moindres dans ceux de plaines (Voir *Crime politique*, ch. IV).

Quant aux viols, égaux ou à peu près dans les terrains
montagneux 35 % — et de collines 33 % — ils sont beaucoup
plus nombreux dans ceux de plaines, où ils atteignent le 70 %,
certainement parce que la population y est plus dense et plus
nombreuses grâce aux grandes villes.

On peut en dire autant, et pour la même cause, des crimes
contre la propriété ; car, à l'inverse des crimes contre les personnes, on les voit s'élever davantage dans les contrées de
plaines jusqu'à . . . . 50 %
diminuer dans celles de collines jusqu'à . . . . 47 %
» » » de montagnes . . . . . . 43 %

En Italie, toutefois on ne peut saisir aussi clairement un

rapport orographique. Nous les voyons (FERRI, Atlas) fournir
le maximum, outre 201 par 100.000 habitants dans la plaine
du Pô (Nord de l'Italie), à Bologne, Ferrare, Venise-plaine et
dans les Calabres, qui sont montueuses et marines, comme dans
la province de Livourne.

Au Tonquin la piraterie est favorisée par le système d'ir-
rigation qui facilite l'œuvre des bandits sur le littoral (CORRE,
Ethnol. Crim., 43).

3. — *Mal'aria.* — En étudiant les régions de l'Italie, qui
d'après la très belle planche de Bodio 1894, paraissent le plus
cruellement frappées de la mal'aria, qui y cause une mortalité
de 5 à 8 par 1000 hab., et qui sont Grosseto, Ferrare, Venise,
Crême, Verçeil, Novare, Lanciano, Vaste, S. Severe, Catanzaro, Lecce, Foggia, S. Barthèlemy en Galde, Terracine, Sardaigne, nous voyons que l'intensité du fleau coïncide avec le
plus grand nombre des crimes contre la propriété dans 5 pays
sur 13, à Grosseto, Ferrare, Sardaigne, Lecce, Rome.

Pour les homicides, tout rapport manque avec la mal'aria ;
on note même que dans la Sardaigne méridionale, où elle sévit
le plus, il y a moins de crimes que dans la partie septentrionale (Pl. I, 3) : on peut en dire autant des crimes contre les
bonnes mœurs ; le même fait s'observe aussi en France, où
le Morbihan, les Landes, le Loir-et-cher, l'Ain, qui sont plus
frappés par la mal'aria, ont des chiffres plus faibles d'homicides et de viols (Pl. III).

4. — *Centres goïtrigènes.* — Les grands centres créti-
nogènes et goïtrigènes de l'Italie, qui ont une si grande influence sur l'hygiène et sur l'intelligence des habitants (1),
comme Sondrie, Aoste, Novare, Coni, Pavie, n'ont pas une
influence aussi éclatante sur le crime ; ils sont tous au dessous
de la moyenne quant à l'homicide, les vols et (sauf Sondrie)
quant aux crimes contre les mœurs.

(1) Voyez l'*Homme de génie*, 6me éd., p. 176, et mon *Crime politique*,
Ier Partie.

La même remarque se peut appliquer en France, où si les Basses et les Hautes Alpes, les Pyrénées Orientales ont un contingent élevé de goîtreux et en même temps d'homicides, 9,76 par million d'habitants ; la Lozère, l'Ariège, la Savoie, le Doubs, le Puy-de-Dôme, l'Aisne, la Haute Vienne, ont également beaucoup de goîtreux vrais peu d'homicides, de 1 à 5,7 par million d'habitants; il en est de même pour les vols qui sont en nombre minime dans tous les pays goîtrigènes, excepté dans le Doubs, les Vosges, les Ardennes.

Un fait digne de remarque cependant c'est, que dans presque tous les pays où prédomine le goître (Bergamo, Sondre, Aoste) on a observé une plus grande cruauté mêlée de lascivité dans los crimes ; mais pour s'en apercevoir il faut en faire l'étude par arrondissement (1).

5. — *Mortalité.* — Sur 23 départements français qui ont une mortalité minime (2), 7 = 30 %, surpassent la moyenne de ce pays, dans les assassinats, ce sont : le Lot et Garonne, l'Aisne, la Marne, la Côte-d'Or, l'Eure, la Haute-Saône, l'Aube, donnant une moyenne d'assassins de 13,9 %/₀₀ (FERRI, Atlas).

Sur 18 départements de mortalité moyenne, 6 = 23 %, dépassent également la moyenne des assassins, ce sont : l'Indre et la Loire, l'Aube, les Basses Pyrénées, l'Hérault, le Doubs, la Seine et Oise, les Vosges. Ces 18 départements fournissent une proportion générale de 15,4, c'est-à-dire peu différente des premiers.

(1) Toutefois, dans une étude faite en 1890-94 par M. le Procureur du roi d'Aoste, je trouve :

Aoste :	Homicides	0,49	par 10.000 hab.	—	Turin	0,75
»	Blessures	2,9	»	»	»	—	»	12,00
»	Viols	0,40	»	»	»	—	»	0,56
»	Vols	44,00	»	»	»	—	»	24,00

donc avec la seule préponderance des délits de vols, qui doivent être champêtres et par consequent occasionnels et de nulle importance.

(2) BERTILLON, *Démographie de la France*, 1878.

Sur 25 départements ayant une mortalité maximum, 7 =
28 % surpassent la moyenne des assassins ; ce sont : les
Basses Alpes, l'Haute Loire, la Seine, la Seine inférieure, les
Bouches du Rhône, la Corse et le Var : donnant une moyenne
générale de 28 %. Si cependant on élimine les deux derniers
départements, qui fournissent des chiffres éxagérés, la différence devient bien moindre (20 %).

Quant aux vols, sur 24 départements avec mortalité minime, 14 surpassent le 90 %/$_{00}$, donnant une proportion de
102,4. Sur 18 départements de mortalité moyenne, 7 surpassent de peu le 90 %/$_{60}$ des vols, donnant une moyenne
générale de 91 %/$_{00}$.

Sur 25 départements ayant une mortalité minime, 8 dépassent le 90 %/$_{00}$, donnant une moyenne de 105.

En somme ; on peut affirmer qu'entre la mortalité et le vol
il n'existe pas de correspondance, pendant que pour les assassinats il y a parallèlisme avec la plus grande mortalité ; il
en est de même en Italie pour la Sicile, Sardaigne, Basilicata.

Quant aux révoltes elles prédominent également dans les
pays où la mortalité est plus forte :

Sur 27 départements français avec mortalité minime, on
comptait 15 rebelles, Républicains sous l'Empire, 12 conservateurs.

Sur 27 départements avec mortalité maximum, 20 rebelles,
6 conservateurs (1).

(1) LOMBROSO, *Crime politique*, 1890.

GEOGRAPHIE DU CRIME

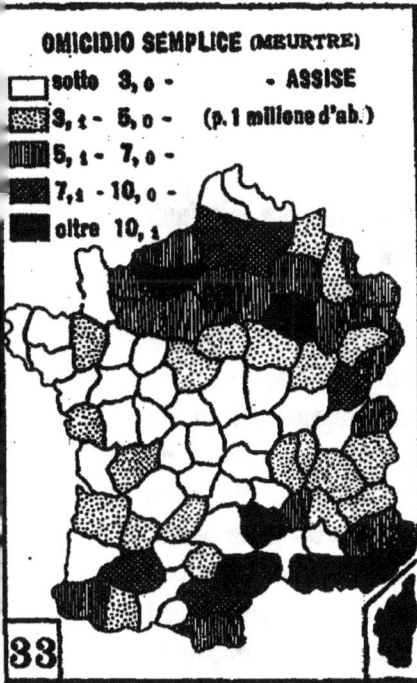

OMICIDIO SEMPLICE (MEURTRE)

☐ sotto 3, o -   - ASSISE
▨ 3, 1 - 5, o -   (p. 1 milione d'ab.)
▦ 5, 1 - 7, o -
▩ 7, 1 - 10, o -
■ oltre 10, 1

33

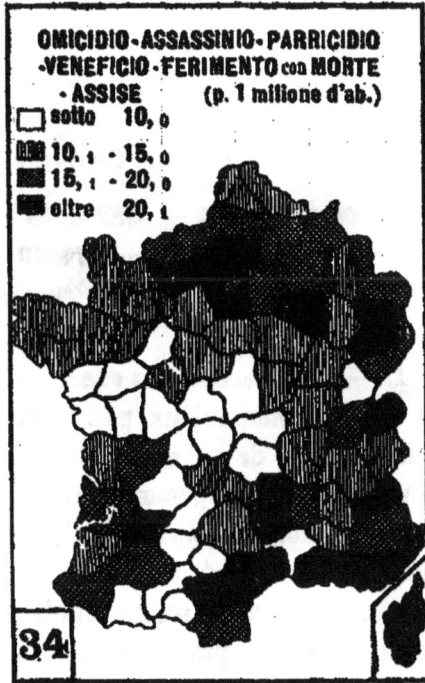

OMICIDIO - ASSASSINIO - PARRICIDIO
- VENEFICIO - FERIMENTO con MORTE
- ASSISE   (p. 1 milione d'ab.)

☐ sotto 10, o
▦ 10, 1 - 15, o
▩ 15, 1 - 20, o
■ oltre 20, 1

34

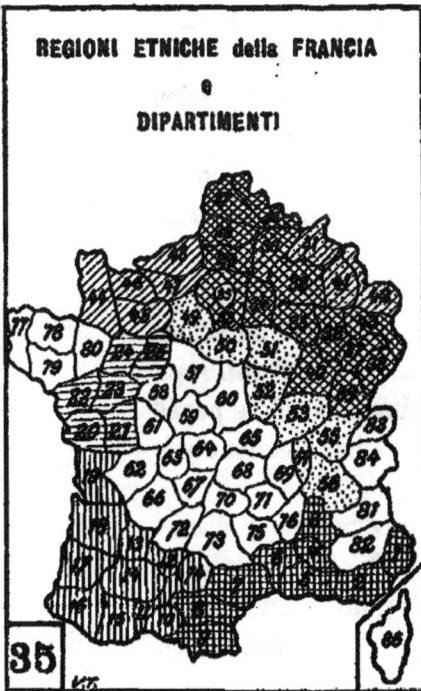

REGIONI ETNICHE della FRANCIA
e
DIPARTIMENTI

35

[35] Régions ethniques de la France
et ses départements.

ANTICA PROV. ROMANA : 1) Alpes Maritimes - 2) Var - 3) Drome - 4) Vaucluse - 5)
Bouches du Rhône - 6) Gard - 7) Hérault -
8) Aude - 9) Pyrénées Orientales.
AQUITANIA : 10) Ariège - 11) H. Garonne -
12) Tarn Garonne - 13) Lot Garonne - 14) Gers
- 15) H. Pyren - 16) B. Pyren - 17) Landes
- 18) Gironde - 19) Charente infér.
BASSA LOIRA : 20) Vendée - 21) Deux Sèvres
- 22) Loire inf. - 23) Maine Loire - 24) Ma-
yenne - 25) Sarthe.
DIP. CIMRICI : 26) Nord - 27) Pas de Calais -
28) Somme - 29) Oise - 30) Aisne - 31) Ardennes - 32) Marne - 33) Seine Oise - 34)
Seine Marne - 35) Aube - 36) Haute Marne
- 37) H. Saône - 38) Doubs - 39) Jura -
40) Cote d'Or.
DIP. CIMRICI GERMANIZZATI : 41) Meuse
- 42) Meurthe et Moselle - 43) Vosges.
NORMANDIA : 44) Manche - 45) Orne - 46) Calvados - 47) Eure - 48) Seine Inférieure.
DIP. CIM-CELT. di CONFINE : 49) Eure et
Loir - 50) Loiret - 51) Yonne - 52) Nièvre
- 53) Saône et Loire - 54) Rhône - 55) Ain
- 56) Isère.
CENTRO : 57) Loir-Cher - 58) Indre-Loire -
59) Indre - 60) Cher - 61) Vienne - 62)
Charente - 63) H. Vienne - 64) Creuse -
65) Allier - 66) Dordogne - 67) Corrèze -
68) Puy Dôme - 69) Loire - 70) Cantal -
71) H. Loire - 72) Lot - 73) Aveyron -
74) Tarn - 75) Lozère - 76) Ardèche.
BRETAGNA : 77) Finistère - 78) Côtes Nord -
79) Morbihan - 80) Ille et Vilaine.
81) Hautes Alpes - 82) Basses Alpes -
ALPI : 83) Haute Savoie - 84) Savoie 85) Seine
- 86) Corse.

[34] Homicides - Assassinats - Parricides
Empoisonnements - Blessures suivies de mort.

Chapitre III.

Influence de la race — Sauvages honnêtes — Centres criminels
Race semitique — Grecque en Italie et en France
Indice céphalique — Couleur des cheveux — Juifs — Bohémiens.

1. — *Influence de la race.* — Nous avons déjà vu, et nous
le verrons bien mieux par la suite, quelle vague notion du
crime existe dans l'esprit de l'homme sauvage, au point de
nous en faire soupçonner son absence absolue chez l'homme
primitif (mon *H. Criminel.* I). Cependant beaucoup de tribus
sauvages semblent avoir une morale relative tout à elles,
qu'elles appliquent à leur manière. Dès lors nous voyons aussi
surgir le crime parmi elles. Chez les Yuris d'Amérique le
respect de la propriété est si grand, qu'un fil suffit pour tenir
lieu de limite. Les Coriacks, les Mbaya punissent l'homicide
commis dans leurs propres tribus, bien qu'ils ne le regardent
pas comme crime, quand il est perpétré dans les autres tribus.
On comprend facilement que sans une pareille loi la tribu
n'aurait aucune cohésion et serait bientôt détruite.

Il y a cependant des tribus qui répugnent à cette morale
relative ; ainsi dans la Caramanse, en Afrique, à côté des honnêtes et pacifiques sauvages Bagnous, qui cultivent le riz, on
trouve les Balantes qui ne vivent que de chasse et de rapine :
ils tuent ceux qui volent dans leur village, mais ils n'en volent
pas moins eux-mêmes dans les autres tribus (*Revue d'anthrop.*,
1874): les bons voleurs y sont le plus estimés et même payés
pour apprendre le vol aux enfants : on les choisit comme chefs
dans les expéditions.

Les Beni-Hassan du Maroc ont avec eux beaucoup d'analogie, leur métier principal est le larcin ; ils sont disciplinés,
ont leurs chefs, des droits reconnus par le gouvernement, qui
s'en sert pour recouvrer les objets volés : ils se divisent en

voleurs d'avoine, de chevaux, de villages, et de routes ; il y a
les voleurs à cheval ; ils fuient si rapidement qu'il est impossible de les suivre : ils s'introduisent nus, enduits d'onguent,
dans les cabanes, ou se cachent sous des feuillages pour ne
pas épouvanter les chevaux. Ils commencent à voler à 8 ans
(De Amicis, *Maroc*, p. 205).

Dans l'Inde, existe la tribus Zacka-Khail, dont la profession
est de voler : lorsqu'il leur naît un enfant mâle ils le consa-
crent en le faisant passer par une brèche pratiquée dans le
mur de la maison et lui chantent trois fois : sois voleur.

Les Kourubars sont au contraire célèbres par leur honnêteté, ils ne mentent jamais et se laissent mourir de faim plutôt
que de voler ; on les commet pour cela à la garde des récoltes
(Taylor, *Sociétés primitives*, Paris, 1874).

Spencer aussi signale quelques peuples enclins à l'honnêteté, tels que les Todos, les Aino, les Bodos ; ce sont en général des peuples chez lesquels la guerre est le moins en
honneur, et qui pratiquent le plus les échanges.

En général, ils ne discutent pas entre eux, laissent régler
ces questions par les chefs, et restituent la moitié de ce qu'on
leur offre dans les échanges lorsque l'offre leur paraît exagérée. Ils ne pratiquent pas la loi du talion, ne commettent
pas de cruautés, respectent les femmes, et cependant, chose
remarquable, ils ne sont pas religieux.

Parmi les Arabes (Bédouins) il y a des tribus honnêtes et
laborieuses, mais il y en a beaucoup d'autres parasites, connues pour leur esprit d'aventure, leur courage imprévoyant,
le besoin de changement continuel, le manque d'occupation
et leur tendance au vol.

Dans l'Afrique centrale, Stanley trouva des pays honnêtes
et d'autres où les habitants avaient des tendances au larcin
et à l'homicide comme les Zèghes. Parmi les Hottentôts et
chez les Cafres existent des individus plus sauvages, incapables de travailler ; ils vivent sur les fatigues des autres, vaga-
bondent et sont appelés Fingas par les Cafres, Sonquas par
les Hottentôts (Mayhew, *op. cit.*).

Les documents qui nous servent à démontrer l'influence
éthnique sur les crimes, dans notre monde civilisé, sont moins
incertains. Nous savons qu'une grande partie des voleurs de
Londres sont fils d'Irlandais ou natifs du Lancashire. En Russie,
écrivent Anutschine, Bessarabe et Cherson, ils fournissent tous
les voleurs de la capitale, et comparativement aux accusés,
les condamnés y sont en nombre plus grand: la criminalité
s'y transmet de famille en famille (*Sitz*. d. *Geogr. Gesel.*, 1868,
Saint-Petersbourg). En Allemagne on reconnaît les pays qui
possédent des colonies bohémiennes à la plus grande tendance
des femmes au vol.

2. — *Centres criminels.* — Dans toutes les régions de
l'Italie, et presque dans chaque province, existe quelque village renommé pour avoir fourni une série ininterrompue de
délinquants spéciaux: ainsi en Ligurie, Lerici est proverbial
pour les escroqueries, Campofreddo et Masson pour les homicides ; et sur le Novese, Pozzolo pour les vols sur les grands
chemins; dans la province de Lucques, Capannori est connu
pour ses assassinats, et en Piemont, Cardè pour ses voleurs
champêtres.

Dans l'Italie du sud, Sora, Melfi, Saint-Fèle eurent toujours
des brigands depuis 1860, de même que Partinico et Monréal
en Sicile.

Cette prédominance du crime dans quelques pays, est certainement dépendante de la race, comme l'histoire nous le
révèle pour quelques uns. Ainsi Pergola, dans le Pistoiese, fut
peuplée de bohémiens, Masson d'assassins portugais et Campofreddo de corsaires corses ; encore aujourd'hui le dialecte
est moitié Côrse moitié Ligure.

Mais le plus fameux entre tous est le village d'Artène, dans
la province de Rome, que Sighele décrit ainsi (*Arch. de psychiatrie et Anthrop.*, XI, Turin, 1890):

« Situé au sommet d'une colline, au milieu d'une verte et
riante campagne, sous un climat très-doux, ce pays, où la misère est inconnue, devrait être un des plus honnêtes et de plus

heureux. Au contraire, il a une célébrité infâme, et ses habitants sont considérés dans les environs comme des voleurs, des brigands et des assassins. Cette renommée ne date pas d'hier; dans les chroniques italiennes du moyen-âge on rencontre souvent le nom d'Artène, et son histoire se peut résumer en une longue série de crimes.

« On peut juger de la gravité du mal par la table-statistique suivante:

Crimes	Nombre annuel des crimes (chaque 100.000 hab.)	
	Années 1875-88 Italie	Années 1852-88 Artène
Homicides, assassinats et vols suivis d'homicides	9,38 %	57 — %
Blessures	34,17 »	205 — »
Vols sur les grands chemins . .	3,67 »	113,75 »
» simples et qualifiés	47,36 »	177 — »

« Artène se distingue donc par un nombre de blessures, d'homicides et d'assassinats six fois plus grand que celui de la moyenne de l'Italie, et de vols sur les grands chemins trente fois plus grand. Et encore, ces chiffres ne donnent-ils qu'une idée très imparfaite de la férocité et de l'audace des criminels arténiens. Pour s'en rendre compte, il faudrait décrire tous les crimes, il faudrait voir comment on y assassine en plein jour sur la place publique, comme l'on y étrangle les témoins qui osent dire la vérité aux juges!...

« La cause, suivant Sighele, en serait le caractère des habitants et l'influence qu'exercèrent les Gouvernements passés, qui produisirent ailleurs le brigandage et la camorra; l'impuissance de l'autorité à frapper les coupables, grâce au silence des témoins, achetés ou intimidés; mais surtout l'hérédité ».

En étudiant, en effet, les procès intentés contre les Arténiens depuis 1852, Sighele a toujours rencontré les mêmes noms, le père, le fils, le neveu se suivaient à distance, comme poussés par une loi fatale. Montefortino, ancien nom d'Artène, était déjà célèbre pour ses crimes en 1555.

Paul IV, en 1557, fut obligé de mettre à mort tous ses habi-

tants, et autorisa quiconque de les tuer et de détruire le château « afin qu'il ne soit plus le nid et le réceptacle de misérables voleurs ».

Quand on pense qu'en Sicile, le brigandage se concentre
presque entièrement dans cette fameuse vallée de la Conque
d'Or où les rapaces tribus Berbères et sémites eurent leurs
premières et plus tenaces demeures et où le type anatomique,
les mœurs, la politique et la morale conservent encore l'empreinte arabe (les descriptions de Tommasi-Crudeli suffisent pour
le prouver) (1) ; quand on pense que là, comme dans les tribus
arabes, le vol de bestiaux est le crime préféré, on se persuade
aisément que le sang de ce peuple conquérant et rapace, hospi-
talier et cruel, intelligent mais superstitieux, inconstant et toujours inquiet, dédaigneux de tout frein, doit avoir son influence
dans la fomentation des soudaines et implacables séditions et
dans la perpétuation du brigandage qui justement, comme chez
les premiers arabes, se confond très souvent avec la politique
et ne suscite ni l'horreur, ni l'aversion que l'on trouve chez
des peuples bien moins intelligents, mais plus riche de sang
arien, tel que, par exemple, dans cette même Sicile, Catane
et Messine. Par contre il faut noter le pays de Larderello, dans
Volterre, qui depuis 60 ans n'a compté ni un homicide ni un
vol et pas même une contravention.

Que la race soit un des facteurs de la plus grande criminalité
de tous ces pays, je le crois, d'autant mieux que j'ai observé
chez plusieurs de leurs habitants, comme ceux de S. Angelo,
Puzzole, S. Pierre, une taille plus élevée que dans les pays
circonvoisins.

En France aussi dans une série de bourgades situées sur

(1) « Ils sont sobres, patients, persévérants ; sont accessibles à l'amitié ;
ont l'instinct de parvenir au but par des voies couvertes et taciturnes ;
hospitaliers et rapaces ; superstitieux dans les classes infimes et altiers
dans les classes élevées. La parole *malandrino* perd en Sicile sa vraie
signification. On dit « je suis malandrin » comme pour dire : « j'ai
du sang dans les veines ». Dénoncer un homicide c'est manquer au
code de l'honnêteté » (*La Sicilia*, ecc. Firenze, 1874).

le confin des forêts de la Thiérache, prolongement de celle des Ardennes, Fauvelle (*Bulletin de la Société d'anthropologie*, 1891) a noté une race de délinquants. En quelque lieu, où prédomine cette race, ce ne sont que rixes violentes de toutes sortes sur lesquelles l'autorité judiciaire est le plus souvent obligée de fermer les yeux. L'étranger qui se risque au milieu de ces populations s'expose aux insultes des femmes autant qu'à celles des hommes: même dans la classe riche, cette brutalité se révèle souvent sous un certain vernis de politesse. L'alcoolisme fréquent exagère encore cette espèce de barbarie ; ces peuples dédaigneux du travail des champs exploitent les forêts ou se livrent à l'industrie du fer, mais ils préfèrent la contrebande. Leur taille est un peu au-dessus de la moyenne, ils ont des muscles puissants, la mâchoire large et robuste; le nez droit et les arcs sourciliers très-accentués, le système pileux abondant et riche en pigment, ce qui les distingue aussitôt d'une autre race aux cheveux blonds jaunâtres qui peuple plusieurs villages voisins et à laquelle ils ne s'associent que rarement.

3. — *Europe*. — Dans son *Homicide*, Ferri démontre clairement, dans ses grandes lignes, l'influence éthnique sur la distribution de l'homicide en Europe: on y voit que les Allemands et les Latins l'emportent dans les tendances à l'homicide en général, dans la prédominence des homicides qualifiés, et de l'infanticide, de même qu'en sens inverse ils l'emportent dans la tendance au suicide et dans la folie ; cette dernière est plus fréquente chez les Allemands que chez les Latins.

4. — *Autriche*. — Toutefois, trop souvent les influences éthniques ne peuvent pas toujours être précisées les chiffres à la main, par la raison que lorsqu'elles s'appuient sur la statistique criminelle, nous trouvons une série de causes complexes qui nous empêche de tirer une conclusion certaine. Par exemple: la femme donnerait le minimum de la criminalité en Espagne, Lombardie, Danemark, Voïvoïdine, Gorice, et le maximum dans

la Silésie autrichienne et dans les provinces baltiques de la Russie (Messedaglia). Mais ici, éclate l'influence des mœurs ; bien plus que celle de la race; car chez les peuples où la femme est instruite comme l'homme, en Silésie, dans les Baltiques, par exemple, où elle prend part aux luttes viriles, elle fournit un chiffre de criminalité qui se rapproche davantage de celui de l'homme.

On peut en dire autant de la plus grande criminalité que l'on observe surtout chez les adolescents dans les pays germaniques de l'empire d'Autriche, particulièrement à Salisbourg, Autriche, en comparaison des Slaves et des Italiens, de la Gorice, du Tyrol, de la Carinthie (Messedaglia).

5. — *Italie.* — En Italie, relevant pour 1880-83 les homicides simples (avec les blessures suivies de mort) et les homicides qualifiés (avec les vols sur les grands chemins suivies d'homicide) denoncés dans les diverses provinces et d'après les données recueillies dans le mouvement de la criminalité de 1873 à 1883 (Bodio. Rome, 1886) nous trouvons (Pl. I) :

Région de l'Italie (et population présente au 31 décembre 1881)	Homicides dénoncés pour 1 million d'habit.	
	Homicides simples et blessures suivies de mort	Homicides qualifiés et vols sur les grands chemins avec homicide
Piémont (3.070.250)	47	34
Ligurie (892.373)	40	29
Lombardie (3.680.615)	22	21
Vénétie (2.814.173)	34	25
Émilie (1.706.817)	27	24
Romagne (476.874)	103	76
Ombrie (572.060)	102	70
Marche (939.279)	94	53
Toscane (2.208.869)	76	42
Latium (903.472)	178	90
Abruzzes (751.781)	174	76
Molise (365.434)	286	104
Campanie (289.577)	217	81
Pouille (1.589.054	117	46
Basilicata (524.504)	214	86
Calabres (1.257.883)	246	104
Sicile (2.927.901)	205	122
Sardaigne (682.002)	122	167

On voit qu'il y a une prédominence évidente parmi les populations de race sémitiques (Sicile, Sardaigne, Calabres) et de race latine (Latium, Abruzzes), comparées à celles de races Germaniques, Ligures, Celtiques (Lombardie, Ligurie, Piémont) et Slave (Vénétie).

En effet, outre les principaux éléments ethniques primitifs des Ligures au nord, des Ombres et Étrusques au centre, des Oscis au sud; outre les Sicules d'origine ligure, en Sicile; les races qui concoururent le plus à déterminer le caractère ethnique des différentes régions italiennes furent les Germaines, les Celtes et les Slaves au nord; les Phéniciennes, les Arabes, les Albanaises et les Grecques au sud et dans les îles (FERRI, *op. cit.*).

C'est aux éléments africains et orientaux (les grecs excepté) que l'Italie doit l'origine de ses homicides si nombreux en Calabres, Sicile et Sardaigne, pendant que la moindre fréquence est due à la prédominance des races Germaniques (Lombardie).

C'est un fait clairement démontré par quelques oasis où ces crimes sont plus ou moins fréquents, et qui sont dans une trop singulière coïncidence avec la spécialité éthnique de ces pays.

Nous en avons une autre preuve en Toscane, où la fréquence minime de Sienne (3,9 sur 100.000 hab.), Florence (4,3) et Pise (6,0, est en contraste frappant avec l'intensité à peu près double de Massa-Carrare (8,3), Grosseto (10,2), Lucques (11,9) et l'intensité triple d'Arezzo (13,4), et surtout de Livourne (14,0) (Pl. I, 3 e 4).

Or, outre les conditions spéciales de vie que créent les mines à Massa-Carrare et les maremmes à Grosseto, l'influence ethnique (écrit Ferri) est incontestable (1) dans la province de Lucques, qui se distingue du reste de la Toscane par la taille élevée, la dolicocéphalie de ses habitants (prépondérantes aussi à Massa-Carrare) et la plus grande tendance à l'émigration : et j'ajouterai l'influence des rebelles Ligures.

(1) LOMBROSO, *Sull' antropometria della Lucchesia e Garfagnana;* Rome, 1895.

GEOGRAPHIE DU CRIME

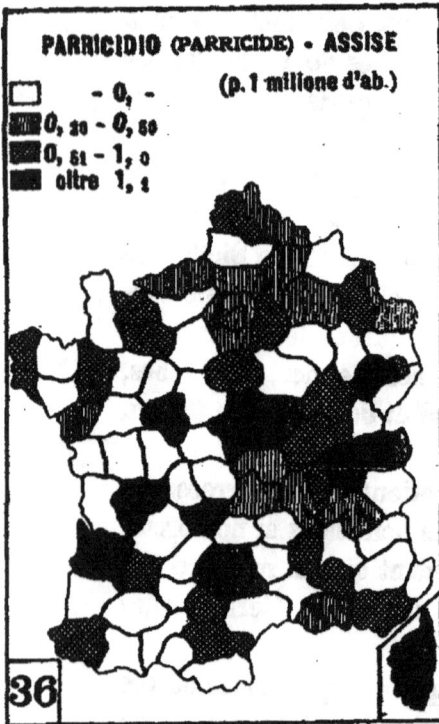

PARRICIDIO (PARRICIDE) - ASSISE

(p. 1 milione d'ab.)

- 0, -
0, 20 - 0, 50
0, 51 - 1, 0
oltre 1, 1

36

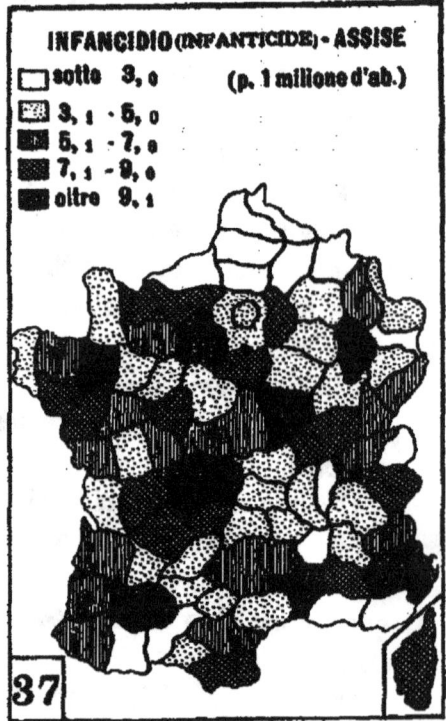

INFANCIDIO (INFANTICIDE) - ASSISE

(p. 1 milione d'ab.)

sotto 3, 0
3, 1 - 5, 0
5, 1 - 7, 0
7, 1 - 9, 0
oltre 9, 1

37

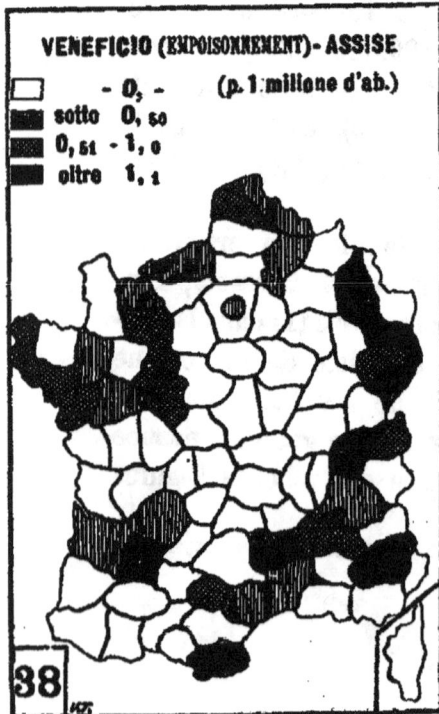

VENEFICIO (EMPOISONNEMENT) - ASSISE

(p. 1 milione d'ab.)

- 0, -
sotto 0, 50
0, 51 - 1, 0
oltre 1, 1

38

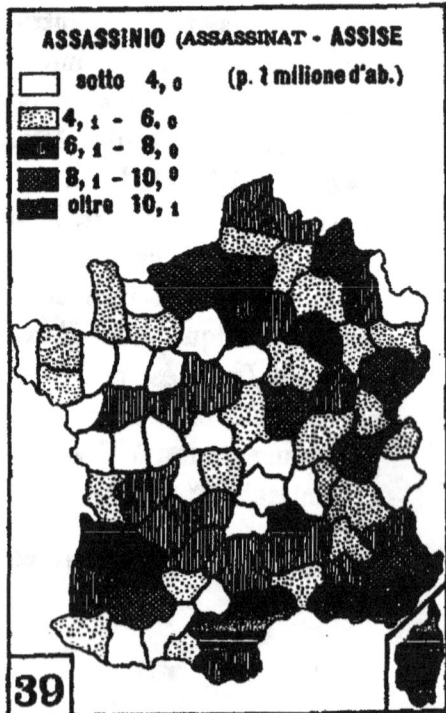

ASSASSINIO (ASSASSINAT - ASSISE

(p. 1 milione d'ab.)

sotto 4, 0
4, 1 - 6, 0
6, 1 - 8, 0
8, 1 - 10, 0
oltre 10, 1

39

antiques, qui tant de fois se révoltèrent contre la dominatiòn de l'empire Romain; mais l'influence ethnique est surtout évidente à Livourne, dont on connaît l'origine.

Village marécageux au XVI siècle, avec 749 habitants en 1551, ses premiers habitants furent les Liburnes « peuples de l'Illirie, inventeurs des galiotes liburnes et insignes pirates, à qui vinrent s'ajouter les Sarasins, les Juifs et les Marseillais », vinrent en suite des aventuriers et des pirates, qui y furent appelés par les Médicis (1).

Livourne, qui de 1879-83 donna la proportion plus élevé pour toute l'Italie du total des crimes dénoncés, donne également, en comparaison de la Toscane, y compris Arezzo, des chiffres plus élevés d'homicides qualifiés et de rébellions ainsi que de vols qualifiés (Pl. II, 6).

Ce fait ne peut être déterminé par l'éxagération de la grande densité; car sa densité (355 h. chaque kilom. c.) est égale à Milan (355) et de beaucoup supérieure à Naples (1149); il n'est pas dû non plus à une plus grande agglomération de la population urbaine, car cette dernière est à Naples le 94 % de la population de la commune, à Milan le 92 % et à Livourne le 80 %, seulement, cependant, les rébellions et les vols qualifiés sont beaucoup plus fréquents.

On observe un autre contraste très significatif dans la partie méridionale de la péninsule (Pl. III), où le relevé des homicides simples enrégistre des régions avec une intensité supérieure dans les provinces de Campobasso, Avelline, Cosence et Catanzaro, et des oasis où la fréquence est bien moindre dans les provinces de Bénévent, Salerne, Bari et Lecce, en comparaison des provinces voisines de Aquila, Caserte, Potence, Reggio et surtout de Naples, où la puissance criminogène du milieu social devrait être beaucoup plus forte (Pl. I, 3, 4; II, 1, 2).

Maintenant, il est difficile de ne pas relever un rapport de causalité entre la présence des colonies albanaises, comme

_____

(1) LOMBROSO, *Troppo presto*; 1889.

facteur ethnique du plus grand nombre de crimes de sang,
dans les provinces de Cosence, Catanzaro, Campobasso.

Réciproquement la moindre intensité des homicides simples à
Reggio, et surtout dans la province de Pouille (Bari et Lecce),
dépend en grande partie de l'élément grec, si l'on pense à
l'antique Magna-Grèce (qui concourt aussi à expliquer la
moindre intensité de Naples), et en suite aux colonies Grecques
venues durant et après la domination bizantine ainsi qu'aux
précédentes émigrations des Japiges-Messapiens : « Encore
aujourd'hui la physionomie de la plupart des natifs de ces
provinces rappelle ce type, d'où transparait la tranquille douceur du caractère » (Nicolucci) (1). Ajoutons encore l'influence éthnique de l'occupation Normande.

Quant à la moindre intensité si remarquable d'homicides
simples à Bénévent et Salerne, il est impossible de ne point
rappeler l'élément longobard qui y domina pendant si longtemps
(duché de Bénévent et Salerne), au point de pouvoir résister,
dans quelques endroits, à la puissance assimilatrice des Italiens
et conserver jusqu'à ce jour quelques uns de ces caractères
(taille élevée, cheveux blonds, etc.), qui frappent au milieu
des types indigènes de la péninsule (Ferri).

L'influence bien différente du sang albanais, hellénique et
longobard, dans ces oasis de la criminalité se confirme par la
répartition des homicides qualifiés et des vols sur les grands
chemins suivis d'homicide. En effet, si on excepte Salerne
et Reggio, qui donnent des chiffres relativement plus élevés,
nous avons Naples qui, grâce au sang grec, malgré la grande
agglomération de population et la misère, donne pour les homicides des chiffres très bas, pareils à ceux de Bari et Lecce.

La Sicile offre également un exemple frappant de l'influence
ethnique sur l'homicide. Les provinces orientales de Messine,
Catane et Siracuse, ont une intensité d'homicides simples et
qualifiés (Pl. I, II) de beaucoup inférieure à celle des provinces
de Caltanisette, Girgente, Trapani et Palerme.

(1) *Etnografia dell' Italia*, 1880.

Or, l'on sait que la Sicile, si différente par le caractère de ses populations de la voisine péninsule méridionale, en grande partie aussi par les nombreux éléments septentrionaux (Vandales, Normands, Français) qui l'envahirent et la dominèrent, présente sur ses côtes orientales une prédominence d'éléments helléniques, qu'il est impossible de ne pas rapprocher de la moindre intensité d'homicides de ce versant (comme pour la province de Pouille), et une supériorité d'éléments sarasins et albanais dans la partie méridionale et septentrionale, qui certainement concourent à y déterminer une plus grande intensité d'homicides.

Réclus écrit : « Au siège de Palerme par les Normands (1071), on parlait en Sicile cinq langues : arabe, hebraïque, grècque, latine et sicilien vulgaire. L'arabe resta la langue dominante, même sous les Normands. Plus tard, les Français, les Allemands, les Espagnols et les Aragonais contribuèrent à faire des Siciliens un peuple divers de ses voisins d'Italie, par l'ajustement, les mœurs, les habitudes, le sentiment national. La différence entre les populations siciliennes est très grande, suivant que cette race ou cette autre l'emporta dans le croisement. Ainsi les habitants des provinces *Etnee*, qui sont sans doute d'origine hellénique, la plus pure des grecs eux-mêmes, parce qu'ils ne sont pas mélangés avec les Slaves, ont une excellente renommée de bonne grâce et de douceur. Les Palermitains au contraire, chez lesquels l'élément arabe eut plus d'influence que partout ailleurs, ont en général les traits graves et des mœurs dissolues » (FERRI, *op. cit.*).

La criminalité de la Sardaigne est également caractéristique, soit qu'on la compare avec celle du continent et surtout de la Sicile, soit par le contraste presque constant entre le Nord (province de Sassari) et le sud (province de Cagliari) (Pl. I, 4; II, 7, 5). Ethniquement, la Sardaigne se différencie de la Sicile parce que depuis l'antiquité la plus reculée, et en suite à l'époque de Carthage « les Phœniciens eurent en Sardaigne un plus grand empire et une plus longue domination qu'en Sicile », de sorte que même de nos jours, le crâne de nos Sardes conserve en partie l'ancien type du crâne phénicien (*dolicocéphale*). Les éléments sarasins eurent en Sardaigne une bien moindre prédominence, d'où l'on a les deux colonies *Barbaricini* dans les Barbagies (province de Sassari) et les *Maureddi* près d'Iglesias (province de Cagliari) (1).

Cette différence ethnique concourt certainement à déterminer en Sicile la plus intense criminalité moyenne contre les personnes (malgré l'infériorité des provinces orientales) et par contre la plus grande criminalité moyenne contre la propriété en Sardaigne. En comparant, par exemple, la Sardaigne avec la Sicile (Pl. I, 4; II, 7, 5) on voit le saillant contraste des deux îles dans l'intensité des homicides simples qui se confirme encore davantage pour les blessures volontaires; et si, pour les homicides qualifiés, la Sicile donne en total une proportion moindre, grâce aux chiffres minimes des provinces orientales, la proportion totale cependant de tous les crimes contre les personnes, y compris les homicides simples et qualifiés et les vols sur les grands chemins suivis d'homicides, est beaucoup plus élevée que celle de la Sicile.

Au contraire dans les crimes contre la propriété, la Sardaigne (par suite de la prépondérance du sang sémite) surpasse de beaucoup la Sicile, spécialement dans les vols qualifiés et dans les crimes contre la bonne foi publique, tandis que dans les crimes violents contre la propriété, tels que vols sur les grandes routes, extorsions et chantage, la Sicile reprend une certaine superiorité (Pl. II, 6).

En Sardaigne, il y a en outre, dans la criminalité des deux provinces de Sassari et Cagliari, un contraste qu'on observe déjà dans le type des habitants aussi bien que dans les manifestations de leur vie économico-sociale.

Le nord a l'agricolture et l'industrie plus développé, le sud possède les mines près de Cagliari, Iglesias, etc.

Ethniquement on sait que la provincie de Cagliari est plus décidement phénicienne, pendant que dans celle de Sas-

(1) NICOLUCCI, *Etnografia dell'Italia*.

sari domine l'élément espagnol (colonie d'Alghero) et cela concourt sans doute, avec les condititions économiques, à déterminer la plus grande fréquence des vols qualifié, des crimes contre la bonne foi publique, dans la province de Cagliari, et la plus grande intensité des homicides simples et qualifiés et des vols sur les grands chemins avec homicide, dans celle de Sassari (FERRI, *op. cit.*) (Pl. II, 6, 5).

Un autre exemple concluant de l'influence ethnique nous est offert par la criminalité de la Corse qui, comme on sait, enrégistre en France le maximum des crimes de sang (exception faite de l'empoisonnement et de l'infanticide), pendant que dans les vols elle donne des chiffres très bas.

En comparant le nombre des personnes jugées pour homicide en Corse de 1880 à 1883 avec celles jugées dans les régions de l'Italie, qui donnent la plus grande intensité, on obtient les données suivantes :

CRIMES	Personnes jugées en 1880-83 par les cours d'Assises et les Tribunaux correctionels (moyenne par 100,000 habitans).				
	Corse	Sardaigne	Sicile	Calabr.	Molise (Campobasso)
Homicides simples et blessures suivies de mort	11,2	8,6	14,3	21,5	19,1
Homicides qualifiés et vols sur les grands chemins suivis d' homicides	9,5	19,8	9,6	9,0	5,2

Ce qui signifie, que bien qu'elle soit politiquement française, la Corse est italienne aussi bien par la race que par la criminalité, et même, observe Reclus: « De la Sardaigne et de la Corse, îles entre elles un temps unies ; c'est précisement la Corse, maintenant française, qui est la plus italienne par sa position géographique comme par ses traditions historiques ».

Si bien que les différences si tranchées entre la criminalité corse et la criminalité sarde s'expliquent en grande partie par des raisons ethniques qui sont en suite confirmées par la grande ressemblance qui existe entre la criminalité de la Corse et celle de la Sicile. En effet dans la Sicile prédominèrent sur tous les autres, les éléments Sarrasins, plus feroces qu'avides, qui eurent justement une grande influence dans la Corse. On sait que « aux anciens habitants (Ligures, Ibères ou Sicani, suivant quelque uns) succèdèrent les Phocéens et les Romains, mais surtout les Sarrasins jusqu'au xi siècle, après lesquels vinrent les Italiens et les Français » (Nicolucci).

C'est donc au sang Sarrasin que la Corse et la Sicile (et en partie les Calabres) doivent leur intense criminalité homicide jointe à une moindre délinquance contre la propriété.

6. — *Races françaises.* — Un coup d'œil jeté sur les Planches IIIᵉ et IVᵉ que nous donnent la France par race et par crime, nous apprend que c'est à la distribution des races ligures et galliques que correspond le maximum des crimes de sang.

Mais nous trouvons des preuves plus détaillées de l'influence ethnique en étudiant dans les documents cités les départements qui dépassent la moyenne des assassinats etc., suivant la race. Nous voyons alors que la tendance à l'assassinat va croissant à mesure que l'on va des départements ayant une population de race cimbrique (1 sur 18 = 5,5 %) aux départements de race gallique (8 sur 32 = 25 %), de race hybérique (3 sur 8 = 35 %), de race belge (6 sur 15 = 40 %) à la race ligure, où elle rejoint son maximum absolu (100 %).

Quant aux viols, ils vont en augmentant à mesure que l'on va des départements avec populations de race hyberique (2 sur 8 = 25 %) à ceux de race cimbrique (6 sur 18 = 35 %), de race belge (6 sur 15 = 40 %), gallique (13 sur 32 = 41 %) jusqu'à la race ligure (6 sur 9 = 66 %), où ils atteignent aussi le plus fort maximum.

Dans les crimes contre la propriété nous ne voyons dominer que la race belge (la plus industrielle du reste) 67 %, la ligure et l'hybérique avec 60 % et 61 %, pendant que la cimbrique et la gallique ne donne que le 30 et 39 %.

L'influence prépondérante des races ligure et gallique dépend de leur plus grande activité, comme nous l'avons vu dans mon *Crime politique;* les peuples ligures en France donnèrent le maximum des insurgés et des révolutionnaires 100 %, et le maximum des génies 66 %, les galliques le 82 % et le 19 % de génies ; les belges le 62 % et le 33 % de génies, pendant que les cimbres ne fournirent que le 38 % de révolutionnaires et à peines le 5 % de génies ; les hybériques le minimum, 14 % de rebelles et 5 % de génies (*Crime politique*, vol. I).

7. — *Dolicocéphalie et Brachycéphalie.* — Nous avons voulu connaître les résultats des rapports entre la criminalité, l'indice céphalique et la couleur des cheveux, persuadés d'obtenir ainsi les documents plus certains de l'influence de le race.

En Italie, en étudiant le crime selon l'indice céphalique sur les Planches de Livi (*op. cit.*) nous avons vu que dans les 21 provinces ayant une prépondérance de dolicocéphalie (de 77 à 80 inclus), la moyenne des homicides et blessures est de 31 %, pendant que la moyenne générale en Italie est de 17: dans toutes ces provinces dolicocéphales, excepté Lucques et Lecce, c'est-à-dire dans 19 sur 21, la proportion des homicides surpasse la moyenne.

Les provinces où domine le plus la mésocéphalie (81-82), sont proportionnellement en dessous de la moyenne des provinces dolicocéphales, quant aux homicides, et donnent une moyenne de 25 %.

Dans celles au contraire où sont les brachycéphalies plus nombreuses (en partant de l'indice de 83 jusqu'à 88) la moyenne est de 8 %, par conséquent très inférieure pour la criminalité à la moyenne générale.

Nous devons cependant noter que les dolicocéphales se groupent tous dans les provinces méridionales, sauf Lucques, qui fait justement exception au paralellisme entre l'intensité du crime et de la doligocéphalie, et que les brachycéphales, au contraire, sauf les Abruzzes, sont tous dans la haute Italie, et les ultra-brachycéphales dans les régions montagneuses, qui toutes ont un moindre contingent de crimes de sang.

Quant aux mésocéphales, ils se rencontrent surtout dans l'Italie méridionale ou dans les régions plus chaudes de la haute Italie, comme Livorne, Gênes, si bien qu'il est impossible de ne pas admettre que l'influence ethnique se confond, ici, avec celle du climat.

Quant aux vols la différence est bien moindre.

On voit encore l'emporter, mais beacoup moins clairement :
Les dolicocéphales avec 460 p. 1 million d'hab.
» brachycéphales » 360 » » »
» mésocéphales » 400 » » »

En France (voyez *La Justice en France*), les crimes contre les personnes donneraient une moyenne de 18 pour 100,000 chez les brachycéphales et de 36 chez les dolicocéphales (COLLIGNON, *op. cit.*,) en comptant la Corse; et sans elle de 24 seulement égale par conséquent à la moyenne du pays, qui est justement de 24 à 33 pour 100,000; et même si nous suivons les données de Ferri, de 1880 à 1884, nous trouvons une différence beaucoup moindre; suivant cet auteur, les crimes de sang donneraient le 13 p. 100,000 (sans la Corse) parmi les dolicocéphales et 19 chez les brachycéphales.

On voit d'après cela combien est plus grande, pour les crimes de sang, l'influence du climat que celle de la race, car en Italie, où les dolicocéphales sont réunis dans les provinces méridionales, il existe une énorme différence en plus pour les brachycéphales; en France au contraire où les dolicocéphales sont surtout répandus au sud, au nord (Pas de Calais, Nord, Aisne), au centre dans la Haute Vienne et Charente, ils ne fournissent aucune données précises, et donnent même des chiffres moindres.

Quant aux crimes contre la propriété en France — et la Corse ici n'a aucune influence — la différence est remarquable; les dolicocéphales donnent 44 p. 100,000, pendant que les brachycéphales ne donnent que 23.

En somme, partout, on observe une certaine prépondérance du crime, dans les provinces où domine la dolicocéphalie. En France, la dolicocéphalie a donné un plus grand nombre de révolutionnaires et de génies, et c'est parmi les dolicocéphales Gaulois et Ligures que se trouvèrent les dominateurs et les peuples plus rebelles à la conquête.

Ceci est en parfaite opposition avec ce que nous avons trouvé dans l'anthropologie du crime, selon laquelle les criminels sont presque toujours ultra-brachycéphales, observation précieuse qui nous aide à démontrer mieux que la brachycéphalie exagérée chez les criminels est un caractère saillant de dégénérescence.

8. — *Cheveux blonds et bruns.* — Voulant connaître la proportion des criminels français selon la distribution des cheveux blonds et bruns (Topinard), nous avons trouvé que les assassins, dans les départements où dominent les cheveux noirs, donnaient 12,6 $^0/_0$, y compris la Corse, 9,2 $^0/_0$ sans la Corse, pendant que les blonds donnaient un chiffre notablement inférieur 6,3 $^0/_0$.

Observons cependant que les cheveux noirs abondent surtout dans les pays chauds. Vendée, Hérault, Var, Gers, Landes, Corse, Bouches-du-Rhône, Basses-Alpes, Gironde, etc.; l'influence du climat, par conséquent ne peut-être exclue. On peut en dire autant pour les cheveux blonds, plus fréquents dans les régions où domine le climat du nord (exception faite pour Vaucluse), Pas de Calais, Nord, Ardennes, Manche, Eure et Loire, départements qui pour cela tendent à avoir un moindre nombre de crimes de sang (Planch. II et III).

En Italie la proportion du type blond dans toute l'Italie méridionale et insulaire est inférieure à la moyenne du Royaume (voir. LIRI, *Archivio d'antrop.*, 1894) sauf à Bénévent, où elle atteint la moyenne et dans la province de Pouille, Naples, Campanie, Trapani et la partie orientale de la Sicile, où elle est de très peu inférieure. Or, dans toute l'Italie méridionale, les crimes de sang sont inférieurs à la moyenne et dans la province de Bénévent ils donnent un chiffre, qui, tout en

étant assez élevé, 27,1 °/₀, est cependant inférieur à celui des
provinces voisines. On doit en dire autant de la province de
Pouille et de la partie orientale de la Sicile, Siracuse, Catanie,
qui présentent un chiffre moins élevé de criminalité (Siracuse 15, Catanie 28, Lecce 10).

Dans ces provinces, la couleur blonde des cheveux est en
rapport direct avec la race Lombarde (Benevente) et Grècque
(Sicile) et pour cela avec une moindre intensité de criminalité.

Je n'ai trouvé cependant aucun rapport avec la race, dans
la oasis blonde de Perouse et dans la brune oasis de Forli,
dans l'Italie centrale.

La population blonde, qui environne les Alpes, est en rapport étroit avec celle de la montagne et n'offre, comme elle,
qu'une faible criminalité; mais la cause n'est pas ici qu'orographique. Au contraire l'oasis brune de Livourne et de Lucques,
est en coïncidence, pour tous les crimes, même pour ceux
de sang, avec la plus grande criminalité en comparaison des
pays voisins de la Toscane. Or, comme ici la couleur des
cheveux est parallèle à une spéciale dolicocéphalie, sans être
explicable par aucune cause orographique, il me semble
qu'elle nous donne une preuve nouvelle de l'influence ethnique
sur les crimes de sang.

Quant aux délits contre la propriété, il n'y a pas de correspondance évidente : la province, p. ex., de Trevise, où les
habitants sont très blonds, donne le maximum de criminalité et
Ferrare où ils sont très bruns marche presque de pair avec elle.

9. — *Juifs*. — L'influence de la race sur la criminalité
apparaît dans toute son évidence dans l'étude des Juifs et
des Bohémiens mais pour chacun d'eux dans un sens bien
opposé.

La statistique aurait démontré chez les Juifs de certains
pays une criminalité inférieure à celle de leur concitoyens catholiques fait d'autant plus remarquable que, étant donnée la
profession qu'ils exercent de préférence, ils devraient être
comparés non plus à la population en général, mais aux com-

merçants et aux petits industriels, qui donnent, comme nous verrons, des chiffres élevés de criminalité.

En Bavière on compte un condamné juif sur 315 habitants et 1 catholique sur 265.

A Baden il y a 63,3 juifs pour 100 chrétiens condamnés. (OETTINGEN, p. 844).

En Lombardie, sous le règne de l'Autriche, il y eût dans l'espace de 7 ans 1 condamné juif sur 2568 habitants. (Messedaglia).

En 1855, en Italie on comptait en prison, seulement, 7 juifs, 5 hommes et deux femmes, proportion de beaucoup inférieure à la population criminelle catholique. — De nouvelles recherches faites par Servi, en 1869, auraient donné sur une population de 17,800 juifs 8 condamnés seulement.

En Prusse aussi Hausner aurait remarqué une légère différence en faveur des accusés juifs, 1 par chaque 2600, pendant que les chrétiens donnaient 1 pour 2800, fait qui est en partie confirmé par Kolb.

Suivant Kolb, on nota en Prusse en 1859:

1 accusé	juif	par chaque	2793	habitants
»	» catholique	»	2645	»
»	» évangéliste	»	2821	»

toutefois en 1862-65 on eut:

1 accusé	juif	par chaque	2800	habitants
»	» évangéliste	»	3400	»

en Bavière on nota:

1 accusé	juif	par chaque	315	habitants
»	» catholique	»	265	»

(*Handb. der vergleich, statistik*, 1875, p. 130).

En France de 1850-60 il y eut:

accusés	juifs	en moyenne de	0,0776 %	hab. majeurs
»	catholiques	»	0,0584 %	» »
»	juifs	»	0,0111 %	» en général
»	catholiques	»	0,0122 %	» »

Il y avait 166 criminels juifs en 1854 — 118 en 1855 — 163 en 1856 — 142 en 1858 — 123 en 1860 — 118 en 1861 — soit avec une légère régression dans les dernières années (SERVI, *Gli Israeliti in Europa*, Torino, 1872).

En Autriche, toutefois, les juifs condamnés donnèrent le 3,74 % en 1872, le 4,13 en 1873 : chiffres plus élevés de quelques fractions par rapport au reste de la population (*Stat. Uebers. der k. h. österr, Strafanst*, 1875).

Le fait de la criminalité spécifique des juifs est bien plus certain que la proportion plus ou moins grande des criminels; chez eux, comme chez les bohémiens, prédomine la forme héréditaire, et l'on compte en France des générations entières de filous et de voleurs parmi les Cerfbeer, Salomon, Levi, Blum, Klein. Les condamnés pour assassinats sont rares; et ce sont alors des chefs de bandes organisées avec une rare habilité, comme celles de Graft, Cerfbeer, Meyer, Dechamps, qui ont de véritables commis-voyageurs, des livres de commerce et qui déployent une prudence, une patience et une ténacité vraiment remarquables, ce qui leur permit d'échapper pendant de nombreuses années aux recherches de la justice : la plupart en France pratiquent des escroqueries spéciales comme celle de l'anneau, dans lequel ils feignent avoir trouvé un objet précieux, ou bien celle de la salutation matinale, qui leur fournit l'occasion de dépouiller les chambres des dormeurs qui oublient de fermer leur porte, ou bien encore celle de commerce (VIDOCQ, *op. cit.* — DU CAMP, Paris, 1874). Les juifs de Russie sont surtout usuriers, faux monnayeurs, contrebandiers, même de femmes qu'ils expédient en Turquie.

La contrebande chez eux est organisée comme un demi gouvernement. Des villes entières de frontière, comme Berdrereff, sont peuplées presque complètement de juifs contrebandiers. Souvent le gouvernement fit envelopper la ville d'un cordon militaire et faisant des perquisitions, trouva d'immenses dépôts de marchandises de fraude. La contrebande arrivait au point d'être un obstacle aux traités de commerce avec la Prusse.

En Prusse les condamnations étaient une fois très nombreuses contre les juifs pour faux, calomnies, mais plus encore pour banqueroute et recél, crime, qui très souvent échappe aux recherches de la justice. Cela nous explique le grand nombre de mots juifs éparpillés dans les jargons de l'Allemagne et de l'Angleterre, sachant que le voleur considère le recéleur comme un maître et un guide, et par suite s'approprie très facilement son langage.

Chaque grosse entreprise de la célèbre bande de Magonza (Tonnerre) était préparée par un *kochener* ou recéleur juif. Il fut un temps en France « où presque tous les chefs des grosses bandes avaient des juives pour concubines. — Trop de causes poussaient autrefois les juifs à ces crimes comme aux louches bénéfices de l'usure : l'avidité de l'or, un découragement désespéré, l'exclusion de tous les emplois et de toute assistance publique ; la réaction contre les races persécutrices et fortes, contre lesquelles ils ne possédaient aucun autre moyen de réaction : souvent même ballottés des violences des brigands armés à celles des feudataires, il leur arrivait d'être obligés de s'en faire les complices pour ne pas être les victimes ; on ne peut donc s'étonner si leur criminalité put paraître plus grande, tandis qu'il est juste de noter, que du jour où le juif put enfin faire partie de la vie politique, on vit diminuer cette tendance à une criminalité spécifique.

On s'aperçoit ici de nouveau combien il est difficile de conclure sérieusement dans les questions morales et complexes, en se basant uniquement sur des chiffres.

Si comparativement à celle des autres races, la moindre criminalité des juifs pouvait être prouvée, on verrait surgir une divergence avec la diffusion de la folie, qui chez eux est d'une prépondérance si évidente (1).

---

(1) En Bavière il y a: 1 fou chaque 908 catholiques, 967 protest., 514 juifs
En Annover :   1 fou chaque 527   »   64   1   »337 »
En Silésie :   1 fou chaque 1355   »   126   4   »604 »
En Danemark on note 5,8 aliénés chaque 1000juifs
»   »   »   3,4   »   »   1000 chrétiens.

                                              (OETTINGEN).

Mais ici, il s'agit bien moins de race que de surmenage intellectuel; car dans les races sémitiques (Arabes, Bédouins) l'aliénation mentale est très rare.

10. — _Bohémiens._ — On ne peut en dire autant des Bohémiens, qui sont l'image vivante d'une race entière de criminels et en reproduisent toutes les passions et tous les vices.

« Ils ont en horreur, dit Grelmann (1), tout ce qui exige la moindre application ; ils supportent la faim et la misère plutôt que de se soumettre au plus léger travail soutenu, ils travaillent juste assez pour ne pas mourir de faim ; ils sont parjures même entre-eux, ingrats, vils et en même temps cruels, d'où le proverbe, en Transilvanie, que cinquante bohémiens peuvent être mis en fuite avec un linge mouillé ».

Incorporés dans l'armée autrichienne, ils y firent triste mine. Ils sont vindicatifs à l'excès ; un d'entre-eux pour se venger de son maître qui l'avait battu, le transporta dans une grotte, le cousit dans une peau et le nourrit avec des substances les plus dégoûtantes jusqu'à ce qu'il mourut de la gangrène. Dans le but de piller Lograno ils empoisonnèrent les fontaines du Drao, et quand ils crurent les habitants morts, ils pénétrèrent en masse dans le pays, qui dût d'être sauvé à un habitant qui avait découvert le complot. On les vit, dans l'excès de la colère jeter leurs enfants comme une pierre de fronde à la tête de leur adversaire. Ils sont vaniteux comme tous les délinquants, mais ils n'ont aucune crainte de l'infamie. Tout ce qu'ils gagnent, ils le consomment en spiritueux et en ornements ; si bien qu'on les voit aller nu-pieds, mais avec des vêtements galonés ou de couleurs vives : sans bas, mais avec des souliers jaunes.

Ils ont l'imprévoyance du sauvage et celle du criminel. On ra-

---

(1) _Histoire des Bohémiens_, Paris, 1837. — PREDARI, _Sugli Zingari_, Milano, 1871. — POTT, _Zigeuner Halle_, 1844. — VIDOCQ, _op. cit._, id., pag. 330. — BORROW (_Gli Zingari in Spagna_, traduz. di Hudson, 1818). — COLOCCI, _Gli Zingari_, Ancona, 1889.

conte qu'ayant une fois repoussé les impériaux d'une tranchée, ils leurs crièrent : « Fuyez, fuyez, car si nous ne manquions pas de plomb nous vous tuerions tous ». L'ennemi, ainsi averti, revint sur ses pas et les massacra.

Sans morale, ils sont cependant supersticieux (Borrow) et se croiraient damnés et deshonorés en mangeant de l'anguille ou de l'écureuil, et cependant ils mangent des... charognes presque putréfiées.

Ils s'adonnent à l'orgie, aiment le bruit et font grand tapage dans les marchés ; féroces, ils assassinent sans remords pour voler ; on les soupçonnaient autrefois de cannibalisme.

Les femmes sont très habiles au vol et y forment leurs enfants, elles empoisonnent le bétail avec certaines poudres pour avoir le mérite de les guérir, ou bien pour en obtenir la viande à bas prix ; en Turquie elles s'addonnent aussi à la prostitution. Tous excellent en quelque escroquerie spéciale, tel que l'échange de la bonne monnaie contre des pièces fausses, la vente des chevaux malades, qu'ils ont l'art de faire passer pour sains ; si bien que si chez nous, juifs était autrefois synonime d'usurier, en Espagne *gitano* est synonime de fripon dans le commerce du bétail.

Dans quelque condition que se trouve le bohémien, il conserve toujours son habituelle impassibilité, il ne semble nullement se préoccuper de l'avenir et vit au jour le jour dans une immobilité absolue de pensée, abdiquant toute prévoyance.

« Autorité, lois, règles, principes, préceptes, devoirs sont des notions et des choses insupportables à cette race étrange (Colocci). Obéir et commander lui est également odieux, pour lui c'est un poids et un ennui. *Avoir* lui est aussi étranger que *devoir* (1); la suite, les conséquences, la prévision, le lien du passé à l'avenir lui sont inconnus » (Id.).

---

(1) Le verbe *devoir* n'existe pas en langue bohémienne. Le verbe *avoir* (terava) est presque oublié des bohémiens européens et est inconnu aux bohémiens d'Asie.

Colocci croit qu'ils ont des itinéraires spéciaux, communs aux évadés, aux voleurs et aux contrebandiers internationaux, qu'ils marquent par des indices spéciaux, semblables aux *zink* des Allemands.

Un des signes le plus employé dans ces indications est le *patterau*, dont il existe deux types : l'ancien est à trident, le nouveau en forme de croix latine.

Ces signes marqués sur le parcours des grandes routes, ou tracés avec du charbon sur les murs des maisons, ou bien gravés avec le couteau sur l'écorce des arbres, deviennent des moyens conventionnels pour dire aux futures bandes de confrères : Celle-ci est *une route de bohémien.* Dans le premier *patterau* la direction est indiquée par les lignes latérales, dans le second par le bras plus long de la croix.

Les points d'arrêt ou stations sont marqués par le *Svastika* mystérieux, vestige sans doute de l'antique symbole indien, peut-être même embryon de notre croix.

Lorsqu'ils veulent quitter l'endroit où ils se trouvent — écrivait Pechon de Ruby au XVIᵉ siècle — ils s'acheminent dans la direction opposée et font une demi-lieue en sens contraire, puis reviennent sur leurs pas.

De même que les criminels et les Parias, de qui ils descendent, ils ont une littérature criminelle populaire qui glorifie le crime, comme dans le dialogue suivant entre un père et son fils (COLOCCI, *op. cit.*)

Père. — « Holà, mon Basile, si tu deviens grand, par la croix de ton père ! tu dois voler ».

Fils. — « Et puis, père, si je suis découvert ? »

Père. — « Alors recommande-toi à la plante de tes pieds, joie de ton père ».

Fils. — « Au diable ta croix, père ! Tu ne m'enseigne pas bien ».

Il est important de noter que cette race si inférieure au point de vue moral et réfractaire à toute évolution civile et intellectuelle, qui ne put jamais exercer une industrie quelconque et qui en poésie n'a pas dépassé la lyrique la plus pauvre, est en Hongrie créatrice d'un art musical merveilleux — nouvelle preuve de la néophilie et de la génialité que l'on peut trouver mêlées à l'atavisme chez le criminel (1).

(1) V. LOMBROSO, Atavism and Evolution, in *Contemporary Review*, 1895, July.

CHAPITRE IV.

Civilisation — Barbarie — Agglomérations — Presse
Nouveaux crimes.

1. — *Civilisation. - Barbarie.* — Parmi les nombreux problèmes sociaux, il en est un dont la solution certaine et précise se fait plus vivement sentir : c'est celui de l'influence de la civilisation sur le crime et sur la folie.

Si nous nous en tenons aux seuls chiffres, le problème semble d'ores et déjà résolu ; car dans tous les pays d'Europe, hormis l'Angleterre, nous trouvons un nombre de crimes et de cas de folie, qui chaque année s'accroit d'une manière disproportionnée avec celui de la population (1).

(1) En France de 1826-37 les imputés étaient 1 pour 100 de la population ; en 1868 ils atteignirent 1 pour 55 (DUFAU, *Traité de statist.*, 1840. — BLOCK, *L'Europe politique*, 1870). De 1825 à 1838 les prévenus (exceptés les criminels politiques et les contreventions fiscales) montèrent de 57,470 à 80,920. En 1838 de 237 pour 100,000 habitants ils atteignirent à 375, en 1847 à 480, en 1854 et 1855 à 1866 ils descendirent à 389, pour remonter à 517 en 1874, à 552 en 1889. Ils s'accrurent donc dans l'espace de 50 ans du 133 °/₀ (JOLY, *France Criminelle*, pag. 10).

En Autriche en :

1856	1	condamné	chaque	1238 hab.,	1	accusé	chaque	832 hab.
1857	1	»	»	1191	»	1	»	» 813 »
1860	1	»	»	1261	»	1	»	» 933 »
1861	1	»	»	1178	»	1	»	» 808 »
1862	1	»	»	1082	»	1	»	» 749 »

(MESSEDAGLIA, op. cit.).

En Angleterre et Galles on eut :

de	1811	à	1815	1	détenu	chaque	1210 hab.
»	1826	»	1830	1	»	»	568 »
»	1836	»	1840	1	»	»	477 »
»	1846	»	1848	1	»	»	455 »

(BELTRANI-SCALIA, *Storia della riforma penitenziaria*, pag. 13, 1874).

Mais ici Messedaglia fait observer très à propos, la grande probabilité d'erreur à laquelle on s'exposerait en voulant résoudre, sur de simples données numériques, des problèmes complexes, dans lesquels sont en jeu plusieurs facteurs à la fois.

L'augmentation croissante des crimes et des cas de folie, pourrait en effet s'expliquer par les modifications des lois civiles et pénales; par une plus grande tendance à la dénonciation; par le facile accès des refuges, spécialement pour les aliénés, et aussi par la plus grande activité de la police.

Un fait paraît certain; c'est que la civilisation possède une criminalité spécifique, de même que la barbarie; la barbarie, en émoussant la sensibilité morale, diminue l'horreur de l'homicide, qui souvent est admiré comme un acte héroïque; en considérant la vengeance comme un devoir, la force comme un droit, elle augmente les crimes de sang et les associations de malfaiteurs de même que parmi les fous, elle développe les manies religieuses, la démonomanie, les folies par imitation. Mais d'autre part, les liens de famille y sont plus forts, l'excitation sexuelle, les folies de l'ambition beaucoup moindres, et par suite, les parricides, les infanticides et les vols y sont moins fréquents.

Les types de civilisation que l'homme a, jusqu'à present, créé — écrit Guillaume Ferrero — sont au nombre de deux: la civilisation à type de violence et la civilisation à type de fraude. L'une et l'autre diffèrent fondamentallement par la

---

De 1805 à 1841 la population s'accrut de 49 %, les crimes 6 fois plus de la population.

Dans quelques comtés, par ex. Montonoutshire, la population s'accrut de 123 %, les crimes de 720 % (ABERDEEN, *Discorso*, 1876). Cependant dans les dernières années il y eut décroissance dans les crimes (V. 1).

En Italie:

de 1850-59   imputés pour crimes graves 16,173 condamnées 7.535
» 1860-69   »   »   »   » 23,854   » 10.701
» 1863 à 1869 les crimes augmentèrent de $^{4}/_{10}$, la population seulement de $^{4}/_{20}$ (CURCIO, op. cit.).

forme que prend chez elles la lutte pour l'existence. Dans la
civilisation primitive, à type de violence, la lutte pour la
vie se combat essentiellement par la force: le pouvoir politique et la richesse sont conquis avec les armes, soit au préjudice des peuples étrangers, soit des concitoyens plus faibles:
la concurrence commerciale entre un peuple et l'autre est combattue surtout par les armées et les flottes; c'est-à-dire par
l'expulsion violente des antagonistes, des marchés que l'on veut
commodement exploiter tout seul: les contestations judiciaires
sont tranchées par le duel.

Dans la civilisation à type de fraude, la lutte pour l'existence est combattue, au contraire, par la ruse et la tromperie; les duels judiciaires sont remplacés par la guerre de
chicane et les ruses des avocats: le pouvoir politique est
conquis, non plus avec l'acier des armes, mais avec l'argent; l'argent est soutirée des poches d'autrui au moyen de
fraudes et de tripotages mystérieux, tels que les jeux de bourse:
la guerre commerciale est faite avec le perfectionnement des
moyens de production, et plus encore des moyens de tromperies, c'est-à-dire par l'habile falsification qui donne à l'acheteur
l'illusion du bon marché (1).

À la civilisation du premier type appartiennent ou appartin-
rent la Corse, en partie la Sardaigne, le Monténégro, les villes
italiennes du Moyen-âge, et en general presque toutes les civilisations primitives.

Au second type, au contraire, se rattachent tous les peuples
civilisés modernes, c'est-à-dire ceux chez qui le régime capitaliste bourgeois s'est développé dans toutes les parties de son
organisme.

La distinction entre les deux types n'est cependant pas aussi
absolue en réalité qu'elle l'est en théorie, car souvent au sein
d'une même société se mêlent des caractères appartenant aux
deux types différents.

---

(1) GUGLIELMO FERRERO, *Violenti e frodolenti in Romagna*, nel volume
già citato: *Il mondo criminale italiano*; Milano, 1894.

Et puisque la pathologie suit aussi, dans le champ social, la même marche que la physiologie, nous retrouvons encore dans la criminalité ces deux moyens de lutte.

Nous assistons effectivement à la manifestation parallèle de deux formes de criminalité : la *criminalité atavique*, qui est un retour de quelques individus à constitution morbide, aux moyens violents de lutte pour la vie, que la civilisation à désormais supprimés : l'homicide, le vol et le viol; et la *criminalité évolutive*, qui n'est pas moins perverse dans l'intention, mais bien plus civilisée dans les moyens, car à la force et à la violence elle a substitué la ruse et la fraude (1).

Dans la première forme de criminalité ne tombent que peu d'individus fatalement prédisposés au crime; dans la seconde peuvent tomber tous ceux qui ne possèdent pas un caractère assez fortement trempé pour résister aux influences malsaines qui les entourent.

Sighele observe justement que le phénomène se reproduit avec plus d'intensité dans les deux formes de criminalité collective, propres l'une à la classe élevée, l'autre à l'infime classe sociale.

D'un côté sont les riches, les bourgeois, qui en politique, dans les affaires, vendent leur vote, leur influence: et, à l'aide de l'intrigue, de la tromperie et du mensonge volent l'argent du public ; de l'autre sont les pauvres, les ignorants, qui dans les complots anarchistes, dans les démonstrations, les émeutes essaient de se révolter contre la condition qui leur est faite, et protestent contre l'immoralité d'en haut.

La première de ces deux formes de criminalité est essentiellement évolutive et moderne, la seconde est atavique, brutale, violente; celle-là est toute de cerveau, et procède par la ruse, comme l'appropriation de l'indu, le faux, la fraude ; celle-ci est surtout de muscles, et procède par des moyens féroces, comme la révolte, l'homicide, la dynamite.

L'Italie de ces dernières années n'a que trop offert le triste

---

(1) SIGHELE, *Delinquenza settaria*; Milano, 1898.

spectacle de l'explosion simultanée de ces deux criminalités. Nous avons eu en même temps, en Sicile, le brigandage, les révoltes de la faim, auxquelles un mensonge pieux ou intéressé a prêté d'autres noms et d'autres motifs ; à Rome, avec le scandale des banques, les grosses immoralités des classes riches.

Nous avons vu dans l'*Homme criminel*, I et II des exemples de la criminalité sanguinaire commise au Moyen-âge par des associations spéciales.

Mais, demandera-t-on : « Pourquoi si aux temps anciens ces associations criminelles existaient partout, ne se conservèrent-elles que dans quelques pays (Naples), et disparurent-elles dans les autres ? » La réponse est facile, si l'on pense aux conditions peu civilisées des peuples et surtout des gouvernements, qui maintenaient et entretenaient cette barbarie, source première et perpétuelle de ces associations perverses.

« Tant que les gouvernements s'organiseront en sectes — dit très justement d'Azeglio — les sectes s'organiseront en gouvernements ». Quand la poste royale violait le secret des lettres, quand la police ne songeait qu'à arrêter les honnêtes patriotes et trafiquant avec les voleurs, laissait pleine liberté à tous les excès dans les lupanars et dans les prisons ; la nécessité des choses contribuait à protéger, dans le camorriste, celui qui pouvait transmettre une lettre avec sécurité, sauver d'un coup de poignard, ou racheter à un bon prix un objet volé, ou bien, dans des questions peu importantes, prononcer des jugements sans doute tout aussi équitables et certainement moins coûteux et plus expéditifs, que ceux que pouvaient offrir les tribunaux.

La *camorra* était une espèce d'adaptation naturelle aux conditions malheureuses d'un peuple, rendu barbare par son gouvernement.

Le brigandage à son tour était souvent une espèce de sauvage justice contre les oppresseurs. A l'époque de la servitude en Russie, les *moujik*, indifférents de la vie, provoqués par des souffrances incessantes dont personne ne s'occupait, étaient toujours prêts à se venger par l'homicide,

comme nous le prouve un chant révélé par Dixon. Il n'y a
pas (dit l'auteur bien connu de l'étude sur les prisons en Europe)
de grande famille russe, qui ne compte le massacre d'un de
ses membres dans l'histoire de la famille. L'immobilisation des
capitaux et l'avarice poussaient les riches de l'Italie meridionale
à l'usure, à des malversations incroyables contre les pauvres
des campagnes. A Fondi, écrit Jorioz, beaucoup devinrent
brigands grâce aux extorsion du maire Amante. — Coppa
Masini, Tortora furent poussés au brigandage par les mauvais
traitements impunis de leurs paysans.

« Les paysans de l'Italie méridionale (disait Govone à la
Commission d'enquête) voient dans le brigand le vengeur
des injustices dont la société les accable. Le maire de Traetto,
qui se prétendait libéral, rossait sur la route ses adversaires et ne leur permettait pas de sortir le soir ; les dissensions qui s'élevaient entre les riches et les pauvres pour
la division de quelques terres, ayant appartenues à d'ancien
barons, et dont la possession était douteuse et avait été pro-
mise à tous, particulièrement aux pauvres colons ; les haines
qui divisaient les rares petits seigneurs des communes de
l'Italie méridionale et les vengeances exercées contre les clients
des uns et des autres, furent les causes principales du brigandage. Sur 124 communes de la Basilicate, 44 seulement
n'eurent aucun brigand ; c'étaient les seules communes où
l'administration était dirigée pas des maires honnêtes. Des
deux communes, Bomba et Montazzoli, près de Chieti, la première, où les pauvres étaient bien traités, n'eut pas de brigands,
pendant que la seconde, où ils étaient malmenés, en fournit
un grand nombre. — Dans les petites terres de l'Italie méridionale, observe fort justement Villari, existe encore le Moyen-
âge au milieu de la civilisation moderne, seulement à la place
de l'antique baron on trouve aujourd'hui le despotique bourgeois.
A Partinico, ville de 20,000 âmes, on vit en plein Moyen-âge
parce que les petits seigneurs y alimentent une vengeance qui
dure depuis des siècles. — A San Flavio deux familles se
détruisirent réciproquement par vengeance d'honneur ».

Nous avons toujours en Sicile — écrit Franchetti — une classe de paysans presque esclave de la glèbe et une catégorie de personnes qui se considère comme supérieure à la loi ; une autre, c'est la plus nombreuse, regarde la loi comune inefficace et a élevé à la hauteur d'une principe la coûtume de se rendre justice soi-même.

Et là où la majesté de la loi est méconnue et méprisèe, ses représentant ne peuvent être respectés.

Le fonctionnaire public en Sicile est en effet adulé, caressé tant que les auteurs des abus et des tyrannies espèrent l'avoir pour complice, ou au moins comme un spectateur muet de leurs méfaits ; il est au contraire traqué, haï, assailli, combattu avec toutes les armes, dès qu'on reconnaît en lui un homme fidèle à son devoir.

Après l'abolition de la féodalité, continue ailleurs Franchetti, si la nature même des relations sociales n'avait pas changée, la forme extérieure s'était tout ou moins transformée.

Le pouvoir absolu des grands avait cessé d'être une institution de droit, ainsi que les juridictions et les gens d'armes des barons. L'instrument qu'il convenait maintenant d'employer, pour protéger les abus, était, dans bien des cas, l'employé du gouvernement ou le magistrat ; mais la corruption ne suffisait pas pour s'assurer leur connivence, il fallait encore y employer un art spécial. Il fallait recourir aux mêmes artifices, pour acquérir ou conserver l'influence sur tous ceux que leur condition économique ne rendait pas directement esclaves. La violence brutale dut en partie céder le pas à l'habileté et à la ruse.

« ..... Mais pour celà, la violence n'était pas exclue, du moins dans la plus grande partie de l'île : rien n'était venu interrompre les antiques traditions, et les instruments pour les mettre en œuvre n'avaient pas cessés d'exister. Les anciens gens d'armes des barons féodaux, mis de côté, existaient toujours, sans compter les hommes qui avaient déjà commis quelques délits, ou étaient prêts à en commettre et qui ne pouvaient manquer d'être nombreux dans un pays, où la facilité

du crime et l'impuissance de la répression étaient traditionnelles.
Mais maintenant les premiers comme les seconds exerçaient
le metier pour leur propre compte, et celui qui avait besoin de
leur aide devait traiter avec eux de pair à pair » (FRANCHETTI,
Condizioni politiche e amministrative della Sicilia. Firenze,
Tip. G. Barbera).

Un autre exemple de cette double criminalité on le trouve
à Rome, et mieux encore en Corse et en Romagne. Rome, il
y a quelques années, présentait un chiffre de criminalité, spécialement contre les personnes, bien plus élevé que dans beaucoup d'autres régions de l'Italie ; mais comme l'a très-bien
demontré Gabelli (*Roma ed i Romani*, 1881), c'etait en grande
partie, un effet de la tradition de l'antique impunité et de l'atmosphère morale qui s'y était formée grâce à elle.

Il y a peu d'années encore, une fille du peuple n'y aurait
pas épousé un fiancé, qui n'eut jamais fait usage du couteau,
même quelquefois donné, comme gage d'amour.

Pendant que dans la haute Italie, tout honnête homme croit
de son devoir d'aider le gouvernement à mettre la main sur
un voleur ou un assassin, le romain du peuple, qui ne connait le gouvernement que sous forme d'impôt, de papier
timbré, etc., et chez qui le sentiment de sa propre personnalité est très développé, le tuera lui-même, ou le laissera
fuir comme une chose qui ne le touche pas ; il ne viendra
pas d'avantage témoigner s'il a vu commettre un assassinat,
et cela, par une vieille habitude contractée sous le gouvernement du pape.

A cette criminalité la corruption de la capitale ajoute les
louches spéculations des banques et les turpitudes des journaux.

Dans la Basilicata, Pani Rossi (*op. cit.*), entendit souvent
les mères appeler leur fils *brigantiello* (petit brigand); Crocco
était leur *Carminuccio* ; les riches surnommaient *Ninco-Nanche*,
le roi de la campagne.

« Le mot *malandrino* perdit en Sicile jusqu'à sa signification et de qualificatif d'infamie il devint une épithète de
louange pour le peuple, parmi lequel beaucoup d'honnêtes gens

s'en montraient orgueilleux. *Io sono malandrino* signifiait, en effet, pour eux, être un homme qui n'a peur de rien, et particulièrement de la justice, qui dans leur esprit se confond avec le gouvernement ou mieux avec la police » (Tommasi-Crudeli, *op. cit.*).

Cette conception inexacte de la morale, ce défaut de sentiment de la distance qui existe entre l'état équivoque et l'état honnête, explique que le malandrin trouve un complice dans le colon et aussi parmi les propriétaires, avec lesquels il vit et qui regardent le crime comme un nouveau moyen de spéculation. Cet état de choses suivant la relation des préfets, est la plaie la plus profonde de la Sicile, où les vrais brigands qui battent la campagne sont en petit nombre, mais deviennent légion dans certaines circonstances, accrus par leurs auxiliaires éventuels ; et où les grands propriétaires eux-mêmes se servent des brigands pour imposer des rançons, faire annuler des testaments, établir leur tyrannie sur leurs concitoyens.

De là vient aussi leur répugnance pour la dénonciation, qui leur paraît plus immorale que l'homicide lui-même; si bien que l'on voit des moribonds cacher jusqu'au dernier moment le nom de leur meurtrier. Ce n'est pas l'homicide qui leur inspire du dégoût, c'est la justice. Donc les rares circonstances où le crime est dénoncé, il reste d'ailleurs, le plus souvent impuni. Ainsi sur 150 brigands de la province napolitaine, pris les armes à la main, 107 furent absous par le jury, et 7 seulement furent condamnés (S. Jorioz, *Il brigantaggio*, 1875).

Il en est de même en Romagne, ainsi que nous le démontre Alfredo Comandini (*Le Romagne*, Verona, 1881) et en Corse, d'après Bourde et Bournet.

« La cause de tout notre mal, écrit Comandini, est l'abus du vin, l'usage très-répandu de porter les armes et les associations politiques qui ont subsisté comme une tradition des temps despotiques où toutes les classes y prenaient part, même au péril de la vie. Leurs aspirations étaient honnêtes, mais très-souvent elles favorisaient la fuite ou l'impunité d'un malf.iteur parce que arrêté, il aurait pu les trahir. Maintenant, ces associations n'ont plus aucun but politique vrai ou éducatif, pas même celui de mutuel secours; ce ne sont le plus souvent que des occasions de boire ensemble, presque toujours aux frais du plus riche et qui, échauffant les cerveaux, dégénèrent ordinairement en coups de couteaux, rixes ou injures, suivis de réactions non seulement individuelles, mais souvent de groupes entiers, par devoir traditionnel de *prendre part* et de se prêter un *réciproque appui*.

« Ces associations, même dans les plus petites villes, s'élèvent souvent jusqu'à cinq, dix; elles appartiennent toutes, il est vrai, à un parti unique, mais divisé suivant les quartiers et les faubourgs; si l'associé de l'un de ces groupes a une question, soit de femme ou d'argent, avec l'associé d'un autre groupe, le groupe entier prend parti pour lui; le *réciproque appui* conduit à considérer comme associé celui qui, ayant blessé ou tué pour venger un point d'honneur, est sur le point de tomber entre les mains de la justice.

« Ou bien, n'ayant pas confiance dans l'autorité du gouvernement, les questions se liquident devant les bons frères, ou les chefs du groupe qui arrangent les parties comme Dieu le veut : le plus méchant est expulsé de la société, et tout fini là. La paix est conclue en buvant ensemble, ce qui souvent donne lieu à de nouveaux conflits ».

Mais bien mieux encore que la Romagne, la Corse nous offre l'exemple d'une criminalité inconsciente, dérivant des conditions sociales-historiques, autant que de l'influence historique dont nous avons parlé.

« La fréquence des assassinats par vengeance, écrit Bournet (1), est connue de tout le monde, mais peu savent combien les causes en sont mesquines. Un chien tué par un Rocchino à un Tafani, fait onze victimes dans les deux familles. En 1886, il y eut 135 attentats contre les personnes, soit 1 par 200 habitants : c'est-à-dire quatre fois plus que dans le dépar-

---

(1) Bournet. *Criminalité en Corse*, 1887. — Archivio di psich., VIII.

tement de la Seine. De ces 135 attentats, 52 furent commis
spontanément à la suite de discussions ou de rixes. Il est impossible de faire parler un témoin. À Palerme 60 personnes
avaient assisté à un crime, toutes juraient de n'avoir rien vu ».

Bourde, suivant les rapports de la gendarmerie, évalue le
nombre des bandits de 5 à 600.

« Tout aboutit à ceci, dit-il, que les paysans perdus dans
leurs villages, ennemis du chef du clan, sont persuadés qu'il
n'y a pas de justice. M. Marras, dans un de ses discours avoue
qu'on y entend encore le cri légendaire : « En Corse il n'y
a pas de justice ».

« Les Corses sont très fiers : ils dédaignent le travail manuel et aiment peu la terre ; ils sont plus sensibles aux qualités intellectuelles qu'aux qualités morales, et ont une manière spéciale d'envisager le bonheur et la conscience.

« Leur organisation ressemble beaucoup à celle du patriciat
romain : quinze ou vingt familles dirigent toutes les autres,
quelques unes ne disposent que d'une centaine de votes,
d'autres de plusieurs milliers d'électeurs, qu'elles font voter
comme elles veulent. Cinquante familles sont absolument dé-
vouées à une seule depuis plus de deux cents ans ; la vie indépendante est impossible, car celui qui est seul n'arrive à rien.

« Les membres d'une famille risquent leur vie avec une
abnégation sublime pour soutenir un des leurs. Deux con-
sciences sont en lutte dans l'île ; la moderne, inspirée par
les principes absolus du droit et de l'équité : et l'antique conscience Corse, qui ne sait pas s'élever au dessus des intérêts
de l'association de famille. Cette dernière prévaut presque
toujours : et l'on en vit les effets durant les opérations d'expropriation du jury pour les chemins de fer.

« Le jury, présidé par Casabianca, chef du parti le plus
puissant de l'île, se fit remarquer par d'énormes partialités :
Benedetti, ennemi du parti, reçut 2000 francs pour une vigne
de 16 ares 96 centiares ; une certaine Virgitti, protégée des
Casabianca, reçut 13,000 francs pour une vigne de 18 ares
90 centiares, et ainsi de suite. En Corse ces injustices parais-

sent naturelles aux ennemis eux-mêmes, lesquels en feraient autant, en faveur de leurs clients, s'ils étaient au pouvoir.

« Les juges de paix sont omnipotents, mais très-partiaux et dévoués au parti qui les a fait nommer. Dans la composition des listes électorales ils font comme ils veulent, enlèvent ou ajoutent les noms qui pourraient leur nuire ou être utiles au parti adverse, et cela, en depit des Cours d'appel et de cassation. Cela est souvent cause de crimes graves. — François Ricci, facteur, avait été effacé des listes, sur l'instigation de la famille Moracchini. Aux élections municipales, Ricci, furieux de ce qu'il ne pouvait voter, se cacha derrière une haie et blessa d'un coup de fusil un membre de cette famille. Aux reproches qu'on lui faisait, il répondit : « Si je n'avais agi ainsi, on m'aurait pris pour un Lucquois ».

« Les tours d'adresse sont infinis et variés dans les jours d'élections, mais souvent ils tournent au tragique. A Palneca le maire Bartoli renvoya trois fois le scrutin pour attendre le moment favorable; la quatrième fois (28 septembre 1884), ses partisans se renfermèrent avec lui, de bon matin, dans la mairie et s'y fortifièrent ; quand arrivèrent les adversaires, ils ne purent entrer. Exaspérés, ils essayèrent de donner l'assaut, mais on les repoussa à coups de fusils : durant toute la journée des coups furent échangés d'une maison à l'autre, et on eut à déplorer des morts et des blessés. Les adversaires de Bartoli déclarèrent au prefet qu'ils étaient « prêts à mourir plutôt que de vivre en esclavage ».

« Dans toute la France, on constata, en 1885, 42.523 contraventions rurales. La Corse à elle seule en comptait 13.405, presque le tiers ! » (1).

Le progrès de la civilisation, en multipliant à l'infini les besoins et les désirs, en facilitant avec l'accroissement de la richesse, l'excitation des sens, fait affluer dans les Asiles d'aliénés, les alcooliques et les paralysies générales (2), comme

(1) BOURDE, *En Corse*, 1887. — Arch. di psych., VIII.

(2) A Bicêtre, en 1818-19 il n'y avait que 9 cas de paralysie générale ; en 1848-49 il y en eut 34 cas.

dans les prisons les criminels contre la propriété et contre les bonnes mœurs. La statistique nous démontre, en effet, que la plupart des crimes de cette nature, commis dans les capitales, par les classes cultivées, sont actuellement en augmentation (1).

Sighele nous demontre de son côté que la criminalité collective moderne affecte aussi les mêmes caractères.

Devant ces deux formes de criminalité collective on se demande : Pourquoi celle des riches est frauduleuse tandis qu'elle est violente chez les pauvres ?

La réponse est facile : c'est que les classes supérieures représentent ce qui est vraiment moderne, alors que les classes inférieures représentent encore, dans les sentiments ou dans les pensées, un passé relativement lointain. Il est donc logique et naturel que les premières soient modernes, évolutives dans leur criminalité collective, et que les secondes restent au contraire encore violentes, pour ne pas dire absolument ataviques.

(1)

		Crimes contre les personnes	Suicides	Vols	Lascivité
Prusse	1854	8,9 %	0,43	88,41	2,26
»	1859	16,65 »	0,52	78,17	4,08

(OETTINGEN, *op. cit.*).

France de 1831 à 1835 :

Lascivité sur adultes	Lascivité sur enfants	Avortements	Infanticides	Suicides	Vols	Homicides
2,95	3,64	0,19	2,25	3,83	14,40	14,40

France de 1856 à 1860 :

6,20	20,59	0,97	67,45	6,18	11,88	11,88

Les vols domestiques et ceux sur la voie publique commis en Corse sont à ceux de la France comme . . . . . . 0,88 à 1

Les offenses aux conjoints, les empoisonnements . 0,88 à 1

Les viols . . . . 0,50 à 1

Aucun parricide, ni banqueroute . . . . 0,— à 1

Les extorsions sont comme . . . . . 8,— à 1

Les pillages sont comme . . . . . 7,— à 1

Les rapts de jeunes filles . . . . . 28,— à 1

Les homicides . . . . 32,— à 1

(ROBIQUET, *Les crimes en Corse*, 1862).

Bagehot écrivait : « Pour se persuader que les instincts délicats vont toujours en diminuant à mesure qu'on descend l'échelle sociale, il n'est pas nécessaire de faire un voyage chez les sauvages; il nous suffit de parler avec les anglais de la classe pauvre, ou bien avec nos propres domestiques (1).

En second lieu, si la criminalité de la classe riche est un phénomène pathologique qui indique la vicieuse et vieille organisation sociale qui nous régit actuellement — celle de la classe infime, au contraire, peut paraître à son tour l'annonce précoce d'une ère nouvelle prête à surgir.

C'est pour cela que la première a tous les caractères de la ruse sénile; l'autre tous les caractères imprudentes et audacieuses de tout ce qui se sent jeune et fort.

Enfin la classe riche, si non par le nombre, du moins par sa force et par les bases sur lesquelles elle s'appuie, constitue la majorité; — la classe pauvre, au contraire, représente la minorité. Or c'est un caractère psychologique de toutes les minorités d'être plus audacieuses, plus violentes que la majorité. Elles doivent conquérir, pendant que cette dernière n'a plus qu'à conserver ce qu'elle a acquis; on a plus d'énergie pour acquérir un bien ou atteindre un but lointain que pour le garder quand on le possède. La victoire énerve et amollit, pendant que le désir de vaincre centuple le courage (Sighele, op. cit.).

C'est là la reproduction collective du fait individuel pour lequel l'homme assailli par plusieurs individus déploie une énergie qu'il n'aurait pas, si d'autres luttaient avec lui pour le défendre : c'est la nécessité de la défense qui redouble les forces de celui qui est seul et se sent plus faible ; c'est l'instinct de sa conservation qui s'éveille plus puissante devant le danger et qui prête à l'organisme le courage du désespoir.

Dans le domaine du crime, cette loi de nature ne pouvait manquer de se manifester parmi les classes infimes, qui devaient

(1) Bagehot, *Lois scientifiques du développement des nations*; Paris 1880.

lutter contre des adversaires bien plus puissants qu'elles, et suppléer à leur propre faiblesse par la violence et l'audace des moyens.

Que la civilisation ne puisse faire autre chose que changer le caractère et peut-être accroître le nombre des crimes, c'est un fait que l'on comprend aisément, quelque pénible qu'il soit de l'avouer, quand on a vu combien est plus utile à l'attaque qu'à la défense le progrès de l'instruction.

2. — *Agglomérations*. — Aux raisons que nous venons d'énumérer viennent s'en ajouter d'autres d'un ordre différent.

La civilisation, grâce aux chemins de fer, aux concentrations bureaucratiques, commerciales, etc., tend sans cesse à agrandir les grands centres et à surpeupler les villes principales. Et comme on le sait, c'est toujours dans ceux-ci que se condense le plus grand nombre des criminels habituels. Ce malheureux concours s'explique par les plus grands profits, ou l'immunité plus certaine qu'offrent aux criminels les grandes agglomérations. Mais cette cause ne peut-être la seule, car si dans les capitales la vigilance est plus relachée, la répression y est plus active et plus concentrée et si les tentations et les séductions sont plus nombreuses, les voies ouvertes au travail y sont aussi plus larges.

Je crois qu'il existe une autre influence plus puissante encore ; c'est celle de l'entassement qui par son seul fait pousse irrésistiblement au crime et à l'immoralité.

Il y a, écrit Bertillon, une espèce de tendance violente et morbide qui pousse à reproduire les sentiments et les mouvements que l'on voit surgir autour de soi. A cet égard beaucoup des causes exercent leur influence, telles que la jeunesse, le sexe féminin et surtout, dit M. Sarcey, la réunion de personnes sensibles qui rend plus vives les impressions naturelles que chacun ressent en soi-même ; l'air est imprégné de l'opinion dominante et en subit les effets comme dans les contagions, etc. — On aurait observé que même parmi les chevaux, les agglomérations développaient les tendances à la sodomie.

Toutes ces causes, jointes au parallélisme qui se manifeste toujours entre le développement des organes sexuels et celui du cerveau, et à la meilleure nutrition, nous expliquent en partie la grande augmentation des crimes de débauche, qui est un des caractères particuliers de la criminalité moderne et s'accorde avec l'accroissement continue de la prostitution, qui infeste surtout les grands centres. C'est pour cela que les femmes commettent plus de délits dans les pays plus civilisés. Elles sont presque toujours entraînées dans la faute, par la fausse honte de leur pauvreté relative, le besoin de luxe, les occupations et l'éducation presque viriles qui leur offrent les moyens et l'occasion de commettre des délits de même nature que ceux des hommes, tels que les faux, les délits de presse et d'escroquerie.

La civilisation fait augmenter quelques crimes, de même qu'elle rend plus fréquentes certaines folies (1) (paralysies, alcoolisme), parce qu'elle augmente aussi l'usage des substances

(1) En prenant, par exemple, la statistique du pays le plus avancé du monde — les États-Unis — nous voyons dans le précieux *Census of United States* (*Compendium of the Tenth Census* (1880) *of the United States*, P. II, pag. 1659) que les fous qui s'y élevaient à 15,610 en 1850, 24,042 en 1870 et 37,432 en 18.0, montèrent en 1870 à 91,997, pendant que la population, qui était de 23,191,876 en 1850, atteignit 38,558,371 en 1890, 50,155,783 en 1810, c'-à-dire que pendant que la population redoubla en 30 ans, les aliénés s'élévèrent au sextuple ; plus encore, dans les derniers dix ans l'accroissement de la population fut du 30 % et celui des aliénés de 155 %. — En Angleterre et Wales ils étaient, en 1859, 18,6 pour 10,000 ; 1885, 28,9 pour 20,000 ; 1893, 39,0 pour 1000. — En Italie (*Archivio italiano per le malattie nervose*, 1888 (Verga), on comptait au 1874 51 aliénés par 100,000 hab. ; en 1877, 54,1 ; 1880, 61,25 ; 1883, 67,7 ; 1885, 66,0 ; 1888, 74,0. — En France (Bonio, *Bulletin de l'Institut international de statistique*, 1889, pag. 112 et 123. — *Di alcune statistiche sanitarie in Italia ed in altri Stati europei* — Nota del dott. Raseri), ils étaient 131,1 par 100,000 hab. en 1882 ; 133 en 1884 ; 136 en 1888. — Ecosse et Irlande fournissaient, suivant Legoyt, 2,6 aliénés par 1000 hab. ; Scandinavie, 3,4 ; États-Unis, 3,3 (*op. cit.*). En Hollande, en 1856, ils étaient 5,9 ; en 1860, 6,4 ; en 1863, 7,5 (Schxxevoer, *Verslag over den Staad des Gestischten*, 1865).

excitantes, presque inconnues au sauvage et devenues un veri-
table besoin dans les pays policés. — Si bien que nous
voyons aujourd'hui l'Angleterre et l'Amérique, ajouter à l'abus
de l'alcool et du tabac celui de l'opium et même de l'éther;
et que nous vîmes de 1840 à 1870, la consommation moyenne
de l'eau de vie s'élever en France de 8 à 30 litres par an.

3. — *Presse.* — La civilisation, en favorisant la création et
la diffusion des journaux qui ont toujours une chronique scan-
daleuse, souvent même pas autre chose, crée une nouvelle
cause d'émulation et d'imitation pour les criminels. — Il est
triste de penser que le crime de Troppmann fit monter à 500,000
les tirages du *Petit Journal* et à 210,000 ceux du *Figaro*;
c'est sans doute pour cela que l'on vit presqu'aussitôt ce crime
imité en Belgique par Moustier et en Italie; Voir l'étrange
crime suivant.

Pendant l'absence du patron R. son coffre-fort fut forcé;
son commis aussitôt soupçonné fut arrêté, et l'on retrouva chez
lui la somme soustraite, qu'il avoua d'ailleurs spontanément
avoir prise, mais sans mauvaise intention. Il pouvait en effet,
sans enfoncer de caisse, disposer de sommes bien plus importantes avec le consentement du maître, qui avait en lui une
grande confiance : il n'était arrivé à commettre ce vol, dit-il,
que pour essayer un coup qu'il avait lu le jour précédent
dans un journal. Son patron, le sachant lecteur assidu de journaux déclara qu'il admettait cette excuse, et le reprit effectivement dès qu'il eut été acquitté.

En 1873 à Paris, Grimal décide de commettre un crime
pour faire parler de lui, comme certains grands malfaiteurs
dont il lisait les exploits dans les journaux; dans ce but il
tente un incendie et n'est pas cru coupable malgré ses
aveux; il maltraite sa femme, qui en meurt, et se dénonce
comme l'auteur de sa mort: mais de là encore il sort avec
une sentence de non lieu: c'est alors que lui tombe sous les
yeux le procès de la veuve Gras, et pour l'imiter, il jète de
l'acide nitrique au visage d'un ami, qu'il tue, et s'en va ra-

conter son crime à tous ; le jour suivant il court lire le *Petit Journal*, qui racontait son assassinat, puis va se constituer lui-même prisonnier.

On reconnut que c'était la lecture des romans judiciaires et des faits divers des journaux, qui lui avaient suggéré l'idée de ces crimes.

On peut en dire autant de ces romans dont l'action roule entièrement sur des faits criminels, comme ceux actuellement à la mode en France. — En 1866 deux jeunes gens, Brouiller et Serreau, étranglèrent une marchande ; arrêtés, ils déclarèrent que le crime leur avait été suggéré par la lecture d'un roman de Delmons.

Quelques uns, dit très justement La Place, ont reçu de la nature un organisme enclin au mal, mais ils ne sont déterminés à l'action que par l'histoire ou par la vue des méfaits d'autrui.

Il y a quelques années, un paquet de dix obligations volées fut trouvé enveloppé dans un papier sur lequel le voleur avait écrit ces tristes lignes extraites d'un roman de Bourrasque :

« La conscience est une parole inventée pour épouvanter les imbéciles et les obliger à s'avachir dans la misère. Les trônes et les millions ne se gagnent que par la violence et la fraude ».

Dans les grandes villes, les logements nocturnes à bas prix, pour les pauvres, sont des lieux d'incitation au crime. Beaucoup, dit Mayhew, sont entraînés aux *Lodging-House* par la grève et des *Lodging* au vol.

Les lois politiques et les nouvelles formes de gouvernement populaire imposées par la civilisation moderne, et en partie aussi par une feinte liberté, favorisent de toutes manières la formation de sociétés, sous prétexte de communs divertissements, d'entreprises administratives, ou de secours mutuel. L'exemple de Palerme, de Livourne, de Ravenne, de Bologne ; l'histoire de Luciani et de Pagge ; celle de Crispi et Nicotera nous montrent combien est courte la distance de quelques entreprises généreuses à la violence la plus immorale et même au crime. — Dans l'Amérique du Nord, quelques

sociétés allèrent jusqu' à commettre impunément et même
officiellement le crime au milieu de deux des plus florissantes
villes (New-York et S. Francisco) et firent presque légitimer
leur fraude.

Les révolutions politiques qui sont plus fréquentes avec
ces formes gouvernementales provoquent l'accroissement de
quelques délits, soit parce qu'elles agglomèrent un grand nombre
de personnes, soit parce qu'elles excitent les passions violentes.

L'Espagne est une prison, dit un illustre espagnol (*es un
presidio suelto*), où l'on peut commettre impunément n'importe quel crime, pourvu que l'on crie en faveur de celui-ci ou
de celui-là, ou que l'on donne au délit une apparence politique.

Les criminels acquittés en 5 ans s'y élevèrent à 4065, le
quadruple de ceux qui le furent en France (ARMENGOL, *Estudios
penitenciarios*, 1873). On ne doit donc pas s'étonner, après
cela, si en Espagne les crimes sont proportionnellement plus
nombreux qu'ailleurs. — Comme les révolutions, les guerres
font augmenter le chiffre des crimes, à cause des agglomérations et des contacts permanents, ainsi que nous l'avons
vérifié chez nous en 1866 (Curcio), et dans l'Amérique du
Nord en 1862, durant et après la guerre (CORRE, *op. cit.*,
pag. 78).

Les crimes de débauches, qui avant 1848 étaient en France
de 100 à 200, s'élevèrent à 280, puis à 505 et avec eux
augmentèrent aussi les naissances illégitimes.

D'après cela, on comprend aisément, sans qu'il soit nécessaire de citer des chiffres, combien l'agglomération doit
augmenter les crimes dans les prisons, où, de l'aveu des
criminels eux-mêmes, la plus grande perversité est un titre
de gloire et la vertu une honte. La civilisation, en multipliant
les grands centres pénitenciers, donne, par cela même, une
plus grande extension au crime, surtout, lorsque avec une
sollicitude blâmable, elle y introduit ces institutions charitables
et philantropiques (écoles de reforme, patronnats), qui relèvent
la dignité de l'homme honnête; mais ne suffisent pas à améliorer l'âme du coupable endurci.

Nous verrons comment à la suite de l'application du *ticke of leave* on nota de 1861-62 en Angleterre un fort accroissement de délinquants, ainsi qu'on l'avait constaté déjà en 1834, à la suite de la déportation (B. SCALIA, *op. cit.*) (1).

Les maisons de correction, qui semblent inspirées par un sentiment de charité vraiment humanitaire, par le seul fait de la réunion d'individus pervers, exercent une action tout autre que salutaire, et presque toujours contraire au but dans lequel elles furent instituées. Il est à propos de rappeler ici, comment l'illustre Olivecrona attribue le grand nombre de récidivistes suédois aux vices du système pénitencier et à l'usage de soumettre les jeunes detenus à la même discipline que les adultes (2).

4. — *Nouveaux crimes.* — La civilisation introduit chaque jour de nouveaux crimes, moins atroces peut-être que les anciens, mais qui, pour cela, n'en sont pas moins nuisibles. Ainsi à Londres, le voleur substitue la ruse à la violence ; aux effractions les vols à la pêche ; aux escalades le chantage et l'escroquerie à l'aide de la presse (*Quart. review*, 1871). L'homicide, dans le but de profiter des droits d'assurance, est un exemple d' une nouvelle forme de crime, commis par quelques médecins et que favorisent trop souvent les nouvelles connaissances scientifiques. De même la connaissance des symptomes de l'empoisonnement par l' acide arsénieux, qui sont semblables à ceux du choléra, suggéra à deux médecins l'idée d'empoisonner, après les avoir assurés, beaucoup de leurs clients durant l'épidémie cholérique de Magdebourg et de Monaco (PETTENKOFFER, *Theorie des Cholera*, 1871).

À Vienne on a inventé le nouveau crime, dit KRATZE, qui

(1) De 2649 qu' étaient les criminels en 1864-65, ils montèrent à 15,049 en 1873-74 ; dans les colonies où sont déportés les criminels pour faits de violences, ces crimes s'accrurent dans la proportion de 4 à 8 en comparaison des autres, pendant qu'en Angleterre ils sont restés dans celle de 1 à 8 (B. SCALIA, 1874).

(2) *Des causes de la récidive* (Stockolme, 1873).

consiste à s'approprier des marchandises que l'on a fait expédier à des sociétés imaginaires (RUNDSCHAU, Wien, 1876).

Les anarchistes ont mis à la mode la dynamite contre les édifices et contre les personnes. On vient à présent d'introduire, à Chicago, l'assommoir électrique (1) et de petites torpilles, qui, glissées dans les poches des gens, les foudroient et les mettent en morceaux.

La civilisation, en relâchant les liens de la famille, augmente non seulement le nombre des enfants trouvés, qui sont des pépinières de criminels, mais encore multiplie l'abandon des adultes, les viols et les infanticides.

Malgré ces tristes conséquences, nous ne devons pas nous laisser entraîner au blasphème, impuissant d'ailleurs contre l'avancement fécond de la civilisation, qui même à ce point de vue, ne peut-être considérée comme préjudiciable, car fut-elle momentanément la cause d'un accroissement des crimes, elle en mitige certainement le caractère. D'autre part, là où elle atteint son apogée, elle a déjà trouvé les moyen de panser les plaies qu'elle a faites, avec les asiles d'aliénés criminels, le système cellulaire pénitencier ; avec les maisons d'industrie, les caisses d'épargnes appliquées aux postes et aux ateliers, et surtout par la création des sociétés protectrices de l'enfance abandonnée, qui préviennent le crime presque dès le berceau (Voir IIIᵉ Partie).

(1) Au moyen d'une minuscule batterie électrique perfectionnée, pas plus grande qu'un porte-cigare et que l'on peut tenir dans la manche de son habit, on obtient autant de force électrique qu'il en faut pour abattre un homme et le rendre insensible durant plusieurs heures. Avec un fil isolé, le fluide peut passer de la batterie cachée dans une plaque métallique enveloppée de matière isolante que le malfaiteur tient dans une main et avec laquelle, en touchant un homme dans n'importe quel endroit du corps il le fait tomber à terre évanoui. Il y a peu de temps à Chicago, Jhonson fut accosté par deux malfaiteurs, qui le terrassèrent et pour vaincre sa résistance, lui appliquèrent sur le visage un petit corps métallique qui le paralysa. Revenu à lui, deux heures après, il se trouva nu.

Chapitre V.
Densité — Immigration - Émigration — Natalité.

1. — *Densité*. — On verra mieux l'influence de la civilisation dans son rapport avec la criminalité en examinant un à un ses divers facteurs, et en premier lieu celui de la densité ; car l'histoire du crime nous enseigne qu'il n'apparut tel qu'il est que lorsque la société humaine eut atteint une certaine densité.

La prostitution, les blessures, le vol — selon la juste remarque de Réclus, Westermark et Krapotkine — se manifestent rarement dans la société primitive, comme chez les Veddah, qui ne se réunissent qu'à l'époque de la pluie et parmi certains Australiens, qui ne se rassemblent qu'à la récolte de l'Yam. C'est pour la même raison que même parmi les animaux lorsqu'ils ne sont pas associés ou réduits en domesticité, l'équivalent du crime n'apparaît que rarement, car le moyen de se manifester manque à leurs instincts brutaux. Mais que les circonstances changent et s'y prêtent avec la formation des tribus, des urbs et des clans, et le crime, qui jusque là dormait latent, surgira avec violence, comme nous le dépeignent, chez nos ancêtres, Athénée, Hérodote, Lucrèce. Même parmi les sociétés barbares les moins compactes, les crimes sont relativement plus rares, bien que plus féroces, pendant qu'ils se multiplient dans les sociétés plus policées, dans lesquelles les cinq ou six formes de crimes barbares deviennent légions à notre époque.

Un seul regard jeté sur les délits de vols, sur les *homicides* et les soulèvements politiques de l'Europe par rapport à la densité, nous démontre que sauf les résultats contradictoires, effet de l'influence thermique qui accroît les homicides et les révoltes au Sud et les vols au Nord, les vols augmentent avec la densité, tandis que les homicides diminuent.

Nous voyons en effet dans le tableau suivant, que sur sept pays ayant une moindre densité, deux seulement (Espagne et Hongrie) ont des chiffres très élevés d'homicides, et sur huit pays ayant une densité maximum, l'Italie seule compte un grand nombre d'homicides. Quant aux vols, c'est le contraire qui a lieu.

Pour les révoltes on ne peut tout d'abord rien conclure, car nous voyons des pays à densité égale (Pologne, Autriche, Suisse) avoir des différences énormes dans le nombre des révolutions, pendant qu'elles font défaut dans d'autres pays à densité grande ou petite, comme l'Angleterre, la Russie, la Hongrie.

Au moyen-âge, une population très clair semée, la Corse, eut un grand nombre de révolutions (suivant Ferrari, elle en aurait donné 45 en 4 siècles); Nonantola et Biandrate furent aussi dans le même cas (FERRARI, *op. cit.*).

Crimes et densité dans les États d'Europe.

Habitants p. kil. carré		Homicides (1) p. 1,000,000 d'hab.	Vols (2) p. 100,000 hab.	Rév. polit. (3) p. 10,000,000 d'hab.
18	Russie	14	—	—
33	Suède et Norvège	13	—	13
33	Danemark	13	—	13
33	Espagne (4)	58	52,9	55
51	Portugal	25	80	58
61	Autriche (4)	25	103	5
61	Hongrie	75	103	5
66	Pologne	10	—	13
69	Suisse	16	114	80
71	France (4)	18	116	16
86	Allemagne (4)	5	200	5
100	Italie (4)	96	72	30
112	Angleterre (4)	7	136	7
113	Irlande	9	91	30
166	Belgique	18	134	—

(1) *Almanach de Gotha*, 1886-87.

(2) FERRI, *Omicidio e Atlante*, 1895.

(3) *Le crime politique*, di C. LOMBROSO e LASCHI, Torino, 1895.

(4) BODIO, *Relazione della Commissione per la statistica giudiziaria*, 1896 (bozze).

Cette influence apparait plus clairement encore dans nos pays, surtout si l'on examine en détail chaque crime par rapport aux degrés de densité de la population.

En Italie, par exemple, nous trouvons (1) :

Hab. p. kil. carré	Homicides %/0000	Vols %/0000	Violences contre les fonctionn. %/0000	Viols %/0000	Escroqueries %/0000
de 20 à 50	11	199	23,7	18,8	52,6
» 50 à 100	6,03	144,4	25,4	16,4	45,0
» 100 à 150	6,0	148	23,5	14,5	53,5
» 150 à 200	5,1	153	24,6	12,3	54,6
» 200 au dessus	3,5	158	29,5	13,7	50,4

On voit, en conséquence, décroitre l'homicide, spécialement dans les capitales à mesure qu'augmente la densité, si bien que Milan, Naples, Livourne, Gênes, avec des races (Grecques, Celtes, Ligures) et des climats (nord et sud) les plus divers donnent une décroissance analogue dans le chiffre des homicides et par contre on le voit augmenter regulièrement là où la densité est moindre, c'est-à-dire dans les pays plus chauds et dans les iles, où la barbarie est plus grande et le crime associé plus fréquent.

Les vols, les viols et les violences contre les fonctionnaires diminuent aussi avec l'augmentation de la densité, mais pour remonter ensuite rapidement avec l'excès de la densité, qui correspond aux grandes capitales (Padoue, Naples, Milan, Venise).

L'escroquerie suit une marche irrégulière et presque toujours en opposition avec la densité, ce qui provient du fort contingent insulaire, spécialement de la Sardaigne, et de l'intensité exagérée par une ancienne coutume éthnique dans les provinces de Forlì et de Bologne, où l'escroquerie est très répandue et même proverbiale (*Bolognare* de Bologne) et Dante dans son *Enfer* a dit :

(1) Bodio, *Annuario statistico italiano*, 1894, Roma.

Et non pur io qui piango Bolognese :
Anzi n'è questo luogo tutto pieno (1).
(Canto XVIII, 58, pei lenocinii).

Ainsi dans les récentes statistiques françaises (2), nous trouvons dans les pays où la densité

	Habitants p. kilom. carré	Vols °/oooo	Homicides °/oooo (1)	Viols °/oooo
est de	20 à 40	63	a,41	19
	40 à 60	96	1,42	20,4
	60 à 80	100	1,40	19
	80 à 100	116	1,20	30
	100 et plus	196	1,88	34

Nous voyons le vol devenir de plus en plus fréquent à mesure que la densité augmente. Les homicides et les viols, au contraire, donnent la plus grande proportion avec le minimum ou le maximum de la densité. Cette contradiction s'explique par ce que là où il existe la densité plus compacte il y a les grands centres industriels (Seine inférieure, 92), politiques (Paris, 18), et d'immigration (Bouches du Rhône, 45), où l'on trouve des occasions plus frequentes de contestations ; au minimum de la densité (Corse, 200 ; Lozère, 41 ; Hautes-Alpes, 24), correspond aussi le maximum de la barbarie, et nous avons vu que les blessures et l'assassinat y sont regardés souvent bien plus comme une nécéssité que comme un crime.

Le même fait se reproduit pour les soulevements politiques ; je l'ai prouvé dans le *Crime politique*, par l'étude sur les populations révolutionnaires et ultra conservatrices des départements français, qui démontre combien les premières sont toujours plus nombreuses dans les régions où la densité est plus grande.

(1) Je ne suis pas ici le seul Bolognais qui pleure : ce lieu bien au contraire en est tout plein.

(2) FERRI, *Omicidio*, Atlante, 1895.

En étudiant les rapports de la densité avec la population et la réaction monarchique en France, nous trouvons que dans les départements à population plus dense, l'esprit public est plus enclin aux idées révolutionnaires. Au contraire les Basses-Alpes, les Landes, l'Indre, le Cher et la Lozère, qui ne dépassent pas 40 habitants par kilomètre carré, donnèrent dans les élections politiques de 1877-81-83 un coéfficient élevé de votes au parti monarchique. Il en est de même pour les départements de la Vendée, du Nord, des Hautes-Pyrénées, du Gers, du Lôt et de l'Aveyron, qui ne comptent guère plus de 60 habitants par kil. carré; le même fait fut aussi remarqué pour les plébiscites (Jacoby).

Au contraire lorsque la population atteint un haut degré de densité, comme dans le Rhône, la Loire, la Seine-et-Oise et la Seine inférieure, on voit l'esprit révolutionnaire prendre un plus grand développement; c'est ce qu'observait déjà Jacoby (*op. cit.*).

La proportion plus élevée de révolutionnaires est fournies par les départements à densité plus compacte, en suite par ceux qui se rapprochent de la densité moyenne, avec une legère faiblesse. — Dans les départements à densité minime dominent les conservateurs; dans les autres, les deux partis s'équilibrent.

On comprend aisément que là ou la population urbaine est plus dense, les agitations politiques sont aussi plus fréquentes. Ce fait s'observe surtout à Paris, où, comme écrit Viollet-le-Duc (1) : « Tout le monde civilisé déverse son écume, en faisant une ville cosmopolite dans laquelle une foule sans patrie, sans principes et sans traditions, dispose audacieusement des élections et se prévaut des malheurs du pays pour renverser le gouvernement et se mettre à sa place ».

C'est ainsi qu'après la Commune sur 36,809 individus arrêtés, il y eut 1725 étrangers et 25,648 provinciaux.

Tel est le vice, ajoute Maxime Du Camp, des pays trop con-

(1) *Mémoires sur la défense de Paris*, 1871.

centrés, où la vie provinciale ne trouve qu'un développement imparfait (*op. cit.*).

« Les grandes capitales sont dangereuses pour le calme politique, elles font l'effet d'une pompe aspirante : elles attirent et retiennent. La France a la tête trop grosse, elle est, comme les hydrocéphales, sujette à de véritables accès de fureur maniaque. La Commune fut un de ces accès ».

En somme, l'influence éthnique et climatérique élimine l'influence de la grande densité, mais cette dernière exerce une action directe bien évidente sur les délits de vol, qu'elle multiplie, et sur les homicides, qu'elle diminue.

2. — *Immigration - Émigration.* — C'est un fait indéniable qu'entre l'Italie et la France existe un contraste frappant, une complète contradiction, que nous verrons renouveler aussi pour la richesse ; en effet, en Italie l'homicide décroit régulièrement avec la densité, pendant qu'en France il s'élève extraordinairement avec le maximum de la densité, bien que Paris soit, sous ce rapport, au dessous de la Seine-et-Oise, qui l'environne. Mais cette contradiction, outre qu'elle résulte de l'influence toujours croissante de la civilisation que les grands centres exercent, chez nous, en diminuant la propension légendaire à la vengeance, qui faisait regarder certains homicides comme un droit et même un devoir, et aussi, selon l'expression de Ferri, du degré, de saturation criminelle, causé par le nombre excessif de nos crimes de sang, qui ne pouvait plus être dépassé, cette contradiction, disons-nous, est due à spéciale condition en France d'un élément nouveau, l'immigration, qui manque chez nous et qui augmente, il est vrai, la densité, mais d'une manière néfaste, en apportant plus de 1,200,000 étrangers à l'âge et dans les conditions plus proclives au crime, et cela sur quelques points seulement. En effet, le maximum des homicides, 45, est donné par les Bouches-du-Rhône, qui serait un des grands centres d'immigration, ayant 50,000 italiens. Si bien que dans la carte de la criminalité tracée par Joly, par pays d'origine, en éliminant l'élément d'immi-

gration, le département des Bouches-du-Rhône descend, du degré maximum de 86° qu'il avait avant, au 62° ; l'Hérault, de 81° à celui de 63° ; les Alpes Maritimes de 83° à 45° ; sans parler de la Seine, où sur 40,000 arrêtés 13,000 seulement sont nés dans ce département ; car si la Seine importe beaucoup de fripons, elle en exporte aussi un grand nombre.

Dans l'Hérault, l'arrondissement serait bon, mais une ville gâte tout (Cette) ; sur 10 accusés elle en donne presque 7 ; elle fournit à elle seule la moitié des procès jugés par le tribunal de Montpellier, grâce surtout à l'accumulation des récidivistes, qui dorment sur les places, et qu'on appelle pour cela les *Couche-Vêtus* et enfin à cause des étrangers. En 1889 il y avait 21 étrangers sur 118 habitants accusés, c'est-à-dire que pendant que la proportion des indigènes était de 2 $\%_{00}$, celle des étrangers était de 19 $\%_{00}$. Le même fait se reproduit à Marseille pour les ouvriers travaillant au port. Ce sont ces étrangers, écrit Joly, qui donnent le plus fort contingent aux vols, aux assassinats, aux émeutes anarchiques, aux blessures, etc.

En 1881 les coupables de viols étaient 17 sur 1 mill. de Français
» » » » 60 » » d'étrangers
En 1872 » ; » » 18 » » de Français
» » » » 46 » » d'étrangers

On savait déjà que les émigrants fournissaient une proportion plus grande de crimes.

D'après les récentes statistiques des États-Unis (1), il résulte que les États qui reçoivent le maximum d'immigrés, surtout Irlandais ou Italiens, donnent le maximum de la criminalité.

(1) *Compendium of the Tenth Census (1880) of the United States*, P. II, 1659. Je dois ces données au fondateur du premier laboratoire d'économie politique universitaire, prof. Cognetti de Martiis et au secrétaire le docteur Albertini.

Ainsi :

Californie	0,30	criminels p.	°/₀₀	hab.	33	°/₀	émigrants	
Nevada	0,31	»	»	»	41	»		»
Wyomin	0,35	»	»	»	28	«		»
Montana	0,19	»	»	»	20	»		»
Arizona	0,16	»	»	»	39	»		»
New-York	0,27	»	»	»	23	»		»

Au contraire :

New Mexique	0,03	»		»	»	6,7	»	»
Pensilvanie	0,11	»		»	»	13	»	»

Cela dérange tout l'effet de la densité. En effet Montana a 0,3 habitants par mille carré, Wyomin 0,2, Nevada 0,6, Arizona 0,4, on a donc par suite, avec une densité minime, grâce à l'émigration, un énorme contingent de crimes, pendant que New-York (151 hab. par mill. carré), Pensilvanie avec 95 hab. par mill. carré), où la densité est très grande, en ont beaucoup moins et que le District Columbia, qui contient 2960 hab. par mill. carrés, offre aussi une proportion relativement inférieure.

Sur 49,000 individus arrêtés à New-York. 32,000 étaient immigrants (BARRE, *The Dangerous Classes*).

Sur 38,000 détenus dans l'Amérique du Nord, 20,000 étaient fils d'étrangers (BELTRAMI-SCALIA, *op. cit.*).

En France, on avait déjà remarqué dès 1886 que sur

100,000 hab. stationnaires dans leur pays	8	allaient aux Assises
100,000 demeurant en dehors de »	29	passaient »
100,000 étrangers habitant en France	41	» »

Présentement en France, l'immigration a triplé; de 1851 à 1886, elle s'est élevée de 380,381 à 1,126,183.

Joly (1) observe avec justesse que quand le courant qui pousse à l'émigration d'un pays à l'autre est faible, il entraîne les hommes plus énergiques et plus intelligents, mais lorsqu'il

(1) JOLY, *France criminelle*, 1890.

devient trop violent il entraîne à la fois les bons et les mauvais ; et en effet, la majeure partie de la criminalité des émigrants est fournie par les provinces limitrophes, où l'on s'expatrie le plus.

Ainsi en 1886 on comptait 4 condamnés sur 100,000 Suisses, 18 sur 100,000 Espagnols, 23 sur 100,000 Italiens et presque aucun parmi les Anglais et les Russes.

A Paris, également, à proportions égales d'habitants, les colonies belge et suisse donnent 3 fois plus d'individus arrêtés que les Anglais et les Américains. La colonie italienne, qui est à peine quatre fois plus conséquente que celle de l'Autriche, a un nombre d'arrêtés 15 fois plus élevé (1).

D'autre part, moins l'immigration est stable, plus elle donne de crimes. Les Belges qui se font naturaliser Français, commettent moins de crimes que les émigrants Espagnols, qui ne font presque qu'y camper (2).

On peut en dire autant de l'émigration interne du même pays, spécialement de celle à destination variable des marchands ambulants, etc. Par exemple, dans une étude faite à St.-Gaudens, d'où émigrent beaucoup de marchands ambulants (environ 7,000 sur 36,000 habit.) français, on observa qu'ils donnaient un contingent très élevé de crimes, escroqueries, violences et blessures ; de 41 qu'ils étaient en 1831-1869, ils s'élevèrent à 200 et 290 en 1881 ; les abandons d'enfants, les adultères et les divorces y sont aussi très fréquents.

« La Sarthe est un des meilleurs départements quant à la criminalité ; mais si l'on tient compte des crimes commis par ses natifs qui émigrent au déhors, il s'élève de 34 degré dans l'échelle de la criminalité.

Ainsi le département de la Creuze, pour des raisons analogues s'élève du 3me au 18me rang, grâce à ses 45,000 immigrants à cause de l'instabilité du travail. Beaucoup arrivent honnêtes dans les grandes villes, mais toujours en

(1) JOLY, *France criminelle*, 1890.
(2) JOLY, *France criminelle*, 1890.

se faisant illusion sur le nouveau milieu qui les attire, ils se laissent par suite facilement entraîner à l'erreur, et peu à peu deviennent criminels ; la jeune fille qui cède aux premières séductions devient prostituée ; l'ouvrier manquant de travail tombe dans l'oisiveté ; entouré de compagnons qui l'entraînent au mal, sollicité par l'appât de mille plaisirs dont il voit jouir les autres, il se fait voleur. Il y a des ouvriers repentants qui espèrent se faire oublier et se racheter par le travail, mais ils rechûtent bientôt, grâce aux nouvelles fréquentations ou découragés par des révélations imprudentes. Enfin, il y a les malfaiteurs qui ne viennent dans les grandes villes que pour y commettre des crimes. Dans les petites villes, comme dit fort bien Joly, il faut rechercher l'occasion de faire le mal, à Paris, l'occasion vient à vous et vous entraîne.

Les riches viveurs sont eux-mêmes cause de crimes, spécialement contre les bonnes mœurs ; et puis à Paris le crime s'y peut commettre avec de telles fraudes et de si loin, au point de ne paraître même plus un crime (JOLY, *op. cit.*).

Le Parisien pur sang, ne s'est mêlé aux violences de la Commune que dans une mesure très restreinte, écrit Maxime Du Camp ; l'écume de la province fermentait dans Paris ; tous les déclassés, les vaniteux, les envieux y abordent gonflés d'eux-mêmes et se croient capables de régir le monde pour avoir été exaltés dans les cabarets de village. Paris doit réaliser leur rêve ou périr ; Paris ne sait pas même leur nom, et pour escompter un si grave délit il doit tomber ».

L'émigrant, en général, écrivions-nous déjà dans la 2me édition de ce livre (1876), représente cette espèce d'agglomération humaine qui a la plus grande tendance au crime associé, c'est la plus besogneuse, la moins surveillée, elle ne connait pas la honte ; elle échappe plus aisément à la justice et fait un grand usage de l'argot ; les voleurs sont presque toujours nomades. (voyez vol. I, *Sur l'argot*).

Les émigrants abbruzzais formaient le plus fort contingent de la bande Mancini (JORIOZ).

La petite immigration des *Garfagnini* aux travaux des caves de Carrara, provoque des crimes même après son retour, parce que les ouvriers en reviennent ivrognes, cyniques et affiliés à des sociétés secrètes. — Dans les siècles passés, ces immigrations étaient aussi une cause de crimes (DE STEFANI, *Dell'emigrazione di Garfagnana*, 1879, Milano); la bande de Fiordispini, par ex., se composait à l'origine entièrement d'étameurs, de marchands de cierges, de moissonneurs, de merciers ambulants, qui s'étaient déjà trop signalés dans le délit sporadique.

Même ces émigrants, qui, voyageant par fanatisme religieux, devraient avoir le plus d'éloignement pour le crime, apportent un chiffre notable au crime associé: le vocable de *Mariuolo* semble dériver de la coutume qu'avaient les pèlerins de Lorette ou d'Assise, de crier en chœur: *Vive Marie!* ce qui ne les empêchait pas de commettre des viols et des larcins qu'ils croyaient expier par le pèlerinage (LOZZI, *Dell'ozio in Italia*, Firenze, 1870): c'était pour eux un moyen commode de crime et un autre, encore plus commode, d'en faire pénitence, comme cette fameuse lance qui blessait d'abord, mais aussitôt après guérissait les blessures. J'en trouve une preuve certaine dans un décret du roi de France, daté de septembre 1732, rappelant d'autres décrets de 1671 et 1686, publiés justement pour défendre les pèlerinages, qui sont déclarés cause fréquente de crimes graves (1).

(1) Nous croyons utile d'en donner la teneur:

« Sa Majesté ayant rappelé les déclarations du feu Roi son bisaïeul, août 1671 et janvier 1686, qui défendent (sous peine de galère perpétuelle pour les hommes et d'autres peines afflictives contre les femmes, que croiront d'infliger les juges) à chacun de ses sujets d'aller en pèlerinage à Saint-Jacques en Gallitie, à Notre-Dame de Lorette et en d'autres lieux en dehors du Royaume sans un permis exprès de Sa Majesté, contre-signé par un de ses secrétaires d'État, sur approbation de l'Évêque Diocesain.

« Sa Majesté étant informée que, malgré ces ordres, beaucoup de ses sujets, négligent de demander la permission ou abusent de différentes manières de celles obtenues, et sous le prétexte spécieux de dévotion abandonnent leurs familles, leurs parents, leurs maîtres, leurs profes-

C'est sans doute pour cela que les pays dotés de sanc-
tuaires célèbres sont, en général, les plus malfamés, comme
le fait remarquer d'Azeglio dans ses *Souvenirs*.

L'influence de l'émigration nous explique clairement pourquoi, dans le rapport des homicides avec la densité, l'Italie
diffère de la France, où l'on a vu dans ces dix dernières
années, 1880-90, une proportion moyenne de 11,163 émigrants seulement, pendant que dans l'Italie ils arrivaient en
1892 à 246,751 (124,312 en permanence) (*Statistica del-
l'emigrazione italiana*, Roma, 1894).

3. — *Natalité et immigration*. — Ces recherches sur
l'émigration résolvent en grande partie un autre problème qui
semble complètement contradictoire en Italie et en France:
il paraît, en effet, qu'étant donnée l'influence de la densité sur
quelques crimes, ces crimes devraient suivre les variations
de la natalité : et que, par exemple, les vols qui s'accroissent
avec la plus grande densité devraient aussi s'accroître avec
la plus grande natalité ; en France cependant, nous voyons
bien augmenter les viols et les assassinats avec le maximum
de la densité, mais en raison inverse de la natalité.

sions, leurs métiers pour se livrer à une vie errante pleine d'oisiveté
et de libertinage, qui les entraîne souvent au délit.

« Que d'autres, sortant du royaume dans l'espérance de s'établir ailleurs plus avantageusement, ne trouvent en suite ni les avantages ni les
secours qu'ils auraient eus dans leur patrie en y tenant une bonne conduite, et la plupart meurent de misère sur la route ou courent le risque
d'être enrôlés, bon gré mal gré, dans les troupes des puissances voisines.

« Que souvent il arrive que des soldats au service de Sa Majesté se
mêlent parmi ces vagabonds, et grâce à leur nombre désertent. Sa
Majesté, jugeant nécessaire, pour le bien du service et pour celui du
public, d'arrêter le cours de ces désordres, en supprimant le prétexte
qui les fait naître, fait expresse défense à tous ses sujets, à quelconque
âge, sexe et condition ils appartiennent, d'aller en pélérinage a Saint-
Jacques de Gallitie, à Notre Dame de Lorette et de Monferrat et autres
lieux en dehors de son domaine pour n'importe quelle cause ou prétexte, et cela sous peine de galère perpétuelle pour les hommes, etc. etc.

« Déclarant nuls et de nul effet tous les permis accordés précédemment ».

Corre et en suite Joly (1) observèrent en France dans les départements ayant une moindre natalité le maximum des crimes :

Natalité	Crimes contre les personnes	Vols	Viols
19,00	64	83	17
16,47	66	99	26
14,05	89	186	29

C'est qu'en France la moindre natalité est en relation directe avec l'immigration des étrangers ; cela s'explique d'autant mieux, comme le fait remarquer Maurel (*Revue Scientif.*, 2 novembre 1895), que là où il y a une moindre natalité on observe aussi une moindre masculinité ; or, selon l'observation de Joly pour Cette et Marseille, le vide de la population, effet de la diminution des naissances, est rempli par les immigrants étrangers, spécialement Gênois et Calabrais, qui y apportent ainsi une énorme augmentation de crimes.

Une autre contradiction est donnée par la classe si prolifique des ouvriers vis à vis de celle si avare et par suite stérile des paysans ; ainsi dans les pays où l'on trouve de grandes agglomérations d'ouvriers, comme la Seine inférieure, le Nord, le Pas-de-Calais, on observe aussi, en comparaison des départements du Cher et de l'Indre, un plus grand nombre de crimes malgré le chiffre supérieur des naissances.

Mais en somme, cet antagonisme prédomine ; ainsi Paris, une partie de la Champagne et de la Normandie et tous les départements méditerranéens, sauf le Gard, offrent un brusque abaissement de la natalité et un non moins brusque accroissement de la criminalité (JOLY).

Dans le Tarn-et-Garonne, écrit Guy, département très pauvre, sans communications, sans ressources, on observe une augmentation de population et un moins grand nombre de crimes, pendant que les communes riches et fertiles se dépeuplent rapidement et comptent plus de crimes et un plus fort contingent d'immigration (JOLY).

(1) *Oeuvr. cit.*

La Bretagne, au contraire, le Cher, la Seine, la Drôme, la Vienne, la Vendée, ont plus de naissances légitimes, moins de crimes, et plus de mariages précoces.

Tout cela a moins de rapport avec la natalité, qu'avec l'immigration qui en remplit les vides; et aussi, comme nous le verrons plus loin, avec la richesse et surtout avec l'avarice, qui en découle.

Mais l'influence de l'immigration nous est démontrée par la règle inverse que nous observons en Italie, où il n'y a pas d'immigration, tandis qu'on y compte en revanche un fort contingent d'émigration dans le rapport de 193 pour 100,000 habitants par an (1).

Nous trouvons dans les statistiques de Coghlands qu'à l'accroissement de l'immigration à New-South Wales correspond un surcroît de crimes, comme on l'a vu en 1884-86; mais, d'un autre côté, l'augmentation des départs des immigrants 1883-88 correspond aussi avec l'augmentation des crimes 1884-88.

En étudiant, suivant les nouvelles recherches de Bosco (*L'omicidio negli Stati Uniti*, 1895), l'influence de l'émigration sur les homicides aux États-Unis en 1889, nous constatons que:

parmi les détenus pour homicides 95 sur 1 million étaient nés aux États-Unis;

parmi les détenus pour homicides 138 sur 1 million étaient étrangers, ainsi distribués:

Danemark, Suède et Norvège . .	5,8 p.	100,000
Angleterre	10,4 »	»
Irlande	17,5 »	»
Allemagne	9,7 »	»
Autriche	12,2 »	»
France	27,4 »	»
Italie	58,1 »	»

avec des proportions doubles, sauf pour l'Italie et la France, de celles qu'on observe dans les pays d'origine: ce qui confirme

(1) DEL VECCHIO, *Sull'emigrazione*, ecc., Roma 1892.

l'observation que là, comme en France, l'immigration provoque
une sélection à rebours, sauf que dans ce cas la différence
provient de ce que l'âge des émigrants est celui qui correspond en Europe au maximum des homicides.

En Italie on observe presque toujours le maximum des naissances dans les départements qui sont les plus connus par leur
criminalité et aussi par leur pauvreté : ainsi de 1876 à 1888
on compta annuellement en moyenne 40 naissances par chaque
1000 habitants dans l'Italie méridionale et insulaire: et seulement 36 dans les autres parties de l'Italie considérées dans leur
ensemble.

De même en Sicile, aux 4 provinces le plus éprouvées par
les homicides (1) : Girgenti, Trapani, Caltanissetta, Palerme
correspond trois fois le maximum de la natalité. Mais là une
autre cause est encore en jeu : c'est le manque d'inhibition dû
à la chaleur excessive qui fait oublier toutes les précautions
Malthusiennes dans l'acte de transmettre la vie.

Du reste, l'excès des naissances dans l'Italie méridionale,
est paralysé par l'excès de la mortalité et par l'émigration.
C'est pour cela que, malgré la plus grande natalité, on ne
trouva dans chaque famille en 1881 qu'une moyenne de 4,10
personnes en Sicile, 4,5 en Basilicata, pendant que dans la
Vénetie il y en avait 5,17 et en Toscane 4,92.

En comparant ensuite (*R. Scientif.*, octobre 1875) les pays
ayant le *maximum* de la natalité en Europe (1876-90):

Angleterre 34,0 — Allemagne 31,1
Italie . . 37,3 — Hongrie . 44,0

(1) Bonio, *Statistica penale* negli anni 1879-83 :

	Omicidi per 100 m.	Nati per 100 m.
Caltanissetta	46,2	4400
Catanie	26,9	3900
Girgenti	70,7	4600
Messine	19,2	3900
Palerme	42,5	3900
Siracuse	15,7	4000
Trapani	40,2	4300

et ceux ayant le *minimum* de la natalité :

France 24,6 — Irlande 24,9 — Suisse 29,4

nous ne trouvons parmi les premiers une coïncidence parallèle pour les homicides qu'en Italie et en Hongrie, en parfait contraste avec l'Angleterre et l'Allemagne, qui ont une grande natalité et peu d'homicides.

Parmi les nations à minime natalité, l'Irlande seule a donné un chiffre moindre d'homicides.

Et si en Italie, en Angleterre et en Allemagne un plus fort contingent de vols correspond à une plus grande natalité, il n'en est plus de même en Hongrie et en Suisse; il s'en suit donc que, dans les grandes lignes, il n'y a aucun parallélisme.

4. — *Domicile urbain et domicile rural.* — L'influence de la densité est encore démontrée par celle du domicile urbain et rural en France. C'est surtout à MM. Fayet, Socquet et Lacassagne que nous devons les plus diligentes recherches à ce sujet.

Il ressort de leurs études que les accusés ruraux étaient plus nombreux de 1843 à 1856, pendant que les accusés urbains étaient en majorité surtout depuis 1863 (1).

L'émigration des campagnes dans les villes est telle, qu'elle constitue un cinquième de la population urbaine; et c'est la part meilleure et la plus intelligente qui émigre, abaissant ainsi le niveau des campagnes, pour y reporter en suite les vices et les mœurs de la ville.

En résumé, les accusés de crimes contre la propriété ont diminué dans les campagnes d'environ $^2/_3$, et de la moitié dans les villes; ainsi il y eut :

en 1843 73 % accusés ruraux; 64 % accuses urbains
» 1878 27 » » » ; 36 » » »

---

(1) Voir LACASSAGNE, dans mon *Archivio di Psichiatria ed Antropologia criminale*, III, pag. 311. Fayet avait déjà noté en France, en 1830-46 1 accusé rural sur 405 habitants et 1 accusé urbain sur 165 habitants (*Journal des Econom.*, 1847).

Les accusés de crimes contre les personnes furent plus nombreux chez les ruraux dans la période de 1823 à 1878; ils décrurent cependant après 1859 beaucoup plus que parmi les urbains.

Pour les crimes contre les personnes on en trouva en effet:

en France:	ruraux %oo	urbains %oo
en 1850	1819	830
» 1851	1894	836
» 1870	1180	732
» 1871	1239	603

En ce qui concerne l'homicide, Socquet démontre qu'à une époque plus reculée, en 1846-50, les accusés ruraux surpassaient presque du triple ceux des villes, dans la proportion de 20 à 7,6 %, pendant qu'à une époque plus récente, en 1876-80, ils ne les surpassaient plus que du double, comme 31 à 63 %; on voit d'après cela que la criminalité diminua dans les campagnes et augmenta dans les villes presque d'un tiers.

Les accusés pour assassinat étaient:

	ruraux %	urbains %
en 1846-50	72	65
» 1876-80	26	31

c'est-à-dire qu'il y eut diminution dans les derniers temps, dans les villes et dans les campagnes, mais beaucoup plus cependant dans ces dernières.

Dans les crimes contre la pudeur sur les adultes, les paysans surpassèrent les urbains —, certainement à cause du défaut de maisons de tolérance; ainsi on compta dans les deux périodes suivantes:

	ruraux %	urbains %
en 1846-50	74	24
» 1876-80	67	27

avec une décroissance plus rapide que chez les habitants des villes, chez lesquels ils tendent, au contraire, à augmenter.

Dans les crimes contre la pudeur sur les enfants, le nombre des accusés était en 1846-50 de 59 %, et de 53 % en 1876-80 chez les paysans; pendant que chez les urbains de

39 % il monta à 45 % (Socquet), favorisé par l'oisiveté,
par l'abus des boissons alcooliques et, surtout, par les raffi-
nements de la satiété.

La prédominence des avortements chez les urbains est aussi
très évidente: on en compta à peu près le double et même le
triple dans ces dernières années, pendant que les infanticides
y sont moins nombreux, sans doute grâce à la plus grande
facilité de trouver des complices en ville et à la moindre
crainte d'y être découvert.

Avortements :	1851-55	1876-80	France
Accusées des campagnes	9,3	4,2	p. mill. d'habit.
» » villes	19,6	14,5	»
Accusées des campagnes	32	35	»
» » villes	21	22	»

(Socquet, *Contribution à l'étude de la criminalité en France*, 1826-80).

La courbe des crimes contre la propriété démontre que les
crises économiques sont plus profondément ressenties dans
les campagnes que dans les villes (Lacassagne, *op. c.*).

Les révolutions, les vendanges ont une influence différente
sur le nombre des accusés en ville et dans les campagnes :
dans les campagnes, par exemple, les accusés augmentent
dans les années d'abondantes vendanges; mais les révolutions
politiques ne s'y font que très peu sentir et seulement durant
les années qui suivent les crises révolutionnaires, pendant
qu'en ville elles sont ressenties tout de suite et avec intensité (Lacassagne).

Les centres urbains et les centres ruraux ont donc chacun
leurs criminalité spécifique: les crimes des campagnes sont
sauvages, féroces et ont pour origine la vengeance, la cupidité et la brutale satisfaction sensuelle, etc.; dans les crimes
des villes prédominent la paresse, les passions charnelles raf-
finées et le faux.

Ce phénomène de l'augmentation urbaine des crimes contre
les mœurs et de la diminution relative des crimes de sang
prend des proportions immenses quand on étudie le crime
dans les capitales proprement dites.

En France, par exemple, le département de la Seine pour l'homicide est déjà descendu à un chiffre inférieur (19,9) à celui des départements qui l'entourent : Seine et Oise, qui donne 24,3, Oise 25,8 (FERRI); il est encore plus bas quant aux infanticides; pendant que pour le viol sur les enfants il donne des chiffres énormes : le nombre des vols y est aussi très élevé (244) (voie Pl. III et IV).

En Italie, dans les crimes contre la bonne foi publique, les capitales, Turin, Venise, Bologne, Rome ont la prédominence sur les provinces voisines : il en est de même pour les crimes contre les bonnes mœurs (Turin, Gênes, Venise, Bologne, Rome, Naples et Palerme). Dans les homicides —, Rome seule tient la première place, pour des causes dont nous parlerons, et en partie Turin : dans toutes les autres capitales ils sont en décroissance (v. supra).

Vienne compte 10,6 homicides sur 1 million d'habitants, pendant que l'Autriche en compte 25; mais Vienne compte 116 vols et l'Autriche 113.

A Berlin, vraiment, de 1818 à 1878, les crimes contre la propriété, les vols, les fraudes et le vagabondage ont diminué malgré la grande fluctuation de la population, pendant, qu'au contraire, les crimes contre les personnes sont en augmentation — sauf l'année de la guerre 1870 — (STARKE, *op. c.*, *Archivio di Psych.*, V, III); cependant le nombre des homicides y est inférieur à celui des provinces, — 11,6 % sur un million d'habitants, — pendant qu'il est à Breslau 18,2, Magdebourg 12, Constance 16; dans les vols, au contraire, Berlin surtout dépasse toutes les autres provinces, moins une.

En Angleterre le phénomène est bien plus évident : on note qu'il y a actuellement 15 personnes suspectes en liberté, sur 100,000 habitants à Londres, 50 dans les autres villes anglaises et 61 dans les campagnes.

A Londres il existe également de 3 à 4 maisons suspectes par 100,000 habitants, 3,9 dans les campagnes et 18 dans les autres villes.

Chapitre VI.

Alimentation (Disette, Prix du pain)

1. — *Alimentation.* — Un des facteurs qui compliquent
jusqu'à rendre souvent inextricables les influences de climats
et de la densité est l'alimentation.

En comparant avec Oettingen (*op. c.*) dans le tableau suivant,
le chiffre annuel des crimes en Prusse avec le prix courant
des aliments indispensables, nous voyons que l'alimentation
y prend une égale et souvent même une plus grande part
que la civilisation — car avec le bon marché du grain décroissent les crimes contre la propriété (sauf l'incendie), et
augmentent au contraire ceux contre les personnes, spécialement les crimes de viols :

Année	Viols	Incendies	Crimes contre la propriété	Crimes contre les personnes	Prix courant du grain, seigle, pommes de terre, etc.
1854	2,26	0,43	88,41	8,90	217,1
1855	2,57	0,46	88,93	8,04	252,3
1856	2,62	0,43	87,60	9,32	203,3
1857	4,14	0,53	81,52	13,81	156,3
1858	4,45	0,60	77,92	17,03	149,3
1859	4,68	0,52	78,19	16,63	150,6

En Prusse, en 1862, alors que le prix des pommes de
terre, etc. était très élevé, les délits contre la propriété étaient
dans les proportions de 44,38, et ceux contre les personnes
de 15,8; quand le prix de cette denrée baissa, les premiers
descendirent à 41 et les seconds montèrent à 18.

La disette de 1847 fit augmenter du 24 % la moyenne des
crimes contre les personnes (Wappoeus, *Allg. Bewölk*, 1861).

Nous en avons des preuves encore plus évidentes, en faisant
la synthèse des chiffres fournis par Starke pour la Prusse,
pendant 24 ans, c'est-à-dire de 1854 à 1878 (*Verbrechen und
Verbrecher*, 1884, Berlin).

	Années où le froment coûte plus de 12 mar. p. 50 kilog.	Années où le from. coûte guère (moins de 10 ma. p. 50 kilog.)	Années où le from. a un prix moyen (de 10 à 12 ma. p. 50 kil).
Crimes en général 1 sur hab.	172,9	190,6	179,8
Vols . . . . . »	1,990	2,645	2,512
Vols forestiers . »	50,8	48,2	49,5
Faux . . . . »	76,285	71,787	68,600
Banqueroutes . »	77,600	56,300	56,200
Contre l'ordre public. »	4,282	3,587	3,055
Incendies . . . »	68,328	46,960	71,666
Coups . . . . »	37,328	54,403	45,933
Homicides. . . »	109,937	118,225	95,900
Infanticides . . »	230,700	227,000	227,000

On y voit que: si le prix du froment influe en partie sur les crimes, en général, il n'agit directement que sur les vols forestiers, dont le maximum correspond au maximum du prix des denrées. D'un autre côté il est clair que le minimum des prix du froment, correspondant au maximum du bien-être, coïncide avec une recrudescence d'incendies, de coups et d'homicides, ce qui ne peut s'expliquer que parceque le pain étant à meilleur marché, l'abus du vin aussi devient possible.

Le prix moyen du grain correspond à la plus grande fréquence du faux, de la banqueroute et des crimes contre l'ordre public.

En France, dans les tables graphiques de Corre (*V. la Figure* 1) on voit de 1843 à 1883 la ligne de la fréquence des délits — presque tous contre la propriété, et aussi du suicide, — aller toujours en augmentant et se maintenir presque parallèle à la ligne du prix du pain jusque vers 1865; à partir de cette époque elle diverge, tout en continuant de s'accroître pendant que diminue celle du pain, ce qui prouve que d'autres causes viennent s'interposer et la font passer en second rang; la ligne des crimes n'a aucun parallélisme avec le prix du pain.

Rossi aboutit aux mêmes conclusions dans une étude sur la criminalité de Rome, Cagliari, etc., pour la période de 1875-83 en rapport avec la chaleur atmosphérique et le prix du grain (*Archive de Psych. et Antrop. criminelle*, 1884). Le nombre des crimes contre la propriété (à l'exclusion des vols qualifiés

et des vols sur les grands chemins) subit simultanément l'action
de la température hivernale et celle du prix de l'alimentation.

Fig. 1.

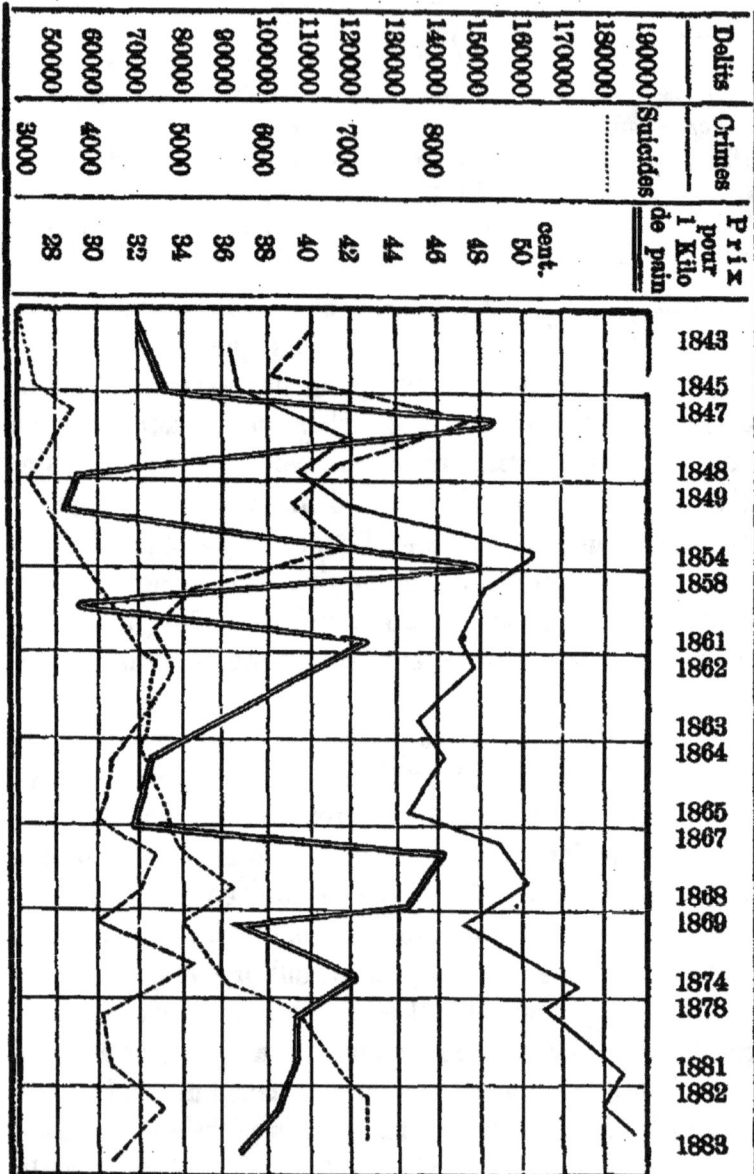

A Rome, en effet, durant ces 9 années le nombre plus élevé
de ces crimes (70.738) fut atteint en 1880, alors qu'à un

très haut prix du froment vint se joindre un hiver rigoureux ; pendant qu'en 1877, où le prix du froment fut élevé, mais l'hiver particulièrement doux, le nombre de ces crimes n'arriva qu'à 61.498 ; en 1881, année dans laquelle diminua sensiblement le prix du blé et augmenta la chaleur moyenne hivernale, on eut une notable diminution de crimes contre la propriété : de 70.730 ils descendirent à 59.815 ; cette diminution continua durant les années 1882 et 1883 alors que diminuèrent en même temps le prix du grain et la rigueur du froid. L'action de la température sur les coups et blessures et autres crimes contre les personnes fut nulle de 1875 à 1883, tandis qu'à chaque augmentation du prix du grain correspondit au contraire une diminution dans le nombre de ces crimes et vice-versâ.

Mais de toutes les études des influences sur les différentes espèces de crimes en Italie, la plus concluante est certainement celle des heures de travail nécessaires pour obtenir l'équivalent d'un kilogramme de blé ou de pain, sur lequel on se fonde pour équilibrer le prix des aliments avec les variations des salaires (voir Fornasari di Verce) (1) comme on le voit par cette table graphique (*V. la Fig.* 2).

1° On voit alors que tous les crimes contre la propriété, sauf les incendies et en partie les vols sur les grands chemins, spécialement ceux suivis d'homicide, suivent parallèlement avec une grande fidélité (lorsque n'interviennent pas des facteurs contradictoires trop puissants) la courbe des heures de travail nécessaires aux ouvriers pour se procurer l'équivalent d'un kilog. de farine ou de pain ; les vols augmentèrent en effet de 137 à 153 durant la période 1875-77 avec l'augmentation des heures de travail etc., et diminuèrent de 184 à 111 dans la période 1879-88 avec leur diminution. Les délits commerciaux, le faux, etc., n'en sont nullement influencés.

Dans les crimes contre les personnes dus en grande partie à l'abus du vin, le prix des aliments et les variations des

_____

(1) *La criminalità e le vicende economiche in Italia.* Turin, Bocca, 1895.

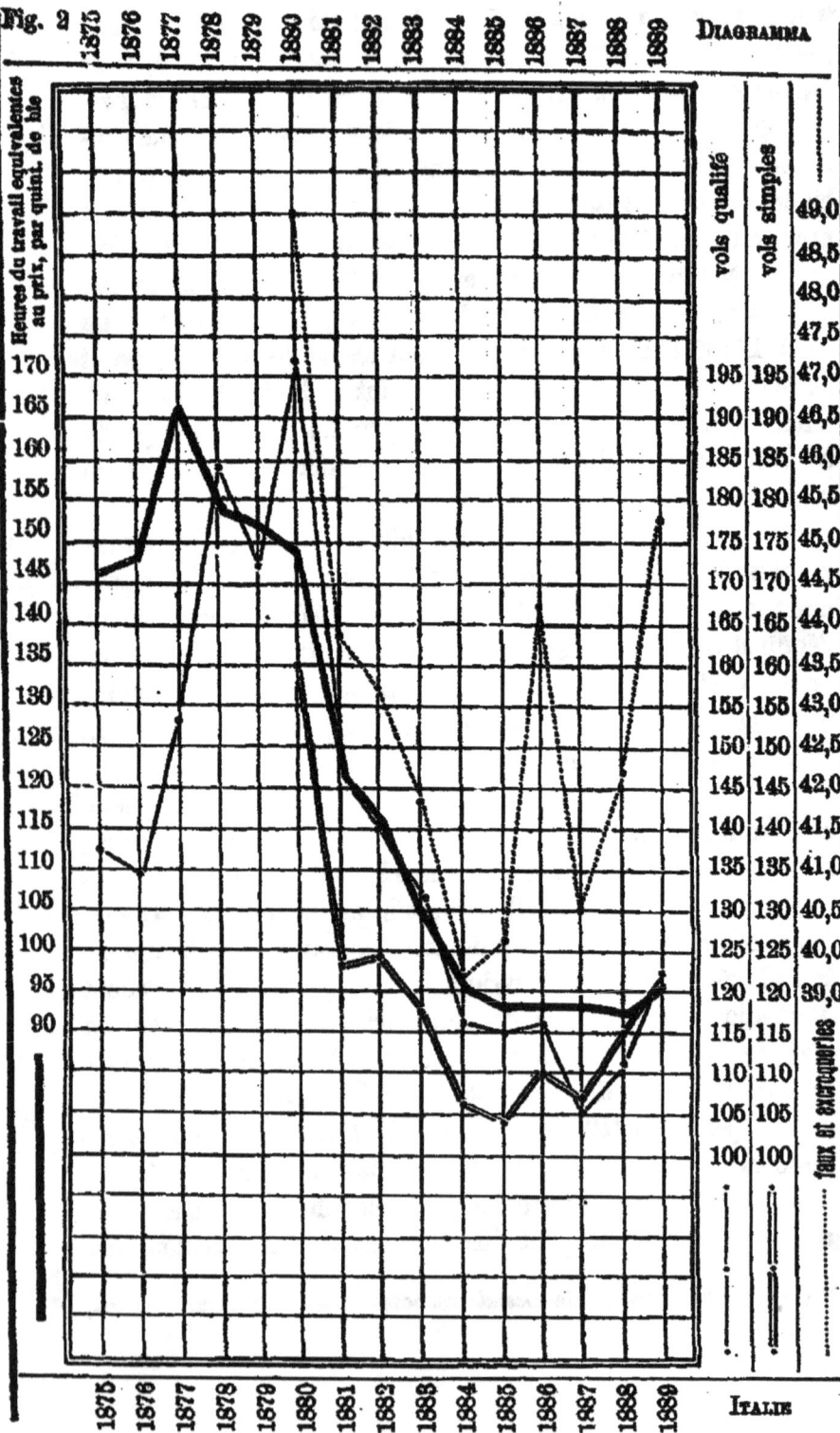

Fig. 2 — DIAGRAMMA

salaires n'agissent que par voie indirecte, en ce sens que
l'abaissement du prix des aliments et l'accroissement des
salaires permettent à l'ouvrier d'acquérir plus aisément et de
consommer une plus grande quantité de boissons alcooliques,
comme nous l'avons vu pour la Prusse. — En particularisant
davantage, nous trouvons que les homicides simples sont en
décroissance, sauf en 1884, parallèlement au prix du pain, donnant au moins le 2° maximum, 5,87, en 1880 (alors que le
prix du pain était le plus élevé), et des chiffres de plus en
plus bas dans les années successives où le pain resta à des
prix très inférieurs.

La ligne des coups et blessures s'avance par sauts, indif-
férente au prix du pain, donnant le maximum en 1888 et le
minimum en 1885, alors que dans ces années la différence
de son prix était moindre.

· 2° Quant aux crimes contre les bonnes mœurs, ils augmentent à mesure que diminuent les heures de travail ; ainsi
de 1881 à 1888, époque à laquelle les heures de travail s'abaissèrent de 122 à 92, on les vit s'accroître de 3,11 à 5,25.

3° Les crimes contre la sûreté de l'état, tels que, ceux
contre l'administration publique, la tranquillité publique, etc.,
ne ressentent que très peu cette influence (1).

Pour les rébellions et violences contre les fonctionnaires,
s'applique l'observation faite-ci dessus au sujet des crimes
contre les personnes (2).

En ce qui concerne les royaumes unis de la Grande Bretagne et de l'Irlande, les statistiques de 50 ans que Fornasari
di Verce m'a bien voulu résumer, donnent des rapports analogues entre les crimes et les variations des prix du grain,
c'est-à-dire:

1° Les crimes contre la propriété sans violence, augmentent le plus souvent avec le renchérissement du grain, comme
dans la période 1846-47, dans laquelle de 19,510 ils s'élèvent

(1) Cfr. FORNASARI DI VERCE, *op. cit.*, ch. 25-31 et 34-42.
(2) Cfr. FORNASARI DI VERCE, *op. cit.*, ch. 25-31 et 34-42.

à 29,571; il y a pourtant une exception dans la période de 1870-73, où on les voit diminuer malgré l'augmentation du prix du blé: avec l'abaissement du prix ils diminuent presque toujours comme en 1847-52, époque à laquelle le pain baissa de 50 à 40 et les crimes de 23,910 à 21,306, et en 1857-58, où de 23,917 ils descendirent à 20,619.

2° Les crimes contre la propriété avec violence sont indifférents au bon marché. En effet, ils diminuent dans la période 1842-45 et en 1862-63 avec la diminution du prix du froment, mais augmentent dans la période 1881-86, malgré le bon marché; cependant, ils augmentent le plus souvent quand le pain renchérit, comme en 1845-47, où de 1491 ils s'élèvent à 1732, et en 1867-68 de 1940 à 2253.

3° Les crimes contre la propriété avec destruction frauduleuse ne sont pas en relation très claire avec les variations du prix du grain; ainsi ils diminuent durant les périodes 1841-45 et 1883-84, qui marquent un abaissement du prix de cette denrée; mais en suite, malgré la baisse, ils augmentent dans les périodes de 1852-55 et 1862-63.

4° Les crimes de faux et contre la circulation monétaire n'en sont pas influencés. On les voit en effet tour à tour augmenter et diminuer durant l'abaissement constant du prix du grain en 1842-45, 1848-52, 1884-88.

5° Les crimes contre les personnes, les crimes jugés sommairement y sont indifférents (1).

Pour la Nouvelle Galles du Sud, qui nous donne l'idée de l'Europe au XXᵐᵉ Siècle, on arrive, suivant les recherches de Coghlan et de Fornasari (*Fig.* 3), à des conclusions analogues.

L'influence du prix des denrées alimentaires sur les assassinats y est incertaine ou nulle.

Ainsi un des maximum de consommation du froment (7,1 en 1881) correspond au maximum des assassinats (31), tandis que ne correspondent pas à leur minimum les deux minimum de la consommation, ni les chiffres intermédiaires.

---

(1) FORNASARI DI VERCE, *op. cit.*, chap. 62-68.

Quant aux homicides, l'influence existe, mais elle est invertie, si bien que le maximum de la consommation, 7,8 (1887), correspond au minimum des homicides, 7, et le minimum de

Fig. 3.

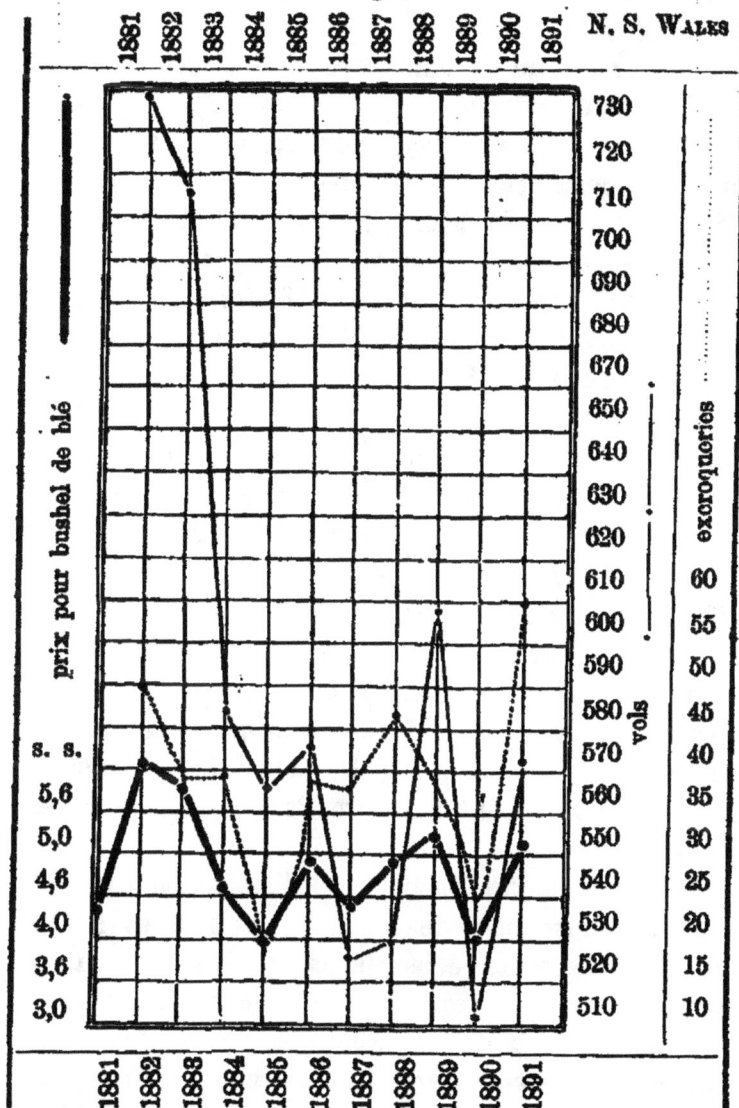

N. S. WALES

consommation, 5,5 (1891), au maximum des homicides, 25.
Nulle ou incertaine est aussi l'influence sur les coups et blessures, dont le maximum, 102 (1886), et le minimum, 61 (1884),

ne sont pas du tout en corrélation avec le maximum ni avec le minimum de la consommation du froment.

Dans les viols, le maximum, 41 (1886), correspond à une des moyennes de la consommation, 6,1, et le minimum des viols, 7 (1887), à son maximum.

Cette influence est, au contraire, très marquée sur les vols: on les voit en effet diminuer ou augmenter à mesure qu'augmente ou diminue la consommation du froment, pas proportionellement cependant; car, par exemple, en 1883-84-85 a lieu une augmentation graduelle dans la consommation du froment — 6,0-6,8-7,0 — à laquelle correspond une graduelle diminution des vols, soit 714-583-566, et en 1888-89-90 se produit un saut dans la consommation, 7,6-5,9-7,2, auquel correspond un autre saut dans le nombre des vols — 592-608-512 —. (Voy. *Fig.* 3).

La famine déprime la vigueur sexuelle, l'abondance l'excite; et pendant que le besoin d'alimentation pousse au vol, son abondance, dans laquelle ce besoin est moins vif, détourne du vol et pousse aux viols.

Les mêmes raisons s'appliquent à la rareté du travail et à la réduction des salaires. On a observé que les femmes et les domestiques sont plus que les autres entraînés au délit par la cherté des vivres, sans doute parce que plus que les autres ils en ressentent les effets; les domestiques surtout, car, grâce à un intermittent bien-être, ils perdent la force de résistance aux privations.

Mais, tout en admettant l'action de l'alimentation trop restreinte sur l'accroissement des vols, — et sur les homicides, sur les crimes de débauche et de blessure quand elle est trop abondante, — on comprend son minimum d'influence sur la variation de la criminalité en général; car si un groupe de crimes augmente dans une condition alimentaire donnée, un autre groupe diminue dans la condition opposée et vice versâ; et alors même qu'elle agit dans une direction constante, elle ne modifie pas essentiellement la proportion de certains crimes: l'action, par exemple, du ren-

chérissement des aliments sur les vols qualifiés est notable
en Italie; mais sa plus grande différence oscille entre 184
et 105, c'est-à-dire avec une variabilité de $^{79}/_{0000}$. Et quand
les crimes de débauche croissent, grâce au bon marché, la
plus grande différence en est de $^{2.14}/_{0000}$, ce qui se comprend
aisément quand on pense à la bien plus grande influence organique, héréditaire, et aux influences climatériques et ethnique.

On voit, ici, parfois surgir une étrange contradiction par le
fait que lorsque le pain est cher, l'argent manque pour acheter
les spiritueux et par suite les homicides et les voies de fait diminuent; mais il arrive quelquefois que pour se les procurer
on assassine davantage, — comme dans la Nouvelle Galles.
— Le Morbihan et la Vendée, suivant Joly, sont les départe-
tements les plus moraux (*France criminelle*, pag. 353) et cependant les salaires n'y ont pas beaucoup augmenté, pendant
que les choses les plus nécessaires à la vie ont doublé
de prix; mais on y abuse moins des boissons alcooliques:
dans les Bouches du Rhône, au contraire, les salaires se sont
accrus du 30 $^0/_0$ et le denrées du 15 $^0/_0$, dans l'Hérault du
60 $^0/_0$ et beaucoup moins les denrées; et cependant ces départe-
tements comptent parmi les plus immoraux, parce que justement on y fait un plus grand abus des boissons alcooliques.

Un fait certain, toutefois, c'est que les disettes sont rares
et vont sans cesse en diminuant, pendant que les vols sont
constants et vont toujours en augmentant (JOLY, *La France
criminelle*, pag. 358).

D'après cela, on comprend pourquoi la proportion des délits
dus à la privation de nourriture, à la vraie misère, soit plus
restreinte qu'on ne le croit généralement: dans les statistiques
de Guerry les vols de comestibles entrent pour $^1/_{100}$ à peine
sur le total des vols; et encore dans cette proportion la faim
y entre-t-elle pour moins que la gourmandise. Sur 43 catégories d'objets volés à Londres, le 13e rang revient aux vols
de saucisses, volaille, gibier, le 30e à celui du sucre, viande,
vin, et seulement le 43e à celui du pain.

Joly observe que dans la statistique française de 1860 à

1890, pendant que les vols d'argent, de billets de banque, etc., étaient les plus nombreux, $396/_{00}$, ceux de farine, d'avoine ou d'animaux domestiques ne dépassaient pas le $55/_{00}$: Et Macé écrivait (*Un joli monde*): « Il est rare que la faim conduise au vol; le jeune homme vole des couteaux et des cigares, et parmi les comestibles, l'adulte vole des liqueurs et la femme des bonbons et du chocolat ».

On peut en dire autant des prostituées: si la faim, dit Locatelli, et l'abando.. suffisaient pour pousser une jeune fille à la prostitution, il faudrait décréter des prix Montyon aux milliers d'honnêtes filles du peuple qui, malgré les plus dures privations et les séductions de toute nature, s'abstiennent de faire marché d'elles-mêmes, pour rester pures et honnêtes.

Il n'est pas impossible qu'avec le temps on ne parvienne à démontrer l'influence de quelque aliment spécial capable de favoriser certains crimes: on sait combien l'alimentation végétale tend à rendre doux et dociles ceux qui en font usage, pendant que l'alimentation animale les rend cruels et violents: c'est sans doute à cela qu'est due la patience du paysan lombard à supporter les mauvais traitements de ses maîtres et la violence avec laquelle les venge le romagnol, si adonné à la viande de porc.

2. — *Révoltes*. — L'action de la faim sur les révoltes a été également très exagérée ainsi que je l'ai démontré dans le *Crime politique*.

Dans l'œuvre précieuse de Faraglia (*Storia dei prezzi in Napoli*, 1878, Napoli), qui nous donne presque pour la durée de neuf siècles, année par année, le prix des vivres, nous trouvons 46 grandes famines dans les années: 1182, 1192, 1257, 1269, 1342, 1496-97, 1505, 1508, 1534, 1551, 1558, 1562-63, 1565, 1570, 1580, 1586-87, 1591-92, 1595, 1597, 1603, 1621-22, 1623-25, 1646, 1672, 1694-97, 1759-60, 1763, 1790-91, 1802, 1810, 1815-16, 1820-21.

Or, ces 46 années de famine ne coïncident avec les révoltes que six fois, soit en 1508, 1580, 1587, 1595, 1621-22,

1820-21; dans la célèbre révolte de Masaniello (1647), beaucoup d'autres causes s'associèrent à la question économique, telles que la folie de Masaniello (1), la chaude saison et les cruels traitements des Espagnols, car si en 1846 il y eut disette, en 1647 il y avait abondance, si non de grain, du moins de fruits, de viande, de lard et de fromage (*op. cit.*, pag. 155). Du reste il n'y eut pas de révolte pendant la terrible famine de 1182, qui dura 5 ans, et dans laquelle le hommes avaient peine à se nourrir d'herbes sauvages ; il n'y en eut pas non plus en 1496-97, alors que la famine provoqua une si terrible épidemie, que les citadins devaient fuir dans les campagnes; ni pendant celle de 1565, où la misère fut si grande que les feuilles de chou pourries se vendaient comme si elles avaient été fraîches et saines; ni en 1570, lorsque « les pauvres quittaient les provinces, se dirigeant vers Naples en troupes, affamés, dépenaillés, malades, espérant sauver leur vie par la fuite et remplissant misérablement les rues » ; enfin, il n'y eut pas de révolte pendant la famine de 1586. Il est ici opportun de rappeler que si en France il y eut en 1827, 1832, 1847 des révoltes parallèles à des crises économiques et à des disettes, il y eut aussi une température estivale très élevée, et que pendant celles de 1834, 64 et 65 nous n'y trouvons clairement démontrée aucune influence soit économique soit météorique.

A Strasbourg, dans les années 1451-1500 à 1601-1625, le prix du bœuf s'éleva de 134 %, celui du porc de 92 %, et durant de nombreuses années les salaires des ouvriers s'abaissèrent du 10 %, et cependant, il n'y eut aucune révolte (Martini, *Preussischer Jahrb.*, 1895, nov.).

En 1670, durant l'extrême famine de Madrid, les ouvriers s'organisèrent en bandes, saccageant les maisons des riches, en tuant les propriétaires, et il ne se passait pas de jour que quelqu'un fût tué pour avoir du pain; il n'y eut cependant pas de véritable révolte (Buckle, IV).

---

(1) V. *Tre Tribuni studiati da un alienista*, di C. Lombroso (Bocca, 1887, pag. 157, 158, 159).

Dans l'Inde les conséquences de terribles famines ont pu être suivies pas à pas. Celle de 1865-66 fit perdre à Orizza le 25 %, à Puri le 35 % de la population, et cependant dans ces années là il n'y eut pas d'insurrection.

Les famines les plus célèbres de ces cent dernières années, du moins à Nelhore, une des provinces les plus frappées par la rareté des pluies et par l'excessive densité de la population, eurent lieu dans les années suivantes : 1769-70, 1780, 1784, 1790-92, 1802, 1806-7, 1812, 1824, 1829, 1830, 1833, 1836-38, 1866, 1876-78 (HUNTER, *Imp. Gazette of India*, 1881).

Dans la famine de 1869-70 un tiers de la population périt ; en 1877-78 on calcula que outre la moyenne normale plus de 5 millions d'habitants sur 197 moururent par la famine (*The Indian Empire*, HUNTER, 1882). Et pourtant ces famines ne donnèrent lieu à aucune sédition.

La grande insurrection indienne de 1857-58 fut due (HUNTER, *op. cit.*) en grande partie à la répugnance des innovations (télégraphe, vapeur, etc.) introduites par la civilisation, aux conjurations des princes détrônés, et suivant Hunter, à la croyance qu'avaient les Cipays du Bengal qu'on voulait graisser les cartouches avec de la graisse de porc (KAYE, *History of the Sepoi*, 1865). Ici donc la faim prolongée fut moins puissante que la superstition.

Les autres révolutions indiennes qui nous sont connues n'eurent pas de rapport avec la cherté des vivres ; et pas davantage l'insurrection de Bohilla, 1751, celle de la secte des Sikh dans le Ponjab, 1710, des Cipay en 1764 ; les petites insurrections sémi-dynastiques chez les Synt, 1843, celles des Sikh en 1848.

Et, chose remarquable, la province d'Orizza, la plus éprouvée par les famines, fut celle qui donna le moins de révoltes.

Tout cela s'explique par le fait, déjà démontré par les études sur l'action des climats tropicaux et polaires, que l'homme, dans la prostration de ses forces, n'a plus assez d'énergie pour réagir ; si bien que l'excès de l'infortune humaine, au point de vue des révolutions, a presque une influence plus favorable que le maximum du bonheur. Cela est en parfaite concordance avec ce que l'on observe dans la statistique criminelle, à savoir que pendant les famines et les grands froids, diminuent en général tous les crimes contre les personnes, spécialement les viols et les assassinats (1).

(1) Voyez LOMBROSO, *Crime politique et criminalité* (Alcan, Paris, 1895). — ID., *Pensiero e meteore*, « Bibliot. intern. », Milano, 1875.

Chapitre VII.

Alcoolisme.

Comme nous l'avons vu dans le chapitre précédent, l'influence de l'alimentation ne peut se séparer de celle de l'alcool; même cette dernière est si puissante dans l'étiologie criminelle, qu'elle l'absorbe presque complètement.

1. — *Effet pernicieux de l'alcool*. — C'est un fait connu que l'alcool, loin de rendre plus tolérable les températures rigoureuses, augmente les dangers des grands froids comme ceux des grandes chaleurs, si bien que l'on vit dans les régions polaires, et dans les Indes, des soldats et des matelots aggraver leur état en faisant usage de boissons alcooliques, croyant ainsi acquérir plus de résistance aux fatigues; et c'est sans doute pour cette raison que dans la campagne de Russie les latins, plus sobres, souffrirent moins que les septentrionaux. On constata dans les épidémies cholériques que les ivrognes et même les simples buveurs étaient frappés en plus grand nombre que les abstèmes (1); les avortements sont aussi plus fréquents parmi les buveuses : et pour cela les familles des buveurs offrent une fécondité de deux à quatre fois moindre que les couples tempérants et sobres (2). Cette fatale liqueur peut donc stimuler les passions charnelles jusqu'à la violence, jusqu'au crime, mais sans pour cela augmenter la fécondité (2).

L'alcool est une des causes principales des réformes pour faiblesse ou gracilité, dans les troupes de la Suède; on les vit s'élever jusqu'à 32 $^0/_0$ en 1867 et descendre à 28 $^0/_0$ en 1868, après la promulgation des lois sur l'alcool. — Dans les dé-

(1) Chez les abstinents, le Choléra donna una mortalité de 19,9 $^0/_0$; chez les buveurs de 91 $^0/_0$.

(2) Les mariages des buveurs donnèrent en moyenne, 1,8 fils; ceux des abstèmes, 4,1 enfants (A. Baer, *Der Alkoholismus*, Berlin, 1878).

partements français où, grâce à la rareté du vin, on abuse le plus des spiritueux, comme dans le Finistère, l'exemption des conscrits, de 72, s'éleva à 155 (LUNIER).

L'alcool influe sur la taille. Les grands Woljak, après avoir abusé de l'eau-de-vie, diminuèrent de taille jusqu'à descendre au dessous de la moyenne. Et nous avons vu les belles femmes de la vallée de Viù perdre de leur beauté et de leur stature après qu'elles se furent a données à l'eau-de-vie.

On ne doit donc pas s'étonner après cela de son influence sur la diminution de la vie moyenne, si bien qu'au lieu d'être l'eau de vie, elle pourrait bien se nommer l'eau de la mort. Les calculs de Neison démontrent que la mortalité des buveurs est au moins de 3,25 supérieure à celle des abstèmes (1).

2. — *Paupérisme.* — Tout cela nous prépare à comprendre comment un des effets les plus évidents et les plus fatals de l'alcoolisme est le paupérisme ; c'est ainsi que d'un père alcoolique naît une descendance aveugle, paralytique, boiteuse, impuissante ; même riche, elle finit nécessairement par devenir pauvre et, si elle est pauvre, se trouve dans l'impossibilité de travailler.

Il est vrai qu' avec l'accroissement des salaires le nombre des ivrognes augmente démésurément et par suite aussi leurs méfaits; lorsque dans le Lancashire les salaires des mineurs montèrent de 5 à 8 et 11 francs, la mortalité causée par l'ivresse s'éleva de 495 à 1304 et 2605, et les crimes de 1335 à 3878 et 4402. — Mais c'est encore pire quand baissent les salaires. On boit alors de l'alcool pour suppléer à l'insuffisance de vêtements et de nourriture, pour étancher sa

_____

(1) Un homme de 20 ans adonné à la boisson, a la vie moyenne probable de 15 ans, ét l'abstème de 44.

     Les buveurs de bière ont une vie moyenne de 21,7
     Ceux d'alcool   »   »   »   16,7
     Ceux d'alcool et de bière »   »   »   16,1

Sur 97 enfants nés de parents alcooliques 14 seulement étaient sains (BAER, *op. cit.*).

soif et supporter mieux la faim et le froid; et l'alcool à son
tour rend toujours plus impuissant et plus pauvre celui qui
en fait usage et le retient toujours plus étroitement enchaîné
sous son fatal empire. Aussi l'on peut dire que l'alcoolisme
est un produit tantôt de la surabondance et tantôt de l'insuffisance de la richesse; c'est ce que l'on put constater
de 1850 à 1860 à Aquisgrana, où l'alcoolisme augmenta
lorsque les salaires s'élevèrent au dessus de 1,25, mais plus
encore après 1874, lorsque la crise américaine y fit fermer
80 fabriques et diminuer les salaires d'un tiers; les familles
pauvres de 1864 qu'elles étaient avant, s'élevèrent à 2.255 et
les cabarets de 183 à 305; de 37, les prostituées montèrent
à 101, et les mariages de 785 descendirent à 630; on constata également une recrudescence de vols et d'incendies
(THUN, *Die Indust. in Nieder Rein*, 1890). Durant les disettes
de 1860 et 1861 à Londres, on nota que pas un des 7.900
membres de la société de tempérance n'avait demandé un secours (1). Huisch observa que pour chaque 100 livres sterling
d'aumônes, 30 passaient en eau-de-vie; et Bertrand et Lee
remarquèrent que les communes les plus déchues étaient celles
où s'était accru démesurément l'usage de l'alcool et où le
nombre des cabarets avait augmenté. La haute Silesie est une
preuve frappante de l'influence pernicieuse de l'alcoolisme;
la misère y était si grande que les habitants y mouraient de
faim, et l'ivrognerie y sévissait si rigoureusement que l'on
voyait arriver en chancelant les nouveaux époux devant l'autel,
et les parents des nouveaux-nés au baptème. Un prédicateur
de la Silesie écrivait: « Où règne l'intempérance la misère et le
crime suivent le corps comme l'ombre » (BAER, *op. cit.*).

On avait déjà noté que l'ivresse était une des causes les
plus fréquentes de division et de divorce entre époux en Allemagne: elle y sévit pour le moins dans les proportions de

---

(1) De 1823 à 1826, les hospices de Philadelphie recueillirent de 4 à
5000 pauvres par an, reduits à la misère par l'ivrognerie. Sur 3000
indigents du Massachussett 2900 environ se trouvaient dans la même
condition (BAER, *op. cit.*, p. 582).

2 à 6 %, et l'on sait, d'autre part, que les enfants nés de parents divorcés et de second lit fournissent un fort contingent au crime et à la prostitution.

3. — *Alcoolisme et crime. Statistique.* — D'après cela, on voit facilement le lien étroit qui unit l'alcoolisme et le crime, tant au point de vue social qu'au point de vue pathologique : nous en trouvons une première preuve dans ces statistiques qui nous montrent un continuel accroissement des crimes dans les pays civilisés, accroissement que l'augmentation de la population ne pourrait justifier que dans la proportion de 13 à 16 % et qui, dans un autre sens, ne s'explique que trop bien par l'abus excessif des boissons alcooliques, dont la consommation s'élève justement en proportions analogues à celle des crimes.

On en trouve une autre preuve éclatante dans l'étude de Ferri (1) sur la criminalité en France, qui met en relief le parfait parallélisme du crime avec la consommation du vin et de l'alcool, du moins dans les époques de grandes augmentations de ces récoltes (1850-58-65-69-75), et dans celles de grandes décroissances (1851-53-54-66-67-73), sauf en 1870, année exceptionnelle de guerre, dans laquelle se taisent les actes judiciaires non militaires, et sauf encore de partielles discordances en 1876, que je ne puis expliquer, n'ayant pas sous les yeux les statistiques successives, et en 1860-61, où, par l'effet de la récolte vinicole, le parallélisme semble seulement déplacé d'un an. Ce parallélisme est d'autant plus curieux et singulier que plusieurs auteurs prétendaient attribuer cette influence fatale seulement à l'alcool et non au vin, si bien que, comme nous le verrons, on proposa de faciliter la diffusion du vin dans les pays plus enclins au crime. Or, d'après ces statistiques, on voit que le rapport de l'alcool consommé avec les homicides et les blessures n'est pas aussi évident que celui du vin, excepté dans les années 1855 à 1868 et 1873

(1) Lombroso : *Homme Criminel*, 1895. Atlas. Planche XXVIII.

à 1876. Et cela se comprend très bien, car les rixes naissent plus facilement dans les cabarets que chez les marchands d'eau-de-vie, où le séjour est trop court pour donner
lieu à des querelles. — Une autre preuve de ce fait se trouve
dans l'observation du jour et du mois, où se réitèrent le plus
souvent les crimes et qui sont justement ceux où l'on abuse
le plus du vin. Ainsi Schroeter (*Jahrb. des Westph. Gefang-
nissen*, 1871) nous apprend qu'en Allemagne, sur 2.178 crimes,
le 58 % avait lieu le samedi soir, le dimanche 3 %, et le lundi
1 %; dans ces jours prédominaient dans la proportion de
82 % les crimes contre les bonnes mœurs, les rébellions et
les incendies, et dans celle du 50 % les délits de dextérité.

En Italie, la seule année 1870, où l'on en tint compte, on
observa le même fait (1).

(1) Dans les statistiques officielles 1870, en calculant en moyenne
1 jour férié sur 5 non fériés, on aurait cette proportion pour % de
crimes commis dans les jours fériés :

	Assises	Tribunaux ordinaires
Rébellions, résistance à la force publique .	68,1	78,5
Viols avec violence .	65,4	67,4
Parricides, uxoricides, infanticides .	56,9	—
Homicides volontaires	72,8	74,8
Homicides en rixe .	78	76
Jeux en rixe .	—	83,8
Blessures suivies de mort .	71,3	—
Coups et blessures volontaires .	69,6	82
Menaces et vagabondage .	—	72,4
Vols sur les grands chemins .	61,5	—
Vols .	61,2	66,8
Exposition et supposition d'enfant .	—	34,8
Recel et achat d'objets volés .	63,9	—
Soustraction de dépôts publics .	—	39,3
Escroqueries et appropriations indues .	39,9	62,4
Faux divers .	47,8	49,4
Calomnies et fausses dénonciations .	12	—
Vols sur les grands chemins avec homicide .	31,2	—
Banqueroutes .	26,4	48,2

Tous les crimes de violences et contre les personnes, en conséquence, prédominent dans les jours fériés sur ceux prémédités et de
dextérité.

Et, chose curieuse, Ferri trouva que, en France, tandis que les crimes en général contre les personnes de 1827 à 1869 décrurent rapidement après le mois d'août jusqu'au mois de décembre, les blessures et les coups graves, au contraire, offrirent une recrudescence bien marquée en novembre, époque de la confection du vin nouveau ; Et l'on remarquera qu'il s'agit seulement de blessures graves jugées devant les Assises et non de blessures qui sont du ressort des Tribunaux ordinaires et qui résultent le plus souvent de rixes de cabarets.

Dixon a trouvé un seul pays en Amérique qui, depuis des années, soit exempt de crimes ; c'est Saint-Johnsbury, malgré sa très nombreuse population d'ouvriers ; mais ce pays a adopté pour loi la prohibition absolue des substances fermentées, bière, vin, lesquelles sont fournies, comme les poisons, par le pharmacien, sur la demande, par écrit, du consommateur et avec le consentement du maire, qui inscrit le nom du contrevenant sur un tableau public.

En Belgique on a calculé que l'alcoolisme provoquait le crime dans le rapport de 25 à 27 %.

A New-York, sur 49.423 accusés, 30.509 étaient ivrognes de profession. En 1890, aux États-Unis, sur 100 détenus, 20 étaient voués à l'ivrognerie, 60 buvaient modérément, 20 étaient abstèmes (Bosco, *L'omicidio negli Stati Uniti d'America*, 1897).

En Hollande, on attribue à l'abus du vin $4/5$ des causes de crimes et précisément $7/8$ des rixes et des contraventions, $3/4$ des attentats contre les personnes, $1/4$ des attentats contre la propriété (BERTRAND, *Essai sur l'intempérance*, Paris, 1871).

Les trois quarts des crimes en Suède sont attribués à l'alcoolisme ; les assassinats et autres crimes avec effusion de sang, sont dus spécialement à l'abus de l'alcool, pendant que les vols et les escroqueries proviennent de l'hérédité de parents alcooliques.

En Angleterre, 10.000 sur 29.752 condamnés par les Assises et 50.000 sur 90.903 condamnés sommairement avaient été entraînés aux crimes par la fréquentation des cabarets (BAER, *op. cit.*, pag. 343).

En France, Guillemin évalue à 50 $\%$ les criminels par suite de l'abus de l'alcool et Baer en Allemagne à 41 $\%$.

La plus forte proportion d'ivrognes est fournie par les départements où, grâce à la faible production du vin, on consomme une plus grande quantité d'alcools artificiels. Le 73 $\%$ des criminels observés par Marro, abusaient des boissons alcooliques, 10 $\%$ seulement parmi eux étaient normaux.

Dans ma *Centurie Criminelle* Rossi trouva que l'ivrognerie s'élevait à 81 $\%$, dont le 23 $\%$ s'énivraient dès l'enfance; il y a seulement une différence de 10 $\%$ dans la fréquence de l'ivrognerie chez les jeunes gens et chez les adultes; sur 100 criminels au-dessous de 20 ans, 64 $\%$ étaient déjà adonnés à la boisson : d'où l'on voit que ce vice est très précoce.

4. — *Action.* — Et cela est naturel, parce que toutes les substances qui ont la vertu d'exciter le cerveau d'une manière anormale, poussent plus facilement au crime et au suicide, ainsi qu'à la folie, avec laquelle ils se confondent souvent d'une manière inextricable.

On a observé cette tendance jusque chez les Medgjidubs et chez les Aïssaonas, lesquels, n'ayant pas de narcotiques, se procurent l'ivresse par un mouvement oscillatoire prolongé de la tête. Ce sont des hommes, dit Berbrugger (*Algérie*, 1860), dangereux, féroces et enclins au vol. Les fumeurs d'opium, eux aussi, sont souvent pris de fureur homicide ; sous l'action du haschisch, Moreau se sentit poussé au vol.

Les effets du vin sont encore plus pernicieux; et pires encore que le vin, l'alcool, qu'on peut dire un vin concentré quant à l'activité nocive, et ces liqueurs d'absinthe, de vermouth, qui, outre l'alcool pur, contiennent des drogues qui intoxiquent les centres nerveux (1).

Neumann en 1876 démontra comment l'alcool agit en altérant l'émoglobine et en diminuant de $\frac{1}{4}$ dans les globules

(1) *Revue Scientifique*, 1897.

la capacité pour l'oxygène, en provoquant un afflux actif dans le membranes et dans l'écorce cérébrale; d'où, dilatation des vaisseaux, paralysie des fibres musculaires des parois des vaisseaux et œdème; et enfin formation de dégénérescences graisseuses des cellules nerveuses irritées.

Kräpelin (1) démontrait que de 30 à 45 grammes d'alcool étilique absolu ralentissaient et paralysaient plus ou moins toutes les fonctions mentales : l'engourdissement — qui ressemble dans ses effets à la fatigue physiologique — va en augmentant à mesure qu'augmente la dose de l'alcool absorbé: ainsi il dure de 40 à 50 minutes pour de petites quantités — de 1 à 2 heures pour des quantités plus fortes : dans les doses minimes, le relâchement paralytique des fonctions mentales . est précédé d'une période plus grande d'activité ou d'accélération qui dure au maximum de 20 à 30″.

Mais cet observateur a en outre démontré que l'action de ['alcool n'agit pas de même sur toutes les fonctions psychologiques : que si l'on a une accélération passagère dans l'innervation motrice, les fonctions intellectuelles, telles que l'aperception, la conception des idées, leurs associations sont ralenties et presque arrêtées, même par les doses plus petites d'alcool. On peut en dire autant pour ce qui regarde la sensation : il s'ensuit que la période initiale d'excitation produite par les petites doses d'alcool, n'est qu'une espèce de feu d'artifice, dû au concours de plusieurs facteurs; spécialement de l'augmentation des associations externes des idées (associations de paroles, de sensations, etc.), au préjudice des associations internes — associations plus logiques et plus profondes.

Sous l'action de l'alcool, les centres moteurs surexcités donnent à l'ivrogne une force illusoire, le poussent aux actions les plus brutales : l'association des idées s'altère et il répète sans cesse les mêmes banalités triviales les mêmes plaisanteries grossières ; ce que s'explique, aussi, par l'accélération psycomotrice initiale, qui intercepte les inhibitions mentales douloureuses.

(1) *Ueber die Beinflussung einfacher psychischer Vorgänge durch einige Arzeneimitteln* (Jena, Fischer, 1892).

Et l'alcool, après avoir excité et dirigé dans la mauvaise voie sa malheureuse victime par des actes instantanés et automatiques, l'y maintient et l'y fixe pour toujours, lorsque, après en avoir fait un buveur habituel, il en paralyse les sentiments les plus nobles et transforme en morbide l'organisation cérébrale la plus saine. C'est une nouvelle preuve expérimentale de la vérité de l'axiome : que le crime est l'effet d'une condition morbide de notre organisme; et telle est, chez ces malheureux, la sclérose qui atteint le cerveau, la moëlle épinière et les ganglions, de même que le rein et le foie, se manifestant chez les uns par la démence, par l'uremie, ou par l'ictère, chez les autres par le crime, selon qu'elle atteint un organe plutôt que l'autre.

Mais le crime en est, malheuresement, le résultat le plus commun et le plus fréquent : et ici les preuves surabondent : — dernièrement, je rencontrai dans la prison un très singulier voleur, P..., qui se vantait comme tous de l'être et qui ne savait même plus parler que dans le jargon des voleurs; et cependant, ni son éducation, ni la forme de sa tête ne donnaient l'indice de la cause qui l'y poussait; mais j'en fus bientôt instruit, lorsqu'il me raconta que son père et lui étaient ivrognes. « Voyez, disait-il, dès ma jeunesse je me passionnais pour l'eau-de-vie, et maintenant j'en bois 40 et 80 petits verres; et l'ivresse de l'eau-de-vie me passe en buvant deux ou trois bouteilles du vin » (*Archivio di psichiatria e scienze penali*, 1890).

Et non seulement les ivrognes habituels sont immoraux, et engendrent des enfants aliénés ou déliquants ou précocement débauchés (*Ann. Méd.-Psyc.*, 1877), ce que nous allons démontrer par l'histoire de la famille Yuke; mais l'ivresse aiguë donne lieu à des crimes. Gall raconte qu'un brigand appelé Petri se sentait poussé à l'homicide, dès qu'il buvait; et cite une femme de Berlin qui était prise de tendances sanguinaires dès qu'elle était ivre.

L'alcool, an somme, est une cause de délits, parce que beaucoup d'hommes en commettent pour s'enivrer, et que d'autres

COURBES INDIQUANT LA VARIATION

dans la consommation des boissons distillées dans les différents pays, par chaque habitant

(alcool à 50°).

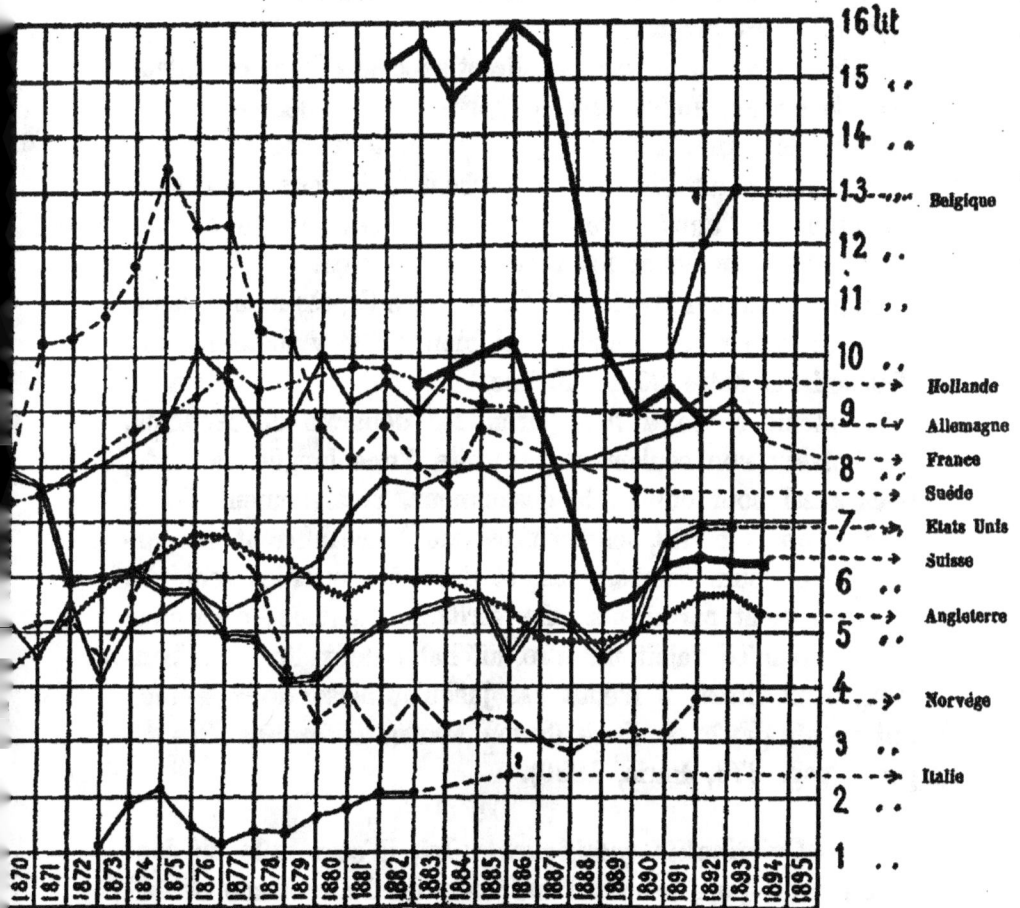

B. — L'abaissement de la courbe suisse, depuis l' an 1885 est dû au monopole de l'alcool ; celle de la courbe allemande en 1887, à l'impôt sur l'alcool.

sont entraînés dans le crime par l'ivrognerie; quelquefois aussi, parce que les lâches cherchent dans l'ivresse le courage pour accomplir leurs criminelles entreprises et ensuite une excuse à leurs méfaits ; enfin parce que c'est à l'aide de l'ivresse qu'on entraîne les jeunes gens dans le crime; et parce que le cabaret est le lieu de rendez-vous des complices, le lieu où non seulement ils concertent leurs crimes, mais aussi celui où ils jouissent de leurs produits. On comptait à Londres, en 1880, 4.938 cabarets, où n'entraient absolument que les voleurs et les prostituées.

Enfin l'alcool a un rapport direct avec le crime, ou mieux avec la prison, en ce sens qu'après ses premiers emprisonnements le criminel libéré ayant perdu tout attache avec sa famille, tout point d'honneur, cherche dans la boisson une compensation et l'oubli; c'est pour cela qu'on trouve si souvent l'alcoolisme chez les récidivistes et c'est aussi ce qui explique pourquoi Mayhew trouvait ivres l'après-midi presque tous les voleurs de Londres, si bien qu'ils y meurent tous d'alcoolisme entre 30 et 40 ans.

La même chose a lieu parmi les *déportés de Nouméa*, qui boivent non seulement par suite d'une longue habitude, mais aussi pour oublier le déshonneur, l'éloignement de la famille, de la patrie, les tortures que leur infligent les argousins et leurs compagnons, et peut-être aussi les remords, le vin devient parmi eux une véritable monnaie; c'est ainsi qu'une chemise valait un litre, un habit deux litres, un pantalon deux litres; il n'était pas jusqu'au baiser de la femme, qui ne s'y payât en litres (Simon Mayer, *Souvenirs d'un déporté*, pag. 376, Paris, 1880).

5. — *Criminalité spécifique.* — Ici, il sera utile de connaître dans quels crimes l'influence de l'alcoolisme se fait plus spécialement sentir.

Voici d'après les tableaux de Baer (*Der Alkoolismus, seine Verbreitung, etc.*, Berlin, 1878) ce que l'on nota en Allemagne:

I. — Dans les maisons de force des hommes :

	A	B	C	D
			CRIMINELS ALCOOLIQUES	
	Total	en général %	d'occasion %	habituels %
1. Coups et blessures . .	773	575 soit 74,5	418 soit 72,7	157 soit 27,3
2. Rapine et assassinat .	898	618 » 68,8	353 » 57,1	265 » 42,9
3. Homicide simple . . .	318	220 » 63,2	129 » 58,6	91 » 41,4
4. Impudicité et viol . .	954	575 » 60,2	352 » 61,2	223 » 38,8
5. Vol	10033	5212 » 51,3	2513 » 48,2	2699 » 51,8
6. Homicide tenté . . .	252	128 » 50,8	78 » 60,9	50 » 39,1
7. Incendie	304	383 » 47,6	191 » 48,0	199 » 52,0
8. Homicide prémédité .	514	237 » 46,1	139 » 58,6	98 » 41,4
9. Parjure	590	157 » 26,6	82 » 52,2	75 » 47,8

II. — Dans les prisons communes pour hommes :

1. Offense contre la moralité	209	151 » 77,0	113 » 73,3	41 » 26,7
2. Résistance à la force publique	652	499 » 76,5	445 » 89,0	51 » 11,0
3. Coups et blessures . .	1130	716 » 63,4	581 » 81,1	135 » 18,9
4. Incendie	23	11 » 48,0	5 » 45,4	6 » 54,6
5. Vols	3282	1048 » 32,0	666 » 63,5	382 » 36,5
6. Fraudes, faux, etc. . .	786	194 » 24,7	111 » 57,2	83 » 42,8

Il y aurait donc une plus grande fréquence dans les coups
et les blessures, dans les offenses à la pudeur et dans les rébellions ; puis viendraient en seconde ligne les assassinats et
les homicides ; en dernier lieu les incendies et les vols ; c'est-
à-dire les crimes contre la propriété, qui cependant sont plus
nombreux que les premiers chez les ivrognes habituels. On
a un minimum dans les faux et dans les escroqueries, et
pour cause, parce que, comme me disaient plusieurs escrocs :
« *Il faut avoir la tête en place pour mener à bien nos coups* ».

Selon Marambat (*Revue scientifique*, 1888) sur 3000 condamnés examinés par lui, 78 % étaient des ivrognes ; il y
aurait prédominance des vagabonds et des mendiants, qui en
fournissent 79 % ; les assassins et les incendiaires donneraient 50 et 57 % ; les coupables d'attentats aux mœurs
153 % ; les voleurs, les escrocs, etc., 71 % ; cependant,
sur la totalité, il observa dans les délits contre les personnes
une proportion de 88 % et de 77 % pour les crimes contre
la propriété.

Marro aussi trouva en première ligne, chez les ivrognes, les voleurs de grands chemins, 82 %; les auteurs de blessures, 77 %; les voleurs, 78 %; puis viennent les escrocs, 66 %; les assassins, 62 %; les déflorateurs, 61 %.

Vétault (*ouvrage cité*), sur 40 alcooliques criminels, trouva:

- 15 homicides,
- 8 voleurs,
- 5 escrocs,
- 6 auteurs d'attentats à la pudeur,
- 4 « de blessures,
- 2 vagabonds, dont 13 seulement furent regardés comme responsables.

On peut dire, en somme, que les grands crimes contre les personnes, spécialement les blessures, et contre la propriété (vols simples et à main armée), sont ceux dans lesquels l'influence de l'alcoolisme se fait le plus vivement sentir; mais, en général son action est plus forte dans les premiers que dans les seconds.

En étudiant l'influence de l'alcool sur la criminalité du Royaume Uni de la Grande Bretagne et de l'Irlande avec Fornasari di Verce on trouve quelque étrange différence.

1º Avec l'augmentation de la consommation de l'alcool diminuent assez fréquemment (1), quoique irrégulièrement, les crimes contre la propriété sans violence, et quand la consommation décroît, ces crimes augmentent et diminuent presque également il y a cependant quelques exceptions : en 1875-76, par exemple, ils s'accrurent avec l'augmentation de la consommation de l'alcool; mais en 1877-78 ils augmentèrent aussi malgré sa diminution.

---

(1) Que l'augmentation ou la diminution de la consommation de l'alcool n'ait pas une grande influence sur les crimes contre la propriété sans violence, cela se voit, par exemple, dans le fait que ces crimes augmentèrent de 20,035 à 23,571 en 1847 et de 21,545 à 28,017 en 1854, parallèlement à une augmentation de consommation de l'alcool. Mais vice versâ ils diminuèrent en 1864 et 1871 de 14,075 à 13,202 et de 12,294 à 11,265, malgré l'augmentation sensible de la consommation de 0,85 à 0,90 et de 1,23 à 1,27.

2° Sur les crimes contre la propriété avec violence la consommation de l'alcool n'a pas une influence certaine.

3° Les crimes contre la propriété avec destruction frauduleuse décroissent de préférence avec la plus grande consommation de l'alcool; en effet, de 1870 à 1875 et de 1863 à 1865, à mesure que la consommation de l'alcool alla en augmentant, ces crimes descendirent de 276 à 260 et de 519 à 238, avec exception cependant pour la période 1848-55, dans laquelle la consommation de l'alcool et les crimes allèrent en augmentant de pair: ces crimes augmentent ou diminuent en suite indifféremment avec la diminution de la consommation de l'alcool; ainsi de 1875-84 avec sa diminution il y eut tantôt augmentation, tantôt diminution des crimes.

4° Les crimes de faux et contre la circulation monétaire décroissent aussi avec l'abaissement du prix du vin jusqu' en 1884, mais ensuite ils remontent indépendamment de cet abaissement.

5° Les crimes contre les personnes semblent suivre les fluctuations de la consommation des boissons alcooliques en augmentant graduellement avec l'élévation du prix de l'alcool, comme dans la période 1848-57, mais ils ne diminuent pas avec l'abaissement de son prix dans la période 1873-89 (1).

6° Les autres crimes n'ont pas un rapport très clair avec la consommation de l'alcool; mais les délits et les contraventions décroissent de préférence avec sa diminution (2).

Il faut enfin remarquer que, quoique l'alcoolisme soit un facteur très influent, en Angleterre, là même où il se fait sentir avec le plus d'intensité, il ne frappe jamais au delà du 77 %.

Dans la N. Galles on ne trouve aucune correspondance exacte entre l'alcool et les crimes, sauf pour les vols et les incendies. (COGHLAN, *o. cité*).

(1) FORNASARI DI VERCE, *op. cit.*, pag. 198.
(2) *Op. cit,*, chap. 62-63.

6. — *Antagonisme de l'alcoolisme avec le crime dans les pays civilisés*. — Ici un fait nous frappe: c'est que dans les pays les plus civilisés et où cependant on abuse des boissons alcooliques, comme dans la Nouvelle Galles du Sud et en Angleterre, leur action s'affaiblit de plus en plus. Et maintenant Bosco nous démontre qu'aux Etats Unis, seulement le 20 % des homicides sont adonnés à l'ivrognerie, pendant que le 70 % sont au contraire sobres (*op. cit.*).

Ce fait a déjà été expliqué par N. Colaianni et par M. Zerboglio (1); pour eux ce n'est pas que l'alcool exerce de moins terribles effets sur les individus, mais parce que l'abus en a lieu lorsque la civilisation étant déjà très avancée, elle a déjà donné ses fruits en protégeant l'individu contre les grands crimes avec une plus grande inhibition et une plus grande activité psychique; c'est pour cela que l'Angleterre, la Belgiques, la Norvège, l'Allemagne, qui sont les pays où l'on consomme le maximum d'alcool, mais ou la civilisation est le plus avancée, fournissent (1) un moindre contingent d'homicides que l'Espagne et l'Italie, où l'on en consomme beaucoup moins.

Voir ce tableau récent de l'alcoolisme en Europe.

Consommation de boissons alcooliques (équivalent en alcool pur par habitant) (galons) avec échelle enverse aux homicides:

		Homicides par 100,000 habit.
Autriche	2,80	25
Espagne	2,85	74
Allemagne	3,08	5,7
Italie	3,40	96
Angleterre, Galles, Irlande, Ecosse	3,57	5,6
Belgique	4,00	18
France	5,10	18

(Coghlan, *The wealth and progress, etc.*, Sydney, 1893).

Celà nous explique, comme l'observa justement Colaianni (*Arch. di Psich.*, VII), pourquoi en France, de 1861 à 1870 et probablement aussi depuis 1880, les crimes graves pro-

(1) *L'alcoolisme*, Turin, Bocca, 1893.

voqués par l'alcoolisme, qui étaient de 7 et 11 % dans la
période de 1826-40, descendirent à 5 et 3 % dans la période de 1861-80. L'alcoolisme y subsiste donc et même il
augmente, mais en même temps augmente aussi la force d'inhibition que donne la civilisation: c'est pour cette raison que
quelques crimes diminuent, malgré son influence.

Ajoutons que dans le nord prédomine aussi l'effet du froid,
qui, tout en poussant les gens aux boissons alcooliques, en
diminue cependant l'impulsivité et par suite les homicides.

7. — *Rébellions politiques.* — L'alcoolisme est un facteur
puissant dans les révoltes. Ce fait n'avait pas échappé aux chefs
des révoltes, qui souvent cherchèrent d'en tirer avantage pour
atteindre leur but: c'est ainsi que, dans l'Argentine, Don Jean
Manuel, qui était lui-même un alcoolique, trouva une aide
puissante à sa politique dans les explosions de fureur populaire
provoquées par l'abus des boissons alcooliques; et c'est pour
la même raison qu'à Buenos-Ayres l'alcoolisme fut une arme
politique aux mains de Quiroga, de Franco, d'Artigas et de
ses féroces satellites, dont plusieurs, comme Blacito et Or-
toguez, étaient eux-mêmes en proie au *delirium tremens*
(*Ramos-Mejia*) (1).

L'abus des spiritueux que l'on fit à Buenos-Ayres en 1834
est incroyable: dans cette année on consomma, outre des centaines de tonneaux d'eau-de-vie, 3836 *frasqueras* de genièvre,
263 tonneaux et 2182 dames-jeannes de la même boisson, plus
2246 tonneaux de vin, 346 barils de bière et d'autres de cognac
et de Oporto (*Id.*).

Pendant la révolution française, ce fut l'alcoolisme qui al-
luma les instincts sanguinaires de la foule et des représentants
du gouvernement révolutionnaire; parmi ces derniers rappelons
Monastier, qui, étant ivre, faisait guillotiner Lassalle et le lendemain ne se rappelait plus de l'ordre qu'il avait donné. Les

---

(1) Voy. C. LOMBROSO et LASCHI, *Le crime politique et les révolutions*, pag. 92.

envoyés de la Vendée vidèrent en trois mois 1974 bouteilles de vin (Taine) ils comptaient parmi eux Vacheron, qui violait les femmes et les fusillait lorsqu'elles se refusaient à ses lubricités excitées par l'alcool.

On affirma que, pendant le coup d'Etat du 2 décembre, d'énormes quantités de vin furent distribuées aux troupes. Un fait est certain, c'est que l'alcoolisme, de même qu'il n'avait pas été étranger aux mouvements de 1846 (parmi les chefs desquels on comptait, suivant l'attestation de Chenu (1) deux ivrognes, Caussidière et Grandmesnil), se reproduisit avec la Commune, grâce à l'énorme quantité d'alcool qui se trouvait dans la ville assiégée. Despine (2) note à ce propos que la dipsomanie recruta le plus grand nombre des soldats de la Commune, attirés à elle par l'espoir de satisfaire leur triste passion avec la solde et le pillage, et que l'alcoolisme rendait dédaigneux du danger et indifférents à leurs blessures.

Le général communard Cluseret lui-même n'en fait pas mystère dans ces *Mémoires*. — « Jamais, comme à cette époque, écrit-il, les marchands de vin ne peuvent se vanter d'avoir fait tant d'argent ». Lui-même dut souvent arrêter des chefs de bataillons ivres, non seulement du soir au matin, mais encore du matin au soir.

« Quand les choses tournaient mal pour les insurgés assiégés; quand les Versaillais menaçaient de près le fort d'Issy, que faisaient les défenseurs? Les tavernes et les cabarets de cette bourgade regorgeaient de chalands abrutis par l'ivresse.

« A Asnières, à la veille justement de sa capitulation, la garde nationale, suivant sa louable habitude, fumait, dormait, mangeait et buvait. » (CLUSERET).

8. — *L'alcoolisme dans l'évolution.* — Dans l'*Homme de génie* j'ai démontré qu'un certain nombre d'hommes de génie et de leurs parents furent alcooliques (Beethoven, Byron, Avi-

---

(1) *Les conspirateurs*, 1849. — LOMBROSO, *Le crime politique*, etc.
(2) *De la folie*, etc., Paris, 1875, Loduliez.

cenne, Alexandre, Murger), mais on peut dire que, bien plus
qu'une cause, c'est là un effet et une complication du génie;
car ces vastes et puissants cerveaux ont sans cesse besoin
de nouveaux excitants.

C'est un fait parallèle à celui des peuples, qui deviennent
d'autant plus aisément la proie de l'alcoolisme qu'ils sont le plus
avancés dans la civilisation, spécialement ceux du nord ; et là
non plus ce n'est pas une cause, mais une complication malheureusement nécessaire de leur plus grande excitabilité corticale.

9. — *Tabac.* — Suivant Venturi (1), les criminels offrent
un plus grand nombre de priseurs de tabac, non seulement que
les normaux, mais aussi que les aliénés (criminels 45,8 %;
aliénés 25,88 %; normaux 14,32 %); et parmi les criminels
les proportions s'accroissent entre les sanguinaires (48 %) et
les assassins relativement aux voleurs et faussaires (43 %).

Les criminels et les aliénés s'habituent de très bonne heure
à cet usage, pendant que c'est le contraire chez les hommes
sains ; mais tandis que chez les aliénés cette coutume augmente dans les asiles, chez les criminels, au contraire, elle
est antérieure à la détention et ne s'en trouve pas augmentée par elle (2).

Les prostituées de Verone et de Capoue prisent presque
toutes du tabac et celles qui ne prisent pas fument (3).

Marambat (4) affirme que la passion de l'enfant pour le tabac
l'entraîne à la paresse, à l'ivrognerie et ensuite au crime. Sur
603 enfants criminels de 8 à 15 ans, 51 % avaient l'habitude
du tabac avant leur détention; sur 103 jeunes hommes de 16
à 20 ans cette proportion est de 84 %; sur 850 hommes mûrs
le 78 % avaient contracté cette habitude avant 20 ans. De ces
derniers, 516, c'est-à-dire le 57 % entraient en prison pour la

(1) VENTURI, *Sull'uso del tabacco da naso nei sani, pazzi e delinquenti (Il Manicomio*, 1885, N. 2 e 3; *Archivio di Psich.*, VII, 630).
(2) VENTURI, *op. cit.*
(3) VENTURI, *op. cit.*
(4) Voy. *Archivio di Psich.*, V, 378.

première fois avant d'avoir atteint 20 ans, pendant que parmi les individus n'ayant jamais fait usage de tabac cette proportion est seulement de 17 %. La proportion des consommateurs de tabac parmi les imputés de vagabondage, mendicité, vol, escroquerie, etc., est de 89 %. Parmi les condamnés pour ivresse, d'individus adonnés au tabac on compte 74 %, pendant qu'on n'en compte parmi les autres que 43 %. Le nombre des récidivistes parmi les fumeurs est de 79 %, pendant qu'il n'est que de 55 % chez ceux qui ne font pas usage de tabac. Les détenus sobres qui n'usent pas de tabac donnent le 18 % de récidivistes, et les autres, bien qu'ils soient également sobres, en fournissent le 82 %.

On voit donc clairement qu'il y a un rapport étiologique entre le tabac et le crime, rapport qui est identique à celui de l'alcoolisme; car c'est un fait curieux que dans les pays où la consommation du tabac (1) est plus considérable on a une moindre criminalité. Cette contradiction est fréquente dans toutes ces recherches, mais bientôt elle disparait, parce que l'abus de ces substances excitantes, de même que pour l'alcoolisme, a surtout lieu parmi les peuples les plus civilisés — qui peuvent plus s'inhiber.

10. — *Chanvre*. — Stanley trouva en Afrique une espèce de bandits appelés Ruga-Ruga, qui étaient les seuls indigènes qui abusassent du chanvre; suivant les traditions de l'Uganda, le crime apparut parmi les fils de Kinto après qu'ils eurent adopté la bière (STANLEY).

---

(1)

	livres de tabac par personne.		livres de tabac par personne
Hollande	6,92	France	2,05
Autriche	3,77	Suisse	1,87
Danemark	3,70	Espagne	1,70
Suisse	3,24	Italie	1,34
Belgique	3,15	Russie	1,23
Allemagne	3,00		

(COGHLAN, *Wealth of New South Wales*, 1895, pag. 303, Sydney).

11. — *Morphine*. — A ces intoxications on pourrait en ajouter beaucoup d'autres. L'hamook est une ivresse provoquée par l'opium, qui pousse les Malais à l'homicide ; le mangeur d'opium chinois est à la fois apathique, impulsif, homicide et porté au suicide. Plusieurs femmes escroques ont une hystérie mêlée de morphinomanie : et les morphinomanes ont en général le sens moral très obliteré et sont par suite le plus encliné à l'escroquerie, comme quelquefois à l'homicide et aux crimes contre les mœurs (CHARCOT, *op. cit.*).

Le morphinomane perd, degré par degré, le pouvoir de réagir contre les tendances impulsives, jusqu'à ce qu'il égale et souvent surpasse le fumeur d'haschisch, chez lequel les tendances criminelles sont si fréquentes.

Un chinois, afin de se procurer de l'argent pour fumer, joua jusqu'à ses propres doigts, phalange par phalange, qu'il détachait avec une hâche chaque fois qu'il perdait.

Le docteur Lamson, morphinomane, empoisonna son beaufrère avec de la morphine sans comprendre la gravité de son action.

Dans l'abstinence forcée des morphinomanes on observe, avec les fureurs et les mélancolies, une tendance au suicide et à l'homicide, mais surtout au vol pour se procurer le poison (V. GUIMBAIL, *op. cit.*).

Marandon de Montijel rapporte le cas d'un avocat, qui, se voyant refusée la morphine sur un bâtiment, vola avec effraction la provision du bord.

Une femme endurait de si grandes souffrances de la privation de la morphine, qu'elle finit par se prostituer pour s'en procurer.

Une femme devenue morphinomane, assassina sa petite-fille et soutint que la morphine la poussait à des impulsions sanguinaires (GUIMBAIL, *Annales d'hygiène publique*, 1891).

Une hystérique de 28 ans escroqua en donnant un faux nom pour une valeur de 120 francs de marchandise dans un magasin, et, avec une imprévoyance étrange, elle retourna peu des jours après dans le même magasin reportant une partie des objets volés en disant qu'ils ne lui plaisaient plus : elle avait tout vendu, pour s'acheter de la morphine, et devait encore 1600 francs au pharmacien, et ce fut quand il refusa de lui en donner d'autre qu'elle commit son délit.

12. — *Maïs gâté*. — Le maïs pourri aussi doit être regardé comme criminogène.

Des observations expérimentales m'avaient déjà démontré que les poulets, les chiens dociles et bons, nourris avec du maïs gâté, devenaient après quelques temps féroces. J'ai ensuite dans mes *Études cliniques sur la pellagre* (1872) et dans mon *Traité sur la pellagre* (Turin, 1890) exposé des histoires de criminels dont le mobile remontait à la pellagre, c'est-à-dire à l'usage du maïs gâté. Ainsi un d'eux affamait ses enfants par avarice et en tua un parce que, pour assouvir sa faim, il lui avait dérobé quelques pommes de terre dans son champ. Une femme jetait presque publiquement son propre nouveau-né dans un puits. Une autre volait pour satisfaire sa voracité et disait: « Je serais capable de manger un homme »; et tous les trois avaient acquis la folie morale à un âge avancé grâce à l'empoisonnement causé par le maïs.

Chapitre VIII.

Influence de l'instruction sur la criminalité.

Le parallélisme absolu de l'instruction avec la criminalité, comme beaucoup le comprenaient il y a quelques années, est aujourd'hui regardé à juste raison comme une erreur.

Marro trouva sur 500 criminels et 500 homme honnêtes de Turin :

	criminels	honnêtes
Illettrés	12 %	6 %
Sachant lire et écrire.	75 »	67 »
Instruits	12 »	27 »

soit, il est vrai, une prédominance de criminels illettrés, mais aussi d'individus qui savaient lire et écrire (1).

Morano à Palerme en 1878 constata dans les criminels que 53 avaient commis leur crime à l'école, 34 étaient des écoliers et 19 des maîtres d'école, auxquels, semble-t-il, l'instruction ne devait pas manquer (Lombroso, *L'incremento al delitto*, pag. 80).

Curcio trouva en Italie 1 condamné sur 284 illettrés et 1 sur 292 lettrés ; chiffres qui s'équilibrent avec une légère augmentation des gens instruits parmi les criminels.

Et ces très minimes différences deviennent, dans quelques catégories de crimes, encore moins frappantes. Trois septièmes des condamnés avaient reçu une instruction élémentaire ; la moitié des criminels contre les bonnes mœurs, et des contrevenants, $^{10}/_{25}$ des criminels contre les personnes et des criminels contre la propriété avaient reçu quelque instruction (S. Curcio, *op. cit.*). Et pendant que les criminels en géneral donnaient une moyenne de 50 à 75 d'illettrés, les criminels encore mineurs n'en donnèrent que 42 %, et dans quelques

(1) *Caratteri dei criminali*, 1886, Torino.

provinces, comme dans la Lombardie le 5 % et en Piémont
le 17. Déjà en 1872 on en comptait, pour 453 illettrés, 51 qui
savaient lire, 368 qui savaient lire et écrire, 401 qui savaient
lire, écrire et compter, et 5 qui avaient reçu une instruction
supérieure (voyer Cardon, *Statist. carceraria*, Rome, 1872).

Suivant une observation importante de Joly, le département de l'Hérault, qui en 1866 donnait le minimum des illettrés, 1 %, parmi les conscrits et qui maintenant compte
un grand nombre d'écoles, de la plus basse échelle de la
criminalité quand il était illettré, est monté à present à la
plus haute et il en est de même pour le Doubs et le Rhône
(*op. cit.*).

Au contraire, les Deux Sèvres, la Vendée, le Lot avec 12,
la Vienne avec 14, l'Indre avec 17, la Côtes du Nord avec
24 et le Morbihan avec 35 illettrés, donnent le minimum de
criminalité (*id.*).

Levasseur calcule que sur 100 accusés en France il y avait:

	1830-4	1840-50	1850-60	1860-70	1875	1878
Sachant lire . .	38	41	48	55	60	65
De haute culture.	2	3	3	5	4	4

avec un redoublement, en moins de 30 ans, de gens sachant
lire et de gens cultivés parmi les criminels.

Tocqueville démontre que dans le Connecticut la criminalité s'est accrue avec l'accroissement de l'instruction.

Aux Etats Unis les chiffres maximums de criminalité (0,35,
0,30, 0,37 par 1000) furent observés en Wyoming, Californie,
Nevada, qui fournissent le minimum d'illettrés (3,4, 7,7 et
8,0 %); et les chiffres minimums de criminalité furent notés
dans le N. Mexique (0,03 %), S. Caroline (0,06 %), Alabama, Mississipi, Georgie, Louisiane, qui comptent le maximum d'illettrés (65,0, 55 % et les trois derniers de 49,1
à 50,9 %); exception faite pour Nebraska, Iowa, Maine,
Dakota, qui ont un très petit nombre des criminels et d'illettrés, et cela pour d'autres causes que nous verrons bientôt.

En Angleterre, les districts Surrey, Kent, Glocester, Middlesex offrent le maximum de criminalité et ce sont les plus cultivés, pendant que les moins cultivés, North Wales, Essex, Cornwall, ont au contraire le minimum de criminalité (1).

En Russie, où l'instruction est beaucoup moins répandue, Oettingen (3me éd., p. 597) calcule qu'il y a le 25 % des condamnés sachant lire et même le 29 % parmi les hommes, pendant que la proportion de la population honnête lettrée est de 8 %.

« Compulsez, dit Lauvergne, les annales de la justice et vous verrez que les criminels récidivistes les plus indomptables sont tous lettrés » (*Les forçats*, pag. 207).

Mais la meilleure preuve c'est Coghlan qui nous la donne pour le N. South Galles dans *The Wealth*, etc. (Sydney, 1895): les illettrés honnêtes y étaient le 12 % en 1880, les arrêtés illettrés 5,5 %, les arrêtés instruits 6,2 %.

Les illettrés honnêtes y étaient le 7 % en 1891, les arrêtés illettrés 4,1 %, les arrêtés instruits 4,7 %.

C'est-à-dire que, tant absolument que relativement, les gens instruits y commettent plus de crimes que les illettrés.

De 1881 à 1891 les écoliers s'accrurent de 197,412 à 252,940, et les arrêtés de 39,758 à 44,851.

Pour chaque nouvelle école ouverte, 1 arrêté de plus; pour 10 nouvelles écoles ouvertes, 5 arrêtés de plus ; et cela dans toutes les différentes branches de la criminalité :

	arrêtés	illettrés	savaient lire	savaient lire et écrire
Contre les personnes	3.355	222	39	3.094
Contre la propriété avec violence	990	60	14	916
Contre la propriété sans violence	4.873	331	69	4.473
Rébellions, ivresse	32.878	2.348	473	30.057
Faux monnayeurs	157	3	4	150

Voilà pourtant la civilisation qu'aura l'Europe d'ici à 100 ans.

(1) MAYHEW, *op. cit.*:

Glocester	26 condamnés par 10.000 habitants	35 % illettrés
Middlesex	24	»	»	18 » »
N. Wales	7	»	»	35 » »
Cornwall	8	»	»	45 » »

Diffusion de l'instruction, ses avantages. — Toutefois, si l'on examine impartialement les chiffres des dernières années, on arrive à un fait consolant qui démontre que l'instruction n'est pas aussi fatale qu'elle paraît l'être tout d'abord : l'instruction favorise le crime jusqu'à un certain point, passé lequel elle en devient l'antidote.

Là où l'instruction a pris une grande diffusion on voit s'accroître la liste des criminels à culture supérieure, mais encore plus celle des illettrés ; ce qui signifie que la criminalité diminue dans les classes à culture moyenne. Ainsi, à New-York pendant que la population donnait en 1870 le 6,08 % d'illettrés et seulement le 1,83 % en en excluant les immigrants qui fournissent le plus fort contingent aux prisons, les criminels donnaient la proportion de 31 % d'illettrés (1).

Parmi les homicides condamnés récemment dans l'Amérique du Nord (2), 33 % étaient complètement illettrés, 64 % savaient lire et écrire, 3 % avaient une instruction supérieure, pendant que chez les normaux l'ignorance est seulement du 10 %.

En Autriche, pendant que la population jeune et morale de Salzbourg et du Tyrol n'a pas d'illettrés, la population criminelle en a de 16 à 20 % (MESSEDAGLIA).

En France, dans les récentes statistiques de Joly (*op. cit.*) nous trouvons :

			par 100.000 hab.		par 100.000 hab.	
Dans	6 départements avec	7 à 10 illettrés	= 9	accusés
»	13	»	10 à 20	»	= 13	»
»	3	»	20 à 50	»	= 13 à 11	»
»	11	»	50 à 61	»	= 8	»

Ici le crime augmente avec une instruction moyenne et décroît avec l'instruction supérieure.

---

(1) BAROR, *The dang. class. of New-York*, 1871.
(2) De la très belle étude de Bosco dans *L'omicidio negli Stati Uniti*, 1897 — Roma.

En France dans les années :

	%		%|a
1827-28 les soldats illett. donnaient le 56		les condamnés illett.	62
1831-32 » » 49		»	59
1835-36 » » 47		»	57
1836-50 » » 47		»	48
1863-64 » » 28		»	52
1865-66 » » 25		»	36
1871-72 » » 20		»	37
1874-75 » » 18		»	36
1875-76 » » 17		»	34
1876-77 » » 16		» (1)	31

Les illettrés des deux catégories diminuèrent donc chaque
année, mais bien plus lentement celle des condamnés ; et
ajoutons qu'ici les criminels au dessous de 21 ans diminuèrent de 4152 individus à partir de 1828 à 1863 (LEGOYT).

Ce fait apparaît encore plus clairement si nous étudions
en Europe, d'après les recherches de Lavasseur (*Bulletin de
la Société de statistique*, 1895), le nombre des écoliers, et avec
Bodio (*Di alcuni indici misuratori del movimento economico*,
1891) les proportions des élèves des écoles privées et publiques par habitants, ainsi que les statistiques des homicides et des vols de Ferri et celles des révolutions dans mon
Crime politique : nous trouvons les données suivantes :

	Écoliers p. 100 hab.	Homicides (1880-2) p. 100.000 hab.	Vols p. 100.000 hab.	Révolutions p. 10 millions d'hab.
Prusse . . .	17,8	5,7	246	5
Suisse . . .	16,1	16,4	114	80
Angleterre (2)	16,4	5,6	163	7
Pays-Bas (2) .	14,3	5,6	—	—
Suède (2) . .	13,6	13,0	—	—
Autriche . .	12,5	25,0	103	5
France . . .	14,5	18,0	103	16
Belgique (2) .	10,9	18,0	134	—
Espagne . .	9,1	74,0	52,9	55
Italie . . .	7,6	96,0	150	30
Russie . . .	2,4	14,0	?	—

(1) OETTINGEN, 3e éd. pag. 597.
(2) Des celle-ci il n'y a que les écoles publiques.

D'où l'on voit qu'avec l'accroissement des écoliers diminuent les homicides, exception faite pour la Russie (avec 14 homicides malgré un minimum d'écoliers de 2,4) et pour la Suisse, qui compte un chiffre élevé d'écoliers et d'homicides.

Quant aux vols, ils suivent une marche inverse: ils s'élèvent en Angleterre, Belgique et Prusse avec le plus grand nombre des écoliers et diminuent en Espagne avec leur moindre nombre.

Les tendances révolutionnaires donnent des résultats contradictoires.

Ce rapport se maintient jusqu'à un certain point en étudiant chaque nation en particulier.

En Italie le parallélisme entre l'homicide, le viol et l'ignorance est complet; la cote minimum, moyenne et maximum correspond à celle des deux délits cités, comme dans le tableau suivant:

| | | | Illettrés (1) | |
		de 89 à 86 %	de 80 à 50 %	de 50 à 0 %
Homicide (1) p. 100.000 habitants		32,3	22,9	6,6
Viols (1)	» »	23,6	11,3	10,2
Escroqueries (1)	» »	41	63	50
Vols (2)	» »	141	160	119

Nous avons vu en France et en Angleterre les crimes de sang devenir de plus en plus rares dans les grandes villes, où ils sont presque toujours commis par des paysans ou des montagnards, pendant que l'on y voit prévaloir ceux contre la propriété; et il en est de même en Italie pur les récidivistes, justement parce qu'ils sont plus instruits. En Belgique les grands crimes diminuèrent chaque année depuis 1832 — de 1 chaque 83.573; ils descendirent à 1 chaque 90.220 en 1855. — En Suisse depuis 1852 les grands crimes ont diminué du 40 %.

(1) *Relazione alla Commissione di statistica giudiziaria*, del Bono, 1806 (bozze).
(2) Atlante dell'*Omicidio* del Ferri, 1895.

En France les crimes les plus graves, jugés par les Assises, de 40 $\%_{0000}$ qu'ils étaient en 1825, sont descendus à 11 $\%_{0000}$ en 1881; tandis que les accusés jugés par le ministère public de 48.000 se sont élevés à 205.000.

En somme, il y a eu, il est vrai, une recrudescence de criminalité de 133 $\%$; mais les crimes de sang ont diminué pendant que les outrages à la pudeur de 302 en 1875 ont atteint 2592 en 1880; de 1826 à 1880 les vols ont augmenté de 238 $\%$; les escroqueries de 323 $\%$; les abus de confiance de 630 $\%$; les crimes contre les mœurs de 700 $\%$. Le vagabondage est quatre fois plus élevé, les outrages aux agents ont quintuplé; les banqueroutes de 2000 ont monté à 8000, pendant que les commerçants ont augmenté, il est vrai, mais pas dans la même proportion.

Ces différences expriment l'influence de l'instruction.

Mais cette influence fut bien plus remarquable et plus bienfaisante en Angleterre (1), où de 1868 à 1892 le nombre des prisonniers s'abaissa de 87.000 à 50.000; les criminels adultes de 31.295 à 29.825.

Et cependant la population augmenta dans le même temps de 12 $\%$; et maintenant on n'y compte plus que 21 illettrés sur 100 accusés; cette diminution eut lieu surtout à Londres, où les écoles sont le plus nombreuses et le plus répandues.

Criminalité spéciale aux illettrés et aux lettrés. — Tout cela nous explique un phénomène, qui paraît tout d'abord complètement contradictoire: c'est-à-dire que l'instruction tantôt augmente et tantôt diminue le crime. Lorsque l'instruction n'est pas encore répandue dans un pays, quand elle n'est pas encore arrivée à maturité, elle augmente d'abord tous les crimes, sauf l'homicide; mais quand au contraire elle y est très diffuse, elle diminue tous les crimes les plus féroces, hormis, comme nous le verrons, les crimes les moins graves

(1) *Statist. giudiz. dell' Inghilterra*, 1895. *Revue de Paris*, Joly, N. 21, 1895.

ou les crimes politiques, commerciaux ou contre les mœurs, parce que ceux-là croissent naturellement avec l'augmentation des contacts humains, des affaires et de l'activité cérébrale.

Mais où l'instruction influe incontestablement sur la criminalité, c'est en modifiant le caractère et en le rendant moins féroce.

Fayet et Lacassagne démontrent qu'en France :

1° Parmi les illettrés prédominent les infanticides, la suppression de part, les vols, l'association des malfaiteurs, les pillages et les incendies.

2° Parmi ceux qui savent lire et écrire imparfaitement prédominent l'extorsion de billets, les menaces par écrit, le chantage, le pillage, les dommages à la propriété, les blessures.

3° Parmi ceux qui ont une instruction moyenne prédominent les concussions, la corruption, les faux en écritures et les menaces par écrit.

4° Parmi les gens instruits avec culture élevée prédominent les faux en écriture de commerce, les extorsions de fonds des fonctionnaires publics, les faux en écritures authentiques, les soustractions d'actes, les crimes politiques. (op. cit.).

Le minimum du faux — 107 $^0/_{00}$ — et le maximum des infanticides — 705 $^0/_{00}$ — se trouvent parmi les illettrés ; chez les condamnés avec culture supérieure prévalurent les faux en écritures publiques, les abus de fonctions, les abus de confiance et les escroqueries: les infanticides et les crimes de violences faisant défaut.

En somme, il y a une criminalité spécifique pour les illettrés: c'est la plus féroce ; et une pour les lettrés: c'est la plus douce et aussi la plus astucieuse.

De même, d'après les études les plus récentes de Socquet (*Contribution à l'étude de la criminalité en France*) on y voit peu à peu diminuer les criminels illettrés en 1876-80 comparativement à la période 1831-35: les homicides et les assassinats parmi eux décroissent de $^1/_2$, les infanticides et les avortements de $^1/_3$, les crimes contre les mœurs presque de $^1/_2$; les criminels — très instruits — diminuent en somme, de $^1/_2$ dans les meurtres, pendant qu'ils sont presque stationnaires dans les autres crimes.

Quant aux crimes politiques ils augmentent constamment parmi les personnes douées d'instruction. L'histoire nous apprend que les villes les plus cultivées (Athènes, Genève, Florence) fournirent le maximum des révolutions; et ce n'est certainement pas parmi les illettrés que se recrutent les nihilistes et les anarchistes, mais bien parmi le personnes à culture supérieure; j'en ai donné d'abondantes preuves dans mon *Crime politique*.

En Autriche parmi les illettrés prévalurent les rapines, les rapts, les infanticides, les avortements, les meurtres, les vols, la bigamie, les homicides, les dommages et les blessures (*op.cit.*).

En Italie, d'après la remarquable étude de Amati (*Istruzione e delinquenza in Italia*, 1886), on trouve:

Années 1881-83	Illettrés %	Sachant lire et écrire %	Très instruits %
Crimes politiques	54	36	10
Escroqueries	38	55	7
Homicides	62	37	0,12
Vols	65	34	1,7
Viols	48	44	8
Rébellions	49	48	3,1
Contre l'ordre des familles . .	61	38	0,8

Parmi les 500 individus les plus instruits on comptait en 1881-83 :

Faux	76-152 %₀₀
Homicides.	44-88 »
Vols.	40-80 »
Escroqueries	57-114 »
Concussions	38-76 »
Vols sur les grands chemins	22-44 »
Crimes de débauche	34-68 »
Banqueroute	33-66 »
Faux serments	2-4 »

Blessures	13-26	°/₀₀
Parricides	2-4	»
Crimes politiques	14-28	»
Crimes contre la religion	1-2	»
Destruction d'objets	4-8	»
Incendies	9-18	»
Instigation au crime	6-12	»
Avortement	1-2	»

soit, avec des chiffres plus élevés de faux, escroqueries, crimes de débauche, banqueroutes, vols, concussions, homicides ; et des chiffres moindres de blessures, vols sur les grands chemins, parricides, incendies.

En somme, si les homicides et les vols prévalent parmi les illettrés, en réunissant ensemble les plus instruits et les demi-lettrés, on voit l'emporter spécialement les crimes politiques, les viols et les escroqueries ; dans ces dernières les illettrés sont en minorité absolue, pendant que les lettrés et les demi-lettrés y sont en majorité.

Mais il est juste d'observer que, pour les crimes politiques, il s'agissait d'une époque où la pensée était complètement libre parmi nous alors que les révoltés politiques, bien peu nombreux du reste, ne comptaient pas dans leurs rangs les meilleurs sujets, c'est ce qui explique leur chiffre élevé d'illettrés ; tandis que maintenant les condamnés pour crime politique représentent certainement l'élite de la culture nationale. Le même fait se reproduit en Russie, où le plus fort contingent des crimes politiques est fourni par l'instruction supérieure. Aussi de 1827 à 1846, les nobles exilés en Sibérie pour cause politique étaient 120 fois plus nombreux que les paysans.

Sur 100 femmes condamnées pour crime politique en Russie, 75 avaient reçu de l'instruction, 12 savaient lire et écrire, et 7 étaient illettrées (1).

On ne peut, donc, pas dire, que l'instruction soit toujours un frein au crime, mais on ne peut pas dire non plus qu'elle en soit toujours un aiguillon.

(1) E. N. TARNOWSKI, *Jurisdiceswsy Westnick*, 1889.

Quand elle est vraiment répandue parmi toutes les classes, elle devient au contraire bienfaisante, en diminuant les crimes parmi les individus médiocrement instruits, et en en adoucissant toujours le caractère.

Instruction dans les prisons. — Toutefois: si l'instruction est utile à la population en général, elle ne doit pas s'étendre à celle des prisons, où une culture élémentaire qui ne puisse être accompagnée d'une éducation spéciale visant à mitiger·les passions et les instincts plutôt qu'à développer l'intelligence, est absolument nuisible; c'est une arme de plus placée entre les mains du criminel pour le perfectionner dans le crime et le rendre récidiviste.

Je ne saurais expliquer autrement que par l'introduction des écoles dans les prisons, qui augmentent les contacts entre mauvais sujets, en développent l'intelligence et en redoublent les forces, le grand nombre de nos récidivistes instruits, d'autant plus que la statistique nous révèle parmi ces derniers un chiffre presque double (67,40) de crimes contre la propriété, favorisés par l'instruction, en comparaison des criminels non récidivistes (28,47 %), et un chiffre inférieur d'un quart environ (40,13 pour 32,54) de crimes contre les personnes.

C'est sans doute à l'instruction élémentaire que l'on donne dans les prisons de France, de Saxe, de Suède que sont dus les chiffres élevés de faux, commis par les récidivistes.

Le coupeur de bourses et l'auteur de blessures apprennent dans les bagnes, aux frais de l'État, à fabriquer de fausses clef, à battre monnaie, à lithographier des bank-notes, à commettre des effractions.

Dangers de l'instruction. — « Les connaissances, dit Seymour, sont une puissance, non une vertu; elles peuvent servir au bien, mais aussi au mal ». C'est, dirai-je en d'autres termes, que la simple connaissance sensorielle de la forme des lettres ou du son dont s'intitule un objet, et même les notions des grands progrès technologiques et scientifiques, n'accroissent pas d'un seul point le monopole de la morale, et peuvent être, au contraire, un puissant instrument de méfait en créant de nouveaux crimes qui plus facilement peuvent échapper aux coups de la loi en enseignant, par exemple, aux criminels, à se servir des chemins de fer comme en 1845 à Tiebert; ou bien de la dynamite, comme à Thomas; ou bien encore du télégraphe et des lettres chiffrées, comme au vénitien Fangin, qui par ce moyen signalait à ses complices le courrier qu'ils devaient dévaliser.

Caruso avait coutume de dire, que s'il avait connu l'alphabet, il aurait conqui le monde : l'assassin Delpero, au pied de l'échafaud, déclarait que la cause de sa ruine avait été l'instruction que lui avaient procurée ses parents, et qui lui avait fait préférer l'oisiveté au travail mal récompensé.

Enfin, tous les criminels apprennent par la lecture des procès, dont ils sont avides, à mettre en pratique l'art de leurs prédécesseurs. C'est ainsi, que sur 150 vagabonds, Mayhew en trouva 50 qui avaient lu *Jack Sheppard* et d'autres romans criminels; et déclaraient que ces lectures leur avaient inspiré leurs premiers pas dans la vie du crime.

Il n'est pas jusqu'à l'instruction supérieure qu'on nous dispense à nous autres Latins, chez qui le crime va toujours en augmentant, qui n'agrandisse souvent la plaie au lieu de la guérir; surtout par les crimes politiques. — Nous vivons à une époque à laquelle les jours sont des années et les années des siècles, et nous voulons faire vivre les jeunes gens dans une atmosphère ancienne de milliers d'années.

Les intelligences les plus fortement trempées n'ont pas même tout le temps qu'il leur faudrait pour embrasser cette partie des connaissances qui sont nécessaires à tous (comme l'histoire naturelle, l'hygiène, les langues vivantes, la statistique) et nous voulons qu'elles l'emploient à apprendre à balbutier de travers des langues et des sciences mortes : et tout cela pour..... se perfectionner le goût, pendant que nous trouverions ridicule que l'on enseignât durant dix ou douze ans à faire des fleurs ou des solfèges ?

Le torrent de la vie moderne, tout imprégné de faits, nous passe devant et nous ne le voyons pas.

Combien devront sourire nos neveux en pensant que des milliers de milliers d'hommes ont cru sérieusement que quelque fragment de classique étudié en bâillant et par force, oublié plus vite qu'appris, et pis encore, les arides règles grammaticales d'une langue ancienne, fussent l'instrument le plus précieux pour développer l'esprit et former le caractère du jeune homme, plus que l'exposition des faits qui devraient le plus l'intéresser et plus que la cause des faits eux-mêmes.

Mais, en attendant, on crée des générations dont le cerveau s'imprègne, et pour longtemps, de la forme seulement et non de la substance; et plus que de la forme (qui au moins pourrait se traduire par quelque chef-d'œuvre), d'une adoration de la forme qui va jusqu'au fétichisme, et d'autant plus fausse, d'autant plus aveugle et stérile que plus long fut le temps qu'inutilement on y employa.

C'est de cette éducation que dérive cette adoration de la violence, qui fut le point de départ de tous nos rebelles, de Cola de Rienzi à Robespierre.

Toute l'éducation classique, qu'est-elle, si non une glorification continuelle de la violence sous toutes ses formes, qui commence à l'apothéose de Codrus pour arriver aux régicides de Brutus.....

Sur ce point, tous les partis sont d'accord, tant le vice est profond : les cléricaux crièrent *urrah* au coup de poignard de Ravaillac; les conservateurs aux fusillades en masse des communards en 1871.....

Qui peut s'étonner après cela, si dans une société aussi saturée de violence, la violence éclate de temps en temps de toutes parts en éclairs et en tempêtes? On ne peut impunément déclarer sainte la violence, sous prétexte qu'elle ne doit être appliquée que d'une manière déterminée; tôt ou tard arrive qui transporte l'Évangile de la force d'un credo politique à un autre.

Je suis heureux d'avoir été précédé dans cette voie par

mon illustre maître Taine, qui dans ses dernières pages donne un avertissement presque posthume à nos pauvres races latines, si glorieuses et si opiniâtrement attachées à ce qui est leur plus grande ruine.

« La vraie instruction, la vraie éducation, écrit Taine (1), s'acquiert au contact des choses, aux innombrables impressions sensibles que l'homme reçoit tout le jour dans le laboratoire, dans l'usine, dans le tribunal, à l'hôpital, devant les instruments qui entrent par les oreilles, par le nez, par l'odorat et qui, sourdement élaborées, s'organisent en lui pour lui suggérer avant ou après, une combinaison nouvelle, une simplification, une économie, un perfectionnement, une invention. De tous ces contacts précieux, de tous ces éléments assimilables et indispensables, le jeune français est privé et justement à l'âge plus fécond. Pour 7 ou 8 ans, il est renfermé dans une école, loin de l'expérience personnelle qui lui aurait donné une notion juste et réelle des choses, des hommes et de la manière de s'armer dans la vie.

« C'est trop exiger des jeunes gens qu'à un jour déterminé, devant une chaise, ils soient en possession de toutes les connaissances ; en effet, deux mois après les examens, ils n'en savent plus rien ; mais, en attendant, leur vigueur mental décline ; les sucs féconds se sont desséchés ; l'homme fait, ou mieux celui qui ne subit plus aucun changement, devient étiqueté, résigné à tirer en long, à tourner indéfiniment la même roue.

Au contraire, les anglo-saxons (les seuls en Europe chez lesquels, comme nous verrons, il y ait une moindre criminalité) n'ont pas nos innombrables écoles spéciales ; chez eux l'enseignement n'est pas donné par le livre, mais par la chose même ; l'ingénieur, par exemple, se forme dans une officine et non dans une école ; ce qui permet à chacun d'arriver exactement au grade que comporte son intelligence : ouvrier ou architecte s'il ne peut s'élever plus haut, ingénieur si ses

(1) *Revue philosoph.*, 1894-95.

aptitudes le lui permettent. Chez nous, au contraire, avec les trois plans de l'instruction pour l'enfance, l'adolescence et la jeunesse, avec la préparation théorique et scolastique sur les bancs et sur es livres, on n'a fait qu'augmenter et prolonger de plus, en vue de l'examen, du grade, du diplôme, du brevet, la tension de l'esprit, pendant que nos écoles ne donnent jamais ce bagage indispensable qui est la solidité du bon sens, de la volonté et des nerfs. Aussi l'entrée dans le monde de l'étudiant et ses premiers pas dans le champ d'action pratique, ne sont le plus souvent qu'une série de chutes douloureuses dont il reste endolori et quelquefois même estropié. C'est une preuve rude et dangereuse ; son équilibre mental s'altère et court risque de ne pouvoir plus se rétablir : la désillusion a été trop rude et trop forte ».

L'instruction est enfin souvent une incitation au mal, en créant de nouveaux besoins et de nouvelles aspirations sans donner les forces de les satisfaire, et surtout en provoquant dans les écoles la promiscuité des bons et des mauvais éléments, promiscuité d'autant plus dangereuse là où l'instituteur lui-même devient l'apôtre du mal, particulièrement pour les crimes contre les mœurs, comme on l'observe en Italie et en Allemagne (OETTINGEN, œuvr. cit.).

Et à cet égard je me ferai fort de l'opinion de Dante :

Che dove l'argomento della mente
S'aggiunge al mal voler ed alla possa,
Nessun riparo vi può far la gente (1).
(Inf., XXXI).

« Vous comptez, écrit très bien Joly, sur l'école pour suppléer à l'absence des parents, qui doivent vaquer à leurs travaux ou qui ne savent ou ne peuvent faire leur devoir — vous comptez en suite sur la famille pour suppléer à la lacune morale de l'école. Mais pendant que l'une attend tout de l'autre, toutes les deux manquent à la fois ».

(1) Là où l'intelligence sait se joindre à la force et à la méchanceté, les efforts des hommes sont vains.

CHAPITRE IX.

Influence économique — Richesse.

L'influence de la richesse est certainement plus controversée que celle de l'instruction; et l'examen le plus impartial des faits ne peut en donner une solution complète; car, il faut bien le dire, ce sont souvent les points de repères qui échappent au chercheur.

Bodio, lui-même, dans son classique ouvrage: *Di alcuni indici numeratori del movimento economico in Italia, 1890*, démontre qu'à la demande — Quelle est la vrai richesse de l'Italie? il est impossible de répondre: Evaluer toutes les sources de richesses agraires et minières est impossible, parce que nous n'avons pas de statistiques précises des industries extractives; faire la statistique de toutes les propriétés individuelles est impossible faute d'un cadastre simultané de toutes les richesses mobiliaires et immobiliaires; force est, donc, par suite de recourir aux déclarations privées sur les donations et les testaments.

Le salaire moyen doit être établi par voie d'hypothèses sur le minimum nécessaire à la vie qui est, lui aussi, basé sur une donnée conjecturale. Evaluer la richesse en ne se basant que sur les taxes, est un système qui paraît erroné quand on sait que les seules erreurs cadastrales suffisent pour bouleverser tous ces calculs, sans compter que nombres d'affaristes et de banquiers, et beaucoup de professionistes y échappent plus ou moins complètement. C'est pourquoi les résultats de ce côté, de quelque manière qu'on s'y prenne, arrivent difficilement à établir un rapport exact entre la richesse et les crimes les plus importants.

1. — *Taxes et impôts réunis.* — En comparant la richesse en Italie, calculée d'après les chiffres représentant la *somme* des contributions individuelles par habitants, des taxes de

consommation (impôts internes de consommation, tabacs, sels), des impositions directes (sur les fonds ruraux, sur les immeubles et la richesse mobiliaire, sur les rôles), et des taxes sur les affaires — avec les chiffres des crimes principaux (1) nous trouvons :

Richesse maxima, 1885-86

(Contribution payée par chaque habitant : de fr. 33 à fr. 40) :

Richesse	Provinces	Crimes contre les bonnes mœurs	la bonne foi publique	Vols	Homicides
Fr. 74,9	Livourne	26,4	76	224	21,3
» 71,3	Rome	22,1	65	329	27,8
» 55,1	Naples	20,7	48	161	26,7
» 54,5	Milan	11,7	47	157	3,4
» 45,6	Florence	12,6	48	120	9,9
» 42,5	Gênes	17,2	59	147	7,8
» 41,4	Venise	14,3	138	246	6,6
» 38,4	Turin	17,9	103	121	9,1
» 33,3	Bologne	11,3	104	216	7,6
» 33,0	Cremone	6,8	59	134	2,3
» 31,7	Ferrare	7,2	33	387	6,1
» 31,4	Mantoue	15,6	88	254	7,8
		15,6	70,6	206	11,3

Richesse moyenne (de fr. 20 à fr. 25) :

Richesse	Provinces	Crimes contre les mœurs	la foi publique	Vols	Homicides
Fr. 26,9	Port Maurice	10,1	94	135	6,2
» 25,4	Novare	8,1	34	100	6,3
» 25,1	Grosseto	22,4	50	105	15,4
» 24,6	Caserte	17,0	44	189	31,2
» 24,4	Cuneo	6,9	52	87	8,8
» 24,1	Ancone	11,7	128	100	19,0
» 23,5	Palerme	21,8	35	150	42,5
» 23,3	Lecce	16,7	52	126	10,3
» 23,0	Bergame	9,5	38	115	4,0
» 22,5	Forlì	7,4	172	174	21,5
» 20,4	Cagliari	17,2	68	296	21,8
» 20,3	Perouse	12,7	32	140	15,9
		13,4	66	143	17,0

(1) Les données sont toutes de Bodio (1879-83), sauf les vols qui sont de Ferri. — Les taxes et les impositions sont tirées de l'*Annuario del Ministero delle finanze, Statistica finanziaria (anni 1886-87).*

Richesse minima (de fr. 10 à fr. 18) :

Richesse	Provinces	Crimes contre les mœurs	la foi publique	Vols	Homicides
Fr. 10,5	Bellune	6,3	25	108	5,1
» 13,6	Sondrio	13,0	31	120	5,4
» 14,0	Terame	14,7	37	108	20,4
» 14,7	Cosence	34,8	30	125	38,2
» 15,0	Campobasso	22,2	42	190	41,2
» 15,4	Aquila	18,5	44	118	31,1
» 15,8	Chieti	31,1	76	119	25,7
» 16,3	Reggio Calabria	30,5	26	214	30,5
» 16,4	Messine	17,9	29	148	19,2
» 16,5	Ascoli	13,3	40	82	11,9
» 16,6	Avelline	23,3	42	179	45,4
» 18,3	Macerate	9,8	102	273	13,0
		19,6	43	148	23,0

Ces chiffres résumés en groupes et en y ajoutant les chiffres de la période 1890-93 fournis par Bodio, dans lesquels, outre les vols dénoncés au M. P. on tient compte aussi de ceux de la compétence des juges de paix, donnent ;

	1885-86			1890-93 (Bodio)		
	Richesse			Richesse		
	maxima	moyenne	minime	maxima	moyenne	minime
Crimes contre la foi publique .	70,6	66,0	43,0	55,13	39,45	37,39
Crimes contre les mœurs . . .	15,6	13,4	19,6	16,15	15,28	21,49
Vols	206,0	143,0	148,0	361,28	329,51	419,05 [1]
Homicides . .	11,3	17,0	23,0	8,34	13,39	15,40
Escroqueries, fraudes, banqueroutes				81,39	53,27	46,53

D'où l'on voit: que les escroqueries et en général les crimes contre la bonne foi publique vont definitivement en augmentant avec l'augmentation de la richesse ; il en est de même des vols ; mais, si on y ajoute aussi les vols champêtres, on obtient le maximum là où la richesse est moindre. Et cela a toujours lieu pour les homicides.

Cela nous démontre plus clairement l'influence absolument occasionnelle de la pure misère sur les petits délits, le plus

(1) Bodio compte aussi les vols champêtres.

souvent forestiers que nous avons déjà vérifié dans le chapitre de l'alimentation, par le fait que, pendant que les vols en général augmentent en Allemagne dans les années ou le prix du froment est moins élevé — ils diminuent quand son prix est plus élevé — les vols forestiers ont, au contraire, une allure tout-à-fait inverse. Mais ces vols, qui rappellent encore l'antique coutume de la communion des terres et des pâturages, se rattachent à de vieilles traditions et ne représentent que par exception l'immoralité d'un pays.

Quant aux crimes contre les mœurs, les résultats sont plus inattendus : ils présentent chez nous leur minimum là où la richesse est moyenne et leur maximum là où la richesse est moindre; ce qui est en évidente contradiction avec l'allure habituelle des crimes contre les mœurs qui croissent toujours avec l'accroissement de la richesse.

Ces conclusions subissent toutefois de nombreuses exceptions : ainsi nous voyons trois provinces qui ont une richesse minima, à peu près égale, Sondrio, Reggio Calabres et Aquila, offrir la moitié des vols et presque le tiers des faux de Macérate (102). Le même rapport s'observe pour les homicides dont le nombre est assurément plus grand dans les provinces qui ont une moindre richesse, sauf que pour cette catégorie de crimes, les chiffres élevés de Girgente, Campobasso, Cosence, Avelline, pays méridionaux, comparés aux chiffres minimes de Sondrio, Bellune et Udine, nordiques, et dont la richesse est à peu près égale aux premiers, nous démontrent une plus grande influence climatique.

C'est, en somme, que le maximum et le minimum de la richesse ne correspond pas toujours dans chaque province aux résultats qui ressortent des moyennes.

2. — *Taxes de succession.* — De Foville a cru que l'on pouvait évaluer la richesse privée d'un peuple en se basant sur les déclarations de la transmission de la propriété (1);

---

(1) De FOVILLE, *La France économique*, 1870.

mais, si nous étudions pour l'Italie les statistiques très appréciées de M. Pantaleoni (1), nous ne pourrons que difficilement nous faire une idée claire des rapports positifs ou négatifs du crime avec la richesse.

En effet, si on étudie ces tableaux (voyez pag. suiv.) on en conclut que les régions les plus riches, Piémont, Ligurie, Lombardie et Toscane ont une proportion de crimes contre la propriété moindre que la moyenne du Royaume : il en est de même des régions qui pour la richesse s'approchent le plus de la moyenne du Royaume, la Vénitie et l'Emilie. Les régions les plus pauvres, la Sardaigne, la Sicile et le Napolitain, ont un chiffre élevé de criminalité; mais les Marches-Umbrie qui sont aussi pauvres en ont un très bas ; les vols sont en très petites proportions en Toscane, Lombardie, Emilie, Piémont, Ligurie, qui sont les régions les plus riches, et dans une des plus pauvres, les Marches; ils sont en proportions moyennes en Sicile, un peu plus élevés dans la Vénitie et cela est en relation avec l'intense misère des agriculteurs de cette région.

La région la plus riche (Latium) et la plus pauvre (Sardaigne), présentent le plus grand nombre de vols, en sorte qu'il n'y a aucun parallèle précis avec la richesse. Pour le Latium, observe Bodio, il faut tenir compte de l'influence perturbatrice qu'y exerce la capitale, si bien pour la richesse que pour la criminalité; les taxes de succession sont dans ce cas un tableau trompeur de la richesse, étant ici concentrés des capitaux qui appartiennent à d'autres régions. Outre cela, il y a à Rome, grâce aux conditions spéciales de la propriété rurale et du système de culture en usage, un nombre très restreint de personnes ayant de très grandes propriétés, ce qui a beaucoup d'importance pour les taxes de succession.

Le moindre nombre d'escroqueries se trouve dans les

---

(1) PANTALEONI, *Delle regioni d'Italia in ordine alle loro ricchezze ed al loro carico tributario* (Giornale degli economisti, 1891); ID., *L'entità e le variazioni della ricchezza privata in Italia dal 1872 al 1888* (Giornale degli economisti, 1890).

Marches-Umbrie ; viennent en suite la Toscane, l'Emilie, la Vénitie, le Piémont-Ligurie et la Lombardie, qui sont les régions les plus riches. Le Napolitain fournit beaucoup moins d'escroqueries qu'il ne semblerait devoir fournir en raison de sa moindre richesse.

	Richesse moyenne	Crimes dénoncés au M. P. et aux Juges de Paix (Moyenne 1887-89 sur 100.000 hab.)				
		Vols	Escroque-ries	Vols sur les grands chemins	Homicides	Blessures
Latium . .	3.333	639 (IX)	116 (X)	18 (X)	23 (IX)	513 (IX)
Piémont. . Ligurie . .	2.716	267 (V)	44 (V)	7 (VII)	7 (IX)	164 (IV)
Lombardie	2.400	227 (III)	44 (VI)	3 (III)	3 (I)	124 (II)
Toscane . .	2.164	211 (I)	34 (II)	6 (IV)	7 (V)	165 (V)
Vénitie . .	1.935	389 (VII)	43 (IV)	3 (I)	4 (II)	98 (I)
Règne . . .	1.870	320 (V bis)	49 (VIIbis)	7 (VI bis)	13 (VI bis)	287(VII bis)
Emilie . . .	1.762	250 (IV)	38 (III)	6 (V)	6 (III)	130 (III)
Sicile . . .	1.471	316 (VI)	65 (VII)	16 (IX)	26 (X)	410 (VIII)
Napolitain	1.333	435 (VIII)	47 (VII)	6 (VI)	21 (VIII)	531 (X)
Marche . . Ombrie . .	1.227	222 (II)	33 (I)	3 (II)	10 (VI)	230 (VI)
Sardaigne .	—	670 (X)	113 (IX)	14 (VIII)	20 (VII)	277 (VII)

Le minimum des vols sur les grands chemins est donné par la Vénitie et la Lombardie (riches) et par les Marches-Umbrie (pauvres) ; la moyenne par la Toscane, l'Emilie, le Napolitain et le Piémont-Ligurie. La Sardaigne, la Sicile, qui sont pauvres, et le Latium riche, en donnent les proportions les plus élevées. — On voit combien grandes sont ici les contradictions.

3. — *Désoccuppés.* — On serait tenté de croir, tout d'abord, que la désoccupation exerce une influence sensible sur la criminalité ; elle a cependant peu d'importance. Dans le South-Wales, l'influence du chômage (Coghlan, *o. c.*) sur la criminalité des ouvriers est presque nulle.

Wright (dans son livre *The relations of economic conditions to the causes of crime*, Philadelphie, 1891), prétend que dans les dépressions industrielles tous les crimes augmentent; mais il n'en donne pas la preuve.

Et quand il dit que sur 220 condamnés du Massachusset, 147 étaient sans travail régulier et que 68 % des criminels n'avaient pas d'occupation, il ne fait qu'attester que les criminels n'aiment pas le travail, ce qui est un fait très connu.

Aux États-Unis, 82 % des meurtriers sur lesquels ont a pu avoir ce renseignement, étaient occupés quand ils commirent leur crime et 18 % seulement étaient sans travail. (Bosco, *L'omicidio negli Stati Uniti d'America*, 1895).

Il semble donc que la désoccupation ne soit pas une cause prévalente de crimes sanguinaires (1); ce qui ne contredit cependant pas le fait, que la plupart des criminels n'ont presque jamais un métier stable; ils ne l'ont pas parce qu'ils ne l'eurent jamais et ne veulent pas l'avoir, tandis que les désoccupés l'avaient et le perdirent pour des circonstances indépendantes de leur volonté, ou presque: si l'on en excepte les grèves.

4. — *Journées de salaire.* — On arrive certainement à un criterium plus exact sur cette question en se basant sur les journées de salaire équivalentes au prix annuel des aliments d'un individu, ce qui du reste se rapproche beaucoup de l'étude que nous avons déjà faite sur l'alimentation (V. *Tableau*) (2).

---

(1) Cfr. FORNASARI DI VERCE, *œuvr. cité*, chap. 32-33, 44-48.

(2) Les comparaisons de la criminalité internationale exposées dans ce tableau doivent être accueillies avec une certaine réserve à cause des diverses conditions morales et législatives des différents pays: cela est à noter, nous observe Bodio, spécialement pour les crimes contre les bonnes mœurs. Un fait important, cependant, c'est que pour les homicides, les chiffres des dernières statistiques (L. BODIO, *Sul movimento della delinquenza nel 1893*, pag. 51) n'en changent pas la gradation, sauf que l'Angleterre passe au premier rang et l'Écosse au second.

NOTE. — La colonne 1 est extraite de MULHALL's, *Dictionary of statistics* (rapporté dans COGHLAN's, *The Wealth and Progress of New South Wales*, Sydney, 1893). Les colonnes 2-5 sont calculées sur les données (rapportées à pag. XLI-XLVIII du *Movimento della delinquenza secondo le statistiche degli anni 1873-83*, Roma, 1886), publiées par la Direction générale de la Statistique Italienne.

Journées de salaire équivalentes au coût annuel des aliments (1)	Condamnés pour homicide (sur 100.000 habit.) (2)	Condamnés pour coups et blessures (sur 100.000 habit.) (3)	Condamnés pour crimes contre les bonnes mœurs (sur 100.000 habit.) (4)	Condamnés pour vols (sur 100.000 habit.) (5)
Angleter. et Galles } 127	Écosse . . 0,51	Anglet. et Galles 2,67	Espagne . . 1,03	Espagne . . 39,63
Irlande . . 130	Anglet. et Galles 0,56	Irlande . . 6,26	Irlande . . 0,85	Belgique . . 110,44
Écosse . . 132	Irlande . . 1,06	Écosse . . 11,39	Écosse . . 1,41	France . . 110,95
Belgique . . 138	Allemagne . . 1,11	Espagne . . 43,17	Anglet. et Galles 1,60	Italie . . 165,99
France . . 148	Belgique . . 1,44	France . . 63,40	Italie . . 4,01	Irlande . . 65,81
Allemagne . . 152	France . . 1,53	Allemagne . . 196,60	Autriche . . 9,33	Anglet. et Galles 165,63
Autriche . . 153	Autriche . . 2,43	Italie . . 153,35	France . . 10,96	Écosse . . 268,39
Italie . . 154	Espagne . . 8,95	Belgique . . 173,39	Belgique . . 13,39	Allemagne . . 288,02
Espagne . .	Italie . . 9,53	Autriche . . 239,45	Allemagne . . 14,07	

1° On y voit que l'excès de travail en rapport avec le minimum du salaire, c'est-à-dire avec une plus grande dénutrition, a une correspondance certaine avec l'homicide. En effet, l'Ecosse, l'Angleterre et l'Irlande, qui ont le minimum des journées de travail, ont aussi le minimum des homicides, 0,51, 0,56, 1,05. Et l'Espagne et l'Italie, qui en ont le maximum 153, 154, ont le maximum des homicides, 8,25, 9,53.

2° Il y a encore une certaine correspondance pour les coups et les blessures. La Grande Bretagne, l'Irlande et l'Ecosse, qui ont le minimum des journées de travail, 127, donnent aussi le minimum des coups et blessures, 2,67, 6,24, 11,59 ; l'Autriche et l'Italie ont un maximum de journées de travail, 152, 163, donnent aussi le maximum des coups et blessures, 155, 230. Mais on a aussitôt une exception en Espagne, où l'on compte un minimum de crimes, 43,17, relativement à un maximum de journées de travail, 154, et en Belgique, qui nous donne un maximum de crimes, 175,34, avec un minimum de journées de travail, 136, certainement grâce à l'influence de l'alcoolisme.

3° Pour les crimes contre les bonnes mœurs, il y a inversion dans cette influence ; on en observe plus souvent le minimum là où il y a le maximum des journées de travail : ainsi l'Espagne, qui a un maximum de journées de travail, 154, a un minimum de crimes contre les bonnes mœurs, 1,03 ; et la Belgique, qui a un 2° minimum de journées de travail, 130, a un maximum de ces mêmes crimes, 13,83. Cependant la Grande Bretagne présente un 2° minimum de ces crimes, 1,41, quoiqu'elle ait le minimum de journées de travail, 127.

4° Cette influence est tout à fait nulle sur les vols, pour lesquels nous voyons s'alterner les gradations du délit dans les pays à maximum et à minimum de journées de travail, comme l'Espagne, la Belgique, la France, l'Italie, etc.

5. — *Caisses d'Épargne.* — J'ai pensé que le chiffre des déposants dans les Caisses d'épargne pouvait offrir des don-

nées plus certaines sur la véritable richesse, parce qu'il donne la mesure de ce qui en est la source principale, la prévoyance et l'économie, et de combien et comment prévalent dans un peuple les forces inhibitrices du vice et du crime.

Nous avons vu, en effet, qu'en France la richesse est en rapport direct avec la moindre natalité, ce qui au fond correspond à une plus grande prévoyance et à une plus grande force d'inhibition.

Dans toute l'Europe nous trouvons, selon COGHLAN, *œuvr. cit.* :

	Livret			Crimes	
				%₀₀₀₀	%₀₀₀₀
Suisse . .	1 livret chaque 4,5 personnes,	Homicides	16.	vols	114
Danemarck	1 » » 5 »	»	13	»	114
Suède . .	1 » » 7 »	»	13	»	—
Angleterre	1 » » 10 »	»	5,6	»	163
Prusse. .	1 . » » 10 »	»	5,7	»	246
France .	1 » » 12 »	»	18	»	103
Autriche .	1 » » 14 »	»	25	»	103
Italie . .	1 » » 25 » .	»	96	»	150

Ces chiffres démontrent comment les homicides vont en ligne inverse du nombre des livrets, pendant que c'est le contraire qui a lieu pour les vols.

En Italie, d'après les données que nous possédons, très restreintes, il est vrai, sur les Caisses d'épargne, nous voyons que la plus grande proportion de livrets correspond également à une moindre proportion d'homicides mais aussi à une moindre de vols (1).

La moyenne des différents crimes dans les 20 provinces italiennes qui ont proportionellement le plus grand nombre de livrets (1 livret chaque 3-6 habitants), et dans les 20 provinces qui en ont le moindre nombre (1 livret chaque 15-24 habitants), ainsi que dans les 20 provinces qui en ont un

---

(1) Voir les chiffres dans l'édition italienne, pag. 156 et 157, d'après l'*Annuario Statistico Italiano*, 1892.

nombre intermédiaire (1 livret chaque 8-13 habitants), est la suivante :

	Moyennes de 20 provinces avec richesse		
	maxima	moyenne	minima
	suivant le nombre des livrets		
Crimes contre la foi publique .	57	45	45
» » les bonnes mœurs .	11	12,6	20
Vols	132	133	160
Homicides	10	12,6	27,4

Comme nous avons vu pour les taxes et les impôts réunis : en Italie, là où il y a moins de prévoyance et une moindre épargne, calculée d'après le moindre nombre des livrets par habitant, il y a une plus grande criminalité de sang, de vols et de viols et une moindre d'escroqueries : et en sens inverse, où il y a une richesse moyenne et une richesse maxima (qui donnent les mêmes résultats) il y a aussi le maximum d'escroqueries et le minimum d'homicides, de vols et de viols ; ce qui signifie au fond que le pays encore barbare est plus porté au crime violent qu'à celui de l'astuce ; mais là aussi nous voyons se répéter le fait que nous avons déjà observé pour les taxes, c'est-à-dire que les viols, à l'inverse de ce qui a lieu partout, sont le plus fréquents dans les provinces les plus pauvres.

Cependant, là où la race et le climat entraînent déjà au mal, la richesse, comme je l'ai déjà dit, n'y peut rien. Ainsi, nous trouvons un nombre élevé d'homicides dans les provinces les plus riches, comme Palerme, qui en compte 42, Rome 27, Naples 26, Livourne 21 ; mais ces exceptions s'expliquent par la position géographique de Palerme et de Naples ; par la race pour Livourne, et par la race e l'abus de l'alcool et par les conditions politiques pour Rome. C'est le contraire qui a lieu dans les provinces les plus pauvres, dans lesquelles la position géographique, le climat et la race exagèrent certainement l'influence de la moindre richesse ; car les chiffres les plus élevés se vérifient dans les provinces méridionales et insulaires.

Pour les viols aussi, on a des exceptions et des explications analogues, en ce que, parmi les provinces riches, un nombre élevé de viols est offert par Livourne 26, et Rome 32, et parmi les provinces pauvres, un nombre très restreint est offert par Reggio Emilia, Vicence 4, Bellune et Rovigo 5, Udine 7, etc., évidemment à cause des conditions ethniques et géographiques (nord). Ce qui confirme indirectement que les chiffres élevés présentés par des provinces ayant une richesse également restreinte, mais situées toutes dans l'Italie méridionale ou dans l'Italie insulaire, doivent se lier non seulement aux conditions économiques, mais aussi à la race et au climat, etc.

Epargne en France. — En ce qui concerne la France, en prenant pour donnée de la richesse le chiffre des livrets de la Caisse d'épargne sur 1000 habitants de 1884-85, nous trouvons que tous les crimes y augmentent toujours en raison directe de la richesse, ainsi :

	Assassinats	Vols	Viols
Dans les Départements à richesse minime on a une moyenne de	64	83	17 (1)
» moyenne » » »	66	99	26
» maxima » » »	89	186	29 (2)

La contradiction si frappante de l'influence de l'épargne entre la France et l'Italie, s'explique — jusqu'à un certain point — de la même manière que nous avons expliqué l'opposition que nous avons trouvé dans ces deux pays entre le crime et la densité (voy. Ch. V), en ce que dans les régions les plus riches de la France, où l'industrie est plus développée, affluent les émigrants qui y commettent, en général, quatre fois plus de

(1) Richesse minime de 0 à 100 livrets par 1000 habitants. (Corse 20, Ardèche 97).

Richesse moyenne de 100 à 200 livrets par 1000 habitants (Lot 101, Loire et Cher 190).

Richesse maxima de 200 à 406 livrets par 1000 habitants (Seine 201, Sarthe 406).

(2) *Annuaire d'Économie politique*, Paris, 1886.

crimes que les français. Or de 1851 à 1886 l'immigration y
tripla; et la qualité des immigrants empirait à mesure que leur
quantité augmentait; car au début ce sont les meilleurs éléments qui accourent, mais en suite lorsque le courant qui
pousse les gens d'un pays à l'autre devient trop fort, il ne
charrie plus que les pires sujets (JOLY). Le Nord a quatre
fois plus d'étrangers que les Bouches-du-Rhône et 19 fois
plus que l'Hérault; mais il a 9 fois plus de naturalisations,
c'est à dire des éléments plus stables et plus assimilables que
le premier, et 75 plus que le second, fréquenté par des espagnols, pendant que les premiers sont belges (JOLY). Les immigrants y sont aussi attirés par la rareté des naissances et par la
fréquence des grèves qui leur laissent l'espérance d'y trouver
du travail (JOLY, *France criminelle*).

Ajoutons à cela, la contradiction provoquée par la race sémite
et le climat chaud dans l'Italie méridionale, que nous avons
vu augmenter tous les crimes contre les personnes et en
partie contre la propriété, et qui coïncident en Italie avec la
minime épargne, ce qui confond les facteurs climatique et
ethnique avec le facteur économique.

Mais ce serait une grande illusion de croire que ces explications suffisent. Il doit y avoir une influence encore plus grave.
En effet: si nous comparons certains pays d'Italie comme
le Piémont et la Lombardie qui ont beaucoup d'analogie de
race et de climat avec la France, nous voyons, dans des conditions beaucoup plus identiques se continuer le phénomène
opposé; là aussi, la plus grande épargne coïncide avec le moins
de crimes, pendant qu'en France c'est le contraire qui arrive:
mais ici, il faut en rechercher la cause dans la richesse
énormement plus grande, pour le moins quadruple, de la
France comparativement à celle de l'Italie, d'autant plus que,
en France, dans beaucoup d'endroits, cette richesse trop vite
acquise y pousse aux plus grandes débauches, si bien que
(c'est JOLY qui le remarque) *se débaucher* y est synonime
de *s'amuser*.

Nous en trouvons une preuve directe dans le fait que chez

nous, la richesse moyenne et la richesse maxima aboutissent aux mêmes effets, justement parce qu'elles ont entre elles beaucoup d'analogie pendant que c'est le contraire qui se produit en France, où la richesse maxima se différencie énormement de la richesse moyenne et donne des résultats contraires.

En Italie, l'augmentation de l'épargne y est bien plus un effet de l'économie et de l'inhibition, que d'une véritable richesse, tandis qu'en France, du moins dans beaucoup de régions industrielles, spécialement dans l'Hérault, les Bouches-du-Rhône, l'épargne y est un indice de richesse si puissante, qu'elle déborde bien souvent dans la rapide spéculation. De là vient que nous en trouvons tous les avantages dans un endroit et tous les dommages dans l'autre. La petite richesse lentement accumulé refrène le crime ; la richesse débordante n'est plus un frein, mais un aiguillon et un facteur de crimes.

Régions agricoles, industrielles. — En effet, là où l'activité industrielle se mêle rapidement, pis encore si elle remplace l'activité agricole, on y voit aussitôt s'élever le chiffre des crimes.

Et en vérité, si nous divisons la France comme dans l'étude sur sa *Criminalité pendant 50 ans (o. c.)*, en régions *agricoles, agricole-industrielles, industrielles*, nous voyons que le crime s'y accroît presque toujours, des premières en allant aux dernières : ainsi qu'on le voit dans ce diagramme (p. 153), qui nous montre comment sur 42 départements agricoles, 11 seulement, c'est-à-dire le 26 %, surpassent la moyenne des assassinats en France, pendant que dans les départements agricoles-industriels elle est dépassée par 10 départements sur 26, c'est-à-dire le 38 % et de 7 sur 17, c'est-à-dire le 41 % dans les départements industriels (p. 153).

Quant aux viols sur les adultes et les crimes contre les personnes, nous trouvons de même la moyenne :

			Viols	Crimes contre les personnes
dans les 42 départs. agricoles	surpassée par le	33 %	et	48 %
» 26 » agric.-industr.	»	»	39 %	» 39 %
» 17 » industriels	»	»	52 %	» 59 %

certainement à cause de la plus grande agglomération et de l'accroissement de l'immigration.

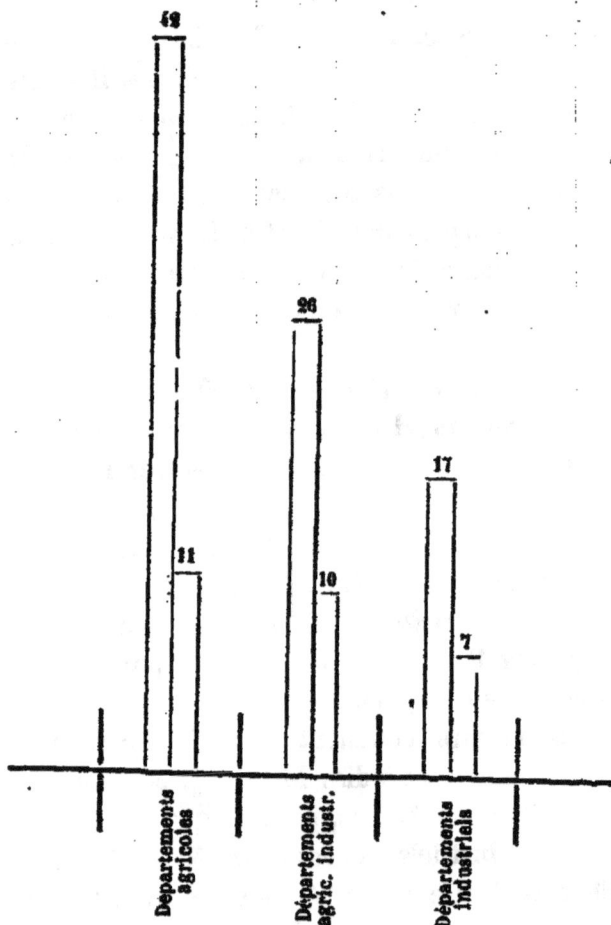

« Dans le départements de l'Hérault, écrit Joly, avec la richesse on eut la fraude en permanence. Nulle part il n'y eut plus de tentatives de corruption, soit sur les fonctionnaires locaux, soit même sur les fonctionnaires les plus élevés de l'Ad-

ministration centrale... On m'a cité un conseil municipal tout
entier qui fraudait sur son propre octroi. Le mal est d'autant
plus grand qu'il reste impuni, le jury acquitte...

« Cette démoralisation générale, n'a-t-elle pas été produite
ou hâtée, aggravée, dans tous le cas, par la crise vinicole...
qui leur permit depuis 1874 de gagner énormément avec leurs
vins ? ; en effet, c'est en 1874 que l'Hérault passe du 5ᵐᵉ au
61ᵐᵉ rang d'aggravation dans la criminalité et plus tard en
1884 au 81ᵐᵉ rang » (JOLY, *La France criminelle*, p. 112).

« Du jour, écrit encore Joly, où les paysans pauvres jusqu'alors, ont pu transformer des terrains incultes en vignobles,
du jour où grâce aux chemins de fer, ils ont pu entrevoir
la plus-value énorme de leurs produits... de ce jour là ils sont
devenus partageux ; pas partageux de leur bien, cela s'entend,
mais partageux de celui des autres... Celui qui a joué et a
gagné à la Bourse, ne rêve plus qu'actions et obligations, à
accaparer par agiotage. Or toute richesse gagnée sans effort
ressemble un peu à l'argent obtenu par le jeu et fait naître
les mêmes sentiments.

« C'est la fortune, disait le commissaire de Cette, qui a
perdu ce pays-ci ! »

Quand le Bocage était pauvre, il était plus honnête. « Ici
les gens qui volent possèdent tous quelque chose eux-mêmes ;
et les paysans aisés commettent plus de crimes que les vagabonds » (JOLY).

Dans l'Est du département de l'Eure et dans l'Ouest du
Calvados, l'industrie et l'agriculture y sont en retard, et il y
a peu de criminalité. A Vire, les habitants vivent du travail
de la terre et il n'y a presque pas de criminalité.

Richesse cause de crimes. — Ceux, par conséquent, qui
affirment que la criminalité est toujours un effet de la misère,
n'ont pas envisagé l'autre côté de la question : celui où le
crime est un effet de la richesse.

La richesse acquise rapidement et qui n'est pas contre-
balancée par un caractère élevé, ou par une haute idéalité

religieuse, politique, etc., est nuisible au lieu d'être avantageuse.

Spencer aussi avait dit de la richesse, que suivant la bonté ou la perversité du caractère d'un peuple, elle conduisait au vice ou à la vertu ; et cela doit s'entendre de la richesse excessive, qui est comme l'excessive puissance, comme l'excessive instruction, un instrument naturel de despotisme, d'abus sexuels, alcooliques, etc., et par suite de crimes.

La richesse, en somme, est à son tour, tantôt un frein et tantôt un aiguillon du crime, comme du reste nous l'avons vu pour l'instruction, pour la densité, et pour la civilisation, etc., et comme nous le verrons pour la religion.

C'est là le critérium qu'il est plus nécessaire d'avoir en vue dans l'étiologie du crime ; car la même source, suivant les phases et les caractères, tantôt nous corrompt et tantôt nous préserve ; et nous verrons alors disparaître les contradictions qui sont toujours des faits, au même titre que les faits positifs, et même nous les verrons contribuer à l'explication complète.

De même dans l'Amérique du Nord, les États qui sont le plus frappés par la criminalité donnent tantôt le minimum et tantôt le maximum de la richesse, calculée directement sur les données obtenues individuellement par le recensement (1).

Nous y voyons les pays les plus riches, Rhode Island (913 fr. par individu) donner une faible proportion de crimes, 8,11 ; et le Massachusset, avec une richesse presque égale (888), en offrir le double, 0,20, à peu près le même chiffre que la Colombie, 0,21, qui a une richesse moyenne (559), comme Wyoming qui en présente le double, 0,35. Quelques pays pauvres, comme Dakota (150 fr. par individu), Alabama (97), New Mexique (95), donnent les chiffres les plus bas de criminalité, de 0,04 à 0,03 ; mais nous voyons aussitôt surgir la contradiction, car nous trouvons Delaware avec 0,05 et un chiffre moyen de richesse (408).

(1) SCRIBNER's, *Statistical Atlas of the United States*, 1880.

Nous avons vu dans les pages précédentes comment en
France et en Italie, augmente en général la criminalité, à
mesure que progressent les industries sauf à changer de caractère : nous avons vu Artène fournir le maximum de la
criminalité en Italie, et cependant, observe Sighele, personne n'y est véritablement pauvre, tous sont de petits propriétaires, etc.

Cela n'exclue pas que lorsque la barbarie est exagérée,
comme en Corse, les crimes contre les personnes augmentent
de même qu'augmentent les vols simples, dans les années et
dans le pays où la pauvreté est extrême.

Explication. — La cause de tout cela n'est que trop claire ;
d'un côté la pauvreté et le manque du strict nécessaire pous-
sont à dérober les choses indispensables à la satisfaction des
propres besoins (1).

Voilà le premier lien entre la misère et l'attentat à la propriété.

D'un autre côté : la misère rend l'homme impulsif par
l'irritation corticale qui suit à l'abus du vin et de l'alcool,
ce terrible toxique auquel recourent tant de prolétaires pour
assoupir les angoisses de la faim ; et surtout grâce à la dégénérescence que le scorbut, la scrofule, l'anémie, l'alcoolisme
des parents engendre dans les descendants et qui se transforme
souvent en épilepsie et en folie morale ; la misère pousse elle
aussi à commettre ces brutales éliminations d'individus qui
sont à charge aux familles et rappellent les parricides et les
infanticides des sauvages pour des causes analogues.

La misère est indirectement cause de *crimes contre les
mœurs,* par la difficulté qu'ont les pauvres à se satisfaire par
la prostitution, par les promiscuités précoces dans les fabriques
et dans les mines; par la fréquence de l'*infantilisme* ou du
féminisme chez les garçons (V. *Homme Criminel,* Vol. I).

(1) MAYR, *Die Gexetzmässigkeit in Gesellschaftleben München*, 1877.
— FORNASARI, *œuvr. cit.*

Inversement, lorsque une faible occasion de mal faire se présente à l'individu aisé, celui-ci rendu physiquement et moralement plus fort par une nutrition suffisante et par une plus saine discipline morale, moins pressé par le besoin, tout en sentant l'impulsion au mal, peut plus facilement y résister.

Mais la richesse, à son tour, est une source de dégénérescence pour d'autres causes telles que, syphilis, épuisement, etc.; et elle pousse au crime par vanité, pour surpasser les autres, pour ce terrible *figurer dans le monde*, que nous avons vu être une des causes les plus grandes de crimes contre la propriété ; et puis, comme observe très justement Fornasari, là où la richesse absolue est plus grande, elle est toujours accumulée dans peu de mains, si bien qu'il y a toujours en même temps une grande pauvreté, rendue plus sensible par le contraste; ce qui doit favoriser les tendances aux actes délictueux d'un côté, et de l'autre fournir une plus facile occasion aux crimes.

Outre cela, il est bon de noter (1) que là où la richesse est moindre, l'agglomération est aussi moindre, spécialement celle des individus dangereux, qui accourent, ailleurs, dans les régions les plus riches pour y méfaire plus à leur aise (Voir en France Cette).

S'il est vrai, d'autre part, que quelques urgents besoins poussent les pauvres au mal, ils les poussent à un nombre très limité de crimes, bien que plus féroces, pendant que les besoins factices, des riches, quoique moins urgents, sont plus nombreux et infiniment plus nombreux aussi les genres de délits — et les moyens d'impunité, favorisés par exemple par les hautes positions politiques : si bien que l'on vit en Italie des ministres coupables de crimes de droit commun rester au pouvoir, malgré la découverte de leur crime, et même

---

(1) Voy. E. Ferri, *Dei sostitutivi penali, nell'Arch. di psich.*, ecc., I, p. 88 ; *Studi sulla criminalità in Francia, ecc., ecc., negli Annali di Stato*, S. 2ª, v. XXI, pag. 183. — Fornasari, *œuvr. cit.*

s'en faire une arme pour s'y consolider: il n'y a que la France
et l'Angleterre, où le peuple se refuse à être gouverné par des
criminels de droit commun. Cela dit pour les crimes de cupidité: quant aux crimes inspirés par Vénus et par l'alcool, la
première satisfaction réalisée par la richesse n'apaise jamais
suffisamment le blasé, elle le pousse à la recherche de nouvelles excitations, telles que les viols sur les enfants (1), les
excès homo-sexuels, les abus de la morphine, de la coca, de la
cocaïne : la richesse trop grande est donc, souvent, au lieu
d'un préservatif, un aiguillon à de nouveaux crimes.

« Il y en a beaucoup, dit Joly, qui n'ont rien et ne désirent rien, et beaucoup qui ont trop et ambitionnent toujours de posséder davantage ; et puis, de même qu'à la guerre,
tuer de loin et en masse, éloigne l'idée de l'homicide, ainsi
dans les grands centres, ruiner de loin, à l'aide de l'escroquerie, ou par la banqueroute, une énorme quantité de personnes, ne semble pas réellement un crime, même à beaucoup de gens timides » (JOLY).

Le criminel-né trouve, en somme, plus d'occasions de
crimes dans la richesse que dans la misère, mais plus encore et pire le criminel par occasion. Il suffit d'observer la
physionomie de Baihaut, de De Ze....., de Tanlongo, etc.,
pour se persuader que ce n'étaient pas des criminels-nés
et que, sans la politique, il ne seraient pas devenus des
criminels.

Prédominance des criminels pauvres. — Mais pourquoi
— nous objectera-t-on — les condamnés sont-ils presque tous
pauvres ? Nous voyons, par exemple, dans la *Statistica penale* pour 1889, que sur 100 imputés italiens, dont on a

(1) Voyez plus haut : tandis que les personnes cultivées donnent 5,
6 % de criminalité, dans les attentats sur les enfants le 12,9 %, c'est-
à-dire tandis qu'il y a 1 criminel sur 20, appartenants aux professions
libérales dans ces crimes on en compte 1 sur 8 (SLACKENBURG, *La energia
sessuale*, Palermo, 1896).

pu connaître la condition économique, on comptait dans les
années :

1887	1888	1889	
56,34	57,45	56,00	indigents ;
29,99	30,77	32,15	n'ayant que le nécessaire pour vivre ;
11,54	9,98	10,13	passablement aisés ;
2,13	1,80	1,72	aisés et riches.

Ces données s'accordent avec celles publiées par Guillaume,
de Stevens, et Marro (1), etc., pour nous montrer une énorme
disproportion de crimes chez les pauvres.

Mais, avant de nous laisser entraîner par ces chiffres, qui
paraissent être franchement contraires à l'influence maléfique
de la richesse, il faut se rappeler, que les riches condamnés,
sont très rares et que, lorsqu'ils enfreignent les lois, comme
justement l'observe Marro, ils ne vont pas en prison avec
la même facilité que les pauvres: le riche a en sa faveur l'influence de sa fortune, les adhérences de famille, les relations
sociales et une culture mentale élevée; tout cela réussit souvent
à le sauver de la prison, ou tout au moins à lui procurer d'habiles moyens de défense. Nous avons déjà vu comment, dans
les asiles privés (où ne vont que les riches) abondent ces
fous moraux qui manquent dans les asiles publics et dans
les prisons —; cela veut dire que la richesse aide à éclaircir
la pathologie du criminel-né, pendant que la pauvreté l'ob-
scurcit; et dans la lutte séculaire des classes, la justice est
employée par le riche comme un instrument de pouvoir et
de domination contre le pauvre, qui est déjà, *a priori*, condamné et condamnable comme tel : les classes élevées ont
coutume de dire : *Pauvre comme un voleur*, et hélas! ce qui
est pire, de retourner souvent le proverbe.

« Si, comme dit Colaianni, quelques cas délictueux des
pauvres restent cachés, soit parce que le sens moral fait quel-

---

(1) GUILLAUME, *État de la question des prisons en Suède*. — STEVENS,
Les prisons cellulaires en Belgique. — MARRO, *I caratteri dei delinquenti*, Torino, 1887.

quefois défaut parmi eux, et que pour cela ils ne sont pas
révélés, comme c'est le cas pour les crimes contre les mœurs,
ou bien parce qu'ils ont lieu dans des conditions telles, qu'ils
ne peuvent être découverts, comme beaucoup de vols champêtres, est-ce que, par hasard, toutes les turpitudes des riches
sont mises au jour ? Est-ce qu'il y a un corps d'armée pour
découvrir les crimes des riches comme il y en a un pour
les délits champêtres et forestiers ? » Et, n'y a-t-il pas, au
contraire, des immunités parlementaires et politiques flagrantes
et secrètes ; une espèce de droit d'asile énormément étendu
pour tous les délinquants ayant un pouvoir politique : ministres, députés, grands électeurs, journalistes ?

Un grand poète a écrit : « Les haillons laissent découvrir
tout de suite le crime entre leurs mailles, pendant que l'or
le cache et le défend » (SHAKESPEARE, *Roi Lear*).

Et c'est un procureur général italien (LOZZI), qui écrivait
(*La giustizia in Romagna*, Bologna, 1894) : « Dans la Cour
d'assises est écrite en lettres cubitales la belle formule de la
Révolution française : *Tous sont égaux devant la loi* ; mais
si ces paroles sont inscrites dans les codes, peut-on en dire
autant de leur application ? Qui ne voit et ne déplore les
continuelles entorses qu'on fait subir à la loi, devant les
Cours d'assises, dans certains cas et pour certaines personnes ? Peut-on dire que les pauvres y trouvent la même
faveur, la même assistance, les mêmes manœuvres qui ne
manquent jamais au profit des riches et des puissants ? Soyons
justes et confessons une fois pour toutes, que certaines institutions qui se vantent d'être les plus libérales, les plus
prévoyantes et les plus démocratiques, tournent trop souvent
au détriment des peuples, et en considérant les effets, on est
tenté de les croire inventées exclusivement en faveur de la
bourgeoisie.

« Rappelons Verlicchi, ce riche propriétaire, qui d'un coup
de fusil tua son fermier pendant qu'il travaillait dans sa cour,
et que le jury acquitta comme ayant agi dans un accès de folie
momentanée ; Muratori, homicide de son cocher : condamné

une première fois aux Assises, sa peine fut réduite dérisoirement dans un second jugement, grâce à la défense d'un collège d'avocats et d'experts. Bien différent aurait été le sort du cocher, si, au lieu d'avoir été la victime, il avait tué son maître despotique.

« Aussi, en requérant la condamnation des petits voleurs, le cœur se serre-t-il douloureusement en pensant à la criminalité éhontée et impunie des grands voleurs de la Banque Romaine ».

Paroles saintes, mais, qui, prononcées par un autre, pourraient être punies de prison; tant, hélas ! est injuste la justice en Italie !

Ajoutons que beaucoup de crimes, encore aujourd'hui, ne sont pas dénoncés, s'ils sont commis dans certaines classes dangereuses, mais puissantes, par des camoristes, par ex.

En résumé : le facteur économique a une grande influence sur la criminalité: non, cependant, que la misère en soit la cause principale; car, la richesse exagérée, ou trop rapidement acquise, y prend pour le moins une aussi large part; et misère et richesse sont souvent paralysées par l'action ethnique et climatique.

Chapitre X.

Religion.

L'influence de la religion est aussi complexe, et même plus que celle de la civilisation et de la richesse.

Nous avons vu des criminels très religieux (spécialement dans la campagne et dans les pays peu civilisés) et des criminels irréligieux et athées (V. *Homme Criminel*, Vol. I).

Nous avons observé, que parmi les habitués des églises, les criminels et les honnêtes s'équilibrent presque dans les proportions (1) et souvent les premiers sont les plus nombreux (V. *Homme Criminel*, Vol. I).

Sur 700 criminels examinés, par Ferri, un seul était athée, un était indifférent, 7 étaient dévots et trouvaient même dans le sentiment religieux une excuse à leur crime ; un d'eux lui disait : « C'est Dieu qui nous donne cet instinct de voler » ; un autre : « Les crimes ne sont pas des péchés, car les prêtres aussi en commettent » ou bien : « J'ai péché, c'est vrai, mais avec la confession le prêtre me pardonne ». — Le plus grand nombre étaient imprévoyants des peines futures, comme ils l'étaient des punitions humaines — ; ainsi, un assassin répondait à Ferri qui lui avait demandé s'il ne craignait pas le châtiment divin..... — Mais Dieu ne m'a encore jamais puni. — Mais vous irez à l'enfer..... — Oh ! je pourrai y aller, et ne pas y aller..... — Et un troisième : « Nous le verrons si nous serons punis, quand nous serons morts. »

(1) Maxime Du Camp, en examinant 33 détenus cellulaires durant la messe, nota que : 3 lisaient la messe, 1 avait la tête couverte en fixant l'autel, 1 était à genoux, 1 faisait semblant de lire le missel tandis qu'il lisait le *Magasin Pittoresque*, 1 pleurait ; 26 à table lisaient ou travaillaient.

Si l'on s'en rapportait à quelques statistiques, il est vrai très restreintes, on trouverait qu'il y a moins de criminels là où abondent les athées que là où, à égales conditions, dominent les catholiques et les protestants; ce qui pourrait bien provenir de leur plus grande culture, d'autant plus qu'en Europe les athées abondent surtout parmi les citoyens les plus instruits. De là une moindre propension au crime, alors même que le sens éthique et non le religieux est seul en honneur, parce qu'il faut une certaine dose d'énergie intellectuelle pour résister au consentement universel, une force d'inhibition, qui, de même qu'elle résiste à l'imitation, résiste aussi aux impulsions instinctives.

Rappelons comment Joly, qui cependant invoque l'action moralisatrice des pratiques externes de la religion, nous cite la Normandie, où le respect de la religion rituelle est très répandu et où en même temps la criminalité est très élevée; il nous rapporte même ce proverbe en usage sur les habitants de la Lozère : *Lozérien, le chapelet d'une main et le couteau de l'autre ;* et cite ce fait arrivé dans l'Ardèche.

Deux groupes d'hommes se disputaient avec chaleur sur une marché, et déjà ils avaient levé leurs gros bâtons ferrés, quand tout à coup l'*Angelus* sonna; les deux partis ennemis baissèrent aussitôt leurs bâtons, se découvrirent, firent le signe de la croix et récitèrent l'*Angelus*.....; mais la prière finie, ils ressaisirent leur arme et la bataille recommença de plus belle; Joly observe qu'en France l'instruction religieuse est donnée avec plus de soins aux femmes qu'aux hommes, et malgré cela le nombre des filles mineures coupables n'est pas diminué; si une légère diminution proportionnelle se vérifia parmi les mineurs, ce fut, au contraire, parmi les garçons.

Reclus (*Géographie universelle*, II, 618) écrit qu'à Treynier existe une chapelle, où l'on va invoquer de la *Madonne de la haine,* la mort de la personne détestée.

En parlant de la Sicile, l'avocat Locatelli dit : « Il est impossible d'imaginer l'immoralité que devaient répandre dans les classes pauvres ces milliers de religieux, pourvus de richesses et d'influence, oisifs et doués de l'esprit ardent et de la vive sensualité des peuples méridionaux. Pour eux, la séduction, l'adultère et l'inceste lui-même, étaient des péchés pardonnables: l'assassin qui révélait en confession son propre crime et qui s'excusait en assurant d'avoir été provoqué, ou d'avoir subi un dommage, ou bien, en accusant son extrême misère, était non seulement absous, mais encore dispensé d'en rendre compte à la justice humaine, même quand cette dernière avait frappé par erreur un innocent à sa place. Le témoin qui taisait au juge la vérité pour éviter un péril, ou pour ne pas compromettre le prochain, était également certain de se réconcilier avec Dieu par l'intermediaire du confesseur. Le riche qui séquestrait ses propres femmes par une jalousie vraiment turque, était plaint s'il attentait à l'honneur d'une fille du peuple. Un homme, enfin, pouvait s'affranchir la conscience d'un faux, d'un péculat en payant à l'Église 32 francs et 80 centimes ».

Il y a encore peu de siècles que les grands vicaires généraux des plus riches villes concédaient la permission de commettre l'adultère pour un an entier; dans d'autres villes on pouvait obtenir le droit de forniquer impunément pour toute la vie en payant un quart de vin à l'officier épiscopal qui en puisait le droit dans les décrétales du pape: dans le canon *De Dilectissimis*. On eut même l'audace de présenter une supplique au pape Sixte IV pour obtenir la permission de commettre l'infâme péché dans les mois caniculaires.

A notre époque, à Palerme, était encore en vigueur une *bulle de composition*, qui fut annullée par le proc. du Roi Tajani, le 23 decembre 1868, et par laquelle on était dispensé de la restitution de l'argent mal acquis, de quelque manière que ce fût, soit par faux, par écrit, ou par corruption, en payant des sommes déterminées à l'Eglise, etc. (1).

---

(1) Reproduit intégralement dans la 2e édition de mon *Incremento del delitto in Italia*, 1879, Torino, Bocca.

Dupin de Saint-André republia, en 1879, *Les Taxes de la pénitencerie apostolique* (édition déjà imprimée en 1520 par Toussaint Denis et en 1741 à Rome), dans lesquelles les crimes sont taxés suivant des tarifs, établis par les papes Jean XII et Léon X; ainsi, un laïque qui avait tué un prêtre était absous en payant 7 gros, et 5 seulement s'il avait tué un autre laïque.

« Si un ecclésiastique forniquait avec des religieuses dans le monastère ou en dehors, ou bien avec des neveux, cousins ou filleuls, il n'était absous que moyennant 67 francs, 11 sous et 6 deniers.

« Si c'était contre nature 219 francs et 14 sous.

« Une religieuse qui avait forniqué avec beaucoup d'hommes dans le monastère ou en dehors, 131 francs, 14 sous et 6 deniers.

« L'adultère était absous avec 87 francs et 3 sous. Un laïque, pour adultère, avec seulement 4 francs, mais pour adultère et inceste 10 francs.

« Sous Jean XII l'inceste avec les sœurs et avec la mère coûtait 40 sous » (1).

Qui ne connaît les maximes des Jésuites du siècle passé, de Lacroix (1775), par exemple, dans lesquelles il est dit: « quoique la loi naturelle défende le mensonge et le meurtre, toutefois, dans certaines circonstances ils sont permis » et de Buzenbraun: « Celui qui est extrêmement pauvre peut prendre ce qu'il a besoin. Un pauvre peut aussi tuer celui qui lui empêche de prendre les sommes qui lui sont nécessaires ». Et de Maiorca qui autorisait le régicide. Et du Père Longuet: « On ne pèche pas contre la justice et l'on n'est pas obligé de restituer l'argent qu'on a reçu pour tuer ou pour blesser » (1).

Cependant, un fait me paraît certain; c'est que plus les religions sont jeunes et en état naissant, plus leur pouvoir

(1) VIRGINIO POLIDORO, *Della invenzione delle cose.* — BIANCHI-GIO-VINI, *Storia dei Papi*, Tomo XXI, 1864.

est moralisateur, parce que la lettre n'en envahit pas encore l'esprit, parce que l'enthousiasme des nouvelles idées préoccupe le sentiment et le distrait du crime, et enfin parce que, quelle qu'en soit leur origine, l'organisme est alors plus libre des symboles et des formules qui entravent son activité.

C'est un fait qu'on observa chez nous avec Savonarole et avec les Vaudois ; et qu'on observe encore chez les nègres des États Unis, quand ils se convertissent au méthodisme ; ils renoncent alors à l'oisiveté et à l'infanticide, si bien que dans les districts où abondent les conversions, on voit augmenter notablement la population.

Et c'est un phénomène curieux que même les nouvelles sectes religieuses créées par de purs paranoïques comme les Lazzarettistes en Italie, les Quakers en Angleterre, apportèrent une diminution immediate dans le crime ; même les Skopzi, qui ont pour religion la castration réciproque, sont renommés pour leur honnêteté ; dans la Russie septentrionale les Bialoriztzi (*Revue des Revues*, 15 octobre 1895) ne boivent pas d'alcool, ne fument pas ; ils s'habillent de vêtements blancs tissés de leurs mains et ne pratiquent que la vertu : il en est de même des Soutasewtzy, qui rejettent les prêtres, les images et les servitudes militaires, souffrant pour cela le martyre ; ils prêchent la guerre à la violence ; un d'eux alla jusqu'à poursuivre les voleurs pour leur échanger contre de la bonne, la mauvaise farine qu'ils lui avaient volée ; les Fils de Dieu croient que chacun étant son propre Dieu, il suffit d'adresser des prières à un voisin quelconque : ils se réunissent et dansent furieusement, en l'honneur du Dieu jusqu'à ce qu'ils tombent exténués, et sont très honnêtes.

Les Weriginski ou Tolstoïens ne vivent que de thé et souvent ils se laissent battre par leurs compatriotes sans dire autre chose que « *Dieu aide-moi* », jusqu'à ce que leurs persécuteurs tombent à leurs pieds d'admiration.

Ces nouvelles sectes sont de véritables épidémies de sainteté et de vertu.

C'est un fait étrange que dans la Russie du Sud, où naissent des sectes sanguinaires (sans doute par l'effet de la chaleur du climat, qui, comme nous savons, rend l'homme plus enclin à l'homicide), ces sectes s'inspirent, elles aussi, malgré leurs mœurs féroces, à des sentiments d'une haute moralité : ainsi les Douchobortzi tuaient tous les enfants anormaux de corps ou d'esprit, par respect pour l'esprit divin qui les devrait habiter : un de leurs chefs, Kapoustine, faisait enterrer vivants tous ceux qui trahissaient les dogmes de la secte, et dans un procès qui lui fut intenté on trouva à sa charge 21 homicides religieux. Tout cela nous apparaît plus que criminel ; et cependant, cette secte est contraire à la guerre et prêche que le czar ne règne que sur les fourbes et les criminels, et que les gens honnêtes, les vrais *Douchobortzi*, n'ont que faire de ses lois et de son autorité. — C'est de cette secte que naquirent les Molokani, buveurs de lait, ennemis des prêtres, des rites inutiles et des ornements ; tous instruits, très honnêtes, ils s'aident entre eux, n'ont pas de pauvres, et partout où ils sont déportés ils transforment en jardins les lieux les plus inhospitaliers (*Revue des Revues*, 1895).

Les Mormons en Amérique étaient connus par leur activité et leur probité.

La contradiction, en somme, de l'influence tantôt grande et tantôt nulle de la religion, disparaît, si l'on conclut : que la religion est utile, lorsqu'elle se fonde absolument sur la morale et abandonne le culte des formules ; ce qui ne peut se réaliser que dans les religions nouvelles, parce que toutes, en principe sont morales ; mais, ensuite, peu à peu elles se cristallisent et les pratiques rituelles submergent le principe moral, moins facile à concevoir et à être retenu par le vulgaire ; cela parce que tous les nouveaux sectaires sont alors monoïdéisés, cuirassés par une idée, qui est pour eux comme un vaccin préservateur des passions les plus ignobles.

C'est pour des raisons analogues que certaines villes protestantes, qui ont une ferveur religieuse plus ardente, comme

Genève et Londres, sont les seules, où le crime est en décroissance, malgré le progrès de la civilisation et la population plus condensée (Londres à elle seule est plus peuplée qu'une entière région italienne).

Ici, ce n'est pas l'inhibition qui est en jeu, mais une grande passion religieuse qui neutralise les instincts les plus ignobles, et combat avec tant d'acharnement les vices et les tendances immorales qu'elle finit par les vaincre.

« En Angleterre, la religion recrute des milliers de fanatiques, qui, sous les noms et les théories les plus diverses, s'agitent fébrilement pour sauver les âmes humaines, ils déploient leur action dans un champ immense, en organisant des églises, des processions, des œuvres pieuses, des prédications, etc. etc.

« Dans les pays latins, au contraire, où l'église catholique étend sa domination, la religion ne peut que très rarement être un préservatif du vice ; et cela, pas autant en raison de l'irréligiosité et du scepticisme du peuple, beaucoup moindre qu'on ne le croit, même dans la patrie de Voltaire, mais à cause de l'organisation même de son église. L'église catholique est une grande institution disciplinaire, c'est presque une armée fondée sur l'obéissance et sur la subordination, dans laquelle chaque homme a sa place, sa ligne de conduite, des idées déjà arrêtées par des lois immuables. Les fanatiques actifs comme le D.ʳ Barnardo, qui sont naturellement des indépendants et aussi un peu des révoltés, ne peuvent que s'y trouver mal à l'aise, sauf dans les missions, qui est le seul département de l'église qui rend à l'individu son autonomie (Ferrero); tandis qu'ils se trouvent très bien parmi les sectes protestantes, libres et autonomes comme autant de petits clans de tribus barbares, comme par exemple la *Salvation Army*, les *Baptistes* (1).

« Le fanatisme trouve ensuite, dans les nations germaniques, et surtout en Angleterre, un autre essor très puissant

(1) Ferrero nella *Riforma Sociale*, 1895.

dans la philanthropie, qui fait presque toujours défaut dans les nations latines.

« Londres est la capitale de ces fanatiques de la philanthropie; ce sont des hommes et des femmes de toutes les classes et de toutes les positions sociales, riches et pauvres, instruits ou ignorants, normaux ou insensés, qui se sont mis en tête de guérir la maladie sociale et d'extirper de la société une forme spéciale de misère et de douleur.

« L'un a pris à cœur les enfants torturés par leurs parents; l'autre les vieillards aveugles; un troisième les fous maltraités dans les asiles; un quatrième les libérés des prisons; et tous travaillent sans relâche, impriment des journaux, prononcent des discours, organisent des sociétés, et parfois réussissent à produire de grandioses épidémies sentimentales et d'intenses mouvements de l'opinion publique, qui conduisent à quelque importante réforme humanitaire. Ce genre d'activité peut être un équivalent excellent du fanatisme politique, qui aboutit aux attentats de dynamite.

« Mais dans les pays latins, ces agitations tomberaient dans le vide; la tradition de la charité administrative exercée par l'autorité publique ou par l'église est si profondément enracinée, que personne ne veut s'occuper personnellement des misères sociales. Si les enfants sont souvent maltraités dans les grandes villes, et si les journaux protestent énergiquement, secouant un peu l'opinion publique, celle-ci demande une loi de l'État, qui ne sera pas même appliquée, et s'en contente; mais personne ne pensera à fonder des sociétés privées, comme il y en a tant en Angleterre, qui épient les parents cruels et arrivent à temps pour leur arracher des mains les petites victimes ». Et cela est naturel. Dans les religions qui survécurent pendant de longs siècles, l'élément moral disparaît, parce qu'il est moins conforme au sentiment des masses, tandis que seul survit et surabonde le cérémonial : sur 73 articles capitaux des règles de S. Benoît, 9 seulement appartiennent à la morale ; dans les règles de S. Colombano 1 an de pénitence est ordonnée à qui perd une hostie et six mois à qui laisse manger deux hosties.

Les seules religions, en somme, qui peuvent empêcher le crime sont celles qui sont fanatiquement, passionément morales, ou bien les religions naissantes ; les autres servent autant, ou peut-être même moins que l'athéisme.

Chapitre XI.

Éducation — Illégitimes — Orphelins.

Illégitimes. — L'influence de l'éducation sur le crimé nous est démontrée indirectement par la proportion, de plus en plus forte, dans les nations les plus civilisées et dans les époques les plus récentes, des criminels illégitimes.

En Prusse les délinquants illégitimes qui constituaient en 1859 le 3 % de la totalité, se sont élevés en 1873 à 6 % et les femmes du 5 au 8 %. En France sur les 800 mineurs arrêtés en 1864, il y avait 60 % d'illégitimes ou orphelins, 38 % étaient fils de prostituées ou de délinquants. En Autriche on comptait en 1873, parmi les criminels illégitimes, 10 % de mâles et 21 % de femmes (OETTINGEN, *op. cit.*). À Hambourg, 30 % des prostituées étaient illégitimes (HUGEL, *op. cit.*); et à Paris le cinquième des parisiennes et le huitième des paysannes (PARENT-DU-CHATELET, *œuv. cit.*).

Dans les prisons du Wurtemberg, il y avait en 1884-85, 14,3 % d'illégitimes; en 1885-86, 16,7 %; en 1886-87, 15,3 %; tandis que les illégitimes honnêtes s'élevaient à 8,76 %. Sichart (1) sur les 3181 qu'il examina dans ces mêmes prisons en trouva 27 %, c'est-à-dire presque le double ainsi divisés :

Sur 100 voleurs	32,4
» » filous	28,1
» » criminels contre les mœurs .	21,0
» » parjures	18,0
» » incendiaires	12,9

(1) LISZT, *Archiv. f. Strafrechtr.*, 1890.

Il y trouva 30,6 %/₀ d'illégitimes dans les criminels par habitude, le double des illégitimes criminels par occasion 17,50.

Il en nota aussi qui avaient:

	Répugnance au travail	Mendiants	Vagabonds
Sur 1248 voleurs légitimes	52,0 %	32 %	42 %
» 600 » illégitimes	52,3 %	39 %	49 %

En Italie la statistique des prisons nous donne le nombre de 3 à 5 %/₀ d'illégitimes, parmi les mineurs mâles et de 7 à 9 %/₀ parmi les criminelles mineures (1).

Ajoutons que le 36 %/₀ des récidivistes est fourni en Italie par les fils naturels et les exposés.

Pour comprendre la grande importance de ces chiffres, il faut se rappeler, qu'une grande partie des enfants illégitimes, pour le moins le 60 %/₀ et souvent le 89 %/₀ (2), succombe dans les premiers 18 mois ou dans les premiers 18 ans. Marbeau peut donc dire sans exagération que sur 4 enfants trouvés, 3 meurent avant 12 ans et le quart est sacré au crime.

Afin de vérifier plus exactement l'importance de cette proportion, j'ai fait des recherches sur 3787 entrés, presque tous majeurs, dans les asiles d'Imola (doct. Lolli), de Padoue (prof. Tebaldi), de Pavie, et sur 1059 entrés dans l' hôpital civique de Pavie en 1871, et j'ai trouvé une proportion de 1,5 d'exposés parmi les premiers et de 2,7 %/₀ parmi les seconds. Et cependant, la mortalité est moindre parmi les illégitimes de Pavie que dans beaucoup d'autres pays (3). À âge et conditions égales, les exposés donnent donc 20 fois plus de délinquants que de fous. On peut donc affirmer en toute assurance, que la plus grande partie des enfants trouvés qui

(1) *Statistica delle carceri*, Roma, 1873, CXXVIII.

(2) Sus 1000 enfants trouvés à Bordeaux, il en mourut, en 10 ans, 729. A Moscou en 94 ans, entrérent 367,788 enfants trouvés dont 288,554 moururent dans le jeune âge, soit le 79 %/₀. ANGEL, *Vortrag. üb. Mortalit. der Kind.*, 1856.

(3) Le 25 %/₀ dans la première année de l'entrée.

échappent à la mort, s'abandonnent au délit. Mais l'influence héréditaire n'est pas étrangère à cette déviation; car la plupart sont le fruit d'une faute; n'ayant pas de nom à sauvegarder, pas de frein qui les arrête sur la pente des passions, sans une mère, qui par ses soins assidus, son affection et ses sacrifices aide à se développer en eux les nobles instincts et à refouler les mauvais; trouvant difficilement le moyen de vivre honnêtement, ils sont inévitablement entraînés au mal: et ceux qui n'ont pas de tendances perverses s'y livrent par imitation; d'autre part, ces refuges de bienfaisance comme les orphanotrophes, les bréphotrophes y influent aussi d'une manière sinistre; car, comme nous avons vu, les plus grands contacts provoquent toujours une recrudescence de criminalité.

Orphelins. — Que l'abandon et le manque de toute éducation y aient une très grande part, c'est un fait démontré par le grand nombre d'orphelins et d'enfants de second lit que l'on trouve dans les prisons. En Italie, on comptait parmi les criminels mineurs en 1871-72, de 8 à 13 % d'enfants de second lit. Barce (*o. c.*) raconte qu'on arrêta à New-York 1542 enfants orphelins et 504 fils de second lit; il ajoute que le 55 % des coupables, séjournant dans les pénitenciers, étaient des orphelins de père et de mère : le 60 % des enfants arrêtés avaient perdu un de leurs parents ou bien en avaient été séparés. Suivant Marbeau, sur 100 mineurs emprisonnés, 15 avaient été abandonnés par leur mère.

En Italie, nous eûmes en dix ans, parmi les délinquants une moyenne de 33 à 35 % d'orphelins; mais sur 580 aliénés adulte de ma clinique, les orphelins en fournirent 47 % et on en compta 78 % dans 1059 entrés à l'hôpital de Pavie, de sorte que la proportion des orphelins criminels finit par être inférieur à la normale.

Mais il est certainement plus important de trouver une moyenne de 8 à 12 % d'orphelins parmi les criminels mineurs, car la population honnête des mineurs se trouve en proportions inférieures; et cela s'applique aussi aux criminels mineurs (23 à 30 %) qui perdirent seulement le père ou la mère (18 %).

Je ne peux parler avec certitude des orphelins de père, qui auraient donné dans les statistiques italiennes, environ 26 % de délinquants, tandis que les orphelins de mère en donnaient 23 %; car parmi les aliénés nous comptâmes 51 % des premiers et 10 % des seconds.

Il est au contraire certain que parmi les orphelins et surtout parmi les exposés condamnés, prédomine le sexe féminin. Et cela, en dehors de cette sub-criminalité qui est la prostitution; si bien que Oettingen en arrive à ce calcul singulier, que tandis que pour cinq délinquants mâles, on trouve une femme délinquante, pour trois exposées criminelles on trouve un mâle.

Cela est naturel, car la femme étant plus faible et plus passionnée que l'homme, a le plus besoin de l'appui et du frein de la famille pour persister dans le droit sentier dont elle est plus facilement détournée que l'homme, grâce à la voie plus glissante et toujours ouverte de la prostitution; l'influence héréditaire est ici toute puissante et les filles issues d'un écart sexuel sont plus facilement entraînées dans la faute: et de là aux délits les plus graves.

Le grand nombre d'exposés que l'on trouve parmi les délinquants, explique aussi la prédominance des mineurs délinquants parmi les populations urbaines (CARDON, œuv. cit.); et nous donne la mesure des dommages causés par le défaut d'éducation et surtout par l'abandon.

Parents vicieux. — Éducation. — Il est tout naturel que la mauvaise éducation, plus encore que l'abandon ait une influence déplorable sur le crime.

Rappelons ici cette hérédité morbide, qui, suivant Sichart, va jusqu'au 36 % et suivant Marro au 90 %, rappelons le 6,7 % de parents épileptiques, le 4,3 % de suicides, le 16 % de buveurs (1), le 6,7 de fous (voy. chap. suivant), chiffres qui

_____

(1) LIETZ, o. c.

s'élèvent chez les parents des plus grands criminels à 37 %/0 de buveurs suivant Penta, à 41 % suivant Marro, et à 27 % et à 45 % de criminels ou vicieux, suivant Virgile et Marro.

Comment un malheureux enfant pourrait-il se défendre du mal, quand il lui est représenté sous les couleurs les plus séduisantes; et pis encore, lorsqu' il lui est imposé par l'autorité et par l'exemple de ses parents ou de ceux qui sont chargés de l'instruire? nous le voyons par ces exemples:

V., sœur de voleurs fut élevée par ses parents comme un garçon; vêtue en garçon, elle prit un aspect viril et maniait le couteau vigoureusement; elle vola en route un manteau; arrêtée, elle en accusa ses parents; la famille Cornu était composée d'assassins et de voleurs, habitués au crime par les parents dès la plus tendre enfance; sur cinq frères et sœurs, une seule avait montré une répugnance invincible pour le crime: c'était la plus petite; mais ses parents trouvèrent le moyen de la vaincre en lui faisant porter pendant deux lieues, dans son tablier, la tête d'une de leurs victimes. En très peu de temps, elle s'était si bien dépouillée de tout remords qu'elle devint la plus féroce de la bande, au point de vouloir pratiquer les tortures les plus cruelles sur les victimes. Crocco, qui à trois ans frappait à coups de pierre ses compagnons et plumait vivants les oiseaux, avait été abandonné, par son père, presque toujours seul au milieu des bois jusqu' à dix-neuf ans. — Frégier raconte d'un enfant, qu'il était l'orgueil de son père voleur, parce que à trois ans il savait lever en cire l'empreinte des serrures.

Les femmes des assassins, écrit Vidocq, sont plus dangereuses que leurs maris; elles accoutument les enfants au crime, en leur faisant un cadeau à chaque assassinat qui se commet.

Nous avons déjà vu, et nous verrons encore dans le chapitre suivant, la grande proportion des parents et des familles immorales des criminels, action héréditaire qui ne peut se séparer de l'éducation.

Là aussi, comme dans l'abandon et pour la même raison de la prostitution et de la plus grande opiniâtreté de la femme dans le crime, le nombre des femmes sujettes à cette influence est bien plus grand que celui des mâles.

Pour beaucoup de personnes, l'influence de l'éducation, telle qu'elle nous est représentée par ces chiffres, paraîtra peu importante ; mais, outre que nous devons y ajouter les proportions déjà citées (v. s.), des enfants exposés, il faut aussi rappeler que beaucoup de crimes ont une origine autonome, que beaucoup d'êtres pervers naissent et restent pervers, malgré les efforts désespérés de leurs parents pour les corriger.

Parmi nos délinquants mineurs de l'année 1871-72 (1), le 84 % des garçons et le 60 % des filles appartenaient à des familles morales : ce qui s'explique par les premières faiblesses des parents honnêtes qui se trouvent impuissants, lorsque plus tard ils veulent se faire obéir sérieusement.

Noël, Vidocq, Donon, Demarsilly, Lacenaire, Abbado, Hessel, Fra Diavolo, Cartouche, Trossarello, Troppmann, Anzalone, Demme, appartenaient à des familles honnêtes. Rosati me racontait qu'il avait été plusieurs fois battu par son père après ses premiers vols et qu'il avait vu pleurer sa mère à chaudes larmes, il leur avait toujours promis, bien entendu, sans maintenir sa promesse, de restituer les sommes volées.

On voit d'autre part et les révélations de Parent-Duchatelet et de Mayhew en font foi, que beaucoup de voleurs et de prostituées enrichies font tout leur possible pour élever leurs enfants dans la vertu.

(1) BELTRAMI-SCALIA, *ouvr. cit.*

CHAPITRE XII.

Hérédité.

Statistique de l'influence héréditaire. — Sur 104 criminels dont j'ai examiné l'influence héréditaire

71 présentaient des phénom. hérédit.   3 avaient la mère prostituée
20 avaient le père alcoolique   6   »   frères et sœurs fous
11   »   la mère   »   14   »   »   »   criminels
8   »   le père criminel   4   »   »   »   épileptiq.
2   »   la mère   »   2   »   »   »   suicides
3   »   le père fou ou méningit.   10   »   des sœurs prostituées
5   »   la mère folle ou épileptique.

Toutefois, ne disposant pas de moyens officiels de recherches et devant me borner aux renseignements obtenus des prisonniers, je me trouvais dans des conditions d'observations les plus désavantageuses.

Le docteur Virgilio, qui, au contraire, était dans des conditions bien plus favorables, trouva le crime chez les parents des criminels dans le rapport de 26,80 % presque toujours comme l'alcoolisme (21,77), du côté paternel, sans compter un 6 % de collatéraux (1).

Penta aussi, mieux favorisé que nous (2), sur 184 criminels-nés de S. Stefano trouva:

(1) *Saggio di ricerche sulla natura morbosa del delitto* du docteur G. VIRGILIO.

(2) *Archivio di psichiatria*, XII, 1891.

Age avancé des parents . . .	29 fois soit	16,0 %
Ivrognerie » . . .	50 » »	27,0 »
Phthisie » . . .	17 » »	9,2 »
Apoplexie cérébr. » . . .	20 » »	11,0 »
Pellagre » . . .	3 » »	1,6 »
Folie » . . .	12 » »	6,5 »
Folie — dans les ascendants et collatéraux — 27 » »		14,5 »
Hystérisme » . . .	25 » »	13,5 »
Epilepsie » . . .	17 » »	9,2 »
Migraine » . . .	17 » »	9,2 »

Dans le 4 à 5 pour %, seulement, les parents étaient par-faitement sains. — Plus tard il nous donna une nouvelle sta-tistique de l'hérédité morbide dans 447 autres cas, divisés en deux séries :

	1° Série sur 232 cas	2me Série sur 215 cas
Criminalité des parents . .	30	58
Hystérisme . . .	17	38
Epilepsie . . .	11	22
Autres névropathies . .	20	65
Alcoolisme . . .	40	95
Folie . . .	35	50
Tuberculose pulmonaire . .	25	80
Age avancé des parents . .	23	55
Apoplexie cérébrale . . .	10	20
Diathèse grave . . .	12	20
Malaria chronique . . .	5	20

Marro trouva parmi les causes de mort de 230 parents de criminels et de 100 parents de gens honnêtes :

	Chez le père criminels	honnêtes	Chez la mère criminels	honnêtes
Alcoolisme . . .	7,2	2,4	2,1	—
Suicides . . .	1,4	—	—	3,7
Folie . . .	6,5	2,4	5,3	—
Maladies cérébro-spinales	21,1	14,6	18,2	7,4
» de cœur . .	6,5	14,6	3,2	18,5
Hydropisie . . .	4,3	2,4	6,4	3,7
Phthisie . . .	5,1	2,4	10,7	—
Chagrins ou secouss. nerv.	2,1	2,4	4,3	—

Si au lieu d'examiner séparément chaque groupe on additionne ensemble les morts survenues par alcoolisme, suicide, aliénation mentale et maladies cérébrales, on trouve que parmi les morts des 230 parents de délinquants, ces causes sont dans la proportion de 32,1 %, tandis que pour les parents des normaux elles ne sont que dans le rapport de 16,1 % — c'est-à-dire la moitié.

Le nombre des frères délinquants est surtout très considérable. Marro en trouva 68 sur 500 ayant 1 ou plusieurs frères délinquants, eux-mêmes ils eurent :

Parents aliénés   17
   »   épileptiques   4
   »   délinquants   6
   »   alcooliques   34 (chez 4 la mère l'était aussi)
   »   déjà vieux   33 (chez 4 les deux parents étaient vieux)

En étudiant, ensuite, les parents encore vivants de 500 criminels, Marro trouva dans 40 % l'alcoolisme du père, dans 5 % celui de la mère, pendant que chez 500 normaux il n'y eut que 16 % d'alcooliques du côté paternel; la folie des ascendants ou des collatéraux dans les parents se trouve dans 42,6 % des criminels (dans 13 % des normaux); l'épilepsie dans 5,3 % (2 % des normaux); le caractère immoral et violent dans 33,6 %; en examinant dans l'hérédité morbide la descendance de parents aliénés, apoplectiques, alcooliques, épileptiques, hystériques et délinquants, il la trouva dans 77 %, et jusqu'au 90 % en y comprenant aussi les anomalies du caractère et de l'âge des parents (o. c.).

Sichart étudia dans les prisons du Wurtemberg (Liszt, *Archiv. f. Rechtw.*, 1890) 3881 détenus pour vols, viols et escroqueries; en les comparant avec la population honnête du même pays, il trouve l'anomalie ou le crime des parents

chez les incendiaires — le 36,8 % chez les voleurs — le 32,2 %
   » » libidineux — » 38,7 % » » filous — » 23,6 %
   » » parjures — » 20,5 % avec le maximum chez les voleurs et les incendiaires.

En tenant compte seulement de l'alcoolisme, de la folie, de l'épilepsie et du suicide dans les ascendants directs, il trouva l'hérédité morbide dans le 71 % des incendiaires, dans le 55 % des voleurs, dans le 43 % des violateurs et dans le 37 % des filous.

Quant au suicide des parents Sichart et Marro trouvèrent :

	Suicide	(Sichart)	(Marro)
Voleurs		5,0 %	—
Incendiaires		8,2 »	—
Immoraux		3,9 »	5,1 %
Parjures		2,1 »	—
Filous		1,5 »	—
Homicides		—	—

Total 4,3 %.

En étudiant la proportion des parents vicieux dans les 3000 criminels de Sichart et en les comparant avec ceux de Marro, ils paraissent ainsi répartis :

	Parents vicieux (Sichart)	(Marro)
Voleurs	20,9 %	45,0 %
Incendiaires	11,0 »	14,2 »
Filous	10,8 »	32,4 »
Criminels contre les bonnes mœurs	9,4 »	28,2 »
Parjures	6,0 »	—
Faux serments	12,0 »	—

C'est-à-dire avec des chiffres très élevés pour les voleurs, moins élevés pour les faussaires et les filous, minimes pour les incendiaires et les parjures.

Sur 3580 criminels mineurs de Mettray, 707 étaient fils de condamnés, 308 étaient fils de parents vivant en concubinage (BARCE, o. c.).

Parmi les détenus de la maison correctionelle d'Elmire, il y en avait 13,7 % dont les parents étaient fous ou épileptiques ; 38,7 % avaient des parents ivrognes.

Nous trouvons dans nos statistiques officielles de 1871-72, sur 2800 criminels mineurs, 3 % de parents détenus. Là aussi le père représente la pire influence (2,4) relativement à la mère (o. c.); phénomène qui s'explique par la moindre criminalité de la femme.

On compta aussi 7 % de parents alcooliques, dont 5,3 % le père et 1,7 % la mère, et en très petit nombre tous les deux.

La même statistique nous apprend encore que 28 % des familles des condamnés mineurs avait une réputation douteuse, 26 % mauvaise; ces derniers rapports coïncident très exactement avec les données du docteur Virgilio.

Thompson, sur 109 condamnés, en trouva 50 apparentés entre eux, 8, entre autres, étaient membres d'une même famille et descendaient d'un condamné récidiviste : il observa aussi 2 sœurs et 3 frères voleurs dont le père, les oncles, les tantes et les cousins étaient assassins ; dans une famille de 15 membres, dont 14 étaient faux monnayeurs, le 15me paraissait honnête, mais... il finit par mettre le feu à sa maison après l'avoir assurée quatre fois.

Mayhew, sur 175 détenus en compta 10 dont le père, 6 dont la mère et 53 dont les frères avaient été condamnés.

Cette influence de l'hérédité se remarque aussi chez les criminelles et les prostituées étudiées par Mme Tarnowski, Marro, etc. (1) et par Parent-Duchâtelet.

Sur 5583, Parent-Duchâtelet en aurait trouvé 252 qui étaient sœurs; 13 mères et filles, 32 cousines, 4 tantes et nièces. — Et l'on ne peut lire sans dégoût les discours que tenait à Lacour, une de ces malheureuses : « Mon père est

(1)	Criminelles de Salsotto	Criminelles de Marro	Prostituées de Grimaldi	Voleurs de Tarnowsky	Prostituées de Tarnowsky
Pères alcooliques	6,6 %	40 %	4,23 %	49 %	82 %
Pères aliénés	6,6 »	7,6 »	—	—	3 »
Parents vieux	17 »	26 »	—	—	8 »
Parents épileptiques	2,6 »	—	—	—	6 »
Parents tuberculeux	—	—	—	19 %	44 »
Parents délinquants	?	19,7 %	—	—	—

en prison, ma mère vit avec celui qui m'a séduite; elle en a eu un enfant que moi et mon frère nous élevons ».

Preuves cliniques. — J'étudiai dans la prison de Pavie un enfant ayant un prognathisme énorme, cheveux touffus, physionomie féminine, ayant strabisme; il s'était rendu coupable d'assassinat à 12 ans, avait été ensuite 6 fois condamné pour vol; 2 de ses frères étaient voleurs, sa mère recéleuse et 2 sœurs prostituées.

Cinq frères et un beau-frère de la famille des Fossay furent condamnés pour association de brigandage; leur grand-père et leur père avaient été pendus, deux oncles et un neveu étaient au bagne.

Une preuve plus curieuse de l'influence héréditaire nous est offerte par Harvis, qui observant à Hudson le grand nombre des crimes commis par les mêmes homonymes, consulta les régistres et y découvrit qu'une grande partie des habitants dérivait d'une certaine Motgare, femme de mauvaise vie, qui y avait vécu deux siècles auparavant, et qui comptait sur 900 de ses descendants, 200 malfaiteurs et 200 entre aliénés et vagabonds (*Atl. Monthl.*, 1875).

Despine nous en donne une autre preuve en nous retraçant la généalogie des Lem... et Chret., que je résumerai ici graphiquement, afin qu'on puisse l'embrasser d'un coup d'œil.

G. Cret.

Pierre,
condamné
pour assassinat

Thomas,
uxoricide

J. B.

François,
marié à
P. Tanre
jeune, de mauvaise vie

A. F.
voleur et assassin,
mort en galère

Martin,
assassin

François,
uxoricide

E. X.
voleur et oncle
de Lem.

M. Rose
voleuse,
condamnée
11 fois
mariée à :

S. F. voleur

C. voleur,
mort en prison

Marie, voleuse

Benoît
voleur, mort
en escaladant

Victor voleur,
mort en prison

Victorine
honnête, mariée
à Lem.

A. Tanre

André,
assassin
(de 1° lit)

vol.   ass.   vol.   vol.   ass.   vol.
(de 2° lit avec Rose Chret.)

C. Lem.

Auguste

A. François

T. époux
de Victorine

Auguste

Vict. Lem.

P. voleur

Lem.
ass. incendiaire

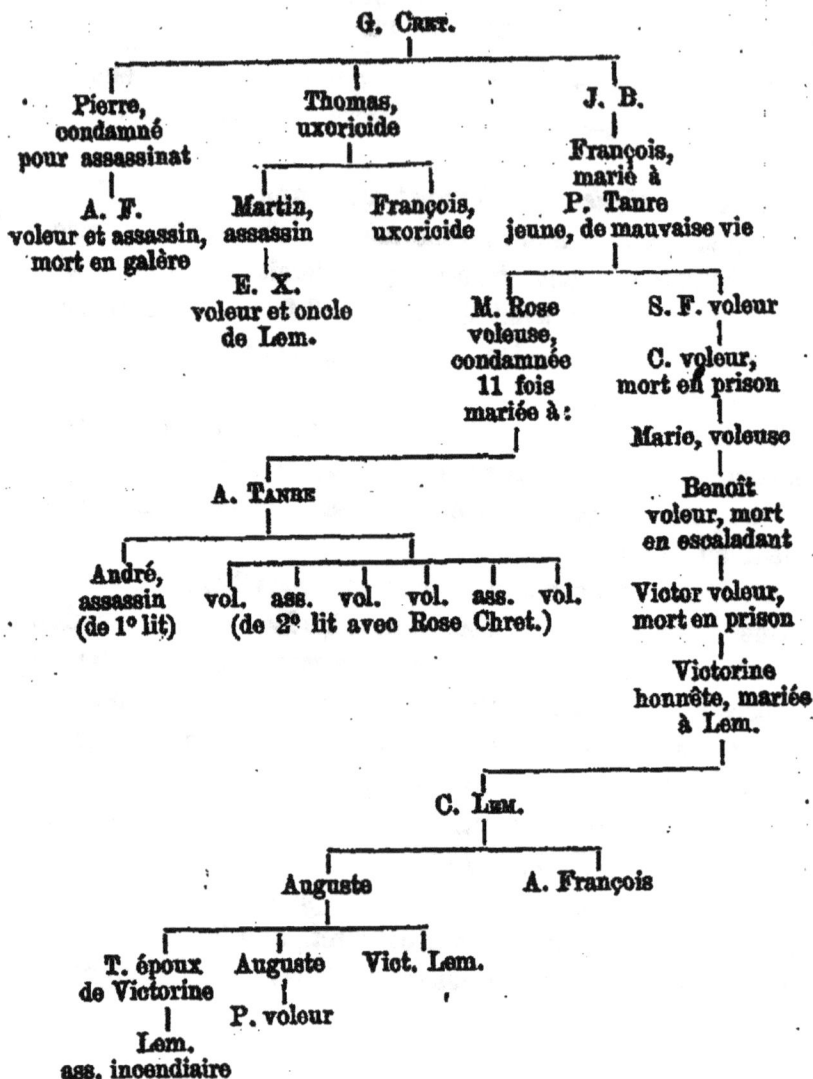

Les Fieschi aussi étaient des assassins héréditaires.

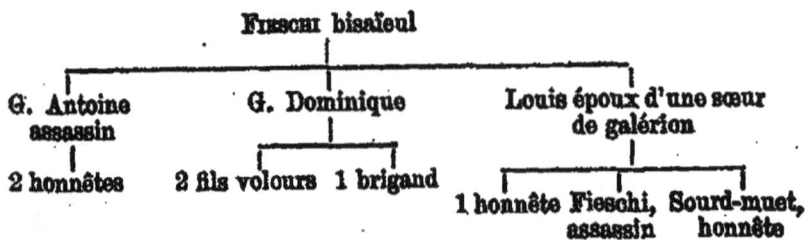

Fieschi bisaïeul

G. Antoine
assassin

G. Dominique

Louis époux d'une sœur
de galérion

2 honnêtes

2 fils voleurs   1 brigand

1 honnête Fieschi,   Sourd-muet,
assassin   honnête

Straham (*Instinctive criminality*, Londre, 1892) nous fournit encore la preuve de l'hérédité criminelle dans l'histoire d'une famille dont la descendance compte 834 individus, de 709 desquels on a tracé l'histoire assez exactement. Parmi ces 709, il y a 106 enfants illégitimes, 164 prostituées, 17 proxénètes, 142 mendiants, 63 retirés dans les hospices pour maladies chroniques, 76 criminels, qui ensemble ont passé 166 ans en prison.

La famille Y... (1) occupait, dans les siècles passés, une place élevée dans la société: mais au commencement de ce siècle, elle était déjà complétement déchue; et ne comptait plus que les fils de deux frères, Lu... et Ren...: Ren... avait passé toute sa vie en contact avec les criminels, sans avoir jamais été condamné lui-même; c'était un original, très passionné pour les combats de coqs, très adonné aux femmes: il avait une quantité infinie de maîtresses et d'enfants, si bien que tous les enfants du quartier l'appelaient papa: de l'une de ses maîtresses nacquit un grand nombre de criminels. La famille de son frère ne présente rien d'anormal, si ce n'est que son fils, apprenant que son oncle Ren..., l'avait deshérité, se tua un jour après la mort de ce dernier et laissa ces paroles écrites: « Que l'on n'accuse personne de ma mort; je me tue pour échapper aux ennemis insupportables que m'a procuré ma sottise, et pour n'avoir pas été assez en garde contre la fourberie de certaines gens ».

Les deux maîtresses de Ren..., qui lui donnèrent une progéniture de dégénérés, étaient Z..., femme d'un bourreau, de laquelle nacquit une fille phthisique, qui mourut à 24 ans, et F...., également mariée ; l'opinion publique l'accusait d'avoir empoisonné son mari !

F... eut 5 enfants, desquels 2 étaient de son mari et 3 de son amant. Les fils du mari furent:

1° Z...; elle vécut séparée de son mari, c'était une mattoïde querelleuse; tout était pour elle occasion à procès, mais

(1) AUBRY, *La contagion du meurtre*. Paris, 1889.

elle les perdait régulièrement tous; elle eut plusieurs amants, entre autres un orateur de grand talent, dont elle eut plusieurs fils, desquels un poëte, un peintre, etc., célèbres.

2° Fl..., propriétaire d'une maison publique; elle eut deux enfants, dont l'un est aveugle et affecté de la paralysie de Parkinson.

Parmi les enfants, que F... eut de son amant Ren..., sont à noter :

1° Em..., qui, en veillant le cadavre de son père, s'enivrait avec sa belle-sœur; elle eut une fille de conduite immorale; une nièce prostituée (à 15 ans) et voleuse.

2° Em..., paysan, essaya de se suicider en s'étranglant; il épousa Fl..., femme de mœurs dissolues, connue par ses rapports incestueux avec son fils aîné, voleuse de complicité avec sa fille, ivrogne; on la soupçonnait fortement d'avoir tué son gendre : sa fille l'appelait: « Vieille chargée de crimes ».

De ce triste mariage, nacquirent deux enfants :

1° Marie, qui, dans une période menstruelle, tua son mari, aidée par sa mère; elles furent acquittées toutes les deux.

2° Am..., qui eut des rapports avec sa mère, et tua le mari de sa maîtresse.

Dans une des branches collatérales de Fl... (fille de F...), on trouve beaucoup de négociants faillis; une mère qui, malgré une nombreuse progéniture, s'enfuit avec son dernier amant, en emportant la caisse; un mari qui après avoir gaspillé, loin de la famille, toutes les ressources de la maison, vit à la charge de sa femme; un frère du second époux de Marie, qui se tua après avoir assassiné sa femme adultère.

Dans cette famille, par conséquent, presque tous les membres ont commis un ou plusieurs crimes; ceux qui ne sont pas criminels, sont suicides; mais il y a une branche collatérale, celle de Ze..., qui est composée de personnes qui occupent une place élevée dans l'art et qui ont réellement un grand talent.

Cette famille confirme donc, elle aussi, l'intime rapport qui existe entre le génie et le crime.

Laurent (*Les habitués des prisons*), nous raconte aussi

l'histoire de toute une famille de délinquants-nés, qui appuie merveilleusement les données de Marro et de Aubry.

Dans cette famille, le grand père paternel mourut d'une affection cardiaque; il était de caractère faible et complétement dominé par sa femme : celle-ci, nerveuse et excentrique, battait son mari à tous propos, très irascible, elle prenait du plaisir à frapper sa sœur quand elle était malade.

« Le père était très nerveux et violent, mais poltron et bien qu'il connut la vie désordonnée de sa femme, il n'avait pas le courage d'intervenir. Il mourut d'un insuffisance aortique ».

« Un oncle paternel, très vicieux et violent, frappait ses parents pour avoir de l'argent. Il profita de leur absence pour vendre une partie des meubles, et tenta de tuer son frère par jalousie. Un cousin germain des deux précédents s'abandonna à la pédérastie.

« Le grand-père maternel était intelligent, mais ivrogne : il subit deux années de prison pour vol. Capitaine sous la Commune, il fut encore puni pour mauvaise conduite; il était déséquilibré, brutal et grossier; de son premier mariage il eut 4 filles, dont nous décrirons l'état mental plus loin.

« La grand'mère maternelle abandonnait ses enfants, et dissipait en compagnie de son mari la paye de la semaine. Elle mourut d'un cancer de l'utérus.

« La mère, très vicieuse, paresseuse, violente, se maria à vingt ans, et eut deux enfants de son mariage; à 23 ans elle abandonna son mari pour vivre avec un jeune homme, de qui elle eut une fille. Elle retourna en suite avec son mari, et en eut un quatrième enfant, et pendant ce temps elle était la maîtresse d'un marchand de vin.

« A cet amant en succéda un autre; a 35 ans elle mit au monde un cinquième enfant. Abandonnant la famille et les enfants sans souci, elle passait sa vie à jouer aux cartes dans les bouges, et à se disputer avec les ivrognes. Elle essaya plusieurs fois, étant en état d'ivresse, de tuer son mari. A 37 ans, elle eut de l'un de ses amants un sixième enfant, qui mourut de méningite. Elle devint enceinte une autre fois, et abandonna alors définitivement le toit conjugal, emmenant avec elle ses filles qu'elle abandonnait à la merci du premier venu, pendant qu'elle s'enivrait; à 39 ans, elle devint enceinte pour la neuvième fois, et se laissait maltraiter par son amant.

« Cette femme avait trois sœurs.

« La première était vicieuse dès l'enfance. Corrompue, à 16 ans elle se donna à la prostitution; de caractère irascible, elle arracha une oreille à une femme, dans un accès de jalousie; la seconde sœur, alcoolique, lascive et obtuse, a trois enfants, dont l'un, à l'âge de 9 ans, se précipita de la fenêtre pour un motif futile, et une autre fois, sans raison apparente, se jeta sous une voiture.

« Il souffrit de méningite et guérit.

« La troisième sœur, obtuse et luxurieuse, s'enivrait en compagnie de son mari.

« Passons maintenant à l'examen de la troisième génération, qui comprend 8 enfants.

« 1° Une jeune fille de 19 ans, peu intelligente, très blonde; elle a la voûte palatine ogivale, et les protubérances frontales très développées; le système pileux est aussi très développé. Méchante, jalouse, elle mettait des épingles dans la soupe de ses frères. A 10 ans on la trouvait dans les gargotes avec de jeunes gens se livrant à une débauche précoce.

« 2° Un jeune homme de 18 ans, travailleur, économe, honnête, mais nerveux et entêté et de caractère faible comme le père.

« 3° Une fille adultérine de 15 ans, vicieuse, buveuse et gourmande. Elle fréquentait les débits de vin et s'enivrait souvent. Elle volait dans les vitrines des épiciers.

« 4° Une fille de 14 ans, paresseuse, menteuse, voleuse, irascible, égoïste, coquette et lascive, sa figure est constamment contractée par un tic nerveux, et sa physionomie n'est qu'une grimace continuelle. Sans aucun respect pour la famille, elle profite pendant la nuit, du sommeil de sa grand'mère pour lui pincer les jambes, afin de se venger des punitions qu'elle a encourues.

« 5° Un garçon de 8 ans, rachitique, scrofuleux, très nerveux, irascible, despote ; il a des accès avec tendances à casser tout ce qui se rencontre sous sa main.

« 6° Une fille adultérine, morte à 16 ans de méningite.

La fameuse voleuse Sans Refus était fille d'un voleur Comtois, mort sur la roue en 1788 et de la voleuse Lempave.

Marianne, la complice la plus habile de la bande Thiebert, nacquit d'une voleuse et d'un voleur, cinq fois récidiviste ; elle vit le jour sur la route publique dans une charrette volée (LUCAS, *De l'hérédité naturelle*, pag. 487).

Sighele a étudié tous les procès intentés contre les habitants d'Artène depuis 1852, et il a toujours rencontré les mêmes noms: le père, le fils, le neveu s'y suivaient à distance, comme poussés par une loi fatale; dans le dernier procès, se trouvaient deux familles, déjà célèbres dans les annales judiciaires: l'une était composée de 7 personnes, l'autre de 6: le père, la mère et les 4 fils, il n'en manquait pas un. C'est bien le cas, dit Sighele, de répéter les paroles de Vidocq : « Il existe des familles dans lesquelles le crime se transmet de génération en génération, et qui ne paraissent exister que pour prouver la vérité du vieux proverbe : *Bon chien chasse de race* » (*Arch. di psich.*, 1894).

Affinités électives. — On voit que cette hérédité, rendue si active par l'union de deux familles criminelles, d'où surgissent naturellement les bandes organisées, a sa source dans une espèce d'affinité élective qui pousse la femme délinquante à choisir un amant ou un mari parmi les plus enclins au crime.

Rappelons l'affinité élective, qui, dans la famille Y., poussa René à choisir ses maîtresses parmi les prostituées et les délinquantes — et rappelons les mariages des Chrétien et Lemaire (v. s.).

Nous trouvons un autre exemple frappant de cette affinité, dans les sympathies fatales de la marquise de Brinvilliers pour Sainte-Croix, et dans celles de Louise Poch... et Marie Catel..., voleuses, escroqueuses, prostituées, pour Rossignol ; la pre-

mière se sentit attirée vers celui-ci, lorsque, étant en prison, sa
rivale lui en raconta les exploits; la seconde, née de famille
noble, était déjà perdue à 14 ans; à 15 ans, elle avait commis
les délits de vols sur les grands chemins de complicité avec
Rossignol. — A Turin une certaine Camburzano, se livra à
un voleur, encore impubère, on l'enferma dans une maison
de correction; elle s'en échappa et le même jour elle se lia
avec le sicaire Tomo, dont elle devint la complice et l'instigatrice dans de féroces meurtres par mandat.

Hérédité atavique de la famille Juke. — Mais la preuve
la plus frappante de l'hérédité du crime et de ses rapports
avec les maladies mentales et avec la prostitution nous est
fournie par la belle étude que vient de faire Dugdale sur la
famille Juke (1), dont le nom est devenu en Amérique synonime de criminel.

La souche de cette déplorable famille, fut Ada Yalkes née
en 1740, voleuse, ivrogne, et Max Juke, chasseur, pêcheur
et coureur de femmes, né en 1720 ; il devint aveugle dans
sa vieillesse et eut une nombreuse descendance légitime
(540 individus) et illégitime (169). Toutes les diramations de
cette descendance n'ont pu être suivies jusqu'à nos jours, mais
on a celle de 5 filles, dont 3 s'étaient prostituées avant de
se marier ; et celle de quelques branches collatérales, pendant
7 générations. — Nous les résumerons dans ce tableau:

(1) Thirtieth annual report of the executive committee of the Prison
Association of New-York, with accompanying documents, for the year
1874. — Transmitted to the legislature april 9, 1875. — Albany : Weed,
Parsons and company, printers, 1875.

	Nombre total dans la génération	PARENTÉ PAR SEXE		
		Total de chaque sexe	Légitimes	Illégitimes
II Génération — Juke femmes	5	5	1	—
X hommes	5	5	2	—
III Génération — Juke femmes	34	16	15	1
X femmes	16	7	3	—
Juke hommes	—	18	12	6
X hommes	—	9	—	2
IV Génération — Juke femmes	117	46	38	—
X femmes	—	25	6	1
Juke hommes	—	57	46	9
X hommes	59	34	5	1
V Génération — Juke femmes	224	119	94	17
X femmes	—	33	4	2
Juke hommes	—	102	70	20
X hommes	84	51	11	3
VI Génération — Juke femmes	152	63	33	13
X femmes	—	2	—	20
Juke hommes	—	48	27	20
X hommes	5	3	—	—
VII Génération — Juke femmes	8	3	1	2
Juke hommes	—	—	—	—
Total Génération — Juke femmes	—	252	182	33
X femmes	—	67	13	3
Juke hommes	—	225	155	49
X hommes	—	102	18	6.
Sang de Juke	540	477	337	82
» de X	169	169	31	9
Total Général	709	645	368	91

NB. — Par **X**, on entend les collatéraux ou apparentés avec

RELATIONS CONJUGALES				Stériles	Tenanciers de maisons publiques	Syphilitiques	PAUPÉRISME ET MALADES				CRIMES OU DÉLITS		
Mariés	Bâtards avant le mariage	Bâtards après le mariage	Prostituées				Sans domicile	Années	Retirés dans les hôpitaux, impodents	Années d'hôpital	Nombre des incriminés	Années de prison	Nombre des délits ou crimes
5	3	—	—	—	—	—	—	—	—	—	—	—	—
5	—	—	—	—	—	—	—	—	—	—	—	—	—
13	1	1	3	5	—	—	3	20	2	2	—	—	—
4	—	—	3	—	—	—	1	23	—	—	—	—	—
11	—	—	4	4	—	1	6	54	3	6	1	—	1
5	—	—	4	—	—	1	2	14	3	5	2	3	2
26	6	8	12	3	5	12	18	122	7	7	5	1	7
15	3	—	4	4	1	7	8	53	3	3	2	$\tfrac{1}{2}$	2
22	—	—	4	7	1	6	19	129	8	12	12	11	15
10	—	—	15	1	3	2	11	50	3	3	10	13	11
37	6	3	36	5	5	25	24	100	12	18	9	$\tfrac{1}{4}$	15
15	2	1	14	4	—	2	11	49	2	4	1	$\tfrac{3}{4}$	1
21	—	—	12	7	—	7	25	87	11	21	18	72	41
26	—	—	14	6	2	4	14	33	—	—	12	8	16
2	2	—	2	—	1	—	—	—	3	8	2	$\tfrac{1}{2}$	2
1	1	—	—	—	—	—	—	—	—	—	—	—	—
1	—	—	—	—	—	—	—	—	7	7	2	6 $\tfrac{1}{2}$	2
2	—	—	1	—	—	—	—	—	—	—	—	—	—
—	—	—	—	—	—	—	—	—	—	—	—	—	—
—	—	—	—	—	—	—	—	—	—	—	—	—	—
83	18	12	53	13	11	37	45	242	24	35	16	1 $\tfrac{3}{4}$	24
35	6	1	21	8	1	9	20	125	5	7	3	$\tfrac{3}{4}$	3
55	—	—	20	18	1	14	50	270	29	46	33	89 $\tfrac{1}{2}$	59
57	—	—	34	7	5	7	27	97	6	7	24	24	29
138	18	12	73	31	12	57	95	512	53	81	49	91 $\tfrac{1}{4}$	83
92	6	1	55	15	6	16	47	222	11	15	27	24 $\tfrac{3}{4}$	32
230	24	13	128	46	18	67	142	734	64	96	76	116	115

les Juke, mais n'ayant pas une origine commune avec ceux-ci.

On voit déjà dans ces tableaux la singulière connexion qui
existe entre la prostitution, le délit et là maladie; car, pour
les mêmes causes héréditaires on trouve:

1re branche MAX

76 délinquants et 142 vagabonds, mendiants, 64 pauvres	181 prostituées 18 tenanciers de maisons publiques 91 illégitimes	131 impotents idiots ou syphilitiques 46 stériles

Nous voyons les délinquants à peine représentés dans la deuxième génération, se multiplier avec une progression extraordinaire et s'élever à 29 à la quatrième, à 60 à la cinquième (1);
précisément comme les prostituées, qui, de 14 montent à 35,
et à 80; et les vagabonds, qui, de 11 augmentent à 56 et 74;
et ils ne diminuent à la sixième et septième génération que
parce que la nature, que l'on dirait prévoyante dans le crime
comme dans les monstruosités, y met un terme par la stérilité des mères, qui de 9 qu'elle était à la troisième génération, augmente à 22 à la cinquième, et aussi par les morts
précoces des enfants, qui s'élèvent jusqu'à 300 dans les dernières années.

Les membres de cette famille passèrent tous ensemble 116
années en prisons; et 734 individus d'entre eux furent entre-
tenus aux frais de l'État. — A la cinquième génération,
toutes les femmes étaient prostituées et tous les hommes criminels. A la sixième, le plus âgé des descendants n'avait que

---

(1) Le nombre des crimes ou délits fut de 106 :

Mauvaise conduite	51	maximum dans la 5e génération	38
Vols . . .	26	»	»	10
Faux et escroquerie	3	» .	»	—
Vols sur les grands chemins et homicid.	18	»	»	8
Viols . .	8	»	»	5

Hommes 58 — Femmes 19.

7 ans, et cependant 6 individus avaient été recueillis à l'asile des indigents.

En 85 ans leur manutention coûta à l'État 5 millions de francs.

On a remarqué que dans toutes ou presque toutes les branches de cette famille, la tendance au crime, contrairement à la tendance au paupérisme était plus intense chez le fils aîné, suivant ensuite toujours la branche mâle de préférence à la branche féminine ; elle était accompagnée par des excès de vitalité, de fécondité et de vigueur, et se développait bien plus dans les lignes illégitimes que dans les légitimes, fait qui se répète aussi dans tous les autres cas d'immoralité. Ainsi, en confrontant les 38 illégitimes de la cinquième génération et des filles aînées des 5 sœurs, avec les 85 légitimes nous trouvons dans les :

38 illégitimes			85 légitimes	
4 ivrognes	11 mendiants, idiots ou prostituées	16 condamnés dont 6 pour crimes graves	5 condamnés	13 mendiants, ou prostituées

Le chiffre de la prostitution qui est indiqué ici ne représente qu'une petite portion de la réalité, ainsi que nous prouve le nombre énorme d'illégitimes, 21 % des mâles et 13 % des femmes, de syphilitiques et surtout de femmes debauchées, qui de 60 % qu'elles étaient à la première génération et de 37 % à la deuxième, montèrent à 69 à la troisième, à 48 à la cinquième, à 38 % à la sixième, en totalité à 52,40 %, et cela dans la génération directe, tandis qu'elles étaient de 42 % dans les branches collatérales.

Les données sur la fécondité exagérée et sur la prostitution tendraient à démontrer que les excès sexuels sont une des causes les plus graves du paupérisme, qui, à son tour, paraît être de caractère héréditaire, surtout chez la femme, et recrute de préférence les plus jeunes. Le paupérisme se lie ensuite au délit et à la maladie, grâce au grand nombre d'individus, qui sont à la fois atteints de syphilis, ou de déformations des membres et de tendances au délit et au vagabondage.

On observe, d'un autre côté, que dans les familles où les frères se livrent au délit, les sœurs se livrent à la prostitution et ne sont incriminées que pour des délits contre la pudeur. C'est une nouvelle preuve, dit Dugdale (p. 152), que cette carrière est dans le sexe féminin l'équivalent de la criminalité dans l'autre sexe — ayant toutes les deux une origine commune.

On voit là, surgir la prostitution d'origine héréditaire, sans qu'on puisse l'expliquer par la misère ou par d'autres causes; et elle ne s'y arrête que lorsque survient un mariage précoce.

Les bâtards dans cette famille se sont élevés à 21 % des mâles et 13 % des femmes; ce chiffre indique une prédominance très curieuse du sexe masculin, tandis que c'est le contraire qui a lieu pour les légitimes. En examinant les premiers nés de ces races on voit que chez les légitimes prédominent les filles et chez les bâtards les mâles.

Le chiffre du paupérisme nous montre le lien du crime et de la prostitution avec les maladies du système nerveux et avec les monstruosités; nous en trouvons l'explication dans le tableau ci-après (1), qui nous montre la phthisie, l'épilepsie s'alternant avec la cécité, l'aliénation mentale et la syphilis.

(1) Tableau des maladies pour lesquelles les Juke furent recueillis dans les hospices.

	Déformités	Aveugles	Sourds-muets	Aliénés	Idiots	Phthisiques	Syphilitiques	Epilepsie	Autres malad.	Moyenne
Juke . . .	1	10	1	1	1	1	51	—	33	50 %
Id. collatéraux	—	1	—	—	—	1	16	1	15	75 %
Total . .	1	11	1	1	1	2	67	1	48	62 %

Résumant ensuite les résultats de ces données, Dugdale trouva 200 entre voleurs et criminels ; 280 mendiants ou malades ; 90 prostituées ou femmes affectées de syphilis, descendre d'un seul ivrogne ; sans compter les 300 enfants morts prématurément, les 400 hommes atteints de syphilis, et les 7 victimes des assassins.

Et ce ne sont pas là des cas isolés.

Le féroce Galetto de Marseille était neveu d'Ortolano, le violateur anthropophage ; Dumollard était fils d'un assassin ; Patetot avait eu son grand-père et son bisaïeul assassins ; Papa, Crocco et Serravalle, avaient eu leur grand-père en prison, et Cavalante son père et son grand-père. Les Cornu étaient assassins de père en fils, comme les Verdure, les Cerfbeer, les Nathan, qui se trouvèrent un jour 14 individus de la même famille, réunis dans la même prison. Mocc....., empoisonneuse de son mari et adultère effrontée, était issue d'un inceste, et les prostituées sont presque toujours filles de délinquants ou d'ivrognes. Mad. de Pompadour était fille d'un ivrogne et voleur gracié.

Aliénation mentale des parents. — Ainsi que nous le prouve ces lugubres généalogies, et celle de la femme Motgare et de la famille Y..., un certain nombre de parents des criminels est frappé d'aliénation mentale. Pour notre part, sur 314, nous en avons trouvé 7 dont le père était aliéné, chez 2 il était épileptique, 3 avaient le frère, 4 la mère, 4 les oncles et 1 le cousin crétins, outre 2 pères, 2 oncles, crétins eux aussi ; 1 frère et 1 père convulsionnaires et 2 ivrognes. Sur 100 autres criminels, 5 avaient la mère, 3 le père, 6 les frères aliénés, 4 avaient les frères épileptiques.

J'eus à soigner à Pavie, une famille, dont la généalogie était identique ; de génération en génération, les fous s'y alternaient aux délinquants et aux prostituées. — Voir :

Fe...ri aliénée à 80 ans avec hallucinations

```
              ┌──────────────────────────┴────────────────────┐
      L. aliéné incestueux                        Aliéné et auteur de blessure
  ┌────┬───────┬───────┬───────┬────────┐                    │
voleur voleur suicide prosti- prosti-                      voleur
  à     et            tuée    tuée                            │
9 ans  incest.                                           prostituée
```

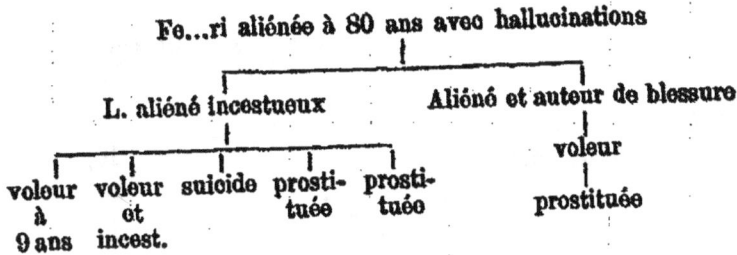

Dans la descendance d'un certain Ala..., empoisonneur de sa femme, qui à son tour é'ait épileptique, j'ai trouvé:

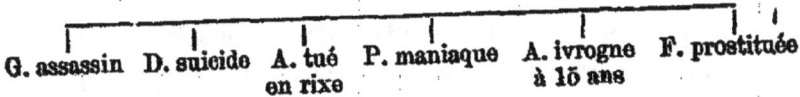

```
┌──────────┬──────────┬──────────┬──────────┬──────────┬──────────┐
G. assassin D. suicide A. tué    P. maniaque A. ivrogne F. prostituée
                       en rixe               à 15 ans
```

Moeli trouva 41 fois la folie et l'épilepsie chez les parents de 67 criminels aliénés, voleurs et

dans le 15 % le suicide et le crime chez les parents
» 21 » l'aliénation mentale des frères
» 23 » » » et l'épilepsie chez les parents (*Ueber Irren Verbrecher*, 1888).

Kock (1), en laissant de côté les cas incertains, trouva 46 % de descendance morbide directe parmi ses criminels.

Le doct. Virgilio étudia 266 condamnés, atteints toutefois, de maladies chroniques, parmi lesquels étaient 10 aliénés et 13 épileptiques: l'aliénation mentale se rencontrait dans la proportion de 12 % chez les parents, chez le père. L'épilepsie s'y manifestait avec une fréquence encore plus grande, 14,1 %, sans compter 0,8 % de collatéraux et un sourd-muet, qui était père d'un auteur de viol; 6 pères et une mère excentriques, et un père demi-imbécile.

Le doct. Penta, trouva l'aliénation mentale dans le 16 % de parents de ses criminels-nés.

A Elmire, sur 6800 criminels, de 1886 à 1890, les parents aliénés et épileptiques, de 13 montèrent à 127.

---

(1) KOCK, *Zur statistik der Geisteskrankheiten in Würtemberg*, p. 161. Stuttgart, 1877.

Marro et Sichart trouvèrent :

	Aliénation mentale des parents	
	(Sichart) %	(Marro) %
Incendiaires	11,0	28,5
Criminels contre les mœurs . . .	3,5	10,2
Voleurs	6,4	14,5
Escrocs	5,5	10,3
Parjures	3,1	—
Homicides	—	17,0
Auteurs de blessures	—	14,0

Gottin, qui mit le feu à la maison de son bienfaiteur, avait
son grand-père aliéné ; Mio avait son père et son grand-père
aliénés ; Jean de Agordo, parricide, ses frères ; Costa et Militello
avaient leurs oncles et leur grand-père aliénés ; Martinati avait
une sœur entachée de crétinisme ; Vizzocaro, à la fois, parricide
et fratricide, Palmerini, assassin, eurent leurs oncles et leurs
frères aliénés ; Bussi, son père et sa mère ; Alberti, son père
et son aïeul ; Faella son père ; Guiteau eut son père, ses oncles
et ses cousins ; Perussi, faussaire, macrocéphale et homicide,
nacquit dans un asile d'aliénés, d'une mère suicide et folle et
d'un père mégalomane ; Verger eut sa mère et ses frères suicides ; Goudfroy, qui tua sa femme, sa mère et ses frères, spéculant ainsi sur l'assurance de leur vie, avait eu sa grand'mère
maternelle et son oncle aliénés ; Didier, parricide, eut son père
aliéné ; Louise Brienz, uxoricide, eut sa mère épileptique et sa
sœur aliénée ; Ceresa, Abbado et Kulmann eurent des parents
aliénés.

Sous ce rapport, comme sous celui de l'alcoolisme, les aliénés
sont presque dans les mêmes conditions que les criminels. —
Golgi, Stewart et Tigges ont prouvé aussi la plus grande fréquence de l'hérédité paternelle, comparée à la maternelle, chez
les aliénés mâles (1) tout-à-fait comme pour les criminels.

(1) L'influence directe de l'aliénation mentale, est plus grande du côté
maternel que du côté paternel, comme 150 à 140 ; mais chez les mâles,
l'influence paternelle prédomine comme la maternelle chez les filles,

Toutefois, il est très important pour le médecin légiste de remarquer que l'aliénation mentale des parents est beaucoup moins fréquente chez les criminels que chez les fous; il suffit ici de citer la proportion de 28 $\%$ de parents aliénés, trouvée sur 3115 aliénés, par Tigges, tandis que Stewart y trouva le 49 $\%$ et Golgi le 53 $\%$.

Si, même, nous voulons prendre en considération l'influence héréditaire de l'épilepsie et d'autres névroses, nous trouvons avec Golgi le chiffre s'élever au 78 $\%$.

Epilepsie des parents. — Knecht trouva 60 épileptiques parmi les parents de 400 criminels 15 $_0/^0$. Brancaleone Ribaudo en trouva 10,1 $\%$ parmi ceux de 559 soldats délinquants; Penta 9,2 $\%$ sur ceux de 184 criminels-nés. Clark trouva l'épilepsie constatée d'une manière certaine parmi le 46 $\%$ des parents d'épileptiques délinquants, tandis que dans les épileptiques non-délinquants, le rapport est seulement de 21 $\%$.

Dejerine rencontra 74,6 $\%$ de parents d'épileptiques délinquants, atteint d'épilepsie; et seulement le 34,6 $\%$, chez les parents des épileptiques non-délinquants.

Marro et Sichart trouvèrent:

	Épilepsie	
	(Sichart)	(Marro)
Voleurs	2,1 $\%$	3,3 $\%$
Escrocs	2,0 »	1,3 »
Incendiaires	1,8 »	—
Criminels contre les moeurs.	1,2 »	—
Parjures	—	
Homicides	—	7,0 $\%$

Total 6,7 $\%$ (voy. d'autres preuves dans le vol. II, 1re partie)

Hérédité de l'alcoolisme. — Penta trouva l'alcoolisme dans le 33 $\%$ des parents des criminels, moi-même je le rencontrai dans le 20 $\%$. À Elmire, sur 6,300 criminels mineurs, on compta 37,5 à 38,4 $\%$ de parents ivrognes.

dans le rapport de 100 à 124 (STEWART, *On hereditary insanity.* London, 1874).

L'alcoolisme, suivant un calcul fait par Legrain (1) sur 50 familles d'alcooliques, ayant 157 descendants, donna par hérédité :

54 % d'aliénés	29 % de convulsionnaires
62 % d'alcooliques	14 % de fous moraux (ou criminels-nés)
61 % d'épileptiques	6,5 % méningitiques.

Selon Buchner:

En Saxe (2)	le 10,5 % des criminels y est né de parents ivrognes
Baden	» 19,5 »	»	»	»
Vurtemberg	» 19,8 »	»	»	»
Alsace	» 22,0 »	»	»	»
Prusse	» 22,1 »	»	»	»
Bavière	» 34,6 »	»	»	»

(BAER, 1882).

Sichart et Marro trouvèrent:

	Parents alcooliques (Sichart)	(Marro)
Voleurs	14,3 %	46,6 %
Escrocs	13,3 »	32,4 »
Incendiaires . . .	13,3 »	42,8 »
Faux sermont . . .	11,1 »	—
Criminels contre les moeurs	14,2 »	43,5 »
Homicides . . .	—	49,0 »
Auteurs de blessures .	—	50,0 »

avec des chiffres supérieurs chez les criminels de sang et de voleurs.

En Italie, l'alcoolisme des parents est beaucoup moins souvent une cause d'aliénation mentale que de crime; nous ne l'avons trouvé que dans le 17 % chez nos aliénés, pendant qu'il dépassait le 22 % chez les détenus chroniques d'Averse.

Legrain remarqua que la précocité est le premier caractère de l'alcoolisme héréditaire, il trouva même des alcooliques de 4 ans; un autre caractère, c'est l'impossibilité de résister à

(1) LEGRAIN, *Dégénérescence sociale et alcoolisme*, Paris, 1875.
(2) BUCHNER, *Die Macht des Vererbung*. Leipzig, 1882.

l'action de l'alcool ; ainsi pendant qu'un père, depuis sept ans buveur, ne déraisonne pas sous l'influence de la boisson, son fils, après deux jours d'orgie a déjà le délire ; le père peut ne pas l'avoir, le fils l'a toujours, parce que chez lui le délire existe déjà en puissance ; enfin l'alcoolique héréditaire se distingue aussi par un besoin impérieux de doses d'alcool de plus en plus fortes (*œuv. cit.*).

Ces caractères se rencontrent fréquemment chez les criminels.

Age des parents. — Marro rechercha l'âge des parents dans les diverses classes de criminels.

Selon lui, parmi les parents des criminels la fécondité, non seulement, mais la vie aussi se prolonge au delà des limites qu'atteint généralement la vie des normaux ; tout-à-fait comme selon Ball, chez les parents des paralytiques généraux et des dipsomanes.

Mais, ses études sur l'âge des parents en rapport avec les tendances des criminels-sont bien plus significatives.

« Parmi les criminels contre la propriété, écrit-il (1), nous voyons abonder les enfants de parents jeunes, sauf chez les escrocs, parmi lesquels ils sont au contraire rares : l'escroquerie, exige, en effet, plus de dissimulation et de souplesse qu'elle n'a besoin de force physique, d'agilité et de violence, qui sont surtout les dons de la jeunesse, pendant que les premiers sont les caractères particuliers à l'âge mûr.

Mais, si parmi les escrocs, il trouva que la proportion des enfants de parents âgés s'élevait à 37 %, elle était bien plus grande parmi les délinquants contre les personnes. En effet, les assassins, les homicides en fournirent l'énorme proportion de 52,9 %, dépassant de beaucoup celle offerte par toutes les autres catégories de délinquants ; et la proportion reste élevée tant pour les pères que pour les mères âgées, celles-ci étant

---

(1) MARRO, *I caratteri dei delinquenti*. Torino, Bocca, 1887.

représentées dans leur ascendance par le chiffre de 38 %
tandis qu'il est de 17 % chez les hommes normaux.

Les fils de pères jeunes y sont au contraire dans la proportion minime de 3 % (voy. Atlas de l'*Homme Crim.*, Planch. XXVI).

Chez les auteurs de blessures les pères âgés sont encore assez nombreux, 40 % ; mais en même temps, les descendants de parents jeunes y sont en prévalence et surpassent la proportion des normaux — en s'élevant à 13,5 %.

Et cela est naturel, car, quand il s'agit de blessures simples ou de rébellions, l'absence d'affectivité peut autant en être cause que l'excès de vivacité.

Chez les auteurs de viols, au contraire, la proportion des pères âgés descend à 30 % : nous avons cependant, comme compensation un nombre plus élevé de mères âgées.

Marro examine ensuite l'âge de la mère.

Adoptant la même méthode que pour les mâles, il en fixe la limite de la maturité à 21 ans et celle de la décadence à 37 ans et trouve :

Proportionalité des mères des normaux, des délinquants et aliénés, dans les diverses périodes d'âge à l'époque de leur naissance (Voy. Atlas, *H. Criminel*, Planch. XXVI).

CATÉGORIE	Assassins	Auteurs de blessures	Auteurs de viols	Voleurs de grands chemins	Escrocs	Voleurs avec effraction	Coupeurs de bourses	Voleurs domestiques	Auteurs de vols simples	Moyenne générale	Normaux examinés 1201	Aliénés 95
Période d'immaturité	6,1	27,2	15,0	27,2	12,1	19,4	22,5	20,0	17,9	18,2	12,8	20,0
Période de plein développement	54,8	57,5	59,3	63,6	74,2	61,1	64,5	62,5	64.1	63,7	76,4	58,8
Période de décadence	38,7	15,1	25 0	9,0	13,6	19,4	12,9	17,5	17,9	17,9	10,7	21,1

La loi observée pour les pères dans les différentes classes de délinquants, reparaît encore pour les mères. On voit aussi ressortir parmi elles, la proportion des mères déjà âgées chez les assassins et chez les auteurs de viols, mais cependant, chez ceux-ci d'une manière plus limitée, ce qui expliquerait, en partie, l'apparente anomalie pour laquelle, chez ces derniers, on ne remarquait aucune prédominance de pères âgés. La proportion des mères très jeunes se maintient aussi en forte prévalence dans les classes des voleurs et des auteurs de blessures, chez lesquels prédominent les pères jeunes et atteint le maximum chez les voleurs de grands chemins, chez lesquels la proportion des pères jeunes est très forte aussi.

Pour comparer ces données avec celles des normaux, Marro étudia la conduite à l'école et le caractère de 917 élèves en rapport avec l'âge des parents ; en voici le résultat :

Conduite à l'école des élèves en rapport avec l'âge du père.

Age du père	Bonne	Médiocre	Mauvaise
De ∞ à 25 ans	42 = 44 %	30 = 31 %	22 = 23 %
De 26 à 40 »	304 = 47 %	216 = 34 %	113 = 17 %
De 41 à ∞ »	97 = 51 %	60 = 31 %	32 = 16 %

Parmi donc les enfants dont le père avait moins de 26 ans, nous trouvons le maximum des mauvaises conduites et le minimum des bonnes.

Conduite à l'école des élèves en rapport avec l'âge de la mère.

Age de la mère	Bonne	Médiocre	Mauvaise
De ∞ à 21 ans	53,9	28,3	17,7
De 22 à 36 »	48,3	32,2	18,4
De 37 à ∞ »	41,3	41,3	17,2

Grâce à la douceur de caractère et la docilité propres à la femme, surtout dans la jeunesse, on a une plus grande proportion de bonnes conduites des enfants nés des mères plus jeunes.

Parmi les écoliers dont on a étudié la conduite à l'école et le degré d'intelligence, on a trouvé que l'union des pères et des mères se trouvant tous deux dans la même période d'immaturité, de complet développement ou de décadence a donné lieu aux proportions suivantes :

Conduite.

	Bonne	Médiocre	Mauvaise
Période d'immaturité	15 = 39 %	15 = 39 %	8 = 21 %
» de complet dévelop.	268 = 40 »	194 = 35 »	84 = 15 »
» de décadence	26 = 41 »	26 = 41 »	10 = 16 »

En comparant les délinquants avec les normaux, Marro remarquait chez les parents des premiers une moindre fréquence de mariages dans la même période de développement, comme le 63 % à 70 % (1).

Quant aux écoliers, il a remarqué qu'avec la grande jeunesse des deux parents on a le minimum des bonnes conduites et le maximum des enfants intelligents.

L'âge de complet développement des parents fournit un maximum de bonnes conduites et un minimum de mauvaises, et conserve la même proportion d'enfants intelligents, obtenues par le développement complet de la mère. Dans la période de décadence des deux parents, les bonnes conduites sont en proportions moindres que dans la période précédente ; les enfants intelligents y sont aussi en proportion minimes.

Lois synthétiques. — De toutes les névroses, la plus typique même pour les caractères de dégénérescence, est, certainement, après la crétinique, la névrose criminelle; et à ce sujet rappelons ce caractère typique qui éclate aussi vif dans l'histoire de la famille Juke : celui d'excès de vigueur et de vitalité et de fécondité, dans les premières branches, paralisé dans les dernières branches par la mortalité des nouveaux-nés et enfin par la stérilité complète, comme il arrive justement dans la descendance des monstres ou dans celle des accouplements entre espèces différentes. Penta, lui aussi, qui vit presque toutes les anomalies somatiques, que peu à peu l'on a découvert dans le criminel-né, y entrevit

(1) *La Pubertà, ecc.* 1898. Bocca, Torino.

également celle de l'inutile fécondité. Sur 104 frères de criminels qu'il étudia, 70 moururent dans le jeune âge ; sur 100 parents de criminels, la fécondité était exagérée chez 53, restreinte chez 23 ; sur 46 criminels, elle était exagérée chez 10 et restreinte chez 31.

En étudiant les chiffres de Marro et de Sichart, on trouve que l'épilepsie des parents prédomine chez les voleurs; le suicide chez les incendiaires et bien moins chez les voleurs; les parents alcooliques chez les violateurs et chez les voleurs et moins chez les escrocs et les incendiaires; les parents aliénés chez les incendiaires.

Nous avons vu aussi chez les Juke (pag. 193) que les mâles, sourtout les aînés, sont plus souvent frappés par l'hérédité criminelle que les femmes, et les illégitimes plus que les légitimes; l' inverse aurait lieu dans le paupérisme — dans lequel le faiblesse des organes a bien plus d'influence.

Nous avons vu, peut-être aussi pour la même cause, que l'hérédité paternelle excède de beaucoup l'hérédité maternelle, tant chez les honnêtes que chez les criminels. Ainsi selon Marro:

Dans l'alcoolisme	pour	7,0 % de pères on a	3,1 % de mères	
» l'aliénation mentale »	6,5 »	»	5,0 »	»
» les maladies de la moëlle épinière	» 21,0 »	»	18,0 »	»
» les malad. de cœur »	6,5 »	»	3,2 »	»
la mère n' excède que dans les phthisies	» 5,0 »	»	10,0 »	»
et dans les chagrins	» 2,2 »	»	4,2 »	»

De même dans les tendances au vice, on compte 25 % des pères chez les homicides, et seulement 7 % des mères; 20 % des pères chez les auteurs de blessures et 16 % des mères.

Quant à l'âge des parents, les deux sexes se rapprochent, sauf une moindre proportion de mères âgées chez les escrocs. De sorte qu'on pourrait dire que la mère possède à un plus haut degré la puissance de transmettre à ses enfants les facultés émotives que les facultés intellectuelles (MARRO, op. cit.).

Avant de finir tâchons de résumer les lois héréditaires, que Orchanski vient de mettre si admirablement en lumière.

Orchanski (1) démontre que l'hérédité étant une fonction de l'organisme des producteurs, elle correspond à chaque instant donné à l'énergie des autres fonctions des parents et à leur état général et suit parallèlement l'évolution générale de l'individu. Chacun des parents manifeste la tendance à transmettre son propre sexe; et des deux, prévaut celui qui se trouve le plus rapproché de l'époque de sa propre maturité. Pour cela et pour la contradiction, déterminée par la prédominance de l'énergie spécifique de l'un des parents, dans chaque famille sont en plus grand nombre les enfants du sexe du premier né.

Pour la ressemblance, c'est celle du père qui prévaut; cependant, les mâles ressemblent plus au père et les filles plus à la mère. Le même principe règle généralement la transmission de la structure, avec cette particularité, cependant, que les hommes offrent plus de variabilité dans leur structure que les femmes, qui, par contre, présentent dans leur squelette une plus grande stabilité.

Orchanski étendit son étude spécialement à l'hérédité morbide, et trouva que celui des parents qui était malade, surtout si c'était le père, avait une majeure tendance à transmettre son propre sexe, particulièrement aux enfants malades; ce phénomène se manifeste de préférence chez les parents névropathiques, car les phthisiques présentent le rapport inverse; d'un père névropathique il naît des enfants ayant des névroses seulement fonctionnelles. L'hérédité morbide est, en conséquence, progressive chez le père et régressive chez la mère. L'état morbide du père tend à se rétablir chez les enfants mâles.

L'hérédité morbide dépend donc de deux facteurs : le sexe du parent malade et l'intensité de son état morbide. Les mâles héritent des deux parents une plus forte dose d'hérédité mor-

(1) Orchansky, *L'eredità delle famiglie malate*, Torino, Bocca, 1896.

bide; et ont ensuite la tendance à transformer l'hérédité fonc-
ctionnelle en hérédité organique, pendant que les filles montrent la tendance opposée. Cette influence des enfants dans
l'assimilation de l'état morbide est, elle aussi, en étroit rapport
avec le sexe, et a pour chacun d'eux un caractère particulier.

En résumé: le type de développement de l'organisme est
constamment fixé dans l'hérédité. Les enfants eux-mêmes ont
une grande part dans la manifestation de l' hérédité, par le
fait qu'ils peuvent s'assimiler plus ou moins activement la
transmission des caractères héréditaires.

L' hérédité ne se réalise pas à un moment donné et une
fois pour toute la vie : elle se trouve à l'état latent dans l'organisme et se manifeste graduellement durant toute la période
de développement.

Ce qui se transmet par hérédité : sexe, constitution, etc.,
est soumis aux lois générales de l'hérédité ; ainsi la manifestation de l'hérédité d'une partie de l'organisme suit le cours
général du développement de cette partie et rejoint une valeur
supérieure quand cet organe se trouve dans la phase de développement plus énergique. L'antagonisme entre l'influence du
père, qui favorise la variabilité et l'individualité et celle de
la mère, qui tend à conserver le type moyen, se fait déjà
remarquer dans l'origine du sexe, sous forme de périodicité, tendant à égaliser la distribution des sexes. La même règle s'applique à l'hérédité morbide que la mère atténue toujours en
réduisant le degré de la sienne et en combattant énergiquement celle du père. Les enfants se distinguent ensuite dans
la fonction qu'il ont dans l'hérédité, dans le même sens que
les parents de sexe correspondant.

CHAPITRE XIII.

Age — Précocité.

Age. Précocité. — L'influence de l'âge offre une des rares lignes saillantes qui différencie le crime de la folie. Si l'on compare le tableau suivant établi sur un nombre à peu près égal d'individus aliénés, délinquants et sains, on voit aussitôt que le chiffre le plus élevé des délinquants se recrute entre 20 et 30 ans, âge auquel est proportionnellement plus restreint le nombre des gens honnêtes et aussi celui des aliénés qui excèdent, surtout, entre 30 et 40 ans.

Italiens			Anglais	Autrich.	AGE
Sur 20,011 honnêtes	Sur 20,011 fous	Sur 26,590 criminels	Sur 23,768 criminels	Sur 12,784 criminels	
43,55	6,18	12,9	25,10	10,4	De la naissance à 20 ans
17,01	2,34	45,7	42,40	42,6	de 20 à 30 ans
14,32	26,21	28,8	16,80	27,07	de 30 à 40 ans
10,67	22,19	11,6	8.40	12,1	de 40 à 50 ans
7,89	14,02	3,8	4,20	5,9	de 50 à 60 ans
6,56(1)	9,34(1)	0,9(2)	2,0 (3)	1,24 (4)	de 60 et au des.

(1) LOLLI, *Statistica del manicomio di Imola*, 1874, Imola.
(2) CARDON, *Statistica delle carceri*, 1871, Roma.
(3) MAYHEW, *op. cit.*
(4) *Oesterr. Strafanst.*, 1874, *op. cit.*, Vienna.

Et tandis que les aliénés de 40 ans et au dessus offrent une proportion remarquable de crimes, le double et même davantage des gens honnêtes et des criminels, ces derniers après 40 ans fournissent des chiffres moindres; de 50 ans et au dessus, ils n'en fournissent plus que la moitié, et même moins, que les gens honnêtes et les aliénés.

En établissant des comparaisons encore plus rigoureuses on trouve que le chiffre maximum de la délinquance oscille entre 15 et 25 ans; or, en Angleterre, où actuellement la proportion des criminels jeunes, de 12 à 21 ans, est en décroissance, cette proportion s'y trouve à cet âge relativement aux jeunes honnêtes comme 22 à 45 (1); de 21 à 30 elle s'y trouve au contraire comme 50 à 26, c'est-à-dire le double, tandis que de 50 et au dessus elle n'y est plus que comme 23,5 à 24,8.

En Autriche $\frac{1}{6}$ des condamnés oscille entre 14 et 20 ans, $\frac{4}{6}$ entre 21 et 40; tandis que $\frac{3}{6}$ de la population honnête atteint à peine cet âge (Messedaglia).

En France sur 1477 homicides condamnés à mort

107 avaient de 16 à 30 ans	180 avaient de 40 à 60 ans
534 » 30 à 40 »	69 » 60 et au dessus.

Parmi 46 criminels étudiés par moi, 35 avaient commencé leur carrière dans le crime :

(1) En Angleterre (Léon Levy) :

	Population criminelle	Population honnête
A 12 ans	1,1	13,52
» 16 »	3,2	22,58
» 21 »	18,1	9,59
» 30 »	32,4	16,66
» 40 »	21,0	12,80
» 50 »	13,1	10,05
» 60 »	7,1	7,32
au dessus	3,3	7,48

(*Journal of Statist. Society*, 1882).

1 à 4 ans	5 à 10 ans	3 à 13 ans
2 à 7 »	4 à 11 »	3 à 14 »
6 à 8 » (1)	3 à 12 »	7 à 15 »
1 à 9 »		

12 autres m'avouèrent qu'ils s'étaient enfuis de la maison paternelle pour éviter les punitions ou le travail.

Le 10 % des détenus de la *Generala* m'avoua franchement de s'être livré au vol avant 12 ans, par instigation et par enseignement des camarades, bien plus que par un véritable besoin.

Dans notre centurie de criminels (2), nous avons trouvé 35 % de buveurs entre 2 et 10 ans (25 % d'entre-eux ne buvaient exclusivement que de l'eau de vie); 6 sur 21 s'étaient livrés à la masturbation avant 6 ans, et 13 sur 21 avaient sacrifié à Vénus avant 14 ans; ce qui démontre leur grande précocité dans le vice.

Marro sur ses 462 criminels (*o. c.*) constata que 86 étaient déjà délinquants à 13 ans, 9 avant 11 ans, c'est-à-dire le 18,6 % avant 16 ans, même le 21,7 % en y ajoutant ceux envoyés à la maison de correction.

On observe chez nous, vers l'aube de la jeunesse, une espèce de tendance instinctive vers le crime que les esprits non encore mûrs prennent pour une preuve de virilité, et que Manzoni a très bien exprimé dans son célèbre roman : « Gervais pour avoir prêté la main à une chose qui puait le crime, croyait être devenu un homme comme les autres..... » (chap. XI).

Cette recrudescence des impulsions ataviques, dans la puberté, à été observée par Marro en étudiant les jeunes gens honnêtes. Sur 917 écoliers de 6 à 10 ans, il trouva : bonne conduite 48,3 % — médiocre 33,3 % — mauvaise 18,21 %. — Étudiant en suite 3012 écoliers entre 11 et 18 ans il trouva: bonne conduite 64 % — médiocre 45 % — mauvaise 9,2 %. Cependant en les répartissant dans les différents âges il obtint:

(1) En volant les attestations de mérite pour avoir le prix à la fin de l'année.

(2) Rossi, *Una Centuria di criminali*, Torino, Bocca, 1885.

					Mauvaise conduite	Bonne conduite
à 11 ans	.	.	.	.	69 %	6,0 %
à 12 »	.	.	.	.	62 »	10,2 »
à 13 »	.	.	.	.	63 »	14,1 »
à 14 »	.	.	.	.	58 »	10,1 »
à 15 »	.	.	.	.	60 »	11,7 »
à 16 »	.	.	.	.	62 »	7,0 »
à 17 »	.	.	.	.	68 »	8,6 »
à 18 »	.	.	.	.	74 »	7,8 » (1)

Ce qui correspond arithmétiquement, si on tient compte de la première exacerbation — entre 11 et 13 ans — à cette proportion de pseudo-folies-morales que nous avons trouvée dans l'enfance (*Homme criminel*, Vol. I) et — vers 16 et 17 ans — à cette autre exacerbation avec le 2ᵉ maximum de la mauvaise conduite qui répullule à l'approche de la puberté.

Une telle précocité dans le crime, supérieure certainement à celle de l'aliénation mentale, est une preuve que bien plus que la folie, le crime procède de causes congénitales: et celui qui se rappelle que la précocité est un des caractères du sauvage (Spencer, *Princip. de sociol.*, 1879) y trouve une autre preuve de l'origine atavique du crime.

Cette précocité est même fixée par des rites dans les peuples primitifs; ainsi chez les Vanica, les jeunes gens ayant atteint leur majorité se rendent nus dans une forêt et n'en sortent que lorsqu' ils ont tué un homme (Barth, *Afrique orientale*, 1876).

On peut donc attribuer avec certitude à l'influence atavique, le *scuonero*, qui signifie pour beaucoup de jeunes gens, de 15 ans, de Naples, faire le despote, aller armé de rewolver et de bâtons, faire l'amour, remettre à leur place les parents et les gardes: une espèce de *camorra* enfantine, en somme, dont la plus grande gloire est d'avoir blessé ou tué quelqu'un.

On en trouve une autre preuve dans cette fatale parole sicilienne *omertà* qui signifie en même temps *virilité* et *brigandage*.

---

(1) *La Pubertà*, etc. (Bibl. Antrop. Giurid.) Torino, Bocca, 1898.

Prétendue échelle du crime. — Dans un cas je pus constater une véritable graduation dans l'entité du vol, un jeune garçon avait d'abord volé 4 sous pour s'acheter une toupie, ensuite 8 sous, 1 franc, et 3 francs. Mais, en général, la prétendue échelle du crime est imaginaire, car beaucoup entrent dans la voie du crime par la grande porte de l'homicide et du viol, — et les crimes les plus atroces sont souvent les plus précoces. On trouva un jour à Milan un vieillard criblé de 82 blessures, on le crut victime d'une atroce vengeance ; mais on découvrit que ses meurtriers étaient 5 jeunes gens de 15 à 19 ans, qui avaient commis cet horrible assassinat dans un but de vol pour aller ensuite s'amuser dans un mauvais lieu : tous avaient voulu contribuer au crime en frappant la victime (LOCATELLI, *op. cit.*).

Les grands criminels ont tous donné des preuves de leur perversité dans le jeune âge, surtout à l'époque du développement de la puberté et quelques fois même avant. Bousegni à 18 ans, Boulot à 17, la Marquise de Brinvillers à 18 ans; Dombey à 7 $\frac{1}{2}$ était déjà voleur, à 12 il était voleur et sacrilège.

Salvatore B., qui m'écrivit sa vie, avoue qu'à 9 ans il avait déjà tenté des vols et des viols. — Crocco à 3 ans plumait les oiseaux vivants, Lasagne, d'Alexandrie, à 11 ans, coupait la langue aux bœufs et la clouait sur les bancs. Verzeni était homicide et violateur à 17 ans. Cartouche à 11 ans volait à ses condisciples. Lemaire, à 19 ans, était d'une perspicacité et d'une adresse si remarquables tant pour concevoir, que pour commettre un crime, qu'il surpassait en habileté son complice Avinain, qui en avait 60 ; du reste, tous deux avaient le même instinct féroce et pervers. Mme Lafargue à 10 ans étranglait les poulets. Feuerbach raconte d'un parricide, qu'il prenait du plaisir, étant enfant, à faire sauter et voltiger des poulets qu'il avait aveuglé.

« La tendance au vol, continue Locatelli, se manifeste dans le plus jeune âge — elle commence par de petites soustractions domestiques et va progressivement en grandissant. Les assassins, au contraire, le deviennent tout d'un coup et par fois dans un âge très tendre. Ce qui fait qu'on trouve bien plus facilement des assassins impubères, que l'on ne surprend de jeunes voleurs à escalader des fenêtres ».

Dans les prisons de Paris, on ne compte pas moins de 2000 jeunes gens de 16 à 21 ans — 996 pour assassinats et vols — la moitié desquels ont moins de 16 ans; les assassinats commis par ces jeunes criminels se signalent par les plus horribles férocités.

Maillot et Gille aidés de leurs camarades tuèrent leur bienfaitrice et lui arrachèrent les doigts avec les dents pour s'emparer de ses bagues; le plus jeune de cette bande avait 15 ans, le plus âgé 18. Dans chacune de ces bandes de jeunes assassins était une jeune fille à peine nubile (D'HAUSSONVILLE, L'enfance à Paris, 1876).

Pipino, Bagnis, Quartery, Verzeni, Moro, Prevost, commencèrent par l'assassinat. Prevost pendant 21 ans fut un agent de police irréprochable. Martin tua sa propre femme; il avait toujours été honnête. Charles IX fut cruel dès son enfance.

Criminalité spécifique. — Chaque âge, cependant, comme l'on très bien démontré Quetelet, Guerry, Messedaglia, a sa criminalité spécifique. — La jeunesse et la décrépitude, ont fourni en Autriche le maximum des crimes contre les mœurs, 33 %; Guerry lui aussi, signale les deux maximums de ces crimes entre 16 et 25 ans, et entre 65 et 70 ans. En Angleterre le maximum des crimes contre nature se recrute entre 50 et 60 ans. Mais si l'on considère que la démence sénile et la paralytique qui éclatent après 50 ans, s'accompagnent souvent du délire satyriasique, on ne peut douter que très souvent l'on ait pris la folie pour le crime.

Une autre tendance qu'on observe encore dans le jeune âge c'est celle aux incendies (30,8 en Autriche, suivant Messedaglia); et dans ce cas aussi, la manie des impubères s'associe avec une singulière persistance à la pyromanie; et l'on pourrait en dire autant du vol. Mais Quetelet fait observer que si la tendance au vol est une des premières à se manifester, elle domine aussi pendant toute la vie, et elle est commune à tous les âges (1).

Dans l'âge viril, prédominent les meurtres et les homicides, les infanticides, les avortements provoqués, les rapts, 78 à 82 % (Autriche).

Dans l'âge mûr augmentent les calomnies, les escroqueries, les infidélités, les extorsions, l'aide aux criminels et les crimes contre nature.

Dans la vieillesse, outre ces derniers, on observe l'aide aux criminels, l'infidélité, l'escroquerie, et, nouvelle analogie avec la jeunesse, l'incendie et le vol d'objets confiés.

Pour se faire une idée exacte de la distribution du crime suivant l'âge, il suffira de consulter ce tableau des accusés et condamnés sur 1000 habitants du même âge, en France de 1826-40 (2).

(1) Quetelet, *Phys. soc.*, 325.
(2) Guerry, *Sur la statistique morale de la France*, pag. 24.

AGE	Vols	Viols	Bles-sures	Meurt.	Homi-cides	Empoi-sonn.	Escro-quer.	Calom-nies	TOTAL
Au dess. de 16 ans	0,4	0,1	0,1	0,2	0,1	0,3	0,1	0,1	0,3
de 16 à 21 ans	16,0	14,1	10.9	7,3	6,0	2,4	3,8	4.6	12,2
» 21 à 25 »	18,4	14,3	13,5	15,3	14,2	9,5	10,1	9,1	15,8
» 25 à 30 »	14,7	12,6	20,1	16,6	14,1	13,9	11,8	8 8	14,6
» 30 à 35 »	13,7	11,1	18,7	14,0	13,3	12,2	13,4	11,0	13,3
» 35 à 40 »	10,7	8,8	11,8	11,1	10,8	11,3	12,8	11,7	10,8
» 40 à 45 »	6,6	7,5	6,8	8,3	9.7	13,0	11,5	11,0	8,9
» 45 à 50 »	6,4	6,4	6,8	7,3	8,2	9,4	9,7	10,0	7,0
» 50 à 55 »	4,5	4,1	4,7	5,8	6,3	6,5	7,6	9,3	5.1
» 55 à 60 »	3,1	4,4	3.3	4,5	5,2	4,8	5,5	8,3	3,9
» 60 à 65 »	2,6	4,8	2,9	4,0	4,3	4,8	5,4	6,9	3,4
» 65 à 70 »	1,8	3,2	1,6	3,0	3,2	5,1	3,0	5,4	2,5
» 70 à 80 »	1,2	4,5	0,8	1,7	1,7	3,0	3,0	3,8	1.6
Au dess. de 80 ans	0,4	2,1	0,5	0,9	0,6	2,8	1,4	—	0,6

Chapitre XIV.

Sexe — Prostitution.

Sexe. — Toutes les statistiques s'accordent pour démontrer que la proportion des crimes est beacoup moindre chez les femmes que chez les hommes; elle le serait encore plus, si comme le prouvent indirectement les statistiques des nombreux acquittements, nous exceptons les infanticides de la criminalité habituelle. En Autriche, les femmes criminelles n'arrivent pas au 14 % du total; en Espagne elle n'atteignent pas le 11 % et en Italie le 8,2 %.

En résumant nos données, voici la proportion de la criminalité féminine vis-à-vis de la masculine dans les différents pays d'Europe (1):

	Hommes	Femmes	Rapport
Italie (1885-89)	100	19	5,2 : 1
Grande Bretagne (1858-64)	79	21	3,8 : 1
Danemark et Norvège	80	20	4,0 : 1

(1) Roncoroni, *Influenza del sesso nella criminalità in Italia*, 1893. — Id., *La criminalità femminile all'estero*, 1893, – Starke, *Verbrechen und Verbrecher in Preussen 1854-78*, Berlin, 1884. — Eugène Würzburger, *La statistique criminelle de l'Empire Allemand* (*Bulletin de l'Institut international de statistique*, Roma, 1888). — Bosco, *Gli omicidi in alcuni Stati d'Europa* (*Bulletin de l'Institut international de statistique*, Roma, 1889). — Id., *Lo studio della delinquenza e la classificazione dei reati*, Roma, 1893. — Bodio, *Communication sur l'organisation de la statistique pénale en Italie* (*Institut international de statistique*, Roma, 1890). – Coghlan, *Statistical Register for 1892*, N. South Wales, 1892. — Ferri, *Studi sulla criminalità in Francia dal 1826 al 1878*, 1888. — Falkner, *Prison statistics of the United States for 1888*. — Id., *Statist. of prisoners*, 1890.

	Hommes	Femmes	Rapport
Hollande	81	19	4,5 : 1
Belgique	82	18	4,5 : 1
France	83	17	4,8 : 1
Autriche	83	17	4,8 : 1
Baden	84	16	5,8 : 1
Prusse	85	15	5,7 : 1
Russie	91	9	10,1 : 1
Buenos-Ayres (1892) . .	96,44	3,56	27,1 : 1
Algérie (1876-80) . . .	100	4,1	25,0 : 1
Vittoria (1890) . . .	100	9	11 : 1
New-South-Wales . . .	100	17,4	5,8 : 1

En réunissant ensemble tous les genres de délinquants condamnés en Italie, durant les années 1885-89, on obtient la moyenne annuelle suivante :

Pour les hommes	Pour les femmes
186,825	54,837.

Si nous, toutefois, tenons compte que les délits jugés par les juges de paix sont les moins graves, ceux des Cours d'assises les plus graves et ceux des Tribunaux ont une gravité moyenne, nous trouvons en Italie, pour chaque 100 condamnés mâles, les femmes criminelles distribuées en raison inverse de la gravité du crime.

21,8 condamnées par les juges de paix pour % mâles.
9,2 »   par les Tribunaux   »   »
6,0 »   par les Cours d'assises »   »

Age suivant le sexe. — La différence entre les deux sexes apparaît déjà dans l'âge; presque tous les statisticiens soutenaient que la femme entrait beaucoup plus tard que l'homme dans la voie du crime. Oettingen fixe le maximum de sa criminalité entre 25 et 30 ans; Quetelet dans un passage qu'il contredit toutefois un peu plus loin, le fixerait à 30 ans (1), tandis que ce maximum serait chez l'homme à 24 ans.

(1) *Physique sociale*, 2º édit., Bruxelles, 1869, pag. 313. Marro en fixe le maximum non plus à 30 ans, mais entre 24 et 25, pendant que chez l'homme elle serait entre 23 et 24 ans ; dans les autres âges il y aurait parfaite analogie entre les deux sexes.

En Italie, dans les moyennes annuelles de 1885 à 1889, les femmes fournissent, par rapport à l'âge et par chaque 100 délits commis par des hommes, dans chaque catégorie en particulier (1).

	Juges de paix	Tribunaux	Cours d'assises
Jusqu'à 14 ans . . .	22,5	10;1	0,0
De 14 à 21 » . . .	22,2	9,0	3,3
De 21 à 50 » . . .	21,6	8,4	5,5
De 50 et au dessus . . .	23,1	10,5	11,1

On voit, par là, que dans toutes les catégories des crimes, légers, graves, très graves, la criminalité féminine comparée à la masculine atteint les plus hautes proportions dans l'âge plus avancé, c'est-à-dire quand les caractères spéciaux du sexe sont comme effacés par l'âge et quand la prostitution n'y donne plus un essor. En effet, parmi les condamnés de la Cour d'assises, les femmes au dessus de 50 ans représentent 11,1 pour 100 hommes, tandis que de 21 à 50 ans, elles ne representent que le 5,5 %.

Aussitôt après l'âge mûr, la criminalité féminine atteint les plus hautes proportions dans l'enfance (jusqu'à 14 ans), âge auquel les caractères sexuels ne se sont pas encore complètement développés (2). Mais non pas cependant dans les

---

(1) Roncoroni, *La criminalità femminile in Italia*. — *Id. all' estero* (Arch. di Psich., 1893).

(2) En Italie en 1871-72 jusqu'à 10 ans : garçons 18,0 filles 25,5 %

»	»	de 11 à 14 »	»	57,0	»	43,5 »
»	»	de 15 à 18 »	»	23,0	»	27,0 »
»	»	passé 18 »	»	2,0	»	4,0 »

De 10 à 20 ans : femmes 23 mâles 12 %

» 20 à 30 »	»	27	»	45 »
» 30 à 40 »	»	24	»	25 »
» 40 à 50 »	»	15	»	11 »
» 50 à 60 »	»	6	»	3,8 »
» 60 et au dessus »	»	2	»	0,9 »

En Autriche en 1872-73 : femmes 12,7 mâles 10,6 %

»	42,1	»	39,6 »
»	24,5	»	27,8 »
»	14,0	»	12,5 »
»	7,3	»	5,7 »
»	2,9	»	1,6 »

(*Oesterr. Straf.*, 1874).

crimes les plus graves; car, parmi les filles âgées de moins
de 14 ans, pas une seule ne fut condamnée par les Cours
d'assises, tandis que dans cette période d'âge y eut 4650
condamnés mâles sur 10 millions.

En Allemagne, tandis que les condamnés mâles au dessus
de 60 ans forment le 2,6 % du total, les femmes dans la
même période d'âge forment le 3,8 %. Sur 100 hommes criminels, il y avait 25,4 femmes criminelles au dessus de 60 ans
et seulement 19,61 entre 20 et 40 ans.

On y compta — de 12 à 21 ans — 19,63 criminelles sur
100 hommes, tandis que de 21 à 40 ans il y en eut 19,61.

En France, de 1876 à 1880 il y eut 16,3 femmes sur
100 criminels mâles ayant moins de 16 ans, et pour 100 criminels mâles au dessus de 21 ans, le chiffre des femmes
s'éleva à 17,7.

Ces chiffres prouvent que chez la femme aussi il existe une
proportion élevée de criminalité dans la jeunesse.

La forte proportion des mineures criminelles s'explique par
celle des mineures prostituées. En France suivant Parent-du-
Châtelet ou en comptait 15 % au dessus de 17 ans; suivant
Guerry, 24 % des prostituées de Londres étaient âgées de
moins de 20 ans.

Criminalité spécifique. — La criminalité spécifique de la
femme se différencie naturellement de celle de l'homme; en
Autriche la femme commet plus' souvent l'avortement, la
bigamie, la calomnie, la participation aux crimes (7,28),
l'incendie, le vol (24,18); elle est plus rarement coupable
d'homicides et de contrefaçons en écritures. En France prédominent parmi elles, l'infanticide (94), l'avortement (75),
l'empoisonnement (45), le meurtre des parents et les mauvais
traitements des enfants (50), les vols domestiques (40), les
incendies (30). En Angleterre, elles commencent à être plus
souvent coupables d'émission de fausse monnaie, de parjure,
de calomnie et les homicides y sont en légère augmentation
(GUERRY, QUÉTELET).

En étudiant, en Italie, les crimes suivant leur catégorie, Roncoroni (*o. c.*) obtint les résultats suivants :

Crimes (Cours d'Assises)	Moyenne de trois ans. hommes	femmes	Par million hommes	femmes	Sur 100 hommes
Crimes politiques et contre l'admin. de l'État	91,2	0,6	5,472	0,036	0,5
Crimes de faux et contre le commerce . . .	345,8	24,0	22,822	1,440	6,9
Oisiveté, vagabondage, contravention . . .	114,6	1,0	6,876	0,066	0,8
Contre les mœurs . .	251,0	15,6	17,6	1,16	5,160
Avortements, infanticid.	10,8	51,6	0,618	3,086	476,8
Assassinats, homicides .	144,0	49,2	75,504	2.952	3,4
Empoisonnements . .	4,4	5,4	0,264	0,324	122,7
Blessures	899,2	34,2	59,346	2,052	3,8
Vols sur les grands chem.	473,2	5,8	35,630	0,348	1,2
Vols	910,8	60,8	60,060	4,012	6,6
Escroqueries	22,8	1,4	1,368	0,084	6,3
Recels	92,2	18,6	5,520	1,116	20,2
Incendies	42,2	3,8	2,652	0,228	8,6

Nous savons déjà que la moyenne de la participation des femmes aux crimes jugés par la Cour d'assises est de 6 sur 100 hommes.

Mais elle est surpassée de beaucoup dans les :

Recels	20,2 pour % mâles
Empoisonnements . .	122,7 » »
Avortements, infanticides .	476,8 » »
Incendies	8,6 » »

On peut donc considérer ces derniers, comme étant les crimes le plus en rapport avec la nature féminine (Roncoroni, *o. c.*).

La rareté des délits contre l'Administration de l'Etat de la part des femmes s'explique aisément, si l'on considère que relativement aux hommes elles y sont peu nombreuses.

Leur moindre participation aux vols sur les grands chemins, à l'assassinat, à l'homicide, aux blessures est due à la nature même de la constitution féminine: concevoir un assassinat, le préparer, le mettre à exécution exigent au moins dans un grand nombre de cas, non seulement de la force physique, mais encore une certaine énergie, une certaine complication des fonctions intellectuelles. Et un tel degré de développement physique et mental fait presque toujours défaut chez la femme relativement à l'homme. Il semble, au contraire, que les crimes qui lui sont plus habituels, sont ceux qui demandent une moindre quantité de force physique et intellectuelle; ce sont surtout les recels, les empoisonnements, les avortements et les infanticides. Je dis force intellectuelle et non culture, car on sait que les personnes cultivées commettent aussi très souvent des empoisonnements.

Quetelet avait déjà remarqué que ces différences, bien plus que d'une moindre perversité de l'âme, proviennent surtout de la vie plus retirée qui offre moins d'occasions aux vols sur les grands chemins; et de la moindre force et de la moindre intelligence grâce auxquelles les femmes commettent moins d'assassinats et moins de délits de presse.

Et en effet, dans les délits domestiques elles égalent et quelques fois, même, elles surpassent les hommes; dans les empoisonnements elles sont représentées par le chiffre de 91 %, et dans les vols domestiques par celui de 60 %; sans compter que dans les avortements et dans les infanticides elles sont dans la proportion de 1250 pour 260 hommes.

Si nous ajoutons que la plus grande quantité de délits contre la pudeur chez les mâles est non seulement égalée, mais surpassée, au moins aux yeux du psychologue, par la prostitution; et que dans les pays et dans les époques les plus policées la criminalité de la femme va en augmentant, et par suite tend à se rapprocher de la criminalité virile, nous trouvons que les analogies sont beaucoup plus grandes que ce qu'on pourrait croire de prime abord.

Prostitution. — La rareté des condamnations de femmes pour oisiveté, vagabondage et contravention provient de nom-

breuses circonstances, parmi lesquelles doivent être comptés
sa moindre tendance à l'alcoolisme qui la préserve des tristes
conséquences qui en sont la suite, sa moindre part au commerce et le fait que dans la jeunesse, la prostitution remplace ici complètement et absolument la criminalité ; le vagabondage et l'oisiveté faisant inévitablement partie de cette
ignoble profession (1).

Car, disons-le, si la prostituée etait comprise dans la population criminelle, la criminalité se trouverait équilibrée entre
les deux sexes et l'on remarquerait même une certaine prévalence chez la femme. Suivant Ryan et Talbot, pour chaque
7 femmes de Londres, et à Hambourg sur 9 femmes on comp-
terait une prostituée. Nous en avons en Italie, dans les grands
centres 18 et jusqu'à 33 % habitants (CASTIGLIONI, *Sulla pro-
stituzione*, Roma, 1871).

Dans quelques pays, la triste proportion a redoublée et même
décuplée. A Berlin, de 600 qu'elles étaient en 1845, elles sont
montées à 9653 en 1863. Du Camp évaluait à 120,000 les
seules prostituées clandestines de Paris, dans ces dernières
années (Paris, 1876).

Nous avons vu, et nous verrons toujours de mieux en
mieux comment les mêmes caractères physiques et moraux
du délinquant se peuvent appliquer aux prostituées et combien
est grande leur réciproque sympathie.

Un vaillant statisticien écrivait : « La prostitution est aux
femmes ce que le crime est aux hommes » (v. p. p.). Ajoutons
qu'elle est aussi très souvent causée par la misère et la paresse ;
mais surtout par l'alcoolisme, l'hérédité et par une spéciale
tendance de l'organisme. (CORNÉ, *Journ. des Économistes*, 1868,
pag. 89) ; et Dugdale nous le prouve, dans la généalogie de
la famille Juke.

« En comparant les données recueillies dans les ouvrages
qui s'en occupent, écrit LOCATELLI, pag. 178, avec les résultats

---

(1) Voyez la démonstration complète dans LOMBROSO et FERRERO, *La
femme criminelle et la prostituée.* — ALCON, 1896. Paris.

de mon expérience, j'ai pu me convaincre que les publicistes sont tous plus ou moins tombés dans la même erreur, en alléguant comme cause principale de la prostitution l'abandon et la misère dans lesquels sont plongées beaucoup de jeunes filles du prolétariat.

« La prostitution, à mon avis, dérive surtout des tendances vicieuses naturelles de quelques individualités du sexe féminin, comme la tendance au vol, etc. : le défaut d'éducation, l'abandon, la misère, les mauvais exemples peuvent être considérés tout au plus comme causes secondaires, de même que les soins de la famille et l'instruction peuvent servir de freins salutaires aux mauvaises tendances.

« La tendance à la prostitution provient du manque instinctif du sentiment de la pudeur, qui bien souvent se manifeste en même temps que l'absence de toute sensibilité sexuelle; car, beaucoup de ces malheureuses sont d'un tempérament apathique. -

« Ce sont des automates qui ne se préoccupent de rien, et s'émeuvent encore moins : dans leurs fugaces et multiples rapports elles ne démontrent aucune préférence. Si en suite elles accordent leurs faveurs à un amant, elles ne le font pas par sympathie mais par pure ostentation et pour suivre l'usage de leurs pareilles, se montrant aussi indifférentes aux hommages qu'aux marques du plus brutal mépris ».

Cette apathie, il est vrai, est de temps en temps interrompue par de violents et fugitifs accès de passion (1), mais là aussi, que de ressemblance avec le délinquant dont l'apathie, l'insensibilité, les violentes et fugitives passions, la paresse sont les caractères dominants (v. *Homme criminelle*, Vol. I). Mais, même en s'en tenant rigoureusement à la loi et aux statistiques officielles, il n'en est pas moins vrai qu'une partie des prostituées doit être enrégimentée parmi les délinquants.

Guerry observa qu'à Londres les prostituées fournissent

(1) Voyez LOMBROSO et FERRERO. *Femme criminelle et prostituée,* Turin, 1894.

jusqu'à 30 ans un contingent de 80 % de criminelles et du 7 % au dessus de cet âge. C'est ainsi que la délinquance comme la prostitution va en augmentant chez la femme à mesure que grandit la civilisation: ou elle tend par suite à s'équilibrer avec celle de l'homme. — Les criminelles de Londres fournissaient en 1834 18,8 % sur 100 mâles, en 1853 25,7 %; et tandis qu'en Espagne elles descendaient à 11 %, en France elles montaient à 20 %; en Prusse à 22 % et en Angleterre à 23 %.

Dans toute l'Autriche, tandis que le total de la criminalité des femmes est de 14 %, elle est de 25 % dans la seule capitale, et dans la Silésie de 26.

Mais, en dehors de ces faits, beaucoup d'autres graves arguments nous font soupçonner la criminalité de la femme bien plus grande qu'elle n'apparaît dans les statistiques. Et en effet, les crimes auxquels elle s'adonne le plus souvent, comme le recel, l'avortement, l'empoisonnement, le vol domestique, sont parmi ceux qui se dénoncent ou se laissent moins aisément découvrir. Que l'on y ajoute ce fait très connu de l'opiniâtreté et de l'intensité qu'elle apporte dans le crime. Nous avons déjà vu que la perversité, lorsqu'elle existe chez la femme, se manifeste toujours avec plus d'intensité que chez l'homme et qu'en Amérique les jeunes filles se sont montrées plus incorrigibles que les garçons.

Quoi qu'il en soit, le fait de la moindre criminalité de la femme (si la prostitution était un équivalent, elle serait de toutes manières comparable à la moindre criminalité) s'accorde avec le moindre nombre des signes de dégénérescence chez les femmes criminelles.

Civilisation. — Si nous considérons l'influence de la civilisation sur chaque délit en particulier, nous voyons, que dans l'un comme dans l'autre sexe, mais bien plus cependant dans le sexe féminin, les assassinats, blessures, vols sur les grands chemins, empoisonnements, c'est à dire les crimes les plus graves, procèdent, en Italie, avec une ascension régulière dans les pays les moins civilisés. Cette ascension est au contraire irrégulière pour les délits d'oisiveté, de vagabondage et de contravention et dans les crimes contre les mœurs.

Pour démontrer combien la civilisation moins avancée augmente quelques crimes, consultez les tableaux comparatifs suivants où la proportion de chacun des crimes par million d'habitants est:

Dans l'Italie centrale

	Hommes		Femmes	
Pour les assassinats, homicides .	5 fois plus grande		4 fois plus grande	
Pour les blessures	3	»	2	»
Pour les vols sur les grands chem.	$4/3$	»	5	»
Pour les vols	$1/4$	»	$2/3$	»
Pour les incendies	$1/3$	»	2	»

Dans l'Italie méridionale

	Hommes		Femmes	
Pour les assassinats, homicid. .	12 fois plus grande		24 fois plus grande	
Pour les blessures	6	»	11	»
Pour les vols sur les grands chem.	4	»	5	»
Pour les vols	$1/3$	»	$3/5$	»
Pour les incendies	3	»	6	»

Quant aux avortements et aux infanticides nous devons observer que plus un pays est civilisé, plus ils s'y vérifient à un âge précoce; et moins il est civilisé plus ils s'y vérifient à un âge avancé, ce qui me paraît provenir de ce que dans les pays les plus civilisés le sentiment de l'honneur, chez les jeunes filles devenues enceintes, étant plus développé, les pousse avec plus d'énergie à se délivrer d'une honte que leur inflige le triste préjugé social. Mais la plus grande fréquence de ces crimes de 21 à 40 ans, plutôt que de 14 à 21 ans, prouve que le sentiment de l'honneur y prend une moins grande part qu'une triste coutume. Et je rappelle ici que la coutume de l'avortement est généralisée dans les pays sauvages.

En France les tribunaux correctionnels condamnaient pour crimes commis de 1831 à 1835, 52,714 hommes, 11,941 femmes; de 1851 à 1855, 128,589 hommes; 26,747 femmes; de 1876 à 1880, 146,210 hommes; 25,035 femmes: de sorte que de 1831 à 1880, l'augmentation fut pour les hommes de 2,8 et pour les femmes de 2,1. L'accroissement de l'instruction tend donc à maintenir en France le chiffre de la criminalité moins élevé chez les femmes que chez les hommes. En effet, tandis que sur 1000 hommes et 125 femmes récidivistes en 1888, on comptait 1 % de mâles avec instruction supérieure et 9 % avec instruction élémentaire, chez les femmes les chiffres respectifs étaient 0 % instruction supérieure et 5 % élementaire; les illettrés, au contraire, formaient le 30 % des hommes et le 47 % des femmes. En 1887-88, sur 244 relégués, 30 % des hommes et 39 % des femmes étaient illettrés, 53 % (hommes) et 51 % (femmes) savaient lire et écrire; 15 % (hommes) et 10 % (femmes) avaient une instruction élémentaire; 2 % (hommes) et 0 % (femmes) avaient une instruction supérieure.

Le même phénomène se vérifie également en Allemagne: en 1854, sur 200 délits, 77 étaient commis par des hommes et 23 par des femmes; en 1875 les chiffres respectifs étaient 83 et 16, de sorte que de 1854 à 1878 on eut une diminution progressive de délits chez les femmes. Observons, cependant, que cette diminution n'est que relative au nombre des délits commis par le sexe masculin; car, les chiffres du sexe féminin considérés indépendamment, présentent aussi une augmentation, moindre, cependant, que ceux du sexe masculin.

Les infanticides sont plus fréquents dans les campagnes et les avortements dans les villes; en Allemagne en 1888, sur 172 infanticides, 1 seul fut commis à Berlin, tandis que sur 216 avortements 23 eurent lieu à Berlin.

En France le 75 % des infanticides sont commis dans les campagnes et 60 % des avortements dans les villes.

Dans quelques pays plus civilisés (Angleterre, Autriche), la criminalité féminine paraît un instant se rapprocher de celle des hommes, mais cela est dû à l'influence des petites infractions à la lois (ivresse, oisiveté), tandis que pour les crimes graves (homicide, escroquerie), la criminalité de la femme est de beaucoup inférieure à celle de l'homme et tend à diminuer plutôt qu'à augmenter.

Dans les pays encore barbares, la délinquance féminine est infiniment moindre, si bien qu'en Bulgarie Laveleye ne rencontrait presque pas de femmes dans les prisons.

En considérant l'influence des grandes villes sur chaque délit en particulier, on voit que les blessures, les vols sur la voie publique, les vols simples, sont plus nombreux dans les grandes villes que dans les petites et dans les campagnes; à Berlin, par exemple, la grande agglomération est une cause manifeste de l'augmentation des délits parmi les femmes; en effet on y compte 26,6 femmes condamnées sur 100 condamnés mâles tandis que dans l'Empire tout entier elles ne dépassent pas 19,7 %.

En Angleterre tandis que de 1859 à 1863 on comptait dans les délits de la compétence des Cours d'assises 35, 36, 38, 33, 31, 32 femmes délinquantes sur 100 hommes, celles arrêtées à Londres de 1854 à 1862 par la police métropolitaine s'élevaient à 57 sur 100 hommes; à Liverpool 69 et à Dublin 84.

Dans les attentats contre la propriété, la femme mariée aussi bien que l'homme marié commettent moins de délits que les célibataires, mais dans les délits en général, la femme mariée de 30 ans et au dessus surpasse la nubile, tandis que l'homme n'excède que de 70 ans et au dessus, ce qui doit être attribuée à l'influence des délits contre la personne, contre l'État, etc.

Récidivistes. — En France les récidivistes se sont élevés:

					Hommes	Femmes
de 1851-55	.	.	.	.	36 %	16 %
1856-60	.	.	.	.	40 »	16 »
1861-65	.	.	.	.	42 »	17 »
1866-70	.	.	.	.	45 »	17 »
1871-75	.	.	.	.	51 »	19 »
1876-80	.	.	.	.	53 »	21 »

Le sexe masculin récidive donc beaucoup plus fréquemment que le sexe féminin et tend à récidiver encore davantage avec l'accroissement de la civilisation, ainsi que le démontrent ces chiffres, et cela, malgré la cause probable d'erreur
que doit occasionner la croyance que les récidivistes sont plus
aisément reconnus maintenant qu'autrefois.

Quant aux détenus des maisons centrales, on voit qu'ils
récidivent presque aussitôt après leur sortie, ou bien dans la
respective période d'années, en:

	Hommes	Femmes
1851-55	37 %	26 %
1856-60	34 »	23 »
1861-65	37 »	24 »
1866-70	40 »	25 »
1871-75	39 »	22 »
1876	40 »	26 »
1877	39 »	23 »
1878	45 »	24 »

En Allemagne les résultats diffèrent un peu (STARKE). Ainsi
tandis que l'on y comptait en 1869 un nombre inférieur de
récidives dans le sexe féminin, elles ont fini peu à peu par
atteindre le chiffre des récidivistes mâles ; on eut en effet:

	Hommes	Femmes	Total
1869	71,44	64,98	—
1870	74,00	74,22	—
1871	80,38	78,35	—
1872	77,29	74,16	76,74
1873	80,66	77,46	80,13
1874	77,98	77,16	77,84
1875	79,03	84,26	79,85
1876	79,66	78,17	79,42
1877-78	78,47	76,76	78,25
1878-79	79,13	75,80	78,61
1879-80	77,18	75,19	76,84
1880-81	76,42	77,77	76,47
1881-82	78,76	78,86	78,87

Messedaglia démontre que les récidives répétées sont plus fréquentes, chez les femmes autrichiennes que les récidives simples, pendant qu'elles s'égalisent chez les mâles.

Le même fait se vérifie en Prusse, où tandis que l'on y compte 16 %, des femmes arrêtées pour la première fois, il y en a 17 %, à la première récidive, 24 % à la sixième et 30 % à la septième et au dessus.

En conclusion: La délinquance de la femme est 4-5 fois inférieure à celle des hommes et elle commet 16 fois moins de crimes graves que lui.

2° La délinquance féminine comparativement à la masculine atteint (sur 100 mâles) les plus hautes proportions dans l'âge avancé, puis dans l'âge enfantin, en suite dans l'âge moyen; si l'on considère la délinquance féminine sans la comparer à la masculine, on trouve que les proportions élevées du crime dans l'âge avancé, se vérifient surtout pour les crimes graves, moins pour les crimes légers (1). Dans les deux sexes, la proportion des crimes commis dans le jeune âge est très élevée ;

3° En comparant la délinquance féminine à la masculine, on observe que la participation de la femme au crime est d'autant plus élevée que le crime exige moins de force physique, moins de culture et d'énergie intellectuelle ;

4° Dans la jeunesse comparativement à l'âge mûr, les crimes dus à la colère prédominent dans les deux sexes; dans l'âge mûr comparativement à la jeunesse, les crimes prémédités l'emportent. Toutefois, dans le sexe féminin l'âge mûr l'emporte sur la jeunesse dans les assassinats, les homicides et les incendies. Mais l'âge moyen (de 21 à 50 ans) surpasse les deux autres dans le nombre des crimes de toute nature ,

5° Les chiffres des délits complexifs aussi bien que ceux de chaque délit en particulier, pour chaque sexe et dans les différents pays, sont en général d'une grande constance dans

(1) Suivant Mayr, le maximum de la délinquance est chez l'homme de 18 à 21 ans, chez la femme de 30 à 40.

les diverses années. En Italie, cependant, on dirait que dans le sexe masculin, les crimes les plus graves vont en diminuant, et les plus légers en augmentant dans les deux sexes; et que au contraire la criminalité la plus grave va en augmentant chez la femme;

6° Les avortements et les infanticides paraissent être commis dans le sexe féminin d'autant plus par un sentiment d'honneur et d'autant moins par une espèce d'ancienne coutume, que le pays où ils ont lieu, est plus civilisé; en effet, dans l'Italie septentrionale ils prédominent dans la jeunesse, dans l'Italie méridionale, ils prédominent au contraire dans l'âge mûr.

7° L'influence des grandes villes sur l'accroissement des délits est plus grande sur le sexe féminin et se fait sentir spécialement par l'augmentation des blessures, des vols sur la voie publique et des vols simples;

8° La prostitution explique et supplée la moindre criminalité de la femme comparativement à celle de l'homme et peut-être sa plus grande intensité a l'âge mûr, où elle ne peut plus la sostituer.

Chapitre XV.

État civil — Professions — Oisiveté.

État civil. — Nous savons que le chiffre le plus élevé des délinquants oscille entre 15 et 25 ans; et que celui des femmes criminelles est fourni presque entièrement par les prostituées et les mineures; il est donc inutile d'ajouter que les célibataires offrent un chiffre maximum au délit.

En effet, déductions faites des célibataires impubères, nous trouvons sur 1000 habitants de chaque classe d'état civil:

En Italie (1890-94) condamnés célibataires adultes 48,9
»   »   »   mariés et mariées 29,7
»   »   »   veufs et veuves   14,3 (Bosco)

En Autriche, la population criminelle célibataire excède la population honnête dans la proportion de 50 à 37, et la criminelle mariée est inférieure à celle de la population honnête comme 45 à 52. Les veufs condamnés seraient aux honnêtes comme 4 à 9 (MESSEDAGLIA, o. c.).

Une distribution complètement parallèle se remarque chez les aliénés et pour des raisons analogues; les célibataires seuls y seraient en nombre moindre. Ainsi Verga aurait relevé:

1 fou sur   474 célibataires entre 20 et 60 ans
1 »   »   1418 mariés.

Girard, de 1841-57 trouvait:

1 fou sur 2169 célibataires
1 »   »   7094 mariés
1 »   »   4572 veufs.

Quant au sexe, Lunier trouva de 1856-62:

1 fou	sur	2620 mâles,	2931 femmes
1 »	»	4754 »	5454 »
1 »	»	3421 »	3259 »

Les aliénés célibataires sont beaucoup plus nombreux que les criminels célibataires.

Remarquons cependant que dans la voie du crime, aussi bien que dans celle de la folie, les veuves ont toujours une grande prédominance sur les veufs, fait que Messedaglia explique en Autriche et Lolli en Italie (o. c.), en ce que les veuves sont en majorité sur les veufs dans la population.

On a remarqué en Autriche, en Italie et en France (1), que les mariés et les veufs ayant des enfants pèchent beaucoup moins que ceux qui n'en ont pas; le contraire aurait lieu, selon Guislain et Castiglioni, chez les aliénés; ce que Verga explique par les préoccupations que causent les soins d'une grande famille (VERGA, *Se il matrimonio*, etc., Milano, 1870).

Professions. — L'influence des professions est assez difficile à établir, par effet de la disparité dans la distribution et dans la nomenclature de quelques-unes d'entre elles qui peuvent offrir une juste raison de groupement à l'économiste, alors qu'elles n'en ont aucune aux yeux de l'anthropologue; comme par exemple quand on additionne les aubergistes et les commerçants, les militaires et les agriculteurs, les métallurgistes

---

(1) Voici la statistique des condamnations à mort qui ont été prononcées en France de 1835 à 1880 : « Durant cette période de 47 ans on prononça 1775 condamnations à la peine capitale. Les condamnés se subdivisaient en 1570 hommes et 205 femmes. — Relativement à l'âge 107 avaient de 16 à 21 ans ; 532 de 21 à 30 ans ; 534 de 30 à 40 ; 180 de 50 à 60 ans et 69 de 60 et au dessus. — Quant à la profession : 817 appartenaient à la classe agricole, 516 étaient ouvriers dans diverses industries, 191 marchands et employés de commerce, 120 étaient sans profession, 81 étaient propriétaires ou exerçant des professions libérales, 50 domestiques ».

et les menuisiers, ou bien les professions libérales et les beaux arts.

La comparaison devient ensuite impossible lorsque dans les statistiques des recrûtements ou des recensements on trouve les uns distribués d'une manière et les autres d'une autre.

D'après les dernières données de la statistique italienne, que je dois à M. Bosco, le chiffre proportionnel des condamnés y est:

pour l'agriculture	.	.	de 8,9 sur 1000 habitants	
» les industries	.	.	» 7,4 » »	»
» le commerce	.	.	» 12,8 » »	»
» les emplois publics et les				
professions libérales			» 3,5 » »	»
» les domestiques	.	.	» 3,6 » »	» (1894-95)

La criminalité plus grave des commerçants peut être expliquée par la plus grande activité des affaires, ainsi que par l'accroissement de cette classe après le dernier dénombrement de 1881 ; ils donnent non seulement, ce qui est bien naturel, un grand nombre de condamnés pour escroqueries et fraudes dans le commerce (23 sur 100), mais aussi pour diffamation et injures (8 sur 100).

Les infractions commises le plus souvent par les agriculteurs sont les vols (26 sur 100 condamnés) et les lésions personnelles (22 sur 100). Pour les autres méfaits, ils ne donnent que des proportions très faibles.

Les industriels ont de même un nombre assez haut de condamnés pour vols et pour lésions ; mais, en comparaison des classes agricoles, elles montrent plutôt du penchant aux violences à l'Autorité (11 sur 100), aux diffamations et injures, aux fraudes et escroqueries (6 sur 100).

Si nous passons maintenant à considérer d'une manière plus détaillée certaines espèces de professions, nous verrons que le chiffre le plus élevé de condamnés est représenté par les colporteurs (44 condamnés de cette classe professionnelle sur 1000 habitants). Les vols (environ 30 condamnés sur 100), violences à l'Autorité (20 sur 100) et les délits contre les mœurs.

Les bouchers ont aussi une proportion considérable de condamnés (37 sur 1000), et ils se rendent coupables surtout de violences contre l'Autorité et de fraudes dans le commerce.

Viennent ensuite les charretiers et les voituriers (26 condamnés sur 1000), auxquels on impute le plus souvent des violences à l'Autorité et des délits contre la propriété et contre les personnes.

Les professions libérales et les gens de service n'ont qu'une faible part dans la criminalité (2,94 et 3,93 sur 1000 habitants). Les uns prévalent dans les délits de faux; les autres dans les vols domestiques.

Marro (o. c., p. 350) trouva à Turin le minimum des délinquants, 1 sur 500, parmi les chasseurs, les fabricants de parapluies, les prêtres, les étudiants, les maîtres d'écoles, les pêcheurs.

Un petit nombre - 4 - parmi les lithographes, les marbriers, carrossiers, jardiniers, maçons, tanneurs.

Un nombre plus élevé - 7 - chez les courtiers, écrivains, tisserands; chez les perruquiers (presque tous coupables de délits d'immoralité).

Les maçons ont fourni le 11 % dans la population libre 2,5 %
Les boulangers » 6,9 » » » » 1,6 »

Ces deux dernières professions donnent une proportion plus haute, parce qu'ils sont payés jour par jour et n'ont pas besoin d'un long apprentissage.

Les serruriers ont donné le 8,3 % dans la population libre 2,3 %
» cordonniers » 7,3 » » » » 3,2 »
» étudiants » 0,33 » » » » 3,1 »

Les professions s'exerçant en ville, qui exposent le plus à l'alcoolisme (cuisiniers, cordonniers, aubergistes), qui mettent le pauvre en contact continuel avec le riche (domestiques, valets), ou qui facilitent les moyens de mal faire (maçons, serruriers) ont fourni un contingent élevé à la délinquance et plus encore à la récidive (cordonniers et cuisiniers, 6,20) ce qui est confirmé par la philologie puisque coquin vient de *coquus* et *coquinus*.

Les professions qui exposent le moins aux contacts, comme celles de bateliers et de paysans, fournissent les proportions les moins élevées à la délinquance et aussi à la récidivité (bateliers).

Après les professionistes, les plus inclinés aux crimes contre la moralité des enfants sont en France les cordonniers, ce qu'on doit attribuer, outre à l'alcoolisme, à l'attitude de la personne dans le metier qui excite les organes génitaux: et en effet, les cordonniers fournissent un maximum de vénériens (DESCURET, *o. c.*).

Ces proportions se vérifient dans presque tous les autres pays. En Autriche sur 1 million d'habitants on condamna pour crime de sang suivant les professions (1):

Personnes exerçant l'agriculture.

Propriétaires et fermiers . . .	46,8	
Hommes d'affaires	53,2	49,3
Ouvriers	⌐¹,6	

Personnes exerçant l'industrie et le commerce.

Entrepreneurs	23,8	
Employés	13,0	37,7
Ouvriers	45,5	

Autres professions.

Propriétaires et rentiers	15,9
Professions libérales	6,1
Domestiques	133,6
Autres professions	26,0
Personnes sans profession	4,8
Toute la population de l'Autriche, excepté les personnes sans profession qui comprennent les femmes et les enfants	49,6

Le coefficient minimum de la délinquance, abstraction faite des personnes sans profession, puisqu'il s'agit des femmes et

---

(1) E. N. TARNOWSKI, *Les crimes de sang et les institutions sociales* (*Messag. Giurid.; Juridicesk. Vistorick*).

des enfants, est fourni par les propriétaires et les professions
libérales.

En considérant chez eux les crimes de sang suivant qu'ils
sont prémédités ou non, les diverses professions sont distribuées de manière que sur un million d'habitants on trouve:

Condamnés	Avec préméditation	Sans prémédit.	Avec et sans prémédit.	Infanticides
Propriétaires agric.	17,3	25,3	42,6	4,2
Ouvriers . . .	14,4	26,2	40,6	11,0
Capitalistes . . .	8,9	12,7	21,6	2,2
Ouvriers . . .	18,2	24,3	42,5	3,0
Propriét. et rentiers	8,2	6,3	14,5	1,4
Professions libérales	3,3	1,4	4,7	1,4
Domestiques . .	24,7	11,2	35,9	97,7

En France, les groupes professionnels sont disposés dans les
statistiques diversement qu'en Autriche et sont aussi moins
détaillés. Dans le groupe des professions libérales sont compris
l'armée, les capitalistes et rentiers (classe très nombreuse en
France). La catégorie des industriels n'est pas distinguée de
celle des commerçant; les propriétaires agricoles et les ouvriers agricoles forment une seule catégorie.

Sur 1 million d'habitants on condamna par chaque groupe
pour crimes de sang, aux assises pendant les années 1876-80:

Personnes sans profession, mendiants, vagabonds, prostituées, retirés dans les hospices .	59,2
Domestiques . . . , . . .	25,9
Classe agricole	24,3
Classe industrielle et commerciale . .	18,1
Professions libérales	10,6

Dans tous les autres groupes, sauf celui des personnes sans
profession, il y a complète analogie avec les statistiques autrichiennes pour ce qui est des domestiques, des classes agricoles,
industrielles et professions libérales; on peut donc conclure
que les conditions sociales, analogues dans les divers pays,
produisent des résultats analogues.

Suivant Yvernès (JOLY, *France criminelle*) en France, en 1882, sur 100.000 individus de la même profession du sexe masculin :

les propriétaires et rentiers	donnent	6 %	d'accusés
les agents de la force publique .	»	12 »	»
les cultivateurs	»	16 »	»
les domestiques ou ouvriers agricoles	»	24 »	»
l'industrie	»	25 »	»
les professions libérales . .	»	28 »	»
les transports et la marine marchande	»	35 »	»
le commerce	»	38 »	»
les domestiques attachés à la personne	»	49 »	»
les professions non classées ou inconnues	»	54 »	˵

Suivant les dernières recherches de Tarde, en France les proportions des individus condamnés sur 10,000 habitants de chaque classe de professions sont les suivantes :

Pour l'agriculture	. . . . .	0,84
» les industries	. . . .	1,32
» le commerce	. . . .	1,00 (1)

En France, aussi bien que chez nous, la classe agricole donne à la criminalité un contingent mineur que celles de l'industrie et du commerce.

On y remarque le fait saillant de la différence énorme des agraires accusés en comparaison des urbains; à cause certainement de l'influence fatale du milieu social dans lequel vivent ces derniers.

D'après des recherches plus anciennes de Fayet, en France, les agriculteurs qui constituent le 53 % de la population fournissent le 32 % de la criminalité (2). Il est beau de noter à ce propos que: tandis que les serviteurs de la campagne quoiqu'ils soient exposés à une plus grande misère, donnent à peine à la criminalité le 4 à 5 %, ceux de la ville en

---

(1) Actes du Congrès d'Antropologie Criminelle de Genève 1897.
(2) FAYET, *Séance de l'Académie*, etc., Paris, 1847.

fournissent le 7 %; ils fournissent avec les aubergistes $\frac{1}{3}$ des infanticides, $\frac{1}{6}$ des vols, $\frac{1}{9}$ des empoisonnements; sans doute à cause de la perte de tout sentiment de dignité personnelle qu'entraîne toujours après soi l'état de dépendance; on l'a remarqué pour les esclaves d'Amérique qui se montrèrent bien plus débauchés qu'ils ne l'étaient dans la vie sauvage mais libre. J'insiste sur ce fait parce que chez les domestiques l'alcoolisme est rare, et que par suite il manque chez eux un des facteurs principaux de la criminalité.

Fayet aurait cependant observé que le chiffre maximum des parricides, 108 sur 164 du total se recrute parmi les paysans.

Il aurait trouvé un chiffre notable d'attentats à la pudeur parmi les maçons et les peintres; de viols chez les voituriers et d'infanticides dans la classe des chapeliers et des blanchisseurs (sans doute grâce à la prédominance des femmes).

Parmi les commerçants abondent les délits contre la propriété.

Mais où ces derniers délits se réitèrent le plus souvent, c'est dans les classes libérales; et, ce qui pis est, c'est qu'ils y sont en continuelle augmentation, surtout parmi les notaires et les avocats, moins chez les propriétaires.

En France en 1833-39, en rapportant à 100 la criminalité des individus du sexe masculins de plus de 26 ans contre la propriété

la criminalité spécifique des prêtres	s'élève à	10
» » avoués	»	52
» » avocats	»	74
» » notaires	»	145
» » huissiers	»	162

Joly remarque avec raison que la connaissance de la loi, les privilèges, l'instruction, le bien-être devraient garantir aux professionnistes le minimum de criminalité; mais ils sont au contraire corrompus par le succès ou par un travail parassitaire, plus propre à exploiter la profession qu'à lui donner une noble émulation; et il observe que la moyenne de déconfitures et destitutions des notaires a été de 18 à 25 par an jusqu'à 1881, mais elle s'est élevée

en 1882 à 40
» 1883 » 41
» 1884 » 58

Après une faible diminution dans les deux années suivantes (54 en 1885 et 52 en 1886) ce chiffre est remonté d'un bond effrayant jusqu'à 75 en 1887 (JOLY).

Suivant les statistiques criminelles de la France, le nombre de notaires accusés fut 43 sur 10,000 personnes, alors que la moyenne, pour l'ensemble de la population, est de l'accusé sur le même nombre d'habitants. La criminalité des notaires est devenue 43 fois supérieure à celle de la moyenne des citoyens français.

Les notaires et les huissiers fourniraient un nombre supérieur à celui donné par les individus d'autres professions du même âge et du même sexe, $\frac{1}{10}$ des assassins, $\frac{1}{7}$ des homicides, $\frac{1}{16}$ des parricides, $\frac{1}{8}$ des viols avec violence sur les filles mineures de 15 ans, $\frac{1}{13}$ des délits contre les personnes, $\frac{1}{8}$ des parricides, $\frac{1}{18}$ du total des autres délits seraient commis par des gens riches ou de profession civile dont le total cependant ne dépasse pas le $\frac{1}{18}$ de la population totale (FAYET, *Journal des économistes*, 1847); ce fait prouve clairement, la pernicieuse influence de l'instruction et démontre aussi le peu d'influence qu'a l'intimidation contre les tentations du délinquant, puisque les avocats et les huissiers connaissent mieux que tout autre les punitions que la loi inflige aux coupables (FAYET, *o. c.*).

En Prusse, les professions libérales fournissent le 2,2 % de la population et le 4,0 % des criminels. Les domestiques qui forment le 3 % de la population entrent dans la proportion de 12 sur cent dans la criminalité (OETTINGEN, pag. 730).

Les données qui concernent la Russie se rapportent à 9229 personnes condamnées pour crimes de sang, dans la période de 1875-79.

Sur 100 condamnés de diverses professions il y en eut dans l'

		Russie		Autriche		France	
Industrie agricole	patrons	47,5	60,3	18,4	50,0	—	50,1
et agriculture	ouvriers	12,8		31,6		—	
Industrie et com-	patrons	7,5	16,8	3,3	30,0	—	30,0
merce	ouvriers	9,3		13,6		—	
Journaliers		7,7		—		—	
Professions libérales		1,8		0,2		5,0	
Domestiques		4,9		19,6		8,1	
Occupations indéterminées		6,7		8,8		—	
Prostitution et personnes sans occupations		2,0		4,9		6	

Ainsi, tandis qu'en Autriche on condamna pour crimes de sang dans l'espace de trois ans 4 personnes appartenant aux professions libérales, en Russie, dans la période de 5 ans, on condamna pour les mêmes crimes 165 personnes, dont 88 étaient employées du gouvernement, 59 appartenaient à la classe ecclésiastique, ou étaient avocats, médecins et techniques, et 19 étaient lettrés, étudiants ou peintres. L'explication de cette prédominance des crimes de sang parmi les professions libérales en Russie, comparativement à d'autres pays européens, se trouve dans le fait des persécutions politiques, dans le fanatisme sectaire qui tantôt les provoquent et tantôt en sont une conséquence inévitable.

Abordant maintenant le chapitre des femmes criminelles parmi nous, nous trouvons que l'occupation qui donne un plus haut nombre de condamnées est celle du commerce, surtout à cause des délits d'escroquerie et fraude, d'injure et de lésion personnelle.

Les femmes occupées dans des industries ou des métiers sont moins inclinées au vol que les femmes attachées à l'agriculture, ce qui s'explique par le grand nombre de vols ruraux dont ces dernières ont très souvent l'occasion de se rendre coupables.

En ce qui concerne la criminalité spécifique des femmes par rapport à la profession, on peut remarquer que les sages-femmes donnent la proportion la plus élevée de condamnées pour avortement (3 sur 100) et que les femmes occupées dans le service domestique ont le plus grand nombre de condamnées pour vol (55 sur 100) après les femmes de campagne (1).

Mais ici les chiffres sont trop restreints pour que l'on puisse en tirer des conclusions certaines et de toutes manières le grand nombre des prostituées confond toutes les recherches; car il est certain qu'une bonne partie des campagnardes arrive au crime par la voie de la prostitution, ouverte ou déguisée sous le nom de domesticité citadine. La fréquentation des grandes villes, écrit Parent-Du-Chatelet, est nuisible aux femmes de la campagne qui d'après les statistiques paraissent s'adonner à la prostitution en raison directe de leur voisinage des grands centres.

La moitié des prostituées parisiennes est fournie par les couturières et les repasseuses; $1/3$ par les mercières, modistes, coiffeuses; $1/20$ par les blanchisseuses et ouvrières de fabriques; quelques-unes par les actrices.

Militaires. — Il importe d'étudier à part la criminalité militaire prééminente, qui, suivant Hausner, surpasserait de 25 fois la criminalité civile (2); mais ici, il y a confusion, car certainement l'observateur n'a pas exclu de la proportion des civils, les vieillards, les enfants et les femmes. Certes, nous trouvons en Italie des chiffres tout-à-fait différents. Si nous étudions la population militaire (3) criminelle d'Italie en 1872,

(1) Bosoo. *La Delinquenza femminile*, Roma, 1897.

(2) En Autriche il y a 1 militaire sur   856 civils et sur   78 milit.
  » Hollande   1 »   » 4330 »   » 173 »
  » France   1 »   » 7460 »   » 139 »

(3) J'évalue d'après les indications de l'honorable général Torro (*op. cit.*), à 157,275 les soldats de terre en service actif, plus 11,931 officiers et 18,000 matelots; j'exclus des délinquants militaires 217 gardes de finance et de sûreté publique; j'y laisse 345 individus qui avaient déjà été condamnés pour vol, et qui, par une disposition du Code militaire, passent le reste de leur engagement dans les compagnies de disci-

il s'agit pour la plupart de condamnés pour des actions qu'on
ne pourrait à vrai dire appeler criminelles en dehors de l'armée,
telles que propos subversifs, maladies simulées, insubordination. Nous trouvons alors 1 condamné sur 112 militaires.

Maintenant si nous comparons cette proportion avec celle
des condamnés du même âge (entre 21 et 31 ans), nous voyons,
il est vrai, qu'elle a empirée, mais non pas exagérément,
car cette dernière compte un condamné sur 172 individus
(Curcio) ; mais ôtant de ce calcul les femmes, qui légalement
donnent une criminalité moindre du 80 %, la différence
diminue.

Mais même si l'on devait encore réellement y reconnaître
une grande différence (comme elle paraît exister en Allemagne),
elle s'expliquerait par la facilité d'avoir des instruments de
crime, par l'âge plus incliné à la délinquance, par le célibat, l'oisiveté et par les plus nombreux et plus étroits
contacts (d'où le chiffre élevé de viols, de pédérastie et
de la camorre) ; et en temps de guerre, par l'habitude du
sang. Holtzendorff raconte (o. c., p. 12) qu'un assassin, qui
avait été soldat, s'excusait en disant qu'il avait, dans les
champs de la Bohême en 1866, vu mourir tant de gens, que
un de plus ou un de moins ne lui paraissait pas grand'chose.
Lucain avait dit : *Nulla fides pietasque viris qui castra se-
quuntur*. Un fait curieux et significatif à ce propos, que nous
a révélé la philologie, c'est que beaucoup de fonctions militaires
étaient autrefois si criminellement exercées, qu'elles devinrent
synonymes de délit : ainsi les *latrones* étaient des espèces d'*ad
latus*, d'aides de camp du roi, qui, au lieu de passer leur temps
comme aujourd'hui à conter fleurettes aux dames, commettaient tant de déprédations, que leur nom en resta confondu
avec celui de voleur. De nos jours, on a peine à croire que

pline ; d'après ce calcul les condamnés s'élevèrent en tout à 1668. —
En 1871 les condamnés militaires s'élevèrent à 2319 dont 463 condamnés
auparavant pour vol ; le contingent effectif était complessivement, y
compris les matelots et les officiers, de 199,980.

les pirates étaient des marins de guerre ; *masnada* à l'origine n'était qu'une troupe, et *brigante* était une sorte de tirailleur auquel on donnait à forfait l'assaut d'une ville.

Que les peuples guerriers se caractérisent par plus de cruauté c'est un fait qu'on peut voir encore de nos jours ; comme le démontre Hammon dans sa très belle étude sur la *Psychologie militaire* ; la cruauté particulière au soldat lui est inspirée par son mépris des autres castes non armées, mépris qui dérive sans doute des époques antiques, mais aussi de la plus fréquente impunité. Ce sont innombrables les exemples de cruauté restés impunis en Allemagne, en Russie et en Italie ; à Coblenz un lieutenant tua à coups de sabre un commerçant qui passait dans la rue ; il fut condamné à un an ; puis gracié ; et lorsque la mère de la malheureuse victime s'en plaignit dans une lettre violente, elle fut elle-même condamnée à l'amende (1894) ; à Berlin le soldat Laerke, étant de faction, blesse gravement deux ouvriers ; ses supérieurs le comblent de louanges pour ce haut fait et lui donnent de l'avancement (1893) ; à Bologne, à Monteleone, à Aquila, les officiers assaillent à main armée de pacifiques citoyens ; et ces exemples se pourraient prolonger à l'infini.

Il n'est pas jusqu'à la prétendue générosité chevaleresque, que l'on prête aux militaires, qui ne leur soit aussi étrangère qu'elle était rare au moyen âge, où elle n'exista jamais, sauf dans la fantaisie de l'école romantique.

Il suffit, pour le prouver, de citer le jugement impartial d'une observatrice de génie, Mme Ouida (*Fortnightly Review*, août 1852). « De l'alcoolisme et de la syphilis qui ont et eurent leur siège et leur point de départ dans l'armée, à la corruption qui envahit les jeunes gens honnêtes après l'enrôlement, si bien que les paysans ingénus en sortent pervertis, le mal y prédomine toujours ». J'ai moi-même observé à Turin une criminalité spéciale chez ceux qui sortent de la milice ; et dont la milice seule est la cause.

Il y a, il est vrai, des exceptions, mais qui n'en sont pas pour cela moins funestes. Il s'agit d'individus que le *service*

(on l'appelle ainsi par antonomasie) avec son obéissance pas-
sive, rend *serviles*, incapables d'une existence propre, sans
individualité, sans originalité et qui ont besoin de s'incliner
devant qui que ce soit, et cela tandis que les terres d'où
ils sortent ont besoin de bras et de travail et réclament des
cœurs libres et forts. (SERGI, *Degenerati*, 1894).

Mais ce qui influerait le plus sur la disproportion des criminels militaires, c'est la moindre distance qu'il y a ici entre
la criminalité apparente, comme l'appelle Messedaglia, et la
criminalité réelle ; la facilité avec laquelle la discipline militaire met en lumière et frappe n'importe quel délit, tandis
que l'on sait que dans le civil les crimes découverts et
punis (1) n'atteignent pas à la moitié de ceux dénoncés ou
commis.

Aliénés. — L'influence des professions chez les aliénés
est bien moins clairement démontrée que chez les délinquants ; car il n'est pas facile de trouver des statistiques qui
s'occupent en même temps des riches et des pauvres recueillis
presque toujours dans des asiles différents. Cependant d'après
celles établies en France, qui sont certainement les plus
complètes que nous connaissons, nous entrevoyons (2) des

---

(1) En 1895, sur 233,181 affaires terminées par les juges d'instruction,
70,276 concernaient des infractions dont les auteurs étaient inconnus.
— En 1862-66, le 68 % des crimes, le 54 % des contraventions, en
Bavière, restèrent impunis, parce que les auteurs en étaient inconnus
ou les crimes insuffisamment prouvés (MAYHEW).

(2) LUNIER, *Nouveau dictionnaire de médecine*, Paris, 1872. — GIRARD
DE CAILLOUX, *Études pratiques sur les aliénés*, Paris, 1863.

	Girard (Seine 1852)	Lunier (France 1856-61)
Artistes	1 sur 3292	1 sur 104
Juristes	» 544	» 119
Lettrés	» 1035	» 280
Ecclésiastiques	» 706	» 253
Médecins et pharmaciens .	» 1602	» 259

analogies singulières avec la criminalité. Les aliénés des
villes s'y élèvent au double de ceux de la campagne, comme
223 à 100 et les hommes y sont plus souvent frappés que les
femmes comme 132 à 100. Les agriculteurs fourniraient le
minimum des aliénés et les professions libérales le maximum ;
parmi ceux-ci, les artistes, les juristes, fourniraient un chiffre
bien plus fort que les employés et les ecclésiastiques.

Les études de Girard nous montreraient la fréquence de
l'aliénation mentale chez les domestiques, les ouvriers serruriers, les mineurs ; suivant celles de Bini et de Golgi elle serait
fréquente parmi les cordonniers de 1,2 à 8 % des retirés dans
les hospices et parmi les cuisiniers de 1,3 %. Zani aurait, lui
aussi, noté sa fréquence chez les domestiques de 2 à 5 % et
le chiffre très fort, 5 %, donné par les professions libérales.

D'après les recherches de Girard et de Baroffio, les militaires
fourniraient à la folie un des chiffres les plus élevés 1,40 %/oo

	Girard (Seine 1852)		Lunier (France 1856-61)	
Employés	1 sur	1621	1 sur	727
Banquiers	»	2571	»	5487
Domestiques	»	609		
Cordonniers et tailleurs .	»	1807		
Propriétaires	»	5547	»	3609
Agriculteurs	»	11403	»	18819
Militaires	»	553	»	1711
Mineurs	»	132		
Ouvriers métallurgistes .	»	732		
Aubergistes, etc. . . .	»	1700		

Lolli sur plus de 1000 aliénés nota que pendant que les

Agriculteurs forment le	40 %	de la popul. ils donnent	34 %	d'aliénés
Artisans	» 12,3 »	»	» 12,9 »	»
Domestiques	» 2,64 »	»	» 2,17 »	»
Propriétaires	» 2,78 »	»	» 6,23 »	»
Commerçants	» 2,7 »	»	» 1,26 »	»
Employés	» —	»	» 1,82 »	»
Clergé	» 0,6 »	»	» 1,87 »	»
Professions libér.	» —	»	» 1,29 »	»

des sains et 4 à 8 % des aliénés. Des études de Lolli, qui sont les seules que je connaisse en Italie, établies sur une grande échelle, il résulterait une plus grande fréquence de la folie parmi les propriétaires, les gens aisés et les commerçants que parmi les classes agricoles, dans lesquelles elle serait aussi moins fréquente que chez les artisans.

Je dois enfin faire remarquer ici, que les professions qui accoutument à la vue du sang ou au maniement d'instruments homicides, comme les professions de bouchers, militaires, etc. (Lasagna, Bertrand, Avinain, Legier), ou bien à une vie de isolement social ou sexuel, pasteurs, campagnards, prêtres (Dumollard, Grass, Mingrat, Leotard, Berthet, Fryley, Lacollange, Carpinteri, Crocco), surtout s'il vient s'y ajouter l'exacerbation d'une chasteté forcée, provoquent, tant chez les aliénés que chez les délinquants une férocité démesurée dans les actes, accompagnée souvent d'une monstrueuse lubricité; notons aussi que les empoisonnements se rencontrent plus fréquemment parmi les chimistes et les médecins (Tayllor, La Pommerais, Demme, Palmer, Desrués, Moreau, Laserre, Buchillot).

Horreur du travail. — Mais il faut faire attention dans ces recherches, que les professions des criminels sont très souvent nominales ; et que leur véritable profession est... l'oisiveté.

Nous avons découvert à Turin une étrange industrie, particulière aux criminels: c'est celle des faux menuisiers, des faux serruriers, fournis de tous les instruments de travail, afin de démontrer à la police leur propre laboriosité : mais leur travail n'est que simulé, ou bien juste autant qu'il faut pour échapper à l'admonition pour oisiveté; ce ne sont pas les moyens et l'occasion qui manquent pour travailler, mais bien au contraire la volonté.

Sichart (1) sur 3181 prisonniers en trouva 1347, c'est-à-

(1) *Ueber individuelle Faktoren des Verbrechens dans la Zeitschrift für die gesammte Strafwissenschaft*, 1891, Erstes Heft.

dire 42,3 %, qui avaient horreur du travail. Divisés par crimes les chiffres se répartissent ainsi :

Sur 1848 voleurs	. . .	961	c'est-à-dire 52 %	non travailleur
» 381 escrocs	. . .	172	» 45	» »
» 155 incendiaires	. .	48	» 31	» »
» 542 criminels sexuels	145	» 26,7	» »
» 255 parjures	. . .	21	» 8,2	» »

L'importance de ces chiffres ressort encore plus clairement quand on observe comment ils se répartissent entre ceux que Sichart appelle *criminels par occasion et criminels par habitude.*

L'horreur du travail fut trouvé en total dans 1347 ou dans 42,3 % dont :

Délinquants par occasion	. . .	170 ou 19,2 %
» par habitude	. . .	1170 ou 51,7 »

avec une prédominance plus que double chez ces derniers.

D'après les récentes statistiques de Wright (*o. c.*), dans le Massachusetts, nous voyons que sur 4340 condamnés, 2991, c'est-à-dire le 68 %, n'avaient pas de profession ; et suivant les statistiques de la Pensylvanie que presque le 88 % des condamnés dans les pénitenciers n'avaient jamais exercé aucun métier, pas plus que le 68 $\frac{1}{2}$ % des condamnés aux « county jails » et aux travaux forcés. En ce qui concerne plus spécialement les homicides, il résulte des recherches de Frédéric Wines qu'en 1890, sur 6958 homicides condamnés, 5175, soit plus de 74 % n'avaient jamais reçu une instruction professionelle (Bosco, *Omicidio negli Stati Uniti*, 1895).

Ce dégoût du travail s'entrevoit aussi par le genre de profession qu'ils embrassent. Marro, en effet, ayant remarqué que les maçons fournissaient le 11 % des criminels, tandis que le nombre total des maçons, d'après le recensement de 1881, ne s'élevait qu'au 3,56 % de la population, en trouva cette explication près des criminels eux-mêmes, « beaucoup d'entre eux affirmaient avoir *abandonné* d'autres professions exercées précédemment parce que ce n'est qu'aux maçons qu'on donne la paye sans attendre la fin de la semaine ou de la quinzaine », ce qui prouve qu'ils n'exerçaient cette profession que par caprice.

On en a une autre preuve dans leur grande mutabilité dans les professions. En effet, tandis que sur 100 normaux, 86 avaient toujours exércé la même profession, 13 avaient changé une fois, 1 en avait exercó trois; parmi les criminels, au contraire, changèrent la profession de 2 à 4 fois et plus :

27	sur	40 assassins	22	sur	39 voleurs de grands chemins
30	»	40 coup. de bourses	28	»	51 auteurs de blessures
60	»	77 escrocs	60	»	97 voleurs
30	»	39 auteurs de viols	23	»	41 vicieux

soit avec le maximum chez les auteurs de viols et les escrocs.

Des comptes-rendus de la maison de Réforme d'Elmire on relève que 6635 détenus se divisent ainsi suivant leur profession :

Domestiques	1694 ou 25,5 %
Ouvriers communs	3651 ou 55,0 »
Exerçants des métiers mécaniques	974 ou 14,7 »
Oisifs	320 ou 4,8 »

Le chiffre des oisifs y serait donc très restreint, mais le relateur s'empresse d'ajouter : « il faut noter que ceux qui affirmaient d'avoir une occupation n'étaient presque jamais occupés régulièrement (1). En conséquence, le nombre des hommes qui entrent aux pénitencier et qui sont incapables de s'adapter au travail, est très grand, et considérable est aussi celui de ceux qui restent incapables malgré tous les systèmes d'excitation morale, parce que, affirme le surintendant général Z. R. Brockway, sur 34 % des détenus, aucune suggestion morale ne réussit à les stimuler au travail... et n'éveille pas même leur attention » (2).

(1) NINETEENTH YEAR BOOK, *New-York State Reformatory at Elmira*, 1894, pag. 38.

(2) ID., *Id.*, pag. 54.

C'est pour cela que M. Brockway préconise l'usage du fouet et en général des punitions corporelles, infligées avec méthode et précaution, mais avec rigueur; affirmant ainsi, sans s'en apercevoir, l'analogie de ces criminels irréductibles avec le sauvage primitif qui ne se résigne à travailler que lorsqu'il y est contraint par la violence et quelquefois meurt sous les coups plutôt que de s'y résoudre.

Leur inconstance dans les métiers, d'un côté, et leur préférence pour ceux dans lesquels le salaire est payé journellement et dans lesquels par conséquent la liberté est le moins entravée nous prouvent que l'horreur du criminel pour le travail ne provient pas d'une incapacité absolue de toute espèce d'activité, mais de son dégoût pour toute occupation régulière, méthodique, à période rigoureusement fixée.

Les chiffres de Marro sont ici d'une grande éloquence., et nous aident à comprendre en quoi consiste cette incapacité des criminels au travail. Incapacité au travail, ne veut pas dire, en effet, incapacité à toute espèce d'activité, inertie absolue. Le criminel sait déployer, à certains moments, une activité intense; cela est si vrai, que certains genres de crimes, comme le vol et l'escroquerie, demandent très souvent une très grande activité. Ce qui répugne au criminel c'est la régularité d'engrenage mécanique de la société moderne, c'est cette combinaison colossale et ingénieuse par laquelle chaque être humain, à chaque instant, doit accomplir un mouvement fixé, comme est fixé pour les rouages de l'horloge le choc qu'à chaque instant ils donnent et reçoivent; incapables de résister aux caprices intermittents d'un caractère inerte et impulsif, ils déclarent la guerre à la société qui n'est pas en harmonie avec leurs penchants (FERRERO, *Arch. di psich.* XVIII, 1896).

Le criminel est, donc, un irrégulier du travail; un capricieux de la fatigue qui prétend ne s'y soumettre que quand cela lui plaît, alternant les efforts intenses aux longues paresses, et toujours récalcitrant à la volonté d'autrui.

En cela, son caractère est parfaitement identique au carac-

tère du sauvage qui, habituellement inerte, se secoue de temps
en temps pour se livrer aux exercices fatigants de la chasse
et de la guerre; au caractère des indigènes de l'Amérique,
desquels Robertson écrit : « quand ils entreprennent une expédition de chasse, ils sortent de cette indolence qui leur est
habituelle et déploient des facultés intellectuelles qui restaient
auparavant presque toujours latentes, ils deviennent actifs,
persévérants, infatigables » (vol. II, p. 559) ; enfin son caractère est identique à celui du Gaucho, dont Mac Coll notait
l'incapacité au travail forcé, en ajoutant cependant : « mettez-
les en selle d'un cheval et leur résistance à la fatigue sera
sans limite » (FERRERO, o. c.).

Nous avons déjà vu précédemment que le voleur se désigne
lui-même par le nom de *pègre, paresseux*: et que chez les
plus grands criminels: Lacenaire, Lemaire, Chretien, l'horreur
du travail surpassait même l'amour de la vie. (Voir *H. Criminel*, Vol. I).

On peut étudier plus analytiquement cet état d'âme dans
les *Tavole psicologiche* qui font partie de l'Atlas anthropolo-
gique-statistique de l'*Omicidio* de E. Ferri, où la psychologie
de l'oisiveté est souvent indiquée.

Un homicide récidiviste (n. 37) à l'injonction « Travaillez »
répond: « Non, parce que le travail raccourcit la vie ». Le n° 432
avoue franchement : « Je travaillais, mais peu, parce qu'on
se fatigue à travailler ». Le 467, questionné sur le pourquoi
il ne travaille pas, s'excuse en disant: « Je n'en suis pas capable ». Le 481: « Je n'ai pas envie de travailler; où dois-je
prendre l'argent si je ne le vole pas ? »

Marro (*Annali di Freniatria*, vol. IV) observait très justement : « Parmi les peuples non civilisés on constate l'incapacité absolue de tout effort persévérant: le travail continuel,
durable, est la caractéristique de l'homme civilisé. Plus il parvient à conserver sa force physique, mieux il sait la rendre
profitable par son intelligence et plus il sait l'utiliser à son
bénéfice et à celui de la société.

« Tout progrès dans l'instruction, dans l'éducation, dans les lois, dans les mesures hygiéniques a pour but de guider l'homme dans cette direction.

« Nous avons, par contre, une autre série de causes qui tendent à un effet opposé.

« Tout travail régulier doit naturellement satisfaire à deux fins : être utile à l'individu qui l'exécute et à la société dans laquelle il s'accomplit. Tout travail qui manque à ce but porte l'empreinte d'un degré plus ou moins profond de dégénérescence.

« Un premier degré de dégénérescence nous le trouvons dans les professions simplement improductives pour la société. Le vagabondage, la mendicité parmi les classes pauvres, l'habitude du jeu et du sport dans les classes élevées marquent un premier degré de dégénérescence chez celui qui trop s'y complaît et en vit ; elles marquent en même temps le passage à la criminalité en ce qu'elles transforment ceux qui s'y donnent en de véritables parasites qui enlèvent à autrui, sans profit, les produits du travail utile.

« La criminalité consiste essentiellement dans l'accomplissement d'un travail qui peut être profitable à l'individu, mais qui est nuisible à la société. La gravité de la criminalité augmente en raison directe du préjudice que la société en reçoit.

« Le caractère de la dégénérescence propre à la folie, est la production d'un travail inutile ou préjudiciable et à la société, et à l'individu.

Chapitre XVI.

Prisons — Journaux — Imitation — Chefs — Autres causes.

Prisons. — Un des plus grands facteurs du crime c'est la prison ; nous croyons défendre et venger la société en emprisonnant les criminels et nous leur fournissons, au contraire, les moyens de s'associer et de s'instruire réciproquement dans le mal et même d'y trouver de vraies jouissances. « *Je mettrais en pièces la figure de celui qui dit du mal de la prison* » chantait un prisonnier de Palerme. « *La prison c'est une fortune qui nous touche, car elle nous enseigne les cachettes et les moyens du vol* » (*H. Criminel*, Vol. I).

Ces faits nous expliquent pourquoi nous trouvons si souvent dans nos statistiques des individus condamnés jusqu'à 50 et 60 fois, individus qui volent seulement pour se faire enfermer.

Un certain Zucchi vola aux Assises pour se faire arrêter « Depuis 1852, disait-il, j'ai passé 20 ans en prison : l'amnistie m'en a fait sortir, mais je ne peux vivre avec un franc par jour ; et j'ai pensé de me faire mettre en prison pour pouvoir manger, boire et dormir. — M^r le Président, augmentez la peine, car, après tout, on n'est pas trop mal en prison » (*Rivista di discipline carcerarie*, 1878). En 1879, à Rome, un vieillard de 80 ans qui en avait passé 47 en prison, implorait le juge pour y retourner : « Je ne vous demande pas un emploi, mais une prison quelconque pour que je puisse y vivre tranquille ; j'ai désormais 80 ans et je e vivrai pas assez pour ruiner votre gouvernement ».

« A l'expiration de sa peine, écrit D'Olivecrona, un forçat exprima sa gratitude au directeur en lui déclarant qu'avant son arrestation il n'avait jamais goûté des aliments aussi bons.

« Tandis que le forçat, dit encore D'Olivecrona, consomme dans le courant de l'année 52 kilos de viande, le paysan, n'a d'habitude que 25 kilos de bœuf salé et un demi porc salé qui doivent suffire pour lui et sa famille (*De la récidive*, 1812).

« Il faut, donc, ajoute-t-il, placer parmi les causes de récidive le peu de sévérité du régime pénitentiaire ».

Sensations. — Il est une autre cause de crime, très puissante, mais que l'on ne saurait préciser, si ce n'est peut-être par l'augmentation de certains crimes dans quelques professions. Je veux parler de l'influence d'une impression sensorielle donnée. Ainsi il y a des voleurs qui ne peuvent résister à la vue d'un objet d'or sans s'en emparer.

Un riche banquier, Downer, entra, en état d'ivresse, dans la boutique de son barbier; le jeune garçon de celui-ci, âgé de 16 ans, qui jusqu'alors avait toujours été honnête, en entendant le tintement de l'argent dans sa poche, fut aussitôt saisi de l'idée de le tuer, et l'étrangla avec une corde; il s'enfuit ensuite tout épouvanté de son crime et confessa que s'il n'avait pas entendu ce bruit, il n'aurait jamais pensé de commettre cet horrible forfait. — Marie Frank, âgée de 38 ans, buveuse obstinée, battue continuellement par son mari, avait déjà été folle; elle voit un jour un grand incendie, et aussitôt elle incendie douze maisons. — Adèle Strohm, en assistant au supplice de deux condamnés, eut l'idée de tuer sa meilleure amie afin de mourir dans la grâce de Dieu (DESPINE, *o. c.*).

Imitation. — Une grande part, dans ces cas, revient incontestablement à la folie; mais plus que tout, y influe l'imitation, qui est une cause prépondérante de crimes aussi bien que de folies. En 1868 et en 1872 à peine les journaux commencèrent-ils à parler des abandons d'enfants, que l'on vit à Marseille ces crimes se répéter jusqu'à 8 fois en un seul jour (DESPINE). La nouvelle de l'assassinat de l'archevêque Sibour poussa un prêtre à frapper l'évêque de Matera, contre lequel il n' avait aucune cause de haine. — Dufresne haïssait un certain Delauchx, mais sans penser à lui faire de mal; il lut le procès de Verger et en s'exaltant il s'écria : *Moi aussi je ferai comme Verger* et il tua ce malheureux. — A Bergame, peu de temps après le procès Verzeni, eurent lieu deux autres cas d'étranglement de femmes ; et les mêmes faits se reproduisirent à Paris, peu après les procès de Philippe, de Billoir, de Moyaux, et à Florence après celui de Martinati. A l'époque du procès de Roux, deux domestiques simulèrent d'avoir été garrottés par leur maître après l' avoir volé. L'empoisonnement de La Pommerais fut suivi de celui de Pritchard.

Ces excitations morbides sont maintenant centuplées par l'accroissement prodigieux de ces journaux vraiment criminels qui trempent leur plume dans la pourriture la plus fétide des plaies sociales et, dans le seul but d'un gain abject, excitent les appétits malsains et la plus malsaine curiosité des basses classes sociales; je voudrais les comparer à ces vers qui, sortis de la putréfaction, l'augmentent encore par leur présence. Ces journaux, dans une seule de nos villes atteignent malheureusement le chiffre de 28 mille lecteurs.

En 1851, à New-York, une femme assassinait son mari; peu de jours après, trois autres femmes en faisaient autant. — Corridori tua le directeur du Lycée qui lui adressait de justes reproches pour une faute, et disait avant de le frapper: « Je répéterai le fait du directeur de Catanzaro » qui, lui aussi fut tué pour une cause semblable. — L'assassinat tenté sur D. James dans le chemin de fer fut suivi par un autre de la même manière et sur la même ligne (MONTEL). Et combien d'exemples remarquables Holtzendorff ne nous en offre-t-il pas dans son ouvrage magnifique: *Das Verbrechen des Mordes und die Todestrafe*, 1875, Berlin !

Chapitre XVII.

Causes du crime associé.

L'étiologie du crime associé, qui est le plus important et le plus nuisible, mérite d'être étudiée à part.

Une première cause doit en être recherchée dans la *tradition*. — En effet : la longue persistance, la ténacité de quelques associations malfaisantes comme la *mafia*, la *camorra* et le brigandage semblent provenir en premier lieu de l'ancienneté de leur existence ; car, la longue répétition des mêmes actes les transforme en habitude et par suite en loi ; et l'histoire nous apprend, que tous les phénomènes ethniques qui eurent une longue durée, difficilement disparaissent tout d'un coup.

Déjà en 1568 la camorra existait à Naples ; on sait par les Pragmatiques de 1568, 1572, 1597 et de 1610 que les vice-rois d'Espagne, comte de Miranda, duc d'Alcalà etc., condamnaient aux galères les joueurs et les tenanciers de maisons de jeu, ou mieux de tripots, qui prélevaient des exactions illicites sur ces maisons, et les détenus qui tantôt sous prétexte de dévotion à des images sacrées, tantôt pour d'autres motifs rançonnaient les autres prisonniers » (1).

Monnier observe, très justement, que l'étymologie de *camorra* démontre son origine de l'Espagne. *Camorra* en espagnol équivaut à querelle, rixe ou dispute, et *camorrista* à mauvais sujet ; en arabe *kumar* signifie jeu de hasard. Une

---

(1) Voyez MORDINI, *Relazione al R. Ministero*, Roma, 1874. — MONNIER, *Sulla camorra*, 1861.

nouvelle de Cervantes nous apprend qu'il existait à Seville, dès cette époque, une secte tout-à-fait semblable à celle des camorristes. Elle aussi prélevait sur chaque vol une aumône pour la lampe d'une sainte image qu'elle tenait en vénération; elle donnait à la police une part de ses gains, se chargeait des vengeances privées, y compris le *sfregio* (*balafre*) avec le rasoir; elle avait des novices appelés frères-mineurs, qui devaient payer une demi-année sur leur premier vol, porter dans les prisons des messages aux frères-majeurs et accomplir d'autres services subalternes. Les frères-majeurs avaient un surnom et se partageaient en justes parts les sommes que' les affiliés versaient à la masse commune.

Les voleurs du Maroc (Arabes et Betari), prélevaient eux aussi une taxe sur les prostituées.

Des associations tout-à-fait pareilles à la camorra existèrent dans toutes les époques peu civilisées; ainsi au moyen âge, dans les *Regolamenti delle Stinche* et dans ceux des prisons de Parme, B. Scalia trouva mentionnés des abus pareils à ceux des camorristes, spécialement à l'occasion des jeux; on y lit que chaque chambrée de prisonniers avait son chef, qui se faisait appeler *capitaneo* ou *podestà*, précisément comme les modernes camorristes qui se font appeler *priore*; et chez les uns comme chez les autres existait l'usage de taxer les nouveaux venus (1).

Don Quichotte nous dépeint quelques oisifs qui exigeaient une gratification des joueurs fortunés, pour leur avoir pressagé les bons et les mauvais coups. — C'est la mission ordinaire du moderne camorriste.

Le brigandage, qui persiste avec tant d'opiniâtreté dans les provinces du sud de l'Italie et dans la Sardaigne a son origine probable dans la tradition historique, car il existait déjà dès époques les plus anciennes, dans l'Italie centrale et dans celle du sud, et Strabon le signale dans la Sardaigne.

(1) B. Scalia, *Storia della riforma delle carceri in Italia*, 1868, pag. 288.

« Dans le Napolitain, écrit Giannone (Lib. IV, chap. 10), il y eurent toujours des bandits à la suite des envahisseurs grecs, longobards, souabes, sarrasins, anjouais, albanais, tous voleurs, cruels et rapaces les uns autant que les autres ».

Religion, morale, politique. — Dans les contrées où la civilisation n'a pas encore bien pénétré, il n'y existe aucune conception claire des idées de justice et de morale ; et la religion y est à la fois instigatrice et complice du crime. Nous avons vu comment, il y a peu d'années, grâce à une bulle antique, le clergé de Sicile dispensait à prix d'argent l'absolution du crime.

A Bari on célébrait chaque jour la messe des brigands aux frais du brigand Pasquale. *Nous sommes bénis de Dieu,* disait-il à un ami de Pitré, *les Évangiles le disent* (Fiabe, III, 1875, p. 50).

La moralité s'accorde avec une pareille religion. Ainsi à Trapani, on y déplore encore la solennelle absolution des 40 malfaiteurs messinois.

« En 1877, à Naples, un *Esposito*, après avoir assassiné un ex-camorriste, par ordre de son chef, alla se livrer à la justice, afin de détourner de celui-ci l'accusation ; il fut accompagné à la prison par les battements de mains de la foule, qui le couvrit de fleurs comme un héros » (ONOFRIO).

La justice étant impuissante, l'offensé devait nécessairement recourir à la force de son propre bras ou à celle de ses compagnons ; à la vengeance quand l'honneur était en jeu, ou à une entente amiable, comme on faisait au moyen âge, quand il s'agissait d'objets volés. En Sicile on paye une somme déterminée, comme on l'a vu dans le procès Lombard, pour recouvrer le cheval ou la brebis volée ; ou inversement le voleur paye une somme à la victime pour éviter sa vengeance ou la réclamation de la chose volée ; ce procédé rappelle tout-à-fait la justice primitive (1).

Il est, en outre, une cause prépondérante qui favorise les

(1) Voyez DU BOYS, *Histoire du droit criminel,* 1860.

associations de malfaiteurs parmi les peuples peu civilisés :
c'est l'extraordinaire prestige qu'inspire aux faibles la force
brutale.

Celui qui a vu, une fois, un véritable camorriste aux muscles
de fer, au sourcil martial, à la prononciation aux *rr* redoublés,
au milieu des populations aux chairs molles, à la prononciation vocalisée, au caractère doux, comprend aussitôt que,
même s'il n'avait été importé, le fléau de la camorre aurait
infailliblement surgi, grâce à la disproportion entre ces individualités énergiques et robustes et les multitudes dociles et
faibles. Le camorriste, lui-même, cède involontairement à cette
loi ; fils de la force et de l'omnipotence, il s'incline devant
une force supérieure à la sienne.

Monnier nous cite une preuve très curieuse de cette influence : un prêtre calabrais jeté en prison à la suite d'aventures galantes fut, à son entrée, invité à payer au cammorriste
la taxe ordinaire ; il s'y refusa et aux menaces du sectaire,
répondit que, s'il avait une arme à la main, personne n'aurait
osé le menacer de cette façon. « *Qu'à cela ne tienne* » répondit
le camorriste, et en un clin d'œil il lui offrit deux couteaux ;
mais peu d'instants après il tombait frappé à mort : le soir
le quasi-involontaire meurtrier, qui redoutait beaucoup plus
la vengeance sectaire que la justice bourbonienne, se voyait
offrir, à son grand étonnement, le *barattolo* de la camorre. Il
avait été, sans le vouloir, admis parmi les camorristes. — La
même aventure arriva à un autre calabrais qui s'était, lui
aussi, refusé de payer la taxe en menaçant du couteau le
camorriste, qui la lui réclamait (MONNIER, p. 28).

Onofrio écrit : « En Sicile, on appelle *mafioso* celui qui a
du courage » : la camorre est, donc, l'expression de la naturelle
outrecuidance de celui qui se sent fort au milieu de beaucoup
qui se sentent faibles.

Mais, ce n'est pas seulement la force d'un petit nombre qui
la maintient, c'est surtout la peur du grand nombre. Le brigand
Lombardo déclarait, que les plus chauds partisans de ses entreprises étaient les honnêtes propriétaires, qui, de crainte de

s'en faire un ennemi, lui enseignaient les maisons des voisins, qu'il pouvait dévaliser : « ils ne pensaient pas, ajoutait-il, qu'ils seraient à leur tour désignés par d'autres, si bien qu'à la fin, ils perdaient beaucoup plus que s'ils s'étaient associés tous ensembles contre moi ».

Un seul camorriste désarmé se présente, écrit Monnier, au milieu d'une foule de milliers d'individus, et exige son impôt ; il est docilement obéi, mieux encore que si c'était un agent régulier des taxes. — L'esprit de la camorre, écrit Mordini (o. c.), persiste à Naples, c'est-à-dire qu'il y persiste l'intimidation devant les plus effrontés et les plus arrogants.

Monnier explique la longue durée de la camorre et du brigandage dans l'Italie méridionale, par la prédominance de la peur ; la religion inspirée par le prêtre n'était rien autre que la peur du diable ; la politique, rien autre que la peur du roi, qui tenait la bourgeoisie sous l'oppression avec la menace des *lazzaroni* ; et les uns et les autres étaient tenus en respect par la crainte d'une police et d'une soldatesque impitoyables. La peur tenait lieu de conscience et d'amour du devoir ; on parvenait à maintenir l'ordre, non en élevant l'homme, mais en le déprimant. Qu'en advint-il ? — La peur fut habilement exploitée et devint une arme pour les violents.

Barbarie. — Outre cela, beaucoup d'autres circonstances dérivant de l'état peu civilisé des habitants, peuvent influer sur le brigandage, parce qu'elles offrent plus de facilités aux embuscades et aux refuges, comme par exemple l'abondance des forêts : ainsi les forêts de Sora, Pizzuto, S. Elia, de la Faiola, de la Sila, furent toujours le centre du brigandage, de même qu'en France celles d'Osgier, Rouvray, etc. Pour des raisons à peu près analogues, les localités privées d'habitants, et qui ne sont pas reliées entre elles par des routes fréquentées y influent aussi beaucoup. En Italie, nous voyons le brigandage disparaître devant les chemins de fer ; et nous ne l'avons jamais vu persister dans les pays sillonnés de bonnes et nombreuses routes, et où s'élèvent de nombreuses

bourgades ; la province de Siracuse, par exemple, qui est la
plus pourvue de routes de la Sicile, n'a pas de brigands ;
la Basilicata, qui a la pire viabilité du Napolitain, où 91
communes sur 124 étaient en 1870 privées de routes, était
la province la plus infestée par les brigands (Voyez PAXI
ROSSI, *o. c.*).

Mauvais gouvernement, etc. — Dans le Mexique, il y a
encore peu d'années, les fils de familles nobles ne croyaient
pas déroger en se faisant voleurs de grands chemins, comme
en 1400 à Paris et en 1600 dans la Vénétie. Dans les dernières années de la papauté de Clément XIV, on enregistra
12,000 homicides, dont 4000 dans la capitale.

Dans la Vénétie jusqu'à l'époque Napoleonienne existaient
encore les *Buli* qui disposaient à leur gré de la volonté des
autres par la seule terreur qu'ils avaient su répandre parmi
le peuple (1).

Pour comprendre dans quelles tristes conditions était réduite la société de cette époque, il suffit de se rappeler
que les noms les plus glorieux de la République vénitienne
étaient publiquement bannis pour des fautes ignominieuses.
Je n'en citerai que quelques-uns : Morosini, Corner, Falier,
Mocenigo (1).

« Dans une requête adressée à l'empereur par les communes
de Castiglione, Medole et Solferino, contre Ferdinand II Gon-
zague, il est prouvé que les sicaires du prince assassinaient
de pauvres paysans, leur coupaient la tête et les exposaient
dans une cage de fer sur les murs de Castiglione ; que les
archers incendiaient les fermes et les granges, pillaient les
maisons, volaient argent, bétail, meubles, coupaient et arrachaient les vignes.

« Dans la République même de Saint-Marc, qui bien que
tombant déjà dans une décadence sénile, conservait encore une

(1) P. MOLMENTI, *I banditi della repubblica di Venezia*, Firenze,
R. Bemporad e figlio, 1896.

certaine réputation de sévérité, les iniquités des bandits étaient fréquentes, surtout dans les deux derniers siècles ; les précautions, les lois, les menaces, les punitions restaient le plus souvent sans effet.

« Dans la Vénétie, si un noble commettait quelque délit, la justice, appelons-là quant même ainsi, envoyait aussitôt des bandes contre les révoltés qui troublaient la tranquillité de la ville, mais le peuple, en éludant les lois protégeait les bandits qu'il tenait en grande considération, et le noble délinquant trouvait un refuge certain dans son château. Les magistrats, eux-mêmes nobles presque tous, après avoir publié décrets et sentences contre les criminels, après un grand fracas de menaces, mettaient toutes choses à l'oubli. Le Résident de la République vénitienne à Milan, n'avait-il pas lui-même affirmé, les armes à la main, le droit d'asile ? En effet, un matin le chef des archers de Milan avec ses sbires était passé devant la maison du Résident qui, pour punir tant d'audace avait fait décharger sur eux une fusillade qui en blessa et tua plusieurs » (1).

Enfin, quelque chose de pareil, si non à la camorra, mais certainement à la *mafia* sicilienne, existait à Paris à l'époque de Cartouche. Les voleurs y étaient organisés en bandes, avaient des centres d'action jusque parmi les agents de police ; ils comptaient des pseudo-huissiers, des espions et avaient pour affiliés toute une population : aubergistes, porte-faix, horlogers, tailleurs, armuriers et même des médecins.

En France, en 1500, les Bourguignons, les Bohémiens, étaient de véritables bandes de brigands, composées d'anciens soldats d'aventure, de vagabonds, qui à mesure que se policait la société, que les rues s'ouvraient dans les grands centres de Paris, se retiraient dans les bois de Rouvray, d'Estrellère, où les fugitifs de la guerre civile allaient les grossir (Voyez *Homme Criminel*, vol. II, pag. 474).

---

(1) *Op. cit.*

Armes. — Il est une autre circonstance qui influe puissamment sur le brigandage : c'est la facilité de porter et de manier des armes. Les gladiateurs, sous les Romains, furent les plus terribles chefs de brigands ; et transformèrent leurs bandes en véritables armées. Il est à noter que « dans tout le midi de l'Italie, dit Tommasi Crudeli (p. 73), à commencer par la campagne de Rome, le couteau, bien plus qu'une arme proditoire, est l'épée du peuple ; presque toujours, en effet, l'usage du couteau est précédé d'une provocation formelle. L'habitude de ces duels est si profondément enracinée, que durant le rigoureux désarmement de la population sicilienne, opérée par Maniscalco, il y avait dans chaque quartier de Palerme des cachettes pratiquées dans les murs et connues de tous les habitants du quartier, dans lesquelles étaient déposés les couteaux qu'on allait prendre dans les cas de disputes ».

Paresse. — L'extension de la *mafia* a Palermo est due a l'absence de toute industrie et à l'influence des couvents qui en favorisent la paresse.

Certes, les prêtres et les moines, entrent toujours comme part et cause du brigandage ; la province napolitaine au XVIII siècle comptait sur 4 millions d'habitants, 115,000 ecclésiastiques, dont presque la moitié étaient moines ; chaque village de 3000 habitants avait au moins 50 prêtres. Et, chose remarquable, dans l'argot des camorristes, l'ordre était appelé *ubbidienza*, justement comme dans le jargon des couvents.

Les prêtres faisaient de la mendicité un métier, et souvent même une œuvre méritoire.

Une des causes principales du brigandage et de la camorre, dit très bien Monnier, était l'habitude répandue parmi les Napolitains de laisser grandir leurs enfants, dès l'âge de trois ans, au milieu des rues, en mendiant et jurant par tous les saints, qu'ils étaient orphelins et mouraient de faim ; le mendiant se transformait bientôt en filou ; jeté en prison, il devenait une victime s'il était lâche, un affilié à la camorra s'il était fort.

Mais le doux et fécond climat de Naples, à son tour, est complice de l'oisiveté et autant que Palerme, invite au repos et au séjour dans les rues ; fournissant les vivres à peu de frais il ne laisse pas sentir le besoin et le devoir de travailler.

C'est pourquoi les associations malfaisantes sont plus fréquentes dans les capitales, surtout des pays méridionaux, où les passions les plus violentes, comme nous l'avons vu ailleurs, y provoquent plus souvent certains genres de crimes (1).

La formation des associations de malfaiteurs dépend incontestablement de l'adaptation au caractère ou aux conditions d'un pays ; nous le voyons dans le répullulement spontané de la *mafia* et de la *camorra* après sa destruction et après l'envoi à domicile forcé de tous ses membres.

En 1860-61, à Naples, on condamna au domicile forcé beaucoup de camorristes ; malgré cela, la camorra, un instant domptée, y répullule maintenant plus audacieuse que jamais, elle menace les conseils électoraux, l'*arbor vitae* de notre pays.

La *mafia*, détruite en 1860 à Palerme, se releva en 1866 armée et puissante. — La camorra anéantie en 1874 par Mordini, ressuscita en 1877 sous le régime de Nicotera ; et si elle ne s'installa pas dans les fonctions les plus élevées de la ville, elle en fut certainement la grande électrice.

Mais il y a mieux que cela ; à Messine, en 1866, la camorra fut détruite, littéralement, par la mise à mort de ses 29 chefs ; mais ses vainqueurs eux-mêmes ayant gagné, après ce carnage, la réputation de forts, s'en prévalurent pour exercer la camorra autant et plus que les premiers.

(1) « Mon avis, m'écrivit Vincent Maggiorani, est que la *mafia* représente l'état aigu d'une maladie qui a envahi plus ou moins tous les peuples plus voisins de l'Orient ou qui en dérivent ; ainsi à mon avis, les faits qui se produisent périodiquement en Espagne ne sont qu'une forme diverse du même mal. Tu ne trouveras rien de pareil dans l'Europe septentrionale ; une ligne isothermique marque les lignes de ce tempérament », etc.

Misère. — On a beaucoup parlé de l'influence de la misère. Les peintures que nous a tracé Villari des misères de notre peuple du sud, sont si horribles qu'elles font frémir.

« En Sicile, écrit-il, il n'y a pas d'autre relation entre les paysans et leurs maîtres que celle de l'usure et de la spoliation, que celle d'oppresseurs à opprimés. S'il survient une année mauvaise, le paysan s'en retourne à l'aire, sa bêche sur l'épaule en pleurant.

Si l'année est bonne, les usuriers remplacent la grêle, les sauterelles, les tempêtes et les ouragans. Les paysans sont un troupeau de barbares dans le cœur de l'île, et bien plus que contre le gouvernement, ils se soulèvent pour se venger des tromperies et des usures dont ils sont victimes ; ils exècrent tout gouvernement quel qu'il soit, parce qu'ils croient que tout gouvernement soutient leurs oppresseurs ».

Que la misère, toutefois, n'ait pas toute l'importance que veut lui attribuer Villari (elle en a néanmoins beaucoup), cela n'est pas douteux, quand on sait que l'arrondissement de Monréal qui est assurément un des moins pauvres de la Sicile, est justement celui où les *mafiosi* les plus coupables se recrutent surtout parmi les personnes aisées ; et que Naples, où siège exclusivement la camorra n'est certainement pas dans des conditions plus mauvaises que les Calabres. Artène n'est-il pas un des pays les plus riches de la province de Rome ? D'ailleurs la camorra, comme nous l'avons déjà vu, recrute plus de victimes que de vrais complices parmi les pauvres de Naples.

Hibridités sociales. — Mais plus encore que le manque de civilisation d'un pays, influe déplorablement sur le banditisme, le mélange de la barbarie et de la civilisation, comme par exemple dans quelques régions de l'Italie et dans beaucoup de l'Amérique où l'on voit des peuples encore à demi barbares, soumis à un régime emprunté à des peuples plus civilisés. Car, tandis que manquent les avantages des deux conditions, on en a, au contraire, les dommages multipliés. Ainsi, les grandes agglomérations, l'accroissement des richesses, l'alimen-

tation trop raffinée augmentent les vagabondages, les viols et
les vols et en rendent moins facile la révélation ; tandis que
le jury, le respect de la liberté personnelle, la facilité des
grâces sont cause maintes fois de l'impunité du délit ; et les
lois électorales, surtout, lorsque, comme en Amérique, elles
s'étendent jusqu'à l'ordre judiciaire, lui offrent un nouvel
instrument de puissance e de gains deshonnêtes. On a vu
la camorra étendre ses ramifications sur la presse, sur les
élections des deputés, et en Amérique sur celles des juges,
grâce à quoi les pervers obtenaient un double avantage, le
gain immédiat d'abord, et en suite l'assurance de l'immunité.

Guerre et séditions. — D'un autre côté : les perturbations
politiques, les guerres et les séditions y prennent une large
part ; les entassements, les passions excitées, la facilité d'avoir
des armes, le peu de vigilance de la part du gouvernement,
sont des causes naturelles des associations de malfaiteurs qui
finissent par devenir audacieuses, au point de se convertir en
véritables événements politiques ; comme le furent les massacres d'Alcolea et de la Commune de Paris, ceux récents du
Mexique ou de la Nouvelle Orléans. Ces événements, devenus
de nos jours extraordinaires, étaient autrefois très fréquents.
Au moyen âge, la tyrannie des barons avaient donné au brigandage une apparence d'institution sociale qui s'exerçait
sous prétexte de défense ou de vengeance des vassaux contre
les seigneurs, qui à leur tour regardaient la rapine comme
un noble métier.

Les dix années qui suivirent la restauration de Sylla fut l'âge
d'or des voleurs et des pirates en Italie (MOMMSEN, *Romische
Geschichte*, 3-53).

A Paris, en 1793, à l'occasion de la distribution gratuite
de pain, tant de vagabonds et de malfaiteurs s'y entassèrent,
qu'on dut publier un avis aux étrangers de ne pas sortir de
nuit, s'ils ne voulaient être dévalisés. Les voleurs poussaient
l'audace jusqu'à barrer les grandes routes avec des cordes.
Charles de Rouge était le chef d'une bande qui pillait les grandes

fermes, où il se présentait comme Commissaire de la république.

Pendant la guerre napoléonienne, dans les pays envahis, une troupe de brigands appelée *l'armée de la lune*, composée de faux soldats et de faux officiers pillait les vaincus et les vainqueurs (Vidocq): il en fut de même, ici, à l'époque des invasions des Huns, des Gothes et des Vandales. A notre époque, quand le Bourbon se retira à Rome, le brigandage sévit dans les Abruzzes; et lorsque sous Murat, le métier de brigand devint dangereux, les Bourbons débarquèrent dans les Calabres les forçats de la Sicile : celui qui volait le plus était le mieux accueilli par le roi.

« Les actes criminels, écrit Colletta, perdirent de la sorte leur nature et le crime devint une source d'industrie, dont tout le royaume fut infesté ».

Mais, aux yeux de celui qui connaît le caractère immoral de la guerre, cette recrudescence de la criminalité n'a rien d'extraordinaire. Spencer dans sa splendide étude sur la *Morale* où tant de portées de mon école sont entrevues, démontre que les peuples belliqueux sont et furent toujours les plus vicieux.

Chefs. — Qu'à un moment donné, dans un pays où foisonnent les éléments du crime, il se rencontre un malfaiteur de génie, ou de grande audace, ou bien ayant une influente position sociale, on y verra bientôt surgir et se multiplier les associations malfaisantes. C'est ainsi que les bandes de Lacenaire, Lombardo, Strattmatter, Hessel, Maino, Mottino, La Gala et Tweed durent leur origine et la longue impunité, à la grande intelligence de leurs chefs.

Cavalcanti était un brigand de tant de génie que presque tous ses sectaires, plus heureux que les généraux d'Alexandre, devinrent de terribles chefs de brigands, comme Canosa, Egidione, etc.

La bande d'assassins et d'incendiaires de Longepierre, échappait à toutes les recherches, parce qu'elle était organisée et protégée par le maire du pays. Gallemand se vengeait de ses adversaires administratifs par des incendies ou en dépréciant les biens qu'il voulait acheter.

Prisons. — Mais la cause prépondérante entre toutes c'est le séjour dans les prisons qui ne sont pas construites sur le système cellulaire. Presque tous les chefs de malfaiteurs : Maino, Lombardo, La Gala, Lacenaire, Souffard, Harduin, étaient des échappés de galère, et avaient choisi leurs complices parmi ces compagnons qui y avaient donné des preuves d'audace ou de férocité.

C'est dans la prison que prit naissance la camorra et ce n'est que là qu'elle domina tout d'abord ; mais quand sous le roi Ferdinand, en 1830, beaucoup de forçats furent mis en liberté par la grâce royale, ils transportèrent aussi dans la vie libre les gains illicites et les mœurs dépravées auxquels ils s'étaient accoutumés (Monnier, pag. 58). Il y a peu d'années encore, la camorra choisissait ses chefs parmi les détenus de la *Vicaria* et les camorristes libres ne prenaient aucune délibération importante sans s'être préalablement concertés avec eux. A Palerme (1) les vrais malfaiteurs se forment dans les prisons, et l'on ne se sert d'éléments nouveaux que quand on ne peut s'en passer pour de certaines entreprises.

Tout cela est naturel pour celui qui se rappelle les vers des malfaiteurs Palermitains que nous avons cités dans le chapitre précédent : *la prison est une fortune que le ciel nous envoie, parce qu'elle nous enseigne le lieu et les compagnons de vol.*

Influence de la race. — Nous avons déjà parlé de la grande influence de la race sur le crime, il est évident qu'elle influe aussi sur les associations. (Voir *H. criminel,* Vol. II).

Les Bohémiens, en général, pourraient être appelés, comme les Bédouins, une race de malfaiteurs associés. — Aux États-Unis, le nègre (d'après A. Maury); dans l'Italie méridionale l'Albanais et le Grec, et quelques fois même l'indigène, pa-

(1) Locatelli, *op. cit.*

raissent avoir les mêmes tendances ; Saint-Jorioz écrivait en
parlant de Sora : « Ce beau pays fourmille de voleurs, il y
en a autant que d'habitants » (voyez p. précédentes). Ce fait
explique comment des brigands réussissaient à être nommés
conseillers communaux. — Les habitants de Castelforte et de
Spigno protègent les voleurs à condition qu'ils pratiquent leurs
exploits en dehors de leur pays. — Les habitants des environs de Palerme, parmi lesquels fourmillent les *mafiosi*, descendent des anciens *bravi* des barons (Villari) ; et, en remon-
tant plus haut, des rapaces conquérants arabes confrères des
Bédouins. — J'ai remarqué, écrit d'Azeglio, en parlant des
Romains, que dans les anciens fiefs du moyen âge (Colonna,
Orsini, Savello) est restée dans la population l'empreinte de
cette vie de haine, de guerre, de division, qui était la vie normale de toute l'année dans ces malheureux siècles ; on y retrouve chez presque tous les jeunes gens le véritable type
du *bravo* (*Bozzetti della vita italiana*, pag. 187).

Hérédité. — Ces questions de race, il est aisé de le comprendre, se résolvent en une question d'hérédité.

Parmi les brigands modernes méridionaux, il y en avait
quelques-uns qui descendaient du terrible Fra Diavolo. Beaucoup d'entre les fameux camorristes sont frères, et on connaît les sept frères Mazzardi, les frères Manzi, les Vadarelli,
les La Gala, et dans le Nord-Amérique les frères Youngas,
qui allèrent jusqu'à dévaliser en plein jour les banques publiques du Minnesote. La bande de Cuccito, celle de Nathan,
étaient toutes composées de parents, frères, beaux-frères. Ici, à
l'influence de l'hérédité qui peut perfectionner dans l'art du
mal aussi bien que dans celui du bien, à l'influence de la
tradition, de l'éducation vient encore se joindre la puissance du
nombre. Une famille de malfaiteurs est une bande toute
formée, qui grâce à la parenté, a le moyen de se grossir et
de se perpétuer dans les enfants (v. chap. précédents).

En 1821 les communes de Vrely et de Rosières étaient
affligées par des vols et des assassinats, dénotant chez leurs

auteurs une grande connaissance des lieux et une audace peu-
commune. La terreur empêchait les dénonciations, mais la
justice finit par découvrir les coupables qui appartenaient tous
à une seule famille. En 1832, les vols s'y renouvelèrent, et
les auteurs n'étaient autres que les neveux des premiers coupables. — En 1852 et jusqu'en 1855 les assassinats se réité-
rèrent dans les mêmes communes. C'étaient encore les arrières
neveux des premiers qui aboutissaient à ces Chrétien, Lemaire
et Tarne desquels nous avons donné plus haut l'étrange arbre
généalogique.

Ces faits nous expliquent très bien, pourquoi dans un village donné, nous trouvons un continuel repullulement de délinquants. Il suffit qu'une seule de ces familles perverses y ait
survécu, pour corrompre, par l'affinité élective qu'ont entre
eux les criminels, en peu de temps tout le pays ; cela justifie
jusqu'à un certain point la barbarie des anciens et des sauvages qui punissaient avec les coupables, leurs parents innocents.

Autres causes. — Les délinquants s'associent très souvent
aussi par nécessité, afin de pouvoir réagir contre la force armée,
ou bien pour se soustraire aux recherches de la police, en
s'éloignant du lieu de leurs exploits, bien que l'on ait remarqué
que presque *tous* les malfaiteurs associés ont une tendance
constante à commettre leurs méfaits autour de la zone de leur
propre pays.

Ils s'associent encore, pour se compléter réciproquement, par
les spéciales aptitudes qui leur manquent, comme Lacenaire
qui était lâche, s'associa avec Avril qui était féroce et sanguinaire ; comme Maino et La Gala qui étaient courageux,
mais ignorants, s'associèrent à Ferraris et Davanzo qui étaient
instruits. — La plupart cherchent dans leurs complices ce
courage qui leur manque naturellement. Ajoutons que pour
beaucoup de ces gens-là le crime est une espèce de partie de
plaisir, dont on jouit mal tout seul.

Parfois ; l'association a une origine tout-à-fait accidentelle:

ainsi Tepas, en sortant de la prison, se mit à dévaliser un ivrogne, mais il s'entendit appeler par Faurier qui voulait partager le butin ; — dès cet instant naquit la bande Tepas, les événements les plus fortuits, dit Mayhew, tel que le fait d'habiter le même quartier, la même rue, de porter le même nom, de s'être rencontrés à la sortie de la prison, etc., donnent naissance aux bandes des petits voleurs de Londres.

Les rendez-vous des gamins en certaines places, dit Spagliardi, est une cause principale du brigandage en Lombardie.

Chapitre XIX.

Causes de crimes politiques.

Nous avons vu que le crime politique est une sorte de crime par passion, punissable seulement parce qu'il porte atteinte aux sentiments conservateurs et misonéiques de la race humaine, particulièrement dans la religion et dans la politique (1). Nous avons vu (*H. Crim.*, vol. II) qu'il est surtout fréquent dans la jeunesse et dans les peuples les plus intelligents et les plus cultivés.

Orographie. — L'influence de la plus faible pression de l'air sur ce genre de crime, est incontestablement très grande. On peut dire que les plus grands révolutionnaires surgirent toujours parmi les habitants des montagnes; voir les Sannites, les Marses, les Ligures, les Cantabres, les Bruzzes contre les Romains; les Asturiens contre les Goths et les Sarrasins, les Albanais, les Druses, les Maronites, les Mainottes (2) contre les Turcs. De même que ce fut dans les Cèvennes en France, dans la Valtelline et à Pignerol en Italie, que surgirent les premiers efforts en faveur de la liberté religieuse, malgré les dragonnades et les supplices de l'Inquisition.

(1) En voir la démonstration complète dans mon *Crime politique et les révolutions*, 1890, 1er partie.

(2) Ce furent les Mainottes du Mont Taigete (Sparte) qui proclamèrent les premiers l'indépendance (Gervinus, *Risorgimento della Grecia*, 1864).

Suivant Plutarque, Athènes, après la sédition de Cimone, se divisa en trois partis, correspondant chacun aux diverses configurations géographiques du pays : les habitants de la montagne voulaient à tout prix le gouvernement populaire ; ceux de la plaine réclamaient un gouvernement oligarchique ; tandis que ceux qui habitaient près de la mer préféraient un gouvernement mixte.

Lieux concentriques. — Dans les endroits, où convergent les vallées et où les contacts sont le plus nombreux, les peuples sont plus novateurs et plus revolutionnaires.

La Pologne dut incontestablement sa précoce civilisation et ses révoltes, de même que plus tard ses infortunes, à la position qu'elle occupe et qui fait d'elle un pont entre les Slaves, les Allemands et les Bizantins.

Les départements de la France, situés sur le parcours des grands fleuves, Seine, Rhône, Loire, ou possédant de grands ports, fournirent, indépendamment d'autres causes, le plus fort contingent de votes révolutionnaires (1).

Densité. — On peut en dire autant de la plus grande densité démographique et de la plus grande activité industrielle, qui sont en rapport avec un esprit d'évolution plus avancé, tandis que les populations agricoles et à moindre densité, sont le plus souvent les plus conservatrices (1).

Salubrité et génialité. — La salubrité et la fertilité de la terre ne restent pas non plus sans exercer sur l'esprit de révolte une influence prépondérante, comme je l'ai démontré pour l'Italie par de longues séries de chiffres (1); et de son côté la plus grande génialité y prend une large part; c'est pour cela que Florence, Athènes et Genève, qui furent les villes les plus géniales, furent aussi les plus rebelles; et les génies, ainsi que

(1) Voy. *Crime politique* de Lombroso et Lasohi, 1890.

les révolutions, sont fréquents dans les Romagnes et dans la Ligurie, qui sont parmi les terres les plus salubres de l'Italie (1).

En France, le parallélisme apparaît encore plus clairement — car dans 75 sur 86 départements on observe en même temps, la prédominance du génie, de la haute taille et des partis anti-monarchiques (1).

Races. — L'influence ethnique, à son tour, est incontestable. Par l'étude des votes et des révolutions de la France, j'ai démontré que les départements, où prédomine la race Ligure ou Gallique, ont fourni le maximum des rebelles, tandis que ceux de races Ibérique et Cimbrique en ont donné le minimum. Il y a aussi de petits pays, et des villes comme Arluno, Livourne, qui sont connus pour leur constante tendance à la révolte (1).

Le caractère rebelle des anciens Romagnols, l'origine et l'histoire des Livournais et des Ligures Apuaniens peut nous servir à expliquer l'explosion si fréquente encore aujourd'hui dans ces pays de l'anarchie et des révoltes (2).

Croisements. — On trouve une action ethnique bien plus évidente dans les croisements réciproques des races, croisements qui peuvent les rendre toutes plus révolutionnaires et plus progressives ; c'est un phénomène qui se lie à celui découvert par Darwin, dans le monde végétal, suivant lequel la fertilisation, même dans les plantes hermarphrodites, doit être croisée ; et avec la loi de Romanes, qui fait remonter la première cause des évolutions à la variation indépendante.

Les Ioniens nous en fournissent aussi une preuve ; ils

---

(1) Voyez *Crime politique* de LOMBROSO et LASCHI, 1890.

(2) Livourne (Voyez N. MAGRI et A. SANTELLI, *Lo stato antico e moderno di Livorno*), fut peuplée des *Liburnes* de l'Illyrie, *insignes pirates*, qui étaient venus piller sur la mer toscane, où était l'antique temple de Labrone, et y édifièrent une station ou retraite. — Les Ligures Apuaniens furent des rebelles constants sous les Romains.

furent révolutionnaires et produisirent les plus grands génies (Athènes), certainement parce qu'ils furent précocement mé langés aux Lydiens et aux Persans dans les colonies de l'Asie Mineure et dans leurs iles, et qu'ils subirent de la sorte un double croisement de race et de climat.

Le croisement avec la race Germanique, d'autant plus puissant qu'il était à l'état naissant, nous explique pourquoi la Pologne s'éleva en très peu de temps à une si prodigieuse hauteur intellectuelle, au milieu des autres Slaves encore barbares; et alors même que ces Allemands, qui lui importèrent les premiers germes de sa civilisation, étaient eux-mêmes encore peu policés: et cela nous donne, en partie, la raison de ses révoltes continuelles (1).

Le croisement climatique et ethnique des indigènes avec les colons Européens dans les Républiques espagnoles, les a rendus beaucoup plus actifs dans le commerce et même dans les études; — et aussi plus rebelles. L'Espagne moderne ne peut vanter ni un Ramos-Mejas, ni un Roca, ni un Mitré, ni un Pinero.

Et c'est certainement au mélange du sang allemand, que l'on doit attribuer dans ces derniers temps, l'étrange fréquence, dans la Franche-Comté, des plus grands révolutionnaires scientifiques français (Nodier, Fourrier, Prudhon, Cuvier) (2).

Mauvais gouvernement. — Un gouvernement dans lequel le bien-être public est méprisé et les honnêtes gens persécutés, est toujours instigateur de révoltes et de révolutions (MACHIAVELLI).

Les persécutions y transforment les idées en sentiments.

Benjamin Franklin, à la veille de la Révolution américaine,

(1) Le croisement Germanique semble s'être produit, même dans des époques préhistoriques; il est certain que dans les sépultures préhistoriques de la Pologne, de la Prusse, comme à Volinie, on trouve des crânes dolicocéphales, des orthognates ayant des caractères germaniques (*Dict. d'anthropol.*).

(2) *Revue des Deux Mondes*, 1882.

dans un opuscule intitulé : *Règles pour faire, d'un grand em-pire, un petit*, résume, comme il suit, les causes de mauvais gouvernement, qui, effectivement, entrainèrent ensuite son pays à la révolte :

« Voulez-vous, écrivait-il, en s'adressant à la métropole, irriter vos colonies et les pousser à la rébellion ? Voici un moyen infaillible : Supposez-les toujours disposées à se ré-volter et traitez-les en conséquence : placez chez elles des soldats qui par leur insolence provoquent la révolte et la répriment avec des balles et des baïonnettes ».

Dans un pays où les réformes politiques marchent de pair avec les aspirations du peuple, les soulèvements sont rares ou nuls.

En France, un régime, comme celui des Orléans, conve-nable pour les classes riches, mais n'ayant aucune affinité avec les classes populaires, multiplia les révoltes et les crimes politiques, qui disparurent dans les premières années du gou-vernement césarien-démocratique de Napoléon III, qui en imposait au peuple par sa magnificence et ses tentatives de réformes sociales. C'est un fait démontré par les statistiques des accusés pour causes politiques de 1826 à 1880 (y compris les délits de presse), dans lesquelles on relève, en effet, que la période Napoléonienne (1851-1870) correspond au minimum des procès politiques :

Moyennes annuelles	En contradictoire Causes	Contumace Causes
1826-30	13	284
1831-35	90	406
1836-40	13	63
1841-46	4	41
1846-50	9	271
1851-55	4	—
1856-60	1	—
1861-65	1	—
1866-70	1	—
1871-75	10	64
1876-80	—	6
	146	1135

La lutte pour la suprématie entre les différentes classes sociales est un effet de cette inégalité, qu'Aristote appelle: *la source de toutes les révolutions* (1). « D'un côté, écrit-il, il y a ceux qui veulent l'égalité et qui s'insurgent, s'ils croient avoir moins que les autres, même s'ils sont égaux à ceux qui ont davantage : de l'autre côté il y a ceux qui aspirent au pouvoir et qui se soulèvent si, étant égaux, ils croient que l'égalité n'a pas une juste raison d'exister ».

Il suffit qu'une classe dominante abuse du pouvoir pour susciter la réaction ; et encore Aristote avait déjà dit (*Politicon*, VIII): « De quelque côté que penche un gouvernement, il dégénère toujours par l'exagération des principes sur lesquels il est fondé ».

En France, la Révolution de 1789 qui semblait devoir étouffer le principe monarchique dans le sang d'un roi, en dégénérant en anarchie, prépara l'Empire, qui surgit de nouveau après les troubles anarchiques de la République de 1849.

Les tortures qu'infligeaient Démophyle et sa femme à leurs serfs furent (avec la coutume du brigandage traditionnel) cause de la grande révolte des esclaves en Sicile.

Prédominance exclusive d'une classe. Prêtres — Indépendamment de toute forme de gouvernement, la seule prédominance d'une classe, ou d'une caste sur l'autre, fut de tous temps dangereuse en entravant le développement organique d'un pays et en le prédisposant d'abord à l'atrophie, ensuite à l'anarchie, par un procédé opposé, mais aussi fatal, que les révoltes violentes.

C'est ainsi que la prédominance du clergé en Espagne, en Écosse, et en Italie dans les États Pontificaux et dans le

---

(1) *Politicon*, lib. X, Chap. 11. C'est un fait curieux que tous les auteurs qui ont étudié et écrit sur les révolutions, n'ont fait que copier Aristote, et cela parce qu'il fut un positiviste de génie, qui vécut au milieu d'un grand nombre de petites révolutions, et vit et apprit certainement plus que tous ses successeurs.

Napolitain, retarda pendant longtemps ces pays dans la voie du progrès et les poussa à la révolte. — Et c'est pour une cause analogue que la tyrannie des patriciens de Rome, malgré sa défaite, l'entraîna d'abord à Saturnin et à Catilina, puis à la dictature Césarienne; cette dernière, à son tour, provoqua la tentative de Brutus, qui manqua à son but parce que les Empereurs représentaient une juste réaction des classes humbles contre les classes oligarchiques.

Et bien souvent les oligarques, en rivalisant entre eux pour le pouvoir, comme a Cnido, laissèrent le pas libre au peuple qui les renversa. Cette fois ce sont eux-mêmes qui se font démagogues pour vaincre leurs adversaires (ARISTOTE, o. c.).

À Florence, au moyen âge, la tyrannie des nobles prépara le triomphe de la petite bourgeoisie; et les abus de celle-ci provoquèrent à leur tour l'élection du Duc d'Athènes, qui, bien qu'il chercha de réprimer les abus de pouvoir, finit par s'aliéner la plèbe elle-même, qui le chassa.

Classes équilibrées. — Lorsque, au contraire, les classes sociales et les pouvoirs qui en dérivent s'équilibrent, la liberté se maintient et les révolutions deviennent très rares: c'est ainsi, que la durée de Sparte, suivant Aristote, dériva de la juste distribution des pouvoirs entre les classes élevées, représentées par le Sénat et les classes populaires, représentées par l'Ephorie, qui était élue par suffrages, à haute voix, sur les places publiques; et parce que les rois, dont les attributions étaient limitées, étant deux, se trouvaient aisément en désaccord et ne pouvaient, en conséquence, que rarement devenir des tyrans.

Partis et sectes. — Les partis et les sectes, parfois utiles dans la lutte des faibles contre les forts, sont souvent, comme les appelle Coco, des *instruments corrupteurs de l'homme, qui à son tour corrompt la nation.*

On en trouve une confirmation évidente dans le spectacle qu'offrirent en Italie les Communes du moyen âge surtout à

Florence, où l'intolérance et l'exagération des partis occasion-
nèrent, suivant Perrens (1), le complet épuisement politique
et intellectuel.

Mais le mal est plus grand quand les partis.tombent dans
l'exagération; Sarmiento le prouve par l'exemple de la République Argentine, où contribuèrent justement à la réaction de
Rosas les Unitaires de Buenos-Ayres, véritables types d'uto-
pistes révolutionnaires, idéologues, qui procédaient en droite
ligne, le front haut, sans jamais dévier d'une ligne, employant
toujours certaines phrases dédaigneuses, et qui, à la veille
d'une bataille, s'occupaient d'un règlement, d'une formule
ou d'une phrase pompeuse: impossible de trouver des hommes plus raisonneurs, plus entreprenants et plus... dépourvus
de sens pratique (2).

Autant les partis gagnèrent du terrain dans l'influence
politique, autant s'affaiblit, au contraire, avec le développement de la liberté, l'importance des sectes, qui justement
étaient le fruit de l'oppression; parce que, comme l'écrit fort
justement Coco, la persécution transforme les idées en sentiments, et ceux-ci à leur tour conduisent aux sectes; mais
c'est certainement grâce à cette origine, que la civilisation
moderne leur est redevable de tant de services et de réformes
dans le champ politique: il suffit de rappeler les Carbonari en
Italie, les Cartistes en Islande, les Hetaïres en Grèce et les
Nihilistes en Russie; quoique l'idéal de ces derniers ne semble
pas correspondre aux sentiments de la grande majorité de la
Russie actuelle, dont on peut dire ce qu'écrivait Stepniack de
l'ancienne, que Czar et Dieu sont fondus ensemble dans l'idée
populaire (3).

En Italie la *Main fraternelle*, découverte à Girgenti en 1883,
était, au commencement, une sorte de société de secours
mutuel dans les infirmités et dans les morts. Mais bientôt

(1) *Histoire de Florence*, vol. VI.
(2) SARMIENTO, *Civilisation y Barbaria*. Buenos-Ayres, 1869.
(3) *La Russie sous les Czars*. Paris, 1880.

elle dégénéra; certains devoirs occasionnaient certains délits.
Tous devaient se faire respecter pour l'honneur du corps,
protéger les femmes, venger les offenses des compagnons,
coopérer pour les sauver s'ils étaient accusés; ils finirent par
l'assassinat qu'ils ordonnaient et exécutaient de la même façon
qu'entre chasseurs on poursuit et met à mort un lièvre; et
par l'intimidation sur les jurés, sur leurs adversaires dans les
enchères publiques; si bien que les gens honnêtes devaient ou
s'y affilier ou payer d'autres criminels pour s'en défendre (1).

En Irlande, la Ligue agraire, dont on connaît le haut et
loyal patriotisme dans la lutte en faveur de la liberté politique
et économique de ce pays, vit, il y a peu de temps surgir
à son côté la secte des *Invincibles*, qui ne comptait pas plus
de deux cents membres, mais qui se signala bientôt par toute
sorte de délits, soi-disant agraires.

Imitation. — Nous avons vu la criminalité, la folie,
l'hallucination devenir épidémiques, par une véritable imitation
dans les émeutes populaires; et l'imitation, par ce fait, être
une cause et un facteur puissant de la révolte. — C'est ce
qu'on peut voir se produire sur une grande échelle parmi
les peuples, jusqu'à devenir une véritable épidémie révolutionnaire; et c'est ce qui arriva, suivant Ferrari (2), dans la
période de 1378 à 1494, dans laquelle, les plèbes européennes
imitèrent les multitudes Italiennes révoltées contre les anciens
seigneurs, à Rome avec Cola, à Gênes avec Adorno, Doge
plébéien; à Florence avec les Ciompi, à Palerme avec Alessi,
à Naples avec Lazzari.

Dans cette période eut lieu, presque en même temps, l'insurrection en Bohême des Hussites contre les Luxembourgeois;
les révoltes des ouvriers et des paysans des villes libres de
l'Allemagne (Worms, Hall, Lubecca, Aquisgrana), le refus

---

(1) Voy. Lestinel, *L'associazione della Fratellanza* (Arch. di psichiatria, vol. V, p. 462).

(2) *Storia delle rivoluzioni d'Italia.* Milano, 1870.

des bourgeois de Gand de payer les impôts, la guerre d'indépendance de la Suisse, les insurrections des paysans Suèdois
avec Inglebert, des Croates avec Harvat, et en Angleterre le
mouvement religieux initié par Wyclif.

Les hommes de 93 imitèrent ou mieux singèrent les héros
de Plutarque (Buckle), comme les Napoléoniens imitèrent
les Césars.

En France, en 89, presque *tous les départements* imitèrent
les massacres des septembriseurs de Paris et plus tard ceux
de la terreur blanche. Et Aristote indique comme cause de
révolte le voisinage de pays gouvernés diversement.

Le voisinage de l'oligarchique Sparte faisait souvent tomber
la démocratie d'Athènes et vice-versa.

Idéaux épidémiques. — La domination presque épidémique
de certains ideaux n'est pas sans y exercer aussi son influence:
une fois c'était l'idéal monarchique — la gloire de son propre
roi; puis la souveraineté populaire (1789); ensuite ce fut le
principe de la nationalité, maintenant c'est l'amélioration des
conditions économiques: non pas en réalité qu'elles ne soient
plus mauvaises que ne l'étaient celles de nos pères; les famines, au contraire, qui moissonnaient par millions les victimes,
n'en fauchent maintenant que peu de centaines et nos ouvrières
ont plus de chemises que les plus superbes châtelaines de l'antiquité. Mais les besoins, et la répugnance pour les moyens de
les satisfaire ont augmenté en proportion de l'accroissement des
gains: la charité conventuelle monastique est encore le moyen
le plus répandu qui nous soit offert pour soulager les trop nombreuses misères; mais elle ne pare pas autant aux premières nécessités qu'elle n'irrite la naturelle fierté de l'homme moderne;
quant à la coopération, elle a une zone d'action trop limitée, et
dans nos campagnes elle manque même presque complètement.

Tradition historique. — *Chaque révolution*, a écrit Machiavelli, *laisse une pierre d'attente pour une autre;* on vit
en effet certaines révolutions reproduire les formes d'autres

révolutions arrivées à des époques très reculées ; comme le Tribunat, qui après tant de siècles, revécut à Rome avec Cola de Rienzi et Baroncelli et dernièrement avec Ciceruacchio et Coccapieller, malgré tant de diversités d'institutions et d'individus.

Les tendances révolutionnaires de la Romagne se rattachent à leur histoire du moyen âge :

> « Romagna tua non è nè sarà mai
> « Senza guerra nel cuor dei tuoi tiranni ».
>
> (DANTE) (1).

La Commune de Paris elle aussi imita '89, comme '89 avait imité les Jacqueries, tandis que l'Assemblée nationale de Paris singeait les Assemblées provinciales de France ; on peut dire qu'à Paris les barricades sont devenus une habitude decennale, comme en Espagne les révolutions militaires, en Russie les attentats contre les Czars, en Macédonie et en Grèce le brigandage, etc.

Une dernière preuve de cette influence des traditions, c'est que les révolutions qui ne savent pas les maintenir en honneur, périssent ; et plus est grande la différence entre la forme du Gouvernement abattu et celle du nouveau, plus est instable l'adhésion du peuple. Un meilleur sort eurent pour cela les révolutions dont les auteurs surent respecter un droit antérieur, comme Brutus I, qui conserva à la plèbe son roi, sous le nom de roi *sacrificulus* (chef des sacrifices), comme les Césars qui maintinrent les tribuns, le Sénat et jusque la même forme républicaine n'assumant que le titre de généraux ; comme les Anglais qui avec la *Magne Charte* s'en tinrent au droit antérieur, comme en Italie les Guelfes qui tout en représentant la plèbe, choisirent, pour conserver le pouvoir, le capitaine du peuple parmi les nobles, comme déjà avaient fait les Gibelins pour leur podestat.

(1) Ta Romagne n'est et ne sera jamais
Sans guerre dans le cœur de tes tyrans.

Cela n'échappa pas à l'esprit pénétrant de Machiavelli qui écrivit : « Celui qui veut réformer un État libre doit retenir l'ombre des moyens antiques, car, en transformant les choses anciennes les esprits des hommes doivent s'efforcer que ces transformations conservent de l'ancienneté le plus qu'il est possible ».

Réformes politiques inappropriées. — Il n'y a que des hommes ignorants de la nature humaine, ou excessivement despotiques, qui puissent décréter des mesures ne correspondant pas aux conditions du moment, et détruire des institutions antiques pour les remplacer par des nouvelles, non pas parce qu'elles sont demandées, mais parce qu'ils les virent appliquées par d'autres dans d'autres organismes sociaux. En agissant ainsi ils soulèvent le mécontentement qu'entraîne après elle toute réforme ; et, en n'étayant pas le nouveau sur le vieux, ils créent un véritable antagonisme qui a pour résultat la dispersion des forces de l'État, et par suite un renouvellement continuel de révolutions. C'est ce qui arriva des réformes d'Arnaldo et de Savonarole ; de Cola de Rienzi qui voulait tenter en Italie une réforme politique que seulement Cavour put effectuer et encore non pas complètement ; il en arriva autant en France de celle de Marcel qui essaya de fonder une fédération républicaine, alors que sans doute une constitution n'était pas même possible, et d'y introduire (ce qui était un songe en ce temps là) la taxe proportionnelle, l'unité sociale et administrative, les droits politiques étendus comme les civils, l'autorité nationale substituée à la royale, et Paris à la tête de toute la France (1).

Vouloir tout réformer c'est vouloir tout détruire, écrit Coco à propos de la Révolution napolitaine du 1799. En Espagne, Charles III put, grâce au prestige de son génie et de son autorité, réprimer le clergé et améliorer les conditions du pays.

(1) *Le vieux neuf*, 1877.

Mais, outre que le peuple réclama à l'unanimité le rétablissement des jésuites, à peine fut-il tombé du pouvoir que toutes les réformes cessèrent sans laisser un regret, parce qu'elles étaient prématurées.

En 1812, en 1820 et en 1836, il y eut bien encore au Gouvernement des réformateurs ardents, mais ils échouèrent parce qu'ils n'étaient pas en correspondance avec les sentiments du peuple : en 1814 et en 1823, écrit Walton (1), l'indignation publique chassa les Cortes (libérales). Et Quin raconte que partout où passait le roi la foule jetait des insultes aux libéraux, à la Constitution et aux Cortes (2).

Religion. — Les religions, dans les pays asiatiques et africains, non seulement se mêlèrent à la politique, mais elles furent la seule politique, quelquefois révolutionnaire, plus souvent réactionnaire comme il appartient au caractère même de la religion.

Dans l'Inde, Nanak (1469) en faisant des miracles, fonda la religion des Sikhs (VINSON, *Les religions actuelles*, 1888), qui avait pour base l'unité de Dieu, l'abrogation des castes, le Nirvana comme joie suprême, il eut peu de prosélytes ; mais les Sikhs, sous Hagovind, un de ses successeurs, prirent les armes contre le fanatisme musulman, et plus tard sous Banda, furent encore vaincus ; mais quand survint la révolte des Marattes, ils reprirent des forces et se constituèrent en une espèce de république ; et on en compte aujourd'hui presque deux millions.

Mahomet mit fin au fétichisme, conquit l'Arabie, et malgré son ignorance (on pourrait défier quiconque à trouver un sens dans presque toutes les *surates* de son *Coran*), il provoqua une révolution jusque dans le champ scientifique ; car de 750 à 1250, toujours dans le but, ou mieux sous le prétexte, d'expliquer le *Coran*, les Arabes traduisirent les auteurs.

(1) *Revolut. of Spain*, 1837.
(2) *Memoirs of Ferdinand*, 1824.

Grecs, et l'on fit d'immenses compilations lexicographiques qui se propagèrent en Europe. Et comme pour sceller encore une fois le parallélisme de la religion avec la politique, la Convention décréta l'adoration de l'Être Suprême, organisa la Cène : et la populace se mit à la tête la folle Cathérine Théot, appelée mère de Dieu, qui avait déjà prêché l'immortalité du corps et prétendait — à 70 ans — devoir bientôt rajeunir : la Convention favorisa la Société des *Théophilantropes*, qui occupèrent Notre-Dame, devenue le temple de la Raison, et Saint-Roch celui du Génie, où l'on chantait sur les autels des vers empruntés au sentimentalisme classique, où l'on offrait des fruits, et des fleurs et où l'on célébrait, en quatre fêtes, Socrate, Saint Vincent, Rousseau, Washington (VINSON, *œuv. citée*, p. 127).

Dans l'antiquité la contre-révolution de Jéroboam succéda au gouvernement de Salomon parce que celui-ci, révolutionnaire au moins dans l'art et dans l'industrie, avait devancé de plusieurs siècles les inclinations populaires (1).

C'est ainsi que la réaction se manifesta, toutes les fois qu'on voulut aller contre les usages et aussi contre les superstitions d'un pays : ainsi une des causes de la révolte des Annamites contre les Français ce fut le mauvais usage que font les Européens des anciens écrits, tellement vénérés chez eux qu'il existe des sociétés ayant pour mission de les recueillir et de les tenir en honneur, probablement parce qu'ils les croient doués d'un pouvoir magique (*Revue politique*, 1888).

Toutes les révoltes de l'Inde contre l'Angleterre furent causées par les violations des mœurs et de la religion des peuples: ainsi la révolte des Cipays en 1857, ne fut pas autant provoquée par l'occupation violente du royaume d'Auda, de la part de la Compagnie des Indes, que par les prédications des ministres protestants et par leurs tentatives exagérées de prosélytisme qui excitèrent les brahmines et les musulmans contre l'An-

---

(1) RÉNAN, *Études d'histoire israélite*. — (Revue des Deux Mondes), août, 1888.

gleterre : et par l'obligation faite au Cipays de se servir de
cartouches enduites de graisse de porc.

En Afrique la révolution réactionnaire fut l'œuvre de l'ordre
des Senusses, espèces de jésuites Musulmans dont le but principal est de faire revivre la pureté des mœurs antiques et d'établir, ensuite, sous une forme nouvelle, l'autorité canonique.

De nos jours: nous voyons les sectes religieuses en Russie,
qui atteignent, suivant des calculs tout récents (1), l'énorme
chiffre de 13 millions de croyants, conclure à la négation absolue
de l'État, de la société et de la famille — un véritable retour
adamitique.

Influences économiques. — L'influence des causes économiques fut démontrée par Loria (2) avec des preuves incon-
testables dans beaucoup des plus grands mouvements révolutionnaires de ces derniers siècles.

Les luttes de classes en Angleterre éclatèrent lorsque la
noblesse commença à voter des lois qui favorisaient la propriété foncière en lésant les industries; ce fut alors que la
bourgeoisie se serra autour d'Elisabeth et triompha avec elle
sur les nobles groupés autour de Marie Stuard; ensuite avec
Cromwell et Guillaume d'Orange.

Il en fut de même en Allemagne au XVI siècle, alors que
la noblesse, représentée par les princes électeurs, disposant
exclusivement du pouvoir politique, décréta des lois hostiles
au capital et au commerce, en imposant des droits sur les
importations et sur les exportations.

En Italie, les disputes des Guelfes et des Gibelins mas-
quaient la lutte entre la propriété mobiliaire et la propriété
foncière, représentée la première par les industriels et la seconde par les feudataires (3).

---

(1) *La Russie sectaire (Sectes religieuses)* par N. Tsakni. Paris, 1886.
(2) *La teoria economica della costituzione politica*, 1885.
(3) L'hypothèse est sans doute trop hardie, mais elle ne manque pas
de preuves; ainsi Bonaccorsi, podestat de Reggio, s'étant montré favo-

En France ce fut la bourgeoisie qui s'étant vue pendant longtemps impuissante contre la Couronne et la noblesse, et, qui plus est, exclue de l'Assemblée Nationale, excita le peuple à la révolte, et mit en déroute la Cour et l'aristocratie.

Le nihilisme actuel, lui-même, suivant Roscher, dériverait du conflit entre la propriété mobilière et la propriété foncière, et surtout de la faveur accordée par les classes commerciales et les petits propriétaires au rachat des colons, au détriment de la noblesse, qui réagit en s'alliant avec tous les déshérités et tous les ennemis de la bourgeoisie (LORIA).

Tschen observe que la prospérité de la Chine est liée et dérive de la diffusion des canaux d'eau qui la fertilise ; et tout empereur qui négligea les canaux tomba et fut remplacé (*Revue scient.*, 1889).

Impôts et altérations des monnaies. — Très souvent ce sont les gouvernements eux-mêmes qui par la méconnaissance des lois économiques, en aggravant le malaise déjà existant, provoquent les révoltes ; comme en France, où une des causes de la révolution de 1360 ce fut que sous les Valois on changea 26 fois dans un an la valeur de l'or ; en Sicile, suivant Amari, le mécontentement occasionné par les abus du gouvernement en altérant la valeur de la monnaie, ne fut pas étranger aux Vêpres Siciliennes (LORIA).

En 1382, à Paris, l'impôt sur les légumes provoqua l'émeute des Maillottins. En 1640 Mazarin double à Paris les droits sur les comestibles : et le peuple fait les barricades du 26 août. La Cour intimidée transige avec le peuple qui obtient une diminution de plus de 12 millions d'impôts.

En 1639, le peuple s'insurge à Rouen au cri de « *Mort aux gabeleurs !* » : mais l'émeute s'éteint dans le sang des insurgés eux-mêmes. La haine populaire contre les agents de l'impôt se maintient cependant manifeste et active. Mais le gouver-

rable aux pauvres, fut après 8 mois licencié par les Gibelins (*Memoriale Potestatum Regiensium*, VIII, 1126).

nement publie un décret (17 janvier 1640) qui défend, sous peine de mort, les épithètes de gabeleurs, maltôtiers, monopoliers, envers les percepteurs.

Alors même qu'une imposition est juste, il suffit qu'elle frappe plus directement une classe qu'une autre et en trouble trop les intérêts pour provoquer des émeutes; c'est ainsi que la taxe sur la farine à Pavie dans l'Emilie et le cadastre à Florence provoquèrent des révoltes dans les provinces, poussées par la bourgeoisie.

Crises économiques. — Les crises industrielles et commerciales, cependant (1), n'eurent pas dans les temps anciens une influence aussi grande sur les révolutions que sur les révoltes et les tumultes locaux. C'est ainsi qu'à Rome, où cependant, suivant Carle (2), les grandes agitations avaient pour mobile principal les dettes dont le peuple était accablé, ou les lois agraires; durant les féroces contestations entre Consulat et Tribunat, alors que la prospérité économique était loin de faire défaut, Spurio Cassio qui proposait une loi agraire par laquelle les biens communaux devaient être en partie divisés entre les citoyens pauvres, non seulement ne fut pas appuyé par le peuple, mais il fut mis à mort, seulement parce qu'il voulait que dans la division prissent aussi part les fédérés latins (3).

Paupérisme, grèves. — Ce n'est qu'à notre époque que se sont manifestées les plus grandes révolutions politiques et sociales, grâce à l'énorme disproportion entre capital et travail incessamment accrue par les nouvelles spéculations, particulièrement bancaires, et par les besoins nouveaux qui font sentir au peuple plus vivement qu'autrefois ses tristes conditions.

(1) Rossi, *Il fattore economico nei moti rivoluzionari* (Archivio di psichiatria, scienze penali ed antropologia criminale, vol. IX, fasc. 1°).

(2) *Genesi e sviluppo delle varie forme di convivenza civile e politica.* Torino, 1878, p. 16.

(3) Mommsen, *Storia Romana*, trad. Sandrin, vol. I, pag. 288.

Les théories Darwiniennes elles-mêmes admettent, il est vrai, la disproportion entre les individus et par suite une nécéssaire inégalité dans la richesse (1).

Mais ce sentiment d'humanité qui reçut son premier souffle du Christ et que le temps ne peut avoir affaibli, fut-il encore contre la théorie de Darwin, ne pourrait permettre qu'un homme en travaillant meure de faim et que voulant et pouvant être utile il ne puisse trouver du travail.

Quand on voit des milliers de paysans contraints à vivre de maïs gâté, sans que l'on ait pensé pendant longtemps au moyen d'y remédier, sans qu'il se soit trouvé un homme au Parlement pour les soutenir; quand on voit dans les régions alpines le goître et le crétinisme décimer d'entières populations, seulement parce que l'on ne dépense pas la centième partie de ces sommes, qui se perdent en d'inutiles monuments, pour y transporter de l'eau saine; quand on pense que dans tant de plaines de l'Italie — aux portes des deux plus grandes villes — sévit la malaria, qui décime les populations (2), on est bien obligé de convenir que si le paysan proteste par les démonstrations et par les grèves, la responsabilité en retombe sur ceux qui n'ont pas su remédier au mal.

En France, les grèves de 1882 de Roanne, de Bessège, de Molière et d'autres centres industriels du Midi, les troubles plus graves de Montceau-les-Mines et de Lyon furent le résultat d'une agitation socialiste ayant un caractère éminemment politique.

En Amérique la fraction socialiste révolutionnaire qui a son centre à Chicago et est organisée en fédération, tend à conquérir une importance de plus en plus grande, par effet des crises économiques, provoquées spécialement par les spéculations

---

(1) Ferrero, *Socialismo e Darvinianismo*, 1896.

(2) Des 5258 Communes de l'Italie, 2813 avec 11 million et demi d'habitants sont sujettes à la malaria et dans 2025 autres Communes avec une population de 8 millions, ces cas se sont vérifiés avec une certaine fréquence (Bodio, *Bulletin de l'Institut international de statistique*, 1887).

exagérées sur les chemins de fer, et par le fait que les partis politiques semblent dédaigner une politique prolétaire. Or, c'est à ce parti révolutionnaire que doit être attribuée une grande partie des nombreuses grèves qui y éclatent chaque année (160 dans l'espace de 2 ans).

Quant aux autres causes économiques, nous trouvons 19 émeutes ouvrières, soit le 13,4 %, plus le 9,1 p. % provoquées par des lois ayant un caractère financier; c'est-à-dire un total de bien 48 révoltes pour causes économiques — soit le 29,58 %.

L'accroissement des émeutes pour causes économiques à notre époque comparativement aux époques antérieures, et en raison inverse des émeutes militaires est clairement démontré dans le fait qu'elles sont plus fréquentes dans les nations les plus civilisées (France, Angleterre, Belgique) qui nous représentent l'âge moderne; tandis que c'est le contraire qui arrive en Turquie, en Espagne, qui sont encore, pourrait-on dire, un fragment vivant de l'histoire ancienne (1).

Causes militaires. — D'après une étude sur 50 ans en Europe on voit en effet que:

Sur 19 révoltes l'Espagne en eut 5 militaires 3 économiques et ouvrières
» 24 » la Turquie » 9 » 1 seule » »
» 16 » la Belgique » 8 économ. et ouvr. et pas une milit.
» 15 » l'Angleterre » 8 » » » »

Les révoltes militaires se sont élevées à 26, c'est-à-dire le 18,3 %; il convient d'ajouter que pour les nations du Nord ou en compte une seule en Russie; 4 dans les pays du centre; tandis qu'au moins 21 ont éclaté dans les régions méridionales; et de ces dernières 12 dans la Peninsule Ibérique.

(1) Les révoltes prétoriennes et les révoltes militaires, qui donnèrent origine aux trente ou mieux 19 tyrans rebelles des temps anciens de Galien, eurent lieu dans l'Empire Romain, mais lorsque celui-ci retombait dans la barbarie et s'était fait Asiatique, ce qui confirme notre assertion.

Il y en eut ensuite 7 de janissaires en Turquie dans la brève période de 20 ans (1807-1826).

La plus grande partie de ces émeutes militaires, eurent lieu dans les pays chauds et pendant la chaude saison (11), comme du reste les émeutes religieuses (7 sur 15).

Seules, l'Italie, l'Allemagne, l'Autriche et la Russie eurent des révoltes d'étudiants.

Le 26 % de ces révoltes eurent une cause politique (34); cette cause prédomina en Suisse dans 3 sur 5, en Italie dans 13 sur 22, en Espagne dans 5 sur 19, en Turquie dans 4 sur 14; c'est-à-dire dans les pays les plus mal gouvernés ou ayant un gouvernement républicain: 14 eurent lieu contre le roi, les chefs et entre partis politiques, 23 pour l'indépendance, contre l'occupation étrangère ou pour obtenir une constitution ou une révision de constitution. — Tant géographiquement qu'à l'égard des saisons, nous trouvons une distribution spécifique différente de ces deux catégories de motifs politiques.

Changements externes. — Cependant, beaucoup de ces causes offrent de très singulières contradictions.

Le climat très chaud de l'Egypte rend anti-révolutionnaires les Sémites, les Fellahs et les Berbères qui dans les montagnes de l'Algérie sont en continuelles révolutions, si bien qu'à Alger on montre les sépulcres de sept Bey, nommés et tués en un seul jour.

Dans de nouveaux milieux et grâce à de nouveaux croisements les agriculteurs Hollandais devinrent les pasteurs nomades de l'Afrique (Boers); les chasseurs Normands devinrent d'audacieux navigateurs, les pasteurs Juifs des commerçants et le rigide conservateur Anglo-Saxon devint le libre novateur et révolutionnaire Nord-Américain.

Un bon gouvernement sert aussi beaucoup à empêcher les révolutions provenant de la disparité des races, surtout quand il vient s'y ajouter la cause physique de l'attraction des grandes et des petites masses qui est un des facteurs les plus puissants de la fusion des races Sémitiques-Sardes avec les races Celtes, Piémontaises; et des races Corses, parfaitement Italiques avec les Françaises.

Quand les peuples vivaient isolés, les premiers croisements (Doriques, Romains), provoquèrent des révolutions très violentes; mais, plus tard, à mesure qu'avançait l'évolution, les intérêts économiques et politiques l'emportèrent sur ceux de races; c'est ainsi que les Polonais exècrent les Russes avec lesquels cependant ils sont en communauté de sang slave, et cela parce qu'ils ne peuvent tolérer leur despotisme.

Au contraire, les populations du Rhin, bien qu'étant allemandes en majorité, inclinent plus volontiers vers les Français, que vers leurs consanguins parce que les traditions de la bonne administration française, les intérêts commerciaux et les habitudes, l'emportent sur l'attraction ethnique.

État naissant. — La prédominance absolue de certaines causes dans des époques déterminées, comme par exemple celle des causes économiques dans les temps modernes, s'explique aussi facilement par le fait, que dans la sociologie comme dans la chimie, l'influence de quelques agents à l'état naissant est bien plus puissante et plus tranchée et laisse des traces plus durables; ce fait vient encore appuyé par la physiologie humaine, en ce que les premières stimulations, même si elles sont plus faibles, sont perçues avec plus d'intensité que celles qui les suivent; et que, dans les fécondations ultérieures, l'influence du premier fécondant se fait sentir en proportions relativement plus grandes : en conséquence l'influence du climat persiste encore, alors même qu'elle se trouve entravée et en contradiction avec l'influence de la race. C'est pourquoi dans certains pays, comme par exemple Florence, la colline n'est plus aussi favorable aux révolutions et aux violences, qu'elle l'était dans d'autres temps.

La Hollande est un pays froid et de plaines et par conséquent anti-révolutionnaire par excellence, surtout dans les époques antérieures, alors que la culture n'était pas encore

répandue, mais la lutte avec la mer et contre l'oppression
étrangère en ont activé la tendance évolutive.

Actuellement une religion influe bien peu sur la civilisation et sur l'évolution, mais quand elle était à l'état naissant,
elle favorisait beaucoup les révoltes et les révolutions. Les
nouvelles religions sont presque toujours accompagnées par
une véritable révolution progressive dans la morale et dans
l'amélioration du caractère — ce qui leur permet de faire des
prosélytes parmi les gens honnêtes : nous en trouvons des
exemples dans le Babisme en Perse, le Bouddhisme en Asie, le
Christianisme et le Luthéranisme en Europe — ce fait s'observe
encore actuellement à l'apparition de quelques sectes comme
celles des Lazzarettistes, des Quakers et des sectaires Russes.

Causes minimes. — Enfin, il existe de petites causes qui
échappent par centaines à notre attention. C'est ainsi que
Spencer observe que les sources chaudes furent l'origine des
vastes fabrications de céramiques parmi les tribus américaines:
— d'un autre côté, la possibilité d'avoir des bêtes de somme,
en facilitant les transports de l'Indo-Européen, en augmenta
l'évolution : il en est de même de la multiplicité des produits
minéraux ou végétaux qui facilitent la fabrication des barques,
des maisons et des étoffes. Au contraire, une forêt, inaccessible,
pleine de bêtes féroces, peut entraver une évolution.

Ainsi la lagune, en isolant Vénise, et ses canaux, en rendant difficile l'insurrection en masse, fut probablement une
cause de sa stabilité politique.

Causes occasionnelles. — Aristote affirme que les oligarchies
périssent quand quelques-uns de leurs membres y prédominent
trop; et que lorsqu'elles sont déchues, elles tentent de se res-
saisir à l'aide des révolutions. A Syracuse, écrit-il, la constitution fut changée pour une querelle amoureuse qui poussa à
l'insurrection deux jeunes de haute lignée et leurs adeptes: et
en parlant des tyrannicides il trouve qu'ils surgissent le plus
souvent d'offenses personnelles.

À Mitilène les querelles de deux héritiers et à Delphe la violation d'une promesse de mariage causèrent des troubles pendant de longues années.

Bacon remarque (1) que des phrases ou des réponses trop vives de quelques princes furent parfois l'étincelle qui allumèrent des séditions; Galba se perdit en disant: *Legi a se militem non emi;* les soldats n'espérant plus après cela de se faire payer leur vote. Probo, se perdit également par ces paroles: *Si vixero, non opus erit amplius Romano Imperio militibus;* et révolta contre lui la soldatesque.

Même dans notre siècle de grandes émeutes n'eurent pas pour motif une cause plus sérieuse. C'est ainsi qu'à Madrid en avril 1821, éclata une révolte, parce que le roi ne voulut, ou ne put intervenir à une procession religieuse; en juillet 1867, Bukarest s'insurgea contre le monopole des tabacs; en septembre 1867, Manchester se révolta pour l'arrestation de deux Fénians; en septembre 1876, Amsterdam, pour l'abolition de l'une des foires annuelles.

Guerre. — Les guerres sont souvent aussi des causes d'émeutes.

À Thèbes, après la perte de la bataille des Enophites, le Gouvernement démocratique fut renversé; à Athènes, les classes riches perdirent la primauté, lorsque, après les pertes faites dans la guerre contre Sparte, elles durent s'incorporer dans l'infanterie; à Argo, après la perte de la bataille contre Cléomène, toute l'armée dut accorder l'affranchissement aux esclaves; à Tarante prédomina la démagogie après que dans une bataille la majorité des citoyens eut été vaincue; Syracuse, après que le peuple eut vaincu les Athéniens, substitua la démocratie à la république.

« Souvent les oligarques, en temps de guerre (écrit Aristote), par une mutuelle défiance remettent la garde de la ville aux soldats, dont le chef devient ensuite le maître de tous, c'est

_____

(1) *Essais de politique.* Paris, 1784.

ce qui arriva à Samos, à Larisse, à Abido », et nous dirons aussi en France dans une époque plus récente.

Au contraire, les victoires Polonaises de 1587 à 1795, suivant Soltyk, en aggravant l'état des classes pauvres sans leur donner une compensation équivalente, et en augmentant l'activité des peuples vaincus, auraient été une des causes de la ruine de la Pologne.

La guerre Franco-Prussienne créa ou mieux cimenta l'Empire en Allemagne, bien qu'auparavant les populations s'y montraient hostiles: la statistique des crimes politiques en Allemagne le prouve; on y relève que les procès pour offenses contre l'Empereur, après s'être élevés de 76 (1846) à 342 en 1848 et à 362 en 1849, avaient peu à peu repris le cours normale avant la guerre de 1866; montant ensuite de nouveaux à 375 pour redescendre à 132 et à 193 en 1879-1880 (1).

À son tour, Sédan, fut le signal de la chûte de l'Empire Napoléonien, comme récemment la bataille d'Adua a marqué la fin de la dictature de Crispi en Italie.

Suivant Rénan, les deux grandes évolutions hébraïques du Judaïsme et du Christianisme doivent être attribuées non pas seulement aux prophètes, mais aussi à la grande perturbation que provoquèrent parmi les Juifs, les victoires des Assyriens et des Romains.

Il est d'ailleurs évident que les occasions, en influant sur les révoltes, ne sont qu'un prétexte, une déterminante dans les révolutions où un peuple déjà prédisposé se précipite.

La brutalité d'un soldat et la débauche d'un prince furent l'occasion qui fit éclater les Vêpres Siciliennes et chasser les Tarquins. Mais qui pourrait croire, en pensant, de combien d'infamies se rendirent, impunément, coupables parmi nous, les rois et les peuples conquérants que ce fut là la seule et véritable cause et non pas seulement l'occasion et le prétexte?

(1) *Verbrechen und Verbrecher in Prussen*, 1854-1878. Berlin, 1884.

DEUXIÈME PARTIE

PROPHILAXIE ET THÉRAPEUTIQUE DU CRIME

Chapitre I.

**Substitutifs pénaux — Climats — Civilisation
Densité — Police scientifique — Photographies — Identification.**

Si le crime est souvent réellement une conséquence fatale de certaines organisations, naturellement prédisposées, il est alors presque irrémédiable; et nous ne devons plus espérer que l'instruction et la prison soient des remèdes suffisants pour le combattre; mais nous entrevoyons dans ces cas les causes de la constante récidive sous tous les systèmes pénitentiaires; et, ce qui importe le plus, nous y découvrons la marche à suivre pour la nouvelle thérapeutique criminelle.

Il ne suffit plus de réprimer le crime; nous devons tâcher de le prévenir; et si nous ne pouvons le supprimer, cherchons au moins de diminuer chez les criminels d'occasion, et chez les adolescents et les criminaloïdes, l'influence des causes que nous avons étudiées dans les chapitres précédents.

Et à cela, viennent en aide ces moyens que Ferri a si heureusement appelé — Substitutifs pénaux (*Sociologie criminelle*, Paris, 1890, pag. 240).

La conception des substitutifs pénaux part de l'idée que le législateur, connaissant et étudiant les causes des crimes, cherche, par des moyens préventifs, d'en effacer, ou, au moins, d'en amoindrir les effets.

C'est ainsi que, dans l'ordre *économique*, le libre échange en diminuant les disettes, prévient beaucoup de révoltes et de vols; l'abaissement des tarifs douaniers, ou mieux encore leur abolition, prévient la contrebande; une distribution plus équitable des impôts prévient les fraudes contre l'état; la substitution de la monnaie métallique supprime le faux numéraire, qui résiste au maximum des travaux forcés, car on reconnaît plus aisément une fausse monnaie qu'un faux billet de banque; des appointements plus rémunératifs aux fonctionnaires publics empêcheraient bien des concussions et des corruptions; ainsi que la distribution de bois aux pauvres empêche beaucoup plus de vols champêtres, que ne pourrait le faire un centaine de gendarmes.

Et — l'éclairage électrique, aussi, et l'ampleur des rues — préviennent les vols, et les viols, bien mieux que les agents de la sûreté publique.

La limitation de l'horaire des enfants et des femmes préviendrait, mieux que les peines, les attentats à la pudeur.

Les maisons d'ouvriers à bon marché, les caisses pour les invalides du travail, la responsabilité civile de l'entrepreneur empêcheraient beaucoup de vagabondages et de grèves.

Dans l'ordre *politique*, un gouvernement vraiment libéral, comme en Angleterre, prévient les insurrections et les vengeances anarchistes, de même qu'une entière liberté d'opinion et de presse empêche les corruptions des gouvernants et les révoltes des gouvernés.

Dans l'ordre *scientifique*, les médecins nécroscopes préviennent certains empoisonnements; de même que l'appareil de Marsh a fait disparaître l'empoisonnement par l'arsenic, comme les bateaux à vapeurs ont effacé la piraterie et le chemins de fer les vols sur les grands chemins.

Dans l'ordre *législatif*, des lois opportunes sur la recon-

naissance des enfants naturels, sur la recherche de la paternité, sur l'indemnisation pour les violations de promesse de
mariage, diminueront les avortements, les infanticides, les
homicides par vengeance ; de même que la justice civile à
bon marché préviendra les délits contre l'ordre public, les
jurys d'honneur préviendront les duels, et les bréphotrophes
les infanticides.

Dans l'ordre *religieux*, le mariage des ecclésiastiques et
l'abolition des pélerinages feraient disparaître beaucoup de
crimes contre les bonnes mœurs.

Dans l'ordre *éducatif*, l'abolition des spectacles atroces et
des jeux de hasard sera un moyen préventif contre les rixes
et les crimes de sang.

Climats et races. — Essayons, maintenant, une application
systématique de ces substitutifs pénaux — suivant les causes
les plus graves de crimes.

Nous ne pouvons certainement pas empêcher l'action pernicieuse des climats chauds sur les crimes ; mais nous devons
tâcher d'introduire les institutions le plus capables d'en
tempérer les effets ; par ex., en régularisant, dans ces climats, la prostitution, de manière à y diminuer les effets des
excès sexuels : en facilitant l'usage des bains de mer et d'eau
douce à d'entières populations, comme on faisait dans l'ancienne Rome, et comme on fait encore en Calabres, sachant
que le bain froid affaiblit l'action de la chaleur excessive.
Nous devons alors aussi rendre la justice punitive plus expé-
ditive, plus apte à frapper les esprits impressionables ; évitant,
bien entendu, d'étendre par habitude d'une pédantesque uniformité, ces mêmes lois, aux pays septentrionaux, surtout
pour les délits contre les personnes, spécialement pour les
crimes sexuels.

Le promoteur du nouveau Code italien (1) déplorait comme
un inconvénient très grand la disparité de traitement juri-

(1) ZANARDELLI, *Progetto del nuovo Codice Penale*. Rome, 1886.

dique existant entre les citoyens des diverses parties du Royaume; mais il ne pensait pas que si cette différence n'avait pas existé dans la loi, elle aurait certainement existé dans quelque chose de bien plus substantiel : c'est-à-dire « dans l'opinion publique qui interprète à Mazzara un homicide d'une tout autre manière qu'à Aoste » (ce sont les paroles précises du procureur du roi Morana); ce qui avec les Assises trouve une sanction effective.

Il est évident, d'après cela, que, la précocité sexuelle dans quelques régions étant donnée, non seulement on doit condamner diversement selon les régions le viol sur une fille de douze ans; mais encore la limite d'âge pour la responsabilité ne peut pas être la même dans les zones du nord et dans les zones méridionales et insulaires; quoi qu'il en soit on ne peut ni on ne doit la déterminer préalablement, mais après une étude pratique qui nous renseigne si la précocité sexuelle n'y est pas aussi suivie par la précocité psychique et dans quelles limites.

Nous possédons bien maintenant, dans ces cas, l'unité de la loi; mais elle ne sert certainement pas à diminuer les crimes; elle ne sert qu'à rendre la loi impuissante et dérisoire.

Si dans ces régions on avait mesuré la peine à l'opinion publique en l'adoucissant pour les crimes qu'elle considère comme moins graves, cela ne serait certainement pas arrivé; mais peut-on, après ça, espérer un avantage quelconque en modifiant les lois pour des délits qui ne sont pas même des contraventions aux yeux du plus grand nombre, comme le duel, l'adultère, etc. ?

Pour unifier la loi, réellement et non sur le papier seulement, il faudrait niveler les mœurs, la natalité, la sexualité, et, plus que cela, il faudrait encore niveler les climats, le sol, les cultivations; sinon il en sera de la loi décrétée de même que de cet *ukase*, qui ordonnait aux Polonais de changer de langue. On pourra opprimer, massacrer un peuple : mais on ne lui fera jamais changer sa langue, tant qu'il n'aura pas changé de climat, d'air, de larynx et de nerfs, d'où proviennent nécessairement les modifications glottologiques; et cet *ukase* ne restera qu'une preuve de plus de l'ignorance humaine.

Et que l'on ne nous objecte pas que plusieurs pays, sans être ethniquement unifiés, ont toutefois des lois uniformes. — Cela n'est que trop vrai; il suffit de citer la Corse avec des mœurs et des crimes si différents de ceux de la France; mais justement dans ces cas la loi unifiée y reste, grâce au jury, absolument lettre morte (1).

En Suisse, au contraire, chaque Canton a un Code particulier et pourtant on n'en a jamais éprouvé aucun inconvénient.

En Angleterre il y a mieux encore: il n'y a pas de Code particulier, mais une série de lois spéciales qui varient dans les trois grands règnes; et de même aux États-Unis, sauf New-York. Et ce sont les pays les plus libres et au moins dans le premier, les crimes sont en décroissance.

Nous ne prétendons certes pas que l'on étende ces mesures aux subdivisions provinciales ou communales; il n'y aurait en cela aucune utilité, car, elles se fondent selon les climats et les races en grands groupes. Toutefois des exceptions devraient être faites pour des pays même petits comme Artène, où la criminalité est endémique et où il faudrait adopter des mesures exceptionnelles, à la fois préventives et curatives, au nombre desquelles devrait être en première ligne l'émigration forcée des populations suspectes.

Là, par exemple, où il y aurait un nombre considérable de Bohémiens, ne serait-ce pas absurde de vouloir les traiter juridiquement comme les citadins de Paris, de Londres, et les soumettre, par exemple, au jury, etc.?

Barbarie. — Il serait absurde de vouloir extirper, tout d'un coup, la barbarie; mais on peut en atténuer les effets pernicieux en éclaircissant les forêts, forteresses naturelles des malfaiteurs, en ouvrant de nouvelles voies, en fondant des villes.

(1) BOURNET. *Criminalité en Corse*, 1887 (Archive de Psychiatrie, VIII, 6).

et des villages dans les endroits les plus mal famés, comme fit avec succès Liutprando en 734, pour extirper le brigandage qui sévissait dans les campagnes désertes de Modène (MURATORI), en y procédant au complet désarmement; avec une rapide et énergique répression qui préviendrait et frapperait les abus des puissants aussi bien que les vengeances des faibles qui sont les causes principales du brigandage; en extirpant, grâce à une instruction rationnelle, la superstition et les préjugés, ou bien en les faisant servir contre le crime comme l'essayèrent plusieurs fois Garibaldi et Napoléon ; en abolissant certaines institutions, d'ailleurs sans utilité pour les nations cultivées, telles que le Jury, la Garde nationale, l'élection populaire des juges, et toutes les sociétés secrètes, et surtout les communautés monastiques qui sont si inclinées à la haine et à mal faire (voy. chap. préc.) ; en surveillant et régularisant les émigrations; en empêchant et en détruisant les associations de malfaiteurs à peine formées; en encourageant, par des primes, les dénonciations mutuelles auxquelles, comme nous avons vu, leurs membres sont si inclinés (c'était un des moyens de Sixte V) en frappant sévèrement, à l'aide d'une police habile, les recéleurs et leurs complices, qui, nous l'avons démontré, sont le point de départ normal des criminels associés (v. chap. pr.); enfin en encourageant et au pis aller en terrorisant les citoyens honnêtes, mais faibles, si bien que, placés entre la crainte des criminels et celle de la loi, ils soient contraints de préférer la seconde à la première: méthode à laquelle Manhès est redevable de la destruction de 4000 brigands en moins de quatre mois.

Et lorsque le délit, celui, bien entendu, qui n'a aucun caractère économique, politique ou religieux, mais purement éthique, y repullulerait sous l'égide de quelques institutions libres, telle, par exemple, que: l'inviolabilité du domicile, l'abolition de l'arrestation préventive, liberté d'association, le jury; il deviendrait indispensable, comme justement pratiquent les nations les plus libres, Angleterre, Amérique et Portugal, de suspendre pour quelque temps ces institutions jusqu'au but atteint.

La liberté est comme l'or, chère à tous, tant qu'elle est un élément de bien-être ; mais, justement comme l'or dans les mains de Midas, elle se fait abhorrer et mépriser quand elle devient une source de malheurs ; d'où les réactions tyranniques qui conduisent ensuite aux excès démagogiques. Il est donc dans l'intérêt de la civilisation d'éviter tout ce qui peut nous la rendre moins chère.

C'est pourquoi il faudrait, là où la camorra, la maffia, le brigandage prennent une physionomie politique, décréter des lois très sévères, capables de prévenir toute possibilité d'influence de leur part sur le suffrage : et l'homme politique, qui serait seulement soupçonné de participer à ces associations devrait perdre tous droits politiques ; et les gens arrêtés pour camorra devraient être envoyés dans des pays éloignés exempts de criminalité endémique, et ou mieux encore rélégués dans les îles. Le tribunat politique dont nous parlerons devrait exercer une surveillance spéciale et une action directe sur l'application de ces mesures. Enfin, il ne serait pas moins utile d'abolir les droits de grâce, surtout pour les criminels associés de droit commun ; et de toute manière leur empêcher autant que possible de retourner dans leur pays où s'exerce leur champ naturel d'action.

Civilisation. — Les effets pernicieux des grandes agglomérations, ceux de la civilisation poussée à outrance se peuvent prévenir en opposant de nouvelles défenses aux nouvelles armes de crime. — Voyons-en les moyens :

Densité. — On peut essayer d'empêcher les mauvaises influences des grands centres en transportant dans les plus petits centres les institutions qui actuellement attirent dans les grandes villes déjà surchargées une foule trop considérable de personnes (ZERBOGLIO, *Alcoolisme*, 1892) ; telles que Universités, Académies, laboratoires scientifiques, collèges militaires, etc.,

Il serait d'ailleurs puéril de croire que ces agglomérations

peuvent être dispersées tout d'un coup; mais on peut les purifier
de tout ferment criminel et les éclaircir peu à peu en favorisant l'émigration des ouvriers désoccupés, en leur accordant
au besoin le transport gratuit. Et lorsque la densité arrive à être
en disproportion exagérée avec l'alimentation, la diffusion des
méthodes et des liquides Malthusiens devient alors le seul préservatif possible.

L'anglais Hill (*Criminal capitalist*, 1872), propose, lui, le
concitoyen du pays le plus scrupuleux de la liberté personnelle, de surveiller et, le cas échéant, de supprimer dans les
grandes villes, ces maisons qui sont le repaire des criminels
habituels, qui de la sorte ne pourraient plus s'associer et sub-
sisteraient difficilement étant isolés.

Il propose encore de frapper de peines très sévères les soi-
disants *capitalistes* du délit, ou recéleurs, qui restent presque
toujours impunis, et qui étant de la bonne société ont, ou devraient avoir, plus de crainte de la loi. Pour empêcher ensuite
que l'immigration n'augmente les crimes dans les pays où
elle est économiquement utile (Australie et Etats-Unis), on
devrait y pratiquer une sorte de sélection comme on fait maintenant aux Etats-Unis; et n'accepter que des immigrants valides, honnêtes, ayant quelques moyens et une habilité manuelle
incontestée.

C'est grâce à une pareille sélection faite à l'aide des
enquêtes judiciaires que la France, dans ces dernières années
est parvenue à épurer son immigration: et qu'elle a obtenu
une décroissance du crime (JOLY, *o. c.*).

Police scientifique. Electricité. Photographie. Identification.
— Nous avons fait jusqu'à présent de la police à tort et à
travers, comme on faisait la guerre aux époques héroïques,
alors que la ruse et la force musculaire de quelques-uns déci-
daient elles seules de la victoire.

Nous avons des policiers très habiles, aussi habiles que
Ulisse et Achille dans les batailles; mais nous n'en avons
aucun cependant, je ne dirai pas comme de Moltke, mais,

pas même comme un officier d'état-major quelconque, qui se serve pour ses recherches des ressources scientifiques que lui offrent les études de statistique, d'anthropologie criminelle, qui multiplie en somme son talent personnel par les forces énormes dont dispose la science.

Le télégraphe, par exemple, appliqué aux vagons des chemins de fer, le téléphone, les chemins de fer eux-mêmes : voilà de nouveaux moyens aptes à neutraliser les nouveaux instruments du mal introduits par la civilisation ; ainsi que la photographie des détenus, distribuée alphabétiquement.

En Amérique, les sociétés d'assurance contre le crime ont introduit le *télégraphe* d'alarme qui, grâce à un régistre placé à la tête de votre lit, signale l'entrée du malfaiteur et avec un mouvement de clef, vous met en communication avec un bureau télégraphique qui envoie immédiatement les secours.

Une autre application de l'électricité a été introduite dans le service de police de New-York ; de nuit, chaque *policeman* doit surveiller un espace déterminé ; le long de cet espace est placée une espèce de colonne de fer vide, qui, outre une petite pharmacie, contient un appareil télégraphique, système Morse, avec lequel, sans bouger de sa place, il peut communiquer avec tout le département de police de la ville et en recevoir les secours sans perte de temps ; si par exemple, plusieurs voleurs ont pénétré dans une maison et sont en train d'y faire leur butin, et qu'il ne soit pas prudent pour lui de les affronter, il en avise le surintendant, qui avertit aussitôt tous les *policeman* du voisinage, en touchant la sonnerie électrique, qui ne s'arrête plus jusqu'à ce que le *policemen* auquel appartient la colonne, accoure l'arrêter et en même temps recevoir les ordres de son supérieur.

Guillar propose sagement l'association de toutes les nations pour l'arrestation des criminels en rendant communs les traités d'extradiction par l'organisation d'une espèce de police internationale qui communiquerait les photographies et signalerait les malfaiteurs qui vont à l'étranger — ou ceux qui à l'expiration de leur peine émigrent dans les pays voisins, ou qui y furent transportés, sauf les cas très rares où ils aient appris à exercer un métier lucratif. — Il devrait y avoir un casier judiciaire international et un bureau d'indications générales (*Rev. de Disc. Carcer.*, *Bulletin Internat.*, 1876).

En Autriche et en Angleterre on a introduit ces compagnies de *Detective*, de *Vertraute,* qui sont de véritables combattants du crime.

Quelques-uns, isolés, cachent leur mission sous des noms d'emprunts et des professions diverses, d'autres divisés en petits groupes, inconnus les uns aux autres, tous récompensés généreusement, suivant l'importance de l'arrestation qu'ils effectuent, font une chasse à outrance aux criminels et souvent les attrapent en flagrant délit, en se servant des chemins de fer, du télégraphe, de l'observation minutieuse faite dans les prisons des physionomies et surtout du regard des malfaiteurs, qui ne peut changer, et des collections photographiques dont nous avons parlé.

Méthodes d'identification. — Un bon commissaire de police, pour mettre la main sur l'auteur inconnu de quelque crime, se fie à sa mémoire, à la photographie et aussi au grossier casier judiciaire qu'on a institué depuis peu d'années. Mais dans un royaume aussi vaste que l'Italie, avec des communications aussi rapides, des milliers d'individus échappent à ses observations; la mémoire la plus heureuse ne saurait être d'un grand secours.

Les délinquants réussissent aisément à se soustraire aux recherches de la police en changeant de nom; et s'ils sont arrêtés, ils parviennent non moins aisément à tromper l'autorité sur leurs propres antécédents, en prenant le nom de quelque personne honnête.

On voit, d'après cela, combien est nécessaire une identification scientifique des prévenus (1).

(1) À Vienne 150 *Vertraute* arrêtèrent en 9 mois de 1872 — 4950 délinquants, parmi lesquels 1426 voleurs et 472 escrocs (HAYBERZ, *Wiener Verbrechen*, dans la *Deut. Rundschau*, 1875).

Parmi tous les systèmes proposés à ce sujet, celui de Bertillon est incontestablement le plus génial (1).

À la Préfecture de police de Paris, à laquelle il était attaché, se trouvaient conservées quelques milliers de photographies de délinquants qui furent utilisables tant que ces délinquants furent en nombre restreint, mais devinrent insuffisantes quand leur nombre augmenta. Bertillon proposa alors de les classer suivant les mensurations de quelques parties du corps que l'on peut tenir comme invariables. Ce sont: la taille, la longueur et la largeur maximum de la tête, la longueur du médius gauche, la longueur maximum du pied gauche, l'envergure et la longueur de l'avant-bras gauche.

En supposant toutes ces mensurations divisées en plusieurs séries, il est évident qu'on n'aura plus à faire la comparaison qu'avec les photographies d'une série en étendant tout au plus les recherches aux deux séries voisines, car, l'erreur de mensuration ne peut être que très limitée.

Son système est basé sur le fait que le corps humain, arrivé à son complet développement se maintient à peu près invariable et qu'on ne peut trouver deux hommes complètement identiques: par ce moyen il obtint, de 1883 à 1890, 3017 identifications.

Cela fut le premier essai de Bertillonage.

Mais après un certain temps, on s'aperçut que les mensurations pouvaient suffire à elles seules à identifier les prévenus sans le secours de la photographie. '

Jusque-là, l'identification avait eu un caractère essentiellement judiciaire; elle servait à garantir aux magistrats l'identité et les antécédents de l'individu recherché.

Mais un nouveau progrès permit d'utiliser cette méthode

(1) G. Bonomi, *Project of an instrument for the identification of person.*, 1892. — Compagnone, *Il Casellario giudiziario*, 1895, Roma. — *Il Casellario giudiziario*, 1896, Torino. — A. Bertillon, *Identification anthropométrique. Instructions signalétiques*. Nouvelle édition, Melun, 1893. — Id., *La photographie judiciaire, etc.*, 1890. — Lombroso, *Les applications de l'Anthrop. criminelle*, 1892, Paris, Alcan.

pour les recherches de la police. Il s'agit d'avoir sous la main toutes les données, afin de reconnaître le délinquant qui, étant en liberté, se cache sous un faux nom. Et cela Bertillon l'obtint avec les photographies parlantes, accompagnées d'une description minutieuse de l'individu et de ses signes particuliers.

Anfosso alla plus loin, il imagina un appareil (o. c.) que j'ai appelé *Tachi-anthropomètre*, avec lequel, en peu d'instants, on peut obtenir non seulement toutes ces mesures, mais encore beaucoup d'autres du premier venu (v. fig. 1), sauf, cependant, l'inconvénient commun à toutes les mesures de se prêter à l'erreur si les mensurations ne sont pas faites avec attention.

On a obvié maintenant à ces inconvénients en y ajoutant un système d'identification crâniologique (v. fig. 2), consistant en deux règles métalliques portant une bandelette de plomb: cette dernière s'appuie sur la tête le long de la courbe antéropostérieure, à partir de la base du nez jusqu'au point inférieur de la nuque; elle est soutenue par deux règles qui étant mobiles sur un pivot, la transportent sur un plan vertical, sur lequel s'appuie une feuille de papier au picrate de potasse. Quand la bandelette touche le papier, intervient le passage d'un courant électrique, qui, en décomposant la solution dans les points de contact, détermine une ligne colorée, qui reproduit les courbes de la bandelette et en conséquence celle de la tête; cette opération se répète pour la courbe horizontale et pour la transversale. En découpant ensuite le papier le long de la ligne marquée, on obtint un diagramme correspondant exactement aux courbes crâniennes: il est à remarquer que cette ligne disparaît après cinq minutes et que celui qui fait l'opération doit procéder de suite à la découpure, enfin on obtient une garantie de plus en vérifiant de suite sur la personne si le rélief et la découpure ont été exécutés fidèlement.

Ce système a cet inappréciable avantage, que l'opération étant purement mécanique, les coefficients d'erreurs sont beaucoup plus rares; et tandis que dans les mensurations millimétriques, l'unique moyen de vérifier l'exactitude consiste à les répéter, dans le relief crânien la superposition directe du diagramme sur la tête du sujet en garantit la précision. Il ne faut pas oublier non plus que dans les mensurations ordinaires, les points de différenciation d'un individu à un autre

Fig. 1.

sont très restreints tandis que dans le nouveau système ces points sont très nombreux.

Presse. — La police devrait aussi se servir systématiquement de la presse.

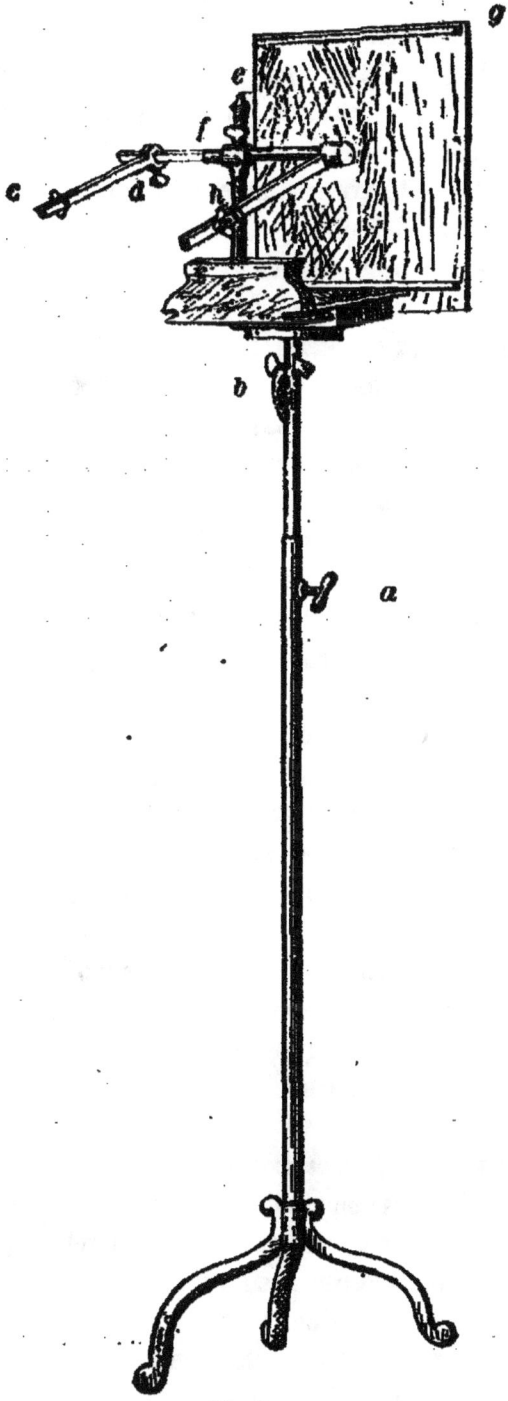

Fig. 2.

La presse est aussi bien un instrument de civilisation qu'elle en est un de criminalité, et nous ne pouvons la supprimer ni la réprimer sans porter atteinte à la véritable liberté; mieux vaut donc s'en servir pour la défense sociale.

En Suisse, l'Autorité gouvernementale possède une espèce de manuel contenant les photographies et les biographies des criminels suisses les plus connus.

En Allemagne on vient d'introduire la pratique d'insérer parmi les annonces des journaux les plus populaires, le signalement, les primes promises et jusqu'aux photographies des criminels, dont l'arrestation presse le plus.

À Mayence (Allemagne) on publie un journal en trois langues : française, allemande et anglaise : *Internationale Criminal Polizeiblatt, Moniteur International de Police Criminelle, International Criminal Police Times*, qui sort toutes les semaines et qui est rédigé par le conseiller de police, le *Polizeirath*, et contient les portraits et les indications des criminels recherchés.

Au Caire en Egypte, on publie toutes les semaines un journal en arabe: *Vagaï'u 'bubûlis* c'est à dire *Evénements de police*, il est dirigé par le bureau de police, paraît tous les mercredi et contient les portraits et les indications des homicides et des faussaires arrêtés, avec leurs crimes et leur description minutieuse.

C'est ainsi que la presse, et particulièrement la publicité des journaux qui jusqu'à présent a été le plus souvent une source de chantages, d'escroqueries et de calomnies peut devenir un moyen de défense sociale.

Nouveaux indices. Plétismographie. — Mais il y a mieux que cela encore. Nous avons aboli la torture, nous devons nous en féliciter, mais à ce moyen brutal de recherches qui quelquefois pouvait nous éclairer, mais plus souvent nous égarer, nous n'avons rien su substituer: et cela est un mal.

Maintenant: la connaissance des anomalies physionomiques et biologiques (anesthésie, analgésie, mancinisme, cam-

pimétrie anormale) et psychologiques, cruauté, vanité du délit,
imprévoyance des criminels, peuvent remplir cette lacune;
ainsi que plusieurs autres données, telles que les tatouages
obscènes, vindicatifs eto. Déjà Déspine proposait l'arrestation
des délinquants habituels, alors qu'en liberté ils s'étaient vantés
de commettre un délit, sachant bien que dans ces cas l'effet
suit toujours la parole.

Nous avons déjà vu dans le premier volume (*H. criminel*)
comment le plétismographe de Mosso peut, sans aucune alté-
ration de la santé, sans douleur, avec une exactitude mathé-
matique, pénétrer dans les recoins les plus cachés de l'âme
du criminel.

J'en ai pu faire moi-même une application curieuse dans un
procès très compliqué, en prouvant l'insubsistence d'un crime
dont était soupçonné un fameux malfaiteur et sa culpabilité
dans un vol qui était ignoré et sur les traces duquel on avait
été mis particulièrement par le plétismographe, ce qui fut ensuite confirmé par de nouvelles recherches judiciaires (1).

(1) Voy. III Partie, chap. V. et Atlas.

CHAPITRE II.

Moyens préventifs contre les crimes sexuels et l'escroquerie.

Les crimes sexuels (1) et les crimes bancaires sont les crimes spécifiques de la civilisation avancée. — Comment y remédier?

Préventifs des excès sexuels. — Le divorce est un préventif puissant contre beaucoup d'adultères: et contre beaucoup des crimes contre les mœurs, qui sont une des notes les plus tristes de la criminalité moderne.

Dans les statistiques de Ferri (2), on voit que de 1864 à 1867, les condamnations pour adultère en France, n'ont fait qu'augmenter, tandis que dans la même période, elles décroissaient en Saxe où existait le divorce; dans les districts allemands de race, où le droit français était en vigueur, on notait beaucoup plus de procès et de séparations que dans les autres districts, et les délits sexuels y étaient plus nombreux.

En France, à l'époque où le divorce n'y existait pas encore, de 1874 à 1818 — les empoisonnements entre gens mariés étaient en plus grande proportion que parmi les célibataires 45:30; dans les années successives ils furent au contraire inférieurs: plus du 15 % des meurtres des conjoints étaient déterminés en France par l'adultère et les litiges domestiques. En Italie on ne compte pas moins de 46 homicides par années, perpétrés dans le seul but de rompre une union devenue insupportable.

---

(1) PENTA, *I pervertimenti sessuali, ecc.*, 1893. — VIAZZI, *Reati sessuali*, 1896. — KRAFFT-EBING, *Psicopatie sessuali*, 6ª ediz., Torino, 1895.

(2) *Archivio di Psichiatria*, II, 500; XII, 550.

Nous avons vu (*H. Crim.*, Vol. II) le cas des fils et de la femme Kleinroth poussés au meurtre du chef de la famille par les continuels mauvais traitements que ce père brutal leur infligeait.

En France, Mme Godefroy, âgée de 43 ans, s'était conciliée l'estime et l'affection de tout le pays par le courage avec lequel, à elle seule, elle avait élevé 9 enfants et supporté pendant 15 ans les tortures que lui infligeait son mari ivrogne; mais un jour, qu'il la menaçait d'un couteau, à bout de patience elle le tua à l'aide d'une pelle de fer; elle se constitua et fut acquittée.

Quant aux attentats à la pudeur, une bonne partie doit en être attribuée aux tendances congénitales individuelles; mais une autre part, et la plus grande, entre dans la catégorie des crimes occasionnels dus à l'influence de la barbarie campagnarde, et aux passions sans issue, grâce au défaut de prostitution et à la difficulté des mariages. Car, on observe surtout ces crimes dans quelques pays de montagnes où la prostitution n'existe pas, et parmi les soldats et les prêtres.

La statistique, en effet, tout en démontrant que le sacerdoce est une des professions les moins entachées, attribue aux prêtres catholiques une proportion relativement élevée de crimes pédérastiques, bien qu'inférieure à celle des autres célibataires : dans la criminalité en général ils ne dépassent pas le 5 %; dans les crimes sur les impubères ils atteignent le 12 et sur les adultes le 4 % (FAYET).

Mais la plupart de ces crimes dérivent de l'influence de la civilisation. Nous en avons la preuve dans le fait de leur accroissement dans les provinces occidentales de la Prusse qui sont les plus civilisées et dans ce que les attentats sur les enfants se sont accrus du quintuple en 50 ans, tandis que sur les adultes ils ont diminué (FERRI, *Sulla criminalità in Francia*, 1880).

En France ces crimes s'élevaient à 305 en 1826 et atteignaient à 932 en 1882; les viols sur les enfants de 136 sont montés à 791, c'est-à-dire qu'ils ont quintuplé. En Angleterre, on en comptait 167 en 1830-34; 972 en 1835-39; 1395 en 1851-55.

En Prusse, suivant Oettingen, les délits d'immoralité ont augmenté, de 1855 à 1869, dans la proportion de 225 à 925, et les crimes du même genre dans celle de 1477 à 2945.

La civilisation moderne exerce une influence encore plus directe: en répandant l'instruction elle augmente l'érétisme du système nerveux, qui à son tour réclame des stimulations et des plaisirs toujours plus nouveaux et plus aigus; car, semble-t-il, plus l'homme s'élève dans l'activité psychique, plus s'accroît le nombre de ses besoins et son goût pour les plaisirs, surtout quand son esprit n'est pas occupé par de grands idéaux scientifiques, humanitaires etc., et que la richesse lui permet une nutrition trop succulente.

De tous ces besoins, celui qui se fait le plus vivement sentir est certainement le besoin sexuel qui dans tout le monde animal se trouve en étroite connexion et dépendance du système cérébral et en un rapport, tantôt d'antagonisme (grande fécondité des poissons et des insectes moins intelligents etc., rare chez les animax supérieurs, stérilité des fourmies, des abeilles ouvrières et aussi des grands hommes), tantôt de parallélisme, comme le prouve la plus grande génialité dans la virilité et chez les hommes chastes dans l'exubérance de la santé, de la vie et de l'intelligence; ce fait est aussi prouvé par la statistique: c'est ainsi qu'en France en 1874, les professionnistes qui forment le 5,0 de la population fournirent 6,7 de criminels contre les personnes, 9,2 de viols sur des enfants, le maximum après les ouvriers, et 3,4 sur les adultes.

Cette insatiabilité des plaisirs, chez les personnes les plus civilisées, jointe aux occasions bien plus fréquentes, nous explique pourquoi la criminalité sur les enfants va en augmentant en raison inverse de la criminalité sur les adultes; et elle explique, avec l'absence du divorce et l'observation du plus grand nombre de mariages entre vieillards, ce fait en apparence si étrange par lequel ce délit à l'inverse des autres, prédominerait parmi les gens mariés, précisément comme nous voyons prédominer les empoisonnements pour cause d'amour.

En France, dans les viols sur les enfants, les célibataires en fournissent 41,5 les mariés 45,9; tandis que dans les autres délits contre les personnes les célibataires donnent 48,1 et les mariés 40,4 et dans les viols sur les adultes 61; et cela justement parce que les plaisirs sont plus raffinés dans le célibat et se différencient davantage de ceux du mariage.

Ajoutons enfin, que grâce à un développement continu de la prévoyance (1), les peuples les plus intelligents, cherchent toujours d'engendrer le moins d'enfants possible et penchent par suite vers la pédérastie. C'est ainsi que je vis parmi les montagnards les plus intelligents, à Ceresole, par ex., les mariages retardés justement jusqu'à 40 ans pour avoir moins d'enfants, tandis que dans les montagnes où abondent le plus les crétins, dans la Vallée d'Aoste, les mariages donnent, par ex., à Donnaz 6,5 enfants; à Châtillon, 5,1, presque le double de la moyenne (*Inchiesta agraria*, VIII, p. 160).

Ce n'est donc pas une hypothèse trop hasardée que de dire que l'on traite le mariage comme une affaire dans laquelle le choix est fait à l'inverse des lois d'élection naturelle, préférant la richesse et la puissance à la beauté et à la santé; il devient ensuite haïssable par son indissolubilité et pousse non seulement à déserter le lit nuptial, mais encore à la haine et au dégoût du sexe entier et par suite à la recherche d'amours contre nature, qui ne se multiplieraient certainement pas autant, si les besoins sexuels se pouvaient satisfaire librement avec une personne aimée du sexe féminin. La civilisation, à son tour, influe matériellement sur les viols des impubères, en ce qu'elle multiplie les ateliers, les mines, les écoles, les collèges; et fournit, ainsi, des occasions aux plus grands contacts entre les adultes souvent célibataires et les jeunes parmi lesquels il suffit qu'un seul soit immoral pour en corrompre des centaines.

(1) FERRI, *Socialismo e criminalità*, 1883.

Tout cela nous explique pourquoi les ouvriers qui fournissent, suivant Fayet, le 30 % de la criminalité en général, donnent un contingent de 35 % de viols sur les enfants.

Mesures législatives et administratives. — Il est très aisé de suivre la vieille méthode militaire en disant: si les crimes augmentent, augmentons aussi les peines et nous les ferons cesser. — Cela est une exagération.

Il est bien vrai que M. Ferri, aussi exagère lorsque par une statistique comprenant 53 ans en France (1) il essaie de nous prouver l'impuissance des peines, parce que les continuelles condamnations coïncident avec le continuel accroissement des crimes. Mais en examinant ces tableaux, nous voyons que si les peines correctionnelles ont augmenté contre les coupables de viols sur les adultes, aux dépens des peines les plus sévères, comme 56,4 : 32,2 = 1,75, la prédominance, au contraire, des condamnations à la prison sur celles aux travaux forcés, a diminué de beaucoup plus, comme $\frac{56,7}{10,2} : \frac{30,6}{12,9} = 2,34$, résultat qui, en somme, prouve une recrudescence de sévérité dans la peine ; or, les crimes contre les adultes ayant diminué, il est clair que cette sévérité a exercé une certaine influence.

Nous en trouvons une autre preuve dans le tableau des viols sur les enfants. Ici, il semble que les peines les plus légères ont augmenté aux dépens des plus sévères, en comparaison des travaux forcés; ici donc la sévérité aurait diminué et cependant le nombre de ces crimes a augmenté en France.

La peine n'est donc pas sans influence.

Mais il est incontestable dans ce cas, qu'on doit attendre beaucoup plus des mesures préventives que des punitives.

C'est pourquoi il convient de surveiller les écoles et les ateliers où sont accueillis les impubères : un excellent substitutif pénal contre la pédérastie serait, par exemple, de mettre des directrices ou des surveillantes mariées dans les ateliers où

(1) *Sociologie*, o. c.

travaillent des impubères la nuit; cette mesure serait d'autant plus adoptable qu'elle serait plus économique.

Il faudrait aussi exclure les enfants du travail des mines, comme le prescrit la loi française de 1874 sur le travail des enfants, loi qui est en vigueur depuis 1875, et qui coïncide avec une diminution des viols sur les enfants depuis 1876.

Un autre remède serait certainement la diffusion de la prostitution dans les pays agricoles, surtout dans les endroits où il y a bon nombre de matelots, soldats et ouvriers.

Il faut, surtout, rendre l'amour plus accessible, dans la puberté, à tous les jeunes gens.

Aucune loi ne peut s'opposer aux mariages intéressées et par suite faciles à devenir antipathiques; mais au moins qu'il soit accordée la plus grande facilité de divorce afin que cette antipathie (*nitimur in vetitum*) n'aille pas jusqu'à la nausée et au crime.

Il est évident que le divorce est destiné à diminuer les délits d'adultères en permettant une satisfaction sexuelle légitime aux mariés qui, séparés, s'en procureraient certainement, s'ils sont jeunes, une illégitime, et d'un autre côté en menaçant le célibataire adultère, qui court tout au plus, maintenant le risque d'un duel, de celui bien plus grave d'un mariage avec une femme tout autre que honnête.

Dans l'état actuel des choses, le conjoint offensé, en recourant aux tribunaux, court plus de risques et d'ennuis que le le véritable coupable, grâce à la publicité, au ridicule, sans compter l'éventuel acquittement du coupable. Le divorce est encore un préservatif contre les crimes de vengeance de la part du conjoint offensé, crimes fréquents dans les drames, mais rares dans la vie réelle; et contre le nouveau remède français du vitriol, il serait un substitutif pénal bien plus utile et préférable aux tribunaux; car, alors même que l'auteur est acquitté par le tribunal et absous dans l'esprit public, il n'en reste pas moins un criminel, et le fait du meurtre de l'adultère est toujours, quoi qu'il en soit, une espèce de féroce *jus necis*, laissé aux mains de l'offensé par des mœurs vraiment sauvages ; or, il est à noter, suivant Dumas, qui devait s'y connaître, que ce meurtre se vérifie plus souvent dans les mariages légitimes que dans les concubinages, parce que c'est justement dans ceux-là que se fait plus vivement sentir le besoin de venger la violation de la propriété légitime. C'est pour cela qu'un passage graduel au libre amour serait le plus radical des préventifs.

J'ai démontré dans un chapitre précédent qu'il existe des natures perverses qui sont irrésistiblement attirées l'une vers l'autre ; ce sont alors des mariages heureux pour elles bien que nuisibles à la société ; mais qu'un de ces êtres dépravés s'unisse à un caractère honnête ; qu'un tempérament de satyre, comme le français Ferlin, qui de 7 servantes, outre que de sa femme, eut 54 enfants et qui finit par violer une de ses filles, se lie à une femme chaste et sobre ; et nous verrons alors en surgir de nouvelles causes et de nouvelles formes de délits.

Les anciens juristes, qui étaient tout autre que tendres pour les femmes, reconnaissaient que la femme battue par son mari, ne pouvaient être accusée, si ensuite elle commettait l'adultère.

Si vir uxorem atrocius verberaverit atque uxor aufugiat et adulterium committat, non poterit eam maritus accusare (TIRAQUEAU, *In leg. connub.*). — Évidemment, les anciens avaient entrevue dans l'adultère un substitutif contre les sévices maritales ; or le divorce n'en serait-il pas un meilleur préventif.

Mais le divorce à lui seul ne suffit pas. Il faut de plus rendre obligatoire la recherche de la paternité et surtout la réparation envers la femme séduite.

Si nous jetons un regard sur notre société, nous y voyons en ce qui regarde l'amour, deux courants opposés : d'un côté, les désirs et la puissance d'amour s'élevant à mesure que grandissent l'intelligence et la civilisation, d'où le grand nombre de lettrés coupables ; de l'autre côté, devenir de plus en plus difficiles les moyens de satisfaire ce besoin.

C'est de ce double courant fatal que surgissent ces délits contre les mœurs, et disons-le enfin, une fois, en mettant de côté toutes les réticences hypocrites, de ce préjugé qui nous fait regarder comme coupable pour un sexe, ce qui pour l'autre n'est pas même une contravention; et qui fait de l'acte sexuel presque une faute pour le jeune homme, si bien que le manque d'épanchement à un besoin aussi impérieux, dans les moments le plus érotiques, le pousse à des amours contre nature; et nous voyons s'ajouter pour cela aux *invertis-nés* que l'on ne peut éviter, parce qu'ils sont un produit de la dégénérescence, les *invertis par occasions* qui, tous, pourraient être évités.

Quand, donc, nous verrons s'établir un juste équilibre entre le cri de la nature et celui du devoir et de la morale, nous verrons aussi diminuer rapidement ces sortes de crimes.

Il faut, pour cela, rendre moins mercantile le mariage, plus accessible l'amour et la maternité toujours respectée et surtout rendre obligatoire la réparation que la loi non seulement ne prévoit plus, mais qu'elle exclut en défendant la recherche de la paternité. Ce sont là les véritables préventifs, non seulement des crimes sexuels, mais encore des infanticides, des suicides, des homicides, des crimes en somme qui dérivent uniquement de l'amour, crimes les plus dignes de la compassion humaine, et dans lesquels victimes et coupables sont le plus souvent des hommes honnêtes.

Escroquerie bancaire. Influence politique. — L'escroquerie et l'abus de confiance sont les délits les plus modernes et indiquent la transformation évolutive, civile si l'on veut, du délit ayant perdu toute la cruauté qu'il avait chez l'homme primitif, tout en y substituant l'avidité et l'art du mensonge, habitude qui devient malheureusement une tendance générale.

Si, en effet, des vallées les plus reculées nous passons aux villes et des petites villes aux capitales, nous y voyons, du plus petit au plus grand, le mensonge commercial, l'escroquerie en petite échelle, prendre des proportions de plus en plus grandes; et dans la société la plus élevée, sous forme de banques par actions, la vraie, la gigantesque escroquerie, sévir en permanence, abritée sous les noms les plus sonores et les plus honorés, si non les plus honorables. Il est donc naturel que l'escroc commun ou l'escroc politique ne soit pas un criminel-né, mais un criminaloïde possèdant tous les caractères de l'homme normal et qui sans une occasion propice, et nous pouvons même dire un peu moins forte que celle qui entraînerait l'homme presque intègre, ne faillirait pas (Voyez *Homme Criminel,* vol. II).

Or, ici, on entrevoit le remède préventif dans la vulgarisation des nouvelles idées économiques qui démontrent que la banque ne spéculant que sur le produit de l'argent, ne peut être qu'une organisation d'escroquerie, — l'argent ne pouvant se multiplier de lui-même — et en exigeant dans tous les cas, que les administrateurs des banques par actions ayant un but agricole ou industriel, offrent des garanties effectives, préventives, avec obligation d'indemnité, alors même que l'opération désastreuse aurait été approuvée par les actionnaires; d'autant plus que ces derniers ne sont, le plus souvent, que des instruments commodes aux mains des escrocs et qu'ils en deviennent souvent les complices involontaires et inconscients.

Les banquiers et les joailliers de Londres et de Paris on trouvé un moyen ingénieux pour découvrir les escrocs et les coupeurs de bourses qui se présentent à eux sous les apparences de grands seigneurs; ils utilisent à cet effet des chiens dressés à reconnaître à l'odeur ces prétendus riches qui se lavent assez rarement. Ils se servent, aussi, du téléphone, de la photographie instantanée et des nouveaux téléphographies qui transmettent à distance, comme la voix, l'image des clients soupçonnés; les escrocs risquent ainsi d'être arrêtés, avant même d'être sortis du lieu où ils tentent de commettre leurs méfaits.

Mais il devient bien plus difficile de prévenir l'escroquerie lorsqu'elle est favorisée par la politique et souvent par le gouvernement. Escroquer au nom de l'État, ne paraît pas, aujourd'hui, à beaucoup de personnes un crime, pas plus que ne le paraissait au moyen âge l'usage du poison, alors que non seulement les Borgia, mais encore les Dix de Venise s'en servaient comme d'une arme politique. Or, de là à favoriser un journal, puis un amis avec l'argent public (*argent de la commune, argent de personne*), et puis enfin soi-même, le pas est court, surtout pour ceux qui cherchent de suppléer au manque de génie par le manque d'honnêteté.

Mais ici, le parlementarisme influe surtout par la plus grande irresponsabilité. Lorsque nous vivions sous un gouvernement despotique, les royales concubines ou les favoris des rois empochaient les millions des Banques ou des Panamas; aujourd'hui ce sont les députés qui les ont remplacés; car dès que ceux-ci, à l'égal des rois se considèrent comme inviolables et plus qu'eux sont irresponsables, il est naturel qu'ils ne s'en épargnent pas, pour peu qu'ils manquent de sens moral.

Trouvez le moyen de mettre dans les mains d'hommes irresponsables et inviolables, ou à peu près, d'immenses trésors; et essayez un peu de leur dire qu'ils n'y touchent pas!

Et, aujourd'hui, le mal est bien plus grand, car, s'il y a peu de rois, les députés et les sénateurs sont nombreux et bien plus dangereux.

Et il est facile de comprendre pourquoi ils sont plus dangereux. Dans la lutte électorale ce ne sont pas les qualités intellectuelles et encore moins les qualités morales qui décident de la victoire; loin de là; l'homme ayant des idées neuves se heurte contre le misonéisme des masses; celui qui avec une conscience franche, montre le mal et propose le remède, heurte les intérêts des grands électeurs; l'homme honnête qui ne combat pas ouvertement les abus ne heurte personne, mais il ne conquiert rien non plus; et tous risquent d'être submergés par la médiocrité qui contente tous le monde par un programme insignifiant; par l'impudent et le corrompu qui achètent les suffrages.

La nécessité s'impose donc de restreindre le nombre de ces

représentants de la nation, de limiter leur mandat et de leur ôter tout privilège. Dans les crimes de droit commun, il est juste qu'ils soient soumis à une plus grande responsabilité que les autres, comme en Angleterre où le seul soupçon d'adultère, qui pour beaucoup n'est pas même un délit, suffit à faire tomber Parnell.

Il faut pour cela, octroyer la plus large liberté à la presse; car, dans l'état présent des choses, le coupable, non seulement ne peut être dénoncé; mais s'il l'est, il trouve une nouvelle ressource dans ses propres crimes; et peut, aux dépens des gens honnêtes et avec l'instrument même des lois, opérer ce que j'appellerai un vrai rançonnement à rebours en se faisant indemniser de nouveau sur les efforts que font les honnêtes gens pour aviser le public de ses méfaits. C'est ce qui arriva en France où Baï..., il y a quelques années, put faire condamner à une forte peine un journaliste qui avait osé divulguer une faible part de la vérité sur le Panama.

C'est ici le lieu de faire remarquer que dans ces cas, ce n'est pas augmenter le mal comme le croient les esprits faibles que de mettre à nu les plaies; c'est au contraire faire œuvre d'assainissement. Et un pays qui comme la France cherche de faire pleine lumière sur ces souillures afin de s'en purifier, reprend son rang dans l'estime du monde et dans l'opinion populaire quelque haut placés que soient les coupables.

Une des réformes qui servirait le mieux à enrayer la corruption politique serait encor une large décentralisation; car, lorsqu'un gouvernement concentré comme le nôtre ou comme le gouvernement français, a la faculté d'administrer des sommes énormes, de manipuler des affaires pour des milliards, comme pour beaucoup de nos travaux publics, la corruption en surgit inévitablement aussitôt, parce que le contrôle du public ne s'y exerce plus aussi activement, ni d'une manière aussi directe et laisse à l'impunité une porte plus largement ouverte. Faites au contraire que les administrateurs agissent au grand jour sous les yeux de tous, le contrôle en sera bien plus efficace et les faibles que l'argent

pourrait séduire y trouveront un moyen de résistance contre
le mal. Les Panama se produisent toujours dans les grandes
administrations centrales et jamais, ou dans des proportions
bien moindres, dans les administrations communales.

Concussion. — L'abus des fonctions publiques est aussi un
délit de la civilisation la plus avancée, qu'on ne parviendra à
refréner qu'en limitant le nombre et la toute-puissance des
députés et des sénateurs, qui sont les protecteurs naturels des
pires employés; par la décentralisation qui permettra une
vigilance plus active et diminuera les monopoles — mais
surtout par la diminution effective des fonctionnaires.

La Russie et l'Italie sont de véritables gouvernements
d'employés qui absorbent et étouffent tout ce qu'il y a de vital
sur la superficie du sol et qui, sous prétexte de mieux protéger la vie, la tuent. Dans les tribunaux, par exemple, en
substituant les fonctionnaires collectifs par un juge unique, on
augmenterait le sentiment de la responsabilité on découvrirait
plus aisément les cas de corruptions: il faudrait aussi diminuer
le nombre des employés ce qui permettrait de les mieux
choisir. J'ai proposé, par exemple, de choisir les juges dans
les premières promotions à l'aide des examens, dans les secondes
par le nombre des sentences non révoquées dans les promotions
supérieures, et enfin les juges des promotions les plus élevées,
par le nombre des causes traitées par citations directes et par
leur issue en appel; ce serait là le critérium le plus exact
et en même temps un prodigieux encouragement à bien faire.

Chapitre III.

Contre les influences alcooliques (1).

Pour combattre l'alcoolisme, cause si fréquente de crimes, nous devons nous inspirer des efforts extraordinaires qu'ont faits les Anglo-Saxons : leurs sociétés de tempérance sont devenues très puissantes : en 1867, elles comptaient déjà 3 millions de membres, trois journaux hebdomadaires et trois mensuels.

A Glasgow, elles dépensaient 2000 livres sterlings pour ouvrir des cafés dans les endroits où les ouvriers fréquentent le plus les cabarets ; à Londres, elles ouvraient les jours de fête, des salles de thé et de spectacles pouvant contenir plus de 4500 personnes. A Baltimore, en Amérique, elles étaient représentées au Congrès par plus de 750,000 membres ; en 1873 ils surpassaient 2 millions ; et en 5 ans ils se vantaient d'avoir fait fermer 4000 distilleries et supprimer 8000 cabarets.

En Amérique, les femmes furent de puissantes alliées de ces

---

(1) WILH. BODE, *Die Heilung der Trunksucht*, Bremerhave, 1890. — G. BUNOK, *Die Alkoholfrage.* 5 Aufl., Zürich, 1890. — A. FOREL, *Die Errichtung von Trinker-Asylen und ihren Einfügung in die Gesetzebung*, 1890. — ID., *Die Reform der Gesellschaft durch die völlige Enthaltung von alkoholischen Getränken*, 1891. — KORSAKOFF, *Lois et mesures prophylactiques*, Turin, 1894. — ZERBOGLIO, *Sull' alcoolismo*, 1895. — JAQUET, *L'alcoolisme*, 1897. — LEGRAIN, *Dégénérescence sociale et Alcoolisme*, 1877. — CLAUDE, *Rapport au Sénat sur la consommation de l'alcool en France*, 1897.

fiers ennemis de l'alcoolisme ; afin de préserver leurs frères et leurs maris, elles forçaient les liquoristes par les prières, par les sermons répétés jusqu'à l'importunité, à fermer leurs débits ; quelques-uns résistèrent en menaçant de les frapper, ou les inondèrent avec les pompes ; d'autres recoururent aux tribunaux, ou bien lancèrent contre elles des couples d'ours ; mais elles étaient protégées par leur propre faiblesse, par leur ténacité et par la sainteté de leur cause ; et alors même qu'elles étaient comdamnées par le jury, elles trouvaient des juges qui ne faisaient pas exécuter la sentence ; mises en fuite un jour elles revenaient à la charge le lendemain, de sorte que beaucoup durent céder devant leur indomptable énergie.

En Allemagne et en Suisse, surgirent, sous les auspices de Forel, des journaux, des bibliothèques, dans le seul but de combattre l'abus des boissons alcooliques.

Tant d'efforts réunis réussirent à modifier profondément les institutions à cet égard : dès 1832 on commença dans l'Amérique du Nord à accorder une paye supplémentaire à tout matelot qui renonçait à sa ration de grog ; dans la ration des troupes de terre, on supprima les liqueurs fortes (avec défense aux vivandières d'en vendre), et on les remplaça par le café et le sucre, mesure qui fut ensuite adoptée par les grandes sociétés industrielles.

En 1845, l'état de New-York se déclara contraire à la vente de l'alcool ; le département du Maine en fit autant ; malgré cela, la vente des spiritueux continuait en secret dans les magasins ; c'est alors que fut décrétée la fameuse loi du Maine, qui défendait expressément la fabrication et la vente des liqueurs spiritueuses, excepté pour l'usage hygiénique : les difficultés de leur transport devinrent extrêmes ; il était défendu d'en tenir plus d'un gallon dans les maisons, et la loi autorisait des perquisitions domiciliaires pour en découvrir les dépôts cachés.

Cette loi fut adoptée dans les États voisins de Michigan, Connecticut, Indiana, Delaware, etc. ; mais elle y fut en grande partie neutralisée par les étrangers et par la faculté qu'avait le pouvoir central d'accorder des concessions de cabarets.

Dans tous les États-Unis, et plus tard en Suisse et en Prusse, on décréta des lois qui défendaient de vendre des boissons aux écoliers, aux mineurs, aux aliénés et aux sauvages ; on rendit l'aubergiste responsable des lésions et des dommages causés par l'ivresse, responsabilité pour laquelle, dans l'Illinois, il devait déposer de 4 à 5000 dollars ; dans quelques États, il était encore responsable des dommages causés à la famille de l'ivrogne habituel, par l'oisiveté et par les maladies procurées par ses boissons.

En Angleterre, on défendit, dès 1856, la vente des spiritueux pendant les jours de fête ; plus tard, en 1864 et 1870, on promulgua des lois qui en limitaient la vente à quelques heures seulement.

On y décréta une amende (Vict. VIII) variant de 7 à 40 schellings, ou un jour de prison, pour quiconque était trouvé publiquement en état d'ivresse.

En 1871, sous les auspices de Gladstone (qui en fut victime), on limita le nombre des débits:

Dans les villes 1 par 1500 hab. dans les campagnes 1 par 900 hab.
  »   2 » 3000 »   •   »   2 » 1200 »
  »   3 » 4000 »   »   3 » 1800 »

On nomma des inspecteurs spéciaux pour contrôler les débits clandestins et les sophistications des vins étaient punies par des amendes progressives suivies de la fermeture du débit.

Par la loi de 1873 on ordonna de n'accorder aucune permission de débit de boisson tant que les titulaires de ceux existants ne seraient pas décédés; et on prélevaient des sommes sur le fonds des licences pour l'acquisition des anciens cabarets afin de les fermer.

À tout cela, vinrent s'ajouter: les prédications des pasteurs, notamment celles du père Mathew, que en 1838-40, réussit par sa seule éloquence à faire diminuer, de la moitié, en Irlande, la consommation des boissons alcooliques, et le chiffre des crimes (de 6400 à 4100): et enfin la taxe sur les bois-

sons, dont le revenu atteignait $\frac{1}{3}$ de toutes les impositions.
Aux États-Unis, cette taxe s'élève à 110 dollars par hectolitre; en France, elle rapporte à l'État plus de 500 millions
de francs (et on parle de l'augmenter); en Belgique plus de
13 millions.

Suivant le Code pénal hollandais, sanctionné le 2 mars 1881:
L'ivrogne trouvé sur la voie publique est puni d'une amende
maximum de 15 florins; s'il récidive, de la détention simple
non supérieure à trois jours; en cas d'une seconde récidive
pendant l'année qui suit la première condamnation, la peine
peut être élevée à deux semaines; dans les années successives elle peut s'étendre à trois semaines et plus encore; s'il
est en mesure de travailler on l'envoie dans un établissement
public de travail, pour un an et plus.

Le débitant qui fournit des boissons à un enfant mineur
de 16 ans, est puni de la détention ne dépassant pas trois
semaines et d'une amende non supérieure à 100 florins; la
loi de 1881 interdit le commerce des alcools en quantité
inférieure à 2 litres, sans l'autorisation de l'autorité commu-
nale; cette autorisation est refusée dès que le nombre des
débits a atteint :

1 pour 500 habitants dans les grandes villes
1   »   300   »   dans les villes de 20 à 50,000 hab.
1   »   250   »   dans les villages.

Après la promulgation de cette loi, le nombre des débits de
40,000 qu'il était en 1881, tomba à 25,000 en 1891 (JAQUET,
ouvr. cité).

En Suisse, le privilège d'acheter à l'étranger, de fabriquer
et de vendre en gros l'alcool, appartient au gouvernement:
les deux tiers de la quantité consommée doivent être importés
de l'étranger; de l'autre tiers, une moitié est fabriquée par
l'État, qui exproprie, dans ce but, les grandes distilleries, et
l'autre est vendue par les 200 distilleries secondaires du pays.

Le prix de vente est fixé, par le Conseil Fédéral. —
L'alcool pur et les spiritueux supérieurs sont frappés d'un

impôt fédéral de 80 francs par quintal métrique et la quantité en est déterminée par des computistes spéciaux désignés par la Confédération. — Après cette loi, la consommation des boissons alcooliques diminua de 20 p. 100.

Dans certains cantons de la Suisse, le nom de l'ivrogne habituel est affiché par la police dans tous les débits de boissons, où il est défendu de le recevoir (Tissot, o. c., 571).

Le Canton de Saint-Gall, par un loi promulguée le 21 mai 1891, reconnaît aux pouvoirs publics (Conseil municipal-Communal) le droit de faire séquestrer d'office le buveur d'habitude aux frais du malade ou de la caisse des pauvres. (Smith, Die Alcoolfrage. 1895)

En Suède où l'alcoolisme sévissait à l'état de maladie endémique, on éleva successivement en 1855-56-64, de 2 à 27 à 32 francs par hectolitre, les taxes sur la distillation de l'eau-de-vie; on défendit d'appliquer la vapeur aux distilleries, en en limitant la production à 2610 litres par jour, et la distillation à deux mois seulement de l'année; et plus tard à sept mois, mais seulement pour les grandes distilleries, afin de supprimer les petites, reconnues plus nuisibles au bas peuple; la production de l'alcool s'abaissa ainsi de deux tiers en dix ans, et son prix s'éleva de 0,50 à 1,30 le litre.

En Suède, la société de Bolag recueillit un capital si puissant qu'elle put acheter tous les cabarets d'un district et obliger les débitants, devenus ses employés, à prélever leur gain sur le thé, le café et les aliments, au lieu que sur le vin; elle trouva des imitateurs dans 147 villes de la Suède.

La société vendait des boissons n'ayant subi aucune manipulation et refusait d'en délivrer aux mineurs et aux ivrognes.

Depuis 1813 il y existait, du reste, une loi qui frappait d'une amende de 3 dollars l'individu trouvé ivre pour la première fois sur la voie publique, du double à la deuxième et ainsi de suite; à la troisième et à la quatrième on lui retirait le droit de vote et celui de représentant; à la cinquième on le condamnait à la prison ou à la maison de correction jusqu'à 6 mois de travaux forcés, et à la sixième pour un an.

On y défendit ensuite (du moins en Norvège) de vendre des spiritueux les jours de fête, la veille des jours de fête et dans les heures du matin avant 8 heures (*Ann. de Stat.*, 1880).

Quel est de tous ces remèdes celui qui a donné les meilleurs résultats ?

Beaucoup des mesures les plus énergiques, surtout parmi les répressives, sont loin d'avoir réalisé le but pour lequel elles furent initiées, sauf en Suisse, en Angleterre et en Suède : on sait que de 1851 à 1857 les crimes graves ont baissé de 40 % en Suède et les crimes légers de 30 %, et que cette diminution se fait toujours plus sensible. On comptait 40,621 crimes en 1865, on n'en comptait plus que 25,277 en 1868 (BERTRAND, *Essai sur l'intempérance*, 1875). Dans la période 1830-34, avec une consommation de 46 litres d'eau-de-vie, on enrégistra 59 cas de meurtres et 2281 cas de vols, dans celle de 1875-78 la consommation de l'eau-de-vie étant tombée à 11 litres, le nombre des meurtres descendit à 18 et celui des vols à 1871 (JAQUET, *o. c.*). En même temps la taille s'y est élevée et la vie moyenne a augmenté (BAER) ; le chiffre des suicides d'alcooliques, qui était de 46 en 1861, est descendu à 11 en 1869 ; celui des ivrognes s'est aussi abaissé, mais de peu et d'une manière intermittente : à Gothenburg, par exemple, on comptait :

en	1851	1	ivrogne sur	19	habitants
»	1855	1	» »	0	»
»	1860	1	» »	12	»
»	1865	1	» »	22	»
»	1866	1	» »	33	»
»	1870	1	» »	38	»
»	1872	1	» »	35	»
»	1873	1	» »	31	»
»	1874	1	» »	28	»

Il n'en est pas moins vrai que le jour même, c'était un jour de fête, que notre collègue, M. Brusa, arriva à Gothenburg, il y rencontra plusieurs ivrognes, et cependant il ne put obtenir une seule goutte de vin.

Et il est d'autre part certain que toutes ces lois draco-
niennes n'ont pas empêché qu'en Amérique et en France
les alcooliques n'aient augmenté; on va même jusqu'à affirmer
que la loi du Maine fut bien plus une arme politique qu'une
mesure d'hygiène; et que la contrebande des boissons alcooliques, dont se rendent coupables souvent les législateurs
eux-mêmes, qui la défendent, y maintient l'ivrognerie avec
un surcroît de honte.

En France (56), l'impôt sur l'alcool, qui était de fr. 37,40
en 1830, a été porté successivement à 60 fr. en 1855, à
90 fr. en 1860, à 150 fr. en 1871; et atteint actuellement la
somme de fr. 156,25 par hectolitre d'alcool pur. Malgré cela,
la moyenne de consommation par tête, de 11,45 qu'elle était en
1850 gagnait le taux énorme de 41,56 en 1892 (CLAUDE, o. c.).

La même constatation a pu être faite en Angleterre, où
malgré la taxe exorbitante de fr. 489,20 par hectolitre d'alcool pur, la consommation a oscillé dans le Royaume-Uni de
1860 à 1880 entre 4,1 et 5,7 litres, pour se maintenir de 1880
à 1893 avec quelques variations de peu d'importance au taux
de 4,5 litres. La légère diminution constatée dans cette dernière période doit certainement être moins attribuée à la
taxe qu'aux 5,000,000 d'abstinents que compte l'Angleterre.

On n'a du reste pas lieu de s'étonner du peu d'efficacité
des mesures fiscales, si l'on tient compte qu'à moins de taxes
extraordinaires, elles n'atteignent que peu, ou très indirectement le consommateur. On s'en rendra compte sans difficulté
par le calcul suivant de M. Ch. Dupuy. « Supposons que le litre
coûte, achat, droits de consommation et taxe de rectification
tout compris, environ 4 francs. On sait qu'avec un litre d'alcool
on peut faire deux litres et demi d'eau-de-vie. Or, un litre
contient de 30 à 40 petits verres, mettons 33 à 3 centilitres
l'un. Du litre d'alcool il aura donc été fait 2 litres et demi
d'eau-de-vie et 82 petits verres. A 10 centimes le petit verre, le
débitant encaisse fr. 8,20. C'est fr. 4,20 au-dessus du prix de
revient, la marge est grande et il y a place pour le bénéfice
à la fois du détaillant et du marchand de gros » (CLAUDE).

Mais, cet insuccès tient surtout à ce qu'aucune loi répressive ne peut réussir complètement quand elle va contre le courant de nos instincts, parmi lesquels prédomine surtout le besoin d'excitation psychique que l'on puise dans le vin, besoin qui va grandissant avec les progrès de la civilisation (Voir: *Homme criminel*, vol. II); c'est pour cela que lorsque les pauvres mineurs de Glasgow, n'ont pas assez d'argent pour s'acheter de l'eau-de-vie, ils recourent au landanum; et que les indigents de Londres en font autant quand ils ont faim (1): en Irlande, lorsque les prédications du père Mathew détournèrent le peuple des boissons alcooliques, il s'adonna improvisément à l'abus de l'éther, auquel le bon pasteur n'avait pas pensé.

« Ceci, disaient-ils, n'est pas du vin, ce n'est pas du *gin*, ceci ne nous a pas été défendu par le père Mathew, et nous met en gaieté pour peu de centimes, nous pouvons donc en user ». Et ils en usaient jusqu'à l'ivresse (2): ils en absorbaient jusqu'à 7 et 14 grammes, et les obstinés jusqu'à 90 grammes.

Le vrai idéal d'un législateur prévoyant et philantrope dans le combat contre l'alcoolisme, serait donc de fournir au peuple une excitation intellectuelle qui ne lui corrompit ni l'esprit ni le corps, et qui n'ait pas les dangers de l'alcool.

On discute, par exemple, les subventions pour les grands théâtres; pourquoi ne subviendrait-on pas aussi des spectacles au profit du peuple?

Il serait juste de refuser les premières qui ne sont en faveur que des riches, et d'accorder les secondes qui procureraient

(1) COLKINS calcule qu'en 1867 on consomma aux États-Unis 78,000 livres d'opium pour s'énivrer (*Opium and opium eaters* 1871, Philadelfia). Dans le Kentucky la législature ordonna par un édit, que quiconque par l'abus d'opium, d'arsenic ou de drogues excitantes, se serait rendu incapable de se diriger, serait placé sous tutelle ou renfermé dans un asile comme les ivrognes habituels (FAZIO, *Dell'ubbriachezza*, 1875, pag. 370). A Londres, on introduisit en 1857, 118,915 livres d'opium, en 1862, presque le double, 280,750; et plus encore dans les centres industriels du Lancashire (FAZIO, *op. cit.*).

(2) C'était un mélange d'éther éthylique et méthylique.

aux pauvres une distraction morale et auraient l'utilité de prévenir l'alcoolisme; à ce propos nous entendîmes un jour à
Turin, dans une réunion populaire contre l'ivresse, un ouvrier
demander que les théâtres fussent mis à bas prix les dimanches
pendant le jour, si on ne voulait pas que les ouvriers allassent
au cabaret; ce fut la seule proposition raisonnable qui fut
émise dans cette assemblée qui..... l'écarta indignée.

Forni, nous raconte que dans un petit pays du midi de l'Italie
un cabaretier fit rosser le chef d'une troupe de comédiens
parce que depuis son arrivée (ses spectacles coùtaient 15 cent.)
il ne vendait plus à peine que la moitié du vin qu'il débitait
auparavant (LOMBROSO, *Incremento al delitto*, pag. 81).

Mais en Italie, ainsi que nous le verrons plus loin, les cléricaux seuls, avec Don Bosco, ont organisé sur une large
échelle des récréatoires pour les jours de fête, où, entre une
prière et l'autre, le pauvre peut passer agréablement son
temps avec quelques amusements sans recourir au cabaret.
Aucune autre classe n'a fait autant.

Il faut aussi propager dans ce but l'usage du thé, du café,
qui excitent le cerveau sans en paralyser les facultés inhibitrices comme les alcooliques; pour cela, il ne suffit pas
d'élever les droits sur les alcools; il faut, encore, comme le
proposaient Fioretti et Magnan, diminuer les droits sur les
denrées coloniales : sur le thé, le café, le sucre surtout, qui
par l'agrément qu'il apporte à beaucoup de boissons, peut
empêcher directement de recourir aux spiritueux.

Et puisque les habitations malsaines, obscures, enfouies dans
des rues étroites et sales où sont obligés de vivre les ouvriers,
les poussent irrésistiblement au cabaret, agrandissons les rues
et construisons des quartiers ouvriers au grand air, qui rendront le foyer domestique du pauvre un lieu d'agréable et
honnête repos, préférable au cabaret.

Quand ces mesures auront été adoptées il conviendra de
frapper inexorablement les débitants de boissons alcooliques
au détail par la restriction des heures nocturnes, des jours
de fête et des licences, leur imposant de vendre au lieu des

liqueurs, le café et les aliments, particulièrement dans le voisinage des fabriques: il faudrait sévir plus rigoureusement encore sur les patrons des fabriques et des mines, lorsqu'ils se font eux-mêmes débitants de boissons alcooliques; car, par leur autorité, ils peuvent contribuer à corrompre l'ouvrier le plus sobre: il faudrait enfin frapper de droits très élevés, les spiritueux, ce qui serait bien plus moral et salutaire que les impôts sur le sel et les farines ; et interdire la consommation de l'alcool amylique et de tous les alcools non réctifiés, y compris les bitters, vermouths, etc., qui étant à base d'aldehyde salicilyque, de salicilate de méthyle, sont les plus nuisibles à la santé.

On a proposé aussi de s'opposer à ce que les boissons alcooliques fussent vendues à crédit et de déclarer non valables les contrats souscrits dans les caves. Une mesure qui nous paraît surtout pratique, c'est de faire payer le salaire à la famille de l'ouvrier, le matin au lieu du soir, et jamais le jour de fête ou dans celui qui le précède (1).

Et que l'on ne vienne pas nous opposer le rabâchage habituel de la liberté individuelle; car, lorsque je vois le plus démocratique des peuples anglo-saxons, limiter jusqu' à la quantité d'alcool qu'un particulier peut tenir chez lui et les heures d'ouverture des débits; lorsque je vois un Gladstone se faire le promoteur, l'apôtre et presque le martyr de pareilles mesures, alors qu' en Italie on augmente les heures d'ouverture des cabarets et que pas une voix ne s'élève pour demander qu'on substitue les funestes taxes sur le sel et sur les grains par des taxes sur les débits d'eau-de-vie, je me demande si cette prétendue liberté ne couvre pas, au contraire, de son nom, une marchandise avariée.

Cure. — Quant à la cure directe, les homéopathes conseillent la *nux vomica* et l'*opium*, les allopathes la strychnine, le bro-

(1) Voir : *Archivio di Psichiatria e Scienze penali*, fasc. I e II, 1880 : *Sostitutivi penali dell'avv.* FERRI, p. 224.

mure et eux aussi la teinture de noix vomique, l'hydropathie, les douches froides (Kowalewsky), les bains d'air chaud imprégné de vapeur de térébenthine, les bains sulfureux, suivant les cas (arthritisme-névrose, neurasthénie , déséquilibre mental, gastrite, cirrhose, anorésie, anémie, cachexie, etc.) et aussi le massage et la gymnastique. Forel, Ladame, Buchnill, ont obtenu de bons résultats avec l'hypnotisme chez les individus qui en étaient susceptibles.

Forel, Kowalesky, Ladame, Legrain, Magnan, ont introduit la cure rationnelle de l'ivrogne par l'isolement, la privation absolue de toute boisson alcoolique pour une durée que Masson, Crother, le père Hirsch, estiment devoir être d'un an, Drysdale, Kraepelin de 9 mois, Forel de 4 mois à un an. Magnan conseille, en outre, une diéte légère corroborante; viande, légumes, fruits et aliments sucrés; pour boissons des infusions amères (houblon, quassie amer) bouillon, thé, café (1). Ajoutons à ce régime le travail musculaire, surtout agricole, même pour l'individu non habitué. Mais, dit Magnan, ce qu'il faut surtout c'est 'a rééducation morale (*La médecine moderne*, Nov. 1893) par des conférences, des lectures qui montrent à ces malades les périls et les dommages de l'alcool, et réveillent en eux les affections et le sens moral. Forel a fondé dans ce but à la campagne, l'asile d'Elletton, espèce de colonie agricole, sous la direction d'un père de famille qui est à la fois administrateur et éducateur de ses 30 à 40 pensionnaires; ceux-ci forment une famille, vivant

(1) Dans la *Revue d'hygiène*, 1895. Ludwig propose une boisson agréable dont la couleur et le goût rappellent le vin blanc mousseux. Elle se compose ainsi : sucre blond 1 kilogr., sucre rouge 1 kilogr., orge mondé 500 gr., houblon 30 gr., coriandres 30 gr., sureau 25 gr., violettes 25 gr., vinaigre 1 litre, eau 50 litres. On prend un tonneau très propre et après y avoir pratiqué une ouverture carrée de 12 à 15 cm. à la place du bondon, on y jette d'abord le sucre, ensuite les autres ingrédients. On mêle le tout soigneusement et on laisse macérer pendant 8 jours. On met ensuite la boisson en bouteilles en ayant soin de la coller avec de la toile ou autre et de se servir de bons bouchons. Elle revient à environ 7 centimes le litre et imite fort bien le vin.

en commun d'une vie simple et fortifiante, s'encourageant mutuellement, occupés à un travail régulier, soumis à une abstinence absolue; on eut 65 % de succès et 34 % d'insuccès; les mêmes résultats on été obtenus aux États-Unis sur 3000 cas.

Magnan propose d'interner dans ces asiles spéciaux les individus atteints de délire alcoolique, même lorsque le délire a cessé et les ivrognes habituels au moins pour 17 ou 18 mois; les incurables pour un temps indéterminé, comme le prescrivait déjà une lois dans le canton de Saint-Gall en Suisse.

Les hôpitaux pour les alcooliques ont un double but: celui d'abord de garantir la société en retirant les ivrognes, l'autre, de les mettre dans la meilleure condition pour les guérir et les corriger.

L'hospice devra également accueillir: celui qui aura commis un délit dans un accès d'alcoolisme; celui qui aura dissipé son avoir et celui de sa famille par son intempérance, tout individu recueilli plusieurs fois en état d'ivresse sur la voie publique etc.; pour les uns, l'hospice sera un substitutif de la prison ou de l'asile d'aliénés, pour les autres un refuge momentané.

Celui qui aura perpétré un crime en état d'ivresse ou dans un accès d'alcoolisme, sera, sur la décision d'experts qui auront constaté qu'il est dangereux, renfermé dans ces hôpitaux sans détermination préventive de temps.

Dans le cas où le crime aurait été commis par un ivrogne accidentel; et que le coupable soit trouvé parfaitement sain, il faudra, avant de le relâcher, rechercher s'il présente les stigmates anthropologiques et psychiques de dégénérescence avec tendances criminelles; et dans ce cas il devra être retenu jusqu'à guérison avérée: c'est-à-dire presque toujours à perpétuité.

Chapitre IV.

Moyens préventifs contre l'influence de la richesse et de la misère.

Si, comme nous l'avons vu, la richesse excessive ou trop rapidement acquise exerce sur la criminalité une influence presque aussi néfaste que la misère; il s'ensuit que les mesures préventives ne sont efficaces que lorsqu'elles combattent les excès de l'une autant que ceux de l'autre.

Ce qui s'impose ici, tout d'abord, ce sont des réformes qui apportent une plus grande équité dans la rétribution du travail et le rendent accessible à toute personne valide; la limitation, par exemple, des heures de travail suivant l'âge et le genre de travail, surtout dans les mines et dans les métiers malsains; l'exclusion des femmes du travail nocturne, sauvegarderait leur pudeur et leur santé tout en apportant une plus grande somme de bien-être à un plus plus grand nombre de travailleurs.

Pour atteindre ce but il ne suffit pas d'autoriser théoriquement les grèves; il faut encore leur permettre de s'organiser pratiquement, en ne réprimant pas les boycottages, et les associations ouvrières, sans quoi la liberté des grèves n'est plus qu'une hypocrisie légale.

D'un autre côté: l'abolition des loteries, de beaucoup de fêtes, la facilitation des actes civils, l'adjudication aux communes de l'éclairage, de la viabilité, des écoles, de l'eau potable, de la panification, empêcheraient beaucoup d'escroqueries, et permettraient d'étendre à un plus grand nombre de travailleurs les avantages du meilleur marché possible et de l'hygiène, dans les choses les plus nécessaires à la vie: tout cela pourrait s'effectuer sans secousses ou atténuant, sans porter préjudice aux riches, les excès et les douleurs de la pauvreté.

On pourra s'opposer, d'autre part, aux excès de la richesse, en faisant participer les travailleurs aux profits, en établissant des taxes progressives, surtout sur les testaments, taxes qui grèveraient et même annuleraient les droits d'hérédité des parents éloignés et les feraient échoir au profit de l'État et des invalides ainsi que les bénéfices des jeux de bourse et de hasard; et de même que nous avons fait un grand pas vers l'expropriation et la subdivision de la propriété avec l'abolition des bénéfices ecclésiastiques et des majorats, nous pourrions, sans trop de perturbation, en provoquer avec ces taxes une plus grande subdivision.

Pourquoi souffrons-nous que le paysan de la haute Italie mange un pain empoisonné, qui lui donne la pellagre, lorsque nous pourrions l'en empêcher avec les lois que nous appliquons si bien dans les villes? Pourquoi souffrons-nous que les miasmes fébrigènes des champs le tuent, alors qu'une facile revente du sulfate de quinquina le sauverait?

Enfin, si la disette du charbon est un obstacle à l'expansion de certaines industries, le gouvernement pourrait faciliter le transport à distance des forces hydrauliques considérables dont nous disposons, en y dépensant une minime part des sommes énormes qu'il gaspille inconsidérément en luxes soldatesques et dans le faste officiel.

Et si d'autre part, les grandes propriétés rurales, en assurant la richesse de quelques-uns, perpétuent la misère et la maladie du plus grand nombre, pourquoi ne les exproprierait-on pas en faveur de l'État; et ne modifierait-on pas les plus préjudiciables contrats agraires en intéressant plus largement les paysans dans les profits ?

H. Georges démontre que si l'État confisquait les terres à son profit et les louait directement à des travailleurs habiles, outre une production plus élevée, il pourrait fixer un salaire minimum bien supérieur aux salaires actuels, et encouragerait par là les ouvriers insuffisamment rémunérés à se livrer de préférence au travail de la terre. (*Progrès et pauvreté*, 1892).

D'autre part, la misère des ouvriers due en grande partie à la diminution de la consommation relativement à l'excès de la production, entraîne inévitablement un abaissement des salaires, phénomène qui ne peut que grandir, étant donnée la concurrence des marchés du Japon, de la Chine, de l'Amérique. Nous devons donc favoriser l'écoulement de la production en facilitant la consommation à un plus grand nombre d'individus par l'allégement des impôts, des douanes et surtout des taxes indirectes qu'on peut remplacer par d'autres qui ne soient pas au détriment de la santé et de la morale, tels que les droits sur les alcools et sur les tabacs qui n'atteindraient que les riches et les vicieux.

L'Angleterre, pour réaliser ces réformes, n'eut pas besoin de la formule socialiste; cet unique gouvernement sensé que possède l'Europe, sut prévenir tous les excès des classes populaires, d'abord dans la question Irlandaise, ensuite dans la question ouvrière (celle des mineurs, des déchargeurs de charbon), en accordant la liberté complète des grèves, en concédant spontanément les huit heures dans tous les ateliers du gouvernement, et la parité des votes aux patrons et aux ouvriers dans les transactions arbitrales.

L'excès de la population étant à son tour une cause grave de misère et de crime, nous devons diriger l'émigration des terres trop peuplées vers celles qui le sont moins.

Lord Derby disait :

« J'ai toujours été convaincu que si notre pays échappa aux plus grands maux qui affligent la société, ce fut grâce à ce que nous avons toujours eu, au delà des mers, des débouchés pour nos populations et nos industries ». L'Angleterre en effet, possède l'immensité de l'Océan, le monde pour soupape de sûreté et la vapeur pour les mettre à profit.

L'Etat devrait aussi fonder des établissements de travail,

loin des grands centres de population, et particulièrement des colonies agricoles au cœur des provinces moins avancées dans l'art de la culture et où se fait le plus vivement sentir le besoin de défrichement et de bras; il pourrait y envoyer pour un temps déterminé, les condamnés pour paresse et vagabondage (1), et prélever sur le produit de leur travail leur subsistance et leur logement ainsi que les frais de transport.

La paresse ne peut être vaincue que par le travail obligatoire, de même que l'inertie musculaire d'un membre, resté trop longtemps en repos forcé, ne peut être vaincue que par le mouvement continué, violent et souvent même douloureux du membre lui-même.

En Westphalie, après que le pasteur Badelschwing eut introduit, comme mesure préventive de la mendicité et du vagabondage, une colonie de travailleurs libres, qui cultivaient les terres stériles, 12 autres provinces suivirent cet exemple et l'on eut par ce fait 15,000 travailleurs de plus; depuis lors le contingent des condamnations pour vagabondage et mendicité a diminué d'un tiers.

Une institution de ce genre fit décroître de la moitié les condamnations pour vagabondage dans le canton de Vaud. En Hollande 1800 personnes cultivant avec leurs familles les frontières du Drenta coûtent 24 francs par an par personne hospitalisée, tout en y faisant disparaître la mendicité.

L'immense misère de Baden en 1850, après la banqueroute des grands entrepreneurs de bâtiments, fut soulagée de 1851 à 1858 par l'émigration de plus de 12,000 artisans (CARPI, *Delle Colonie, op. cit.*).

Coopération. — En Italie et en France, le premier secours doit toujours être apporté par le gouvernement et par les classes dirigeantes, parce que nous ne sommes pas habitués à nous tirer d'affaires tout seuls; tâchons cependant d'obtenir

(1) V. HELLO, *Des Colon. agr. pénitentiaires*, 1865. — SAUCEROTTE, *Les colon. agr.*, 1867.

que les classes les plus besoigneuses s'entraident par la coopération, par le secours mutuel: et que l'avantage énorme qu'elles
apportent financièrement à l'Etat par leurs contributions, elles
le retournent à leur profit en substituant le capital collectif à
celui du capitaliste.

Charité. Bienfaisance. — Il y a cependant encore aujour-
d'hui un degré de misère que ne peut soulager l'œuvre trop
lente de la coopération, du collectivisme et des mesures de
l'État, toujours trop lentes et insuffisantes.

C'est ainsi que d'après une enquête ouverte et vérifiée sur
les lieux mêmes, par ma fille Gina (1) il résulte que sur cent
familles ouvrières, toutes occupées cependant, dans Turin, le
50 % d'entre elles sont toujours chargées de dettes et le 25 %
inscrites à la bienfaisance paroissiale, sans laquelle elles seraient
exposées à mourir de faim. Cet auxiliaire de la charité qui
autrefois était l'unique secours contre la misère, est donc quoique insuffisant, encore nécessaire tant que la civilisation ne
l'aura pas rendu superflu.

Tâchons donc que la charité abandonne l'ancienne défroque
monastique, et que, s'inspirant de l'esprit nouveau, elle marche
sur les pas des transformations économiques.

En cela, excellent les nations anglo-saxones et germaniques
où les religions protestantes, calvinistes, etc., vulgarisèrent la
charité, en dehors de l'église en la mettant en communication directe avec le cœur du peuple qui est un puissant
auxiliaire pour découvrir et secourir les besoins les plus cachés.

En Angleterre et en Suisse, la charité fait ingénieusement
servir l'indigent en faveur de l'indigent; elle fait, par exemple,
garder par les mères désoccupées les enfants de celles qui
travaillent; elle organise des hôtels et des asiles temporaires
pour les domestiques, pour les désoccupés, des agences de
travail, etc.; et tout cela se meut dans un engrenage si parfait,
qu'il suffit d'une faible contribution de la part du bénéficié

(1) Inchiesta di Gina Lombroso su 100 famiglie operaie. Torino, 1897.

pour maintenir l'institution, en sauvegardant en même temps
la juste fierté de l'honnête indigent.

Genève (1), par exemple, qui est une des rares villes d'Europe où le crime soit en décroissance, compte 400 institutions
de bienfaisance — *dont 35 pour les enfants* (7 pour les conduire aux bains, 5 pour la protection des enfants à domicile,
1 récréatoire, 2 écoles d'apprentissage, 1 industrielle, 1 musicale) — 16 *pour les vieillards*, dont: 5 asiles, 1 pour pensions
à domicile, 10 assurances — 48 *pour les femmes*, dont: 4
asiles pour jeunes filles, 1 pour les femmes déchues, 4 pour
les ouvrières désoccupées, 5 pour les domestiques, 8 hôpitaux
dont 5 pour les domestiques et 3 pour les jeunes filles, 1 récréatoire, 1 société contre la prostitution, 1 pour la défense, 4
agences de placements, 7 pour procurer du travail à domicile, 8
patronages pour institutrices, enfants, etc.; 46 *pour les hommes,*
dont: 11 pour les accidents du travail, 8 de diverses nationalités
pour faciliter l'occupation aux émigrants, 2 pour les organiser,
3 pour les désoccupés, 4 récréatoires et salles de lectures,
4 pour conférences, 1 contre les jeux de hasard, 1 pour acheter
les instruments de travail, 1 pour le placement des apprentis,
9 sociétés de tempérance, 9 cuisines populaires, etc., etc.

Les institutions plus spéciales sont : les sociétés pour l'amélioration des logements et pour les logements hygiéniques à
bon marché ; les caisses d'épargnes spéciales qui recueillent
l'argent en sommes minimes pour le restituer en marchandises
achetées en gros, les hôtels de famille pour les étrangers
pauvres, les ouvriers à la recherche de travail, etc.

Une des sociétés les plus caractéristiques est celle des vieux
papiers; cette société distribue à beaucoup de familles des
sacs, qu'elle retire à une époque déterminée, pleins de vieux
papiers avec le prix desquels elle paye un local et une agence ;
celle-ci recueille des vêtements et des objets chez les riches,
et après les avoir fait laver, recoudre et transformer par des

---

(1) LOMBARD : *Annuaire Philantropique Genevois.* Genève, 1893.

indigents, elle les revend à un prix modique, ou les donne aux besoigneux.

D'autres agences procurent du travail à des femmes pauvres et se chargent ensuite de le vendre.

Et, note caractéristique, tout s'y régit de soi-même, sans qu'il y soit besoin de protecteurs. Les asiles, les hôtels de famille pour les domestiques et les institutrices, etc., ne sont jamais gratuits ; on paye peu, le moins possible, à échéances éloignées ; mais, en somme, la société et l'asile sont maintenus par ceux qui en jouissent. — C'est là une espèce d'évolution de la charité qui lui enlève tout ce qu'elle a d'humiliant et la transforme en aide valide et efficace.

Il y a autant et mieux encore à Londres, la seule capitale du monde où le délit soit en décroissance.

Londres. — *Asiles. Refuges. Secours aux pauvres.* — Londres possède (1) environ 120 institutions qui en 1894 assistèrent plus de 18,000 individus avec une dépense de 173,000 livres sterlings. Les vieillards indigents ont naturellement le plus grand nombre de refuges — 20 — viennent ensuite les veuves — 12 ; il y en a pour chaque métier : pour les individus de nationalités et de religions différentes, pour les époux âgés et pauvres ; pour secourir les indigents à domicile, procurer des asiles de nuit et de l'ouvrage aux matelots qui débarquent dans le port ; pour les alcooliques, les enfants des prisonniers et pour les prisonniers pauvres eux-mêmes. Toutes ces institutions sont reliées entre elles et dirigées par des Comités centraux.

Sociétés d'émigration. — Plusieurs sociétés s'occupent à leur tour de mettre un frein à l'accroissement de la criminalité et se proposent de favoriser l'émigration, particulièrement pour le Canada ; elles fournissent des renseignements, aident et organisent des expéditions d'adultes ou d'enfants ; en 1894 elles firent émigrer 7565 personnes.

(1) Low's *Handbook to the charity of London*, 1895-96. London.

Sociétés de placements. — On y compte 21 sociétés qui ont pour but unique de procurer des emplois, d'autres placent les enfants comme décrotteurs, ou comme mousses dans la marine.

Orphanotrophes. — La sollicitude pour les enfants se révèle surtout par les 60 refuges accueillant 20,199 orphelins avec une dépense de 172,340 francs; d'autres sont destinés aux enfants de parents sobres — et récompensent ainsi indirectement la tempérance —; enfin, les enfants ayant le père et la mère malades, sont considérés, avec une largeur d'idées exceptionnelle, comme orphelins et traités de même.

Institutions pour les enfants abandonnés. — Les institutions plus directement prophylactiques contre le délit sont incontestablement celles qui ont pour but la protection, le refuge, l'instruction des enfants abandonnés et de les recueillir pendant les heures où leurs parents étant au travail, ils resteraient livrés à eux-mêmes. On en compte environ une soixantaine qui ont préservé des dangers de la rue en 1894, 32.300 enfants avec une dépense de 119.246 francs.

Institutions destinées à l' éducation. — Ces institutions se subdivisent en écoles gratuites, écoles du soir et des jours de fête; certaines d'entre elles fournissent en même temps la nourriture et les vêtements et sont souvent destinées à des catégories différentes de la population.

On en compte environ 40 qui ont instruit en 1894 plus de 16000 enfants.

Institutions pénitentiaires, de prevoyance et de secours aux criminels. — Les institutions directement appliquées à diminuer la criminalité (sociétés de patronage pour les libérés de la prison, sociétés de protection pour les femmes périclitantes, sociétés de tempérance, refuges pour les alcooliques, lieux de récréation pour les fêtes et l'hiver, sociétés de propagande morale etc.), s' élèvent à plus de 84 et ont assisté plus de 67,000 individus en 1894.

Parmi ces institutions 36 sont spécialement destinées aux femmes libérées de la prison, déchues ou criminelles, ou simplement périclitantes, comme celles, par exemple, qui ont pour but de protéger les domestiques contre les dangers de leur position; il y a aussi des institutions disciplinaires pour leur punition.

Sociétés de secours mutuel. — Enfin les sociétés de secours mutuel se spécialisent aussi de la même manière par métiers, nationalités et religions, etc.; on en compte 68 qui en 1894 vinrent en aide à 33,340 individus avec une somme de 218,796 francs.

Résumé des institutions de charité de Londres qui peuvent influer sur la criminalité.

	Année 1894	
	Personnes bénéficiées	Dépense frcs.
a) Institutions pénitentiaires, de prévoyance et de secours aux criminels .	67,577	176,030
b) Sociétés pour l'émigration	7,565	30,627
c) Sociétés de placements	4,840	26,290
d) Orphanotrophes	20,199	172,341
e) Institutions pour les enfants pauvres et abandonnés	32,354	119,246
f) Institutions d'éducation	16,019	108,261
g) Asiles, refuges, secours, etc. . . .	18,057	172,999
h) Sociétés de secours mutuel . . .	33,340	218,796
Total .	199,951	1,024,590

Mais, les sociétés qui méritent la plus grande considération sont celles qui ont pour but de protéger les enfants. La *National Society for the prevention of cruelty to children* de l'Angleterre (imitée et organisée sur une plus vaste échelle à New-York), ne se limita pas seulement, comme on ferait en Italie et en France, à réclamer un texte de loi. Elle a voulu introduire l'idée et la pratique de la justice envers les enfants dans toutes les classes sociales; et ses efforts ont été couronnés par le succès; 25,437 enfants, martyrisés de toutes manières, ont été arrachés à leurs bourreaux ; 62,887 victimes de la négligence, souffrant la faim, et le froid, ont reçu les soins nécessaires ; 603 enfants au moins, ont été soustraits à la mendicité et au péril du vagabondage.

Cette société en 10 ans, a pu arracher au vice, à la faim et au crime 109,304 enfants. Et pendant qu'elle protégeait plus de 100,000 enfants, elle recevait plus de 47,220 plaintes contre ceux qui les maltraitaient: de ceux-ci, 5313 sont restés inconnus; à 38,895 la société s'est limitée à une réprimande: elle en a poursuivi en justice 5792: et toujours avec un croissant succès, car, de la première à la seconde période de son existence, la proportion des acquittements dans les causes qu'elle a patronnées est descendue de 10,2 à 5,5 %. 7320 cas ont donné lieu à des mesures de charité par l'intervention de l'assistance officielle.

D'après ses recherches, les parents les plus acharnés contre leurs enfants étaient toujours ceux qui avaient le plus de moyens de subsistance ; ce qui s'explique par le plus grand abus de l'alcool et par un nouveau genre d'industrie criminelle pour laquelle les parents doivent nécessairement avoir certains fonds préventifs. Il s'agit de l'assurance sur la vie de l'enfant dont la mort est attendue, espérée et quelques fois avancée par les criminels bénéficiaires; d'après l'horrible confession d'un accusé, certains enfants valent plus morts que vivants. — En cinq ans, la société s'est occupée d'environ 19,000 cas d'enfants martyrisés, représentant pour les parents un valeur de 95,000 livres sterlings, soit une moyenne de 5 livres sterlings ou 125 francs par enfant.

Mais, pour atteindre un pareil résultat et pénétrer si profondément jusque dans les recoins les plus cachés du monde criminel, qui se dérobe presque toujours à l'œil de la police officielle, il a fallu que la société se servit de l'aide de tous: du Parlement, des administrateurs des taxes des pauvres. Elle a obtenu l'aide des magistrats (juges de paix), des juges proprement dits, qui en la voyant à l'œuvre ont reconnu sa compétence, et ont fini par attribuer à ses inspecteurs une charge presque officielle ; mieux que cela, elle a fini par obtenir la coopération des masses:

dans les 10 années de son existence elle a pu s'assurer le concours de plus de 100,000 citoyens, qui, par leur témoignage ont facilité l'œuvre de la justice.

Tous ces efforts réunis ont abouti à des résultats singulièrement heureux ; et rarement il a été nécessaire d'un second procès. Des 7398 personnes jugées, 6700 vivent aujourd'hui avec leurs enfants, et 100 seulement ont dû comparaître une seconde fois en justice.

A quoi doit-on attribuer un changement aussi merveilleux ? En grande partie à la peine, dont l'efficacité est en raison directe de sa durée ; car, le degré d'amélioration de la conduite des parents envers leurs enfants correspond généralement au nombre des mois de prison qu'ils ont subis ; ajoutons que pendant ce temps la société n'abandonne pas les enfants, et de pâles, et chétifs qu'ils étaient, elles les rend florissants et robustes aux parents, qui sont fiers de les voir si bien portants, en même temps que se réveille en eux l'amour paternel et un certain orgueil naturel et spontané au cœur d'un père, qui contribue à l'amendement du coupable.

Etrange contradiction de l'égoïsme humain ! Le père accusait auparavant sa victime des maladies dont il était lui-même la seule cause, et maintenant il est fier d'une belle santé à laquelle il n'a en rien contribué !

Charité Latine. — Combien plus restreinte apparaît comparativement à cette charité, la charité latine.

Turin, qui est une ville 3 fois plus grande que Genève, ne compte que 159 sociétés ouvrières, de secours mutuel, etc., et 147 institutions charitables dont 21 hospitalières ; 43 institutions sont destinées aux enfants, deux desquelles aux enfants criminels, 23 asiles pour les petits enfants, y compris les nourrissons, 6 orphanotrophes, 3 récréatoires, 6 écoles industrielles.

Pour les femmes 22 institutions, dont 11 pour les femmes périclitantes, 2 hospitalières, 9 écoles professionnelles.

Parmi les institutions plus modernes, on compte 1 société de patronage pour les infortunes sur le travail, 1 secrétariat du peuple, des pensions à payement pour les ouvriers sans famille, 2 colonies alpines et marines pour envoyer les enfants à la campagne.

Enfin le Cottolengo, qui accueille toutes les maladies, tous les faibles et les infirmes qui se présentent, jusqu'à 2000 et 3000.

Dans l'Italie du Sud, Bartolo Longo, en hommage à la Madonne et au Sanctuaire de Pompei, recueillit 136 orphelines et 70 enfants de détenus, qu'il initia à divers métiers et à l'agriculture ; il sut mêler le fétichisme de la Madonne à l'usage pratique de la publicité moderne (1), grâce à quoi il réussit à placer des orphelines dans des familles bienveillantes et honnêtes.

Ce qui manque ici, ce sont toutes ces institutions de petite épargne, si utiles pour l'amélioration des logements, pour le placement des ouvriers, et dont personne n'a à soutenir la charge; et les institutions préventives du délit; car, sauf les orphanotrophes, les autres établissements n'acceptent aucun enfant au dessous de 10 et 12 ans; et nous n'avons, non plus, ni les cantines scolaires, ni la *ragged school*.

Ces institutions, d'autre part, se caractérisent par une humilité si exagérée, un éloignement si grand de toute publicité que je n'ai pu recueillir ces chiffres qu'avec beaucoup de difficultés et de beaucoup d'entre elles il m'a été impossible de rien savoir.

Don Bosco. — Parmi les institutions charitables de Turin, celle de Don Bosco se signale au premier rang; car, chez nous, la charité n'est vraiment merveilleuse que lorsqu'elle s'incarne dans un saint, qui soit à la fois un grand cœur et une grande intelligence, comme le très justement célébré Don Bosco (2).

---

(1) *Valle di Pompei,* Journal de l'œuvre pour l'éducation des enfants des détenus, Anno VI, 1896. — *Calendario del Santuario di Pompei,* Valle di Pompei, 1896. — BARTOLO LONGO, *L'opera della valle di Pompei e la riforma dei carcerati,* 1895.

(2) G. BONETTI, *Cinque lustri di storia dell'Oratorio Salesiano.* Torino, 1892. — Dʳ D'ESPINAY, *Don Bosco,* XII ediz., 1890. — D. GIOR-

Don Bosco avait 26 ans en 1841, lorsqu'en visitant les prisons de Turin, il s'intéressa au sort des jeunes délinquants, et pensa que si on avait pris soin d'eux à temps, beaucoup auraient pu être sauvés.

Dès lors, il recueillit dans sa communauté les jeunes ouvriers les plus exposés, leur procurant du travail lorsqu'ils n'en avaient pas et les visitant au milieu de leurs travaux.

En 1850 il fonda la Société de secours mutuel, dans le but de venir en aide aux sociétaires qui tombaient malades, ou se trouvaient dans le besoin par manque de travail. Chacun paye cinq centimes tous les dimanches et ne peut jouir des avantages de la Société que 6 mois après son acceptation, excepté dans le cas ou il paye de suite 1.50 et ne se trouve à ce moment-là ni malade ni désoccupé. Chaque malade reçoit un secours de 80 centimes par jour.

Dans les établissements de Don Bosco, on reçoit les jeunes gens de toutes les classes sociales, y compris les abandonnés, Malgré cela, Don Bosco lui-même retenait que $1/_{15}$ de ses jeunes gens étaient de nature perverse; les Salésiens affirment que le système de la maison exerce une influence bienfaisante, même sur ceux-ci; mais ils n'ont pu m'en fournir aucune preuve directe. Ils refusent d'ailleurs les incorrigibles, ceux qui ont déjà 14 où 15 ans, les condamnés et les épileptiques.

On compte environ 200 institutions Salésiennes pour les jeunes gens dans les deux mondes. Chaque maison contient 150 internes, c'est-à-dire un total d'environ 30,000, auquel il faut ajouter 200 externes, élèves des écoles, soit encore 20,000 jeunes gens.

Les internes sont admis dans les écoles à 9 ans, dans les laboratoires à 12. Dès leur entrée, ces jeunes gens sont placés en observation dans des chambres séparées, durant les heures des repas et du repos, mais non durant le travail. On ne les oblige pas directement aux pratiques religieuses; lesquelles

DANI, *La gioventù di Don Bosco*, 1886. — ID., *La carità nell'educazione*, 1890. — F. CERRUTI, *Le idee di Don Bosco*, 1886, 4ª edizione.

sont seulement recommandées; la confession se fait *ad aurem* dans l'église publique; les prêtres eux-mêmes en donnent l'exemple; mais aucun point de mérite supérieur aux autres n'est accordé à ceux qui suivent assidûment les pratiques religieuses, la confession etc.

Chaque laboratoire compte un maître laïque et un prêtre; les instruments du travail et les dessins pour les constructions sont l'œuvre des Salésiens eux-mêmes.

On compte encore 50 maisons pour jeunes filles ayant en moyenne chacune 100 internes et 280 externes. Elles sont exclusivement destinées à l'instruction et aux travaux domestiques. Mais les institutions Salésiennes, suivent, elles aussi, la fatale pente de l'esprit public latin, en admettant un nombre excessif de jeunes gens aux études classiques (plus de 500 dans la seule institution de Turin), comme si le pays n'avait pas plus besoin de travailleurs énergiques que de déchiffreurs épuisés de vieux bouquins.

Voyons maintenant les miracles du saint protestant (1).

Le Docteur Barnardo. — Dans une rigide soirée d'hiver de 1866, le docteur Barnardo, qui était alors étudiant en médecine et dirigeait dans ses soirées libres une *Ragged School*, sur le point de sortir de l'école vit un enfant resté seul dans la chambre se tenant debout près de la cheminée, et n'ayant pas l'air de penser à s'en aller. Barnardo l'interrogea et à force de questions parvint à savoir qu'il était sans père, sans mère, sans amis et sans gîte, qu'il couchait çà et là à l'aventure dans les lieux moins fréquentés par la police, et que beaucoup d'autres enfants vivaient comme lui.

Ému d'un tel excès de misère, Barnardo voulut en vérifier la réalité, et pria l'enfant de le conduire au lieu de refuge de ses compagnons d'infortune.

(1) *Le Case di Barnardo a Londra*, di Paola Lombroso, 1896. — The « Barnardo's Homes », *The Night and day*, London, Causeway Street. — Hélène Zimmern, *Le riforme del dott. Barnardo*, 1894.

À une heure après minuit, il sortit avec son guide ; et après avoir parcouru un des pires quartiers de Londres, ils pénétrèrent dans une cour étroite, traversèrent un long hangar et se trouvèrent devant un mur très élevé, l'enfant grimpa sur le mur suivi du Docteur. Là un étrange spectacle s'offrit à leur vue : sur le toit très incliné, la tête tournée vers le faîte, les pieds appuyés à la gouttière, dans les positions les plus diverses, gisaient dix ou douze enfants de 10 à 18 ans. Ce fût là, au milieu de ces pâles figures de misère que Barnardo fit vœu de se donner corps et âme à l'œuvre de salut qui fut, depuis cette nuit, le but de toute sa vie. Pauvre étudiant, inconnu, il réussit à recueillir de personnes charitables la somme nécessaire pour louer une petite maison pouvant contenir une vingtaine d'enfants, et dès que l'asile fut prêt, il employa deux nuits à les recueillir dans la rue.

« Je ne saurais, dit-il, lui-même, imaginer ou dépeindre une scène plus touchante que cette première soirée dans la vieille maisonnette, lorsque s'agenouillant avant d'aller dormir, ma première famille de 25 enfants remercia avec moi la bonté de notre Père commun et pria, afin que ne leur manqua jamais l'aide de celui qui donne la nourriture, même aux petits oiseaux ».

Cette maison, ouverte avec 25 enfants prospéra et se multiplia rapidement ; le nombre des maisons est monté en moins de 30 ans à 87, qui ont accueilli plus de 50,000 enfants, de l'enfant de quelques semaines à celui de 17 à 20 ans, tandis que l'institution s'est ramifiée en une quantité d'institutions complémentaires : dispensaires médicaux gratuits, écoles, cuisines gratuites, asiles nocturnes, agences pour conduire les enfants à la campagne, hôpitaux, agences de placements, diffusion de la propagande pour la tempérance, écoles dominicales et écoles pour les malheureux, dispensaires médicaux ; soupes gratuites ; émigrations et immigrations.

Il est très curieux de voir de quel étrange mélange d'idéalisme, d'esprit pratique, d'intuition énergique, d'aveugle confiance en Dieu, a surgi cette œuvre colossale.

Dieu et les sterlings sont ses puissants leviers !...... C'est comme si Barnardo croyait fermement d'avoir crédit ouvert à la banque du ciel.

À chacun des nombreux cas de rédemption qu'il rapporte, il ajoute comme conclusion morale ce que cette rédemption lui a coûté. Avec 10 livres sterlings et l'aide de Dieu — conclut, mathématiquement et ingénument le docteur — une vie a été sauvée.

Dans son journal *Night and Day*, publié pour la propagande de ses maisons, on trouve des avis comme celui-ci : « On a besoin, à cinquante milles de Londres, d'une bonne ferme en cultivation, etc.

Et de cette maison demandée avec tant de simplicité et de confiance, on passe aux chemises de nuit, pour jeunes filles, de 50 à 58 pouces et à une série de besoins pour cette grande famille de 8000 enfants.

La même conception hardie que Barnardo a eue pour initier son œuvre de sauvetage, il l'apporte maintenant dans l'art de trouver les moyens de le pourvoir du nécessaire. Pour cette armée, qui compte désormais 100,000 enfants, c'est le public seul qu'il a pris pour collaborateur, il a tout organisé pour pouvoir enrôler tout le monde, se servir de tous et obtenir un obole de tous, et il y a réussi.

Qui ne peut donner de l'argent, prête son œuvre; et qui ne peut prêter son œuvre de tous les jours, la prête pour un jour seulement.

On peut dire qu'il a su transformer la sympathie en argent pour la refondre ensuite en charité.

Sur ce point la race anglo-saxone a vaincu, et de combien, la race latine !

Impuissance de la charité. — Mais, toute utile qu'elle soit, la charité ne peut être qu'un palliatif très peu efficace devant l'immensité des besoins et de la misère. Inévitablement soumise aux passions humaines, la charité dépend non seulement des conditions économiques, mais encore des conditions sentimentales de l'homme; effet d'une pitié intermittente ou du caprice du moment, elle n'atteint jamais complètement son but et empêche que de puissants efforts individuels proportionnés aux besoins, vu toute l'amplitude de l'abîme, puissent la combler: et alors même que le riche veut restituer par sa voie, une part ou même tout ce que très souvent il a soustrait au plus grand nombre par des moyens tout autre que honnêtes, il ne peut y parvenir; c'est comme si après avoir tondu un agneau on prétendait lui recoller la laine sur le dos; l'intention serait certainement bonne, mais cette laine coupée ne le réchaufferait plus.

Les $^3/_4$ des misères, en effet, échappent au remède: et celles qui peuvent être secourues le sont mal et insuffisamment, sans compter que les dépenses administratives des œuvres de bienfaisance font perdre le tiers des rentes qui vont encore s'accumuler dans les caisses des riches pendant que ces institutions continuent, sous le prétexte de la charité, d'asservir le pauvre à la glèbe de l'église: c'est ainsi que j'ai vu refuser des secours à une famille, seulement parce qu'un de ses membres avait lu un journal qui n'était même pas irréligieux; et que bien des fois pour un pain, les malheureux sont obligés d'assister jusqu'à trois fois dans la journée aux pratiques religieuses en perdant plus de temps qu'ils n'en mettraient à gagner de quoi se rassasier en travaillant.

Et puis, quelque déguisée qu'elle soit, la charité blesse toujours la fierté humaine: elle n'arrive pas à secourir celui qui en a le plus besoin, mais qui, étant plus délicat, ressent plus vivement la honte de l'aumône. Elle avilit l'homme au lieu de le relever en éteignant dans son cœur tout sentiment de dignité personnelle et en lui ôtant toute initiative pour lutter et conquérir son propre droit à la vie. Et quelque grande que soit d'ailleurs la misère, l'égoïsme humain est encore plus grand; et la charité n'est qu'une digue de paille qu'on tenterait envain d'élever contre le flux débordant de la misère et du vice.

Il y a dix-huit cents ans que la parole évangélique, *quod superest date pauperibus*, a été prêchée, et cependant les maux et les misères sociales sont toujours de plus en plus grands. Si cette maxime ne fut pas écoutée alors que le sentiment religieux était encore très vif et général, comment le pourrait-elle être aujourd'hui, dans des conditions aussi défavorables, dans une société comme la nôtre, où chacun est obbligé à ne penser qu'à son propre intérêt ?

Autrefois, quand dominait la petite propriété, que les communications étaient peu développées, le propriétaire et le chef d'atelier pouvaient fort bien donner toujours ou presque toujours du travail aux gens peu nombreux, qui en demandaient. Mais allez dire maintenant aux directeurs des grandes usines de donner du travail à tous les désoccupés qui frappent à leur porte. — Ils vous répondront — et avec raison — que s'ils suivaient votre conseil, ils feraient faillite au bout d'une semaine. Or, en admettant que le sentiment de la charité puisse prévaloir, que peut l'aumône des particuliers contre le fléau de la désoccupation et de la misère qui dans la société moderne frappe fatalement une multitude immense et toujours croissante de personnes ?

Ainsi, toutes les meilleures institutions : stations alpines, hôpitaux, etc., pour la cure des enfants pauvres, ne font abaisser la morbidité et la mortalité que du 50 au 47 %; or, en empêchant le travail nocturne des jeunes et des enfants, en donnant la réfection scolastique, vous verrez cette morbidité et cette mortalité des ouvriers diminuer dans des proportions bien plus considérables qu'avec toutes ces institutions.

Charité et besoin sont entre eux comme deux lignes parallèles, deux courants qui ne peuvent jamais se rejoindre, tandis que lorsqu'on a recours aux intérêts humains, ayant l'égoïsme pour allié, la distance peut se combler. C'est ainsi que l'application des huit heures de travail, tout en ménageant les forces de l'ouvrier, permettra d'en occuper un plus grand nombre tout en fournissant une production plus perfectionnée. L'ouvrier maintenant absorbé par le dur labeur de l'atelier qui le tue, pourra s'occuper de sa famille dont il n'a maintenant que la lourde charge sans en connaître les douceurs et acquérir une plus grande culture qui sera une arme nouvelle contre le crime.

C'est par le travail équitablement distribué entre tous les désoccupés, bien plus que par la charité, que l'on améliorera les conditions de la classe pauvre et qu' on la moralisera. Les services collectifs, qui maintenant ne sont bornés qu'à l'école, à l'illumination, aux bains et quelquefois à l' hospitalisation et aux tramways, étendus dans le même sens à l'alimentation, à l'habitation, aux vêtements, seront le complet substitutif de l'ancienne charité, et le vrai préventif de tous les crimes d'occasion; en prévenant les excès et les dangers de la pauvreté et de la richesse, ils seront utiles à toutes les classes; car, l' insecte et le microbe qui propagent l'infection du pauvre dans la maison du riche sont vraiment les Euménides qui vengent l'oubli du pauvre par le riche, tout à fait comme la famine née de la spéculation du riche, multiplie chez le pauvre les épidémies qui finissent par frapper celui qui les a causées: on peut en dire autant d'une grande quantité de crimes d'occasion provoqués par le délaissement du pauvre par le riche, qui finit lui-même par en subir les conséquences sous forme de larcins, crimes anarchiques, assassinats et révoltes.

Chapitre V.

Religion.

Il est temps, désormais, de se débarrasser de cette tendance atavique qui a survécu inobservée même chez l'observateur le plus positiviste et qui nous fait regarder la religion comme une panacée universelle du crime.

Rappelons-nous combien nous avons été longs à nous affranchir du joug religieux, d'où émanaient et sur lequel se fondaient, non seulement la morale, mais toutes les tentatives d'art et de science, si bien qu'on ne pouvait être peintre, sculpteur, poète, architecte ou médecin sans être prêtre (Spencer). Mais à la fin, l'art et la science, ces nobles plantes grandies modestement à l'ombre du temple, s'affranchirent complètement de son influence; et au prêtre, qui jusque-là avait dominé toutes les connaissances, il ne resta même plus le monopole de la morale et de la charité; car beaucoup professent une charité et une morale libres de toute religion; et de toutes parts désormais, surgissent des sociétés de pure éthique, libres de tous rites.

Nous ne pouvons, donc, trouver dans la religion — comme elle est du moins comprise dans les pays latins — un remède contre le crime.

« C'est que, disons-le avec Sergi (1), la morale vraie est instinctive; le sens moral est comme le sentiment de pitié:

(1) *Tribuna giudiziaria*, 1896.

s'il n'existe déjà, aucune influence religieuse ou éducative, aucun précepte ne saurait le créer.

« La religion est un enseignement par préceptes, ayant comme tout autre précepte moral une sanction extérieure éloignée de la réalité et de la vie journalière; et non seulement elle ne peut fortifier le caractère, mais elle ne peut au contraire, que l'affaiblir en diminuant la personalité jusqu'à l'anéantir dans l'ascétisme.

« C'est de la religion que naît la monstruosité de ces hommes extérieurement religieux et respectueux de l'autorité divine et ecclésiastique, et en même temps immoraux dans leurs relations sociales ».

Mais comment se fait-il, nous demandera-t-on que la religion s'est parfois montrée utile et moralisatrice contre le crime ? La religion dirons-nous n'a réellement une influence bienfaisante que lorsque, étant à l'état naissant, elle peut se transformer en une violente passion. — Delia nous en fournit un magnifique exemple (1).

Delia perdit précocement sa mère et fut élevée avec soin dans un couvent; séduite d'abord par un jeune avocat et violée ensuite par un prêtre sous l'influence d'un narcotique, elle s'adonna à la prostitution et à l'ivrognerie; trois fois elle fut renfermée dans une maison de correction jusqu'à ce que, à force de refuser la nourriture elle en fut renvoyée; rejetée dans la rue elle se joignit à une bande de voleurs dont elle devint bientôt le chef, grâce à son énergie morale et à son agilité musculaire. Elle se battait contre les *policeman*, contre les gendarmes, contre ses compagnons, si bien qu'elle fut arrêtée sept fois par la police; elle aidait les voleurs dans leurs coups; mais elle ne supportait pas qu'on frappa les gens faibles en sa présence et savait les défendre au risque de sa vie, se dévouant pour les malades, les soignant et les défendant contre ceux qui voulaient les dépouiller. Les gendarmes l'appelaient *mystère*, ses compagnons l'*oiseau bleu*, sans doute à

_____

(1) *Delia* par Mᵐᵉ Whittemor, Genève, 1895.

cause de la préférence qu'elle montrait pour cette couleur : le peuple la désignait sous le titre de *la pourvoyeuse des voleurs de Moulberry*. — Une missionnaire, Madame Whittemor, alla le 25 mai 1891 dans les caves de Moulberry, où se rassemblaient ces voleurs et essaya d'y célébrer un service religieux ; mais ils ne voulurent même pas la laisser chanter, excités qu'ils étaient par l'arrestation de deux hommes de leur bande ; et ils se seraient certainement vengés sur les missionnaires sans la protection de Delia qui les accompagna ensuite dans les débits d'opium de Mott Street où se réunissent les pires bandits de New-York. En la quittant, Mme Whittemor lui donna une rose sur laquelle elle avait fondé un présage semi-mistique ; et la supplia de se convertir et de venir à elle avec la fleur ; mais l'*oiseau bleu* lui répondit, que quant à l'argent, elle trouvait tout naturel de le prendre à ceux qui en possédaient ; du reste, ajouta-t-elle, j'ai « fait maintenant tous les péchés qu'il m'était possible de commettre et je ne pourrais plus vivre autrement » (elle avait 23 ans).

Elle promit cependant de se rendre à une de ses salles d'évangélisation et tint parole. Le soir elle alla rendre la rose enchantée et avoua qu'elle avait passé une journée très agitée, cherchant de noyer ses doutes dans la boisson ; mais plus elle buvait, plus elle devenait maîtresse d'elle-même, le soir s'apercevant que la fleur se flétrissait, elle en fut frappée et se reportant aux jours où elle aussi était pure comme cette rose, elle vit ses années se perdre l'une après l'autre comme les feuilles de cette fleur ; aussitôt sa résolution fut prise et elle déclara à ses camarades qu'elle les quittait. Le soir même elle se rendit les larmes aux yeux à la mission où Mme Whittemor l'embrassa avec tendresse et l'invita à prier avec elle.

Depuis ce jour, elle renonça aux liqueurs, à l'opium et au tabac, elle demanda d'aller voir en prison un de ses anciens compagnons de débauche pour le convertir.

Elle fut mise à l'hôpital étant gravement malade de phthisie et de syphilis : invitée à sa sortie à boire du vin, elle résista à son envie. Dès qu'elle fut guérie elle se mit à l'œuvre pour convertir ses anciens camarades de Moulberry : elle parla aux 1500 détenus d'Auburn. — « Qu'avons-nous gagné, leur disait-elle, à servir le démon : prison, misère, mépris et maladies. — Quand j'étais si mauvaise, aimant à me faire craindre des autres, j'avais souvent peur et ne me serais pas mise au lit sans une lampe brûlant à côté de moi. Le matin je me demandais si je ne coucherai pas en prison le soir.

« Je me rappelle lorsqu'une dame me dit : Avez-vous trouvé Jésus ? je lui répondis : *Non, est-ce qu'il perdu ?* car, je haïssais les protestants. Ma religion était de pure forme (catholique).

« Si vous me demandez combien de temps cela m'a pris pour abandonner sans retour ma vie de péché, je vous répondrai : Environ trois minutes, le temps de demander à Dieu de le faire ».

En 11 mois elle en convertit plus de 100.

Elle mourut de phthisie dans l'année — et le bruit qu'elle souleva autour d'elle fut si grand, qu'après sa mort 80 de ses complices devinrent ou parurent devenir honnêtes (1).

Je ne garantis pas la conversion de ces derniers, mais celle de Delia est certaine ; on en trouve la preuve dans la transformation de sa physionomie qui est contrôlée par la photographie. — Mais avant tout, si l'on se rappelle qu'elle fut conduite à la prostitution et au délit par un viol commis sous l'influence d'un narcotique, qu'il n'y eut pas de précocité ; et que même dans sa vie de délit elle se faisait la protectrice des faibles, si l'on pense à tout cela, elle apparaît bien plus une criminaloïde qu'une criminelle-née. Quoiqu'il en soit, la promptitude de sa conversion (ce fut, dit-elle, l'affaire de trois minutes) sous l'influence d'une impression suggestive et l'ardeur qu'elle y apporta, prouvent que dans ce cas, la passion religieuse en état naissant, étouffa toutes les autres passions.

Mais il est évident que de pareils cas, absolument individuels, comme celui qui me fut cité par les Baptistes, d'un voleur vagabond et ivrogne, qui, sous l'impression des sermons et des

(1) *Delia*, dite l'*Oiseau Bleu*, par E. M. Whittemore, Genève, 1894.

exemples des missionnaires, se convertit tout à coup et s'enrôla dans leurs rangs en persistant dans le bon chemin (1), ne prouvent rien en faveur de la religion et ne peuvent être cités à l'appui de son efficacité dans la cure de la criminalité comme elle est organisée chez nous, où ces féconds fanatismes n'auraient aucune prise.

Si l'on veut bien, d'ailleurs, remarquer que ces miracles se produisent surtout parmi les Anglo-Saxons et parmi les Suisses, on sera forcé de conclure, que l'influence que nous attribuons à la religion, est due en réalité à la race et à la civilisation avancée, qui porte ces peuples vers de grands idéaux et de nobles fanatismes, tandis qu'avec le développement de la culture, le sentiment religieux y va chaque jour en s'affaiblissant; c'est ainsi qu'on trouve des preuves de noble fanatisme dans les sociétés pour la *Culture éthique* (PRUNGST, *Ueber die Gesellschaft für Ethische Kultur*, 1896), et chez les Bons Templiers qui sont des sociétés éthiques et anti-alcooliques plutôt que religieuses.

« Dans les pays calvinistes, écrit Ferrero, la religion recrute des milliers de fanatiques, qui sous les noms et les théories les plus diverses s'agitent fébrilement, non en l'honneur d'un rite, mais pour sauver les âmes humaines.

« En Italie comme en France on ne réussit jamais à déterminer un grand courant de protestation morale contre certaines des plus douloureuses iniquités sociales: et les esprits enthousiastes et actifs doivent chercher ailleurs un champ plus fécond où déployer leur énergie » (FERRERO, *Vita moderna*, 1893).

Considérons par exemple la *Salvation Army* (2), institution créé par Booth, sous les formes extérieures les plus excentriques; hiérarchie militaire, uniformes bizarres, naïves, mais

---

(1) *Autrefois et maintenant*, Confessions, Genève, 1895.
(2) *Truth about the Salvation Army*, of ARNOLD WHITE, FRANCISE PARK and FERRARI, 1892, London. — BOOTH, *Light in darkest England*, 1892, London.

dans les intentions les plus saintes et pleinement réalisées. C'est une sorte de secte qui a pour but de prévenir et de combattre le vice et le crime, même avec les armes les plus étranges. Elle lutte contre l'alcoolisme avec des meetings, des hôtels de tempérance à bon marché, des *elevators*, des cuisines populaires qui ont distribué en 1895, 3.396.078 repas; elle combat le vagabondage avec des dortoirs qui donnent asile chaque nuit à plus de 4100 personnes, et où sont tenus le soir des meetings où se fait le plus de sauvetages.

On met à la portée des malheureux, tous les moyens possibles pour les tirer de la mauvaise voie, on les inscrit aux bureaux de placements qui dans la seule année 1895 trouvèrent des emplois à 19.372 personnes, ou bien, on les reçoit dans les *elevators*, établissements spéciaux ou ils sont occupés à des travaux rétribués ou initiés à un métier s'ils n'en connaissent aucun, jusqu'à ce qu'ils puissent être placés chez des particuliers ou dans les fermes-villages de la *Salvation Army*, ils restent alors en relation avec la maison pendant 4 ans.

Pour les condamnés, la *Salvation Army* tient des conférances dans les prisons; elle en enrôle les meilleurs sujets comme soldats dans ses rangs, en admet une autre partie dans un établissement spécial, où l'on essaie de refaire leur éducation morale et pratique, tout en les initiant à un métier: de là, ils passent dans les *elevators*, ensuite dans les maisons privées et aux fermes-villages, etc.

L'armée possède encore, outre cela, 84 bureaux pour les misérables, qui ont pour mission de combattre le vice corps à corps : ils visitèrent dans une année environ 58.723 familles pauvres dans les maisons privées, 15.702 personnes dans les *Public-houses*, et 7.500 dans les *Lodging-houses*, en y assistant au moins 3887 malades; elle possède des institutions spéciales pour les enfants, qui sont expédiés le plus vite possible dans les colonies.

Pour les femmes, l'armée dispose de 9 dortoirs spéciaux et de 13 *Rescue homes* (qui arrachent presque matériellement les femmes aux cabarets et aux *Lodging-houses*) elle en em-

ploie 1556 à un travail à leur choix, et après un certain
temps les envoie dans les maisons privées ou dans les fermes
de la *Salvation*.

Il est curieux de voir comment ces nouveaux soldats de
la charité pénètrent partout sans violence; leurs maisons, leurs
elevators, leurs fermes sont ouvertes; qui veut y entre et qui
veut en sort, et celui qui en est sorti, s'il y retourne est toujours accueilli comme l'enfant prodigue et jouit d'une liberté
complète.

Citons encore les Wellesleiens, dont on peut dire la même
chose. Lorsque Mearms, un de leurs adeptes, eut révélé par
une enquête les horreurs de la Londres pauvre, ils se jetèrent
à corps perdu à convertir les vicieux et les alcooliques (1).

Hugues, un de leurs grands apôtres, prêchait : « Nous ne
devons nous occuper de sauver les âmes jusqu'à oublier de
sauver les corps » et avec l'accent de la conviction la plus
profonde, il entraînait des centaines de personnes qui se déclaraient converties et les confiait au pasteur.

Ils choisissent les heures où les hommes sont le plus en
danger, les heures sociales comme ils les appellent, de 9 à
11 h^res et les invitent à des soirées où ils leur offrent les
meilleurs traitements, se mettent en relation avec eux et leur
font signer le serment de tempérance. Ils visitent les lieux
les plus infectes, les bouges ; où leurs sœurs découvrent et
sauvent les femmes en danger. Une d'elles voit un jour une
jeune fille entraînée au cabaret par un homme vicieux, elle
l'affronte et lui dit : « *Souviens-toi que tu es femme* » et elle
l'embrasse au front, et cette fille, émue, lui répond : « Je
n'entrerai jamais plus dans un cabaret, mais recueillez-nous
toujours le soir si vous ne voulez pas que nous retombions
dans le mal ».

(1) *Revue du Christianis. praticante*, 1890-95. Vals. — Mocom
Taylor, *Portraits and pictures of the West*, London, Mission, 1893.
— Mearms, *The bitter cry of the outcast*. London, 1893.

Dans l'*Association protestante pour l'étude pratique de la question sociale*, on trouve des partisans de la participation des ouvriers aux bénéfices du capital, et dans celle de l'assurance contre les infortunes du travail se trouve Lord Shaftesbury, qui transforma les conditions des mineurs en Angleterre (1).

L'ordre des Bons Templiers fondé à New-York en 1862 et celui de la Croix Bleue, fondé à Genève en 1877, comptent: le premier 500,000 et le second 10,000 membres, auxquels on ne demande que de s'abstenir pour un temps déterminé, 15 jours ou un mois, de toute boisson fermentée, et l'on y réussit.

Tout cela nous explique pourquoi dans les pays protestants, surtout en Suisse et en Angleterre, l'alcoolisme est en décroissance, tandis qu'il augmente dans les pays catholiques.

Peut-on dire que nos Salésiens et nos Sœurs en aient obtenu autant ?

Loin de là, pour obtenir de pareils résultats, et même pour les chercher il faut un degré d'idéalité auquel n'atteignent pas les vieilles races, qui se renferment et se cristallisent dans les rites, et n'aboutissent qu' à un dictateur quel qu'il soit pape, général d'un ordre ou saint.

C'est un fait que j'ai directement démontré en exposant parallélement l'œuvre de Don Bosco et celle du docteur Barnardo. En Italie, nous voyons combattre utilement le délit par quelques rares individualités, lorsque, comme des fragments planétaires, elles sont dissidentes comme Lazzaretti, ou du moins lorsqu'elles ont eu pour quelque temps leur centre d'action en dehors de l'orbite de l'Église officielle, comme Don Bosco et comme Saint François d'Assise et constituent dans le moment une vraie religion nouvelle, vive et palpitante, qui en peu de temps formerait un schisme, si chaque fois n'y pensait à temps la puissante pieuvre de Rome. C'est pour cela que

(1) *Travaux du Congrès de Montauban*. — Paris, 1885.

des saints comme Don Bosco et comme nous voulons le croire, jusqu'à preuve contraire, M. Bartolo Longo, ne surgissent pas sans avoir rencontré, de toutes parts, des obstacles, jusque dans ces autorités ecclésiastiques qui devraient les placer sur les autels; c'est pour la même raison que lorsqu'ils veulent s'élever jusqu'à la modernité de notre époque, ils n'y réussissent qu'à demi; et au lieu d'acheminer les abandonnés dans les métiers les plus utiles, sur une large échelle, en organisant des émigrations, des défrichements de terre, comme l'a fait le docteur Barnardo, ils n'aboutissent qu'à créer d'immenses couvents parfaitement organisés et à transformer des vagabonds en prêtres ou en adeptes des écoles classiques, qui ne sont ensuite que des déclassés. Ce sont des saints, en somme, d'une époque qui n'est pas la nôtre, dont l'œuvre, quelque vaste qu'elle soit, est disproportionnée à l'immensité des besoins et atteint trop rarement jusqu'aux racines du délit; et quelque admirables qu'ils soient par leur génie et leur sainteté, ils doivent se conformer aux volontés de l'autorité supérieure et montrer d'avoir plus à cœur le triomphe du rite du Dieu de Rome, que celui de la vertu, si non ils sont supprimés. — C'est ainsi que Don Bosco avait pour but final de créer des prêtres salésiens. — De même que B. Longo (qui signe comte, commandeur) a pour but d'honorer la Madonne de Pompeï. Or, si en donnant un métier et une éducation certainement morale aux abandonnés ils réussissent à empêcher que quelques criminels par occasion deviennent de véritables criminels, ils ne sauraient de cette manière sauver le vrai criminaloïde ni le criminel-né.

Ajoutons enfin : que le rituel, la formule liturgique, s'impose toujours dans ces institutions, bien plus que les règles nécessaires à la vie pratique.

D'autre part, dans la charité latine, la coopération du public n'est presque jamais associée à celle du fondateur, elle ne s'y manifeste jamais personnellement, elle est par suite moins intéressée et moins efficace; tandis que de son côté l'action de ces grands apôtres est subordonnée complètement à l'influence personnelle et hiérarchique d'un individu qui en a tous les mérites de même que toutes les responsabilités et qui en disparaissant laisse un vide incomblable.

Dans les orphelinats de France, écrit Joly, on a été long-temps à ne songer qu'aux intérêts religieux des enfants. On les classait dans une confrérie sans leur donner un métier (1).

Roussel, lui aussi, fait remarquer que la charité congré-ganiste de France est toute appliquée aux jeunes filles, de sorte que les garçons abandonnés n'ont d'autre refuge que la prison ou les maisons de correction; sans compter que les asiles catholiques n'accueillent presque jamais les orphelins illégitimes et qu'à l'inverse des protestants qui cherchent de mettre en lumière leur propre organisation, les institutions catholiques font tout leur possible pour l'esquiver et ne veulent avoir des rapports qu'avec leur évêque et avec Rome. — Les élèves des orphelinats grandissent donc sans aucune pratique du monde et sont ensuite incapables de se créer un avenir (ROUSSEL, *Enquête sur les orphelinats*, 1882).

En conclusion, nous pouvons dire que la charité Anglo-Saxone se différencie d'une manière bien plus tranchée; elle a tout particulièrement soin de sauvegarder la fierté humaine en se servant de l'œuvre du pauvre, en la rendant, en somme, coopérative et mutuelle: et elle s'occupe surtout de l'enfant encore au berceau, qui est à peine rappelé dans la race la-tine, où il est tout au plus nourri. Dans la première, on voit des sectes ou mieux des groupes religieux comme la *Sal-vation Army*, les Baptistes, se proposer comme le but plus grand de leur vie, la rédemption du crime, la prévention de l'alcoolisme, la tutelle de l'enfance. Et si l'influence d'un homme, comme Booth et Barnardo, y peut beaucoup par son génie et son inspiration dans la recherche des procédés meilleurs, ils peuvent toutefois s'en passer, parce que c'est la nation entière qui travaille et qui par son nombre et par son propre enthousiasme suggestionne le public.....

---

(1) JOLY, *Le combat contre le crime*, pag. 91.

Ici donc, ce n'est pas aux religions que revient le mérite; mais à quelques religions seulement — ou, mieux encore, au penchant idéal de quelques races en progrès.

Quoiqu'il en soit on doit dire de l'action religieuse ce que nous avons dit de la charité — qu'elle est toujours individuelle — restreinte et de beaucoup inférieure à l'influence économique qui seule agit sur les masses.

Chapitre VI.

Contre les dangers de l'instruction — Education — Maisons de réforme, etc.

L'influence bienfaisante de l'instruction sur le crime! Voilà encore une autre exagération à laquelle personne ne croit plus!

Instruire le criminel c'est le perfectionner dans le mal et lui fournir de nouvelles armes contre la société. Il faut donc avant tout, supprimer les écoles dans les prisons qui ne servent qu'à multiplier les récidivistes, ainsi que nous l'avons démontré dans l'*Homme criminelle*, vol. I, II.

Cherchons, au contraire, d'étendre l'instruction au plus grand nombre de personnes honnêtes; fortifions le corps, en l'occupant agréablement par les exercices de gymnastique, les marches et les danses en plein air (1); nous préviendrons, par ces moyens, la paresse, la lascivité précoce, bien plus qu'avec de simples préceptes; il faudrait aussi choisir de préférence des éducateurs mariés et supprimer les collèges, les couvents et les moines.

Et lorsque dans les écoles élémentaires on découvre un enfant ayant les caractères connus du criminel-né, il faut, avant tout le séparer des autres et lui appliquer une méthode d'éducation spéciale ayant pour but d'augmenter la puissance des centres inhibiteurs, toujours déprimée chez les criminels-

---

(1) « L'entraînement est une école de continence et de chasteté ». La société contre la débauche atteindrait bien mieux son but qu'avec des sermons en inspirant à la jeunesse le goût de la gymnastique, etc., (Tissié, *Revue scientifique*, 1896).

nés et de dompter ou canaliser ses penchants mauvais, en leur ouvrant une issue utile, tout en l'empêchant de se perfectionner dans les arts dangereux.

Rappelons, ici, ces aveux des criminels-nés eux-mêmes (1): que l'instruction fut pour eux un puissant auxiliaire dans le mal; et cela est doublement à redouter, aujourd'hui que nos conditions politiques permettent aux criminels-nés instruits un plus facile accès au pouvoir qu'aux gens honnêtes, grâce à la corruption, à la violence, à l'intrigue et à l'escroquerie qui dominent dans le monde politique. Que d'infortunes, que de sang, n'auraient pas été épargnés à l'Italie et à la France, si Napoléon, si Boulanger, et Crispi eussent été des illettrés!!

Pour que l'école soit utile, non plus négativement comme elle l'est maintenant, mais activement, nous devons changer les bases de notre éducation, qui, par l'admiration de la beauté et de la force, conduit à la paresse, à l'indocilité et à la violence.

Nous devons placer en première ligne les écoles spéciales pour les travaux agraires; et dans les autres écoles, donner la première place au travail manuel en substituant par ce moyen quelque chose de pratique et d'exact aux mirages nébuleux de l'antique: cela joint à de très fortes taxes universitaires nous débarrasserait de ce déluge de déclassés (2) que nous augmentons chaque jour avec les nouvelles facilitations universitaires.

« Jusqu'à présent, écrit Sergi, l'école a discuté sur la meilleure manière d'enseigner l'alphabet, sur celle d'apprendre à écrire plus tôt, sur la meilleure méthode pour développer l'intelligence, mais elle ne nous enseigne aucun moyen de diriger nos sentiments et nos tendances.

---

(1) Voir *H. crim.*, vol. I.

(2) Qui douterait de la vérité de cette assertion, n'a qu'à se rappeler le classicisme des révolutionnaires de '89 et lire VALLÈS, *Le bachelier et l'insurgé*, pour se convaincre combien cette instruction, en désaccord avec l'époque, n'aboutit qu'à faire des déclassés et des rebelles.

« L'éducation est comme l'hygiène pour la conservation de la santé; celui qui doit présider à l'hygiène, en enseigner les préceptes, soigner, doit nécessairement savoir distinguer les fonctions saines des fonctions altérées; connaître ce qui a pu les altérer et comment on doit les garantir des altérations.

« Il en est de même de l'éducateur: il doit connaître la nature de l'âme humaine; savoir comment elle opère et agit individuellement et dans la société; quelles causes organiques peuvent en altérer les manifestations et quelles causes externes et sociales peuvent faire dévier les fonctions normales.

« Nos éducateurs ne sont pas instruits dans ce sens; ils entrent dans les écoles pour élever nos enfants sans aucune conception déterminée du but difficile qu'ils doivent atteindre. Chaque petit être humain qui va à l'école est un problème à diverses inconnues et on le considère comme un problème résolu!

« Au lieu d'augmenter le nombre des écoles classiques, réduisez-les au minimum et transformez toutes les autres en écoles de commerce, d'arts et métiers, en écoles professionnelles, en écoles pratiques, selon les exigences de la vie moderne; introduisez dans ces écoles, l'école pour la culture de l'intelligence, celle du caractère, de la vie journalière; vous inculquerez par ces moyens l'habitude du travail qui est par elle-même une éducation très efficace.

« Quand il y aura de nombreuses écoles d'arts et métiers, le travail manuel sera ennobli, tandis que maintenant celui qui veut apprendre un métier doit aller servir chez un chef de l'art où il ne l'apprend que plus ou moins mal par la pratique.

« Le but principal de toute école doit être l'éducation du caractère dont dépend toute la conduite humaine; elle doit le fortifier où il est indécis, le créer où il n'existe pas encore, le diriger où il manque de direction.

Éducation en famille. — C'est pour cela surtout que la famille est nécessaire. Personne ne s'est jamais occupé de connaître quels rapports existent entre les succès de l'école et les

succès ou les insuccès de la vie ; personne n'a recherché les
relations entre les énergies physiques, éthniques, typiques d'un
jeune homme et les contingences et les accidents imprévus
de la vie du futur citoyen (1).

C'est à cela surtout que doit s'appliquer la famille, qui chez
nous compte sur l'école pour les soins de l'éducation, tandis
que de son côté le maître d'école, qui du reste ne pourrait
y parvenir à cause du grand nombre de sujets qu'il doit diriger,
compte pour cela sur la famille, restant ainsi inactifs tous les
deux là justement où l'on pourrait prévenir efficacement le
crime.

Le public des familles ne sait pas que dans l'intégrale que
nous donnera l'État et la destination du fils, la vocation et
les aptitudes entrent comme exposants, et le manque de préparation intellectuelle comme coefficient : et que pour obtenir
l'intégration il faut l'union et la continuité des forces y compris
celles que les parents devraient avec sollicitude s'ingénier à
faire naître.

Et cependant, il faudrait si peu de chose pour réussir dans
cette réforme de l'éducation.

« Les enfants d'une femme de cœur, écrit Garofalo (2),
affectueuse ou sévère selon les cas, sont habitués à guetter
dans son regard l'approbation ou le blâme de chacune de
leurs actions. Quelle peine peut être pour eux plus grande
que le reproche affligé que fera la mère à l'enfant qui lui
mentait ou qui a fait du mal à son camarade ? Cet enfant
acquerra de mois en mois, d'année en année, ce qu'on pourrait appeler l'instinct négatif de la fausseté, du vol, de la
cruauté ; une répugnance organique, une aversion physiolo-

_____

(1) Mr FRANCIS GALTON, *On international anthropometry.* Dal « Bollettino dell'Istituto internazionale di Statistica », 1890. — *Idea liberale,*
1896 (maggio).

(2) *L'educazione in rapporto alla criminalità.* Roma, 1896. — Voir
aussi les belles pages de DESMOULINS, *A quoi tient la supériorité des
Anglo-Saxon,* 1897.

gique, grâce à laquelle le délit ne sera, pour lui, plus possible. Dès lors le problème éducatif sera résolu ».

L'anthropologie criminelle nous a appris (Voyez *Homme crim.*, vol. I) qu'étant donnée la temporaire criminalité, commune aux enfants, on ne doit pas trop s'effrayer de leurs premiers actes criminels; ni leur infliger des répressions trop sévères quand ces actes ne sont pas trop souvent répétés et ne s'accompagnent pas aux caractères anthropologiques de la criminalité.

L'évolution vers le bien a lieu de toute manière dans l'homme normal, comme la transformation des formes inférieures dans le fœtus, à mesure qu'il devient enfant; seule une mauvaise éducation, en stimulant activement les instincts pervers qui sont en pleine effervescence dans l'enfance, peut faire qu'au lieu de se transformer, ils deviennent habituels; Spencer nous enseigne dans son admirable livre sur *L'éducation* tout le mal que peut faire une éducation trop sévère en irritant l'enfant sans le convaincre de ses torts et en ne se modelant pas sur ses instincts naturels; une éducation, en somme, qui veuille obtenir plus que ne peut donner l'enfant, oubliant l'immense influence de la sympathie, qui fait, que même les adultes ont plus de regret d'avoir offensé une personne sympathique qu'une autre qui ne l'est pas.

Nous devons donc mitiger les corrections et les rendre plus efficaces en les adaptant toujours au caractère : ainsi, quand un enfant aura détérioré un objet précieux, achetons lui en un autre à ses dépens, en lui supprimant une gourmandise; nous lui montrerons par là les conséquences de sa faute; lorsqu'il n'obéit pas à nos ordres punissons le en lui démontrant une moindre sympathie; mais ne nous laissons jamais aller à la colère, qui, quelque brève qu'elle soit, est toujours nuisible tant au père qu'à l'enfant; au père, en ce qu'elle est, au fond un reste de vengeance, et à l'enfant parce que, considérée comme telle, elle fait naître en lui une réaction dangereuse, tandis qu'il faut le persuader sans le contraindre par la violence, empêcher plutôt que de favoriser, comme beaucoup le

font, l'association des idées entre les actions mauvaises et les
punitions, grâce à laquelle, dès qu'a cessé la surveillance du
maître et des parents, les enfants ne craignent plus de faire
le mal; c'est pour cela que souvent les enfants des personnes
trop rigides, arrivés à l'âge adulte et libres de leurs actions
commettent beaucoup plus de fautes et même de délits que
les enfants des parents moins sévères.

Psychologie appliquée aux maisons de correction. — Ces
raisons sont doublement importantes quand il s'agit du criminel mineur, naturellement incliné à la colère, à la vengeance, et sujet à prendre les corrections en mauvaise part;
cruel par instinct, il le devient encore plus dans les maisons
de réforme par l'exemple des autres, par la gloire de faire le
mal et par la réaction, juste, trop souvent, contre les punitions exagérées et disproportionnées à la gravité de la faute
et à l'âge du coupable.

Et puis, comment le réformateur pourrait-il inspirer de la
sympathie à un enfant, avec lequel il n'a que des rapports
fugitifs et seulement pour lui infliger des punitions? Comment
pourrait-il le surveiller jour par jour, de manière à transformer
ses habitudes, quand il s'agit de centaines d'individus qu'il
ne fait qu'entrevoir? Comment enfin éviter ce danger plus
grand des nouvelles occasions de faire le mal, quand la promiscuité de tant d'êtres pervers, glorieux de leur propre
perversité, ferait encourir des dangers, même à une honnête
personne, et cela à un âge où les idées malsaines surgissent
et végètent avec plus de vigueur? (1).

On a beau imaginer dans les maisons de réforme de nouvelles subdivisions; c'est déjà beaucoup si l'on parvient à effectuer celles qui concernent l'âge et la cause de l'internement.
Qui pense à séparer des autres, ou tout au moins à isoler

(1) Nous verrons dans le chapitre suivant, comment Brookway, en
s'inspirant à ces pages, créa la maison de réforme d'Elmire, donnant ainsi
à mon œuvre la plus grande récompense qu'un penseur puisse espérer.

en dehors des heures de travail les masturbateurs? les colériques impulsifs? les psychopathes sexuels? les voleurs, les tortionnaires d'animaux?

Il importe, cependant, d'améliorer cette institution par une sélection spéciale. — Il faut non seulement séparer les jeunes gens d'avec les adultes incorrigibles; mais tâcher de les grouper selon leur âge et leur degré de dépravation, etc.; car, réunis ensemble, leurs vices se multiplient au lieu de se corriger: il faut tâcher de vaincre les mauvais penchants par la suggestion hypnotique qui, à cet âge a plus de chance de réussite; renouvelée périodiquement, cette suggestion fait naître une espèce d'habitude du bien. C'est un procédé anologue à l'expérience dont parle Spencer dans son *Éducation*. « Des carpes ayant été mises dans un acquarium avec des petits poissons, qu'elles étaient habituées à manger; on les sépara par un diaphragme de verre; elles se jetèrent d'abord sur le verre pour les saisir, mais voyant l'inutilité de leurs efforts, elles cessèrent leurs tentatives, et lorsqu'on enleva le verre, elles vécurent avec eux sans les manger. L'habitude les rendit inoffensives si non innocentes. C'est ainsi que le chien entraîné par l'habitude et l'éducation finit par ne plus voler ».

C'est par cette méthode que l'on doit traiter les criminels-nés; en évitant les corrections féroces qui ne peuvent que les irriter.

La mesure capitale de l'isolement préventif des criminels se trouve maintenant considérablement facilitée par les nouvelles connaissances anthropologiques; car les caractères physiognomiques et crâniologiques, joints aux caractères biologiques et à l'excès des tendances à mal faire, aident puissamment à distinguer la criminalité toujours ascendante et empirante du criminel-né, de celle qui n'est que temporaire chez tous les enfants (Voir *Homme criminel*, vol. I, chap. II, pag. 111).

Il résulte des études récentes faites en Italie sur ce sujet (*Studi antropologici in servizio alla pedagogia*, VITALE VITALI, 1896), que sur 333 écoliers examinés, 13 % offraient des anomalies crâniennes graves. Or, de ces anormaux 44 %

étaient indisciplinés, tandis que chez les écoliers à type normal
24 % seulement étaient indisciplinés: des premiers, 23 %
avaient peu d'intelligence ou l'avaient obtuse et 27 % inerte:
des seconds, l'intelligence était obtuse chez 11 %, et inerte
chez 10 % — 2 % étaient incapables d'aucun progrès ainsi
que 9 % des premiers.

Des 43 anormaux, 8 accusaient des douleurs et de la chaleur à la tête, de l'incapacité à persister dans le travail; 12
avaient des impulsivités, de l'irascibilité et étaient incapables
de se contenir, 6, vrais criminels-nés, manquaient de sens
moral, commettant sans répugnance de graves infractions (1).

L'isolement du criminel-né, dans ces cas, empêchera certainement qu'il ne se perfectionne dans le mal; et, ce qui
importe le plus, qu'un fruit congénitalement gâté en cor-
rompe des centaines de sains.

Cette idée, que j'avais crue nouvelle (2), dans la cure
du délit, ne l'est pas du tout dans ses applications pratiques.

En Angleterre, quand un enfant manque l'école ou s'y comporte mal, on le renferme, après un jugement régulier, dans
l'école des réfractaires, *truant's schools;* où l'on tâche de lui
donner immédiatement, de la tête aux pieds, la sensation d'une
nouvelle vie; à cet effet il est peigné, ou mieux rasé, lavé,
désinfecté et revêtu de vêtements propres: il est ensuite placé
dans une escadre et obligé au silence toute la semaine, sauf
le dimanche; il doit participer à tous les services internes
ainsi qu'aux travaux de couture et de cordonnerie qui s'al-
ternent avec la gymnastique et les exercices militaires. Les

(1) Joly (*Le Combat contre le crime, etc.*, p. 116) ne trouva pas de
criminels-nés dans les écoles où il fit une enquête. — « Nous avons des
infirmes, des anormaux, lui répondent les maîtres d'école, mais ils sont
généralement doux et inoffensifs ». Mais un peu plus loin Joly est obligé
de confesser qu'il y en a qui tuent; et qu'on ne les trouve pas dans
les écoles parce qu'ils n'y sont pas tolérés. Or où étaient-ils donc avant
d'en être chassés.

(2) Rendiconto dell'adunanza generale del Patronato. Milano, 1894.

petits reclus savent qu'il ne dépend que d'eux-mêmes de reconquérir la liberté dans un temps plus ou moins éloigné. Généralement, pour la première fois, cette école forcée ne dépasse pas 8 semaines ; ce temps écoulé, l'enfant est mis en liberté avec la recommandation de fréquenter l'école ordinaire.

De ces libérés ou licenciés, 25 ou 30 % retomberont dans la faute et se feront renfermer une autre fois pour quatre mois et, s'ils y retombent une troisième fois, pour six mois. S'ils ont, ensuite, besoin d'un traitement moral plus prolongé, ils sont envoyés dans une école de réforme.

Les écoles industrielles reçoivent les enfants qui n'ont pas encore été condamnés, mais qui pourraient, par les habitudes contractées, faillir facilement. Les écoles de réforme accueillent les jeunes délinquants condamnés par les magistrats (juges de paix), ou par la cours semestrale du Comté ou des assises, à une peine restrictive à laquelle suit l'internement pour 5 ans, au maximum, dans une école reconnue et autorisée, et soumise à une inspection. — En somme, les écoles industrielles sont des établissements préventifs, les écoles de réforme sont, comme l'indique du reste leur nom, des établissements répressifs et en même temps d'éducation, dans lesquels les enfants délinquants sont soigneusement séparés des enfants simplement vicieux et où l'on évite avec soin les dangers de la promiscuité en les divisant par petits groupes. '

Associations enfantines. — Il faut pour la même raison surveiller tous les centres scolastiques afin d'empêcher qu'ils ne se transforment en centres criminels ; on empêchera ainsi aux tendances criminelles, qui existent déjà en germe, de se développer : les associations de gamins dans les grandes villes paraissent inoffensives ; mais ce sont au contraire les plus à redouter ; ce sont celles-là que l'on doit tâcher de supprimer avec la plus grande énergie. « Les enfants qui font le mal, disait un maître d'école à Joly, ne sont jamais seuls ; et « quand ils sont ensemble, ce n'est jamais pour quelque chose « de bon » (JOLY, *Le combat contre le crime*, etc., pag. 127).

« Quand quelques-uns de ces enfants tournent mal, lui disait un autre chef d'école, c'est presque toujours grâce à des liaisons ou amitiés trop à part; deux enfants bons jusque-là se mettront en commun pour se faire des confidences douteuses et s'entraîneront mutuellement à faire le mal; — pis encore s'ils sont pervers; ils ont des tendances à s'organiser en bandes, qui ont tous les caractères de la criminalité, et usent entre eux une sorte d'argot » (JOLY, *Id.*).

Nous avons déjà vu nous-mêmes dans la première partie de l'*Homme criminel*, et ensuite ici, dans l'*Étiologie*, comment les hommes, dès qu'ils s'associent, perdent en honnêteté, même s'ils sont sénateurs, députés, académiciens: il est donc naturel que cette loi se manifeste surtout à cette époque de l'enfance où ils sont physiologiquement déshonnêtes (Voir 1re partie).

Il est facile de comprendre combien plus grave est le péril des associations, quand ces enfants appartiennent à la classe des orphelins ou à celle des familles immorales et impuissantes à les élever.

Nous pouvons affirmer, dit Spagliardi (1), que la plupart des jeunes vagabonds et des oisifs, ne le sont pas par perversité de caractère ou par misère, mais bien par défaut d'éducation et parce qu'ils y furent entraînés par la fréquentation des mauvaises sociétés. Combien de fois, continue Spagliardi, n'avons-nous pas entendu d'honnêtes familles tenir ce propos: « Tant que notre fils resta dans son pays natal, c'était un jeune homme docile, plei. de promesses; mais dès que nous nous fûmes établis à Milan, il perdit l'affection et le respect de ses parents et dévalisa plusieurs fois la maison ». Un jeune garçon de 8 ans, de bonne et honnête famille, disparut de la maison de ses parents pendant plusieurs jours, et sut se soustraire aux plus diligentes recherches; quand on le retrouva, il

(1) *The Monist.* Chicago, 1895.

ne voulut jamais déclarer le lieu de son refuge. A quoi attribuer chez les enfants des familles honnêtes ces étranges changements? Où trouvent-ils les moyens de vivre indépendants et émancipés de leurs familles, si ce n'est dans les réunions et les associations de vagabonds?

« Mais, si ces enfants qui se font un idéal de cette vie de vagabondage, trouvaient, au contraire, aux premiers pas qu'ils feraient dans cette voie, la faim, l'isolement et une sévère surveillance, ne serait-ce pas préférable pour les familles? Et la famille, par ce moyen, ne pourrait-elle pas faire valoir son autorité? Il y a des ordonnances sévères pour l'hygiène publique, pour la police des rues, pour prévenir les contagions.....; pourquoi n'y en aurait-il pas une qui limiterait ces associations, qui sont une menace latente pour la société? Pour les mettre à l'ordre, quand ils sont enfants, il suffit d'un agent municipal; laissez-les faire, et quelque jour ils résisteront aux charges de la cavalerie ».

Maisons de réforme. — C'est à la préservation ou à l'amendement de ces enfants que prétendent s'appliquer les établissements de réforme, qui en accueillirent, il y a quelques années, en France 7688, en Italie 3770, en Belgique 1473, en Hollande 1615, en Amérique 2400. Mais, nous avons démontré combien ces institutions sont loin de pouvoir réaliser de bons résultats dans le système actuel de leur organisation, qui met en contact toutes ces natures perverses; cette promiscuité devient encore plus dangereuse, lorsque ces jeunes détenus en arrivent à surpasser la centaine; ils cessent alors d'être des individus pour devenir un nombre, et ne peuvent être surveillés et cultivés particulièrement, même par le plus habile directeur, de sorte que les réglements les plus énergiques finissent inévitablement par échouer. Et je ne parle pas théoriquement, mais bien d'après une enquête minutieuse dans plusieurs de ces institutions, tout en restant, d'ailleurs, l'admirateur des rares philanthropes qui en sont quelquefois à la tête.

Si dans quelques-unes de ces maisons de réforme, j'ai remarqué des jeunes gens actifs, disciplinés, sans fausse bigoterie, je ne peux en dire autant de beaucoup d'autres, chez qui, sous le masque d'une mansuétude jésuitique, couvait le vice pire qu'auparavant. J'en ai même observé dans un des meilleurs établissements de Milan, qui, lorsqu'on les interrogeait sur les causes de leur internement, mentaient effrontément même devant le directeur, ce qui prouve qu'ils n'avaient ni le repentir, ni la conscience de leurs fautes.

Pour mieux m'en convaincre, j'en observai plusieurs après leur libération; je les interrogeai; et les réponses et les auto-biographies que j'en obtins, me prouvèrent combien, même dans les meilleurs établissements, rampent les vices les plus infames, tels que pédérastie, vol, camorre, précisément comme dans les prisons; au point d'inspirer le dégoût à ceux-là même, tout autre que vertueux, qui m'en parlaient et qui ne me prouvèrent que trop leur véracité, en retombant en peu de temps dans le crime; on peut s'en convaincre en con-sultant la série d'autobiographies et de dialogues placés à la fin de la 2me édition de l'*Homme criminel*. Turin, 1878.

Dans un de ces établissements, à G... par ex. et à M..., existe impunément l'usage de la *pena*, qui consiste à obliger, sous peine d'être battus, les nouveaux arrivés à masturber tous les adultes qui le désirent.

À Ascoli, les détenus incendièrent l'établissement avec du pétrole; — à l'Ambrogiana, trois d'entre eux tuèrent un gardien à coups de poignard, sans autre mobile que le plaisir de faire du mal.

Ce sont incroyables les ruses qu'ils mettent en œuvre: un d'eux, usant de sa qualité de menuisier, cachait dans un morceau de bois, creusé à cet effet, des sigares, du saucisson, etc., qu'il vendait à ses camarades; un autre cachait un stylet dans sa paillasse; un troisième une pièce d'or sous son nu-méro de matricule, de sorte qu'il l'avait toujours avec lui quand il changeait de cellule, et sans sa confession on ne l'aurait jamais su.

8 % des jeunes gens, que nous interrogeâmes à la *Ge-*

nérala, ne manifestaient aucun désir de s'amender, bien qu'ils eussent commis les délits les plus graves (blessures, vols, récidives). « Si les jeunes gens de leur âge, disaient-ils, avaient de l'argent pour s'amuser, pourquoi n'auraient-ils pas eu eux aussi le droit de s'en procurer en volant chez eux ou ailleurs »: et d'autres ajoutaient que; « Quelque délit qu'ils commettraient, il n'égalerait jamais les souffrances qu'on leur faisait endurer dans la maison de réforme ».

3 % niaient résolument leurs fautes; 11 % affirmaient leur repentir avec une nonchalance qui prouvait leur peu de sincérité; 5 % allaient jusqu'à insulter leurs parents.

Et nous avons vu (*Homme criminel*, vol. 1, p. 338) que dans ces maisons le tatouage y sévit dans la proportion de 40 %. C'est là un indice très grave; mais il y en a un autre pire encore, si c'est possible: c'est celui d'un argot spécial.

Si, cependant, grâce à des soins assidus on parvient à obtenir une amélioration chez les plus jeunes, elle disparaît dès qu'ils retournent parmi les adultes; d'ailleurs: il y a un réglement uniforme, non seulement pour toutes les régions, mais aussi pour tous les âges, tandis qu'il faudrait une directrice et un pédagogue pour le enfants, et pour les adultes un vrai colonnel.

Joly parle, lui aussi, de maisons de réforme et de colonies de France qu'on croirait, à première vue, des paradis, mais qui sont en réalité de véritables enfers, où la discipline est très dure et inefficace avec, par' ex., une chambre de punition où les enfants doivent marcher en ellipse du matin au soir, avant d'aller se coucher sur une planche, faisant ainsi 40 kilomètres dans un jour sur les carreaux inégaux: en revanche, s'ils sont huit ou dix réunis dans un endroit, ils menacent le gardien de coups ou d'une dénonciation s'il ne les laisse faire ce qu'ils veulent (*Le combat contre le crime*, pag. 145).

L'abandon, lui-même, ne serait-il pas préférable à une pareille méthode d'éducation ?

Il existe, il est vrai, quelques rares établissements qui ont à leur tête des hommes remarquables par leur philantropie et par leur pénétration didactique, comme De Metz, Ducci, Rey, Obermayer, Spagliardi, Martelli, qui suppléent à tout par leur dévouement ; mais ce sont là des exceptions sur lesquelles l'État ne peut pas compter.

Il est certain que les mauvais résultats de ces maisons se vérifient d'autant moins que le nombre des co-détenus est plus restreint. En effet, en France, les colonies publiques qui atteignent presque toujours le chiffre de 400 élèves, fournissent une récidive supérieure de 4 à 19 %, tandis que celle des colonies privées de 150 élèves n'est que de 11 à 12 % ; mais en Suisse, et dans le Grand-Duché de Baden, où les colonies ne surpassent jamais 50 enfants, la récidive y descend à 4 et à 2,50 % ; et en Angleterre elle est de 4 % pour les garçons et de 1 % pour les filles.

Toutefois, ces chiffres ne me rassurent pas complétement.

Dans l'Amérique du Nord on évalue à 33 % les récidives des nombreuses maisons de correction. — Et Tocqueville, après les avoir célébrées comme l'idéal de la réforme pénale, déclare que sur 519 enfants libérés, 300 récidivent, c'est-à-dire presque tous ceux adonnés au vol et au vin, particulièrement les filles. Sur 85 jeunes filles libérées, 11 seulement eurent une conduite excellente, 37 bonne ; et sur 427 garçons, 41 l'eurent excellente et 85 bonne.

Tout le monde se rappellera les pompeux éloges de la colonie de Mettray, qui était parvenue, selon les statistiques d'il y a quelques années, à réduire (voyez Despine) les récidives de 75 % qu'elles étaient, à 3,80 %. Or, peu d'années après, M. Du Camp nous apprenait que la récidive y était remontée à 33,3 %, ce qu'il voudrait expliquer par l'aversion des Parisiens pour la campagne, qui fait ailleurs les délices des jeunes gens. Et cependant Mettray rejoint l'idéal d'une maison de réforme ; les enfants y sont divisés en groupes ou familles de 16 à 17, habitant chacune une petite maison, ayant des chefs et sous-chefs spéciaux. — Comment croire ensuite aux miracles de la maison de réforme cellulaire de la Roquette,

qui réduisàit, elle aussi, les récidives de 15 à 9 $^0/_0$ (voyez
BIFFI, *Sui riformatori dei giovani*, 1870) quand nous voyons
peu d'années après, une Commission gouvernementale trouver
nécessaire de la supprimer; et les statisticiens français, tandis
qu'ils évaluent à 17 $\%$ les récidives des maisons de réforme
publiques, à 11 celle des maisons privées en 1866-67-68,
confesser que la moitié des libérés était mal notée (BERTRAND,
Essai sur l'intempérance, 1875, pag. 195).

Mais, seraient-elles encore exactes ces statistiques, qu'elles
ne prouveraient absolument rien, parce que les maisons privées
de réforme tendent à se décharger de leurs mauvais sujets,
en expédiant les insubordonnés, les paresseux, aux établissements du gouvernement; et une fois ces derniers exclus, ceux
qui restent apparaissent relativement bons.

On sait, d'ailleurs, que lors même que les maisons de réforme seraient utiles à la cure morale, les dépenses énormes
qu'elles exigent, leur nombre restreint respectivement aux
besoins, les rendraient toujours insuffisantes.

Ajoutons, que la possibilité de mettre les enfants dans un
établissement quand ils deviennent indisciplinés, et cela sans
aucune dépense, rend beaucoup de parents moins actifs dans
leur surveillance, parfois même intéressés à leur malheur.

J'ai pu observer à la *Generala* cinq jeunes gens de familles illustres, deux desquels possédaient plus de 100,000
francs de rente, que des tuteurs avides ou des parents coupables avaient fait enfermer sous des prétextes plus ou moins
sérieux, et qu'ils y maintenaient avec un franc par jour, leur
refusant jusqu'à l'argent nécessaire pour s'acheter un instrument de musique, ou un livre qui aurait pu adoucir leur hon-
teuse séquestration.

Ces faits assument une bien plus grande gravité quand on
sait que l'entrée des mineurs par voie de correction paternelle a sextuplé pendant ces dernières années; et cela, grâce
aux artifices coupables des parents eux-mêmes, qui poussent
au mal les enfants afin d'avoir un prétexte pour les faire
enfermer.

« Je ferai d'abord observer, écrit l'ancien chef de police, Locatelli, que les dispositions législatives visant les paresseux mineurs ont été interprétées à rebours par nos populations; tandis que le législateur les a décrétées dans l'intention de prévenir avec plus d'efficacité les crimes, le peuple, avec son étrange herméneutique, qui lui est conseillée par l'intérêt, s'obstine, de son côté, à les retenir de nature exclusivement philanthropique: de sorte que des pères de nombreuses familles se croient autorisés par la loi à faire interner et instruire aux frais de l'État, ceux de leurs enfants dont la surveillance et l'éducation leur sont le plus à charge.

« Dès que les intéressés s'aperçurent de la circonspection que l'on apportait à accueillir leur demande, la chasse à l'internement alla toujours en se perfectionnant —;

« Les demandes furent faites avec plus d'artifices, corroborées de nombreuses attestations, souvent de sources très autorisées, prouvant l'incorrigibilité du mineur; et ce qui est le plus douloureux, on alla très souvent jusqu'à pousser, par toutes sortes d'artifices, l'enfant à la paresse et au vagabondage; de manière, cependant, que l'autorité ne puisse en recueillir les preuves : en diminuant, par exemple, sa nourriture, en interrompant son repos ».

Quant à ceux qui croient ces maisons de réforme une providence pour les abandonnés et les orphelins, je leur dirai qu'on y compte à peine 8 à 13 % d'enfants de second lit et 8 à 12 % d'orphelins; ces institutions peuvent donc tout au plus être utiles dans les rares endroits, où elles peuvent vraiment enseigner un métier aux jeunes détenus.

Ajoutons: que dans aucune ou presque aucune maison de réforme, on ne trouve appliqué sérieusement le système cellulaire nocturne, ni la rigueur du silence, qui seraient d'ailleurs inapplicables dans des institutions à demi didactiques, à demi industrielles, ou bien seraient sans cesse déjoués par les ruses des détenus.

On s'inquiète de la corruption que pourraient recevoir les jeunes criminels au milieu de leurs familles, et on ne pense pas à celle qu'effectivement reçoivent des jeunes gens honnêtes mais faibles, que l'on met en contact avec les vicieux.

Pour ceux d'entre eux qui arrivent de la campagne, où ils ne pouvaient, faute d'occasion, s'instruire ou s'associer dans le mal, ils trouveront ici l'association malfaisante toute formée.

Je n'admettrais, donc, les maisons de réforme que dans des cas exceptionnels et seulement pour un petit nombre d'individus, divisés par classes, selon les âges, les aptitudes, la moralité ; et séparés la nuit dans des cellules, tout en jouissant d'une liberté relative, et sans note d'infamie ; je voudrais qu'il n'y entra que ceux, qui, par leur pauvreté ne peuvent être accueillis dans les collèges militaires ou de marine ; quant aux parents riches, qui voudraient y faire interner leurs enfant, ils devraient payer une forte taxe, proportionnée à leur revenus.

Méthodes éducatives. — Si quelque succès se vérifie quelquefois dans nos maisons de réforme, malgré leur organisation défectueuse, c'est grâce à ce qu'on y habitue le jeune homme à un travail continué, rhytmique, régulier, auquel se refuse ordinairement le criminel-né, ce qui permet plus aisément de le distinguer des autres et de le sélectionner, tout en facilitant le passage à l'honnêteté physiologique de ce que nous appelons la sub-criminalité physiologique-enfantine.

Don Bosco (1), nous a tracé une excellente pratique pour l'éducation des jeunes réformables. « La plupart — dit-il — ont un caractère et un tempérament ordinaire, mais inconstant et incliné à l'indifférence ; ils ont besoin de brèves mais fréquentes recommandations, d'avis et de conseils, il faut les encourager au travail, en leur accordant de petites récompenses et leur démontrer une grande confiance, sans cesser de les surveiller. Les efforts et les sollicitudes doivent être spécialement appliqués à la catégorie des écoliers indisciplinés. On peut les

(1) BONETTI, *Cinque lustri di storia dell'Oratorio salesiano*, Torino, 1892.

évaluer à 1 sur 15 ; mais le vice le plus à redouter est assurément la lubricité : si un d'entre eux s'y obstine, il faut
l'expulser.

« Les jeunes détenus ne doivent garder sur eux aucun
objet de valeur ou d'argent ; on préviendra ainsi les vols et
les contrats auxquels ils sont très inclinés, étant des négo-
ciateurs-nés.

« ..... Le système répressif pourra évidemment empêcher
des désordres, mais il n'améliorera pas les âmes ; car, si les
enfants oublient aisément les punitions des parents, il se sou-
viennent toujours de celles des éducateurs ; la répression peut
être utile dans la milice et en général aux personnes adultes
et avisées ; mais ce qui convient aux enfants c'est le système
préventif.

« Ce système, entièrement basé sur la raison, la religion
et l'amour, exclut tout châtiment violent.

« Pour comprendre les avantages d'un pareil système, il
faut se rappeler la grande mobilité de l'enfant, qui lui fait
oublier les règles disciplinaires et les châtiments qu'il encourt,
transgressant souvent une règle et se rendant passible d'une
punition à laquelle, à l'instant de l'action, il ne pensait pas
du tout : il aurait certainement agi autrement si une voix
amie l'en avait averti ».

« Il faut faire en sorte que les élèves ne soient jamais seuls
et leur donner ample faculté de courir, sauter, crier autant
qu'ils veulent. La gymnastique, la musique vocale et instru-
mentale, la déclamation, le petit théâtre improvisé, les promenades, sont autant de moyens efficaces pour obtenir une
bonne discipline, tout en étant utiles à la morale et à la santé,
à condition, toutefois, de choisir avec soin le sujet à représenter et de n'y laisser intervenir que des personnes honnêtes ».

Nourrissonage moral. — Mais, c'est surtout l'exemple des
maîtres qui a, ici, le plus d'influence ; car l'homme est plus
entraîné par les exemples que par les raisonnements (BAGEHOT).
Il faut mettre tout en œuvre pour trouver ces maîtres excep-

tionnels; et lorsqu'ils manquent, quand les promiscuités entre les diverses classes ne peuvent être évitées, à cause de l'encombrement, et qu'on ne peut empêcher les fraudes des parents, quand on n'a pas de cellules nocturnes pour chaque détenu, et de bons ateliers d'art ou métiers, comme c'est malheureusement le cas en Italie, alors il est préférable de confier ces enfants à des familles morales et énergiques, en les éloignant des centres corrupteurs de la capitale ou des chefs-lieux; l'abandonné s'affectionne peu à peu à sa famille adoptive, lui porte ses premiers gains et généralement il n'abandonne plus la maison qui l'a recueilli, et y trouve un milieu stable moral, qui le dirige dans le bien (JOLY, *Le combat*, etc.); en France, en effet, sur 11,250 enfants envoyés dans les familles des campagnes, 147 seulement durent être internés dans une maison de réforme.

En Hollande cette institution du *nourrissonage* moral est réalisée (ROUSSEL, *Enquête sur les orphelins*, etc.); en Suisse on comptait, en 1870, 31,689 enfants assistés, dont 23,000 étaient placés dans des familles honnêtes, où on leur enseignait l'art du pasteur, l'horticulture, et en hiver le tissage et la serrurerie.

Réformes américaines — Placements à la campagne. — Ici, en somme, la charité, ou mieux la prévoyance doit assumer des formes nouvelles, en abandonnant la voie conventuelle et la voie soldatesque de la caserne, ainsi que celle de la morale abstraite, qui ne peuvent avoir aucune prise sur des êtres inclinés au délit; et leur inspirer le goût de la propriété, l'amour du travail et le sentiment du beau. Pour cela, il faut ajouter au nourrissonage familial l'émigration dans des terres lointaines ou à la campagne. — C'est là le seul remède efficace; — Barnardo, Bosco et Barce nous l'ont prouvé. En 1853, les professeurs, les juges (1), les prêtres et les rabbins de New-

(1) Voyez BARCE, *Rapports sur les questions du programme du Congrès pénitentiaire international qui aura lieu à Stockholm — D'après quels principes convient-il d'organiser ces établissements af-*

York s'unirent en Société de secours pour les enfants vagabonds; et instituérent des ateliers philantrophiques, où on les recueillait; mais la concurrence des officines purement industrielles fit échouer cette entreprise, et les jeunes vagabonds, de leur côté, répugnaient à être objet de charité, et, préférant l'air libre, s'enfuyaient. On pensa alors à leur offrir un logement contre un prix très modique: le lit coutait 32 centimes, le bain et le dîner 20 centimes.

Mais on n'avait cependant pas encore trouvé le moyen de les faire travailler; et quant à les y inviter directement, c'eut été vouloir dépeupler d'un trait le nouvel asile.

Pour n' éveiller ni répugnance, ni soupçons, le directeur entra un matin en annonçant qu'une personne demandait un employé auquel il donnerait 12 dollars par mois. Vingt voix s'élevèrent pour s'offrir... « Très bien, dit le directeur, mais il faut une belle écriture ». Silence général. — « Et bien, si personne ne sait écrire, nous vous l'apprendrons le soir » ; c'est ainsi que se formèrent les écoles du soir.

En 1869 et 1870, 8835 jeunes gens étaient passés au *Lodging;* en 10 ans on en comptait 91.326 dont 7.788 étaient devenus de bons travailleurs.

Les femmes, redoutant les écoles industrielles où elles auraient été mêlées aux riches, on en créa expressément pour elles; et on promit des aliments et des vêtements à celles qui se conduiraient bien; dès lors les filles arrêtées pour vagabondage diminuèrent, et de 3172 en 1861, descendirent à 339 en 1871; 5 seulement sur 2000 écolières se livrèrent à la mauvaise vie; les voleuses, de 944 descendirent à 572; et on ne compta plus que 212 mineures arrêtées, au lieu de 405 qu'elles étaient auparavant. On en fit autant pour les garçons; on ouvrit des écoles primaires de menuiserie, dans lesquelles on distribuait des aliments chauds; on organisa des fêtes qui ne coûtaient que 4 ou 6 sous.

---

fectés aux enfants vagabonds, mendiants, abandonnés, 1877; e opera citata, *Dangerous classes of New-York,* 1875.

Les enfants cassèrent d'abord les vitres en criant : « A bas.
les écoles ! » mais la liberté même de ne pas y aller, vainquit
les plus récalcitrants; et la méthode objective, fröbeliane, finit.
par les séduire.

L'institution se perfectionna par la suite avec les placements des enfants dans les fermes éloignées, où leur travail.
est mieux utilisé et par suite préféré, et où ils sont à l'abri
des mauvaises influences des grands et des petits centres, où
l'ouvrier enfin étant toujours en contact avec son patron y
est mieux surveillé et s'y trouve comme dans sa famille.

Le contact continuel avec la bonne ménagère fait des jeunes.
filles de bonnes femmes de chambre; et celui du patron transforme les garçons en excellents colons ; car, en vivant dans
une atmosphère de bonté, de sympathie et de travail, stimulés.
au bien par l'amour propre et par l'espérance d'une meilleure
position, n'ayant d'autre part aucune incitation au vol, pas.
de mauvais compagnons, ils abandonnent, avec leurs vêtements sordides, beaucoup de leurs vices, et trouvent dans les.
champs et dans les différentes cultures une issue à leur activité.

Quand ils sont trop délicats la société paie leur entretien
jusqu'à ce qu'ils aient acquis la force de travailler ; elle les.
retire aussi lorsqu'ils ne sont pas assez robustes..

C'est ainsi que cette société a placé, en moins de 23 ans,.
35 mille enfants abandonnés et sans asile, outre le contingent élevé (plus de 23 mille en 1875) recueilli par les écoles.
industrielles, dont 21 diurnes, 14 nocturnes, dans lesquelles.
ils sont nourris et vêtus, et dans les 6 maisons de logements
(*lodging*) et après y avoir contracté des habitudes d'ordre et de.
propreté et fréquenté les écoles du soir et du dimanche, ils
sont placés à la campagne, et tout cela avec une dépense.
qui ne surpasse pas dix millions de francs.

Beaucoup de ces enfants sont adoptés par leurs patrons ;
d'autres, grâce à leur travail ont implanté de nouvelles fermes,.
ou sont devenus professionniste ou prêtres ; beaucoup des.
filles sont d'excellentes mères de famille ; très peu retournent:
à New-York, quelques-uns changent de place,. comme tous.

les serviteurs; mais bien peu, pas plus de 6 sur 15 mille, ont eu maille à partie avec la justice.

A New-York, en effet, depuis la création de ces institutions en 10 ans

les vagabonds sont descendus de 3829 à 994
les voleurs　　　»　　　»　　　»　1948 » 245
les pick-pockets »　　　»　　　»　　465 » 313

C'est là, continue Barce, le seul établissement vraiment utile pour les enfants vagabonds, qui, réunis ensemble, ne pourraient que se corrompre mutuellement, tandis que par ce moyen on améliore la terre par l'homme et l'homme par la terre.

Voilà assurément une bonne thérapeutique criminelle !

De quelle efficacité ne serait-elle pas dans quelques régions de l'Italie, où on élève volontiers les petits exposés des hôpitaux, afin d'avoir plus tard le secours de leurs bras dans les champs !

Restent les enfants maladifs, inhabiles aux travaux de la campagne : on tiendrait pour eux quelques lits séparés, dans les mêmes écoles, comme on fait justement dans les *ragged schools* d'Angleterre.

Maisons de réforme externes pour l'enfance. — Mais, lorsqu'on ne peut créer des institutions de bienfaisance spontanées, on peut les remplacer par cette institution, que l'abbé Spagliardi appelle Maison de réforme externe pour l'enfance, qui est bien plus facile à initier; c'est un asile obligatoire diurne pour les enfants réfractaires de 6 à 12 ans, que l'incurie ou l'incapacité des parents laisse dépourvus de toute éducation et qu'on ne peut accueillir dans les asiles ordinaires. On y internerait aussi les jeunes vagabonds habituellement associés sur les places publiques.

« Même dans l'asile enfantin, dit ce vaillant philanthrope (1), tous les enfants pauvres n'entrent pas, surtout les plus pau-

(1) *Compte rendu de la réunion des sociétaires de l'œuvre pieuse des maisons de réforme de la province de Milan*, 1872.

vres, honteux de leur misère ; mais de toute façon, à leur sortie de l'asile, à cet âge auquel les enfants sont le plus inclinés à mal faire, il n'y a plus pour eux aucun refuge spécial et il se livrent au vagabondage.

On obvierait de la sorte à l'affaiblissement de l'autorité paternelle, qui est un des plus graves dommages et une des causes majeures de la criminalité (non moins de 20 % parmi les enfants des personnes aisées), et cela sans détacher l'enfant de son nid à cet âge où justement il a le plus besoin d'air et de mouvement, et surtout de soins et de contacts avec la famille.

On le soumettrait ainsi à un traitement plus doux et plus conforme à son âge et à sa nature ; on le dispenserait de fatigues disproportionnées à ses forces, tout en s'occupant surtout de son développement physique.

Mais ce n'est pas tout ; la maison correctionnelle coûtant trop cher ne peut être appliquée sur une grande échelle, tandis que les maisons de réforme externes, plus adaptées aux impubères, pourraient réellement étendre leur action en raison directe des besoins ; et alors même que la dépense en serait élevée d'ailleurs, ce qui n'est pas, elle serait largement compensée par la diminutions des criminels.

Nous en avons une preuve directe dans les deux Récréatoires de l'enfance de Milan, où, parmi les 700 enfants de la classe infime, qui y furent recueillis depuis 1840, après leur sortie des asiles, il n'y a pas eu un seul condamné (Sacchi), tandis que la moitié des détenus des maisons correctionnelles sont sortis des autres asiles.

Il suffirait certainement, dès à présent, de laïciser ces oratoires, où on recueille, le dimanche, les enfants (il y en a 3000 à Milan) pour d'inutiles prières, interrompues de tristes et longues heures d'oisiveté, et de les acheminer dans une voie plus rationnelle en en étendant le bénéfice à toute la semaine.

Ragged Schools. — Il existe à Londres une institution qui tient le milieu entre l'asile obligatoire de Spagliardi et l'asile volontaire de Barce; c'est celle de l'*Home for little boys.* Ce sont de véritables petits villages internes ou colonies dédiées aux enfants malheureux : ils y sont divisés par groupes comme autant de familles, on leur enseigne les états de cordonniers, valets de chambre, mécaniciens, agriculteurs (*R. de discipline carc.*, 1876, pag. 197). Citons encore les *Ragged Schools*, où on les instruit tout en leur fournissant des vêtements, des aliments; et où les plus pauvres, les abandonnés et les orphelins trouvent en même temps un refuge pour la nuit.

Cette institution, qui ne coûte rien au gouvernement, fut fondée en 1818 avec quelques vagabonds recueillis dans les rues de Londres ; en 1869, elle ne comptait pas moins de 23.498 succursales avec 3.897.000 bénéficiés répandus dans les quartiers les plus pauvres et divisées suivant les diverses industries. Ces écoles forment un lien sublime entre les classes élevées et les classes inférieures ; c'est là qu'on vit, pendant 34 ans, un chancelier d'Angleterre enseigner tous les dimanches l'alphabet. Les recouvrés y entrent et en sortent spontanément, ils y sont en grande partie conduits par la police et beaucoup s'y maintiennent avec leur propre travail; c'est ainsi qu'en 1860 on y comptait 368 décrotteurs, chacun desquels apportait chaque jour à la société 6 deniers.

Autres mesures anglaises pour les jeunes gens. — Une autre mesure anglaise digne d'être imitée, est celle qui oblige les parents des enfants qui ont failli par leur faute, à contribuer à leur détention d'un *penny* pour chaque schelling de leur salaire; ils sont ainsi intéressés à les garder près d'eux et à ne pas considérer leur internement comme un avantage.

Nous avons vu les miracles de la société pour la protection des enfants; une autre belle institution c'est celle de la *Boy's Brigade* (1), qui enrégimente par centaines les petits vagabonds des rues. Elle fut instituée à Glasgow par W. A. Smith en 1883, et en 1891 elle comptait déjà 20.000 jeunes

(1) Voir *Revue du Christianisme pratique*, 1892. VALS.

gens qui s'y exerçaient à des manœuvres, marches, prières en commun, chants le dimanche, etc.

Institutions Barnardo. — Pour sauver, complètement, si non les criminels-nés, du moins les criminaloïdes, il faut les recueillir dès la première enfance.

« Les tentatives pour réformer la malheureuse population adulte, écrit Barnardo, ont toujours fatalement échouées grâce à l'habitude invétérée des individus dans le mal; la *vis inertiae* de l'ignorance, du vice, et du crime est bien difficilement vaincue par la force de l'idée réformatrice.

« Il en est tout autrement quand il s'agit des enfants: la moitié des difficultés sont aplanies, dès le moment que nous avons une matière plastique entre les mains. Les influences du milieu et des circonstances ont une importance bien plus grande qu'on ne le croit pour former un caractère.

« J'ai observé qu'un milieu neuf et sain est plus puissant à transformer et à renouveler un individu que ne l'est l'hérédité à lui imposer une tare. Il s'agit donc de changer et de purifier assez tôt et de fond en comble l'ambient méphitique afin d'étouffer les instincts pervers ».

Barnardo cite victorieusement l'examen attentif qu'il a fait dans les listes des nouveaux recueillis; il en ressort que 85 % de ces enfants descendent de parents alcooliques. — Or, nous savons combien est funeste l'hérédité de l'alcoolisme. Et bien, des 9000 enfants recueillis et envoyés au Canada, qui sont devenus des hommes faits et dont on connaît l'histoire, 1 % seulement a failli.

Il faut donc prendre l'enfant à l'état plastique, si on veut le modifier; c'est là une action non seulement évangélique, mais aussi économique, car avec 20 livres sterlings pour le recueillir et l'améliorer, la société épargnera des milliers de livres pour se défendre contre le délit.

Voici 4 exemples (figures 3 et 4) d'enfants sauvés par Barnardo, qui portent encore sur le visage l'empreinte de la faim et la terreur des mauvais traitements.

Barnardo reçoit tous les enfants abandonnés; il fait des recherches sur leur vie antérieure et les tient en observation pendant quelques temps, après quoi il leur choisit un métier et les envoie dans une maison ou au Canada, etc.

Un de ces grands secrets consiste à isoler le plus possible par sections les enfants, en leur laissant pleine liberté de développer leur diverses aptitudes individuelles, évitant ainsi ce qu'il appelle lui-même « *l'empreinte institutionnelle règlementaire* » qui est la malédiction des refuges, et des orphelinats en général.

Figure 3.

Pour cela, il a soin, non seulement, de ne pas mêler ensemble les enfants de différents âges, mais encore de les séparer dans différents édifices, en les faisant passer de l'un à l'autre, suivant l'âge ou les circonstances.

Cette intuition des besoins et des facultés de chaque individu par rapport aux autres, Barnardo l'apporte dans tout son œuvre, il l'érige en système avec une pénétration et à la fois un sentiment profondément humain. Il recueille les enfants de tous les âges, il possède la *Tinny House* pour les

enfants des deux sexes de 3 à 5 ans, l'*House de Jersey*
pour les enfants de 4 à 9 ans. Ailleurs il reçoit les enfants
de 10 à 15 ans, etc. Dès que ces derniers ont 13 ans, Barnardo tâche de les cuirasser au travail, de les rendre rési-
stants à la fatigue, de les entraîner, en somme, comme l'exige
la vie à laquelle ils sont destinés ; mais aux petits enfants

Figure 4.

malheureux, aux nourrissons, aux petits orphelins abandonnés,
Barnardo a voulu donner, si non tout le luxe, au moins tout
le *comfort* des enfants élevés et caressés dans le milieu de la
famille : leur asile est situé au milieu de jardins, ils ont des
nurses jeunes et bien mises, des chambres pleines de lumière
et de soleil, ils sont vêtus de blancs avec leurs petits bras
nus; ils ont des jouets, des oiseaux, de petites voitures et
de beaux petits lits.

Si à tous les enfants recueillis le docteur ne peut fournir l'aisance complète, le bien-être, il veut au moins le donner aux plus petits !... Dans son journal *Night and day* on voit la photographie d'un de ces dortoirs, couvert d'estampes coloriées, avec un grand cheval se balançant au fond et des petites cages d'oiseaux suspendues à côté des petits lits !

Devant ce tableau on pense avec tristesse à la mélancolie de nos bréphotrophes, de nos crèches, où les enfants sont tenus comme des bêtes à l'étable et où tout se passe comme dans des tombes de vivants !

Une succursale en campagne de cette maison des enfants, *Le Nid des oiseaux*, fut fondée parce qu'une petite fille de 3 ans recueillie dans l'institution, ne pouvait s'y habituer et pleurait tout le jour. Le cas fut porté au conseil et une collaboratrice de Barnardo, Miss Blanche Watteley en trouva de suite la solution : si la petite ne pouvait s'adapter en ville, on lui ferait une maison à la campagne; c'est ainsi que surgit *The Bird's Castle*.

Après les avoir arrachés à la misère et au délit et les avoir initiés à un travail, Barnardo, pour compléter son œuvre, les expédie au Canada, où il possède une agence qui les place dans des fermes et les surveille, passe des contrats avec les fermiers pour 3 ou 5 ans, y compris la nourriture, le logement, et de 50 à 100 dollars par an de gages.

Ils sont ainsi arrachés au système pernicieux de l'entassement par quartiers et en même temps transplantés dans un nouveau milieu où se taisent toutes les fébriles stimulations de la vie industrielle à pression forcée de notre civilisation.

C'est avec un égale sentiment représentatif et psychologique des besoins et des facultés de ses protégés, que Barnardo a organisé l'institution pour les filles.

Elles ont un petit village tout à elles dans un lieu charmant, à une courte distance de Londres, composé de 30 maisonnettes entourées de jardins, avec des noms de fantaisie, comme *Fleur de pois*, *Thym sauvage*, etc. Chaque maison contient 20 jeunes filles surveillées par des mères de famille:

car le docteur Barnardo, pense avec raison, que si l'empreinte
réglementaire pervertit un garçon, elle déprime complètement
une jeune fille, dont le tempérament demande, pour se développer convenablement, tous les détails domestiques de la vie
de famille.

Le *Barrack system*, c'est-à-dire la vie de caserne, peut
très bien, dans certaines conditions déterminées, avoir quelque
réussite, appliquée aux garçons, pourvu que ce soit pour un
temps très limité, mais elle ne serait d'aucune efficacité pour
les filles qui n'y apprendraient rien de ce que doit savoir
l'épouse du pauvre : à faire les achats, consoler l'enfant qui
pleure, coudre, tandis qu'elles apprennent tout cela au *Cottage
system;* et en effet, Barnardo en place 200 par an au Canada,
où elles sont très recherchées.

Les bienfaits de cette méthode d'éducation ne peuvent être
mis en doute quand on considère la série des sauvés que me
présentèrent les délégués de la *Salvation Army* et ces histoires
citées par Barnardo, et contrôlées par les photographies qui
nous démontrent avec une évidence incontestable la transformation non seulement psychique, mais encore somatique du
criminel, devenu réellement, grâce à lui, un autre homme.

« Jobe, par ex. (Fig. 5) (V. *H. criminel*, Atlas XCIII), avait
15 ans lorsqu'il fut admis; sa mère était morte depuis 3 ans
à l'hôpital, d'un cancer; son père paresseux, ivrogne et phthisique était souvent emprisonné; Jobe abandonné à lui-même
à sa sortie de l'asile avait d'abord fait le marchand ambulant;
puis étant sans abri et sans ressources il fut entraîné par de
mauvais sujets et devint un vagabond fini, mendiant aux
coins des rues, vendant des allumettes, etc. Il est maintenant
sobre, ne fume pas; c'est un garçon très apprécié qui s'est
aussi très avantageusement développé au physique. Avec 8
livres sterlings dépensées par l'institution pour son éducation
et 10 pour le voyage il est devenu le citoyen indépendant
d'un nouveau pays (*Night and Day*, 1895).

« James (Fig. 6), 14 ans, de Liverpool, habitait avec une
sœur mariée, mère de trois enfants, dans une espèce de cave

que la police fit évacuer; il avait déjà été plusieurs fois mis en prison pour mendicité et pour avoir été trouvé en compagnie de criminels connus; il fut envoyé au Canada et de là à Dominion où il fut engagé dans 'une ferme et bien que dans les premiers temps il causât de l'embarras par sa conduite irrégulière, il s'est maintenant complètement amendé.

Oh! âmes généreuses de Don Bosco, de Brockway, de Barnardo, recevez de ces pages, où le crime erre, sombre et

Fig. 5.   Fig. 6.

désespéré — *nell'aer senza tempo tinto*, — un salut, oh! vous qui seuls avez su y apporter un rayon de lumière — en nous ouvrant l'unique voie possible de prévention du crime!

Cure médicale. — Après les tentatives de suggestion morale, on doit essayer la cure hypnotique; quoiqu'on ait exagéré son efficacité, il est certain qu'on peut au moins momentanément polariser avec les pratiques hypnotiques certains penchants en donnant à l'esprit une direction opposée; on

l'obtient dans les paranoïes: on doit l'obtenir encore plus aisément lorsque la maladie est naissante et provoquer par la répétition constante, l'habitude du bien. Mais ces avantages ne
peuvent être que partiels et personnels. N'oublions pas, d'autre
part, que la base des tendances criminelles est toujours l'épilepsie. Or, selon Hasse et Esquirol, les épilepsies qui se manifestent peu de temps avant la puberté, cessent bien des fois
dès son apparition ; lorsqu'elles sont héréditaires, il suffit
souvent de changer les circonstances dans lesquelles vivaient
les parents, en changeant p. ex. de climat, et en remplaçant les
études par l'exercice au grand air.

Selon Bevan-Lewis et Clouston, très utile est aussi le traitement hydropathique, associé à l'alimentation lactée et végétale
(MARRO, *La pubertà studiata nell'uomo e nella donna*, pag. 438).

On devra aussi appliquer la cure interne prescrite dans
ces cas : *bromures*, et *cocculus* surtout s'il y a vertiges; et la
cure homéopathique, qui paraît avoir obtenu quelques succès
dans certains cas: par exemple le *cuprum metallicum*, dans
les accès nocturnes et périodiques avec prédominance de
spasmes toniques, et lorsque l'accès est précédé de *aura* bien
distincte; *plumbum*, dans les résidus des phénomènes paralytiques et dans les accès de longue durée, qui sont dans la période
de décroissance, couleur terreuse de la peau, aura bien distincte
céphalée frontale, coliques ; *belladonna* dans les cas récents
avec ipérémie cérébrale prononcée ; *opium* dans les accès
nocturnes épileptiques ; *secala* si les accès se manifestent souvent et se suivent; *nux vomica* à 200° pour les convulsivants;
phosphorus et *cantharis* dans les tendances obscènes ; *rana
bufo* ou *phosphorum acidum* et *digitalis* pour les onanistes ;
silicea calcarea, sulphur pour les scrofuleux.

Dans les tendances au vol on conseille *pulsatilla* et *sulphur*;
dans les tendances à l'homicide, *belladonna, mercurium, nux
vomica, agaricus, opium, anacardium* ; dans les tendances
sexuelles *hyosquiamus; phosph.; veratr.* et *cimicifuga.*

Chapitre VII.

Moyens préventifs du crime politique.

Beaucoup des mesures économiques que nous avons sug-
gérées (v. s.) contre les influences parlementaires et contre les
excès de la richesse et de la pauvreté, seraient aussi très efficaces pour prévenir le crime politique qu'exprime et indique le
malaise des masses comme le délit commun celui des individus.

Voyons maintenant quels sont les autres moyens propres
à prévenir les autres causes de mécontentement public.

Affinité de race. — Si l'on savait, observe Lanessan, s'en
tenir à l'expérience historique, qui montre comment, lorsque
le peuple dominant est inférieur en puissance et en culture,
le peuple dominé finit toujours par s'en affranchir complètement, — la Grèce, la Hollande, les États-Unis en sont une
preuve, — la bonne politique consisterait dans l'abandon
spontané ; mais la vanité, les intérêts immédiats aveuglent et
ne laissent prendre que bien rarement cette sage résolution,
comme fit l'Angleterre pour les îles Ioniennes. Plus facile
est cette espèce de détachement incomplet dont donnèrent
l'exemple l'Autriche envers la Hongrie, et l'Angleterre pour
ses colonies, qui diminue la dépendance, les contacts et les
dissensions, en écartant une des plus grandes causes de rébellions et de crimes politiques, d'autant plus que les peuples
en s'administrant eux-mêmes, voient les maux les plus saillants
et savent y porter remède.

Cette politique de détachement et d'autonomie convient

parfois à l'intérieur d'une nation, lorsque il y existe une énorme inégalité de races comme p. ex., entre l'Italie du nord et celle du sud. Dans ces conditions, une loi civile, pénale, et politique, uniforme comme un même vêtement imposé à des corps différents, provoque un continuel malaise qui se manifeste par la révolte.

Dans les races dégénérées ayant de trop grandes dissemblances, comme dans les castes indiennes, dans les fanatiques populations musulmanes, la seule politique conciliatrice consiste à décliner toute tentative de progrès religieux et civil et à observer scrupuleusement le *statu quo*, et cela, jusque dans les moindres détails, depuis le respect pour la cendre de papier écrit, dans le Tonkin (Lanessan), jusqu'à celui de la graisse de porc et du bûcher des veuves dans l'Inde; politique dont furent les maîtres les Romains et les Anglais.

Décentralisation — L'avenir de la société politique, dit Spencer, est dans la décentralisation. En France, la loi pourvoie aux erreurs des testaments, au maintien des lettres, à l'élèvement des enfants à peu près comme elle prétend pourvoir à la forme littéraire (1). Or, un peuple qu'on traite comme un enfant, perd toute spontanéité et devient incapable de lutter contre les difficultés; il s'ensuit que lorsque les Anglais ont recours aux associations mutuelles, les Français ne réclament que du gouvernement, ils ne peuvent pas non plus avoir de gouvernement libre, car, dès qu'ils sont libres, ils perdent toute stabilité en se livrant à l'anarchie. Quant au gouvernement Césarien, qui serait pour eux justement le plus adapté, il n'est naturellement jamais libre.

En concentrant, d'autre part, de grands pouvoirs dans les mains d'un petit nombre, on donne accès à une plus grande corruption; et à plus forte raison lorsque l'immunité parlementaire en recouvre les auteurs.

(1) On sait que la Justice Française poursuivit Goncourt, Flaubert, etc., pour immoralité littéraire.

Laissez, au contraire, que le villes administrent librement leurs affaires, suivant leur importance, qu'elles nomment elles-mêmes leurs propres chefs et assument la justice de première instance, l'enseignement secondaire, la police, les prisons, les grandes voies de communications, et vous éliminerez par ce moyen une grande cause d'injustices, d'abus et par suite de délits politiques provoqués par la réaction contre ces abus.

Lutte pour la suprématie politique. — Pour qu'une classe, disposant exclusivement du pouvoir public, n'excède pas au préjudice des autres classes, il convient que le peuple soit représenté dans la multiplicité de ses éléments constitutifs et historiques. C'est grâce à cela que le Tribunat de Rome prolongea pendant tant de siècles la vie de la République et prévint les réactions populaires.

Parlementarisme. — Le parlementarisme qui a été appelé avec raison la plus grande des superstitions modernes, est en Italie et en France, un obstacle toujours croissant à une bonne méthode de gouvernement, parce que, n'émanant pas directement du peuple, il se trouve faussé par les passions des électeurs et des élus, et fait perdre de vue aux députés les hautes visées de l'État, en les poussant à couvrir de l'irresponsabilité, même devant le délit, quelques élus qui deviennent pour cela des criminels par occasion, s'ils ne le sont pas déjà par la naissance.

Et puis, qu'est-ce le parlementarisme, aujourd'hui, si non le triomphe de la caste des avocats et de la bureaucratie, tandis que la majorité, c'est-à-dire les paysans et les prolétaires n'y sont pas représentés, ou à peu près ?

Or, comme je l'ai démontré et prouvé dans mon *Crime politique et les révolutions,* la prédominance exagérée d'une caste sur l'autre, est une des premières causes des perturbations de l'État.

En ligne politique, une diminution de l'immunité parlementaire et de la puissance exagérée dont jouissent les députés, serait une bien meilleure garantie contre les vols de l'argent public et contre les coups anarchistes que les murailles et les gendarmes, dont ils commencent à s'entourer.

De nos jours, le roi vient assurément en seconde ligne; mais les 700 pseudo-rois qui nous gouvernent sont d'autant plus violents et dangereux, qu'ils sont plus cachés et font entrer l'injustice par tous les pores de la nation, jusque dans les vallées les plus reculées, qui ont le malheur de posséder un représentant.

Nous avons lutté pendant des siècles pour abolir les privilèges des prêtres, des guerriers et des rois, et maintenant nous maintiendrions, sous l'étrange prétexte d'une prétendue liberté, des privilèges extraordinaires, jusqu'à ceux de commettre des crimes de droit commun à plus de 700 rois?

Suffrage universel. — Le suffrage universel paraît être destiné, suivant le courant des temps, à accomplir ce nivellement de la représentance des classes, qui nous échappe sans cesse: mais, abandonné à l'abus de mains incultes et corrompues, il pourrait très bien se retourner contre la liberté elle-même.

L'aristocratie de la science qu'Aristote croyait impossible, mais qui cependant existe depuis des siècles en Chine, pourrait seule tenir tête à l'omnipotence de la richesse (bourgeoisie) et du nombre (prolétariat). Mais si on admet le suffrage universel, comme un torrent qu'on ne peut plus détourner, il convient de le corriger avec le vote rationnel des hommes d'une valeur supérieure et plus clairvoyants que les autres.

Magistrature. — La magistrature, de son côté, devrait être affranchie de cet asservissement au pouvoir législatif, qui chez nous paralyse ses forces, ce qui a fait dire qu'elle ne fait autre chose que rendre *des services* aux puissants; il en est tout autrement en Amérique, où l'élection populaire des juges a donné au pouvoir judiciaire une puissance et une indépendance si grandes de lui permettre de considérer comme non avenues les lois non conformes à la constitution, toutes les fois que réclame un citoyen lésé dans ses propres droits.

Noailles (1) démontre comment ce système judiciaire, qui descend directement de la *Common Law* anglaise, protège autant les droits de l'État et des personnes contre la toute-puissance du Congrès que les privilèges du Gouvernement national et les droits individuels contre la puissance des États particuliers.

Lorsque il y a antagonisme entre une clause constitutionnelle et un décret parlementaire, le pouvoir judiciaire, en intervenant, veille à ce que la liberté constitutionnelle ne soit pas menacée par la faiblesse ou la tyrannie des assemblées.

Avvocatura dei poveri (avocat des pauvres). — Tribunat. — On voit ici, comment la magistrature peut prévenir les délits politiques, qui sont les représailles des grandes injustices (2). La paix intérieure de Rome fut maintenue pendant de longs siècles par l'influence du Tribunat, de même que celle de Venise par l'impartialité relative de la justice; il est certain, d'autre part, que si des gouvernements tyranniques, comme celui de l'Autriche et de l'ancien Piémont survécurent si longtemps sans être troublés, ils le durent à la justice pour tous, qui, sauf pour ce qui regardait le roi, y dominait, grâce à *l'avvocatura dei poveri* et au Sénat, qui avait le droit de casser les lois et les décrets ministeriels non conformes aux lois.

Il faudrait donc, pour prévenir les effets de leur toute-puissance, instituer, ou mieux rétablir cette magistrature intermédiaire, qui assumerait la protection des pauvres et des faibles.

J'ai observé que la voix d'un seul tribun honnête (Jaurès, p. ex.) fut souvent plus puissante que la Chambre entière contre les erreurs du Gouvernement. C'est ainsi que dans les récents délits bancaires, sans les députés boulangistes à Paris, et en Italie sans Colaianni, tous les partis se seraient mis d'accord pour étouffer les méfaits des députés corrompus.

(1) Duc de Noailles, *Le pouvoir judiciaire aux États-Unis (Revue des Deux Mondes,* 1er août, 1888).

(2) Lombroso et Laschi, *Le Crime politique et les révolutions,* 1891.

Mutabilité des lois. — S'il est possible qu'une forme politique persiste, ce ne peut être que grâce à la souplesse de sa constitution et de ses lois, qui doivent être adaptées aux temps nouveaux : la Suisse en est une preuve frappante, elle qui dans la période de 1870 à 1879 compta 115 révisions de constitution cantonale et 3 de constitution fédérale, et sut maintenir sa propre unité malgré la grande diversité des races et des mœurs.

Misonéïsme. — Mais, aucun changement ne peut être introduit brusquement.

Pour que les *institutions d'un peuple soient stables,* dit Constant, elles doivent être au niveau de ses idées.

L'abolition violente de l'esclavage en Russie, et en France et en Allemagne la suppression des anciens États, étaient devenues une nécessité de justice historique ; on peut en dire autant de la sécularisation des biens de l'Église, alors que l'accumulation des biens de mainmorte et les prétentions du clergé à l'exemption des impositions foncières, avaient rendu impossible tout progrès économique et politique. Et cependant, ces réformes ne s'effectuèrent pas sans troubles immédiats, parce qu'on avait méconnu la loi du misonéïsme, qui n'admet pas l'introduction trop rapide des innovations, pas même pour le bien.

Droit ad referendum. — Le *referendum,* ou appel au peuple, peut montrer s'il existe, et à quel degré, une communauté d'idées entre la nation et ses représentants : sans compter qu'on peut le considérer, comme le plus puissant instrument d'éducation pour un peuple libre, parce qu'il le force à étudier les lois auxquelles il doit se soumettre, et lui donne la conscience de la part qu'il a dans la vie politique du pays, en lui en faisant sentir toute la responsabilité (1).

(1) Voyez BRUNIALTI A., *La legge e la libertà nello Stato moderno,* parte 1ª. Torino, 1888.

Instruction archaïque. — Pour nous défendre des révolutionnaires d'occasion, qui, quelque déclassés et détraqués qu'ils soient, ont toujours en vue les réformes réactionnaires ataviques, nous devons nous dépouiller de ce triste héritage des ancêtres, qu'est la réthorique arcadique.

Celui qui a étudié les événements de 1848 et 89 et le caractère de beaucoup de mattoïdes, aura vu qu'une des grandes causes des révoltes est l'éducation archaïque, qui est en complet contraste avec nos besoins positifs ; nous nourrissons les jeunes gens de l'effluve des fleurs au lieu de la nourriture des forts, et nous voulons qu'ils soient robustes. Nous deviendrons ainsi des esthètes, nous ne le nions pas, bien que beaucoup en doutent, mais nous serons incapables de lutter pour la vie moderne.

Malaise économique. — Le seul remède moderne contre nos criminels politiques par occasion, par passion, par imitation ou par misère, contre les anarchistes, consiste à remédier au malaise économique des pays, qui est la vraie base d'action de l'anarchie.

Nous avons aujourd'hui le fanatisme économique, comme nous avions autrefois le fanatisme politique.

Il est donc urgent que nous ouvrions une issue à ce fanatisme avec les remèdes économiques (v. s.) comme nous en avons ouvert une au fanatisme politique avec la Constitution et le parlementarisme, au fanatisme religieux avec la liberté des cultes, etc.

Or, nous ne faisons rien de tout cela ; nous laissons que les taxes, les recrutements, les peines frappent le pauvre, auquel nous ne donnons rien en compensation, sauf des bulles de savon sous les noms de gloire nationale, liberté, égalité, qui, par leur contraste avec la réalité, rendent ses souffrances encore plus dures.

Chapitre VIII.

Institutions pénales — Prisons, etc.

Les moyens préventifs du crime, malheureusement, du moins dans nos race, sont un rêve d'idéaliste; ce monde avocatesque qui nous régit et pour lequel la défense et la punition du criminel sont une source d'honneurs et d'honoraires, a bien autre chose à faire que de prévenir le crime et substituer les peines presque toujours inutiles et si souvent nuisibles. C'est justement pour cela que nous devons nous arrêter avec soin à ces dernières — et surtout sur la prison qui, devant la vulgarité de nos légistes est la seule défense sociale contre le crime.

Prisons cellulaires. — Une fois qu'on a décidé d'infliger la prison, la cellule semble tout indiquée; car, si elle n'amende pas le coupable, elle empêche qu'il ne s'enfonce davantage dans le crime et élimine, au moins en partie, la possibilité des associations malfaisantes, en entravant la formation de cette espèce d'opinion publique propre aux centres pénitentiaires qui oblige le criminel à ajouter à ses propres vices, les vices de ses camarades: la cellule semble aussi atteindre le plus haut degré de perfectionnement pour les recherches judiciaires, en isolant du monde externe un individu dont on veut découvrir les preuves de culpabilité; de même qu'elle est indispensable pour punir les délinquants encore corrigibles qui ont failli pour la première fois et auxquels la honte et les dommages de la connaissance mutuelle ôteraient ensuite

toute pudeur; elle offre donc de réels avantages sans donner
lieu à de graves dommages au point de vue de la santé des
détenus, leur offrant tout au plus une plus grande facilité à
accomplir inobservés le suicide (1).

Mais, les avantages de la prison cellulaire se trouvent d'autre
part neutralisés par les grandes dépenses qui rendent illusoire
son application sur une grande échelle; et surtout parce qu'elle
favorise l'inertie du détenu et le transforme en un automate,
incapable de lutter pour la vie.

« Dans l'organisation actuelle des prisons, écrivait Gauthier, tout est combiné pour écraser l'individu, anéantir sa
pensée et détruire sa volonté. L'uniformité du système qui
prétend façonner tous les « sujets » sur le même modèle, la
rigueur calculée et la régularité d'une vie monastique, où rien
n'est laissé à l'imprévu, l'interdiction de n'avoir avec les étran-

(1)

Pays	Prisons	Suicides	Morts aliénés et suicides sur 1000
France	collectives	0,1 à 0,10 %	42 à 66
» Mazas	cellulaires	0,3 »	35
» Roquette réforme.	cellulaires	0,9 »	25
Belgique (Lovanie) . . .	cellulaires	0,20 »	19
Hollande	cellulaires	0,17 »	12
»	non cellulaires	0,0 »	—
Norvège	non cellulaires	0,08 »	18

LEGOUR, *Du suicide et de l'aliénation dans les prisons.* Paris, 1876 ;
suivant cet auteur, en Amérique on a : 1 mort sur 49 prisonniers dans
les prisons communes; dans celles, au contraire, à système Auburn,
1 sur 54. En France 1 sur 14 dans les cellulaires. Suivant Alauzet,
dans 8 maisons à système Auburn, en Amérique, on aurait eu une
moyenne de 1 mort sur 50 avec un *minimum* de 1 sur 81. A Philadelphie la prison cellulaire donna 1 mort sur 83 ; en France 1 sur 39.
(*Essai sur les peines,* 1863).

gers d'autre relation que la banale lettre mensuelle ; tout, enfin, jusqu'à ces tristes et bestiales promenades en file indienne, est destiné à mécaniser le prisonnier qu'on réduit à l'état d'automate inconscient (1).

« Nous voulons en faire des citoyens utiles et nous les forçons à l'oisiveté ; nous les habituons à trouver la nourriture et le logement assurés, sans pensée pour le lendemain, sans autre préoccupation que celle d'obéir à la consigne imposée ; nous les forçons à être comme le chien à qui il suffit de soulever la jambe pour qu'il tourne le tambour de la broche, comme le mécanisme inconscient d'une machine : n'est-ce pas là l'idéal de la masse des inconscients et des lâches ? (2).

« Le *nirvana !* l'automatisme ; mais c'est le paradis des Indiens !!

« Mais pour combien d'honnêtes gens la lutte pour l'existence n'est-elle pas plus âpre, avec beaucoup moins de sécurité ! Lorsque les premières répulsions ont été surmontées beaucoup — et c'est sans doute la majorité — arrivent insensiblement à « se faire un avenir en prison ».

Gauthier connut un détenu qui occupait la place de comptable dans la prison de Clairvaux ; c'était un ex-officier de l'armée qui escomptait sa quatrième ou cinquième condamnation pour prévarication : vers la fin de 1883 J..... étant sur le point d'être libéré, ce qui le contrariait beaucoup, se recommandait pour qu'on lui conserva la place pour son prochain retour.

« Et remarquons encore, que sauf d'honorables exceptions, trop rares dans le haut personnel pénitentiaire, pour presque tous les directeurs de prison, l'idéal du « bon détenu » c'est le récidive, le vétéran, l'abonné dont l'éducation déjà faite et la docilité acquise sont une garantie de tranquillité.

« Le malheur, c'est que ce « bon détenu » suivant la formule, ne tarde pas sous ce régime, à devenir incapable de résister à ses compagnons, délinquants-nés, ou malfaiteurs de profession, il est si peu réfractaire aux excitations malsaines, à

(1-2) *Le monde des prisons*, Paris, 1888.

l'appât d'un lucre illicite, à l'attraction des mauvais exemples, à la discipline, qu'il est pire que les « mauvais ».

« La seule émulation qui lui reste est pour le délit et la perversité, fruit de l'éducation mutuelle spéciale à laquelle il est soumis. Ce n'est pas sans raison que dans l'argot la prison est appelée « le collège ».

Ajoutez à cela la monomanie de la délation, l'esprit de querelle et de mensonge et tous les autres vices spéciaux qui s'acquièrent ou se développent en prison.

« En présence de la solitude et du mesquin formalisme de la prison, écrit Prins, le directeur des prisons Belges, nous devons nous demander si l'homme des classes inférieures peut être régénéré uniquement par la solitude et le formalisme.

« L'isolement volontaire, oh! certainement il élève l'âme du poëte. Mais la solitude imposée au criminel, de quel effet peut-elle être, si ce n'est d'abaisser de plus en plus son niveau moral?

« Enseigne-t-on à marcher à l'enfant en lui opposant des difficultés ou en lui inspirant la crainte d'une chûte et le besoin de se fier aux autres? (PRINS).

« Enseigne-t-on la sociabilité à l'homme, en le destinant uniquement à la cellule, c'est-à dire au rebours de la vie sociale, en lui enlevant jusqu'à l'apparence d'une gymnastique morale, en réglant du matin au soir les plus petits détails de sa journée tous ses mouvements et jusqu'à sa pensée?

« S'il s'agissait d'en faire de bons élèves, de bons ouvriers et de bons soldats, accepterions nous la méthode de l'isolement cellulaire prolongé? Ce qui est condamné par l'expérience de la vie ordinaire, ne peut assurément pas devenir utile le jour où le tribunal a prononcé une condamnation » (PRINS).

On trouvera des autres preuves des mauvais effets de la prison en consultant mes *Palimpsestes* (1): voir, par exemple, ces lignes écrites par un prisonnier :

« J'ai 18 ans ; l'infortune me rendit coupable plusieurs fois et je fus toujours renfermé en prison. Mais quelle correction

(1) *Les palimpsestes de la prison.* — Lyon, Stork, 1896.

ai-je eue en prison ? qu'y ai-je appris ? — Je m'y suis perfectionné dans la corruption ». — Et au-dessous :

« ..... Vouloir corriger un paresseux et un voleur en les
soumettant à l'oisiveté est une véritable absurdité.

« ..... Pauvres détenus ! Ils sont regardés comme autant
d'animaux ; on les tient renfermés comme autant d'ours blancs,
puis on prétend qu'ils se corrigent !

« ..... Dans les maisons de peine, on apprend à haïr la société, il n'y a personne qui y apprenne à faire d'un voleur un
honnête homme ; ce sont les universités des voleurs où les
vieux enseignent aux jeunes le métier ».

« ..... Pour entrer dans cet hôtel il n'y a pas besoin d'argent :
tout *gratis* même les domestiques. Quant à moi je remercie
Dieu, je suis plus heureux que Saint-Pierre. Ici dans ma cellule, je suis servi par des laquais. Quelle cocagne ! On est
mieux ici qu'à la campagne ! ». Et un autre : « Amis, ne
fuyez pas de cette prison ; ici on mange, on boit, on dort sans
avoir besoin de travailler ».

J'y ai même trouvé un cryptogramme, dans lequel on conviait
un ami au délit pour pouvoir se retrouver en prison : « Ainsi
à deux le temps passe plus vite et quand nous serons en
galère nous nous raconterons notre vie ».

Le Blanc, un fameux voleur, disait au préfet de police
Gisquet :

« Si nous sommes arrêtés nous finissons par vivre aux
dépens des autres ; on nous habille, on nous maintient, on
nous chauffe et tout cela aux frais de ceux que nous avons
dépouillé !

Et ce qui est plus grave, c'est que le plus grand nombre
trouve dans la prison une véritable source de jouissances.

Remarquons qu'au lieu de l'isolement complet du monde
externe qu'on attribue théoriquement aux prisons cellulaires
il y existe des informations et des communications multiples
et d'autant plus préjudiciables (surtout pour l'instruction judiciaire) qu'elles sont imprévues et inconnues.

« Les murailles, écrit encore Gauthier, offrent toujours dans

les prisons, sous l'œil paternel des surveillants, un monde
d'informations et sont un merveilleux instrument de correspondance.

« C'est ainsi que lorsque je me trouvais à Châlon-sur-Saône,
dans la cellule la plus secrète, j'appris les arrestations qui
avaient eu lieu à Lyon, à Paris, à Vienne, à l'occasion de
la mienne, ce qui fut pour moi une nouvelle de très grande
valeur..... Il y a d'abord la petite corde, tendue avec le poids
d'une boulette de mie de pain qu'on arrive à lancer d'une fenêtre à l'autre, en se tenant suspendu aux barres de la fenêtre;
il y a les livres de la bibliothèque qui circulent couverts de
cryptogrammes, les conduits de l'eau et les bouches du ca-
lorifère qui constituent d'excellents porte-voix.

« Un dernier truc, mais qui ne peut être employé que par
des personnes un peu instruites, c'est la tympomanie, c'est-à-
dire la conversation par sons que l'on produit en frappant
contre le mur.

« Il n'est pas nécessaire, pour cette correspondance, d'avoir
deux cellules contiguës. Je parlais une fois et j'obtins des
renseignements très précieux d'un compagnon éloigné de moi
de 40 à 50 mètres » (o. c.).

Et rien n'est secret dans la prison.

Un juge, ayant demandé aux Assises à un certain G.
comment il avait pu communiquer avec ses complices, il répondit : « Pour que nous ne communiquions pas, il fallait
placer un de nous en France et l'autre à l'enfer (*Gazzetta
dei Giuristi*, 42).

Mais, l'aristocratie du crime, les criminels riches ou influents,
n'ont pas même besoin de ces expédients; les gardiens
n'ont rien à perdre en favorisant leurs communications avec
le monde externe; et le système cellulaire favorise l'impunité
de ces rapports ; car, qui peut savoir ce qui s'est passé dans
une cellule isolée ?

J'ai moi-même pu vérifier directement qu'on y connaît
des faits encore inconnus au dehors. Le déplacement d'un
procureur général me fut annoncé dans la prison plusieurs

jours avant qu'il eut lieu et alors que personne ne le savait encore pas même l'intéressé.

En étudiant, dans la grande prison cellulaire de Turin, les graphites et les écrits des détenus (1), j'ai pu me convaincre que, tandis qu'on croit empêcher avec la cellule l'association et surtout la triste camaraderie, l'esprit de corps au contraire s'y fortifie, alors qu'auparavant il n'existait pas. Je trouvais dans les écrits des prisonniers (1), qu'un détenu salue affectueusement ses successeurs, un autre laisse un crayon à ses camarades *pour qu'ils puissent écrire*, un troisième conseille à des camarades également inconnus de simuler la folie pour échapper à la condamnation.

J'ai vu dans les cours servant aux promenades, les murs continuellement reblanchis, former une sorte de journal quotidien, qui se continue et se multiplie l'été pendant le jour sur le sable, sur les vitres ternies, et en hiver sur les couches de neige, et dans les livres qu'on leur permet de lire.

En étudiant ces graphites j'en trouvais 182 sur 1000 ayant trait aux camarades; 900 sur 1000 étaient de simples salutations; 45 sur 1000 étaient des avertissements sur les procès; 27 des encouragements à commettre de nouveaux délits (1).

Il y a dans les prisons un office dépendant de l'administration qui est appelé office de matricule (dans lequel quelques détenus séjournent toujours) où l'on voit et note chaque prisonnier quand il entre et quand il sort; c'est un noyau centripède et centrifuge qui recueille toutes les nouvelles et les répand à l'aide des détenus eux-mêmes dans les différentes cellules.

Croirait-on que même dans les jours d'audience une dizaine et plus de détenus se trouvent réunis dans la même antichambre? C'est ainsi qu'au moment même de l'enquête du juge, presque sous ses yeux et précisément pour le détenu sous jugement, on enfreint justement cette loi de l'isolement

(1) *Palimpsestes de la prison*, 1889, pag. 21-56

qui intéresse le plus la sûreté sociale, et pour laquelle on dépense d'énormes sommes dans les prisons cellulaires.

Je n'ai pas parlé des laboratoires. — Dans les prisons cellulaires on n'y permet que très peu de travaux afin d'empêcher les communications; il s'ensuit, outre le dommage matériel que souffre l'État et l'individu contraint à l'oisiveté un autre dommage encore plus grave pour l'avenir; car les détenus actifs s'accoutument à l'oisiveté quand ils n'en meurent pas, tandis que les paresseux y trouvent leur compte; et dès qu'ils sont sortis, commettent de nouveaux délits pour retourner en prison.

Si, d'un autre côté, le travail est autorisé, il est impossible, alors même qu'on en exclurait ceux qui ont des codétenus, d'empêcher que de nouveaux rapports ne se forment avec les chefs d'ateliers libres et les entrepreneurs, etc.

La conséquence de cela c'est que l'instruction qui est secrète pour le public, n'a plus aucun secret pour l'accusé.

« Le but de l'isolement cellulaire, continue Prins (*Les criminels en prison*, 1893), est de régénérer le coupable en l'arrachant aux influences délétères de ses co-détenus, pour ne laisser agir que la bienfaisante influence des hommes honnêtes. Mais, envisageons aussi ce fait: de partout, les gardiens chargés de représenter auprès du condamné les bons éléments de la société sont des agents dévoués, mais recrutés dans la sphère sociale à laquelle appartiennent les détenus eux-mêmes; ce sont quelquefois des déclassés sans emploi, qui en échange d'un salaire dérisoire, insuffisant au maintien d'une famille, doivent vivre à peu près comme les prisonniers; trop peu nombreux (à peine un gardien pour 25 ou 30 détenus), ils ne peuvent naturellement que se limiter à jeter un coup d'œil rapide dans la cellule et sur le travail, et se contenter de vérifier si les règlements sont observés.

« C'est à ces banales formalités et à la visite trop rapide d'un instituteur, ou d'un aumônier, que se réduit l'effort de ceux qui sont chargés de transformer ou d'amender un coupable !!

On voit, d'après tout cela, combien est grande la nécessité de changer nos idées sur la prison.

Systèmes graduels. — Chacun comprendra maintenant pourquoi les pénalistes, n'ayant dans les mains que ce triste instrument essaient de le modifier et de le perfectionner ; de là les grands applaudissements au système irlandais. Ce système consiste à faire passer le criminel d'une première période d'isolement cellulaire, ne surpassant pas neuf mois, réduisible à huit et dans laquelle il n'a qu'une nourriture végétale, un misérable vêtement et une monotone occupation d'effilochage, à un second stade de travail collectif, diurne, rigidement surveillé, se divisant en quatre catégories les unes plus privilégiées et plus avantageuses que les autres, dans lesquelles il passe successivement après avoir obtenu par son travail et sa bonne conduite un certain nombre de points de mérite.

Dans la première catégorie la porte de la cellule reste ouverte le jour, le travail n'est pas payé, mais il peut être récompensé avec un *penny* ; après avoir obtenu 54 points de mérite, le détenu passe successivement dans les autres catégories où il reçoit une compensation de plus en plus grande, l'instruction mutuelle, et se trouve en contact avec le public et ainsi de suite.

Ce stade écoulé — commence pour les détenus celui de la presque complète indépendance (prison intermédiaire) dans les champs ; ils sont vêtus de leurs propres vêtements et reçoivent un appointement, ont la permission de s'absenter et sont en contact continuel avec les personnes du dehors.

De ce stade ils passent jusqu'au terme de leur peine, à celui de la liberté provisoire sous la surveillance de la police qui leur fait, en cas de rechûte, reprendre le chemin de la prison. Avant d'en sortir, ils sont enrégistrés, photographiés et avertis qu'à la première faute ils seront réintégrés en prison ; dès qu'ils sont arrivés à la destination qui leur est assignée, ils se présentent à la police et doivent s'y représenter chaque mois ; celle-ci les patronne et les aide à trouver un métier.

C'est là un superbe moyen de matérialiser et de faire aimer
la vertu ou du moins le travail à ces esprits grossiers et oisifs.

Le criminel peut de la sorte obtenir une économie de peine
et l'État une économie d'argent qui peut aller de $^1/_6$ à $^1/_3$, et
comme toute nouvelle faute comporte une régression aux premiers stades qui est la peine la plus redoutée; les autres peines
disciplinaires deviennent inutiles dans ces stades intermédiaires.

Les résultats obtenus en Irlande, par cette réforme, furent
satisfaisants, du moins en apparence : depuis 1854, époque à laquelle elle fut introduite, on nota une diminution remarquable
de crimes.

On y comptait 3933 détenus, 710 entrés dans le cours de
l'année.

Ils sont descendus :

En 1857 à 2614 détenus, 426 entrés dans le cours de l'année
» 1860 » 1631 » 331 » » »
» 1869 » 1325 » 191 » » »
» 1870 » 1236 » 245 » » »

Ajoutons que cette réforme concilie l'économie, qui veut dire
la possible application, — à la psychologie criminelle parce
qu'elle permet un passage graduel à la liberté complète; et fait
de ce rêve éternel du criminel un instrument de discipline et
d'amendement; elle offre en outre le moyen de vaincre la défiance du public envers les libérés et fait naître la confiance
de ces derniers en eux-mêmes.

En Danemark, les détenus restent en cellule nuit et jour et
y travaillent à leur propre avantage. Les condamnés incorrigibles ou les récidivistes, après 6 ans, vivent en commun
dans une prison spéciale et n'ont d'autre récompense à leur
bonne conduite, que la liberté de travailler dans les champs
contigus aux prisons. — Ceux qui sont jeunes et qui peuvent
encore être amendés, ou ceux qui sont condamnés pour la
première fois pour délit peu grave, de 3 mois à 6 mois au plus,
demeurent dans une prison cellulaire spéciale. Ils sont divisés
suivant leur conduite en divers stades : dans le 1er (de 3 à 6

mois) réclusion absolue, instruction dans la cellule, travail gratuit, ils ne peuvent écrire que sur l'ardoise; dans le 2e stade (de 6 mois), ils reçoivent 2 schellings par jour pour leur travail, sont instruits dans l'école, mais séparés des autres, ils peuvent avoir du papier les jours de fête et des livres tous les 15 jours, et sur la moitié de leur gain, outre l'augmentation de la nourriture, ils peuvent acquérir un almanach et un miroir, écrire des lettres et recevoir des visites tous les deux mois; dans le 3e stade (qui est de 12 mois au *minimum*) ils reçoivent 3 schellings par jour, ont des livres et du papier toutes les semaines, peuvent s'acheter plusieurs autres choses utiles et envoyer de l'argent à leur famille, recevoir des visites tous les mois et demi et posséder les portraits de leur famille; dans le 4e stade ils ont 4 schellings par jour et outre les autres avantages qui leur sont concédés de plus en plus, ils peuvent sortir de leur cellule, travailler au grand air, posséder des fleurs et des oiseaux. Leur peine est réduisible suivant leur conduite, de 8 mois à 6, de 3 ans à 1 an et de 6 ans à 3 $\frac{1}{2}$. Ils passent ainsi de la solitude absolue à la solitude nocturne seulement, du silence absolu, avec ou sans séparation visuelle, au travail dans les champs avec une liberté presque complète; 10 % à peine restent dans les cellules plus de 2 ans (1).

Nous saluons comme un grand progrès ces institutions, mais nous ne devons pas nous faire trop d'illusion; nous devons nous rappeler: que beaucoup de ces prétendus avantages étaient, en Irlande, l'effet de l'émigration; car les libérés ne trouvant pas de travail s'en allaient en Amérique où il peuplaient les pénitenciers (*R. di discipl. carc.*, 1877, p. 39); on comptait d'ailleurs, même avec ce système, beaucoup de récidivistes en Danemark et plus encore en Angleterre, où, à ce qu'il paraît, ces libérés changent facilement de résidence; et se rendent malgré la loi dans des lieux où ils sont inconnus; n'y opérant pas directement mais se servant d'autres malfaiteurs: presque tous les *garrotteurs* étaient de cette espèce; d'après Davis,

(1) Pears. *Prisons, ecc.*, 1872. — BELTRAMI-SCALIA, *op. cit.*

chapelain de Newsgate (CERE, *Les populations dangereuses*,
1872, p. 103), un scheriff eut à juger des condamnés libérés avec
le ticket, recondamnés une 2ᵐᵉ fois, relibérés encore avec une
licence, et frappés d'une troisième condamnation, le tout avant
que le terme de la première peine fut expiré ! Un de ceux-ci
âgé de 36 ans, avait été condamné pour plus de 40 ans, et
était libre !

Voilà pourquoi en Angleterre le chiffre des libérés provi-
soires qui s'élevait à 2892 en 1854 est descendu à 922 en
1857, à 912 en 1858, à 252 en 1859 et ne s'est jamais élevé
au-dessus de 1400 en 1861-62-63 (CERE, *op. cit.*, p. 100). —
En Allemagne, aussi, le nombre de relibérés, sous condition, de
3141 qu'il était en 1871 est descendu à 733 en 1872, à 421
en 1874. Cet insuccès doit être attribué à l'imprudence avec
laquelle on autorise le déplacement des détenus, en leur
remettant leur pécule entier; et aussi à ce que beaucoup de
patrons, plus intéressés que philanthropes, ne cherchent qu'à
tirer un profit momentané des libérés sans s'inquiéter de leur
conduite: enfin au manque de surveillance active et continuelle, quand il s'agit d'un grand nombre de libérés.

En même temps que les graduations des peines, il con-
viendrait d'initier ce que j'ai appelé l'*individualisation* de la
peine, qui consiste à appliquer des méthodes spéciales de répression et d'occupation adaptées à chaque individu, comme
fait le médecin en prescrivant des règles diététiques et théra-
peutiques spéciales, selon le tempérament de chaque malade.

Là est le secret des succès obtenus en Saxe (Zwickau) où justement existent des prisons pour les vieillards et pour les jeunes
gens, pour les peines graves et pour les peines légères; et où,
suivant les mérites de chaque détenu, on change la nourriture,
les vêtements et on allège la peine. Mais ces mesures ne peuvent s'effectuer qu'à l'égard des criminaloïdes dans les petites
prisons et seulement par des directeurs très habiles; sans quoi
le prix de la liberté échoit aux pires criminels qui sont les
meilleurs détenus, étant les plus hypocrites: elles ne peuvent
pour cela être laissées aux mains de la myope bureaucratie.

Outre ces institutions, il faut chercher surtout à développer chez les détenus de bons sentiments. — Rappellons-nous, que la vertu ne se crée pas artificiellement; et qu'on obtient de bien meilleurs résultats en se basant sur l'intérêt et les passions des hommes qu'en s'adressant à leur cœur; car, l'homme peut perdre l'existence, mais non se dépouiller de ses passions; et tous les hommes, même les plus pervers, ont besoin d'un intérêt et d'un but qui les guident dans la vie; ils peuvent être insensibles aux menaces, à la crainte et jusqu'aux douleurs physiques; mais ils ne le sont jamais à la vanité, au besoin de se distinguer des autres et surtout à l'espérance de la liberté; c'est pour cela que les sermons et les leçons de morale abstraite sont inutiles: il faut se servir de leur vanité comme d'un levier; les intéresser au bien en leur accordant des avantages matériels, tels que la diminution graduelle de leur peine. Que de bons résultats n'obtint-on pas en instituant une espèce de décoration et des points de mérite ou de blâme inscrits sur leur livret; il faut leur permettre, selon leur mérite, de passer dans des catégories privilégiées où ils peuvent, par exemple, porter la barbe et des vêtements communs; orner leur cellule de fleurs ou de peintures, recevoir des visites, travailler pour eux ou pour leur famille et enfin entrevoir la perspective tant désirée de la liberté temporaire.

Obtenir la liberté est le rêve et la préoccupation constante des détenus et lorsqu'ils verront devant eux une route ouverte plus sûre que celle de l'évasion, ils s'y jetteront aussitôt: ils feront le bien ne fût-ce que pour l'obtenir, mais, en attendant ils le feront; et comme les mouvements répétés deviennent une seconde nature, on peut espérer qu'ils s'y habitueront.

C'est pour cela qu'il faut abolir le droit de grâce qui fait espérer une libération par la seule faveur d'autrui.

Il est nécessaire, dit avec raison Despine, de relever le criminel à ses propres yeux, en lui faisant comprendre qu'il peut reconquérir l'estime du monde, il faut lui inspirer le besoin de devenir honnête en utilisant ces mêmes passions qui le rendraient encore plus pervers si on l'abandonnait à lui-même.

Despine, Clam, De Metz, Montesinos, Brockway comptaient tellement sur l'influence du point d'honneur des criminels, qu'ils les laissaient presque libres sur leur parole pendant le travail ; et ces hommes féroces, que 20 gardiens n'auraient suffi à refréner, ne pensaient même pas à s'enfuir.

Ferrus raconte qu'un voleur devint honnête homme en se voyant confier par la sœur la garde-robe de la prison, justement avec l'intention de le convertir. Un condamné charpentier était insupportable par son extrême violence; on lui confia la surveillance d'un groupe de condamnés et il devint le plus docile de tous.

Citons encore ce détenu de Citeaux qui, excédé par le travail, jeta sa pioche aux pieds du directeur, Albert Reey; celui-ci, sans dire un mot, ramassa l'instrument et se mit à travailler à sa place ; le malheureux, frappé de cette noble leçon de morale appliquée, reprit le travail et ne récidiva plus.

Ces exemples nous montrent clairement la voie que nous devons suivre pour l'amendement de ces hommes; nous devons agir sur eux par l'exemple, bien plus que par la parole, par la morale en action, bien plus qu'avec la doctrine théorique.

Une discipline énergique est incontestablement nécessaire avec eux, d'autant plus que les punitions légères ayant un moindre effet doivent être répliquées plus souvent et sont pour cela moins efficaces que les punitions rares et énergiques; mais une rigueur exagérée est assurément plus pernicieuse qu'utile; la rigueur les courbe, mais ne les corrige pas, et en fait des hypocrites.

Les adultes criminels, doivent être considérés comme des enfants (1), comme des malades moraux, qu'il faut soigner à la fois avec douceur et sévérité, mais plus avec la première qu'avec la seconde, parce que l'esprit de vengeance, la facile réagibilité qui est le fond de leur caractère, leur fait consi-

(1) Miss Carpenter, qui leur dédia toute sa vie, disait: « Ce sont de grands enfants que la société doit gouverner comme on gouverne les enfants ».

dérer comme d'injustes persécutions jusqu'aux plus légères punitions.

C'est pour la même raison qu'un silence trop rigoureux tourne au détriment de la morale. — Un vieux détenu disait à Despine : « Quand vous fermiez un œil sur nos infractions, nous parlions davantage, mais nous n'offensions pas la morale ; maintenant nous parlons peu, mais nous blasphémons et conspirons ».

En Danemark, lorsque dans les prisons les plus grandes rigueurs étaient en usage, on comptait 30 % d'infractions ; à présent, que les lois y sont plus douces, on n'en compte plus que 6 %.

Despine usait d'une excellente méthode consistant à n'infliger la punition qu'un certain temps après l'infraction, afin de ne pas paraître céder à un accès de colère ; le détenu coupable était conduit au cabinet de méditation ; le directeur n'y pénétrait qu'une heure après pour lui annoncer la peine que comportait le règlement ; souvent on infligeait une punition et un blâme à tout le groupe du coupable. C'est là un moyen qu'employait Obermayer avec beaucoup de succès.

Le travail doit être le ressort, le passetemps et le but de tout établissement pénitentiaire afin d'éveiller l'énergie, habituer à une occupation fructueuse le détenu après la libération ; comme instrument de discipline pénitentiaire et aussi pour dédommager l'État des dépenses qu'il encourt (1) ; mais cette dernière considération n'est que secondaire et ne doit pas être prise pour but principal, car, tous les travaux les plus

---

(1) Il n'y a que les prisons de Charlestown, Chatam, Portsmouth, Alipore, que je sache, qui ont donné des profits de peu inférieurs aux dépenses. En 1871-72, Chatam et Portsmouth ont même donné un surplus de 17.759 sterl., Du Cane 1872. — Selon Garelli, nos prisons coûtaient à l'État 32 millions et n'en rendaient qu'un et demi, *Lezioni sulla riforma delle carceri*, 1862. — Dans la *Relazione sul lavoro dei detenuti*, présentée en 1876 par Nicotera, nous trouvons qu'en 1874-75 on comptait 38.407 détenus travaillant, dont 400 dans des métiers distincts, 32.178 étaient inoccupés, $1/4$ étaient tisserands, $1/6$ cordonniers,

lucratifs ne peuvent s'y effectuer; nous devons, pour les raisons
sus mentionnées, éviter les travaux de serrurier, photographe,
calligraphe, etc., qui prépareraient la voie à d'autres délits;
préférons-leur au contraire les travaux agricoles qui ont donné
le minimum de la criminalité dans nos statistiques et permettent aux libérés un placement facile ; les travaux en
paille, sparterie et cordage ; en typographie, terre cuite, pierre
dure, etc., et n'admettons qu'en dernier lieu les travaux de
cartonnage et de menuiserie, dont l'exercice exige des outils
pouvant devenir dangereux.

De toute manière, le travail doit être proportionné aux forces
et aux instincts du condamné, lequel, s'il a accompli le plus
grand effort, tout en étant faible et ignorant, doit recevoir une
récompense proportionnée, si non en argent, du moins en diminution de sa peine, à celle des plus forts et des plus habiles;
c'est pour cela que je crois nécessaire d'éliminer de l'organisme pénitentiaire l'entrepreneur qui cherche naturellement
de protéger les plus habiles sans tenir compte de la moralité
et qui cependant, dans certains pays, va jusqu'à disposer de
la grâce des criminels.

Inspirons-leur l'amour du travail, en le leur faisant envisager comme une récompense accordée à leur bonne conduite
et un soulagement à l'ennui de la prison. Il ne convient donc
pas tout d'abord de le leur imposer; il faut le leur laisser
désirer et demander (Crofton) en le faisant précéder d'une
détention cellulaire plus ou moins prolongée. Si, d'un autre
côté, on veut que le travail devienne profitable et que s'éta-
blisse cet esprit de camaraderie et d'émulation qui est un

$^1/_{20}$ menuisiers, $^1/_{10}$ agriculteurs, $^1/_0$ employés aux salines. — Le profit
net pour l'administration fut en 1871 de 1.632.530 et le détenu toucha
pour la main d'œuvre L. 0,473, le double presque de ce qu'il touche en
Belgique 0,266, Hongrie 0,218, et en Autriche, 0,407. Notons ici, qu'en
Autriche un condamné peut être obligé de payer une somme déterminée pour sa détention ; à Berne il doit au moins gagner 75 centimes
par jour pour pouvoir bénéficier de son travail. En France il touche
un $^1/_3$ de son produit.

des fondements principaux de l'amendement du prisonier, il convient, passé les premiers temps, d'adoucir le système cellulaire en laissant les condamnés ensemble pendant le jour, mais divisés par petits groupes, suivant les nécessités techniques.

Il ne faut cependant pas que le travail devienne un prétexte ou une cause à des avantages exagérés, accordés en général ou individuellement. Mareska attribue beaucoup de récidives aux privilèges accordés à certains écrivains des prisons: il entendit un jour un de ceux-ci dire à un nouveau venu: « Imbécile! avec un peu de gribouillage, on est mieux ici que dehors » (*Des progrès de la réforme*, 1838, III), paroles qui nous rappellent les vers des prisonniers siciliens (voyez Iʳᵉ partie) et qui expliquent le fait, reconnu par beaucoup de directeurs de prison, que les pires coquins sont les plus dociles dans les prisons et en apparence les plus repentants.

Pécule. — Une dernière réforme moralisatrice fut suggérée par De Metz et Olivecrona pour prévenir la récidive des libérés: ils conseillent que le capital gagné dans les prisons, qu'on remet aux détenus à leur sortie et qui souvent devient le capital du crime, soit déposé comme garantie de leur moralité et comme un moyen forcé d'épargne, dans les mains de corps moraux: aux communes, aux patrons par lesquels ils sont accueillis et qui ne devront leur remettre que l'intérêt, en retenant indéfiniment le capital en cas de récidive. En Belgique et en Hollande, on retient 7/10 du produit de leur travail aux condamnés aux travaux forcés, 6/10 aux condamnés à la réclusion, 5/10 aux condamnés à la simple prison, le reste est divisé en deux parties, dont la moitié est jouie en prison l'autre à la sortie.

En Angleterre le pécule est restitué aux libérés avec le ticket, dans les premiers jours de la libération quand il n'excède pas 5 livres sterlings, lorsqu'il dépasse cette somme, il est payé au prorata, sur certificat de bonne conduite.

Patronage. — Beaucoup conseillent, aussi, les institutions de patronage, mais, outre qu'elles ont l'inconvénient de ne pouvoir être appliquées sur une échelle correspondant aux besoins, l'expérience a démontré à ceux qui étudient ces institutions dans le monde et non dans les livres, qu'elles sont pour les adultes, tout à fait sans profit; qu'elles favorisent, au contraire, très souvent leurs tendances à la paresse et sont un lieu de rendez-vous des associations criminelles. « Sur une centaine de libérés, de vingt à quarante ans, qu'on accueillit dans l'espace de deux ans dans le patronage de Milan, écrit Spagliardi, les plus jeunes seulement, et encore bien peu d'entre eux, répondirent faiblement aux immenses sacrifices faits pour leur réhabilitation.

« La tendance à la paresse et au libertinage, encore accrue par les privations souffertes, et le fait de pouvoir aller, venir, se révolter à plaisir, les déterminaient après deux ou trois mois, à abandonner l'hospice, d'autant plus qu'ils ne voyaient pas dans leur directeur, l'homme qui se sacrifiait pour leur bien; il n'était pour eux qu'un ennemi et presque un tyran. De là, contre lui une sourde guerre d'insubordination, d'injures, de violences et de menaces ».

Voilà pourquoi, les statistiques des asiles de patronage sont si restreintes et si illusoires.

En France, sur 16000 libérés de la prison on compta 363 assistés ! En Angleterre, 48 sociétés en patronèrent 12000.

En général, d'ailleurs, les fondateurs des patronages ne sont pas d'avis de fonder des établissements qui ne soient pas absolument temporaires, et de donner des secours en argent; ils conseillent de n'accorder, en les anticipant sur le travail, que des *bons* sur l'aubergiste et le boulanger; et engagent les sociétés à abandonner ceux qui ne travaillent pas et ne se rendent pas à la destination qui leur est assignée; elles sont aussi tenues d'informer de leurs antécédents et de leur conduite les personnes auxquelles elles les recommandent, ce à quoi elles ne peuvent réussir sans agent qui surveille leur conduite (Voyez: LAMARQUE, *La réhabilitation*, etc., Paris, 1877;

Brown, *Suggested on the formation of discharged prisoners*, 1870).

Maxime Du Camp (*Revue des Deux Mondes*, 1889) reconnaît, lui aussi, l'inutilité du patronage pour les criminels-nés
ou habituels, tandis qu'il peut être efficace pour les criminels
d'occasion : « Parmi les criminels, dit-il avec raison, il y en
a qui se noient dans un verre d'eau ; il y a des caissiers qui
font des erreurs de chiffres, des commis qui confondent les
prix et finissent par des irrégularités qui paraissent des indé-
licatesses et les conduisent devant le tribunal, où ils ne font
que s'embrouiller davantage et sont condamnés. Ceux-là, une
fois libérés, ne récidivent plus s'ils trouvent un emploi en
rapport avec leur faible intelligence ». — Pour ceux-là, j'en
conviens, le patronage est nécessaire.

Il y a ensuite ces criminels par occasion, qui, entraînés par
une occasion de plaisir, ont failli pour la première fois et volé
à leur patron ; ceux-là, s'ils ne sont secourus à leur sortie de
la prison ne voient dans la société qu'une ennemie et celui
qui avait du remords pour avoir volé 20 francs, ne s'effraie
plus devant l'effraction et l'assassinat.

Déportation. — Il y a en Europe un parti scientifique qui
voit dans la déportation l'unique remède contre le crime (1).
On a prétendu qu'une grande partie des florissantes colonies
américaines et que Rome antique elle-même, eurent origine
d'une espèce d'immigration pénale. C'est là une erreur historique. Pour Rome, il suffit de citer les éternelles pages
de Virgile ; et quant à l'Amérique, il faut se rappeler que
si la troisième expédition de Colomb était composée de malfaiteurs, parmi lesquels, cependant, se comptaient beaucoup
d'hérétiques et d'aventuriers, à la première et à la seconde ne
prirent part que des gentilshommes ; et sous Jacques II toute

---

(1) Voir Beltrami-Scalia (*Rivista di discipline carcerarie*, 1872-
1874) savant adversaire des colonisations pénales, et Tissot, *Introd.
ph. au droit pénal*, 1874, p. 305.

déportation y fut défendue; d'autre part, beaucoup de pays de
l'Amérique du Nord durent leur origine à de très honnêtes citoyens comme les Quakers de Fox et de Penn; pour l'Australie,
on doit exclure la Victoria, l'Australie du Sud, la Nouvelle-
Zélande; et quant à la Nouvelle Galles et à la Tasmanie, si
elles doivent leur origine à la déportation, c'est une grande
erreur de croire qu'elles lui doivent leur prospérité. Cela est si
vrai, que contre la déportation protestèrent presque aussitôt
les grands philanthropes Howard et Bentham, et peu après les
colons eux-mêmes, si bien que 41 ans après, en 1828, son
abolition fut votée par la Chambre. La prospérité de l'Australie
est due à ses fécondes prairies et aux avantages apportés par
le commerce de la laine qui y fit affluer une grande quantité
d'hommes libres. La richesse de Melbourne et de Sydney commença justement quand cessèrent les expéditions des condamnés.

Dans la Nouvelle Galles, la population n'augmenta que de
2000 personnes par an, de 1810 à 1830, époque à laquelle
s'y vérifia le maximum de la déportation, tandis que de 1839 à
1848 l'exportation de la laine s'étant accrue de 7 à 23 millions,
la population de 114.000 monta à 220.000 ; mais, dès 1840 la
déportation avait cessée en Australie ; tant qu' elle y avait
durée, le brigandage y avait sévi sur une vaste échelle ; les
déportés ne travaillaient pas; et ceux destinés à la construction
des routes étaient traités pis que des animaux par les gardiens et les soldats qui lançaient après eux des chiens féroces
et les livraient sans pitié aux chaînes et au fouet ; les libérés
eux-mêmes, complices de leurs anciens compagnons, troquaient
les terrains que le gouvernement leur avait concédés pour les
initier à une vie laborieuse et s'unissaient à eux pour commettre des crimes. — Il ne faut donc pas s'étonner si la mortalité de la population détenue atteignait la proportion de 40 %
tandis que celle de la population libre n'était que de 5 % à
peine; et si la criminalité qu'on évaluait en Angleterre à 1
délinquant par 850 habitants était, dans la Nouvelle Galles
de 1 sur 104 et à Van-Diemen de 1 sur 84; et enfin si les

crimes commis avec violence qui sont en Angleterre par rapport aux autres crimes comme 1 à 8, atteignaient, dans la Nouvelle Galles, la proportion de 50 %.

En 1805-6, avec une déportation moyenne de 360 détenus par an, on compta en Angleterre 2649 condamnations; et en 1853-6, avec une moyenne de 4108 déportés par an on en compta 15049.

Ces faits nous prouvent quels avantages on doit attendre de la déportation, sans compter les énormes dépenses et les crimes commis pour y être envoyé.

En 1852, en effet, il y eut en France 3000 forçats qui demandèrent à être déportés, et, qui pis est, pour l'obtenir, beaucoup d'entre eux commettaient de nouveaux crimes (STEVENS, *Reg. des établiss.*, 1877).

Et, tandis que les frais d'entretien d'un délinquant sont en Angleterre de 10,13 livres sterlings, ces mêmes frais s'élèvent dans les colonies à 26,14, à 35 et à 40 livres.

Dans la Guyane, on aurait eu un bénéfice de 1.510,83 livres sterlings avec la déportation; mais en divisant ce gain par les journées occupées il se réduit à 54 centimes par tête en 1865, à 48 centimes en 1866; et on enrégistra 5 % d'évadés, 40 % de morts; chaque criminel coûte 1100 francs par an, trois fois plus qu'un condamné cellulaire; et les frais de transport ont atteint 400 francs (BONNEVILLE DE MARSANGY, *De l'amélioration des lois criminelles*, II, 95).

Par la loi française du 30 mai 1874, les déportés devaient être employés aux travaux les plus pénibles de la colonie, tout en essayant le possible pour les amender. On leur donna, en effet, les moyens de vivre honnêtement, ressource inespérée qui manque souvent aux personnes honnêtes; on institua pour eux une caisse d'épargne subventionnée par l'État (Loi du 17 août 1878); on leur accorda enfin la concession de terrains de première qualité, souvent défrichés, dont ils deviennent possesseurs après 5 ans. Tout concessionnaire a droit à la nourriture, au vêtement (Circ. minist. 6 janvier 1882), aux soins de l'hôpital et aux instruments agricoles; s'il est marié, sa femme jouit des mêmes droits, outre 150 francs à l'acte de mariage et un mobilier complet: ce n'est donc pas seulement le milieu qui est changé; car, toutes les occasions de retomber dans le crime ont été soigneusement écartées. Mais nous savons que si un nouveau milieu peut amender un criminel par occasion, il n'a aucune action sur les vrais criminels-nés, dont se compose la plus grande partie de ces misérables.

En effet: selon les relations non officielles — les officielles ayant intérêt à cacher la vérité — nous y voyons refleurir le crime en plein jour, si bien que les hommes honnêtes et les fonctionnaires eux-mêmes qui envoient au Gouvernement ces rapports mensongers, sont souvent victimes de ces prétendues brebis retournées à la bergerie.

Voyons, par exemple, comment nous les dépeint *de visu* un étranger impartial, M. Thomas (*Cannibals and convicts*, 1886).

« ..... On ne saurait imaginer à quel degré d'infamie ils sont arrivés.

« En 1884, on vit un de ces criminels essayer de couper la gorge à sa femme après 48 heures de mariage; surpris à temps, il s'enfuit parmi les sauvages qui le fusillèrent ; mais les sauvages eux-mêmes sont souvent les victimes de ces misérables. L'impunité, l'indulgence, ont donné lieu à une véritable anarchie, à un véritable enfer sur terre ».

D'après Mancelon (*Les bagnes et la colonisation pénale*, 1886) des relégués qui avaient été au moins trois fois condamnés à mort, furent en suite libérés.

Voilà comment un déporté décrivait à Laurent un de ces mariages que le gouverneur M. Pardon dans sa relation officielle (1891) nous dépeint avec tant d'admiration :

« J'assistais à l'île Nou à une curieuse cérémonie (LAURENT, *Les habitués des prisons*, 1890) ; il s'agissait du mariage d'un de mes codétenus. Le prétendu était un individu condamné à 5 ans de travaux forcés, pour assassinat : on l'envoya choisir son épouse au couvent de Bourail au Padoc, il choisit une vieille prostituée, condamnée à 8 ans de travaux forcés, pour avoir aidé à voler et à assassiuer un homme dans sa maison. Le mariage eut lieu. Après la messe, le prêtre parla aux nouveaux époux de pardon, de rédemption, de l'oubli des offenses ; mais l'épouse irritée ne cessait de répéter en argot: *Ah! qu'il nous ennuie!*

« Après la messe eut lieu un banquet très arrosé; le témoin but si copieusement qu'il s'endormit et se laissa dérober son porte-monnaie; le mari était, lui aussi, tellement ivre que le lendemain matin il s'éveilla sans porte-monnaie, avec un œil poché et sans nouvelles de son épouse qui s'était absentée jusqu'au matin avec un autre libéré, mais il prit la chose de bonne part et la trouva même naturelle.

« Bien que mariée, cette femme devint la concubine des libérés et des prisonniers eux-mêmes. Un jour elle attira dans un lieu écarté un arabe libéré qu'elle savait riche, et son mari le dévalisa et le tua à coups de hâche; mais la femme, épouvantée dénonça l'homicide qui fut condamné à mort. Ainsi finit ce couple fortuné ».

Dans la monographie *Travaux forcés fin de siècle*, de la *Nouvelle Revue*, 1890, on raconte qu'un certain Dévillepoix, condamné aux travaux forcés à vie pour deux viols sur des mineures suivis de deux homicides, épousa en secondes noces une infanticide. Quelques temps après il mit sans raison le feu aux maisons des voisins; incendia la plantation de M. et G., et prostituait sa femme avec le premier venu pour vivre plus commodément: on le condamna à mort; mais les Dévillepoix, concessionnaires, sont devenus légion à la nouvelle Calédonie et dans la Guyane, depuis la concession du 15 avril 1877.

« En 1881, le ministre de la marine se plaignait le ce que sur 7000 personnes, sans compter les libérés, 360 seulement pouvaient être employées aux constructions des routes. Toutes les autres erraient plus ou moins à l'aventure, vivant librement à leur guise, à cheval, en voiture, sous prétexte de travaux en concession ou d'emplois près des particuliers. Il n'y avait de la sorte plus de discipline, et l'on peut dire, plus de bagne.

« En 1880 on ne comptait que 640 à 700 évadés ; en 1889 on avait atteint le chiffre permanent de 800.

« Le fameux bandit Brideau, qui s'était évadé plusieurs fois, tua une vieille femme et lui dévora le sein. Sous le couteau de la guillotine il se moquait encore de la justice. « *Tirez* », criait-il avec force.

« Qui pourrait, d'ailleurs, réfréner ces dépravés, lorsqu'ils se sont aperçu que le bagne — cet épouvantail des codes — n'est autre chose qu'une plaisanterie ?

« Le Conseil de guerre se perd à condamner et à recondamner pour l'éternité des misérables déjà condamnés à perpétuité. On distribue des surcroîts de 10, 20, 100 et 200 ans de bagne !

« On voit à Nouméa des individus condamnés trois fois à mort, en suite graciés et laissés en liberté pour la vie.

« En 1891 le tribunal maritime de Nouméa condamna à mort un forçat nommé Jamicol, qui, à la suite des condamnations encourues dans la colonie, n'aurait été libre que l'année 2036, c'est-à-dire dans 145 ans !

« La femme Macé, envoyée à la Nouvelle Calédonie après avoir tué ses deux enfants, se marie, obtient une concession de terrain, et tue un autre enfant. Un ancien potier de Bourail qui avait été condamné pour viol d'une fille majeure, est rejoint par sa femme, par sa victime et par une autre fille plus jeune. Il pousse l'aînée à la plus basse prostitution, y prépare la plus jeune et continue son florissant commerce de potier (Laurent, o. c.).

Les effets de cette organisation de la colonie sont évidents.

Un quart de siècle s'est déjà écoulé depuis l'arrivée du premier convoi de condamnés à la Nouvelle Calédonie : et cependant, il n'y existe encore aucune route ; Nouméa n'a ni égouts, ni terrasses, ni docks, ni bassins de carénages ; avant peu, toutes les terres seront aux mains d'incendiaires et d'assassins.

On comprend, d'après cela, quelle confiance l'on doit avoir dans les relations des inspecteurs qui soutiennent que « les concessionnaires sont de vrais propriétaires dont quelques-uns pourraient en toute sûreté être graciés et mis en liberté ! ! »

J'ai rapporté scrupuleusement ces faits, afin qu'ils servent de contre-épreuve à ceux qui continuent à répéter — *Changez le milieu, changez le bouillon — et le criminel disparaîtra.*

Or, ici, tout est changé : la race, le climat, les conditions — toutes les causes de délits sont écartées — et pourtant le criminel-né continue la série de ses crimes dont les honnêtes gens font les frais ! — Quelle meilleure preuve peut-on avoir de la suprématie de l'action organique sur le milieu !

Ces faits démontrent encore la longue série de tromperies — de la part des bureaucrates — qui nous représentent comme excellentes les plus déplorables réformes ; en effet, M. Pardon, le gouverneur de la Nouvelle Calédonie, dans son rapport de 1891, vantait cette réforme et déclarait avoir employé aux travaux des routes 1200 condamnés ; 680 à la disposition des colons, surveillés sans aucun péril (*sic !*) par des gardiens, et cela avec les plus grands éloges. Les concessionnaires augmentaient continuellement jusqu'à 123 ; les peines étaient respectées, ne soulevant pas même des sentiments de révolte, l'industrie prospérait (*Bulletin des Prisons*).

La vérité, aurait-il dû ajouter, c'est que, outre les dépenses énormes pour l'entretien de ces criminels, non moins de 900 francs par tête, il fallait encore tenir compte de la grande proportion des criminels qui ne commettent leur crime que pour être envoyés à cet Éden.

Pour comprendre l'énorme dommage économique des colonies pénales, il convient de noter que les délinquants qui ne sont pas paysans comptent pour plus de la moitié des criminels ; et ce n'est pas à 25 ou 30 ans qu'on apprend un nouveau métier ; d'autre part, le peu d'activité, la répugnance du travail est un des caractères du criminel-né et l'on ne peut assurément espérer le voir s'améliorer dans un climat plus chaud, qui ne peut, au contraire, que le prédisposer à de nouveaux crimes, non plus que dans le voisinage des populations sauvages dont les penchants ont plus d'affinité avec ceux du

criminel: il est donc naturel que les récidives augmentent
au lieu de diminuer; car nous savons, désormais, qu'elles sont
la règle et non l'exception chez le criminel-né.

On ne devrait donc condamner à la déportation que les
criminels par passion et par occasion (Voy. chap. XII et XIII).

Surveillance. Admonition. — Tous ceux qui ont quelque
connaissance des délinquants et de la Police, chez nous, savent
que la surveillance occupe une grande part des agents de la
sûreté publique (1); et cela avec une dépense de plus de quatre
millions, sans un avantage réél ; car, enfin, les crimes sont
en grande partie commis par ces surveillés; mais la surveillance elle-même, est une cause de nouveaux crimes et elle est
assurément la cause de la misère des délinquants; car, en les
dénonçant aux honnêtes gens par les visites personnelles elle
les empêche de trouver ou de conserver un emploi. Le délit,
dit fort justement Ortolan, provoque la surveillance; et celle-ci
empêche les surveillés de trouver du travail, dans un cercle
d'autant plus fatal que souvent on leur assigne un domicile
éloigné de leur pays natal (*Éléments de droit pénal*, chap.
7, tit. V).

C'est une mesure, dit Curcio, qui enlève toute garantie aux
personnes qui en sont frappées, et tandis qu'elle n'arrête pas
les perverses, elle paralyse les libérés de bonne volonté en les
interdisant moralement et physiquement; elle fait perdre le
travail à beaucoup d'entre eux alors qu'on les condamne principalement pour ne s'être pas livrés à un travail stable.

La peine de la surveillance, dit Frégier, n'a servi à rien
depuis son introduction ; elle n'offre aucune garantie et continue d'entretenir l'illusion d'une sûreté qui n'existe pas (*Les
classes dangereuses*. 1868).

Qu'on ajoute à cela l'énorme quantité d'arrestations, les
pertes du gouvernement pour les frais d'emprisonnements; les

---

(1) G. Curcio, *Delle persone pregiudicate*, nell'opera *Delle colonie e
dell'emigrazione d'Italiani all'estero* di L. Carpi, Milano, 1876.

arrestations arbitraires pour l'oubli d'un salut aux agents, pour un salut à un suspect, pour s'être retiré un quart d'heure trop tard (à 8 $\frac{1}{4}$ au lieu de 8 heures), si bien que ces malheureux sont des esclaves aux mains des agents (CURCIO).

Les ennemis, dit Machiavelli, il faut les amadouer ou les écraser: mais ici, on ne fait ni l'un ni l'autre, on les irrite.

C'est à cela ou à peu près que se réduisent toutes nos institutions pour la répression du crime !

Chapitre IX.

Absurdités et contradictions juridiques.

Les méthodes et les moyens juridiques que mettent en œuvre nos institutions ne sont pas meilleurs ; les jugements criminels ne sont plus que des jeux du hasard, où il n'y a de certain que le scandale centuplé par la publicité qui pousse à de nouvelles récidives.

Jury. — Les disproportions des acquittements du jury d'année en année, de pays à pays, nous démontrent son incapacité ; ainsi Cagliari compte 50 % d'acquittements, tandis que la haute Italie n'en compte que 23 % (1).

Dans la Vénétie, nous trouvons une différence qui va du 9 au 15 %, selon que des petites villes nous nous rapprochons des plus grandes.

« Les classes cultivées, dit Taiani, ne sont jamais représentées dans le Jury » Et effectivement, de nombreux cas ne nous prouvent que trop la complète ignorance des jurés.

C'est ainsi que dans un vote pour un homicide, on trouva un bulletin sur lequel était écrit *oui* ou *non ;* — il passa en faveur de l'imputé ; le juré interrogé sur la raison d'un vote aussi bizarre, répondit : « Parce que sur le bulletin était écrite la formule : *le juré doit répondre: oui ou non* ».

(1) Lavini, *Del modo con cui è amministrata la giustizia.* Venezia, 1875.

Il n'existe aucune garantie de l'incorruptibilité du juré, qui, n'ayant pas à rendre compte de son action et rien à perdre en acquittant, met souvent la justice à contribution, comme le prouvent les nombreux acquittements, malgré les aveux des criminels, coupables de concussions.

Mieux que cela: le jury est, par lui-même, une cause de corruption populaire.

Borghetti (*Relaz. della Giunta per l'inchiesta sulle condizioni della Sicilia*) note que beaucoup d'honnêtes paysans se corrompent en entrant dans le jury; et il ajoute: *C'est l'arène où la mafia donne les preuves de sa bravoure.*

D'autre part, l'injustice envers le pauvre qui dérive de cette corruption est une grande cause d'immoralité; car l'imputé pauvre, en voyant que la justice est tout autre que égale pour tous, se croit presque autorisé à se dédommager sur la société qui le condamne: et à regarder sa condamnation comme injuste, même lorsqu'elle ne l'est pas.

A ceux qui soutiendraient que les jurés sont une garantie de l'indépendance du gouvernement, nous rappellerons que les exemples de l'Angleterre nous ont montré que bien souvent les jurés changent d'opinion suivant la volonté du gouvernement.

Mais à quoi, d'ailleurs, peuvent servir ces considérations quand il ne s'agit plus de crimes politiques, mais de crimes de droit commun?

Il n'en est pas moins vrai que si le gouvernement peut rester étranger à l'acquittement ou à la condamnation d'un coupable, l'opinion publique dont les plus honnêtes jurés sont involontairement esclaves, ne se trouve pas moins très souvent habilement faussée par les criminels ou par leurs défenseurs. Et d'ailleurs, où trouver une tyrannie plus grande que celle de l'ignorance? « Le jury, écrit Pironti, acquitte souvent les voleurs de l'argent public pour protester contre le gouvernement, ou bien il acquitte le criminel parce qu'il était un brave militaire ». — J'ajouterai, que par cette douceur exagérée envers les criminels on provoque de nouveaux crimes;

et l'on comprend pourquoi dans une rixe un camarade de l'agresseur lui disait: « Tue-le, tu iras aux Assises, en le blessant seulement tu iras au Tribunal correctionnel (*Eco giudiziario*, 1878, p. 98).

Laisser à l'instinct populaire, au sentiment prédominant du moment la décision d'un fait dans lequel il faudrait avant tout se dépouiller du sentiment, n'est-ce pas agir en sens diamétralement opposé à la justice?

Et que peut-on opposer aux erreurs du jury dérivant souvent d'un cas impossible à prévoir, comme dans celui de l'affaire Galletti à Brescia où une tâche d'encre sur le *oui* d'un juré, fut cause de l'acquittement d'un homme qui devait être condamné à mort?

Ce serait vainement qu'on nous objecterait pour justifier le jury, la nécessité de moderniser la justice, comme tant d'autres institutions ; le jury existait déjà, quoique rudimentairement à l'époque des XII tables et des *Gerichte* germaniques : il est tout aussi moderne que la crémation, prétendue innovation des pseudo-hygiénistes modernes — qui était déjà ancienne au temps d'Homère ! — et tout aussi opportun qu'elle dans la pratique.

N'avons-nous pas fait tous nos efforts pour que les magistrats fussent obligés de justifier et de motiver leurs jugements et ne pas les donner comme des oracles ; et cela, malgré les garanties que pouvaient offrir leur passé, leurs études spéciales, leur compétence, l'appellabilité de leurs sentences; et nous croyons avoir découvert une nouvelle source de liberté et de justice en permettant à des hommes sans expérience, sans responsabilité, de sentencier par un simple *oui* ou *non*, à la façon des enfants et des despotes, sans fournir la moindre raison de leurs opérations; et en Italie, nous aggravons encore le mal en ordonnant qu'une sentence aussi inconsidérée soit irrévocable et sacrée quand elle est en faveur des criminels et révocable seulement lorsqu'elle les frappe !!

Tout magistrat doit motiver la condamnation ou l'acquittement qu'il prononce pour injure, vol ou blessure. La magi-

strature populaire déclare sans autre garantie, sans autre raison
que son *oui* ou son *non*, si une accusation d'agression, d'homicide, etc. est fondée (*Eco giudix.*, 1875); et mieux que cela,
elle peut encore le déclarer plus impunément avec son bulletin blanc qui, soit-il même une affirmation devant la loi
écrite, est toujours, dans la conscience du juré ignorant et
incliné aux restrictions mentales, un parti moyen entre la
vérité et l'injustice !

Si au moins on observait les précautions prescrites par la loi
pour prévenir les inconvénients de la juridiction ! Une des plus
importantes est, assurément, que les jurés ne communiquent
avec personne, tant qu'ils n'ont pas prononcé leur jugement.
Ils prêtent serment d'observer cette obligation; mais en réalité,
et tout le monde le sait, ils ne la pratiquent pas et communiquent, même publiquement, avec le défenseur du criminel.
Pourquoi, d'autre part, laisser le droit d'exclusion non motivé
à la défense, qui éloigne les meilleurs jurés, ceux justement
qui par leur honorabilité, leur intelligence seraient les plus
capables de résister aux séductions et à la réthorique ?
Comment peut-on croire qu'un ignorant quelconque puisse
suivre des procès comme on en vit un à Ancône, dans lequel
on interrogea 747 témoins et 5000 questions furent posées
aux jurés ? Comment, d'ailleurs, ceux qui n'ont rien à perdre
en acquittant, résisteraient-ils aux menaces de mort lorsque
de vrais juges responsables se laissent intimider ? Et du
reste: si des juges éprouvés, si une assemblée d'experts ont
de la peine à démêler la vérité dans certains crimes dont la
connaissance exige des études spéciales de toxicologie, de chirurgie ou de psychiatrie, comment le pourraient des individus
qui, non seulement ne sont pas spécialistes, mais encore sont
étrangers à toute science; et cela dans une époque où pour
des choses beaucoup moins graves on exige la subdivision
du travail? N'est-ce pas abandonner au hasard ce à quoi on
devrait procéder avec les règles les plus rigoureuses ?

On objecte, il est vrai, que les moyennes des acquittements
des jurys se rapprochent de celles des tribunaux ordinaires;

mais cette objection est loin d'être exacte; car, la moyenne
dans quelques régions est parfois redoublée; mais, serait-elle
même vraie, qui n'en aperçait pas l'énorme différence lorsqu'on
sait que devant les jurys passent des causes qui ont déjà
été soumises à une longue file de *criteriums* et de jugements
tels que ceux du préteur, du juge d'instruction, du procureur du roi, de la section d'accusation, du président de la
Cour et du procureur général, des experts, etc., après lesquels il est difficile que n'ait pas surgi la preuve de l'innocence de l'accusé?

Et d'ailleurs; ce n'est pas tant par le nombre que par la
qualité que pèchent les acquittements; on en abuse par une
générosité mal entendue envers les meurtriers, les homicides,
pour les rébellions; et aussi, par une triste corruption, envers
les faussaires et les délapidateurs de l'argent public, ce qui
est assurément une des causes du continuel accroissement de
ces sortes de crimes.

L'objection qu'en Angleterre et en Amérique fonctionne le
Jury sans inconvénient, n'a aucune valeur. Dans la race
Anglo-Saxonne, le sentiment de la justice et du devoir ne fait
pas aussi souvent défaut que chez nous; sans compter que
devant les Assises ne comparaissent jamais les coupables
ayant avoué leur crime qui s'élèvent à la moitié des criminels,
et donnent lieu aux scandales les plus honteux; de là un nombre
plus restreint de criminels jugés aux Assises en Angleterre,
1 pour 132,770 habitants, tandis qu'en Italie on en compte 1
pour 8.931 habitants, différence énorme que notre plus grande
criminalité ne peut suffire à expliquer. En Angleterre, d'ailleurs, dans beaucoup de cas tels que rébellions, banqueroutes,
sont admis des jurys spéciaux; et l'*habeas corpus*, n'empêche
pas, comme beaucoup le croient, l'arrestation préventive en
flagrant délit par œuvre de la police; mais elle donne droit à
l'accusé de provoquer dans les 24 heures l'intervention du magistrat (haute Cour de Londres ou Tribunal de Comté) dans
les provinces) pour décider si son arrestation doit être maintenue ou révoquée. Le Coroner, dans tous les cas graves,

s'entoure d'un véritable jury de spécialistes, médecins ou chimistes, comme assesseurs judiciaires.

Les jurés, d'autre part, y prêtent serment de se conformer aux informations du juge sur le droit; et l'observent scrupuleusement, grâce à leur respect envers la loi; le sentiment public anglais se révolterait, d'ailleurs, contre un verdict parjure dans lequel les jurés répondraient aux questions de droit en s'écartant de l'instruction du juge; outre cela; si le verdict paraît injuste, le juge peut en suspendre l'exécution, du moins tant qu'il n'a pas été sanctionné par ses collègues (GLASER, *Schwurgerichtliche Erörterungen.* Vienna, 1876).

Ajoutons; que les jurés ne peuvent sortir du palais tant que la sentence n'est pas prononcée; c'est là une mesure qui empêche bien des corruptions et de mauvaises influences.

D'ailleurs; déjà du temps d'Élisabeth, le blâme contre le jury pouvait rappeler les paroles lancées par Cicéron contre ces magistrats corrompus: *Quos famis magis quam fama commoverit.* Et en 1824 la *Revue de Westminster* attaquait violemment le fonctionnement du jury et allait jusqu'à le qualifier de fantôme de justice.

Appel. — *Iniustitia reddit iudicium amarum, mora acidum:* écrivait Bacon; on peut en dire autant chez nous, où grâce aux appels, la peine n'est plus ni prompte, ni certaine, ni sérieuse; et si la sentence du tribunal est précédée par un débat régulier et complet, celle de la .Cour ne se fonde que sur un procès verbal rédigé le plus souvent d'une manière irrégulière et incomplète.

Ce fatal édifice est couronné par le droit le plus ample de cassation, ne se basant pas comme il serait juste et comme cela se pratique en Amérique, en Angleterre et même en France, sur des erreurs substantielles et de fait; mais presque toujours sur des questions de forme, grâce auxquelles un jugement très coûteux peut être cassé pour une simple faute de grammaire d'un pauvre greffier.

Grâce. — Et comme si tout cela ne suffisait pas, on y ajoute encore et l'on applique avec profusion le droit de grâce, droit que l'on ne peut concevoir au pouvoir d'un seul homme, si ce n'est comme la négation de cette justice que vont célébrant nos adversaires; et ce droit est si largement répandu en Italie qu'on y accorde 100 fois plus de grâces qu'en France (*Relazione del Ministero di grazia e giustizia*, 1875).

Or, comment concilier cette clémence avec la rareté des amendements? Qui ne sait que les criminels libérés après une preuve autrement sérieuse que celle de quelques années de prison, je veux dire soumis à la méthode pénale graduée, jusqu'à l'individualisation, ont donné des résultats détestables?

Comment ose-t-on dire que la justice est égale pour tous, qu'elle est destinée à équilibrer l'ordre juridique troublé, qu'elle dérive de règles fixes et immuables, libres de toute personnalité; qu'elle est presque une émanation divine, lorsqu'il suffit pour effacer tout cela d'un trait, de la signature souvent inconsciente d'un homme, qui peut être le plus honnête du pays, mais qui n'est en somme qu'un homme.

Le droit de grâce et, pis encore, celui de l'*amnistie*, qui efface toute action pénale et admet comme non avenu un fait réel, sont des droits de cachet à rebours.

La grâce est entièrement fondée sur la supposition que le droit de punir n'existe que dans la volonté d'un régent. — « Mais nous l'usons pour mitiger la justice, quand elle est trop sévère! répond Friedreich » — Eh bien, s'il en est ainsi, c'est que vous n'avez pas la vraie justice; et vous devez chercher d'en changer les méthodes.

Grâce veut dire pitié, miséricorde; mais comment pouvez-vous en user envers qui vous croyez essentiellement mauvais.

Selon Filangeri : « Toute grâce accordée à un criminel est une dérogation à la loi; car, si la grâce est équitable, la loi est mauvaise: et si la loi est juste, la grâce est un attentat contre la loi; dans la première hypothèse il faut abolir la loi, et dans la seconde, abolir la grâce » (1).

(1) *La scienza della legislazione*, libro III, parte IV, cap. 57.

Nous ajouterons comme dernière considération que la grâce est contraire à l'esprit d'égalité qui anime la société moderne; car, lorsqu'elle favorise les riches, comme cela n'arrive que trop souvent, elle laisse soupçonner aux pauvres que pour eux il n'y a pas de justice.

Rappelons à ce sujet les paroles de Jean Jacques Rousseau: « Les fréquentes grâces annoncent que bientôt les forfaits n'en auront plus besoin et chacun sait où cela mène ».

Préjugés criminologiques. — Mais le pire c'est que, dans la pratique judiciaire s'est infiltrée une série de préjugés, qui rendent inutile tout jugement.

Nous déplorons, par exemple, que dans le doute sur l'intention on ait établi de présumer de la part du criminel une moindre intention de mal: et que dans le cas, où l'on ne peut prouver auquel des effets punissables visait l'accusé d'un crime, on devait toujours présumer que c'était au crime le moins grave et à l'effet le moins nuisible. Or, c'est le contraire qui a lieu chez les criminels-nés.

La loi fait donc ici une hypothèse qui, étant à l'inverse du fait réel, met en péril la sécurité sociale.

Mais elle fait plus mal encore, lorsqu'elle allège la main dans les tentatives criminelles; quand elle nie l'intention alors même qu'elle a été manifestée par le criminel avec menaces et avec un principe d'exécution.

C'est ainsi que celui qui administre une substance qu'il croit toxique, lorsqu'elle ne l'est pas, est coupable au point de vue du simple bon sens, qui ne s'arrête pas aux formules magiques des vieux juristes; car, il est aussi dangereux que celui qui administre un véritable poison; à plus forte raison même quand on connaît l'opiniâtreté des empoisonneurs à réitérer leurs crimes sur une vaste échelle; prétendre le contraire c'est vouloir que la victime soit morte, et bien morte, avant que de prendre sa défense; c'est se priver, par amour des théories abstraites, d'un moyen pratique et concret de protection; à plus forte raison quand on connaît la tendance du

criminel-né à divulguer ses propres crimes avant de les commettre (Voir *H. criminel*, vol. I, III Partie). D'ailleurs c'est
une absurdité que la douceur de nos codes pour les récidivistes
non spécifiques, sous pretexte qu'ils sont moins dangereux
parce qu'ils ne retombent pas dans les mêmes crimes; car,
c'est précisément le contraire qui arrive.

La statistique anglaise à démontré que le criminel contre
les personnes, en récidivant, commet plus spécialement des
crimes contre la propriété, escroqueries et vols, pour échapper
à la justice (Voir *Homme criminel*, vol. I).

Le criminel qui récidive toujours dans les mêmes crimes,
est presque toujours un semi-imbécile bien moins dangereux;
et pour lequel est moins urgente l'aggravation de la peine;
tandis que celui qui, à peu de distance de temps commet
diverses espèces de crimes, fait preuve de plus d'intelligence
et d'une plus grande versatilité dans le crime; voir Lacenaire,
Gasparoni, Desrues, Holmès, qui savaient allier le vol, l'escroquerie, l'empoisonnement au faux et à l'assassinat. Ce sont les
plus dangereux, les moins faciles à reconnaître et à arrêter:
car ils échappent aux casiers judiciaires et aux méthodes nouvelles de signalement.

D'un autre côté, l'importance que l'on donne au débat oral
est une erreur. « La discussion orale n'est presque toujours
qu'une répétition inutile et souvent dangereuse de l'instruction
écrite; car, les témoins y répètent de vive voix les dispositions déjà écrites au dossier: or, il est difficile que les souvenirs ne se confondent pas devant un tribunal où la mise
en scène est souvent imposante, le public gênant et où les
avocats font des questions captieuses et souvent aussi des menaces; tandis qu'il est bien plus facile de se rappeler et de
raconter exactement un fait dans une petite chambre, devant
2 ou 3 personnes seulement » (FERRERO, *Les lois psychologiques du symbolisme*, 1890. Atlas.).

On peut en dire autant des expertises de défense et d'accusation, et cela avec plus de raison quand on pense que
l'écrit qui est un progrès énorme sur la parole, reste; et

que la mémoire des paroles est de beaucoup inférieure à celle des choses.

Selon les expériences de Münsterberg et Bigham, la moyenne des erreurs de mémoire est plus forte pour la série auditive 31,6 %, que pour la série visuelle 20,5 %. La fameuse oralité est donc absolument contraire au progrès moderne, et cependant on la considère comme un des pivots de la justice.

Ajoutons, enfin, que lorsqu'on ne peut démontrer clairement la récidive d'un accusé ou bien lorsque son crime a été commis dans la jeunesse, on devrait tenir au moins compte de tous ses mauvais antécédents pour le classer parmi les plus suspects; car, ce qu'il s'agit de constater, c'est le degré de crainte que doit inspirer un individu afin de le mettre dans l'impossibilité den nuire; et si le législateur ne croit pas encore que les caractères anthropologiques et psychologiques puissent lui servir à élucider la question, qu'il ne rejette pas, au moins, les faits criminels constatés.

Théories erronées. — Beaucoup de juristes éclairés et approfondis dans les études scientifiques, justement parce qu'ils sont au courant du mouvement scientifique, qui se manifeste à l'égard de l'homme criminel, sans cependant avoir pu en sonder toute l'importance, faute de notions physiologiques ou de contacts directs, ont affirmé que nos innovations anthropologiques prouvant la plus grande fréquence des aliénés et des faibles d'esprit parmi les criminels et en conséquence leur moindre responsabilité absolue, entraînaient inévitablement l'adoucissement de la peine. — Ils n'ont pas compris que les nouvelles notions anthropologiques, tout en diminuant l'infamie du criminel-né, nous imposaient en même temps le devoir d'en prolonger la peine; car, plus ils sont irresponsables, plus ils sont à redouter puisque chez eux les tendances criminelles étant innées ataviques ne peuvent être neutralisées que par la sélection et la séquestration; c'est une onde sans cesse grossissante qui se replie sur elle-même lorsqu'elle rencontre de fortes digues, mais qui déborde et devient de plus en plus menaçante si rien ne vient l'arrêter. — Mais nos juristes, Hollandais à rebours, ont cru enrayer le mal en abaissant de plus en plus les digues; de là les fastidieuses lamentations sur la peine de mort; et la tendance de plus en plus grande à assurer des garanties pour la défense des criminels et à en faciliter les grâces, tandis qu'ils ne font rien pour augmenter la sécurité de la société et la certitude de la répression.

Or, si un général, se confiant dans la puissance de la philosophie, se laissait guider par elle ou seulement par une stratégie abstraite, fondée, par exemple, sur l'histoire des batailles en oubliant un seul jour la balistique, n'est-il pas certain qu'il conduirait ses pauvres soldats à une mort inévitable? Eh bien: le fonctionnement des affaires pénales exige pour le moins autant de connaissances pratiques que la stratégie militaire; la métaphysique ne peut être ici que d'un secours négatif; et cependant leur résultat dépend souvent de l'opinion de personnes vénérables, mais qui substituent la métaphysique à la stratégie, et rêvent les yeux ouverts sur une liberté indépendante de la matière, sur un droit de punir fondé, non sur la pressante nécessité sociale, mais sur des violations abstraites de l'ordre juridique; et non seulement elles ne pensent pas à éliminer les véritables causes du crime telles que l'alcoolisme, les associations enfantines, etc.; mais, en introduisant précipitamment toutes les innovations qu'imagine le monde civilisé en faveur des criminels, elles oublient les précautions, qui en mitigeraient les conséquences mauvaises (établissements intermédiaires pour la libération conditionnelle, annullement pour le jury, probation, système, etc.); elles oublient enfin tous, ou presque tous, les moyens nouveaux imaginés pour la défense sociale.

Ces personnes-là font plus encore: c'est leur arrêt rendu que la chose la plus importante pour les prêtres de la justice est le respect des formes de la procédure, qu'elles placent au-dessus de la défense de la société; et cela, jusqu'à laisser passer en proverbe que les formes, plus que la substance de la procédure, sont la suprême garantie des parties et que: *Forma dat esse rei*, quatre paroles qui sont la plus grande preuve de l'aveuglement humain dans les choses juridiques.

Causes de cet état de chose. — La cause de cette fatale rétrogression vers la théorie dans la pratique de la justice, doit être cherchée, avant tout, dans cette loi d'inertie, de misonéisme, grâce à laquelle l'homme, lorsqu'il n'est pas entraîné par des circonstances extraordinaires ou par d'audacieux et fortunés rebelles, se détourne avec terreur de tout changement quelque simple et logique qu'il soit (1); et si, dans quelques cas il s'y soumet malgré sa répugnance, c'est parce que la nouveauté est tellement mûrie et son évidence si saillante, qu'elle s'impose et l'entraîne malgré lui comme une avalanche, en le forçant à l'accepter.

Mais, ici, comme souvent dans la religion et dans la philosophie, l'évidence a toujours été cachée par des formules, qui sous de mystiques et grandioses apparences en voilaient complètement l'inanité.

Quiconque, élevé dans des sentiments religieux, entend pour la première fois des rabbins ou des brahmines prononcer mystérieusement leurs oraisons hébraïques et sanscrites leur attache un sens profond, tandis que traduites en langue vulgaire, elles ne seraient plus pour lui que de pauvres jaculatoires; mais ce vocabulaire, le public ne le connaît pas; et trouve d'autant plus profond le juriste, qu'il le comprend moins; et souvent les juristes en font autant entre eux et se respectent d'autant plus qu'ils s'embrouillent toujours davantage dans leurs hiéroglyphes; on comprend, d'après cela, que lorsque les juristes affirment, par exemple: que le fait de charger une autre personne de commettre un crime n'est pas en commencer l'exécution et que la récidive impropre n'est pas en réalité de la récidive, le public puisse les prendre au sérieux.

(1) FERRERO, *Les lois psycologiques du symbolisme.* — 1890, Alcan. LOMBROSO, *Le crime politique*, vol. I. — 1889, Alcan.

M. Ferrero dans son beau livre « *Les lois psychologiques du symbolisme* » trouve une autre raison de ces erreurs; dans l'arrêt idéo-émotionnel, dans la tendance de l'esprit humain à réduire au *minimum* le nombre des associations mentales nécessaires à un travail quelconque; l'interprétation littérale de la loi l'emporte alors dans la pratique sur toutes considérations de justice.

« C'est le cas de la bureaucratie dans les grandes administrations de l'État. On sait qu'un des vices les plus communs à cette classe de fonctionnaires est l'habitude d'appliquer littéralement les réglements et les lois qu'on leur donne comme guides; tandis qu'ils ne devraient être que le signe *imparfait* de la volonté du législateur, qui ne peut tracer que des régles générales dans l'impossibilité où ils se trouve de tout prévoir. Le fonctionnaire devrait donc interpréter ces dispositions suivant les cas spéciaux; la lettre, au contraire, du réglement devient la régle, la vérité, la raison même.

« Il n'en est pas de même de l'employé d'une administration privée qui stimulé par l'intérêt ne contracte pas aussi facilement l'habitude du raisonnement raccourci par l'arrêt; mais interprète les instructions qu'il a reçues et cherche à provoquer de son mieux les associations d'idées qui devront éclairer sa voie » (FERRERO).

Or, qu'arrive-t-il des lois codifiées qui ne devraient servir qu'à guider le magistrat dans les cas particuliers?: elles deviennent pour lui la justice même appliquée à la lettre. — Pour juger consciencieusement, le juge doit se faire un *criterium* personnel du cas spécial qu'il a sous les yeux et le juger suivant l'esprit général qui émane de la loi écrite.

Les jurisconsultes romains reconnaissaient, eux aussi, que le droit civil devait être complété par ce qu'ils appelaient le droit naturel et qui n'est autre chose que l'expression de ce sentiment de justice qui se révolte contre l'application de règles générales à des cas particuliers auxquels elles ne s'adaptent pas.

Mais, tout cela exige un effort intellectuel intense, un

travail fatigant, tourmentant pour la responsabilité qui en dérive. Il est beaucoup plus facile et commode d'appliquer les dispositions générales des lois en en déduisant les conséquences logiques. Mais, pour peu que l'esprit s'habitue à ce raisonnement, il se produit un arrêt idéo-émotionnel professionnel qui entraîne le juge à considérer comme son devoir l'application littérale de la loi. — Il en arrive bientôt à exclure toute idée collatérale pouvant conduire à une solution équitable de la question. Les notions du dommage souffert par la victime et les causes qui ont déterminé le crime ne sont en aucune manière calculées (FERRERO).

Ces considérations nous aident à comprendre pourquoi les sciences ont toutes débuté par la méthode déductive. Comme l'a remarqué Lange, les écoles matérialistes, qui, par la qualité de leurs études se tenaient plus près de la nature, ont débuté par la déduction: la physique et la chimie primitives, par exemple, consistèrent dans une série de déductions tirées à force de logique d'un principe établi sur l'observation des faits au hasard; ce n'est que plus tard que l'on comprit que pour connaître les lois de la nature, il fallait moins raisonner et plus observer. La logique pure fut, à l'origine, préférée à l'observation et à l'expérience parce que c'était un *processus* psychologique moins fatigant exigeant la présence dans l'esprit, d'un moindre nombre d'éléments intellectuels.

« L'emploi de la logique pure est donc l'effet d'un arrêt idéo-émotionnel propre à la période d'enfance qui apparaît dans la période de vieillesse de la science par la loi bien connue de la dégénérescence et de l'atavisme. Qu'est-ce en effet, la science du moyen âge, sinon une invasion de la subtilité grecque dans le champ, que la pensée antique avait su soumettre à la méthode d'observation? Ainsi l'absolutisme de la méthode déductive dans la science juridique est un signe de décrépitude, et la loi de l'arrêt idéo-émotionnel nous explique pourquoi, si souvent, le droit des peuples barbares ou très grossiers se distingue par un certain réalisme plein de bon sens, comparativement aux subtilités logiques merveilleuses, mais absurdes, du droit des peuples

les plus civilisés » (1). C'est justement pour cela que les découvertes de l'anthropologie criminelle se trouvent plus souvent
d'accord avec les institutions et les intuitions des peuples primitifs (voir, par exemple, l'importance donnée à la physionomie
des criminels pour décider de leur perversité) qu'avec celles
des peuples les plus civilisés.

(1) FERRERO, *Les lois psychologiques du symbolisme*. — Paris, Alcan,
1894.

TROISIÈME PARTIE

SYNTHÈSE ET APPLICATIONS PÉNALES

Chapitre I.

L'atavisme et l'épilepsie dans le crime et dans la peine.

Tout ce que nous avons exposé dans ce livre et dans ceux qui le précèdent (vol. I et II de l'*Homme criminel*) prouve clairement l'inanité de l'ancien échafaudage criminologique. Avons-nous réussi à lui substituer un édifice plus solide ?

Si l'orgueil pour un travail long et pénible ne nous aveugle pas, c'est affirmativement que nous pouvons répondre. Et avant tout, il ne peut subsister aucun doute que nous devons, bien plus que le crime abstrait, étudier le criminel, qui, lorsqu'il est congénital, présente, dans une proportion qui va jusqu'au 35 %, de nombreux caractères spécifiques presque toujours ataviques.

Ceux qui nous auront suivis jusqu'ici auront pu se convaincre, en effet, que beaucoup des caractères que présentent les races sauvages, se retrouvent très souvent chez les criminels-nés. Tels que, par exemple, le peu de développement du système pilaire, la faible capacité crânieuse, le front fuyant, les sinus frontaux très développés, la plus grande fréquence des os Wormiens, les synostoses précoces, la saillie de la ligne arquée du temporal, la simplicité des sutures, la plus grande épaisseur des os crâniens, le développement énorme des mâchoires et des zygomes, le prognathisme, l'obliquité des orbites, la peau plus pigmentée, la chevelure plus touffue et crépue, les oreilles volumineuses; ajoutons l'appendice lémurien, les anomalies de l'oreille, le diasthème dentaire, la grande agilité, l'obtusité du tact et de la douleur, la grande acuité visuelle, la disvulnérabilité, l'obtusité des affections, la précocité des plaisirs sensuels (1), la plus grande analogie des deux sexes, la moindre corrigibilité chez la femme (Spencer), la paresse, l'absence de remords, l'impulsivité, l'excitabilité physico-psychique et surtout l'imprévoyance, qui ressemble parfois à du courage et le courage s'alternant à la lâcheté; la grande vanité, la passion du jeu et des boissons alcooliques, la violence et la fugacité des passions, la superstition, la susceptibilité exagérée de la propre personnalité et même la conception relative de la divinité et de la morale.

Des analogies imprévues se rencontrent jusque dans les plus petits détails, comme par exemple: les lois improvisées dans les associations, l'influence toute personnelle des chefs (TACITE, *Germ.*, VII), l'habitude du tatouage, les jeux souvent cruels, l'abus des gestes, le langage onomatopéique, et avec personnification de choses inanimées, jusqu'à la littérature spéciale qui rappelle celle des temps héroïques, alors qu'on célébrait le crime et que la pensée tendait à revêtir la forme rhythmique et rimée.

Cet atavisme nous explique la diffusion de certains crimes.

Tels que la pédérastie et l'infanticide dont on ne sauraient s'expliquer l'envahissement dans des associations entières, si l'on ne se rappelait les Romains, les Grecs, les Chinois, les Taïtiens qui, non seulement, ne les regardaient pas comme des crimes, mais encore quelquefois les pratiquaient comme une coûtume nationale; et c'est peut-être à la même origine que nous devons attribuer le grand nombre de pédérastes qu'on remarque chez les esthètes, justement comme chez les anciens Grecs (2).

(1) Voyez *Homme crimin.*, vol. I, pag. 136 a 579.
(2) Récemment H. Ellis trouva que dans les pédérastes 66 % avaient des habitudes artistiques, tandis que Galton n'en trouve dans la population anglaise que 33 % (*Bulletin of the Psychol. Section of the Medic. Legal Society*. Déc. 1895).

Garofalo a admirablement résumé les caractères psychiques du criminel-né, dans l'absence des sentiments de pudeur, de probité et de pitié, qui caractèrisent essentiellement l'homme sauvage (*Criminologie*, 2ª édit., 1895) et, nous ajouterons d'activité et d'inibition.

A ceux qui, comme Reclus et Krapotkine, objectent qu'il existe des peuples sauvages justes et pudiques, nous répondrons qu'il faut un certain degré de densité et d'association entre les hommes pour que certains crimes s'y développent; on ne peut, par exemple, voler là ou la propriété n'existe pas, ni escroquer où il n'y a pas de commerce; mais la preuve que ces penchants existaient en germes chez le sauvage, c'est que dès qu'il passe à l'état barbare ou se rapproche d'un degré des peuples civilisés, il présente toujours d'une manière exagérée les caractères de la criminalité. Et comme nous fait remarquer M. Ferrero, même lorsque la probité, la pudeur et la pitié existent chez les sauvages, l'impulsivité et l'oisiveté ne leur font jamais défaut. Ils ont en horreur le travail continué, de sorte que chez eux le passage au travail actif et méthodique ne peut s'effectuer que par le moyen de la sélection et des martyres de l'esclavage.

Ainsi, selon le témoignage de Tacite l'impulsivité des anciens Germains résulte de la fréquence du meurtre des esclaves, commis dans des accès de fureur, et qui n'était pas regardé comme une action coupable. Tacite note également leur incapacité de travailler: « ils ont, dit-il, de grands corps, valides seulement par élan, mais ils n'ont pas la patience nécessaire à un travail régulier ».

« Quand ils n'ont pas de guerre, ils ne font rien... ils dorment et mangent. Les plus forts et les plus belliqueux vivent dans l'oisiveté, laissant aux femmes, aux vieillards et aux plus faibles les soins de la maison et des champs, s'abrutissant eux-mêmes dans l'inertie ».

Parfois, au contraire, l'impulsivité, plutôt qu'à une inertie physio-psychique, semble s'allier à un infatigable besoin de mouvement qui se traduit, dans les peuples sauvages, par

une vie continuellement vagabonde et sans but. C'est ainsi
que les Andamanes écrit Hovelacque « sont d'humeur si
inquiète, qu'ils ne restent jamais plus de deux ou trois jours
dans le même endroit », et leurs pérégrinations n'ont d'autre
but que le besoin de mouvement.

Ce fait semble être le terme de passage entre l'inertie physio-
psychique et le besoin intermittent d'excitations physiques et
morales violentes et déréglées qui accompagnent toujours
l'inertie et par conséquent l'impulsivité. C'est ainsi que les
peuples normalement plus paresseux et indolents se livrent
aux danses les plus effrénées et les plus bruyantes, jusqu'à
ce qu'ils entrent dans une espèce de délire furieux et tombent épuisés. « Lorsque les Espagnols, écrit Robertson, con-
nurent pour la première fois les Américains, ils furent frappés
de leur furieuse passion pour la danse et de l'activité verti-
gineuse que déployait ce peuple, presque toujours froid et
passif, toutes les fois qu'il se livrait à cet amusement. Les
nègres de l'Afrique — dit du Chaillu — dansent frénétiquement
dès qu'ils entendent le son du *tam-tam* et perdent tout empire sur eux-mêmes ». « C'est, ajoute Letourneau une véritable
fureur chorégraphique qui leur fait oublier toutes les misères
publiques et privées ».

Ajoutons que l'atavisme du criminel, quand il manque
absolument de toute trace de pudeur et de pitié, peut aller
plus loin du sauvage; et remonter jusqu'aux brutes elles-
mêmes.

L'anatomie pathologique nous aide à le prouver en nous
montrant chez le criminel un développement cérebelleux plus
étendu, une plus rare union de la scissure calcarine avec
la scissure pariéto-occipitale interne, l'absence des plis de
passage de Gratiolet, l'incisure nasale à gouttière, la fréquence
du trou olécrânien, des côtes et des vertèbres surnuméraires et
surtout (voyez appendice) les anomalies histologiques découvertes par Roncoroni dans l'écorce cérébrale des criminels,
c'est-à-dire: l'absence fréquente de couches granulaires et la
présence de cellules nerveuses dans la substance blanche, le

gigantisme des cellules piramidales ce qui fait remonter l'atavisme des criminels même jusqu'aux oiseaux.

En recherchant ainsi les analogies jusqu'au delà de notre race, nous arrivons à nous expliquer la fréquence de la soudure de l'atlas avec l'os occipital, la saillie de la dent canine, l'applatissement du palais, la fossette occipitale médiane, précisement comme chez les Lémuriens et les rongeurs (1): le pied préhensile, la simplicité de la ride palmaire, la gaucherie anatomique, motoire et sensorielle, la tendance au cannibalisme, même sans passion de vengeance, et plus encore cette forme de férocité sanguinaire mêlée de lubricité dont nous ont fourni des exemples, Gille, Verzeni, Legier, Bertrand, Artusio, le marquis de Sade, et d'autres, chez lesquels l'atavisme était toutefois favorisé par l'épilepsie, l'idiotisme ou la paralysie générale ; mais qui néammoins rappellent toujours l'accouplement des animaux, précédé de luttes féroces et sanguinaires, soit pour dompter les rénitences de la femelle, soit pour vaincre les rivaux en amour (2).

Ces faits nous prouvent clairement que les crimes les plus horribles ont également un point de départ atavique dans ces instincts animaux dont l'enfance nous offre un pâle reflet et qui refoulés dans l'homme civilisé, par l'éducation, par le milieu, par la terreur de la peine, repullulent tout à coup sans cause dans le criminel-né, ou sous l'influence de certaines circonstances comme la maladie, les météores, l'énivrement érotique, l'entraînement de la foule.

Sachant, comment certaines conditions morbides, telles que les traumatismes à la tête, les méningites et les intoxications chroniques ; ou certaines conditions physiologiques comme la grossesse, la sénilité, provoquent des dérangements dans la nutrition des centres nerveux et par suite des rétrogressions ataviques, on comprend combien elles doivent faciliter la tendance au crime.

Sachant, en outre, quelle courte distance sépare le criminel

(1) Voir *H. Criminel*, I vol., 160, 217, 176, 182.
(2) Voir Vol. I, 449, 513; II, 95, 96, 123 et 139, 144, 147.

du sauvage, nous comprenons pourquoi les galériens adoptent si facilement leurs mœurs, y compris le cannibalisme, ainsi qu'on le vit en Australie et à la Guyane (Bouvier, *Voyage à la Guyane*, 1866).

En observant, d'un autre côté, comment les enfants, avant ou sans l'éducation, ignorent la différence entre le vice et la vertu, et volent, battent, mentent sans le moindre égard, nous nous expliquons très bien la grande précocité du crime et pourquoi la plupart des enfants abandonnés ou orphelins finissent par devenir des criminels (1).

L'atavisme nous fait encore comprendre l'inefficacité de la peine envers les criminels-nés et le fait de leur retour constant et périodique, si bien que les plus grandes variations qu'ait offert le nombre des crimes contre les personnes (écrivent A. Maury et Guerry) n'ont pas dépassé $\frac{1}{25}$ et les crimes contre la propriété $\frac{1}{50}$ (2).

On voit, observe très justement Maury, que nous sommes gouvernés par des lois muettes, qui ne tombent jamais en désuétude, et gouvernent la société bien plus sûrement que les lois inscrites dans les codes.

Épilepsie. — Les mêmes phénomènes que l'on observe dans les criminels-nés se retrouvent dans les rares exemplaires de fous moraux (voyez *Homme criminel*, vol. II, pag. 2 à 13) que l'on a pu étudier minutieusement sur une grande échelle, et bien plus sûrement dans les épileptiques, criminels ou non (Vol. II, pag. 50-201), comme le prouve clairement le tableau ci-après où l'on voit que pas un des phénomènes ataviques des criminels manque chez les épileptiques qui ont en plus quelques phénomènes purement morbides, comme céphalée, atéromes, délires, hallucinations.

Mais dans les criminels-nés, aussi, outre les caractères ataviques, nous trouvons quelques caractères qui paraissent seu-

---

(1) Voir Vol. I *H. Criminel*, pag, 92 a 108.
(2) Maury, *Mouvement moral de la société*. — Paris, 1860.

lement pathologiques, ou qui du moins à première vue semblent tenir plus à la maladie qu'à l'atavisme : tels que, par exemple, dans le champ anatomique, l'asymétrie exagérée, la capacité crânienne et du visage, tantôt trop petite et tantôt trop grande, la sclérose, les traces de méningite, le front hydrocéphalique, l'oxycéphalie, l'acrocéphalie, les dépressions crâniennes, les nombreux ostéophites, les synosthoses précoces, les asymétries thoraciques, la canitie et la calvitie tardives, les rides anormales et précoces, le thorax à entonnoir ; dans le champ biologique, les altérations des réflexes, les inégalités pupillaires. Ajoutons les scotômes périphériques du champ visuel, qu'on ne rencontrent jamais chez les sauvages, chez lesquels ils sont, au contraire, d'une régularité et d'une ampleur remarquables, comme nous avons pu le voir chez les Dinkas (1) ; les altérations de l'ouïe du goût et de l'odorat, la latéralité singulièrement mise en évidence par l'ergographie, la passion des animaux, la précocité des plaisirs sexuels, les amnésies, les vertiges, les complications maniaques et paranoïques.

Ces déviations, qui se trouvent en plus grandes proportions parmi les dégénérés en général : idiots, crétins, s'expliquent justement en ce que, non seulement, viennent se greffer sur l'atavisme, les intoxications alcooliques (d'où l'atérôme, les tremblements), mais encore sur l'épilepsie.

Toutefois l'intervention de cette dernière n'exclut pas l'atavisme, car elle conglobe ensemble des caractères, à la fois ataviques et pathologiques, comme la macrocéphalie, la sclérose crânienne, les oreilles à anse, les os wormiens, la rareté de la barbe, et dans le champ biologique, le mancinisme, l'analgésie, l'obtusité des sens, sauf de la vue, l'impulsivité, la pédérastie, l'obscénité, l'inertie, la superstition, le fréquent cannibalisme, l'impétuosité, la colère, la tendance à reproduire des cris et des actes d'animaux (aboiements, morsures) — et surtout les anomalies histologiques de l'écorce, que nous avons notées chez les criminels, qui reproduisent les conditions des animaux inférieurs (1) ; les anomalies dentaires elles-mêmes, qui pourraient

(1) Appendice.

	Criminels	Épileptiques	Phénomènes ataviques	Phénomènes d'arrêt de développement	Phénomènes morbides	Phénomènes atypiques
Crâne:						
Exagération de volume	+	+		+		+
Diminution de volume, microcéphalie	+	+	+	++	+	+
Sclérose	+	+	+	++	++	
Exostose	+	+			++	
Asymétrie	+	+			+	
Fossette occipital médiane	+	+		+	+	
Indice crânien exagéré	+	+			+	
Arcs sourciliers exagérés	+	+		+		
Front bas, fuyant	+	+		+		
Front hydrocéphalique	+	+			+	
Ostéophites crâniens	+	+			+	
Wormiens nombreux	+	+	+	+		
Suture métopique	+	+	+	+		
Sinostoses précoces	+	+			+	
Suture crânienne simple	+	+	+			
Orbites obliques	+	+	+			
Face:						
Appendice lémurien	+	+	+			
Mâchoires hypertrophiques	+	+	+			
Zygomes saillants volumineux	+	+	+			
Diamètre biangulaire de la mâchoire	+	+	+			
Oreilles à anse volumineuses	+	+	+		+	
Asymétrie faciale	+	+			++	
Strabisme	+	+			++	
Physionomie virile chez la femme	+	+	+			
Diastème dentaire	+	+	+			
Anomalie des os du nez	+	+				+
Anomalies dentaires	+	+	+			
Développ. exagéré des os de la face	+	+	+			
Cerveau:						
Anomalie des circonvol. des scissures	+	+	+	+		
Poids moindre	+	+	+	+		
Hypertrophie du cervelet	+	+	+			
Altérations histologiques de l'écorce	+	+	+	+		
Traces de méningite	+	+				
Corps:						
Asymétrie thoracique	+	+			+	
Pied préhensile	+	+	+			
Gaucherie (Mancinismo) anatomique	+	+	+			
Fréquence des lésions viscerales	+	+			+	
Hernies	+	+	+	+	++	
Simplicité des plis palmaires	+	+	+			++
Thorax à entonnoir	+	+				++
Peau:						
Rides anormales	+	+	+			
Absence de barbe	+	+	+		+	

	Criminels	Épileptiques	Phénomènes ataviques	Phénomènes d'arrêt de développement	Phénomènes morbides	Phénomènes atypiques
Teint olivâtre	+	+	+			
Tatouage	+	+	+			
Canitie et calvitie tardives	+	+	+			
Cheveux noirs et crépus	+	+	+			
Anomalies motrices :						
Gaucherie et ambidextrisme	+	+	+			
Altérations des réflexes	+	+			+	
Pupilles inégales	+	+			+	
Agilité exagérée	+	+	+			
Anomalies sensorielles :						
Obtusité tactile	+	+	+		+	
Obtusité dolorifique et générale	+	+	+		+	
Grande acuité visuelle	+	+	+			
Obtusité de l'ouïe, du goût et de l'odorat	+	+	+		+	
Gaucherie sensorielle	+	+	+		++	
Scotômes périphériques du ch. vis.	+	+			+	
Anomalies organiques :						
Disvulnérabilité	+	+	+			
Anomalies psychiques :						
Intelligence limitée	+	+	+	+		
Superstition	+	+	+			
Obtusité affective	+	+	+		+	
Amour des animaux	+	+			++	
Obtusité du sens moral	+	+	+		+	
Absence de remords	+	+	+			
Impulsivité, cannibalisme, férocité	+	+	+	+	+	
Pédérastie, onanisme, obscénité	+	+	+		+	
Croyances religieuses exagérées	+	+	+			
Vagabondage	+	+				
Précocité sexuelle exagérée etc.	+	+	+		+	
Vanité	+	+				
Esprit d'association	+	+				
Simulation	+	+			+	
Paresse, inertie	+	+	+			
Imprévoyance	+	+	+			
Lâcheté	+	+	+			
Passion du jeu	+	+	+			
Manie, paranoïe, délire	+	+			+	
Vertiges	+	+			++	
Mémoire exagérée	+	+			+	
Causes :						
Héréditaires (dans les parents, alcoolisme, folie, épilepsie, parents agés)	+	+				
Alcoolisme	+	+				
Égale distribution géographique	+	+				

paraîtro sans lien avec le cerveau, lui sont au contraire intimement liées, provenant, comme lui, du même feuillet embryonnaire (Vol. I, n. 232, etc.).

Rappelons ici que Gowers ayant souvent noté chez les épileptiques des actes particuliers a.. animaux, tels que mordre, aboyer, miauler, en conclut : « On dirait que ce sont là des manifestations de cette animalité instinctive que nous possédons à l'état latent » (*Epilepsy*, London, 1880).

Si les accès épileptiques complets manquent souvent chez les criminels-nés, c'est parce que très souvent ils y sont latents; et ne se manifestent que tardivement sous l'impulsion de causes données (colère, alcoolisme), qui les mettent en évidence; nous avons vu que la psychologie de l'épilepsie est parallèle à celle des criminels; et chez tous les deux en effet se remarque un développement insuffisant des centres supérieurs, se manifestant par les altérations du sens moral, de l'affectivité, par l'inertie, l'ipérexcitabilité physio-psychique, et surtout par le déséquilibrement des facultés psychiques, lesquelles, alors même qu'elles sont chez eux, géniales et altruistiques, présentent toutefois toujours des lacunes, des contrastes et des intermittences excessives.

Fusion de l'anomalie morbide avec l'atavisme. — Très souvent, du reste, certains caractères fréquents chez les criminels et chez les épileptiques ont été classés comme anormaux ou morbides et non comme ataviques, absolument grâce à l'insuffisance de nos connaissances embryologiques et phylogénétiques; beaucoup de ces caractères, même dans le tableau susannexé, qui cependant n'est que schématique, sont à la fois ataviques et morbides, tels sont: la microcéphalie, la sclérose crânienne, etc.

L'asymétrie faciale elle aussi apparaît atavique, si on se rappelle, par exemple, les pleuronectides (Penta): de même que la ride anormale et fréquente si l'on remonte aux singes et aux Hottentots. Penta recourt justement aux habitudes nuptiales des poissons pour expliquer l'exhibitionisme ; aux mollusques pour expliquer les amours homo-sexuels ; il n'est pas jusqu'à la hernie, observe justement-Féré, qui ne rappelle quelques-unes des conditions normales dans les vertébrés inférieurs, et dans l'embryon ; en étudiant les Dinkas (voyez *Appendice*) je trouve que le pied plat, si fréquent parmi les épileptiques est atavique.

Et très souvent, la morbosité et l'atavisme remontent à une cause commune, comme l'observait Wagner (1), dans une magnifique dissertation : « L'idée, écrit-il, que l'atavisme des criminels se manifeste avec la maladie spécialement fœtale se trouve complètement confirmée dans les belles découvertes de Ettingshauser : si , par exemple , nous refroidissons une racine de chêne de manière à la frapper partiellement de mort, l'année suivante elle produira des feuilles qui ne ressembleront plus à la feuille du chêne moderne, mais seront pareilles à celle du chêne de l'époque tertiaire ; ce fait explique la réapparition de formes fossiles intermédiaires et indistinctes. On comprend très bien, dès lors, que des influences capables d'engendrer une maladie peuvent provoquer des rétrogressions morphologiques ataviques ».

L'arrêt de développement, toujours partiel, n'exclut pas l'énergie dans d'autres directions : l'énergie musculaire, la néophylie, par exemple, et même l'acuité du génie, qui, à son tour, se trouve compensée par la méchanceté et l'absence de sens moral (2) ; il s'ensuit donc que le fait de l'origine épileptique et morbide de la folie morale n'exclut pas, mais confirme au contraire, sa parenté avec le criminel-né.

Le fond épileptique, tout en fixant les lignes cliniques et anatomiques du fou moral et du criminel-né, qui se perdaient dans les vagues hypothèses semi-juridiques et semi-psychiatriques, explique l'instantanéité, l'intermittence et le contraste paradoxal de leurs symptômes, qui sont, sans doute, leurs caractères les plus saillants ; voir la coéxistence et le passage de

---

(1) WAGNER v. JAUREGG, *Autrittsvorlesung an der psychiatrischen Klinik*. Vienna, 1895.

(2) LOMBROSO, *Homme de génie*, 2me édition. — Paris, Carré, 1896.

la bonté à la férocité, de la lâcheté à l'audace la plus effrontée, du génie à la stupidité la plus complète; la manifestation de plus en plus fréquente du délire et de l'esprit d'association qui manquent toujours chez les autres aliénés non épileptiques.

Criminaloïdes. — Le criminaloïde, tout en s'en différenciant complètement, ne manque pas de rapports avec l'épilepsie et avec l'atavisme; ainsi tout en comptant un nombre plus grand d'épileptiques (10 % par exemple, parmi les coupeurs de bourses) que les hommes normaux et une plus grande proportion de types criminels (17 %), il compte toutefois quelques anomalies spécifiques, telles que la gaucherie (mancinismo) aussi fréquente chez les escrocs (Voir vol. II, 216, 514, 518, *Homme criminel*).

Dans sa biologie on observe un moindre nombre d'anomalies dans le tact, dans la sensibilité, dans la psychométrie, et surtout moins de calvities et canities précoces, et moins de tatouages; mais on rencontre au contraire une plus grande proportion d'anomalies absolument morbides, dépendant de l'abus des boissons alcooliques, comme les athéromes, les parésies, les cicatrices; l'anomalie psychique est surtout moindre chez le criminaloïde, qui n'a pas le cynisme, la passion de faire le mal pour le mal; il confesse plus facilement et avec plus de sincérité sa faute et se repent plus souvent; mais il est plus lascif et plus fréquemment alcoolique: et les femmes criminaloïdes sont plus suggestionables; il est plus précoce et récidive plus souvent, du moins le coupeur de bourses et le simple voleur: il est le plus souvent entraîné au crime par une grande occasion; toutefois l'impulsivité épileptoïde qui le fait faillir sans occasion ne manque pas non plus chez lui. Rappelons Casanova, confessant que lorsqu'il commettait une escroquerie, il ne la préméditait pas, mais *qu'il lui semblait de céder à une volonté supérieure.* Un coupeur de bourses me disait: « *Quand cette inspiration nous vient, nous ne pouvons lui résister* » (*Homme criminel*, vol. II).

Dostojewski nous dépeint les contrebandiers de la prison

faisant leur métier presque pour rien, malgré les graves risques qu'ils encouraient et les plus formelles promesses de ne pas récidiver. Mendel et Benedikt nous décrivent les vagabonds comme des impulsifs voyageant continuellement sans but et sans repos.

Les criminaloïdes sont donc une atténuation, non une variété de l'espèce ; cela est si vrai que la plupart d'entre eux, devenus criminels d'habitude, grâce à la longue demeure en prison, ne se distinguent plus des criminels-nés que par leurs moindres caractères physiques, comme Eyraud.

Et ces criminels latents et puissants, que notre société vénère souvent comme ses chefs se différencient encore moins des criminels-nés, dont ils ont tous les caractères ; mais leur puissante position leur a donné un dérivatif si grand qu'elle ne leur permet pas de se manifester, si ce n'est dans la famille dont ils sont le fléau ou aux dépens d'un pays entier, quand leur impudente énergie, secondée par la lâcheté et l'ignorance de la majorité ou par les tristes conditions politiques leur permettent de se placer à la tête d'un pays qui ne s'aperçoit de leur nature criminelle que trop tard.

Il n'est pas jusqu'à cette étrange espèce de criminel monomane, qui semble différer de l'épileptique par le mobile du crime et par la manière d'agir (voyez *Homme criminel*, vol. II, pag. 94, 97 et 418) qui ne révèle cependant l'origine épileptique et atavique par l'obsession, par l'interruption des périodes d'idéation, l'impulsivité, l'importance exagérée accordée à certains détails, à la rime, par exemple, par l'épuisement après la crise criminelle, la préférence pour les symboles, les manifestations exagérées et intermittentes, et enfin par les notes héréditaires.

Fous-criminels. — Même chez les vrais fous-criminels, prédominent des formes que l'on pourrait appeler l'hypertrophie du crime, l'exagération du criminel-né, aussi bien par les caractères somatiques (*Homme criminel*, pag. 34 à 228, vol. I), fonctionnels, étiologiques que par la manière d'accomplir le crime et de se comporter après l'avoir accompli (p. 213 vol. II);

de sorte que, de même que les formes épileptiques, elles nous ont souvent servi par leur exagération à expliquer l'extension des tendances impulsives obscènes et cruelles des fous-criminels, qui sont presque toujours des épileptiques larvés ou des criminels-nés, sur lesquels se sont greffées la mélancolie et la monomanie, grâce à cette naturelle tendance des différentes formes psychiatriques à s'enchevêtrer ensemble sur le terrain malsain de la dégénérescence. Nous avons vu ainsi comment l'hystérique, l'alcoolique, le monomane homicide, le dipsomane, le piromane, le cleptomane, le fou transitoire, reproduisent beaucoup des caractères de l'épileptique et présentent comme celui-ci une exagération du fou moral.

Il n'est pas jusqu'au *mattoïde* qui en est si éloigné par son calme habituel, par l'absence de caractères de dégénérescence et d'hérédité, chez lequel ne se manifeste parfois cette forme épileptique que nous avons vu être le véritable noyau du crime (*Homme criminel*, vol. II, pag. 646).

Criminels par passion. — C'est l'unique catégorie de criminels qui constitue une espèce à part et forme le contraste le plus complet avec le criminel-né par les lignes harmoniques du corps, la beauté de l'âme, l'excès de la sensibilité et de l'affectivité, de même que par le mobile du crime, toujours noble et puissant, tel que l'amour ou la politique; eh bien, elle ne s'en rapproche pas moins, malgré cela, par quelques côtés des épileptiques, comme par excès, par l'impulsivité, par eu, par l'instantanéité des accès et la fréquente amnésie (Voyez *Homme criminel*, p. 226, vol. II).

Criminels par occasion. — Les criminels par occasion ou mieux les pseudo-criminels, c'est-à-dire ceux qui ne cherchent pas l'occasion de crime mais y sont presque entraînés où tombent dans les mailles du code pour de très petits incidents, sont les seuls qui échappent à tout rapport avec l'atavisme et l'épilepsie; mais comme l'observait Garofalo, ceux-ci ne devraient, à juste titre, pas être appelés criminels.

Causes. — L'étude des causes n'amoindrit pas cette fatalité fixée par l'influence organique, dans un rapport qui certainement va jusqu'au 35 °/₀ et même jusqu'au 40 °/₀ : les causes du crime n'en sont trop souvent que la dernière déterminante, étant donnée la grande puissance de l'impulsivité congénitale ; nous l'avons prouvé chez quelques-uns par les récidives constantes déterminées par de très petites causes, et mêmes sans causes, alors même qu'on avait changé, économiquement, le milieu, et que toutes les circonstances pouvant favoriser le crime avaient été écartées ; nous l'avons prouvé surtout par le chiffre de plus en plus élevé, des récidivistes de Londres, bien que l'Angleterre ait accompli les plus grands efforts pour supprimer les causes criminogènes. — Enfin nous avons vu que certaines circonstances ont une action si prépondérante sur les criminaloïdes, qu'elles équivalent aux causes organiques ; et l'on peut même dire qu'elles deviennent organiques elles-mêmes.

Parmi ces circonstances doit être notée l'influence de la chaleur excessive sur les viols, les blessures et les assassinats, les rébellions, l'action de l'alcool, celle de l'hérédité dans toute la gamme du crime ; enfin l'action de la race qui, en Italie, avec l'influence sémitique, augmente les crimes de sang, comme, en France avec la race Belge et Ligure.

Mais ce qu'il importe le plus d'observer c'est que les mêmes causes qui diminuent quelques crimes en augmentent d'autres, ce qui confond tout d'abord l'homme d'État qui cherche à y porter remède ; c'est ainsi, que nous avons vu l'instruction et la richesse diminuer quelques crimes féroces, spécialement les homicides et les assassinats, et en même temps en augmenter et même en créer de nouveaux, tels que la banqueroute, l'escroquerie ; et si la trop grande densité, par exemple, est cause de beaucoup de crimes, tels qu'escroqueries, vols, etc., la moindre densité favorise de son côté les crimes de sang, les associations malfaisantes ; la disette favorise directement les vols forestiers, le faux (v. sopra, p. 84), les rébellions, l'incendie, tandis que le bon marché du froment multiplie les viols, les coups et blessures et l'homicide.

L'alcool même, qui est, après la chaleur, le plus puissant criminogène, augmente, s'il est à bon marché, tous les crimes contre les personnes et contre les administrations publiques, et s'il est cher, tous les crimes contre la propriété; et cependant, il présente cette étrange contradiction, de diminuer parallèlement les crimes graves dans les endroits où l'on en abuse le plus, sans doute parce que l'abus a justement lieu là où existe un plus haut degré de civilisation qui, en favorisant l'inhibition, diminue les crimes les plus féroces.

L'école est aussi une cause de crime, quoique cependant lorsqu'elle rejoint le *maximum* de la diffusion, elle en diminue le nombre et l'intensité.

Nécessité du crime. — La statistique aussi bien que l'examen anthropologique nous montre en somme le crime comme un phénomène naturel, un phénomène (diraient quelques philosophes) nécessaire comme la naissance, la mort, la conception.

Cette idée de la nécessité du crime, quelque hardie qu'elle paraisse, n'est cependant pas aussi neuve, ni aussi peu orthodoxe, qu'on pourrait le croire tout d'abord : Casaubon, il y a bien des siècles, l'avait déjà exprimée dans ce passage : « *L'Homme ne pêche pas, mais il est dominé à divers degrés* », et Saint Bernard quand il dictait : « Quel est celui de nous, quelque expérimenté qu'il soit, qui puisse distinguer dans ses impulsions l'influence du *morsus serpentis* de celle du *morbus mentis* ».

Et ailleurs : « Le mal est moindre dans notre cœur, et nous ne savons si nous devons l'attribuer à nous ou à notre ennemi: il est difficile de savoir ce que le cœur fait et ce qu'il doit faire ».

Saint-Augustin est encore plus explicite lorsqu'il dit : Que *pas même* les anges *pourraient* faire que celui qui veut le mal veuille le bien.

Et le plus audacieux et plus fervent défenseur de cette théorie, G. Ruf (1), est un fervent croyant catholique et prêtre tyrolien.

(1) G. RUF, *Die criminal Jastig, ihre Wiedersprüche und Zukunften.* Innsbruk, 1870.

Enfin, les défenseurs des systèmes les plus opposés aux nôtres l'affirment aussi indirectement par les contraddictions dans lesquelles ils tombent dans leurs définitions.

Si l'on compare les différentes tentatives des codes on voit, en effet, combien il était difficile au légiste de fixer la théorie de l'irresponsabilité et   en trouver une définition précise. « Tout le monde sait ce que c'est qu'une bonne ou une mauvaise action, mais il est difficile, impossible même, de distinguer si l'action dépravée a été commise avec pleine ou incomplète connaissance du mal » dit Mittermayer. — Way, dans sa *Die Strafrecht Zurechung*, 1851, écrit: « Nous n'avons encore aucune connnaissance scientifique de la responsabilité ». Et Mahrixe, *Die Zukunft der peinlichen Rechtspflege*, pag. 188: « L'irresponsabilité est un thème que la justice criminelle, dans aucun cas spécial, ne peut résoudre avec sûreté »; et en effet, il y a des hommes qui sont atteints d'un commencement de folie, ou ils y sont si profondément prédisposés, que la plus petite cause peut les y faire tomber: d'autres sont poussés par l'hérédité à la bizarrerie et aux excès immorxax.

« La connaissance du fait, dit Delbruk, jointe à l'examen du corps et de l'âme avant et après le fait ne suffit pas à éclaircir le thème de la responsabilité: il faut encore connaître la vie du criminel depuis le berceaux jusqu'à la table anatomique (*Zeitsch. für Psychiat.*, 1864, pag. 72). Or tant que le criminel est vivant on ne peut le disséquer ».

Carrara admet « imputabilité absolue où il y a concours d'intelligence et de volonté dans l'accomplissement d'une action criminelle »; mais, il ajoute aussitôt après: « à condition que cette volonté ne soit pas amoindrie par l'intervention de causes physiques intellectives et morales ». Or, nous avons vu qu'il n'y a pas de crime dans lequel manque ces causes.

Droit de punir. — On nous répond: Mais puisque vous niez l'imputabilité, de quel droit punissez-vous ? — Vous proclamez l'irresponsabilité, puis vous frappez. Quelle inconséquence et quelle dureté! (Carrara, op. cit.).

Je ne puis oublier ce que me disait un vénérable penseur en secouant la tête à la lecture de ces pages: « Où voulez-vous en venir avec ces prémisses ? Devons-nous nous laisser dépouiller et assassiner par les bandits sous prétexte qu'on doute s'ils savent de faire le mal ? ». Je réponds: Rien n'est moins logique que ce qui veut l'être trop; rien n'est plus imprudent que vouloir baser des théories, même les plus sûres, sur des conclusions qui pourraient apporter le moindre bouleversement social. De même que le médecin au lit du malade doit douter du plus sûr système de cure, quand il s'agit d'un grave péril, de même le sociologue est tenu à la plus rigoureuse circonspection; car, s'il mettait en œuvre des innovations de cette espèce, il ne réussirait qu'à démontrer l'inutilité et l'impuissance de la science.

Les connaissances scientifiques, heureusement, ne sont pas en guerre, mais en alliance avec la pratique et l'ordre social.

S'il y a une nécessité du crime, il y a aussi une nécessité de la défense, et, par conséquent, de la peine qui doit se mesurer sur le degré de témibilité qu'inspire le criminel (Garofalo).

La peine deviendra ainsi moins odieuse, mais aussi moins contradictoire et certainement plus efficace.

Je ne crois pas qu'il existe aucune théorie, ayant une base solidement assise, excepté justement celle qui concerne la nécessité naturelle, le droit de la propre défense; c'est l'ancienne théorie de Beccaria et de Romagnosi (1), de Carmignani, et en partie, de Rosmini, de Mancini et d'Ellero, qui compte parmi nous deux valeureux défenseurs dans Ferri et Garofalo, et plus encore dans Poletti.

(1) *Genesi del Diritto penale*, au chapitre 212, est écrit : « La société a le droit de faire succéder la peine au délit comme moyen nécessaire à la conservation de ses individus ». — BECCARIA, *Dei delitti e delle pene*: « Les peines qui outrepassent la nécessité de conserver le dépôt de la santé publique sont injustes ». — CARMIGNANI : « L'objet de l'imputation civile n'est pas de tirer vengeance du crime, mais de faire qu'il ne se commette plus à l'avenir ».

En Allemagne nous voyons cette théorie propagée par Hommel, Feuerbach, Grollmann, Hottzendorf; en Angleterre par Hobbes et Bentham et en France par Ortolan et Tissot.

Tissot déclare qu'il est impossible trouver un rapport moral entre le crime et la peine (*Introduction philosophique a l'étude du droit pénal*, 1874, p. 375).

En France, c'est un procureur du roi qui a dit: « L'homme n'a pas le droit de punir: pour avoir ce droit il faudrait qu'il posséda la science et la justice absolue. — Si ce n'était au nom de la *nécessité* la plus absolue, comment l'homme pourrait-il s'arroger le droit de juger son semblable? Mais du fait que l'homme ne pouvait se défendre sans infliger la punition, on en a conclu qu'il avait le droit de punir; mais qu'il ne l'ait pas en *réalité* on le voit en ce que, dès que ce prétendu droit s'éloigne du fait il perd toute valeur; nous en trouvons une preuve dans cette ancienne prescription : *Matronae generis humanis* (BRETON, *Prisons et emprisonnements.* — Paris, 1875).

Rondeau, gouverneur sous Joseph II, dans l'*Essai physique sur la peine de mort* (1), en niant le libre arbitre, répudiait les notions de bien ou de mal, de mérite ou de démérite, universellement acceptées, et en parlant de la justice répressive il déclarait: « que le crime n'existe pas dans la nature; c'est la loi seulement qui impose injustement cette dénomination à des actes nécessaires et inévitables. Les causes infinies et diverses qui produisent la prétendue criminalité sont toutes matérielles et toutes indépendantes de notre volonté, comme les miasmes qui produisent la fièvre. La colère est une fièvre passagère, la jalousie un délire momentané, la rapacité du vol et de la fraude est une aberration de malade, les passions dépravées, qui poussent aux crimes contre nature, sont des imperfections organiques. Tout mal moral est un résultat du

---

(1) FRASSATI, *La nuova scuola di Diritto penale in Italia ed all'estero.* — Torino. Bocca, 1891.

mal physique. L'assassin lui-même est un malade de même que tous les autres criminels ! Pourquoi, et au nom de quel principe pourrait-on donc les punir ? Si ce n'est parce qu'ils troublent le chemin régulier de la vie sociale, parce qu'ils entravent le développement normal et légitime de l'espèce, que la société, ou mieux le Gouvernement, a le droit de mettre un obstacle aux conséquences funestes de leurs actes, de la même manière que le propriétaire d'un champ a le droit d'opposer une digue au torrent qui menace d'inonder son fonds. Le pouvoir social peut donc sans scrupules et sans hésitation, priver les malfaiteurs de leur liberté: mais dès le moment que tout crime est le produit naturel et la conséquence logique de quelque maladie, la peine ne doit être qu'un traitement médical. On guérira le voleur et le vagabond en leur faisant goûter les joies du travail. Si ensuite par une exception malheureusement trop fréquente, ils se montraient insensibles aux cures médicales, on les séparerait définitivement de leurs concitoyens ». On le voit, nos conclusions les plus audacieuses sont donc déjà vieilles de plus d'un siècle.

On pourra se demander si c'est par méchanceté, ou par l'effet de leur propre organisme que les fauves dévorent l'homme; mais, malgré le doute, personne ne s'abstiendra de les tuer en se laissant docilement dévorer par elles; et il n'est personne qui, en pensant au droit à la vie et à la liberté de ces autres créatures du bon Dieu que sont les animaux domestiques, ne s'abstienne de les accoupler pour les faire travailler, ou ne les tue pour s'en nourrir. Et de quel droit, si ce n'est de celui de la défense, sequestrons-nous les aliénés? De quel droit privons-nous le soldat du plus saint, du plus noble droit, de celui de se créer une famille, et l'envoyons-nous bien de fois, malgré lui, à la mort?

C'est justement parce que la peine est fondée sur la nécessité de la défense, qu'elle est moins exposée aux contradictions.

Autrefois, la peine, en se modelant sur le crime, comme elle en avait l'origine, atavique elle-même, était, et elle ne le cachait pas, ou une compensation (1), ou une vengeance ; les juges, eux-mêmes, n'avaient pas honte de s'ériger en justiciers, comme l'étaient sans doute les membre de la Sainte Wehm. Le crime était jugé non seulement un mal, mais encore comme le plus grave des maux, que seule la mort pouvait racheter ; si le coupable n'avouait pas, on l'y forçait par la torture ; on épargnait l'interrogatoire, les témoins suffisaient. Plus tard, les indices seuls suffirent, et quels indices ! Quelquefois même on s'en passait. Et non seulement on tuait le criminel, mais on voulait qu'il sentit lentement la mort. Cette cruauté ne diminuait assurément pas les crimes ; mais il y avait une logique dans tout cela. La théorie ne contredisait pas la pratique : on partait de l'idée que le méchant ne s'améliore jamais et procrée des enfants également méchants : en tuant le criminel, on prévenait toute récidive. On obéissait à cet instinct, à cette sorte de mouvement réflexe qui nous pousse à venger une offense par une autre offense ; mais on ne le cachait pas. Mais notre logique à nous, notre sincérité dans les questions pénales, où est-elle ? — Nous n'avons plus cet instinct primitif ; bien que lorsque nous jugeons le criminel, nous tendions cependant toujours à mesurer la peine au degré de dégoût et d'horreur que nous inspire son crime, tout en nous élevant indignés contre celui qui le confesse ; et pourtant, il n'est pas rare de voir les représentants de la loi oublier les théories abstraites et demander à haute et intelligible voix la vengeance sociale sauf à la renier ensuite avec horreur quand ils dictent un

---

(1) πάνή — *poena* — compensation. Dans l'*Iliade*, Achille égorge douze Troyens pour πάνή compenser le meurtre de Patrocle. On accepte, lui dit Ajax, la compensation pour le meurtre d'un frère ou d'un fils. — Quand l'homicide a payé, il retourne parmi les siens, et l'offensé, ainsi compensé, renonce à son ressentiment (HOMÈRE, *Iliade*, IX, 632). L'amende pour l'homicide d'un Franc était, parmi les Francs, de 200 sous ; on rachetait aussi les vols : les esclaves perdaient la vie pour les mêmes crimes qui ne coûtaient à l'homme libre que 45 sous (DAL GIUDICE, *La vendetta nel diritto longobardo*, 1876).

livre de droit pénal ou quand ils siègent comme législateurs. Et quelle logique y a-t-il, encore, dans cette théorie que l'on remet en vogue (Rœder, Garelli et Pessina), d'après laquelle on prétend fonder la peine sur l'amendement, lorsqu'on sait très bien que l'amendement du coupable est toujours ou presque toujours une exception, tandis que la prison, non seulement ne l'améliore pas, mais encore le pervertit.

Comment, d'ailleurs, avec une pareille théorie concilierait-on la punition des crimes politiques et des crimes d'emportement ou de passion, suivis presque toujours d'un repentir spontané et complet ?

Oppenheim, après avoir écrit que tout crime doit être suivi d'une peine proportionnée, que la peine non seulement doit être un mal, mais doit paraître telle, en vient à dire avec Mohl et Thur : « La peine doit avoir pour unique but l'amélioration et l'occupation du criminel ». N'y a-t-il pas là une évidente contradiction ? Comment peut-on accorder la théorie qui fait déshonorer le criminel avec celle qui prétend l'améliorer ? Comment peut-on le marquer au front avec le fer et lui dire : Améliore-toi ?

Que sont-ce les théories de Herbart, de Kant, de Altomid, de Hegel (*Rétribution pénale*), sinon le déguisement des anciennes idées de la vengeance et de la loi du talion ? Avec tout cela, l'État ne songe pas au lendemain, il renferme le criminel, puis, sa peine subie, le remet en liberté, en augmentant ainsi les dangers de la société, car le criminel devient toujours plus pervers dans la promiscuité de la prison et en sort plus irrité et mieux armée contre la société. Avec cette théorie-là on ne justifie pas l'aggravation des peines sur les récidivistes, ni les mesures préventives. Quelques législateurs prétendent que le criminel doit expier son crime. Mais la conception de l'expiation est ecclésiastique. Peut-on appeler expiation celle d'un criminel auquel par *force* on enlève la vie ou la liberté ?

La théorie de l'intimidation et de l'exemple offre à son tour de nombreuses contradictions ; les anciens élevaient des colonnes infâmes, arrachaient nez et oreilles (1), écartelaient, noyaient dans l'huile et dans l'eau bouillante, distillaient le plomb ardent dans le cou. Mais ils ne réussissaient qu'à multiplier les crimes et à les rendre plus horribles, car, la fréquence et la férocité des supplices endurcissaient l'homme et à l'époque de Robespierre les enfants s'amusaient à construire de petites guillotines.

Or, que comptez-vous obtenir avec les nombreux adoucissements qu'on a introduits, maintenant que les prisons sont devenues presque des hôtels confortables?

Et puis, qu'elle est cette justice qui punit un homme, moins pour la faute qu'il a commise, que pour servir d'exemple aux autres?

Il est tellement vrai, d'ailleurs, que le droit de punir, fondé sur le fait, n'a rien en soi d'absolu, que nous le voyons varier d'un juge à l'autre suivant les sympathies et les habitudes. Un juge, habitué à juger de grands criminels dans les Cours d'appel, affirme Breton, infligera des condamnations relativement plus sévères, alors même qu'il s'agit de délits légers ; il distribuera des mois de prison au lieu des jours. Aucuns juges, d'ailleurs, même dans le même pays, ne s'accordent avec précision sur la condamnation même lorsqu'il s'agit d'un crime identique. Est-il possible de croire à un principe éternel, absolu, de justice dans l'humanité, quand nous voyons

(1) La peine de mort fut appliquée en France jusqu'en l'année 1100 à 116 genres de crimes ; les voleurs étaient roués, les assassins pendus; plus tard on infligea à tous le supplice de la roue.

De 1770 à 1780 on roua L. pour un vol de linge ; Gal... pour avoir volé du fromage (*Mém. de Sanson*).

En 1666 en Auvergne	on pendait	. . . .	276 individus
»	»	on décapitait . . .	44 »
»	»	on brisait les membres à	32 »
»	»	on brûlait	3 »
»	»	on envoyait aux galères	28 »

Dans une seule province on compta plus du double de suppliciés qu'on compte maintenant de condamnés dans toute la France (*id.*).

cette prétendue justice varier si profondément à peu de distance de temps et d'espace; quand nous voyons en Angleterre
punir la bigamie et le rapt si diversement de l'Allemagne;
n'avons-nous pas vu, il y a peu d'années encore, condamner
à mort le juif qui avait accosté une courtisane catholique,
ainsi que le catholique qui laissait échapper un blasphème
involontaire, tandis qu'ailleurs, l'infanticide et l'inceste, le rapt
étaient tolérés? Ne voyons-nous pas encore aujourd'hui pratiquer le droit de grâce et celui de prescription, comme si
la faveur d'un roi et le temps pouvaient effacer ou mitiger
le caractère dépravé d'un criminel, et l'empêcher de récidiver?

CHAPITRE II.

Les peines suivant l'anthropologie criminelle — Amendes Probation system — Asiles d'aliénés Etablissements pour les incorrigibles — Peines de mort.

De toutes les critiques soulevées par les peines, la plus importante est assurément celle de leur application, depuis surtout que l'œuvre féconde de Ferri, de Garofalo, de Du Hamel, de Viazzi, de Sighele, a non seulement corrigé, mais encore réformé et mis en rapport avec nos idées juridiques ce que la répression avait d'irrationnel. Or, une fois démontré que la peine ne peut plus se concevoir comme une compensation quelconque accordée à la société offensée, ou comme une sorte d'excommunication qu'infligeraient des prêtres laïques en tenant compte de la faute abstraite plus que du coupable, on comprend qu'elle doit changer de caractère et que l'on doit avoir en vue le bien-être de la société plus que la douleur du coupable, le criminel et sa victime plus que son crime; car la crainte que peut inspirer un homme jusqu'alors honnête, qui, tout-à-coup, commet un meurtre pour une question d'honneur ou pour une idée politique, est bien différente de celle qu'on doit avoir de l'homme qui couronne une vie chargée de crimes en assassinant dans un but de vol ou de viol : dans le premier cas, la peine est presque inutile, le crime étant par soi-même une punition si grave, qu'on est certain que le coupable ne le renouvellera jamais ; dans le second cas, tout retard, tout adoucissement apporté à l'application de la peine est un péril pour les honnêtes gens.

C'est ainsi que dans la blessure il est absurde d'établir, comme font les codes, une si grande différenciation, suivant la gravité et la durée de ses effets, surtout depuis que la cure antiseptique en accélère si rapidement la guérison ; car le meurtrier ne mesure pas ses coups ; et ce n'est que par pur hasard s'ils ne sont pas mortels.

On doit au contraire observer attentivement dans ces sortes de crimes, si le coupable était un homme honnête et s'il a été gravement provoqué : dans ce cas, il entre dans la catégorie des criminels passionnels ; tandis que lorsque le crime a eu un motif futil, ou lorsqu'il a été prémédité avec des complices, lorsqu'il s'agit d'individus habitués au crime, la plus légère blessure, la tentative non réussie, elle-même, doit être punie comme les blessures les plus graves, afin d'empêcher les fatales récidives. — Dans ces cas, observe justement Pinsero, on ne doit pas tenir compte exclusivement de la querelle des parties, qui ne s'intéressant pas à ce qui peut arriver aux autres, tandis que l'État doit surtout viser à la sécurité générale.

Je trouve au contraire très juste de frapper la fraude civile aussi sévèrement que la fraude pénale : il serait absurde de laisser impuni celui qui vend à deux personnes en même temps un immeuble appartenant à autrui ou escroque une lettre de change qu'il sait de ne pouvoir rembourser, surtout lorsqu'il est déjà récidiviste et démontre une extraordinaire habilité dans le crime, tandis qu'on réserve toutes les rigueurs de la loi pour le filou de quelques centimes, qui, pour assouvir sa faim, se fait servir une soupe qu'il ne peut payer (PINSERO, *Repressione penale e coazione civile*, I, 1896).

« Il est impossible, dit avec raison Ferri, de séparer le crime du criminel, comme il est impossible dans la rédaction d'une loi pénale de supposer (ce qu'on fait cependant) un type de criminel moyen qu'on ne rencontre jamais, en réalité, dans aucun imputé. — Or, que fait le juge ? Devant lui est une balance ; sur un des plateaux il met le crime, sur l'autre la peine ; il hésite, puis il diminue d'un côté, ajoute de l'autre, mesurant ainsi approximativement l'adaptabilité sociale du coupable.

« Mais, dès qu'il a prononcé sa sentence, le juge ne se préoccupe plus de savoir si ce condamné ne retombera pas peu après dans la faute. — Que sait-il de l'application de la peine et de l'effet que produit sur le coupable la privation de sa liberté ? Et d'ailleurs lorsqu'un prisonnier est amendé après 10 ans de prison, devrait-il subir encore 10 autres années tandis qu'un autre est libéré au bout de 5 ans, lorsqu'il lui serait utile de rester encore en prison ?

« Le crime est comme la maladie ; le remède doit être approprié au malade: c'est la tâche de l'anthropologie criminelle de déterminer dans quelles mesures il doit être appliqué. Que dirait-on d'un médecin qui, s'arrêtant sur la porte d'une salle d'hôpital, dirait aux malades qui lui seraient présentés: Pneumonie ? scirop de rhubarbe pour 15 jours ! Typhus ? scirop de rhubarbe pour un mois ! et puis ce temps écoulé les mettrait à la porte, guéris ou non ? » (FERRI).

La peine, pour éviter ces fautes, doit donc être indéterminée et présenter de grandes subdivisions partant du principe de Cicéron : *a natura hominis discenda est natura juris;* on doit la différencier selon que l'on a sous les yeux, un criminel-né, un criminel par occasion ou un criminel par passion.

Pour tout criminel (1) pour lequel l'acte accompli et les conditions personnelles démontrent que la réparation du dommage n'est pas une sanction sociale suffisante, le juge ne devra décréter dans la sentence de condamnation que la relégation à temps indéterminé, dans l'asile criminel ou dans l'établissement des incorrigibles ou dans les établissements (colonies agricoles et prisons) pour les criminels par occasion, adultes et mineurs.

L'exécution de la sentence devrait ensuite être regardée comme une continuation logique et naturelle de l'œuvre du

---

(1) FERRI, *op. cit.*

juge ; comme une fonction de défense pratique de la part d'organes spéciaux.

Les commissions d'exécutions pénales par l'intervention des experts anthropologistes-criminalistes du juge, de l'accusateur et du défenseur, joints aux fonctionnaires administratifs représenteraient, justement, non pas l'abandon et l'oubli du condamné dès qu'on a prononcé la sentence comme cela arrive maintenant, mais bien au contraire une œuvre humanitaire et efficace de protection, soit de la société contre les dangereuses libérations à échéances fixes, des criminels redoutables, soit de l'individu contre l'inutile exécution d'une sentence qui, dans le fait, aurait été démontrée excessive à son égard. On voit donc que la libération conditionnelle est connexe au principe de la rélégation indéterminée.

Peines extra-pénitentiaires. — Nous devons autant qu'il est possible éviter les entrées courtes et répétées dans les prisons qui sont, comme nous l'avons démontré, les écoles du crime, surtout du crime associé, le plus dangereux de tous. « Elles empêchent toute cure, elles rendent impossible un travail continué et donnent au criminel une sorte de prestige *sui generis*, car il en est de ceux qui inscrivent sur leur bonnet le nombre de leurs condamnations » (1).

« On dirait, écrit Krohne (*Manuale di scienze penitenziarie*) que la plupart des pays ont adopté pour principe d'envoyer en prison le plus grand nombre d'hommes possible, aussi souvent que possible et pour une durée aussi abrégée que possible ». Il aurait pu ajouter de manière à ce que la prison produise aussi peu de bien que possible et autant de mal que possible (JOLY).

J'ai vu en prison 11 enfants arrêtés sous la très grave accusation d'association de malfaiteurs, pour avoir volé un hareng, 4 pour une grappe de raisin, pour un peu d'herbe, un poussin,

(1) V. ASPIRALL : *Cumulative Punishments*. London, 1892.

tandis que trois ministres défendaient à la chambre l'innocence d'un voleur de 20 millions.

« On a calculé qu'il y avait presque toujours en France
trois millions d'hommes ayant passé ne fût-ce que vingt-quatre
heures à la prison. Chaque année, plus de 100,000 individus
viennent maintenir ou élever ce chiffre formidable en remplaçant ceux qui sont morts (Joly).

Béranger calculait que l'on pourrait dispenser de l'isolement,
et nous dirons de la prison, plus de la moitié des condamnés :
sur 300,000 dont 57,000 pour contravention de simple police,
douanes, pêches, amendes, délits involontaires ;

7 à 8000 détenus pour dettes ;

5500 étrangers expulsés ;

13 à 14,000 qui attendent leur transfèrement ;

12,000 condamnés correctionnellement à moins de six
jours (Joly).

Les courtes peines sont le plus souvent subies en commun
avec les criminels d'habitude et ne peuvent avoir aucun effet
intimidateur, surtout avec les minimums grossiers d'un jour
ou trois des codes pénaux de la Hollande et de l'Italie ;
les effets en sont au contraire désastreux en enlevant tout
sérieux à l'œuvre de la justice et surtout en effaçant toute
crainte dans l'esprit des condamnés et en les poussant fatalement à la récidive pour le deshonneur désormais encouru
(FERRI, *op. cit.*).

On a donc pensé pour les délits légers du substituer la prison
par d'autres moyens répressifs tels que : la mise aux arrêts
chez soi, la caution, l'admonition judiciaire, l'amende, le travail
forcé sans emprisonnement, l'exil local, les peines corporelles,
la condamnation conditionnelle : examinons ces nouveaux
moyens.

Peines corporelles. Mise aux arrêts chez soi. — Les peines
corporelles seraient, dans les délits légers, un excellent substitutif de la prison, appliquées dans une mesure conciliable
avec notre civilisation : le jeûne, par exemple, la douche, le

travail forcé, seraient incontestablement très efficaces, tout en étant moins coûteux et plus graduables. (En Angleterre et en Norvège on vient de rétablir le fouet pour les délits légers et Tissot affirme qu'il y est très utile). Non moins utile ce serait la mise aux arrêts du coupable dans son propre domicile ou dans une salle de la commune, mesure qui est déjà en usage parmi les militaires.

Amende. — Après les peines corporelles, la pein la plus proportionnée, la plus efficace, pourvu qu'elle soit garantie par la fidéjussion, est assurément l'amende ; appliquée en raison de la richesse, elle contribuerait à diminuer les énormes dépenses judiciaires, tout en frappant le criminel riche, qui échappe plus aisément à la peine, dans son côté le plus vulnérable et par lequel il est le plus poussé au mal.

Bonneville de Marsangy (*o. c.*) note justement que l'amende est la peine la plus libérale, la plus divisible, la plus économique, la plus complètement rémissible et par conséquent la plus efficace. Plus nous avançons, dit-il, plus l'argent a de valeur en ce sens que le nombre des plaisirs qu'on peut se procurer avec de l'argent paraît devenir illimité: d'ailleurs, le nombre de ceux qui en usent pour leur agrément, plus que pour leur devoir, s'accroît aussi (JOLY) de sorte que plus nous avançons, plus l'amende devient utile.

L'amende devrait toujours être appliquée aux coupables de contraventions; elle diminuerait ainsi beaucoup les emprisonnements; l'art. 254 du Code de procédure pénale hollandaise de 1841, établit que : vu le procès verbal qui constate la contravention, l'officier du Ministère public près du Tribunal de simple police fait appeler le contrevenant, qui peut faire cesser la procédure judiciaire en payant le *maximum* de l'amende fixée par la loi. Le procès n'a lieu qu'en cas de refus de paiement. — Pour les délits légers, cette fonction pourrait être exercée par la Chambre du conseil dont on augmenterait les attributions. Elle pourrait faire cesser l'action pénale en exigeant le payement d'une amende, lorsqu'elle estimerait que la peine encourue par le coupable ne dépasserait pas un mois d'emprisonnement.

Ceux qui refuseraient de payer seraient condamnés au travail: et s'ils réfusaient de s'y soumettre, on augmenterait la sévérité de la prison autant, bien entendu, que cela serait conciliable avec le respect de la vie.

Quant à l'objection que l'amende est difficile à proportionner elle ne mérite pas d'être prise au sérieux, car il est clair qu'une journée de prison pour un homme riche ne correspond pas en quantité de douleur à une journée de prison pour un vagabond, tandis qu'une amende de 10.000 francs pour un riche peut équivaloir à quelques francs pour un pauvre.

Indemnité. — L'amende permettrait encore d'indemniser la victime, en puisant à la source même du délit d'autant plus que le plus grand nombre des criminels par cupidité (voir *Homme criminel*, vol. III), se recrute surtout parmi les personnes aisées, les professionistes, etc.

On devrait obliger les juges pénaux à fixer, eux-mêmes, la liquidation des dommages, afin d'éviter les longueurs et les ennuis d'un nouveau procès au tribunal civil; et les représentants du Ministère public à provoquer d'office la condamnation aux dommages et intérêts civils dans le cas où, soit par ignorance ou par crainte, l'action des victimes ferait défaut » (FERRI, *o. c.*).

Bonneville de Marsangy propose d'accorder à la victime un privilège spécial sur les biens du condamné. — L'indemnité, écrit-il, doit être exigée par l'État comme les frais de justice: la grâce ne doit être accordée que si le dommage est réparé (avec responsabilité solidaire de la famille du condamné); on doit retenir une part du produit du travail du détenu en faveur de sa victime. La prescription ne peut être admise (comme l'indique l'article 229 du Code pénal autrichien) que dans le cas où le dommage a été réparé et le coupable ne possède plus rien provenant du délit.

Réprimande et caution. — La *réprimande judiciaire*, comme substitutif de la peine dans les délits légers est déjà admise dans notre Code et dans les Codes pénaux Russe, Espagnol, Portugais ; dans le canton de Vaud et dans le droit Romain qui enseignait : « moneat lex antequam puniat » justement au Al. Fr. 3, chap. 1 : *De officio praefecti vigilum*, livre I, titre XV, on trouve un cas d'application de l'admonition : « et quia plerumque incendia culpa fiunt inhabitantium aut « fustibus castigat eos, qui negligentius ignem habuerunt, aut « severa interlocutione, comminatus fustium castigationem re- « mittit » (1). Cependant, si l'admonition peut être efficace dans les cas d'étourderies de jeunesse, de rixes, d'injures, elle est bien peu sérieuse dans les délits des criminaloïdes, sans la caution qui est une véritable amende en suspension.

Le magistrat oblige le coupable à déposer une somme d'argent qui garantisse la société de sa récidive : le dépôt est fait pour un temps déterminé, après lequel on le lui restitue si sa conduite a été irrépréhensible. Ce principe est admis aux États Unis et en Danemark ; et il est certain que l'obligation de déposer une somme, la crainte de la perdre, en cas de rechûte, sert beaucoup mieux à prévenir les voies de fait, les rébellions et les injures que quelques jours de cellule (OLIVA).

La garantie de bonne conduite n'est pas moins utile : « Quand le magistrat, au lieu d'infliger la peine, demande à l'accusé la garantie de ne pas troubler la tranquillité d'autrui, ou de tenir une bonne conduite, de s'abstenir d'actes déterminés, il l'avertit que dans le cas de rechûte il subira une peine plus sévère que celle qui lui a été infligée à la première transgression » ; cette mesure était adoptée dans le code espagnol ; en Angleterre elle fonctionnait déjà aux époque les plus anciennes, sous les formes des *Recognisances to keep the peace* et *of good Behaviour*, demandés par le juge de paix aux mauvais sujets, aux oisifs, etc. ou bien à celui qui avait menacé

(1) OLIVA, *Della libertà condizionale.* Trani, 1885.

sérieusement une personne, mais toujours à la suite d'une demande justifiée par la personne menacée.

Une remarquable innovation a été apportée à cette institution par les *Criminal Law Consolidation Acts*, 6 août 1861 (24 et 25, Vict. c. 96-100) chacun desquels contient un article accordant au juge la faculté d'imposer la caution comme peine accessoire dans les condamnations pour crime.

État d'épreuve. Probation system. Condamnation conditionnelle. — Mais la meilleure institution préventive des criminels mineurs et d'occasion est le *Probation system* ou état d'épreuve, très en usage dans les États-Units, surtout pour les jeunes criminels (1).

Un jeune criminel non récidiviste n'est pas mis en prison; mais il subit l'admonition du juge qui l'avertit qu'à la première récidive il sera condamné; il est soumis, à la surveillance d'un agent spécial, le *State agent*. Si celui-ci trouve que dans sa famille il ne reçoit pas une éducation convenable et n'y est pas suffisamment surveillé, il peut le mettre dans une maison d'éducation d'enfants moralement abbandonnés; si le jeune homme récidive, il le traduit de nouveau devant le tribunal, qui l'envoie ensuite dans une maison de correction.

Ce système a donné de si excellents résultats au Massachussetts, qu'il y a inspiré l'idée de l'étendre aux criminels adultes; et la loi de 1878 institua, à titre d'essai, un fonctionnaire spécial: le *Probation officer*, qui doit s'informer de tous les individus condamnés pour délits par les tribunaux de Boston et établir à l'aide des informations recueillies, quels sont les criminels susceptibles d'être amendés sans qu'il soit besoin de leur infliger une peine : il est tenu d'assister aux débats des procès de tous ceux pour lesquels une répression matérielle ne lui paraît pas nécessaire et après avoir fait connaître les résultats de son enquête, dont le but principal est

---

(1) LOMBROSO, *Les applications de l'anthropologie criminelle*. Paris, Alcan, 1891.

de découvrir s'il y a eu une condamnation antérieure, il demande que le coupable soit laissé en épreuve (*on probation*). Si le tribunal y consent, le coupable est mis à l'épreuve pour un temps qui peut varier de deux à douze mois, suivant les cas, aux conditions, bien entendu, que le tribunal juge convenables.

Le *Probation officer*, prend l'engagement formel de lui faire remplir toutes les conditions imposées et acquiert jusqu'à l'expiration du temps d'épreuve le dfoit de le faire arrêter à n'importe quel moment pour le traduire devant le tribunal et lui faire subir la peine qui n'était que suspondue. Le temps d'épreuve expiré, le *Probation officer* demande que la peine soit annulée ; mais dans certains cas déterminés il peut demander et obtenir que le temps primitivement fixé soit prolongé.

Le *nombre des individus laissés libres en état d'épreuve* dans la ville du Boston, coupables d'ivrognerie, de récel, vols de peu d'entité, injures et violences corporelles, s'est élevé à 2803 durant la période de 1879 à 1883. — Parmi ceux-ci 223 n'ayant pas subi favorablement l'épreuve, furent renvoyés devant le tribunal et frappés de la peine ; 44 prirent la fuite sans qu'il fût possible de les reprendre.

En 1888, sur 244 personnes mises à l'épreuve, dont 137 pour ivresse, 125 pour rixe, 18 pour vol, 13 pour désordres, 230 ont paru s'amender. Beaucoup de ces promesses, sans doute, n'ont pas été tenues ; mais en définitive on a réellement obtenu l'effet désiré.

L'agent déclara que presque 95 % des personnes soumises à la surveillance l'année précédente avaient tenu bonne conduite et avait été libérées définitivement ; 13 seulement, reconnues incorrigibles, avaient été condamnées à subir la peine.

L'expérience a été si féconde, qu'une loi de 1880 en a étendu l'application à tout l'état du Massachussetts.

Un système analogue, dit *Probation of first offenders act*, a été adopté en Angleterre et sanctionné par la loi du 8 août 1887.

Mais, tandis qu'en Amérique, le concours et la coopération d'un magistrat spécial, le *Probation officer*, garantit la bonne conduite du coupable, en Angleterre on exige l'engagement direct; ou au moins le concours intéréssé, et par suite plus efficace, d'un garant, qui est stimulé par sa pensée que tout nouveau délit rendra exigible la caution. Mais il y a mieux: la loi anglaise impose que la « mise à l'épreuve » soit justifiée par des motifs précis, ce que n'exige pas la loi américaine; elle concède, outre cela, au juge, la faculté de déterminer le temps d'épreuve sans le concours d'une autre autorité spéciale.

D'après une lettre du colonel Howard, publiée par Liszt, le nombre des personnes qui de 1887 à 1897 ont été libérées conditionnellement s'est élevé à 20,000 avec 9 % de récidivistes (*Bulletin de la Société internationale du droit*, mai 1897.

En Belgique, cette institution, introduite par la loi de 1888, donna bientôt ses fruits; dans la relation du 3 juillet 1891, Lejeune déclarait à la Chambre que sur un total de 449,070 condamnés, 27,504, après cette loi, avaient subi l'épreuve, et n'avaient donné que 578 cas de récidive, c'est-à-dire le 2 %; il s'agissait de bris de clôtures et meubles, chantage, escroqueries et appropriations indues, calomnies et diffamations, corruptions de mineurs et proxénétisme, offenses publiques aux mœurs, injures, menaces, attentats à la pudeur, crimes et délits de faux, fraudes dans la fabrication et le commerce des substances alimentaires, lésions personnelles involontaires, adultères, appropriation d'objets perdus, mendicité et vagabondage, port et vente d'armes défendues, homicides involontaires, violation de domicile, coalition, disparition d'enfant, tentatives de viol, incendies, banqueroutes, pillages.

Il s'agissait donc de 24 formes de crimes occasionnels et 9 seulement de criminels-nés — soit complessivement:

Crimes	Année 1888-89	Année 1890.
Lésions personnelles volontaires	3330 (27,90 %)	3363 (29 %)
Vols	2009 (15 %)	1800 (12 %)
Violences, résistances, outrages à l'autorité	1028 (7,7 %)	745 (8,25 %)

La France aussi a fait l'essai de la nouvelle institution
(Loi Béranger) bien que pour une période de temps beaucoup
moins longue.

M. Dumas, directeur des affaires pénales, présentait le 26 août
1893 une relation au ministre garde des sceaux sur les premiers
9 mois d'application de la loi Béranger (du 26 mars au 31 décembre 1891).

Les tribunaux correctionnels avaient prononcé 11,768 condamnations conditionnelles, dont 7362 à la prison et 4406 à
des peines pécuniaires, sur un total de 162,582 desquelles
97,245 à la prison et 15,337 à l'amende, de sorte que les
condamnations conditionnelles représentaient le 7,5 % des
condamnations à la prison et le 6,7 % des condamnations à
des peines pécuniaires.

Dans la Nouvelle Zélande et en Australie, dans la première
période de deux ans (1886-1888), d'après une relation du ministre de la justice, les résultats de l'institution ont été excellents. De 121 personnes soumises à l'épreuve, 58 se sont
comportées dignement, 9 n'ont pas rempli les obligations imposées, 1 a pris la fuite et 53 étaient encore en état d'épreuve
à la fin de la seconde année, c'est-à-dire en 1887.

Du 1er octobre 1886 au 31 décembre 1888, dans la Nouvelle Zelande, suivant la relation du capitaine Hume, la condamnation fut suspendue et remplacée par l'épreuve pour 203
personnes dont :

143 parurent s'être amendées, soit 70 %
10 furent de nouveau arrêtées, » 5 %.

Maison de réforme d'Elmire. — Un autre mode d'application analogue se retrouve dans la Maison de réforme d'Elmire, qui fut créée par Brockway sous l'inspiration, dit-il lui-
même, de mon *Homme criminel*, et dont Winter, de Way,
H. Ellis nous font de si belles descriptions (1).

_____

(1) *The New-York Reformatory in Elmira* by ALEXANDER WINTER
F. S. S., with a preface by HAVELOOK ELLIS. London, Sonnenschein e C.,

Dans cet établissement on n'envoie de règle que les jeunes gens de 16 à 30 ans, tombés pour la première fois dans un délit léger. La loi accorde une autorité illimitée au Conseil de direction (1), qui peut les remettre en liberté conditionnelle bien avant le temps fixé pour le délit commis. La décision doit être fondée sur la conviction certaine de l'amendement du coupable; la seule formalité qui accompagne sa mise en liberté est sa parole d'honneur qu'il donne au surintendant; cependant, si le Conseil peut abréger la durée de l'expiation à l'égard des bons, il ne lui est pas permis de la prolonger pour les mauvais.

Brockway concentre tous ses soins à la connaissance du jeune criminel, de ses conditions psychologiques, du milieu dans lequel il a vécu, des causes qui ont contribué à le débaucher; il en déduit les moyens d'obtenir son amendement; il s'applique à en développer le système musculaire par les douches, le massage, la gymnastique, par une bonne diététique et à retremper sa volonté en le rendant coopérateur de sa propre libération.

Dès son arrivée le prisonnier prend un bain, il est en suite revêtu de l'uniforme de la Maison, puis photographié, enrégistré, visité et vacciné. Pendant deux jours il est enfermé dans une cellule pour méditer son délit et se préparer à l'amendement. Le troisième jour on le conduit devant l'intendant, qui le place, ensuite, suivant ses tendances et sa culture, dans une classe normale ou technique, dans un quartier industriel; il lui fait connaître ses devoirs et les conditions auxquelles il peut obtenir sa liberté. Il est initié à un métier (plus de 75 % n'en connaissent aucun) qui lui permette de

---

1891. — *Fifteenth annual Report of the board of Managers of the P. Y. S. Reformatory at Elmira.* Transmitted to the Legislature, January, 1891. Reformatory Press. Voy. Appendice pour 1895, 1897, 1888.

(1) Ce Conseil de direction de la Maison de réforme se compose du Surintendant général et de cinq autres membres choisis par le Governeur et par le Sénat.

gagner sa vie après sa libération. C'est là le premier soin de la direction.

Les jeunes détenus sont divisés en trois catégories:

La première comprend les bons; la seconde — les moyens *ad experimendum*; la troisième — les moins corrigibles.

Il existe neuf notes distinctes pour chaque prisonnier: trois notes pour la conduite, trois pour le travail, trois pour les progrès dans l'école. Celui qui obtient les neuf notes chaque mois pendant six mois est passé à la première catégorie et peut obtenir la liberté.

Le passage à la première classe comporte certains avantages, spécialement au point de vue de la correspondance; tels que recevoir des visites, avoir des livres, prendre ses repas à une table commune, tandis que les détenus des autres classes mangent en cellule; enfin les meilleurs peuvent se promener ensemble dans le pré, recevoir des missions de confiance, telle que la surveillance des autres détenus; mais de même qu'ils peuvent gagner une catégorie avec les bonnes notes, ils peuvent rétrograder par la négligence et la mauvaise conduite. Dans ce cas, ils sont renvoyés à la troisième catégorie et pour recouvrer la liberté ils doivent se soumettre à un travail plus dur.

M. Brockway fixe lui-même au commencement de chaque mois, en tenant compte des forces physiques et des aptitudes de chaque détenu, la somme de travail que ce dernier doit fournir pendant le mois pour obtenir le maximum des notes favorables.

Deux cours sont destinés chaque semaine à l'enseignement professionnel; deux soirs à l'enseignement scolastique; il reste donc deux soirs et le dimanche pour préparer les travaux.

L'émulation des détenus est encore stimulée par une institution vraiment originale.

Chaque semaine sort à Elmire, sous le titre de *Summary*, un journal rédigé exclusivement par les détenus: il contient une revue des événements politiques de la semaine, extraite des meilleurs journaux américains; viennent ensuite les informations sur la vie même de l'établissement, sur les conférences qui ont été faites dans le cours de la semaine, sur le résultat des épreuves subies, sur la promotion et la rétrogression de classe, la libération des détenus.

Depuis un an je reçois ce journal, et je dois reconnaître qu'aucune feuille juridique de l'Italie ou de la France n'est aussi riche en nouvelles, spécialement pour ce qui regarde la criminalité.

Tous les services, jusqu'à ceux de surveillance et de garde étant faits par les détenus eux-mêmes, la dépense en est minime : on ne se préoccupe pas de retirer des bénéfices, on a surtout en vue les avantages ultérieurs que retirera la société quand ils seront rentrés dans la vie. On cherche avec soins la profession pour laquelle ils ont le plus d'aptitude et qui leur soit le plus profitable dans le pays où ils devront s'établir.

On expose avec intention les détenus de la première classe à des tentations de diverses espèces. Après six mois, Brockway propose au Conseil d'administration de les mettre en liberté provisoire. Le Conseil aurait le droit de refuser pour motifs spéciaux, malgré la bonne conduite, surtout quand il estime que la gravité du délit commis rendrait dangereuse une trop prompte libération ; mais dans le fait il autorise toujours Brockway à les mettre en liberté ; la libération n'a cependant lieu que lorsque M. Brockway s'est assuré que le libéré trouvera une occupation convenable et durable ; il l'aide lui-même à la trouver et cela ne lui a jamais été difficile jusqu'à présent.

Le détenu, libéré provisoirement, doit pendant six mois au moins rendre compte de sa conduite, de la manière que M. Brockway juge la plus pratique, suivant les cas ; il ne reçoit la liberté complète qu'après un an de bonne conduite.

C'est bien là le *Probation System* perfectionné ; personne n'est plus que moi chaud partisan de cette réforme, qui est la première application pratique de mes études : je crois fermement que l'étude individuelle, somatique, de chaque criminel, l'instruction pratique et individualisée ne peuvent donner que d'excellents résultats appliqués aux criminaloïdes ; en leur inculquant surtout l'habitude du travail.

Mais, pour les criminels-nés, cette réforme ne me paraît pas d'une égale efficacité; quand je vois que 49 % des clients d'Elvira manquent complètement de sens moral, que 12 % ont abandonné la maison paternelle avant 14 ans ou sont nés de parents épileptiques, 37 % de parents alcooliques et que 56 % ne manifestent aucun repentir, je ne crois pas que ceux-là puissent être amendés par des bains froids ou chauds, joints à une plus grande activité et à une solide instruction; d'autant plus les enfants le plus facilement corrigibles y sont en nombre plus restreint et qu'ils y sont mêlés aux adultes.

En effet si on examine la statistique particularisée des 1722 libérés, qui y ont séjourné pour une durée moyenne de 20 mois, on trouve que:

156 se sont fixés dans d'autres états;

10 sont morts;

128 ont encore à rendre compte de leur conduite, leur temps de l'épreuve n'étant pas terminé;

185 ne peuvent avoir la liberté qu'après l'expiration du *maximum* de leur peine;

271 ont été mis incomplètement en liberté après avoir tenu pendant six mois une conduite satisfaisante;

126 n'ont pas fourni les attestations demandées et on ne sait ce qu'ils sont devenus;

47 ont été frappés d'autres peines pendant le temps de l'épreuve;

79 ont dû être reintégrés dans l'établissement;

25 y sont retournés volontairement ayant perdu leur emploi durant le temps de l'épreuve et ne pouvant trouver d'autre occupation.

En négligeant les 10 morts, il y en a donc 533 de non amendés, soit 31 % — proportion très approchante de celle que je donne des criminels-nés. — D'ailleurs, la surveillance exercée sur les individus en liberté provisoire est tellement superficielle, que si nous comptons comme récidivistes ceux qui se sont soustraits à la surveillance, nous nous rapprochons bien plus de la réalité des faits qu'en les présumant amendés, comme le fait Brockway.

Mais, même avec toutes ces lacunes, ce système est, de même que la colonie agricole, le seul qui puisse substituer avantageusement la prison.

Asiles criminels. — Il est une autre institution que nous croyons destinée à concilier l'humanité avec la sûreté sociale; c'est celle des asiles criminels. On pourra discuter longtemps d'un côté et d'autre sur la théorie de la peine, mais tout le monde est d'accord sur un point: c'est que parmi les criminels ou considérés comme tels, beaucoup sont aliénés; pour ceux-ci, la prison est une injustice, la liberté un danger auquel on ne sait opposer chez nous que des demi-mesures qui violent à la fois la morale et la sûreté sociale.

Les Anglais, qui sont arrivés aux réformes par la pratique de la vraie liberté, ont déjà essayé depuis un siècle et presque réussi à combler le côté le plus épineux de cette lacune sociale avec l'institution des asiles criminels.

Ils y ont sans doute été plus facilement amenés par la structure même de leur gouvernement. Un pays monarchique qui a, comme l'ancienne Rome, un véritable Sénat de rois dans ses Lords; un pays où la liberté a un champ d'action illimité offre trop le flanc aux coups des aliénés homicides, qui visent toujours aux plus hauts placés, pour ne pas y porter remède. Quand non seulement le roi, mais ceux qui influaient le plus sur les destinées et l'imagination populaire, se virent menacés par des aliénés, ils comprirent le danger qu'il y avait à se contenter de les enfermer dans des asiles ordinaires d'où ils pouvaient sortir facilement.

Dès 1786 on les enferma dans un quartier spécial de Bedlam, d'où ils ne pouvaient sortir sans l'autorisation du grand chancelier (1); en 1844 cette mesure ne paraissant pas

_____

(1) Loi 34, 49, Georges III, chap. IV « Celui qui a commis homicide, haute trahison, doit être tenu en lieu de sûreté, tant qu'il plaira à Sa Majesté ».

suffisante, l'État résolut, d'en interner 235 dans un établissement privé de Fisherton-House. Mais le nombre de ces malheureux croissant toujours, on fini par ériger des asiles spéciaux, à Dundrum pour l'Irlande en 1850, à Perth pour l'Écosse
en 1858, à Broadmoor en 1863 pour l'Angleterre ; de nouveaux décrets (1) ordonnaient d'y recevoir non seulement ceux
qui avaient commis un délit en état de folie ou étaient devenus fous durant leur procès, mais aussi tous les prisonniers
qui, soit par aliénation mentale, soit par imbécilité, étaient incapables de se soumettre à la discipline pénitentiaire ; ces derniers
sont séparés des autres et placés dans des sections particulières ;
s'ils guérissent on les renvoie en prison ; les autres restent dans
l'asile tant qu'un ordre royal ne les autorise pas à en sortir.

Le nombre de ces maniaques criminels était de 1244 en 1868
(voir *Homme criminel*, vol. II, p. 266) (2).

(1) 23, 24 Vict., chap. 75, Act, *To make better provision for the
custody and cure of criminal lunatics.* « Le secrétaire d'État peut envoyer dans ces asiles : 1° les fous criminels, au sens de la loi de Georges III ; 2° Les détenus devenus fous, incapables de se soumettre par
imbécillité ou idiotie à la discipline pénitentiaire.

« Un aliéné qui commet un crime est un malade et non un criminel,
et doit être retenu dans l'asile jusqu'à ce qu'on ait acquis la certitude
de sa guérison ». Loi Écossaise, Vict., chap. 60.

(2) Le premier janvier 1868 on en comptait à Broadmoor 616, dont
506 hommes et 110 femmes.

De ceux-ci : avaient été reconnus fous pendant le procès 85 hommes
et 28 femmes ; prévenus reconnus fous tout de suite 155 hommes et 40
femmes ; condamnés devenus fous durant l'expiation de la peine 266
hommes et 42 femmes.

De ces 616, en 1868, 8 guérirent, 5 s'évadèrent, 7 moururent.

Étaient coupables de crimes capitaux (homi- cides, infanticides) 257 dont	188 hommes	69 femmes	
De crimes simples (blessures, incendies, vols), 204 dont	152 »	52 »	
Tentèrent le suicide	74 »	29 »	
Étaient déjà épileptiques	43 »	6 »	
» » maniaques	81 »	20 »	
On put en employer à divers travaux (cor- donniers, serruriers ; 23 dans les fabriques)	141 »	69 »	

Tous ont pour gardiens des hommes d'une fidélité éprouvée, richement rétribués, militairement disciplinés; ils jouissent de tout le confortable dont les Anglais sont si généreux envers les aliénés: travail dans les champs et dans les jardins, bibliothèques, billards. Malgré cela, les philanthropes anglais ne croient pas encore avoir fait assez et se plaignent de ce que beaucoup de ces malheureux qui devraient être dans ces asiles, gémissent encore dans les prisons.

En Amérique, l'homogénéité de la race et des études, la même tendance aux réformes pratiques a fait surgir depuis quelques années des institutions analogues. Un grandiose asile criminel est annexé au célèbre pénitencier de Auburn; un autre a surgi dans le Massachussetts, un autre en Pensilvanie.

Maintenant je me demande: se peut-il qu'une institution qui fut trouvée utile par la nation la plus oligarchique et la plus démocratique du monde, et qui s'est multipliée en 24 ans dans des proportions si grandioses, sans que pourtant elle ait suffit à combler la triste lacune, se peut-il qu'une pareille institution ne soit qu'un pur objet de luxe, un caprice anglo-saxon? Ne répond-elle pas, au contraire, à un triste besoin social, et ne devons-nous pas désirer de la voir, transplantée et diffuse parmi nous, assumer une véritable et solide existence juridique?

Si en Italie et en France, d'après les statistiques officielles,

De 1862 à 1868, sur 770 entrés, 39 guérirent, 55 moururent, 5 s'évadèrent.

Dans l'Asile de Dundrum, en Irlande, de 1850 à 1863, on reçut 250 aliénés criminels, dont 173 hommes et 77 femmes desquels 38 guérirent, 41 moururent et 3 s'évadèrent.

Coupables d'homicide 70 (infanticide 9) vols . . . 12
 » d'effraction 72 blessures . . 14
 » d'agression 30 Délits légers 32

SIMON, *Die Behandlung*, etc. (op. cit.; PELMANN, *Psychiatr. Reiseerinnerung aus England*, 1870; *Report for the select committee on lunatics*, 1863; *Seventh report on the criminal lunatics*, 1869; FRAENKEL, *Bericht ueber die neueste amerik psych. Literatur*. Berlin. 1868 (voir *Homme criminel*, vol. II).

le nombre des aliénés criminels apparaît beaucoup moindre, c'est parce que l'esprit du public n'a pas compris qu'un grand nombre des actions délictueuses proviennent d'une impulsion morbide. Si parfois la folie est reconnue pour l'unique mobile du crime et annule le procès, l'autorité ne s'en occupe plus ; beaucoup d'ailleurs de ces malheureux présentent des formes mixtes d'aliénation mentale et de raison et sont pris pour des simulateurs (1).

A un autre point de vue, la présence de ces malheureux dans les maisons de peine est une offense au sens moral, et elle n'est pas sans danger, tant pour la société que pour la discipline ; on ne peut d'ailleurs ni les soigner, ni les surveiller convenablement, faute de locaux et d'une discipline adaptée ; et en outre, en restant au milieu des autres prisonniers, ces infortunés auxquels la folie a fait perdre cette pudeur du vice qui est l'hypocrisie, s'abandonnent à des actes violents et obscènes, d'autant plus dangereux qu'ils éclatent imprévus et souvent pour le plus futil motif, comme dans le cas d'un certain A., lequel tua un autre prisonnier parce qu'il ne voulait pas lui cirer ses souliers. Ils résistent d'ailleurs obstinément à la discipline pénitentiaire, se montrent indifférents aux punitions, mécontents et défiants de tous et se font le centre et le prétexte de continuelles rébellions. Si on les tient isolés et enchaînés dans des cellules, comme cela n'est que trop en usage, l'inertie, la nourriture insuffisante, la demi-

---

(1) Voyez LOMBROSO, *Sull'istituzione dei manicomi criminali*, 1872. — BERGONZOLI, *Sui pazzi criminali in Italia ed in Prussia*, 1873. — ID., 1871. — TAMASSIA, *La pazzia nei criminali in Italia*, 1874, dans le vol. II des *Memorie del Laboratorio di medicina legale della Regia Università di Pavia*, du prof. CESARE LOMBROSO. — TAMBURINI, *Sui manicomi criminali*, 1873. — MONTI, *Sui manicomi criminali*, 1872. — BIFFI, *Sui provvedimenti che occorrerebbero in Italia pei delinquenti pazzi*. Milano, 1872. — CAPELLI, *Sulla necessità dei manicomi criminali*. Milano, 1873. — VIRGILIO, *Sull'istituzione dei manicomi criminali*. Milano, 1877. Voir pour les données statistiques le vol. II, pag. 266, de l'*Homme criminel*.

obscurité, en font bientôt la proie de l'hydrémie et du scorbut, quand ils n'abrègent pas eux-mêmes leur triste vie par la violence.

D'autre part: leur envoi dans les asiles d'aliénés donne lieu à d'autres inconvénients; ils y apportent tous leurs vices; il s'y font apôtres de sodomie, de fuite, de rébellion, de vols au préjudice de l'établissement et des autres malades qu'ils épouvantent par leurs manières sauvages et obscènes et par la triste renommée qui les y précède.

Il est une autre catégorie d'aliénés qui, à une certaine époque de leur existence ont été victimes d'une impulsion délictueuse: ceux-là n'ont pas les tendances perverses des premiers, mais ils n'en sont pas moins dangereux, car ils sont souvent invinciblement poussés à des actes féroces, imprévus; ils blessent, incendient, surmontant, avec une lucidité d'esprit remarquable, tous les obstacles qu'on leur oppose: il en est qui feignent le calme le plus complet afin d'obtenir leur liberté, ou pour combiner en secret une évasion, un complot; ils ne fuient pas la société, comme les autres aliénés, mais tendent à s'associer entre eux, et comme ils conservent toujours cet esprit inquiet dont ils étaient animés avant d'être fous ou criminels, ils s'imaginent continuellement qu'ils sont maltraités, insultés, et parviennent à inspirer aux autres leurs idées fausses et à donner corps peu à peu aux plans de fuite, de rébellions, dont sont incapables les aliénés communs qui vivent isolés dans un monde imaginaire comme des somnambules. Tous les aliénistes sont d'accords pour affirmer ces faits : Roller, Boismont, Delbruck, Reich, Solbrig; et moi-même, j'en ai eu des preuves palpitantes dans les asiles que j'ai dirigés: ainsi Er., fou déjà emprisonné pour recel, se plaignait incessamment de l'injustice des tribunaux et de nos traitements, qu'il ne trouvait jamais assez respectueux; il protestait par des lettres grotesques au roi, au préfet; un jour il apparut tout changé; il était devenu humble et bon; il s'était mis à comploter avec trois autres malades pour faire un carnage des infirmiers; peu à près, en effet, tandis que ces derniers étaient occupés à distribuer les soupes, aidé de ses compagnons, il dépava une partie de la cour, entassa une piramide de pierres, et se mit à les lancer dans toutes les directions. — Quelques années après, un épileptique homicide, Mar., renouvela la triste entreprise et faillit mettre en fuite tout le corps des infirmiers. — Un homicide halluciné, intelligent au point de pouvoir écrire, lui, pauvre savetier sans éducation, sa propre biographie dans un style digne d'un Cellini, se comporta correctement pendant deux ans, mais un jour, on découvrit cachée dans son lit une barre de fer préparée exprès pour m'en frapper; un autre jour, s'étant fait un passe-partout avec des morceaux de bois, il ouvrit deux portes, descendit par une fenêtre et s'évada (1).

Le plus souvent, cependant, ces fous criminels restent libres dans la société, en lui faisant encourir des dangers d'autant plus grands, que sous l'apparence du calme le plus parfait, ils couvent tenacement les impulsions morbides.

Tous les auteurs qui eurent à traiter cet argument, citent des exemples de cette facile récidive des tendances morbides: voir Holtzendorf, Brierre, Delbruck, Solbrig (2). Le bourgmestre de Gratz fut victime, il y a quelques années, d'un monomaniaque religieux, qui avait déjà menacé auparavant une autre existence. Hattdfield, avant d'attenter à la vie de Georges III, avait cherché de tuer sa femme et ses trois enfants; enfermé à Bedlam, il y tuait un aliéné. Booth, l'assassin de Lincoln, s'était jeté à la mer pour parler, disait-il, avec un collègue qui s'était volontairement noyé.

Vassilidsa fut condamnée à 12 ans de Sibérie pour un homicide commis sans aucune raison; à peine arrivée on dût la condamner à 22 ans de travaux dans les mines et à 100 coups de verges pour un autre homicide; aux mines elle blessa une

---

(1) Voir *Homme de Génie*, II ed., Paris, 1897.

(2) *Ann. méd. psych.*, 1846, pag 16. Voir: BRIERRE DE BOISMONT, *Les fous criminels d'Angleterre*, 1869. — FALRET, *Sur les aliénés dangereux*, 1870. — SOLBRIG, *Verbrechen und Wahnsinn*, München, 1870. — DELBRUCK, *Zeits. für Psychiatrie.*, Bd. XX, pag. 478. — GOTSCH, *id.*, Bd. XIX. — HOLTZENDORFF, *Verbrechen und Mord*, 1826.

jeune fille, cinq femmes et tua un homme (*Ann. méd. psych.*, 1869, pag. 13).

Le dommage de cette liberté illimitée, laissée aux fous criminels, finit par s'étendre dans certains moments à la nation entière (1). Ce n'est pas seulement parce que ces malheureux tournent leur pensée homicide vers les chefs de la nation; mais surtout parce qu'étant doués d'un esprit très lucide et animés d'une grande tendance à l'association, ils réussissent, lorsque le moment est favorable, à former un noyau sectaire d'autant plus dangereux que n'ayant pas une intelligence saine comme modérateur, ils sont incapables de se refréner, et en agissant sur l'esprit des masses par la fascination même de leur étrangeté, ils réussissent à les entraîner aveuglément à leur suite: ce sont, pourrait-on dire, des molécules de ferment, impuissantes par elles-mêmes, mais terribles dans leurs effets quand elles peuvent agir dans une température donnée et dans un organisme prédisposé. Nous en trouvons des exemples historiques dans les folies épidémiques du moyen-âge, que nous avons vu se répéter chez les Mormons et chez les Méthodistes de l'Amérique; dans les incendiaires de Normandie de 1830 et dans ceux de la Commune de Paris.

On sait aujourd'hui: que sauf l'influence de quelques rares idéologues, la Commune fut l'effet d'un délire épidémique provoqué par les passions excitées par la défaite, par l'abus de l'absinthe; mais surtout par le grand nombre d'aliénés ambitieux, homicides et même paralytiques, libérés trop tôt des asiles et qui trouvant dans cette population surexcitée un terrain propice s'associèrent et mirent en action leurs songes funestes.

Laborde (*Les hommes de l'insurrection de Paris devant la Psychologie*, 1872) cite au moins 8 membres de la Commune, notoirement aliénés. Le général Eude, ex-pharmacien, ex-sténographe, ex-commis, interdit pour dettes et prodigalités, avait son père fou; D..... sa mère; Ferré sa mère et son frère;

_____

(1) Voir d'autres exemples cités par HOLTZENDORFF, *op. cit.*

P..... avait aussi son frère fou et avait été lypémaniaque à 17 ans. Le doct. Goupil était un monomaniaque qui expliquait tous les accidents humains avec l'horoscope, dont il fonda un journal. Lullier était sans doute aussi aliéné, certainement alcoolique. Flourens donna des signes d'aliénation dès son enfance; son père, très savant, mourut d'un ramollissement de cerveau. B......, élu par 10,000 voix, était depuis des années atteint de manie, ou mieux de démence ambitieuse, paralytique; il se disait le chef d'une secte fantatisque appelée des *Fu. ionistes* et signait: Fils du règne de Dieu et *Parfumeur*. Jules A......, maire du huitième arrondissement, était lui aussi depuis plusieurs années atteint de démence paralytique; il se croyait Dieu, empereur, inventeur d'un télégraphe scarabéique, trois fois enfermé dans un asile d'aliénés, plusieurs fois poursuivi pour obscénités commises sous prétexte d'un certain apostolat gymnastique; élu maire, il déclamait tout le jour, couvrait les murs d'énormes proclamations humanitaires-gymnastiques, jusqu'à ce que devenu furieux, on le transporta à Mazas et ensuite à Bicêtre, où, certainement dans un lucide intervalle, il demanda: *Pourquoi les autres ne viennent-ils pas?*

Les horreurs de 89 furent aussi souvent provoquées par les délires de monomaniaques homicides, tels que Marat, Téroigne: le marquis de Sade était président de la section des Piques.

L'unique remède à tous ces maux est incontestablement l'institution des asiles d'aliénés criminels; juridiquement reconnus et ne glissant plus entre les mailles du code sous de fausses dénominations, ces asiles peuvent seuls faire cesser cet éternel conflit entre la justice et la sûreté sociale, qui se renouvelle toutes les fois qu'il s'agit de juger ces malheureux, dont on ne peut pas préciser avec certitude s'ils furent poussés au crime par une impulsion morbide ou par la seule perversité de leur âme. Dans le doute, les juges s'en tirent, tantôt par une injustice, tantôt par une imprudence, acquittant ou diminuant la peine de quelques degrés quand la folie leur paraît évidente, et hélas! trop souvent aussi en condamnant, parfois même à mort, quand la folie n'apparaît clairement qu'aux yeux des aliénistes.

Beaucoup objecteront, il est vrai, qu'en se laissant entraîner par de pareilles considérations, on finirait par ne plus punir personne; mais, les mêmes objections s'élevaient autrefois contre ceux qui s'opposaient à ce qu'on brûlât ces malheureux aliénés qu'on appelait des sorciers.

Il ne s'agit pas ici d'une pitié sentimentale, dangereuse pour la sécurité d'autrui, mais d'une mesure préventive plutôt que humanitaire; car si les condamnés sont nombreux, les acquittés imprudemment ne le sont pas moins; il s'agit donc de les empêcher de retourner dans la société pour laquelle ils sont un si grand danger, jusqu'à ce qu'on ait acquis la conviction qu'ils sont devenus parfaitement inoffensifs.

On nous objectera encore: qu'il est facile de confondre les simulateurs avec les véritables aliénés; le nombre de ceux-ci est en effet très grand parmi les criminels; mais les études les plus récentes nous révèlent de plus en plus qu'ils ne nous apparaissent tels que parce que beaucoup d'observateurs ignorent les rapports de la folie morale avec le crime; et qu'il est d'ailleurs très difficile de faire une diagnose juste, beaucoup de simulateurs étant ou prédisposés à la folie, de sorte qu'en peu de temps ils deviennent réellement fous, ou sont de véritables aliénés qui, ignorant leur vraie maladie, en simulent très habilement une artificielle, et très aisément; ce sont le plus souvent des malades présentant des formes absolument nouvelles ou très rares de phrénopathie et qui pour cela éveillent injustement la défiance des médecins. Jacobi raconte d'avoir dû changer quatre fois de jugement sur un aliéné qu'il croyait simulateur et qui ne l'était pas. Un voleur jugé simulateur par Volnner et Delbrück, se laissa volontairement mourir d'inanition. Un autre simulait à la jambe droite une maladie qu'il avait à la jambe gauche. Un monomaniaque homicide simulait en prison une forme de folie qu'il n'avait pas, la folie furieuse; et cela, me disait-il, pour se soustraire au jugement. Mais alors même que quelques criminels feindraient réellement la folie, le séjour perpétuel dans un hospice d'aliénés serait déjà une punition suffisante, même si la société moderne, ne se contentant pas de s'en défendre, voulait encore se venger de ces malheureux.

Les aliénés criminels se plaignent, en effet incessament, de la demeure dans les hospices et demandent à hauts cris de retourner en prison ; on connaît plusieurs cas, non seulement de malfaiteurs comme Verzeni, qui dissimulèrent l'impulsion maniaque pour une crainte analogue; mais de véritables criminels, comme la Trossarello, qui défendaient à leur avocat de les faire passer pour des fous, préférant la mort à la demeure dans un asile d'aliénés.

L'asile criminel ne serait-il pas, de toute manière, la meilleure garantie pour la société, contre les coups de ces criminels ? Que Vacher ait simulé ou non la folie, je ne saurais le décider ; mais il est certain que si on l'eût enfermé à perpétuité dans un asile criminel, la société aurait compté quelques victimes de moins.

Wiedemeister objecte encore : que les asiles criminels de l'Angleterre sont souvent le théâtre de tristes scènes de sang, et exigent pour leur entretien une dépense triple des autres; cela est vrai, car la tendance aux complots, très rare dans les asiles communs, est, au contraire, très fréquente dans les asiles criminels: sachant qu'ils ne seront jamais libérés; conscients, d'ailleurs, de leur impunité, ces malheureux assaillent les gardiens, détruisent les ustensiles, les vêtements, se blessent, tuent.

En 1868 on compta à Broadmoor, 72 cas de blessures aux infirmiers dont deux très graves ; et la dépense journalière s'y élevait, spécialement pour les dommages et pour les gros appointements des infirmiers à cinq francs par aliéné ; il n'y a pas lieu cependant de s'en étonner et cela ne peut causer une sérieuse opposition ; car il est naturel que l'entassement d'un si grand nombre d'individus dangereux tendant sans cesse à s'associer pour mal faire, engendre un ferment maléfique et provoque de graves accidents, surtout aux dépens des pauvres gardiens, qui, malgré la rétribution élevée qu'ils reçoivent, ne tardent pas à abandonner le service (1).

Mais, si l'on doit déplorer de graves inconvénients, on en évite beaucoup d'autres qui auraient lieu dans les asiles communs si cette institution n'existait pas.

D'ailleurs, les subdivisions introduites récemment par Orange à Broadmoor en ont beaucoup amélioré les conditions: les aliénés criminels y ont été divisés en non condamnés et condamnés; la première catégorie des non condamnés a été subdivisée en non poursuivis en justice et poursuivis. Les non poursuivis, parce qu'ils ont été reconnus aliénés avant ou durant le procès, sont recouvrés à Broadmoor ou dans un asile du comté; les poursuivis et ensuite acquittés pour aliénation mentale, sont renfermés à Broadmoor; les condamnés à mort ou aux travaux forcés y restent détenus jusqu'à l'expiration de leur peine. Enfin, les prisonniers ordinaires condamnés à de courtes peines pour crimes de peu d'entité et qui ont été reconnus fous, sont reversés dans les asiles du comté.

Le Gouvernement a complété la réforme et écarté tous les inconvénients en adoptant une aile de la prison de Woking pour le logement, le traitement, les soins et la surveillance des condamnés devenus fous en prison.

Il convient de relever, à ce propos, le fait singulier, révélé par l'étude statistique des asiles criminels, que dans tous les

---

(1) Un infirmier coûte en moyenne de 30 à 40 livres sterlings; le chef infirmier de 150 à 175; le vice-chef de 40 à 60; les mariés ont une habitation, une école pour leurs enfants, tous jouissent d'une bibliothèque, chambre d'étude et fumoir; et cependant en 1867, 69 abandonnèrent leur poste et 64 en 1868. Il y a un infirmier pour 5 aliénés. A Dundrum 1 tous les 12. La dépense pour destruction de vêtements s'éleva en une année à 512 livres sterlings. A Dundrum la dépense est de 28 livres sterlings et six schellings par malade, tandis que dans les autres asiles elle oscille entre 16 et 23; disons cependant que dans ce compte n'entrent pas les revenus de la ferme, qui sont de 400 à 218 livres sterlings.

asiles criminels de l'Angleterre, la mortalité y est inférieure
de la moitié environ à celle des asiles communs. C'est là un
encouragement à les instituer, et à la fois une preuve que
les tristes faits dont on s'y plaint, ne sont pas aussi graves
dans leurs derniers effets qu'on nous les dépeint.

La dépense n'en paraît pas non plus aussi exorbitante,
quand on la compare, non à la dépense pour les fous communs,
mais à celle des fous dangereux, qui, ayant besoin d'une
double surveillance, exigent une dépense considérable; il faut
aussi tenir compte des dépenses occasionnées par les évasions,
si fréquentes de ces derniers et des procès auxquels ils donnent
lieu si souvent. Dans le Massachussetts, elle a été évaluée à
non moins de 25 dollars par chaque jour d'absence de l'aliéné;
c'est là même un des motifs qui poussa cet État à la construction d'un asile criminel; ajoutons que les frais du personnel pourraient être considérablement diminués en y en-
voyant avec un petit supplément de paie le meilleur personnel
pénitentiaire : on éviterait par ce moyen les fréquents changements des infirmiers, tout en s'assurant la collaboration
d'hommes rompus à cette sorte de danger et par suite moins
faciles à se laisser intimider. Enfin on pourrait encore limiter
le nombre des recouvrés en éliminant les criminels devenus
inoffensifs et ces aliénés provenant des prisons qui se trouvent
dans la période la plus aiguë et qui fournissent un chiffre élevé
de guérisons, comme on a pu s'en convaincre par les expériences de Gutsch à Bruchsal, ainsi que les fous soupçonnés
de simulation qui pourraient rester, sous une rigoureuse surveillance, dans des infirmeries crées à cet effet dans les prisons.

CHAPITRE III.

Les peines selon l'école anthropologique et selon le sexe, l'âge, etc. du criminel et le crime.

Nous avons vu quels sont, selon la nouvelle école, les meilleurs moyens de répression ; examinons maintenant leur application directe selon le sexe, l'âge et les crimes.

Sexe. — D'après ce que nous avons démontré au chapitre XIV et dans la *Femme criminelle et prostituée*, nous pouvons conclure que la vraie criminelle-née n'existe presque que sous forme de prostituée, laquelle trouve déjà dans sa triste profession le substitutif pénal du crime.

La plupart des femmes criminelles « ne sont que des criminelles par occasion ou par passion, passant fréquemment de l'une à l'autre de ces deux phases. Elles n'ont que très rarement le type et les tendances criminelles ; et la très faible proportion qu'elles fournissent au crime, oscille entre 11 et 20 % du total des condamnations des hommes, qu'elles ne surpassent que dans l'empoisonnement, l'avortement et l'infanticide, tandis qu'elles n'atteignent que 6 à 8 % dans les vols sur les grandes chemins ».

Ajoutons : que les crimes le plus essentiellement féminins, tels que l'avortement, l'infanticide, l'exposition d'enfants sont ceux qui justement ont le moins besoin d'être punis, étant presque toujours dus à la suggestion de l'amant ou du mari ; il suffirait donc souvent de les en séparer.

La peine pour la plupart de ces criminelles peut se borner à la réprimande avec liberté conditionnelle préventive, sauf dans les cas très rares d'empoisonnement, d'escroquerie ou d'homicide, dans lesquels il conviendra de les enfermer dans un couvent où aisément, étant donnée leur grande suggestionabilité, la religiosité se substituera à l'érotisme, cause plus fréquente de leur crime. J'en ai eu des preuves dans une prison cellulaire où les religieuses étaient loin, cependant, de posséder les aptitudes nécessaires à cette fonction. Quant à celles qui récidivent deux ou trois fois dans les crimes contre les mœurs, le seul moyen à employer sera de les enrôler dans la prostitution officielle ce qui aura, aussi, l'avantage de prévenir la prostitution clandestine, bien plus nuisible.

Connaissant (1) la grande importance que la femme attache aux vêtements et aux ornements, on pourrait très souvent, dans les délits légers tels que vols, rixes, injures, remplacer la peine de la prison par des peines afflictives de la vanité mulièbre, comme la coupe des cheveux, etc.

En adoptant ces peines spéciales pour les femmes, nous ne ferions en réalité que retourner aux usages des anciens, des Indiens, des Juifs (DEUTÉRON. XXI) et des Germains. Au moyen âge, en Russie, la femme qui avait battu son mari devait chevaucher un âne à rebours; en Angleterre, les femmes qui s'étaient disputées entre elles, étaient obligées de parcourir les rues du village liées par une chaîne à un poids, qu'elles devaient soulever en marchant; les calomniatrices et les bavardes avec une muselière (*Revue des Revues*, 1895).

Corrado Celtes dans son *De origine, situ, moribus et institutionibus Germaniae*, écrit: « *Mulieres vel quae fascinatione aut superstitione infamatae sint, vel quae partum necaverint, aut immatarum exurirent, diversis suppliciis officiunt, aut culeo insutas submergunt, aut igne etiam adimunt, aut vivas*

---

(1) La *Femme criminelle et la prostituée*. Alcan., Paris 1895.

humo defodiunt; nec his tormentis et cruciatibus arceri potest quin semper scelus sceleri accumulent » (1).

Avortement. — Les délits d'avortements qui n'auraient pas eu pour but un lucre professionnel ne devraient être punis que par la réprimande ou le *Probation System*.

C'est à notre vaillant juriste Balestrini que revient le mérite d'avoir démontré que l'avortement procuré ne peut être frappé comme crime; puisque le législateur (2) ne peut prétexter la nécessité de la tutelle de l'ordre des familles, ce délit étant le plus souvent commis par les filles mères dans le but, justement, de ne pas constituer une famille illégale; l'objectif de l'intégrité personnelle disparaît, d'autre part, par le fait que l'avortement ne serait incriminable que lorsqu'il aurait été procuré malgré la mère; l'objectif juridique disparaît, à son tour, la société n'ayant aucun avantage à la naissance des enfants illégitimes; la fiction du droit civil qui étend la personnalité aux enfants à naître ne pouvant se transporter dans le droit pénal; l'existence juridique elle-même de la vie fœtale comme partie du corps social est d'ailleurs très contestable; un embryon ne représente pas réellement un véritable être humain; mais un être se trouvant encore dans les stades d'animalité, ou plutôt un animal inférieur qu'un embryologiste pourrait seul dans les premiers mois reconnaître comme être humain.

Aucun droit n'est, en définitive, lésé dans l'avortement provoqué par la femme sur elle même, pas même par le danger qu'elle court, personne ne pouvant empêcher à autrui de se faire du mal.

Ajoutons que les dénonciations et surtout les condamnations en sont très rares; et que l'on court le risque de condamner

(1) Lombroso, voir *Congrés Pénitentiaire*. Rapport sur le 2me quésite, 1895. Moraglia, Dans l'*Arch. di Psich.*, 1894-95.

(2) Raffaello Balestrini, *Aborto, infanticidio ed esposizione d'infante*. Studio giuridico-sociologico (*Biblioteca antropologico-giuridica*, Serie 2ª, vol. III).

injustement, faute d'une preuve certaine très difficile a obtenir sauf de très rares exceptions (1).

En 1863 en Italie, sur 9 prévenues, 4 furent aquittées ; en 1870, sur 8 accusées, 4 furent acquittées ; enfin en 1881, sur 13 plaintes, 4 furent rejetées (*Statistiche giudiziarie penali*).

En Angleterre, dans les années 1847-48-49 on procéda contre 3 personnes seulement ; en 1850 contre 5, en 1851 contre 4, en 1852 contre 9 et en 1853 contre 17, dont 12 furent acquittées.

En 1853 il n'y eut, en Écosse, aucun procès pour avortement ; il en fut de même dans le Wurtemberg pendant la période 1853-54.

Et la rareté des condamnations (28 %) non seulement jette le ridicule sur la loi, mais encore fait paraître injuste le cas exceptionnel où la peine est appliquée. (BECCARIA, *Dei delitti e delle pene*, § XXXVI).

Infanticide. — Toutes ces raisons sont applicables, aussi, à l'infanticide. La naissance, le développement ultérieur de l'embryon, n'est qu'une cause d'injuste infamie pour la femme, sans être d'aucun avantage pour la société, pour laquelle il devient au contraire une charge ; car si l'enfant est abandonné, elle l'élève dans le bréphotrophe où elle finit par l'assassiner légalement, car la mortalité est si grande dans ces établissements, qu'on peut dire, sans exagération, qu'elle y sévit à l'état d'épidémie permanente ; c'est ainsi qu'à Syracuse la mortalité moyenne des enfants trouvés atteint 73 %, à Modica 99 % et à Turin 50 %.

On nous objectera qu'on ne doit pas entraver l'accroissement de la population ; mais alors on devrait interdire par une loi l'onanisme.

(1) RAFFAELLO BALESTRINI, *Aborto, infanticidio ed esposizione d'infante*. Studio giuridico-sociologico (« Biblioteca antropologico-giuridica »). Serie 2ᵃ, vol. III.

Tous les penseurs reconnaissent que le droit est une *proportio hominis ad hominem*, ayant pour but de rendre possible l'existence de l'homme dans la société ; qu'on le considère subjectivement ou objectivement il a incontestablement deux fins : l'homme et la société, toutefois, l'homme seul peut être sujet au droit en tant qu'il fait partie de la société.

Dans le cas du fœtus comme dans celui du nouveau-né on ne rencontre pleinement aucun de ces deux termes : on peut même dire que l'élément social y fait complètement défaut ; « il est évident, en effet, que l'un et l'autre sont plutôt sous la tutelle de la mère, qui est leur ambiant extérieur, que sous celle de la société, de laquelle ils ne font pas encore directement partie » (Tissot, *Introd. philosoph. à l'étude du droit pénal*, etc., liv. I, chap. II).

Le sentiment d'alarme de la société pour la vie d'un enfant dont elle ignore encore l'existence (car l'infanticide *honoris causa* doit nécessairement avoir lieu avant que la naissance de l'enfant soit connue) doit être bien moindre que celui de la perte d'un adulte dans la fleur des années (1).

Il convient donc de défalquer du mal juridique dérivant du meurtre d'un enfant, la quantité de maux certains ou probables qui dériverait de la conservation d'une vie qui expose la mère à la perte irréparable de son honneur, compromet la tranquillité d'une famille et quelquefois de plusieurs, ou qui met, tout ou moins, la société dans le cas de l'exposition de l'enfant, dans une perplexité terrible ; car, d'un côté, la voix impérieuse de la charité lui impose de recueillir cet innocent abandonné ; d'autre côté, la raison et l'expérience lui enseignent qu'en acceptant comme une obligation constante d'élever ces enfants, elle court le risque d'encourager leur exposition, et de faire dégénérer, en somme, la charité en une prime offerte au désordre et à l'immoralité (Boccardo, *Dizionario di economia politica*, ecc.).

Quant au dommage immédiat causé par l'infanticide, il con-

(1) Balestrini, *op. cit.*

siste en la suppression d'une existence tellement menacée par
la fréquence des morts-nés illégitimes et par la grande mortalité qui frappe plus tard les enfants trouvés, qu'il ne peut
en aucune manière se rapprocher du dommage causé par
l'homicide commun.

Il est à peine besoin d'ajouter que la peine pénitentiaire
aurait l'immanquable effet de dépraver complètement la femme
et de lui enlever, avec l'habitude du travail domestique, le
moyen de se réhabiliter, une fois sa peine expiée.

D'autre part, si l'on base la peine sur la crainte de la récidive, elle ne peut avoir aucune prise sur l'infanticide, qui
est habituellement une criminelle par occasion ou par passion,
rarement récidiviste; le *probation system* avec caution serait
donc ici largement suffisant.

Avec ces atténuations dans la répression des femmes criminelles, nous préviendrions ces décisions des jurés et des
juges qui paraissent si injustes si nous les comparons aux
condamnations des hommes; rappelons que sur 100 prévenus des deux sexes en Italie, on acquitta 34 femmes et
31 hommes en Cours d'assises; 31 femmes et 19 hommes,
devant le Tribunal; 8 femmes et 6 hommes en justice de
paix; en France, 25 femmes et 50 hommes, en Cours d'assises; en Russie, 31 femmes et 34 hommes (1).

Age. Jeunesse. — La prison est encore bien moins indiquée
dans la jeunesse des deux sexes; j'ai démontré qu'il y a des
délits physiologiques dans l'enfance tels que le maltraitement
des animaux, le vol de friandises, le faux (voyez l'*Homme criminel*, vol 1). Ce qui sera vraiment utile dans ces cas, c'est
ce que nous appelons le nourrissage moral, leur envoi chez
des familles honnêtes et bienveillantes, où les enfants seront
bien traités et desquelles ils subiront facilement la suggestion,
si puissante à cet âge; et seront stimulés à une activité continue dans le sens le plus propre à satisfaire leur amour propre

(1) Bosco, *La Statistica civile e penale*. Roma, 1898.

et à les soustraire à la débauche et à l'oisivité. Les institutions charitables, les colonies agricoles, les maisons de réformes comme celle d'Elmire et de Barnardo, rendues plus utiles par l'application des nouvelles lois psychologiques et psychiatriques par l'émigrations dans les centres agricoles, préviendront les crimes occasionnels, si fréquents à cet âge; et réussiront, dans certains cas, si non à corriger, au moins à transformer utilement les criminels-nés; et de toute manière à empêcher qu'ils ne contaminent les autres (1).

À cet effet, il faut éviter la prison préventive, qui est la plus grande source de corruption de la jeunesse. « On parle, dit Joly, des hôpitaux du moyen âge, où il arrivait de trouver un mort entre deux malades dans le même lit. Ce que nous faisons encore dans nos prisons, est destiné, je le crois, à provoquer plus tard un étonnement tout aussi vif. Nous mettons en contact, en attendant le jugement, un prévenu peut-être innocent ou simplement criminel par occasion avec des criminels invétérés .... « La France, avec de pareilles promiscuités, transforme en malfaiteurs des enfants qui n'avaient pas de tendances au crime » (Joly, *Le combat contre le crime*).

Et tout cela sans même rejoindre le but d'une sélection, parce que, comme observe très bien Joly, les enfants acquittés sont pires que les condamnés.

C'est justement pour cela, que toute mesure correctionnelle violente, doit être regardée comme nuisible; et qu'on doit se retourner vers les mesures rédemptrices; et avant tout, étant donnée la grande precocité des criminels, la limite

(1) Je lis dans le *Bulletin de l'Union des Sociétés de Patronage*, oct. 1897, que le Tribunal de la Seine dans les jugements des mineurs prend les informations sur les parents et si elles sont bonnes il leur renvoie l'enfant (25 %); ou il l'envoie (le 73 %) à l'Asile temporaire pour les enfants mineurs fondé en 1893 par l'Administration de l'assistance publique lui épargnant ainsi la peine sauf une petite exception, (le 2, 5 %). Une circulaire du Ministre de Justice, 13 mai 1898, étend cette mesure à toute la France (*Revue Pénitentiaire*, 1898, p. 871).

d'âge, à laquelle doit commencer leur application, doit être fixée bien avant 9 ans et prolongée dans le cas d'infantilisme (voir *Hom. crim.*, vol. I) bien au delà de la limite fixée pour la loi; limite, qui doit aussi varier suivant le climat, la race, la profession, etc.; les races sémitiques et méridionales étant, par exemple, beaucoup plus précoces dans les crimes de sang, et dans les viols; et les paysans et les gens pauvres étant plus tardifs que les urbains et les riches.

Vieillesse. — La prison doit également être épargnée au vieillard impuissant à faire le mal: dans ce cas suffiront les refuges communs, les *Workhouse*, où on le reléguerait dans des chambres séparées, en prenant des précautions spéciales pour prévenir la contagion du mal et les évasions, sauf quand le crime indique une perversité indomptable, cas dans lequel la prison devient tout-à-fait nécessaire.

Criminels par passion. — Pour les vrais criminels par passion, le remords du crime est déjà la plus grande des peines; l'amende, la réprimande judiciaire ou l'éloignement de la ville ou des personnes lésées suffiront à en défendre la société, pour laquelle ils ne présentent aucun danger, tout en pouvant lui être très utiles, grâce à l' altruisme exagéré dont ils sont toujours doués.

Criminels politiques. — On peut en dire autant des criminels politiques; car s'il est un crime pour lequel, non seulement la peine capitale, mais encore toute peine grave doit être épargnée, c'est bien celui des criminels politiques. Et cela surtout parce que beaucoup d'entre eux, s'ils ne sont pas des passionnés ce sont des aliénés, auxquels il faut l'hôpital et non pas l'échafaud; et parce qu'alors même qu'ils sont criminels, leur altruisme les rend dignes des plus grands égards; et souvent en donnant à leur fanatisme une autre direction, on peut les rendre utiles à la société. Louise Michel était appelée, à la

Nouvelle Calédonie, l'*ange rouge*, tant elle avait de dévouement pour les malades et les malheureux (1).

D'autre part; presque tous sont jeunes et c'est dans la jeunesse que l'héroïsme et le fanatisme atteignent le plus haut degré d'exaltation. Et puis, on ne tue pas une idée en tuant celui qui l'a conçue; elle grandit, au contraire, et se perpétue par l'auréole du martyre — à plus forte raison si elle est vraie; tandis que si elle est fausse, elle tombe d'elle-même.

On ne peut, d'ailleurs, juger définitivement un homme durant sa vie, pas plus qu'une seule génération ne saurait avec certitude juger de la fausseté d'une idée, éclose sous ses yeux.

La Russie nous a donné depuis longtemps la preuve de l'inutilité des lois trop sévères contre les criminels politiques; chacune de ses terribles répressions (la mort lente et muette dans les mines et dans les charniers de la Sibérie) à été suivie de nouvelles et plus violentes réactions. — Et il en est de même en Italie et en France.

Ravachol n'était pas mort, qu'on en avait fait un demi-dieu, célébré dans des hymnes que l'on chantait à Paris au lieu de la Marseillaise (2).

Il n'y a pas, écrit un de nos plus profonds penseurs, G. Ferrero (*La Riforma sociale*, 1894), d'aliment plus puissant pour exciter les tendances révolutionnaires, que ces martyrologes légendaires qui exaltent l'imagination d'une quantité de fanatiques dont pullule notre société et qui sont toujours un élément important de tous les mouvements révolutionnaires. Dans toute société se trouve toujours une masse de gens qui ont besoin du martyre; ils jouissent d'être persécutés, de se croire victimes de la méchanceté humaine; ils s'enrôlent dans les partis politiques qui présentent le plus de périls, comme certains alpinistes choisissent pour une ascension la montagne aux précipices les plus profonds et aux sommets les plus inaccessibles. Pour tous ceux-ci il n'y a pas d'excitation

---

(1) LOMBROSO et LASCHI, *Le crime politique*, Paris, 1890, Alcan.

(2) Voyez *Les anarchistes* de C. LOMBROSO. — 1896, Paris, Brière.

plus puissante à embrasser les théories révolutionnaires que les persécutions violentes; et rien n'est plus dangereux que de donner à ces imaginations exaltées un cadavre de justicié ».

Ce qui caractérise surtout ces criminels politiques c'est une inadaptation, je dirai spécifique, à la forme du gouvernement sous lequel ils vivent; tandis que les criminels-nés se montrent inadaptables, non seulement au milieu social de la nation dans laquelle il se trouvent, mais au milieu social de toutes les nations qui ont atteint le même degré de civilisation que la leur.

C'est pour cela que tandis que les criminels-nés doivent être éliminés du monde civilisé, les criminels politiques par passion n'ont besoin que d'être éloignés du milieu juridique et social du peuple auquel ils ont montré de ne pouvoir s'adapter.

L'exil, comme il existait du reste dans les lois romaines et comme il est encore pratiqué en Abyssinie, et — dans les cas graves — la déportation, sont donc les peines qui conviennent le mieux à cette sorte de criminels; mais ces peines doivent être toujours temporaires et révocables (1) tous les 3 ou 5 ans au gré du Parlement; car bien avant l'expiration de la peine, l'opinion publique peut avoir changé sur la portée de leurs actes. C'est justement pour cela que notre école, adversaire du jury dans les crimes de droit commun, l'accepte toutefois dans les crimes politiques comme le seul moyen de diagnose permettant de reconnaître si leurs crimes sont regardés comme tels dans l'opinion publique actuelle.

C'est ainsi qu'on punissait autrefois l'hérésie et le blasphème comme les crimes les plus graves tandis qu' il paraîtrait ridicule aujourd'hui de les punir. Il en sera avant peu de même pour les crimes de lèse majesté, pour les grèves et pour les prétendus délits de la pensée socialiste.

Nous préviendrions par ce moyen ces rares cas de rébellion qui sont, comme nous l'avons vu précédemment, un commencement d'évolution; et cette idée n'est ni révolutionnaire, ni

---

(1) Voir mon *Crime politique* etc., IV partie.

nouvelle, car elle était déjà appliquée dans des pays et à des époques différentes et sous des gouvernements vraiment libres sous forme d'admonition à Florence, d'ostracisme en Grèce, de pétalisme en Sicile.

Dans la constitution des États-Unis, c'est le Congrès lui-même qui fixe les peines pour les crimes politiques; il en était de même dans la Rome républicaine (1).

Mais si la peine devrait toujours être temporaire pour les crimes provoqués par la seule passion politique, dans les crimes politiques mixtes, au contraire, on pourrait appliquer la peine dans une forme mixte: c'est-à-dire fixe pour un certain nombre d'années, correspondant à la légitime réaction sociale, comme dans les attentats à la liberté des citoyens; indéterminée pour une série d'années, afin qu'il soit possible de l'interrompre quand l'offense à l'organisation politique n'est plus dans les pays considérée comme telle.

Criminels par occasion. — Le même crime doit être puni diversement que s'il est commis par un criminel-né, par un criminaloïde ou par un criminel d'occasion, et même n'être pas puni bien de fois, dans ce dernier.

L'essentiel dans ces cas c'est d'en connaître le vrai mobile.

Un délit vraiment occasionnel, et qui exclue toute peine, c'est le vol de comestibles par les affamés (CREMANI, *De jure criminali* 1748).

On doit également exclure d'une vraie peine, c'est l'opinion de Puglia et de Pinsero (*Scuola positiva*, 1896, VII) et de Capobianco (*Scuola positiva*, anno III), tous les délits involontaires, en laissant aux juges civils le soin d'évaluer la réparation du dommage, car il serait injuste de regarder un homme comme absolument indigne de la vie sociale, pour le seul fait qu'il est imprévoyant ou distrait, ou souvent pour un simple accident qui peut ne se renouveler jamais: on pourrait, tout au plus, dans le cas de récidive répétée, ajouter à la

---

(1) Voir mon *Crime politique*, pag. 397.

réparation des dommages une amende ou la suspension de l'office, de l'art ou de la profession qui aurait été cause de l'acte coupable.

Aide au suicide, etc. — Parmi les prétendus crimes que la loi punit et que la conscience publique absout, sont ceux que Garofalo appelle *non naturels*, mais juridiques et que nous appellerons conventionnels: l'aide au suicide par exemple.

« Si, laissant de côté les pures abstractions, nous interrogeons la science de la vie, nous y voyons, écrivent Calucci et Ferri, que l'intérêt de la société à l'existence de chacun de ses membres n'est pas absolu; mais qu'il diminue de beaucoup et cesse même tout à fait dans les cas de mort volontaire. De son côté la biologie nous démontre que dans la lutte pour l'existence, ce sont les plus faibles, les moins aptes à la vie sociale qui succombent; le suicide est justement une des formes de cette défaite, il est, suivant Häckel, une soupape de sûreté pour les générations futures, auxquelles il épargne un triste et fatal héritage de névroses, et par conséquent de douleurs; il est, dit Bagehot, un des instruments de l'amélioration de la race humaine par voie de sélection » (FERRI, *L'Omicidio-Suicidio*, 2ª ediz., Fratelli Bocca, 1884). Telle est aussi l'opinion de Morselli et la mienne. J'ai démontré avec Ferri que le suicide se trouve en antagonisme avec l'homicide (voyez *Homme criminel*, vol. I), qu'il en est une véritable soupape de sûreté, de sorte que là où l'un domine, l'autre diminue; de ce côté le suicide est donc d'un réel avantage à la sécurité de la société.

De plus, écrit Ferri, ou vous retenez que l'homme n'a pas le droit de disposer de sa propre vie: et alors vous devez punir le suicide: ou vous reconnaissez que le suicide n'est pas un délit; et dans ce cas comment pourriez-vous punir celui qui prend part à ce suicide en l'aidant, seulement parce qu'il y prend part? Car, tout compte fait, si l'on ne peut nier que l'État exerce la fonction répressive pour défendre les citoyens *uti singuli*, dans les cas de crime contre leur sûreté, qui ne voit pas que le consentement vrai et spontané de la victime enlève toute raison d'être à la défense de la part de l'État?

En quoi sentons-nous compromise notre sécurité en apprenant qu'un individu a été tué sur sa demande ? — L'Église seule peut prétendre sauver le pécheur malgré lui.

Diffamation. — On peut en dire autant des peines décrétées par le Code italien contre les diffamations ayant un but politique ou social, œuvre le plus souvent d'hommes meilleurs que les normaux; car ils ont le courage de révéler au public des faits qui ne passent pour diffamation, que parce que les accusés sont puissants.

Ces nobles diffamateurs ne sont pas à craindre, ne portant aucun dommage; ils ne désobéissent aux lois que parce qu'elles sont imparfaites. Ce sont donc des pseudo-criminels (1), plus dignes de louange que punissables. Il suffirait de les obliger de démontrer leur bonne foi en fournissant les preuves des faits et de les démentir s'ils se trompent, d'autant plus que c'est déjà panser nos plaies que de les mettre à nu.

Duel. — Il en est de même des pénalités contre le duel. Sommes-nous encore soumis à cette tyrannie de la coûtume, qui nous poussait au duel dans les cas exceptionnels et graves, dans lesquels était impuissant le ministère de la loi ? S'il en est ainsi, nous avons devant nous des individus inoffensifs: et se serait déployer un zèle excessif et injuste que de les punir pour éviter un danger qui, en réalité, n'existe pas. Et d'un autre côté, appartient-il à la loi pénale de corriger les mœurs? Assurément non: car mœurs et lois suivent la pente naturelle des choses, et sont toutes les deux déterminées par le milieu ambiant. Il suffit de rappeler que les duels sévissaient le plus dans les pays où on les punissait le plus sévèrement; et que du moyen âge à nous, leur nombre s'est abaissé à mesure que s'adoucissaient les lois pénales qui les frappaient.

(1) Voir *Homme criminel*, vol. II.

Mais qui a jamais cru de vaincre les préjugés par les peines?
Ne moissonnent-ils pas déjà assez de victimes sans que ces
peines inutiles viennent encore s'y joindre pour en mois-
sonner de nouvelles?

Le code pénale doit viser à défendre la société en la pu-
rifiant de la mauvaise race des criminels. Or, le duelliste
n'en est-il pas plutôt une victime, du moins dans la plupart
des cas? Et, si grâce aux moyens que les sciences nous offrent,
nous trouvons en lui quelquefois un criminel, pourquoi
dans ce cas lui offririons-nous une honnête voie de salut? Et
s'il ne l'est pas, pourquoi punirions nous une victime de
ces préjugés que nous voulons extirper? — Mais le préjugé
mourra: ou il sera plus fort que la loi; et les peines inappli-
quées, grâce à leur sévérité disproportionnée, rendront plus
ridicules les efforts impuissants du législateur.

Adultère. — On peut en dire autant des peines contre
l'adultère, qui sont sans doutes justifiées en droit canonique,
mais dans le Code moderne pourraient tout au plus être
classées parmi les contraventions.

L'adultère est assurément immoral; et il est certain que
si la loi pouvait l'empêcher en le punissant, elle serait la
bienvenue; mais telle n'est pas l'opinion du plus grand nombre;
et puis dans ces sortes de procès, la victime est plus souvent lésée que le coupable; il est donc inutile de recourir à
la loi; d'ailleurs la générale et habituelle impunité rend plus
cruelle la condamnation dans les cas bien rares où elle a
lieu. Et puis, comme dit avec raison Berenini dans sa magnifique monographie, *Offesa e difesa:*

« La loi peut-elle obliger la femme à aimer son mari ou
le mari sa femme?

« La loi ne peut sauvegarder que des droits matériellement
et forcément exigibles. L'amour n'est point un droit qu'un
conjoint puisse exiger de l'autre, et la loi ne peut, par suite,
protéger un droit qui n'existe pas pour la personne qui s'en
prétend lésée.

« L'adultère, en dissolvant le mariage naturel, entraîne le divorce moral; pourquoi ne dissoudrait-il pas également le mariage civile avec le divorce légale ? Pôurquoi maintenir forcément la cause du désordre en en aggravant les effets par l'inutile scandale d'un procès et d'une condamnation ? »

Criminaloïdes. — Pour les criminaloïdes adultes non récidivistes et sans complices il suffira pour la première fois la suspension de la peine avec caution et l'obbligation de la réparation du dommage ou bien [le travail forcé (dans les champs si le coupable est un paysan) en cas d'incapacité pécuniaire et la prison cellulaire dans le cas où il refuserait de travailler.

Homo-sexuels. — Les homo-sexuels, par exemple, dont le crime fut occasionnellement provoqué par la demeure dans les casernes, les collèges, par le célibat forcé, ne récidiveront évidemment plus si on en élimine la cause ; il suffira de leur infliger la peine conditionnelle, car on ne peut les assimiler aux homo-sexuels-nés, qui manifestent leurs mauvais penchants dès l'enfance, sans y être déterminés par des causes spéciales, et qu'il convient de séquestrer dès leur jeunesse, car ils sont un ferment contagieux, cause d'un grand nombre de criminels par occasion.

Beaucoup d'autres délits punissables à instance privée, suivant le Code pénale, pourraient entrer dans le domaine du Code civil pour les amendes et les réparations des dommages; voir: la violation du secret épistolaire ou télégraphique, les dommages causés au bien d'autrui, les mauvais traitements des conjoints ou des enfants, quand ils ne sont pas habituels et ne proviennent pas d'instincts dépravés et véritablement criminels: en y ajoutant, lorsqu'il s'agit de conjoints, la séparation et le divorce.

Ces mesures disciplinaires seraient suffisantes dans les cas de violation des devoirs inhérents à un emploi public et pourraient s'étendre jusqu'à la suppression de l'emploi. La menace simple, la violation du domicile sans intentions criminelles, l'injure, l'exercice arbitraire de ses propres raisons, le pâturage abusif, l'introduction arbitraire du fond d'autrui, seraient suffisamment punis par la réparation des dommages, qu'un juge civil pourrait fort bien évaluer (voir GAROFALO, *Riparazione alla vittima del delitto*). J'ajouterai encore les vols alimentaires de minime valeur, étant donné que l'insignifiance de la valeur peut, jusqu'à un certain point, démontrer le caractère occasionnel du délit; n'est-ce pas une injustice flagrante que de voir de petits voleurs, le plus souvent inoffensifs, (enfants qui volent un fruit, une enseigne, parfois pour faire une simple niche), être punis avec autant de rigueur et même plus sévèrement que les véritables criminels volant sur grande échelle et finissant souvent par être impunis? Je n'oublierai jamais que le jour où cinq ministres du règne d'Italie se levaient comme un seul homme en plein Parlement pour nier ou justifier les vols de Tanlongo et C.ie, s'élevant à plus de 30 millions, 7 enfants pleuraient depuis un mois et demi dans une prison cellulaire pour avoir volé un hareng de la valeur de 35 centimes.

Dans ces derniers cas, je voudrais aussi distinguer la véritable association qui a été précédée d'une entente, d'un plan minutieusement arrêté, de cette demi-complicité occasionnelle qui, souvent, n'a rien de criminel, étant l'effet d'un simple caprice; je frapperais très sévèrement la première, pour la seconde la simple réparation civile et la réprimande ou la peine conditionelle suffiraient.

Criminels habituels. — Quant aux récidivistes et aux criminaloïdes devenus habituels, ils doivent être traités comme les criminels-nés, mais soumis à une discipline moins sévère, leurs crimes étant presque toujours moins graves (vols, escroqueries, faux, etc.). Et puis, tandis que pour le criminel-né le premier crime, s'il est très grave, peut suffire à le faire condamner à la relégation perpétuelle, pour le criminel habituel

il faut, avant de décrêter ce traitement, un nombre de récidives plus ou moins grand, suivant les sortes de crimes et
les circonstances dans lesquels ils furent commis.

L'occupation idéale pour ces criminels serait les grands
ateliers industriels s'ils sont citadins, les colonies agricoles
dans les zones à défricher pour les campagnards, en allant
des plus malsaines aux plus salubres, suivant les catégories
de criminels; la colonie de Castïadas qui a créé un oasis au
milieu des terres les plus malsaines de la Sardaigne et les
miracles des Trois Fontaines sont là pour prouver combien
il est facile de mettre en pratique ces organisations, qui dimi-
nueraient les énormes dépenses que les honnêtes gens doivent
soutenir pour la punition des criminels et seraient d'un réél
avantage à la société à laquelle ils ont nui.

Complicité. — Les criminels les moins redoutables, ceux
par occasion et par passion, ayant pour caractère psychologique
constant d'agir isolément, sans complice, il s'ensuit que la
complicité, au moins dans les crimes de vols sur les grands
chemins et d'assassinats (1) chez les adultes, doit constituer
à elle seule une circonstance aggravante; et de toute façon
doit être considérée non seulement comme elle l'a été jusqu'à
présent sous le rapport de la part plus ou moins active prise
par les divers associés dans l'entreprise criminelle, mais,
surtout comme caractère distinctif des criminels appartenant
aux catégories les plus dangereuses (2).

Criminels aliénés. — Quant aux aliénés criminels et aux
nombreux criminels-nés, chez lesquels l'épilepsie et la folie
morale se manifestent clairement par des accès psychiques,
l'unique traitement qui leur convient c'est l'asile criminel.

Avec l'asile criminel, nous enlevons au criminel qui voudrait feindre l'aliénation mentale toute envie de simulation,

(1) Sighele, *La teoria positiva della complicità*, Torino, Bocca, 1894.
(2) Ferri, *Sociologie criminelle*, Paris, 1890.

nous mettons fin à l'hérédité et à l'association des criminels, qui presque toujours s'organisent dans les prisons et par suite à la formation des bandes; nous empêchons les récidives, diminuons les énormes dépenses des procès et les crimes par imitation, qui en sont souvent la conséquence.

Wiedemeister (*Zeits. f. Psychiatrie*, 1871), objecte que ces asiles léseraient la justice dans les cas de guérison; observons, d'abord, que ces cas sont bien rares; la statistique de Broadmoor n'en enrégistre que le chiffre insignifiant de 5,5 sur 100. Quoiqu'il en soit, on pourrait remédier à cet inconvénient en accordant la liberté au peu de malades qu'une longue observation démontrerait être guéris.

« Mais dès qu'un criminel a été reconnu aliéné, nous objecte Falret, il doit cesser d'être considéré comme criminel; il doit rentrer simplement dans le droit commun ». Nous répondrons: qu'il ne peut rentrer simplement dans le droit commun, parce qu'il a tué, violé, volé, tandis que les autres sont des aliénés inoffensifs (FERRI, v. 1); car tant que persiste le péril, persiste le droit de défense.

Mais à part cela: ce raisonnement dérive de tout un ordre d'idées que la science va désormais en éliminant: c'est-à-dire que la folie soit une infortune et le crime une perversité du libre arbitre. Or, de même qu'on a reconnu, il y a un siècle, contrairement aux opinions du moyen âge, que la folie ne dépend pas de notre « libre volonté », il faut maintenant reconnaître que le crime lui-même n'en dépend pas davantage. Crime et folie sont deux infortunes; traitons-les donc tous les deux sans rancune, mai défendons-nous de leurs coups (FERRI, *Sociologie criminelle*).

Avec les principes de l'école positiviste ne peut donc subsister l'objection que l'aliéné « soi-disant criminel » appartient au droit commun: il appartient au droit défensif comme le vrai criminel.

Pour cette même raison tombe d'elle-même l'objection, que l'aliéné ne peut être détenu pour un temps indéterminé; et que lorsqu'il est guéri, même avant l'expiration du temps qu'il aurait passé en prison en cas de condamnation, il a le droit de sortir.

Cette raison ne peut être admise, étant donnée la proportion élevée de rechutes constatée dans toutes les formes d'aliénation.

Il est des infortunes qui ne pardonnent malheureusement jamais et n'accordent qu'un faible répit ; et puisque nous ne pouvons en délivrer complètement l'individu, tâchons au moins que la famille et la société n'en soient pas les victimes (1).

D'ailleurs : toutes les nations les plus civilisées présentent des institutions analogues ; nous l'avons vu pour l'Angleterre où elles sont déjà anciennes.

En Danemark l'asile criminel existe déjà ; et il a récemment été introduit en Suède et en Hongrie (*Sull'istituzione di manicomi criminali*, Virgilio, 1887, Milano).

En France, siège à la Préfecture de Police une Commission médicale, permanente, chargée de désigner, séance tenante, ceux, parmi les individus arrêtés, qui au premier abord paraissent aliénés. Enfin en 1870 on commença à ériger un véritable asile criminel annexé à la maison centrale de Gaillon.

Ce quartier est soumis à la discipline de la prison, moins le travail obligatoire et les punitions qui ne peuvent être infligées sans la permission des médecins ; les condamnés à plus d'un an peuvent seuls y être admis et n'en peuvent sortir sans l'autorisation du ministère (*Le quartier des condamnés aliénés annexé à la maison centrale de Gaillon*, par le Dr Hurel, Paris, 1877).

(1) Récemment Christiani (*Arch. di Psichiatria*, 1896) a démontré que l'incurabilité (82 %) et la mort (17 %) en sont l'issue la plus fréquente ; tandis que les guérisons sont plus rares (5 à 8 %) et que presque chez tous on observe une prédominance des tendances antisociales (87 %). Nicholson trouva que 75 % des criminels communs le sont par cupidité, 15 % par haine, 10 % par immoralité, tandis que la proportion des criminels fous est respectivement de 10,83 et 71 % (*Journal of Mental Science*, 1895, oct.). Ces derniers sont donc plus dangereux et plus féroces.

Tous les autres peuples civilisés de l'Europe continentale, s'ils n'ont pas un véritable asile criminel, ont des lois et des institutions qui en partie y suppléent. À Hambourg, à Halle, à Bruchsal, chaque pénitencier est fourni d'une infirmerie destinée exclusivement aux aliénés, avec jardins, cellules de sûreté, et discipline particulière, de façon que les aliénés y peuvent recevoir des soins continus comme dans les véritables asiles.

En Belgique, une loi (18 juin 1850) ordonnait que « les prévenus, pour lesquels toute procédure a été suspendue pour cause d'aliénation mentale, soient dirigés dans des asiles désignés par le Ministère Public.

« Les asiles y doivent avoir des quartiers spéciaux pour les maniaques prisonniers, accusés ou condamnés, qui ne peuvent être mêlés avec les autres malades sans une autorisation spéciale du ministre de la justice. Le médecin directeur est responsable des évasions des aliénés dangereux et des criminels; en cas de fuite, il doit faire toutes les démarches nécessaires pour leur réintégration ».

Une nouvelle loi Lejeune (juin 1891) établit trois aliénistes inspecteurs spéciaux des prisons pour y signaler, isoler et soigner les aliénés.

En Hongrie une espèce de Sénat médical composé de juges et de médecins aliénistes est chargé de se prononcer dans les cas douteux.

Nous dirons donc, en résumant ces dispositions, que dans ces asiles on devrait recevoir :

1º Tous les prisonniers devenus fous, ayant des tendances criminelles.

2º Tous les aliénés qui par tendances homicides, incendiaires, pédérastiques, etc., furent soumis à une procédure judiciaire restée en suspens par la découverte de l'aliénation.

3º Tous les imputés de crimes étranges, atroces, commis sans mobile précis (1) et pour lesquels a surgi le doute de

_____

(1) Au premier abord cette proposition paraît absurde et l'on s'est servi de cette apparente absurdité pour réfuter les partisans des asiles

la folie ou au moins d'une grave affection cérébrale, après l'expertise uniforme de trois médecins aliénistes.

4° Étant donné l'extraordinaire importance de l'épilepsie, tous ceux qui auront commis des crimes en état d'épilepsie psychique, ou les criminels ayant souffert de convulsions épileptiques.

5° Ceux qui étant notoirement honnêtes furent poussés au crime par une habituelle et évidente infirmité, comme pellagre, alcoolisme chronique, maladies puerpérales, spécialement lorsqu'ils ont des parents aliénés ou épileptiques et présentent de nombreux caractères de dégénérescence.

C'est ici qu'apparaît la nécessité de créer des asiles criminels spéciaux pour alcooliques, épileptiques, pellagreux, etc.

Les aliénés provenant des prisons devront être isolés des autres et placés dans des quartiers séparés des infirmeries annexées aux prisons. Pour tous la discipline devra être sévère, la vigilance plus grande que dans les asiles communs et analogue à celle des maisons pénales, mais le travail y sera proportionné aux forces, fait en plein air et alterné de longs repos et d'amusements.

La direction devra être médicale et le personnel pénitentiaire.

Les individus reconnus habituellement dangereux et ayant déjà subi divers procès ne pourront jamais être libérés ; ceux atteints de folie transitoire ou intermittente, offrant des signes de parfaite guérison, seront signalés pour la mise en liberté après un ou deux ans d'observations, mais soumis après leur sortie à des visites médicales mensuelles pendant plusieurs années de suites, comme en Belgique.

---

criminels, mais on n'a pas fait attention que c'est justement dans les cas douteux, dans les cas intermédiaires entre la folie et la raison, dans lesquels sont le plus fréquents les crimes sans causes, que les asiles criminels sont le plus utiles et servent davantage à garantir la sûreté sociale. Rappelons ici, qu'un crime sans cause est déjà par lui-même un signe de folie. Beccaria dit que l'homme sain n'est pas capable de sentiments inutilement cruels, qui ne soient suscités par la haine, la crainte ou l'intérêt. (V. Vol. II, *H. Criminel*).

Criminels incorrigibles. — Nous avons vu que le meilleur système pénitentiaire n'empêche pas les récidives et que le système individualisé a donné en Danemark de tristes résultats.

Nous avons vu, d'autre part, que les prisons collectives sont le plus souvent cause de récidives répliquées et d'actions criminelles (Voir *Hom. crim.*, vol. I).

Que peut-on, d'ailleurs, espérer d'individus, tels que nous les dépeint Breton et Aspirall, réintégrant 50 ou 60 fois la prison dans un an — et qui évidemment s'y trouvent mieux que dehors, si bien que l'emprisonnement n'est plus pour eux une punition, mais une récompense et une encouragement à la corruption ?

Quand aucune méthode ne sert plus, quand le criminel est insensible à tous les soins et récidive 10 ou 20 fois, la société ne doit plus attendre qu'il se perfectionne encore dans le crime à ses dépens, par un nouveau séjour en prison; mais elle doit le tenir enfermé jusqu'à ce qu'elle ait acquis la certitude de son amendement ou, mieux, de son impuissance à nuire.

On doit, dans ce but, fonder des établissements pénitentiaires spéciaux, dans lesquels un jury, composé de directeurs de médecins et de juges, dirigerait tous les individus qui ayant dès l'enfance montré de l'inclination pour le crime, ont récidivé plusieurs fois, spécialement s'ils présentent ces caractères psychiques et physiques que nous avons vu être la caractéristique des criminels-nés (Voir *Home crim.*, vol. I).

Plus que de leur bien-être on devrait se préoccuper de leur utilisation, afin qu'ils ne nous soient pas trop à charge, et du péril de leur évasion; on devrait pour cela les tenir de préférence dans des îles ou vallées reculées, où on les occuperait, si ce sont des paysans, à des travaux champêtres, qui seraient en même temps utiles à leur santé et à l'État; tandis que les citadins seraient affectés aux ateliers; mieux encore: on pourrait en former des escadres disciplinées militairement, comme cela se pratique en Westphalie, et les destiner aux travaux des routes ou d'assainissement des marais.

Il leur serait permis chaque jour, pendant quelques heures, de s'occuper suivant leur goût; mais ils ne pourraient être remis en liberté qu'après une preuve extraordinaire d'amendement.

Le système cellulaire ne leur serait infligé que dans le cas de nouvelles récidives. De cette façon on purgerait la prison de ces criminels, qui en glorifiant le vice, y rendent impossible toute tentative d'amendement; on appliquerait ainsi de nouveau à la société ce procédé de sélection auquel est due l'existence de notre race, et aussi probablement de la justice elle-même (1), qui prévalut peu à peu à la suite de l'élimination des plus violents; et quelque élevée qu'en soit la dépense, elle serait toujours moindre que celle que devrait supporter la société pour leurs nouveaux crimes et pour les nouveaux jugements. Thompson calcule que 458 récidivistes écossais coûtèrent 132,000 livres sterlings, dont 86,000 pour les seules dépenses de jugement. N'est-ce pas là un apanage de prince?

Cette proposition n'est pas nouvelle, car dès 1864, la Chambre des lords avait déjà proposé de condamner les criminels à la servitude pénale après une seconde récidive. E. Labatiste (*Essai sur les institutions pénales des Romains*, 1875) propose la déportation perpétuelle après l'expiration de la peine de chaque individu dont le total des condamnations excède 5 ans et qui est récidiviste pour la dixième fois.

La même réforme est proposée par Bonneville (*De l'insuffisance actuelle de l'intimidation*, 275); par Tissot (*Introduct. phil. à l'étude du droit pénal*, 1874, pag. 433) et par Doria, Barini (V. *Rivista di discipl. carc.*, 1876); et elle fonctionne déjà en Belgique dans la colonie agricole de Mexplas, qui contient 4500 individus: tout s'y est bâti et organisé avec la main-d'œuvre des pensionnaires avec l'aide de 30 ou 40 contre-maîtres libres (Joly, *o. c.*). Tout se construit peu à peu, au fur et à mesure des besoins et des ressources, de sorte que

(1) *H. Criminel*, Vol. I, Partie Ire.

ce magnifique établissement, qui dans un autre pays aurait pu coûter des millions, n'a coûté en Belgique que l'achat du terrain. Le bétail croît et multiplie sur place, car les fermes ont leurs étalons et leurs taureaux. Les ouvriers ne sont occupés qu'à des travaux d'un facile débouché, et pour lesquels ils ont des outils.

Les pensionnaires y sont divisés en quatre catégories :

1° Les hommes indisciplinés ou dangereux, dont le contact pourrait être nuisible aux autres internés ;

2° Les condamnés correctionnels, récidivistes, les surveillés de la police, ceux qui s'étaient évadés jadis ou qui avaient eu dans l'établissement même une mauvaise conduite ;

3° Les hommes dont les antécédents laissaient à désirer, mais qui n'avaient jamais subi de punitions graves dans la maison ;

4° Ceux qui n'avaient pas été déportés aux colonies plus de trois fois et dont la conduite était considérée comme bonne.

Les communes y envoient quelquefois leurs indigents en payant 0,65 pour les valides et 0,85 pour les invalides.

Ceux qui refusent de travailler ont trois jours de cachot au pain et à l'eau. On les paie avec une monnaie fictive, qui n'a cours que dans l'établissement, et qu'on ne leur échange contre de la vraie monnaie qu'au jour de leur départ. De cette manière aucune dépense dangereuse n'est à craindre d'eux dans les hameaux environnants (JOLY, *Le combat contre le crime*).

Peine de mort. — Mais lorsque, malgré la prison, la déportation, le travail forcé, ces criminels réitèrent leurs crimes sanguinaires et menacent pour la troisième ou quatrième fois la vie des honnêtes gens — il ne reste plus alors que l'extrême sélection, douloureuse mais certaine, de la peine de mort. La peine de mort n'est hélas ! que trop écrite dans le livre de la nature, elle l'est aussi dans celui de l'histoire ; et comme peine, elle est d'une justice *relative*, comme toutes les autres peines.

La peine de mort devrait assurément être admise parmi les peuples barbares, auxquels la prison n'inspire (1) pas une crainte suffisante; mais parmi les peuples civils, le délicat sentiment qui veut l'abolir est trop respectable pour être battu en brèche, à *priori*, sans compter que le prestige singulier qu'éveille la mort infligée de sang froid par des juges et parfois subie avec forfanterie, multiplie souvent les crimes par imitation, et crée auprès du vulgaire une sorte de culte pour la triste victime.

Mais, les adversaires de cette peine ne pensent pas à se demander: Quelle défense resterait à la société devant un assassin récidiviste, qui tuerait ses gardiens ou les menacerait de nouvelles entreprises. — Serait-il plus humain et plus juste de le lier pieds et poings pour toute sa vie?

Que l'on ne vienne pas nous dire, avec Ferri, que pour être pratique la peine de mort devrait être une véritable boucherie, ce qui répugne naturellement à l'esprit moderne; maintenir la peine de mort ne veut pas dire la multiplier; il nous suffit qu'elle reste suspendue comme l'épée de Damoclés sur la tête des plus terribles malfaiteurs, lorsque après avoir été condamnés à vie, ils ont attenté plusieurs fois à la vie d'autrui. Dans ces conditions disparaît l'objection si souvent mise en avant, et au fond très juste, de l'irréparabilité de cette peine. Nous voudrions encore maintenue cette peine quand sous forme de camorre, de brigandage, la criminalité associée menace la société d'un pays. A ce point de vue, il me semble que les conditions civiles sont absolument équivalentes aux conditions pour lesquelles on maintient cette peine en temps de guerre.

Et quoi! nous ne serions pas émus lorsque, avec le droit de levée, nous condamnons d'avance des milliers d'hommes à mourir précocement sur les champs de batailles, souvent pour un caprice dynastique ou une folie démagogique; et nous nous attendririons quand il s'agit de supprimer quelques

(1) Voir Appendice — Un Moïs la croyait un palais d'honneur.

rares individualités criminelles, cent fois plus dangereuses et fatales qu'un ennemi étranger, dans lequel une balle inconnue peut frapper un Darwin, un Gladstone?

Assurément, si nous nous plaçons au point de vue du droit le plus rigoureux, nous, qui ne nous croyons pas les vicaires de Dieu, nous n'avons aucun droit absolu sur l'existence de nos semblables; mais si le droit ne nous vient pas de la nécessité de la défense, nous n'en avons non plus aucun pour les priver de leur liberté et pas même pour leur prescrire une contravention. Prétendre que cette peine est contre les lois de la nature c'est feindre d'ignorer que cette loi est écrite, dans son livre en caractères trop clairs; et que même le progrès du monde organique, est entièrement fondé sur la lutte pour l'existence suivie de féroces hécatombes.

Le fait qu'il existe des êtres comme les criminels-nés, organisés pour le mal, reproductions ataviques, non seulement des hommes les plus sauvages, mais encore des animaux les plus féroces, loin, comme on le prétend, de nous rendre plus compatissants envers eux nous cuirasse contre toute pitié; car notre zoophilie n'est pas encore arrivée, sauf chez les fakirs indiens, à ce que nous sacrifions notre vie à leur profit.

Et ici je ne puis faire à moins de rappeler les robustes lignes que Taine m'adressait peu de temps avant de mourir: « Lorsque dans la vie, l'organisation intellectuelle, morale, affective du criminel, l'impulsion criminelle est isolée, accidentelle et passagère, on peut, on doit même pardonner; mais plus cette impulsion est liée à la trame entière des idées et des sentiments, plus l'homme est coupable et plus il doit être puni.

« Vous nous avez montré des orangs-outangs lubriques, féroces, à face humaine; il est évident que comme tels, ils ne peuvent agir autrement qu'ils ne le font; s'ils violent, volent, tuent, c'est en vertu de leur propre nature et de leur passé; mais raison de plus pour les détruire dès qu'on a constaté qu'ils sont et resteront toujours orangs-outangs. A leur égard, je n'ai aucune objection contre la peine de mort, si la société y trouve son profit ».

Quelques-unes de ces mesures pourront paraître contraires à certaines maximes d'idéologie pénale, plus sublimes que pratiques, qui devant la myope intolérance passent pour des axiomes intangibles, elles pourront être regardées comme difficiles à mettre en pratique par ceux qui s'épouvantent des premières dépenses, sans tenir compte des économies qu'elles apporteraient dans l'avenir, spécialement si l'on supprimait, au moins pour les récidivistes, les coûteuses et inutiles procédures juridiques, basées sur de seules erreurs de forme (1); mais on ne pourra, de toute manière, les accuser de compromettre cette sûreté sociale, à laquelle devraient converger tous les systèmes pénaux.

L'orbite du crime est trop profondément gravé dans le livre de notre destin, pour que nous puissions espérer d'en supprimer le cours; mais si d'autres lois inébranlables, comme celles de la sélection des espèces, sont infaillibles, nous pouvons avec ces mesures espérer d'en modérer les effets et d'en empêcher une ultérieure diffusion.

---

(1) En France, où, comme observe De-Foresta, le condamné ne peut recourir en Cassation pour une simple erreur de forme et où chaque nouveau débat ou jugement peut apporter une aggravation de la peine, les recours sont très rares et fondés sur de graves motifs. Sur les épargnes obtenues par une semblable mesure, on pourrait maintenir trois asiles criminels et un grand établissement pour les incorrigibles.

Chapitre IV.

Démonstrations pratiques de l'utilité de ces réformes.
Angleterre — Suisse.

L'utilité de ces réformes nous est demontrée par les statistiques récentes de Londres et de Genève, où l'ont constate
un sensible abaissement de la criminalité qui est, au contraire,
en recrudescence dans les pays où, comme en Italie et en
Espagne, aucunes de ces réformes ne furent appliquées.

Dans la période de 1829-1838 on enrégistrait à Genève,
par 100.000 habitants, 79 criminels condamnés par la Cour
criminelle et 10.000 par le tribunal correctionnel; dans la période 1872-1885 on n'y enrégistra plus que 12 des premiers
et 300 des seconds par 100.000 habitants. Soit dans la première période une diminution de $^5/_6$ et dans la seconde de $^2/_3$,
ce qui forme déjà un beau titre d'honneur pour la ville suisse,
surtout quand on ne tient compte que du total de la criminalité; car les crimes commis par les seuls Genevois ont
décru de presque $^9/_{10}$ dans les derniers 80 ans (I).

Quelles sont les causes qui font de la ville de Genève une
oasis de moralité au milieu de l'Europe? Guénoud l'attribue
d'abord à ce que les étrangers établis, depuis longtemps, à
Genève se sont assimilés les usages et les mœurs des Genevois, ce qui correspond à l'observation de Joly (*La France
criminelle*) que les immigrants fournissent au commencement
une proportion élevée à la criminalité, mais à mesure qu'ils

(1) Guénoud, *La criminalité à Genève au XIX Siècle*, Genève, 1891.

se fixent dans leur nouvelle patrie, ils gagnent en moralité et en honnêteté; mais, objecte Ladame (*Journal de Genève*, du 4 février 1891): « L'assimilation des étrangers aux indigènes n'empêche pas l'immigration; les mêmes causes, par conséquent, continuent d'agir, et si d'un côté la population de Genève s'assimile annuellement un certain nombre d'étrangers, l'influence moralisatrice qui en résulte est d'autre part neutralisée par de nouveaux immigrants qui agissent en sens opposé ».

On ne peut pas davantage en rechercher la cause dans l'instruction, puisque nous avons vu qu'elle augmente très souvent, au moins, la criminalité moins grave. La raison unique reste, donc, que Genève (voir ch. VIII) est certainement le pays de l'Europe centrale où l'on a fondé en plus grand nombre les institutions de secours mutuels, qui, sans l'avilir, remédient aux maux les plus graves de la pauvreté; et les institutions préventives pour les enfants, pour les femmes abandonnées, contre l'alcoolisme, etc.

L'évidence de ce fait apparaît plus clairement encore en Angleterre, surtout à Londres; si nous comparons les chiffres de sa criminalité de 1892-93 avec ceux des dix années précédentes, nous trouvons une augmentation de 28 % d'offenses contre les personnes et de 18,9 % contre la propriété, par vengeance, incendie, destruction de récoltes. Mais dans les autres crimes (vols, récels, faux, offenses contre l'ordre public, etc.), la diminution est respectivement de 8,8 %, 36,6 %, 34 %, et 22,2 %, et en total de 8 % en chiffre absolu (1).

Il convient de noter que dans ces dix années la population s'est accrue de 12 % et que par conséquent le nombre de ces crimes aurait pu augmenter de 12 % sans que l'Angleterre eut à craindre une vraie recrudescence de la criminalité.

« L'abaissement de la criminalité des mineurs, qui en Italie ne cesse d'augmenter, y est encore plus remarquable (1).

(1) JOLY. *La Revue de Paris*. Paris, 1894.

« En 1868 et 1869 on y enrégistrait 10.000 enfants condamnés, âgés de moins de 16 ans; dans les années successives, ce chiffre descendit à 9700 et finalement à 4000. Nous trouvons, donc, en relation avec l'accroissement de la population que l'Angleterre enrégistrait en 1868-69-70, 46 criminels mineurs sur 100.000 habitants; en 1893 elle n'en comptait plus que 14, soit une diminution effective de 70 $\%$, tandis qu'en 1889 la France constatait qu'en 50 années la criminalité des mineurs de 16 ans avait augmentée de 140 $\%$ (1).

« Les classes criminelles de l'Angleterre sont composées d'individus libres, connus comme voleurs ou recéleurs d'objets volés et de personnes suspectes, parmi lesquelles sont comprises celles pour qui depuis l'âge de 22 ans s'est écoulée au moins une année après avoir subi une condamnation quelconque; là aussi se vérifie une amélioration; en 1867, cette dernière catégorie atteignait entre libres et détenus le chiffre de 87.000 individus; ce chiffre descendit ensuite à 50.000; en 1881 à 38.960; dans les trois dernières années à 31.225, à 30.488, et finalement à 1891-92 de 29.826.

« Les maisons suspectes de 2688 descendirent, dans les derniers trois ans, à 2429 et enfin à 2360 ».

Et il ne s'agit pas là de ces jeux de chiffres habituels dans les statistiques, car ici les chiffres présentent une différence si significative, qu'aucun doute ne saurait subsister (2), car elle s'étend jusqu'aux crimes latents.

---

(1) JOLY. *La Revue de Paris*, Paris 1894.

(2) Toutefois ici il y a une remarque à faire: dans la statistique des jeunes criminels anglais on voit:

	1861-68	1889-98
Jeunes gens au-dessous de 16 ans.		
Envoyés en prison	8285	2268
» dans les Reformed Schools	1228	1163
» dans les Industrial Schools	966	8737
Condamnés au fouet	585	3208
	11064	13806

On voit que si les mineurs envoyés en prison, ou dans le Reformed Schools sont diminués énormément en 10 ans — de 6000 — le nombre

En France, en 1825, on enrégistrait annuellement 9000 crimes et délits dont les auteurs restaient inconnus; les dernières statistiques en enrégistrent plus de 80.000. En Angleterre, au contraire il y en avait 56,55 en 1886-87, et seulement 53,2 en 1890-92.

Cet énorme abaissement de la criminalité est bien réellement dû aux mesures préventives, surtout à celles visant les enfants, ainsi qu'aux luttes morales et religieuses contre l'alcoolisme; nous en trouvons une preuve incontestable dans la bien plus grande diminution des crimes à Londres comparativement à la province et à la campagne; ce qui est précisément l'opposé de ce qu'on observe partout ailleurs où les grands centres ont toujours une criminalité plus élevée (Voir Ch. VII e VIII).

Or, tandis que la ville de Londres, qui est la capitale la plus peuplée du monde civilisée, enrégistre 15 personnes suspectes sur 100.000 habitants, la campagne en compte 61, et les autres villes de provinces 50 :

Londres	compte 3,4 maisons suspectes sur 100,000 habitants.
La campagne	» 3,9 » » » »
Les autres villes	» 8,4 » » » »

Nous avons une autre preuve de l'influence des mesures préventives, dans la diminution de l'alcoolisme, circonscrite précisément dans ces pays de l'Angleterre et de la Suisse, où les sociétés religieuses (Croix-bleue) et les sociétés purement éthiques ou de l'Etat rivalisèrent de zèle pour remédier au mal dans sa source même.

Tandis qu'en France de 1869 à 1892 les ventes de boissons alcooliques de 365,995 montèrent à 417,518 en 1893 et de 1 litre 82 par habitant en 1830, à 4,20 en 1893 ; en Angleterre et en Suisse, au contraire, ces proportions descendirent

des jeunes gens envoyés aux Industrial Schools et celui des condamnés au fouet est augmenté de 9300, ce qui fait soupçonner une élévation dans cette catégorie.

dans les dernières années de 11 à 7 litres dans la seconde et de 7 à 5 litres dans la première (1).

Criminels-nés. — Ce serait une illusion, cependant, de croire qu'on peut appliquer avec succès cette cure aux criminels-nés ; car ils sont, pour la plupart, réfractaires à tout traitement, même aux soins les plus affectueux commencés dès le berceau, comme Barnardo lui-même a pu s'en convaincre. Tel fut ce Jac..., qui placé par lui dans les meilleures conditions pour s'amender s'évadait incessamment pour se livrer au vagabondage.

Mais tandis que les peuples les moins civilisés s'attardent aux utopies des vieux juristes, et croyant à l'amendement possible de tous les criminels ne prennent aucune mesures contre la marée toujours montante du crime, les Anglais, qui ont su mieux y pourvoir, reconnaissent que si, grâce à leurs efforts ils purent éliminer presque complétement le criminel par occasion, le criminel-né persiste encore ; ils sont les seuls à admettre l'existence des criminels réfractaires à toute cure, des *professional criminals*, comme ils les appellent, et des *criminel classes*.

Il n'est pas inutile, pour ceux qui font remonter toutes les causes du crime à l'éducation et au milieu, de préciser cette vérité avec des chiffres.

Tandis qu'en Angleterre les crimes ont diminué de 8 %, la récidive chez les hommes y reste stationnaire ou à peu près ; la statistique anglaise, en effet, en enrégistrait en 1892-93 une proportion de 41,7 %, puis de 42 % et enfin de 45 % en 1894-95 (2). Chez les femmes la récidive s'accroît constamment de 54,6 à 60, 4 : cela malgré que les institutions préventives pour les femmes soient à Londres plus nombreuses que pour les hommes ; mais tous les efforts viennent se briser contre la corruption favorisée par la prostitution et contre

(1) V. Atlas, XCV, *Revue du christianisme pratique*, nov. 1894.
(2) Paolucci, *Revue des Revues*, mai 1896.

l'ascension constante de l'alcoolisme chez la femme ; on ne connaît aucun homme, note Paolucci (1) de Calboli, ayant atteint 500 condamnations pour ivrogneries, comme Tassie Jay, ou 250 comme Jane Cakebreade.

Nous avons vu, à ce propos, comment l'introduction des compagnies de travaux agraires et la distribution des terrains diminua le vagabondage et le vol en Westphalie.

Mais, disons-le, ce système ne peut être utile que pour les criminels d'occasion et pour les vagabonds par désoccupation, tandis qu'il ne sert à rien pour les vagabonds-nés : nous en avons une preuve dans une expérience qui fut tentée a Paris.

.Une personne (raconte l'*Économiste français*, 1893) obtint de placer avec un salaire de 4 francs par jour chez des négociants, industriels, etc., tous les mendiants valides qui se présenteraient à eux avec une lettre de sa part. En huit mois il offrit cette lettre à 727 mendiants, qui se plaignaient de souffrir la faim faute de travail ; or, plus de la moitié (415) de ceux-ci ne se présentèrent même pas pour retirer ce document ; 130 d'entre eux le retirèrent, mais ne se présentèrent à aucun patron. D'autres se mirent au travail pour une demi-journée, réclamèrent les deux francs gagnés et ne reparurent plus. En somme, sur 727, seulement 8 continuèrent le travail. On voit donc par là, que 1 seulement sur 40 mendiants aptes au travail avait le désir sincère de travailler (2).

Si les jeunes gens de Barnardo s'amendèrent en émigrant au Canada, 42 % des jeunes gens de l'École-Réforme de Redhill qui y émigrèrent également en revinrent plus mauvais qu'avant malgré 1000 livres sterlings dépensées pour leur amendement (JOLY, *o. c.*).

(1) *Revue des Revues*. Mai, 1896.
(2) Voir aussi PAULIEN, *Paris qui mendie*, 1890.

Chapitre V.

Applications pratiques à la critique pénale, aux expertises, à la pédagogie, aux arts et aux lettres.

Tous ces faits prouvent abondamment que l'anthropologie criminelle résout non seulement les problèmes théoriques de droit, mais peut suggérer d'utiles enseignements dans la lutte de la société contre le crime; tandis que plus l'ancienne science pénale s'élevait dans les hautes régions juridiques plus elle s'écartait de la pratique et savait d'autant moins nous défendre.

Crime politique. — Une des applications les plus nouvelles et à la fois les plus pratiques de l'anthropologie criminelle c'est celle qui, partant de l'horreur de l'homme pour le nouveau, de son misonéisme comme base juridique du crime politique qui jusqu'à présent s'était soustraite aux efforts des juristes (1), et de l'étude physionomique et biologique du criminel politique, établit la différence entre la véritable révolution, toujours utile et féconde, et les révoltes toujours stériles et nuisibles (1).

C'est un fait désormais reconnu et dont j'ai fourni des preuves dans mon *Crime politique* (1), que les initiateurs des grandes révolutions scientifiques ou politiques, sont presque tous jeunes, doués de génie, ou d'un singulier altruisme, et

(1) Voyez, *H. criminel*, vol. II, pag. 255 et suiv. — Voyez, Lombroso o Laschi, *Crime politique*, Alcan Paris, 1891. — Lombroso, *Les Anarchistes*. Flammarion, Paris, 1895.

d'une belle physionomie; et loin de présenter cette insensibilité commune aux criminels-nés, ils se distinguent au contraire par une véritable hyperesthésie morale et physique. Mais, si des martyrs d'une grande idée sociale ou religieuse, nous passons aux rebelles, aux régicides, aux présidenticides, tels que Fieschi, Guiteau; aux fauteurs des massacres de 1793, tels que Carrier, Jourdan, Marat; aux anarchistes, nous voyons que tous ou presque tous ont le type criminel. — Ce sont des rebelles.

Applications aux expertises psychiatriques. — Les médecins légistes, les pénalistes pratiques qui ont étudié l'anthropologie criminelle, ont pu se convaincre de quel précieux secours est cette science dans la diagnose du véritable coupable, de même que pour reconnaître dans quelle mesure un complice a participé à un crime; autant de notions qui ne s'appuyaient souvent jusqu'ici que sur de faibles indices, tels que les divulgations faites dans la prison ou les vagues attestations des maires.

J'en citerai comme preuve les observations suivantes:

Bersone Pierre, 37 ans, voleur très connu, avait été arrêté sous l'inculpation d'un vol de 20.000 francs, fait en chemin de fer: en prison, il simula la folie, prétendant qu'on l'empoisonnait; on acquit bientôt la certitude qu'il avait commis beaucoup d'autres vols, l'ayant trouvé muni d'une quantité de portefeuilles et de passeports, entre autres celui d'un certain Torelli. À l'observation anthropologique on remarqua:

Capacité crânienne moyenne: c. c. '1589; indice céphalique 77; type physionomique criminel complet.

Le tact est presque normal, langue 1,9, 2-3 à la main droite, 2-1 à gauche avec mancinisme sensoriel.

La sensibilité générale et la dolorifique sont très obtuses: 48 et 10 mill. du charriot de Rhumkorff, tandis qu'elles sont de 61 et 24 mill. chez un homme normal.

L'étude avec l'hydrosphigmographe — instrument avec lequel on met en évidence les tracés du pouls et les modifications de volume des membres sous l'influence d'une émotion et qui exprime en millimètres la réaction émotionnelle psychique —

me confirma dans l'observation de sa grande insensibilité à la douleur, qui ne changeait pas les lignes sphigmographiques ; la même apathie persistait lorsqu'on lui parlait du vol en chemin de fer, tandis qu'on observait une énorme dépression — abaissement de 14 mill. — quand on lui parlait du vol Torelli. J'en concluai qu'il n'avait pris aucune part au vol en chemin de fer, tandis qu'il avait certainement participé au vol Torelli ; et mes prévisions se vérifièrent complètement.

Gall... Marie, 66 ans, de Lucera, fut trouvée morte dan son lit, la face adossée au matelas, les narines sanguinolentes, écrasées et déchirées internement. Les soupçons se portèrent aussitôt sur ses deux beaux-fils M... et F..., fort mal notés et qu'on avait vu rôdant aux environs dans la journée: eux seuls avaient intérêt à la mort de la victime, qui était sur le point de contracter une rente viagère qui les déshéritait.

À l'autopsie on découvrit tous les caractères internes de la putréfaction avancée et de l'asphyxie ; et on trouva dans l'œsophage un ascaride lombricoïde, appuyé sur l'ouverture de la glotte. Deux experts déclarèrent qu'il s'agissait d'asphyxie provoquée par suffocation violente en maintenant la victime la face contre un coussin, l'ascaride n'ayant pu être amené là que par un accès de toux : un autre expert admit l'asphyxie, mais il ne voulut pas exclure que l'helminthe pouvait l'avoir provoquée. Appelé à mon tour à une surexpertise, je ne pus faire à moins d'observer: que les morts par asphyxie provoquée par des lombricoïdes sont toujours des enfants ou des aliénés et opposent constamment une grande réaction, qui faisait ici complètement défaut ; que, d'autre part, le témoin C... déclarait avoir entendu des cris suffoqués dans la nuit du crime et des coups dans la direction de la chambre de la victime, et surtout: que l'accusé M... était anthropologiquement et juridiquement suspect du crime, dont il avait été accusé ouvertement par son frère qui, bien moins criminel que lui, était moins endurci dans la négative. C'était, en effet, celui-là le type le plus complet du criminel-né: mâchoire, sinus frontaux et zygomes énormes, lèvre supérieure amincie, incisives géantes, tête volumineuse avec capacité exagérée, 1620 cc., tact obtus, 4,0 à droite et 2,0 à gauche et plus développé à droite qu'à gauche, c'est-à-dire avec mancinisme sensoriel. Il fut condamné.

Le riche fermier S..., retournant du marché, porteur d'une somme de 2000 francs, fut prié par un inconnu qui cherchait un emploi de manœuvre, de le laisser monter dans sa voiture. Dès lors, cet individu ne le quitta plus: ils soupèrent ensemble et vers le soir on vit l'inconnu l'accompagner sur la grande route où la nuit suivante le malheureux fermier fut trouvé assassiné, portant des signes de strangulation, le crâne fracassé par de grosses pierres et la bourse vide.

Quatre témoins signalèrent au juge la physionomie sinistre de cet inconnu; et une jeune fille déclara qu'elle avait vu le soir couché par terre, dormant auprès de l'assassiné, un certain Fazio, qu'on avait vu le lendemain se cacher lorsque les gendarmes s'approchèrent du pays. À l'examen je trouvais à celui-ci des oreilles à anse, zygomes et mâchoires volumineuses avec appendice lémurien, division de l'os frontal, rides précoces et profondes, regard sinistre, nez tordu à droit, une physionomie en somme s'approchant du type criminel: pupille très peu mobile, réflexes tendineux plus vifs à droite qu'à gauche, grande obtusité tactile, et plus à droite, 5,0, qu'à gauche, 4,0 ; mancinisme motoire et sensoriel ; large tatouage sur la poitrine représentant une femme et les paroles: *Souvenir Celine Laure* (c'était sa femme) et sur le bras gauche le portrait d'une fille. Il comptait dans sa famille une tante épileptique et un cousin fou; les informations révélèrent qu'il était joueur et paresseux. — De toute manière, enfin, la biologie fournissait ici des indices, qui joints aux judiciaires, auraient suffi à le faire condamner dans un pays moins tendre pour les criminels ; malgré cela, il n'en fut pas moins acquitté.

Innocence révélée. — L'anthropologie criminelle peut, non seulement, nous aider à découvrir les vrais coupables, mais encore sauver ou du moins réhabiliter des innocents accusés ou condamnés.

C'est ainsi qu'une petite fille de 3 ans ¹/₂, ayant été violée et infectée par un inconnu, sa mère accusa successivement 6 jeunes hommes, habitant dans le même escalier et qui étaient familiers avec la petite: ils furent arrêtés, mais tous niaient le crime. J'en signalais aussitôt un d'entre eux ayant des tatouages obscènes sur le bras, une physionomie sinistre, le champ visuel altéré et sur lequel nous trouvâmes des traces d'une syphilis récente. Plus tard cet individu confessa son crime.

Mais voyons le cas observé dans ma clinique et publié par Rossi dans *Una centuria di criminali*, qui dévoila l'innocence' d'un condamné. Un certain Rossotto Giacinto, à la suite d'une série de faux indices et d'une lettre reçue de son beau-frère, qui le priait de faire un faux témoignage, fut condamné en 1866 au bagne perpétuel pour vol de grand chemin.

Examinant cet homme devant les étudiants, je constatais, à ma grande surprise, que c'était le type le plus normal que j'eusse jamais eu entre les mains.

Taille 1,73; âgé de 50 ans, il pesait k. 74,5; cheveux et barbe abondants, capacité crânienne moyenne c. c. 1575; indice céphalique 84; sans anomalie faciale. Tact très fin, 1,1 à droite; 1,0 à gauche; 0,5 à la langue; normale la sensibilité générale (50), et la dolorifique 30 mill.; il ignorait l'argot et n'était pas cynique. Il présentait l'état d'esprit commun à la plupart des hommes moyens; il aimait le travail, qui avait été pendant ses longues années de captivité sa seule consolation; sa conduite avait toujours été exemplaire; même en prison il n'avait d'autre chagrin que celui de son injuste condamnation et de la privation de sa famille.

Marié à 19 ans, il n'avait jamais connu autre femme auparavant, et sa famille ne comptait ni aliénés ni criminels.

Tandis que je l'examinais, ne sachant encore rien de ses antécédents, je dis aux étudiants: « Si cet homme n'avait été condamné à vie, il représenterait pour moi le véritable type de l'homme moyen honnête ». Ce fut alors que ce malheureux, avec une tranquille réaction répondit: « Mais je le

suis honnête; et je puis le démontrer ». Et il mit à ma disposition de nombreux documents prouvant sa parfaite honorabilité : tels que déclarations, au lit de mort, des véritables auteurs
du crime dont il était imputé, qui excluaient devant le juge de
paix toute complicité de sa part; et attestations des directeurs
de la prison, etc.

Ses voisins, auprès desquels je m'informais, après mon
étude le déclarèrent un parfait honnête homme.

Pédagogie. — On doit encore à notre école une autre application immédiate et non moins utile ; c'est l'application à
la pédagogie.

L'examen anthropologique en relevant le type criminel,
le développement précoce du corps, l'asymétrie, la petitesse
de la tête et le volume exagéré de la face, l'obtusité sensorielle etc. chez les enfants criminels, explique leurs insuccès
didactiques et surtout disciplinaires; et permet de les selec-
tionner, en les séparant à temps de leurs camarades mieux
doués, pour les diriger vers des carrières mieux adaptées à
leur tempérament; et quelquefois même, par l'émigration,
par le nourrissonnage morale, et par un traitement médicale,
d'en obtenir la guérison.

Arts, Lettres. — Dans la littérature elle-même on peut
entrevoir une dernière application de cette science nouvelle,
non seulement dans l'interprétation des chefs-d'œuvre, dans
lesquels le génie avait déjà entrevu les résultats de l'anthropologie criminelle, comme Shakespeare dans *Macbeth*, dans *Lear*,
Wiers dans le *Décapité;* mais encore en ce qu'elle peut suggérer de nouvelles formes d'art, comme dans les œuvres
admirables de Dostoyewsky, *La maison des morts, et Délit
et peine,* comme dans la *Bête humaine* de Zola ; dans le
romans *Kolbotubrew of Andre Skildringar* de Garborg (1),

(1) Voir Ferri, *Les criminels dans l'art.* 1897. — *Le più recenti
scoperte ecc.* di C. Lombroso, 1898, p. 350. — Le Fort, *Le type criminel dans l'art.* 1891.

dans l'*Hedda Gabler* de Ibsen, dans l'*Innocente* de D'An-
nunzio.

Et pourquoi ne compterions-nous pas parmi nos triomphes
les nouvelles applications que l'on en a faites aux branches
les plus éloignées de la science ?

C'est ainsi que Max Nordau a pu y trouver un point d'appui
pour la critique des créations artistiques, philosophiques et litté-
raires (1); de même que Ferri et Le Fort ont pu en faire une
application à la critique des grands maîtres de la peinture et
de la dramatique, et que maintenant Sighele, Ferrero et Bianchi
l'ont appliquée à l'histoire et à la politique modernes.

Quand un crime collectif surgit tout à coup comme une
oasis étrange, inexplicable, dans la société moderne, les recherches sur le crime spécial des foules, nous l'expliquent
admirablement, en nous enseignant à nous en défendre par
les moyens préventifs conseillés par la pitié là où autrefois
ne régnait de consentement universel que la plus féroce réaction, ce qui n'aboutissait qu'à envenimer la plaie au lieu
de la guérir (2).

(1) *Dégénérescence.* 1er et IIe vol., 2e édit. Alcan, Paris, 1894.
(2) SIGHELE, *La foule criminelle.* 1889. — FERRERO, *Le symbolisme
du droit.* 1889.

Chapitre VI.

L'utilisation du crime — Symbiose.

Parvenu à la fin d'un si long travail, comme le voyageur qui touche enfin le rivage, j'embrasse d'un regard l'espace parcouru ; et parmi les nombreuses lacunes dont ne fait jamais défaut l'œuvre même la mieux élaborée, je m'aperçois qu'un coté de la criminalité a été par moi trop oublié : c'est celui qui concerne l'utilité du crime, prouvée indirectement ou moins par sa longue persistance.

Si nous essayons, en effet, de rattacher la loi Darwinienne suivant laquelle ne survivent que les organismes ayant quelque utilité pour l'espèce, au fait que le crime, quoiqu'en dise Spencer, ne cesse de poursuivre une marche ascendante, au moins sous forme d'escroquerie, de péculat, de banqueroute, nous sommes portés à croire qu'il doit avoir dans le monde, si non une fonction, du moins une utilité sociale.

Il est connu, en effet, que dans l'antiquité et encore aujourd'hui parmi les peuples les moins civilisés, les plus grands crimes furent et sont encore utilisés comme arme politique.

Nous possédons, même, une sorte de code (celui de Machiavelli) qui n'est qu'une longue suite de projets criminels dans un but politique, dont Borgia fut l'exécuteur ou mieux le modèle.

Ne voyons-nous pas, du Conseil des X de Venise qui payait des sicaires et des empoisonneurs dans un but politique, à la St. Barthélemy, le crime règner en souverain aux époques les plus reculées de l'histoire de l'homme et même encore à des époques plus récentes ?

Personne n'a oublié les corruptions parlementaires de Pitt et de Guizot, les trahisons de Fouché et de Talleyrand; plus récemment les panamistes et les Crispistes nous ont montré que souvent la morale politique diffère de la morale privée et que des ministres peuvent être criminels tout en étant hautement estimés; les anarchistes, à leur tour, n'ont-ils pas déclaré qu'ils regardaient le crime comme une arme de guerre ?

L'homme intégre, d'ailleurs, auquel l'amour de la justice et de la vérité empêcherait de dire un mensonge sans lequel on ne peut surmonter une situation difficile, amorcer des personnalités défiantes, aduler des princes ignorants pour lesquels la flatterie est la meilleure des vertus, rencontrera toujours au pouvoir des obstacles insurmontables qui lui barreront le chemin.

Voilà donc le vice devenu presque nécessaire pour le gouvernement parlementaire, chez les peuples inférieurs comme chez les peuples civilisés.

Buckle a démontré dans son œuvre immortel combien il est plus dangereux pour un peuple d'avoir des hommes d'état ignorants que d'en avoir de criminels; ceux là laissent le pas libre à tous les fripons, tandis que s'il sont fripons eux-mêmes, ils sont seuls à commettre des crimes.

Le pire des ministres qu'eut l'Italie ce fut celui qui déclarait : « Nous serons incapables, mais honnêtes »; et pourtant l'histoire a révélé que pas même celui-là ne fut honnête.

A notre époque, le mensonge n'est pas moins nécessaire aux spécialistes, aux médecins, aux avocats; il est même la base de leurs opérations.

Le mensonge pieux qui réconforte les derniers instants du phthisique s'étend souvent de l'hystérique au chlorotique, jusqu'au bien portant, de même que la défense de l'orphelin et de la veuve s'étend facilement aussi à leurs persécuteurs.

Existe-t-il, d'ailleurs, un crime plus grand que celui de la guerre, qui n'est qu'un amoncellement de vols, d'incendies, de viols, de meurtres sauvages provoqués par des causes semblables à celles des crimes communs, telles que les ambitions personnelles, et la cupidité; crimes qu'on excuse seulement parce qu'ils sont commis sur une grande échelle.

Cependant on ne peut faire à moins de reconnaître que si les guerres sont un mal dans les civilisations avancées, elles sont au contraire pour les peuples demi-barbares le point de départ d'immenses progrès; à commencer de la tribu primitive, elles ont réuni ensemble de petits groupes, en groupes de plus en plus larges, et ont formé les nations; la conquête militaire a obligé les hommes sauvages et oisifs à supporter les privations et à surmonter le dégoût du travail (v. plus haut); elle a initié ce système de subordination graduelle sous lequel s'établit toute vie sociale (SPENCER).

La guerre, d'autre part, a souvent contribué à la liberté populaire (v. supra).

C'est sans doute pour cela que le sentiment d'indignation contre les guerres n'est pas encore assez général pour qu'on cesse d'en provoquer.

La prostitution, à son tour, que nous avons vu être l'équivalent du crime, peut prévenir une quantité de délits sexuels: nous en voyons la preuve dans les pays ruraux où l'on enrégistre proportionnellement plus de viols que dans les villes (v. s.). On sait que la création des *dicterion* ou lupanars valut à Solon une gratitude éternelle lorsqu'on eut reconnu combien ils étaient utiles à arrêter le nombre toujours croissant des viols à Athène.

L'usure, elle-même, ne fut pas sans utilité; c'est d'elle que surgirent la bourgeoisie, et les premières accumulations des capitaux qui donnèrent naissance aux entreprises les plus puissantes de l'humanité. Novikow nous a démontré que l'expulsion des Juifs marchands et usuriers de la Russie appauvrit les paysans pour lesquels elle avait été effectuée; car elle eut pour résultat l'avilissement des prix du lin, faute d'habiles spéculateurs pour écouler cette marchandise; on sait, d'autre part, que les administrateurs des communes du moyen âge, après avoir chassé à outrance les Juifs, durent bientôt les rappeler, leur expulsion ayant paralysé toutes les industries (1).

J'ai démontré, dans le Vol. I de l'*Homme criminel*, que beaucoup de peines contre les crimes n'étaient, à l'époque barbare, que de nouveaux crimes, tels que la vengeance codifiée, le cannibalisme, la simonie, etc.

Le tabou était une série de simonies, de prohibitions, souvent absurdes, introduites par les prêtres presque toujours à leur propre avantage ; mais, parmi ces prohibitions, s'en trouvaient quelques-unes cependant d'utiles, telles que celles qui sauvegardaient les semences et la pêche de la destruction complète par une récolte prématurée.

Les amendes pour les homicides (*compensationes*) elles-mêmes qu'imposaient les chefs barbares à leurs sujets et que continuèrent les évêques et les papes du moyen âge n'étaient, au fond, pas autre chose que des formes diverses de simonie et de péculat ; mais elles furent un frein à l'homicide ; et déterminèrent les bases d'une codification moins barbare, ayant un principe de graduation.

Je crois, donc, que la tolérance moderne envers tant de criminels est déterminée par les tendances à la néophilie qu'ils apportent, très souvent, dans les industries et même dans la politique ; néophilie à laquelle sont complètement réfractaires les hommes moyens.

Dans les écrits des prisonniers (2), parmi d'innombrables turpitudes, j'ai parfois observé les traces d'une génialité qu'on ne rencontre pas chez les hommes moyens ; c'est que chez les criminels, comme chez les hommes de génie, avec lesquels ils ont commune la base épileptoïde, la dégénérescence n'est pas seulement féconde dans le mal: et de même que chez l'homme de génie l'excès de l'intelligence est compensé par le défaut de sens moral et d'énergie pratique (3), dans le

(1) LOMBROSO, *L'antisemitismo*, 1894. — ID., *Le crime politique*, 1892.
(2) Voir mes *Palimpsestes de la Prison*. Lyon, 1894.
(3) *Homme de Génie*. II édit., Partie IV.

criminel, le défaut de sentiment est souvent compensé par
l'énergie d'action et par la néophilie; c'est que, chez ceux-ci,
l'anomalie organique détruit le misonéisme habituel à l'homme
normal.

Leur anormalité, leur amour du nouveau, les poussent à
s'enrôler dans les partis extrêmes. César et Catilina ne trouvèrent tout d'abord des partisans que parmi les fripons, tandis
que l'ancien parti consulaire ne recrutait que des honnêtes
gens (1). Et l'histoire nous apprend que le noyau des grands
rebelles fut presque toujours criminel (2).

Et les criminels s'imposent, d'ailleurs, de telle sorte en
profitant des complications de la vie parlementaire, qu'il serait
impossible de les en chasser sans graves dommages; de même
qu'il n'était pas possible de chasser les tyrans antiques qui
eux aussi étaient criminels, mais criminels utiles.

Bien des faussaires et des escrocs, tout en ne travaillant
que pour eux, grâce à leur grande activité, mettent en mouvement une telle quantité de ferments qu'ils réussissent à
donner une puissante impulsion au progrès; leur absence de
scrupules, leur violente impulsivité, leur imprévoyance des
obstacles les font triompher là où les hommes honnêtes échou-
eraient inévitablement.

Ce penchant novateur qu'ils apportent dans le crime est
parfois le point de départ d'immenses innovations. L'ouverture, par exemple, du canal de Suez est due à une colossale
escroquerie, accomplie avec les mêmes artifices criminels que
ceux mis en œuvre par le Panama.

La flotte Anglaise dut son origine aux pirates (DRAKE).

La colonisation du Vénézuela par des Italiens est due à
un officier escroc chassé de notre armée.

Mimande (*Criminopolis*, 1897), nous cite deux escrocs, un
incendiaire, et deux voleurs qui introduisirent dans la nouvelle
Calédonie la culture, sur vaste échelle, du tapioca et de la

---

(1) LOMBROSO e LASCHI, *Le crime politique*. 1890.
(2) Idem.

pomme de terre et la fabrication du cuir; tandis qu'un voleur, ancien distillateur, découvrit le moyen d'extraire des
parfums et des liqueurs des plantes indigènes.

Chez les nations demi-barbares, où le crime est plutôt une
action commune qu'un méfait, très souvent les criminels deviennent une sorte de justiciers populaires et de tribuns
politiques.

Ils exercent et mettent en pratique, à vrai dire à leur
profit, mais en partie aussi au profit des autres, une espèce de
communisme violent, qui leur permet de s'enrichir en dépouillant et volant les riches et les puissants; mais ils appliquent
en même temps une justice sommaire qui supplée au manque
de justice officielle.

En Sardaigne, en Corse, et pendant longtemps en Sicile,
sous les Bourbons, les véritables juges, les vrais protecteurs
des opprimés furent, et sont encore actuellement, les brigands,
qui bien souvent partageaient le butin avec les pauvres,
dont ils devenaient les chefs dans les révoltes, comme les
Clephtes en Grèce. À Naples, et en partie en Sicile, la camorre
et la mafia, bien qu'étant des associations criminelles, exercèrent pendant longtemps sur les plèbes et parfois dans les
maisons de débauche, dans les auberges et dans les prisons,
une justice relative; elles pouvaient offrir aux propriétaires
et aux voyageurs une sorte d'assurance contre les malfaiteurs
dont le gouvernement était loin de pouvoir les garantir. C'est
pour cela qu'elles furent tolérées et parfois même aidées par
les gens honnêtes. C'est ainsi que sous Louis XIV, et pendant
presque un siècle, le bas peuple français dut aux brigands et
aux contrebandiers, associés et organisés presque en armée,
la jouissance du sel frappé de taxes si absurdes, qu'il était
devenu un vrai objet de luxe (FERRERO).

Au milieu d'une civilisation trop corrompue, quand l'extrême
légalité en arrive à favoriser l'impunité du crime, le lynchage,
qui est lui même un crime, devient un moyen barbare, il est
vrai, mais efficace pour s'en défendre: en Californie, par
exemple, tous les offices publics, y compris la justice, étaient

aux mains d'une vraie bande de malfaiteurs qui volaient impunément et étaient acquittés lorsqu'on les dénonçait ; la majorité du peuple écœurée réagit et les lyncha: depuis lors, la Californie est le pays le plus tranquille des États-Unis. Sans ce moyen expéditif, la justice ne serait jamais parvenue à les extirper, pas plus que maintenant en Italie elle ne parvient à frapper les grands escrocs s'ils sont à l'abri de leurs hautes fonctions. Tout cela nous explique pourquoi, parmi les peuples barbares et aussi parmi les peuples civilisés, beaucoup de crimes, non seulement n'étaient pas punis, mais étaient au contraire favorisés et pourquoi la réactions contre certains crimes a toujours été si faible, si insuffisante.

De toute façon, les recours, les contrôles, les appels et les contre-appels pour mieux assurer la sincérité du jugement, sont si nombreux, que lorsqu'il s'agit de prononcer la sentence, les hommes ont oublié le crime, ou sont tellement lassés par la longue attente que le plus injuste verdict n'éveille en eux aucune réaction; et si parfois il est juste et sévère, les grâces, les amnisties y remédient bientôt, de sorte qu'il faut qu'un criminel soit bien pauvre et bien inepte pour subir entièrement une peine méritée.

Les procès criminels ne servent au fond que trop souvent aux avocats à faire passer dans leurs poches, comme les vers font de l'*humus*, l'argent que les criminels volent aux honnêtes gens; ils ne sont en définitive qu'un prétexte pour nous endormir dans une fausse sécurité chaque jour démentie par de nouveaux méfaits.

Ajoutons que si les anciens jugements pénals, le cannibalisme juridique, l'accouplement public des adultères, les combats avec les bêtes féroces étaient de tristes et criminels amusements (1), les jugements modernes à leur tour ne sont pas moins immoraux, grâce à la théatralité des Assises et de la peine capitale, où accourent les pires criminels, pour lesquels ces sortes de spectacles sont les meilleurs amusements et

(1) *Homme criminel*, Vol. I.

un moyen de s'instruire dans le mal et de redoubler leurs méfaits. Il s'ensuit que la peine elle-même et les moyens de l'exécuter sont une autre forme de crime, dont les frais sont entièrement supportés par les honnêtes gens; c'est ainsi qu'en Italie, après avoir perdu 20 millions par les artifices malfaisants des criminels, on en perd quatre fois autant pour les faire arrêter et juger et six fois autant pour leur entretien en prison.

Il n'est donc pas exagéré de dire qu'un bon tiers du bilan des honnêtes gens s'en va tout au service des criminels, pour lesquels une pitié mal entendue trouve toujours des atténuantes, et d'autant plus que leur crime est moins justifiable.

Tout cela n'aurait pu subsister pendant tant de siècles si, au fond, l'utilité qui dérive de certains crimes dans les peuples barbares ou presque barbares, n'eût été assez grande pour empêcher de surgir dans le cœur des honnêtes gens une juste réaction.

Symbiose. — Mais, en admettant cette fonction temporaire du crime, s'ensuit-il que le but suprême auquel vise ce livre, c'est-à-dire la lutte contre le crime, soit inutile et peut-être même nuisible ?

S'il en était ainsi, je serai le premier, moi-même, pour lequel la soif du bien, la haine du mal, surpassent toute conviction théorique, je serai le premier à déchirer ces pages. Mais, heureusement on peut déjà entrevoir, dès à présent, une voie moins décourageante, qui, sans abolir la lutte contre le crime admettra des moyens de répression moins sévères.

La voie nouvelle qui s'ouvre devant nous — ce livre l'a seulement en partie signalée par la critique impitoyable des peines, et en préconisant les moyens préventifs comme les secours directs les plus valides contre le crime; cette nouvelle voie, c'est la création d'institutions permettant d'utiliser le criminel au même degré que l'honnête homme, au grand avantage de tous les deux; et cela d'autant plus que bien souvent le crime (voir par ex. le crime anarchique) nous révèle le foyer le plus infecte des plaies sociales, de la même manière que l'on voit le choléra frapper de préférence les quartiers les plus malpropres de la ville, en nous montrant par là où doivent le plus se diriger nos cures prophylactiques.

Nous visons d'autant plus à ce but en rejetant en seconde ligne l'ancienne cruauté répressive à mesure que se modifient les temps et nos conditions sociales s'améliorent; et s'il est vrai que le crime augmente en nombre, il n'en est pas moins vrai qu'il va sans cesse se dépouillant de son ancienne férocité atavique pour revêtir les formes assùrément moins répugnantes et moins sauvages, du faux, de l'escroquerie et de la banqueroute, contre lesquelles la culture et la prévoyance sont une meilleure sauvegarde que la répression.

Et à mesure que se modifient les temps, nous voyons s'atténuer de plus en plus les dures inégalités sociales; et, de même que les plus urgents besoins sociaux ont été peu à peu et presque inconsciemment comblés par les moyens collectifs: à savoir: l'illumination, l'instruction, la viabilité: on entrevoit, dès à présent, qu'ils réparera nos plus grandes injustices sociales: et que l'on éliminera par ces moyens une des causes les plus puissantes du crime occasionnel, telle que: l'insuffisance du travail pour la lutte pour l'existence, tandis qu'ils préviendront, en même temps, l'excès de la richesse, autre cause puissante de crime.

Il existe, il est vrai, un groupe de criminels, nés pour le mal, contre lesquels viendraient se briser comme contre un écueil toutes les cures sociales, ce qui nous contraint à leur élimination complète, même par la mort; mais nous comprenons aussi que cette douloureuse nécessité finira par disparaître au moins pour les criminels moins dangereux, pour les criminaloïdes; et que les moyens d'adaptation à la vie deviendront de plus en plus fréquents, grâce aux cures médicales et à leur utilisation dans les travaux le plus en rapport avec leurs instincts ataviques, la guerre, par exemple, ou la chirurgie pour les homicides, la police, le journalisme pour les recéleurs et les escrocs etc.; enfin, la colonisation dans les terres sauvages et malsaines, où ils seraient le moins assujetis à une demeure fixe, pour les vagabondes.

Si d'un côté l'histoire naturelle nous a montré (1) jusque dans les plantes, l'existence d'organes meurtriers (plantes carnivores) elle nous enseigne aussi, presque comme un symbole de la charité humaine, les nombreux cas de symbiose des plantes, qui nuisibles par elles-mêmes deviennent utiles et bienfaisantes en s'unissant à d'autres, tout en redoublant leur propre vigueur. C'est ainsi que la richesse en azote des légumineuses est due à un schizomicète, au *Rhizobium leguminosarum Frank* qui s'agglomère dans leurs racines et qui pénètre par ses filaments radicaux dans le terrain jusque dans leurs parenchymes où il se multiplie pendant que les cellules à leur tour irritées se segmentent en donnant lieu à un autre tubercule où se forme la semence, dont une part est utilisée par la plante, tandis que l'autre se répand dans le terrain en y accroissant sa richesse en azote (2).

Dans le monde zoologique nous voyons la Méduse *Combessa palmipes*, si nuisible à ceux qui l'approchent, défendre des gros poissons le *Caranx melampygus*, en se greffant au travers des orifices de son portique sous-génital (*Chronique scientifique*, mai 1896) ; c'est ainsi que le pagure au lieu de dévorer l'actinie, la laisse se fixer sur sa demeure, et cette dernière, que de la sorte il abrite et transporte, lui sert à son tour, grâce à sa brillante couleur, à attirer la proie.

Et si maintenant la science nous montre la fusion de deux ordres de plantes inutiles ou nuisibles, les champignons et les algues, donner naissance à un troisième ordre très utile comme le lychen, le temps n'est pas éloigné où la société trouvera le moyen, avec une culture symbiotique appropriée, d'acclimater le criminaloïde au milieu de l'épanouissement de la civilisation la plus avancée et cela, non seulement en le tolérant, mais en l'utilisant à son propre avantage.

---

(1) Voir *H. Criminel*, Vol. I, Parte I.
(2) D.ʳ FRANK, *Ueber die Pilzsymbiose der Leguminosen*. Berlin, 1890.

CERVEAU DES CRIMINELS — (*Mondio*)

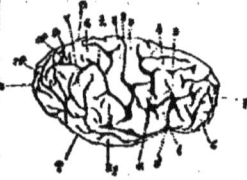
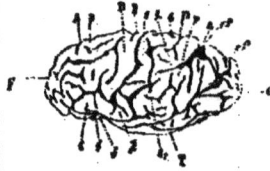
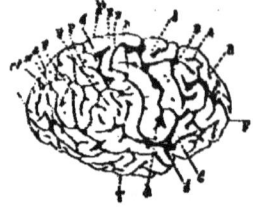
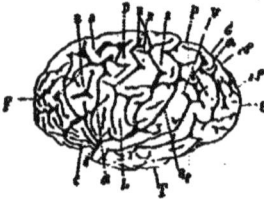
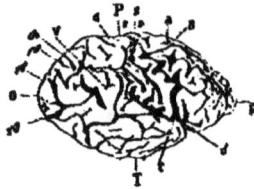
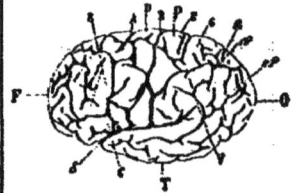
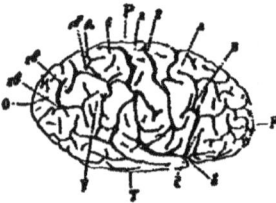
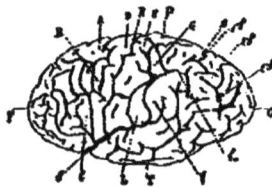
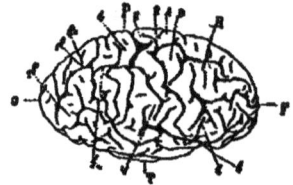
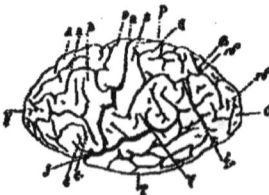
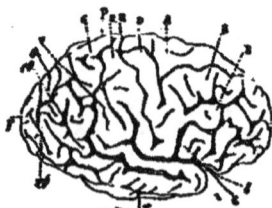
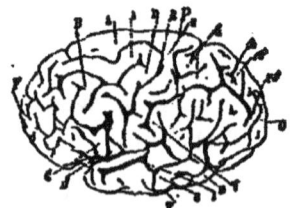

Le temps n'est sans doute pas éloigné où nous verrons dans la civilisation humaine, les plantes carnivores aller en s'éliminant, tandis que se multiplieront les plantes symbiotiques.

Mais nous n'atteindrons complètement ce but qu'en nous appuyant sur la nouvelle science anthropologique, qui peut individualiser son œuvre et pour cela nous aider puissamment à découvrir les tendances spéciales des criminels, afin de les canaliser et d'en utiliser les moins antisociales.

Nino Bixio est un exemple frappant de la possibilité de cette réforme. Criminel et impulsif dès son enfance, il était la terreur de ses camarades qu'il frappait à tout venant; vagabond et déserteur il semblait à jamais incorrigible; et cependant il devint l'homme historique que l'on sait lorsqu'il fut canalisé dans la marine, dans laquelle il put dépenser son excès d'activité.

Or, ce ne sont pas rares les hommes que l'entreprise de Garibaldi transforma de vagabonds en héros.

Bien souvent, dans les prisons, j'ai entendu des voleurs et des assassins m'affirmer, qu'ils n'avaient commis leur crime que pour se procurer le nécessaire afin de devenir comédiens ou cyclistes; en protestant, avec cet accent qui n'admet pas de doute, que s'ils avaient pu rejoindre leur idéal, ils seraient devenus célèbres et auraient pour toujours échappés au crime. Je suis d'autant plus convaincu qu'ils étaient dans le vrai, que j'ai observé dans le monde des criminels-nés, placés dans de hautes positions, qui assouvissaient leurs mauvais penchants dans l'exercice de leur profession, en devenant très souvent, d'anti-sociaux qu'ils étaient originellement, des hommes utiles à la société humaine.

Qui ne connaît ce R., célèbre opérateur présentant sur le crâne et sur le visage et même dans ses discours tous les caractères du criminel-né, dont il a aussi l'étiologie, lequel assouvit ses cruelles énergies dans une chirurgie sans doute quelquefois risquée, mais cependant toujours géniale?

J'ai aussi connu un certain Trinis, ouvrier athlétique, qui se montra bon tant qu'il put dépenser son énergie dans le

travail; et qui devint dangereux lorsque la maladie l'obligea à
l'oisiveté. C'était le type du meurtrier par surabondance de
force qu'il déchargeait sur autrui, surtout contre la police.

J'ai connu un autre criminel analgésique et vertigineux de
naissance qui resta honnête tant qu'il put assouvir dans le
métier de boucher son penchant pour la vue du sang; devenu
caporal, il battait les soldats auxquels il devait enseigner
les armes; oisif, il devint escroc, voleur et meurtrier.

Tolu, le brigand sarde, plusieurs fois meurtrier, fut, dans
les dernières années de sa vie très utile à la sûreté publique
de la Sardaigne contre certaines bandes organisées pour voler
le bétail et qu'il tenait en respect par la seule terreur de son
nom, tandis que les troupes et les gendarmes ne pouvaient
rien contre elles. Tiburzio en fit autant dans la campagne Romaine pendant un quart de siècle; et empêcha tous les vols
des autres criminels; mais Tolu a fait plus encore: il a introduit
la prophylaxie du crime en faisant prêter du bétail à ceux
qui, sans cela, en auraient volé par nécessité et en leur per-
suadant que le travail honnête est plus lucratif que le vol (1).

J'ai démontré dans mes précédentes études (2) que le génie
comme la folie morale a sa base dans l'épilepsie; il n'est donc
pas absurde de voir la folie morale se joindre au génie: et, par
cela même, devenir, non seulement inoffensive, mais parfois
encore utile à la société, comme nous le voyons pour les grands
conquérants, pour les chefs de révolutions, de sorte que les
notes criminelles passent en seconde ligne, devant les con-
temporains alors même qu'elles sont autant et même plus prépondérantes que les notes géniales. Lorsqu'on a étudié la vie
des grands pionniers de l'Australie et de l'Amérique on comprend qu'ils étaient, presque tous, des criminels-nés, pirates
ou assassins, dont les excès d'action, de lutte, de carnage
et de nouveauté, qui auraient été un immense danger pour
leur pays, trouvaient une issue utile au milieu des tribus
sauvages.

(1) COSTA, *Il brigante Tolu*. Cagliari 1879.
(2) *Homme de Génie*. II édit., III partie.

Tout cela nous prouve que nous devons profiter de la métamorphose que la folie épileptique provoque quelquefois en poussant les criminels-nés aux excès de l'altruisme, à la sainteté, entraînant, à leur tour, non seulement les individus mais des masses entières à une vertu épidémique: tel fut le cas de Lazzaretti, de Loyola et de Saint Jean de Ciodad.

Leur insensibilité à la douleur et leur imprévoyance en font des héros devant le danger, comme nous avons vu pour Hollen, Fieschi, Mottini, qui avaient gagné la médaille à la valeur militaire, comme les Clephtes qui furent les premiers héros de l'indépendance grecque. Beaucoup sont criminels par un excès d'impulsivité qui les pousse vers le bien aussi irresistiblement que vers le mal; c'est ainsi qu'on peut expliquer l'héroïsme des forçats au temps du choléra à Naples et à Palerme; c'est par un héroïsme analogue que fut sauvé de l'incendie le village entier de Kotscha.

C'est pour cela qu'au lieu de la réprimer par la violence, l'État devrait chercher à canaliser et à diriger vers les grandes œuvres altruistiques cette énergie, cette passion du bien, du juste et du nouveau qui anime le criminel par passion et le criminel politique: c'est à l'utilisation de ces forces, qui abandonnées à elles-mêmes deviendraient certainement dangereuses, que devrait viser un grand peuple, car elles peuvent toutes s'utiliser pour le bien et même arriver à transformer les masses apathiques.

Les révolutions sont la conséquence d'énergies entièrement polarisées vers le nouveau et vers l'utile; mais bien souvent l'immaturité des innovations qu'elles prétendent imposer les rendent momentanément inadaptables et dangereuses (1). Il s'ensuit donc que la punition de leurs auteurs, si toutefois il est possible de les punir, doit être dépouillée de toute douleur; et s'il faut empêcher l'œuvre nouvelle d'éclore prématurément, il ne faut point l'empêcher de prendre une direction qui pourrait être avantageuse dans une époque plus propice (1).

---

(1) LOMBROSO. *Le crime politique et les revolutions.* 1894. 1e Partie.

Si la balle qui frappa Garibaldi l'avait tué, combien d'œuvres grandioses n'auraient pas vu le jour ; et si la mort ne nous l'avait pas si tôt ravi, qui sait si nous n'aurions pas vu se réaliser son rêve de transformer en terres fertiles les terres marécageuses de l'Itane, au lieu de nous jeter tête baissée dans les stériles landes africaines.

Lazzaretti, qui fut frappé par les balles italiennes, pouvait être le rédempteur des paysans de Monte Amiate, comme Orsini pouvait devenir un nouveau Garibaldi.

Dans une nation comme la Russie, épuisée par une toute-puissante bureaucratie, nous avons vu l'énergie des sectaires persécutés transformer des régions presque inhabitables, en campagnes extraordinairement fertiles, d'où surgirent des villes prospères et peuplées.

Voilà les résultats de la symbiose.

C'est ce sublime but qu'entrevoyaient le grand Rédempteur et les prophètes lorsqu'ils prédisaient : « Le loup et l'agneau pâtureront ensemble, le lion se nourrira de l'herbe des champs avec le bœuf, et ces bêtes ne causeront plus ni dommages, ni dégâts (*Isaïe*, LXV, 25) » —, et c'est encore ce que devinait cette sainte des nouveaux temps — Madame de Staël — lorsqu'elle déclarait : *Comprendre c'est pardonner.*

Turin, 2 Novembre 1898.

C. LOMBROSO.

APPENDICE

Histoire des progrès de l'Anthropologie et de la Sociologie criminelles
pendant les années 1895-1898.

On dit que les peuples heureux n'ont pas d'histoire, mais
on peut soutenir le contraire pour les sciences; car, plus elles
sont en progrès, plus elles ont d'histoire. Cela est évident,
au moins, pour l'anthropologie criminelle. Il n'y a que quatre
années que j'en ai résumé les progrès dans mon livre « *Les
progrès de l'anthropologie criminelle* » et dans mon « *Homme
criminel* » I et II vol. ; et toutefois les découvertes dans cette
branche se sont tellement multipliées, qu'elles suffiraient à
fournir la matière d'un nouveau volume.

En se bornant seulement aux quatre dernières années
1895-1896-97-98, et en laissant même de côté tous les grands
ouvrages en volumes (1), il est difficile de donner, en quelques
pages, une idée de ces progrès.

---

(1) FERRI, *Sociologie criminelle*, 1895, Rousseau, Paris. — ID., *L'Omi-
cidio*, 1896. — LOMBROSO, *La femme criminelle*, 1896, Alcan, Paris. —
ID., *L'homme criminel*, 2 vol., 1896-97, Alcan, Paris. — ID., *L'uomo
delinquente*, VI ed. 3 vol., Bocca, Torino, avec atlas, 1896. — SIGHELE,
Le crime à deux, 1895. — ID., *La foule criminelle*, 1894. — KURELLA, *Der
Verbrecher*, 1895, Berlin. — RONCORONI, *L'epilessia*, 1896. — LOMBROSO,
Les palimpsestes des prisons, 1895. — CALMON DU PIN et ALMEIDA. *Dege-*

Commençons toutefois par les observations anatomiques sur le criminel-né.

1. ANATOMIE.

Nécroscopie des criminels. — A la nécroscopie d'un voleur sarde de 49 ans, le docteur Pitzorno (1) constata une capacité crânienne minime, cm. 1330, pour une taille de 1ᵐ 72 ; de nombreux muscles surnuméraires dans l'avant-bras gauche ; à gauche, le plantaire grêle manquait, phénomènes tous les deux évolutifs ; il présentait, au contraire, un muscle accessoire du sterno-cleido-mastoïdien à droite, qui s'insérait à la première côte, anomalie qu'on peut constater normalement dans les vertébrés inférieurs (lézards, etc.). Il avait encore une anomalie des racines de la veine porte et des veines pulmonaires, en relation avec la présence d'un lobe surnuméraire dans le poumon gauche. Dans le cerveau, la scissure prérolandique communiquait avec la sylvienne.

Anomalies des organes internes des criminels. — Le docteur Motti (2) a trouvé que 90 % des criminels présentent des anomalies des organes internes. On note surtout un développement plus grand de l'hémisphère cérébral droit ;

nerados criminosos, Bahia, 1898. — HAVELOCK-ELLIS, *The criminal man*, 1895, Londres. — NICEFORO, *L'Italia barbara contemporanea*, 1898. — VIAZZI, *Sui reati sessuali*, 1897. — COGNETTI DE MARTIIS, *Il marinaio epilettico*, 1796. — BRANCALEONE-RIBAUDO, *Studio antropologico sul militare delinquente*, 1895. — BACA e VERGARA, *Studi d'antropologia criminale*, 1897, Mexico. — DRAGO, *I criminali-nati*, 1896, Buenos-Ayres. — MARRO, *La pubertà*, 1898. — FLORIAN e CAVAGLIERI, *I vagabondi*, 1899. — FLORIAN, *La diffamazione*, 1896. — RYCKÈRE, *La femme en prison*, 1898. — TARDE, *La philosophie penale*, 1896. — MAC DONALD, *Le criminel type*, 1897.

(1) *Esame di un delinquente* — *Archivio di Psichiatria*, etc., 1898, IV.

(2) *Atti del Congresso Med. intern.*, Roma, 1890.

une bifidité de la pointe du cœur, comme dans les siré-
nides, l'ouverture du trou ovale, la présence d'un lobe impair
(azygos inférieur) dans le poumon; un sillon secondaire dans le
foie, et les reins polylobés, etc.

Procès clinoïdes. — Raggi a calculé la fusion des procès
clinoïdes du crâne:

dans le   9 % de normaux,
»   12 % de fous,
»   23 % de criminels (*Arch. di psich.*, 1896).

Suture ethmoïdo-lacrymale (1). — Le Prof. Ottolenghi,
dans 68 crânes de criminels et 14 d'épileptiques, constata
une fréquence beaucoup plus grande que chez les normaux
de la brièveté de la suture ethmoïdo-lacrymale, en comparaison de la longueur de l'os lacrymal. Voir:

Index ou rapport entre la suture ethmoïdale et la longueur de l'unguis	Crânes normaux %	Crânes d'aliénés %	Crânes de criminels %
De 100 à 70	39,78	9,04	5,5
De 70 à 60	29,03	21,21	22
De 60 à 50	37,52	69,79	71
De 50 à 20	17,20	27,27	29

Ce caractère est atavique: car on le trouve parmi les races
inférieures.

Division de la lame papyracée de l'ethmoïde (2). — Le
prof. Ottolenghi a trouvé une division de la lame papyracée
de l'ethmoïde dans le 4,1 % de criminels, et le 0,66 des
normaux.

---

(1) *Archivio di Psichiatria*, vol. XVI, p. 462, Torino, 1895.
(2) OTTOLENGHI, *Sulla divisione per sutura verticale della lamina papi-
racea dell'etmoide nei degenerati* (*Archivio di Psichiatria*, vol. XVII,
p. 192). Processi verbali della R. Accademia dei fisiocritici, Genova, 1895.

Caractères ataviques pathologiques. — Sur 44 crânes de voleurs de grands chemins, Pellacani trouva les sinus frontaux très larges dans 50 %, le ptérion en K dans 48 % ; microcéphalie frontale très remarquable (diamètre frontal minimum de 90^{mm}) dans 27 % ; fossette occipitale moyenne dans 15 % ; suture métopique dans 11 % ; fossette pharyngée dans 11 %.

Parmi les anomalies pathologiques, il trouva la plagiocéphalie grave et les wormiens abondants dans 50 % ; asymétrie homonyme du visage dans 27 % ; wormiens épiptériques dans 31 % (1).

Chez un criminel, Del Vecchio trouva le condyle occipital avec une double fossette, l'une antérieure verticale, se continuant en avant avec la portion basilaire de l'occipital, l'autre postérieure horizontale: forme qui est normale chez les ruminants (2).

Variété des vertèbres. — Tenchini trouva dans 16 atlas des criminels presque toutes les anomalies signalées jusqu'ici par les anatomistes, telles que la soudure complète de l'atlas avec l'os occipital, la duplicité de la surface des cavités glénoïdes (dans 15 cas sur 16); et chez 3 individus un pont osseux étendu entre l'extrémité postérieure de la masse latérale et l'arc postérieur de l'atlas.

Sur l'atlas d'un voleur de grand chemin, il a observé une petite lame osseuse s'étendant de la marge extérieure de la cavité glénoïde à la moitié postérieure du sommet de l'apophyse transverse, anomalie que Poirier ne rencontra que 9 fois sur 500 hommes normaux (1,8 %).

Dans 4 cas il trouva une bifidité de l'apophyse transverse et dans un autre cas, à gauche, l'interruption complète de la racine antérieure de cette apophyse transverse.

(1) *Crani di grassatori*, Atti dell'XI Congresso medico internazionale, Roma, 1895.

(2) *Le anomalie del condilo occipitale in grassatore omicida*, Atti dell'XI Congresso medico internazionale, 1895.

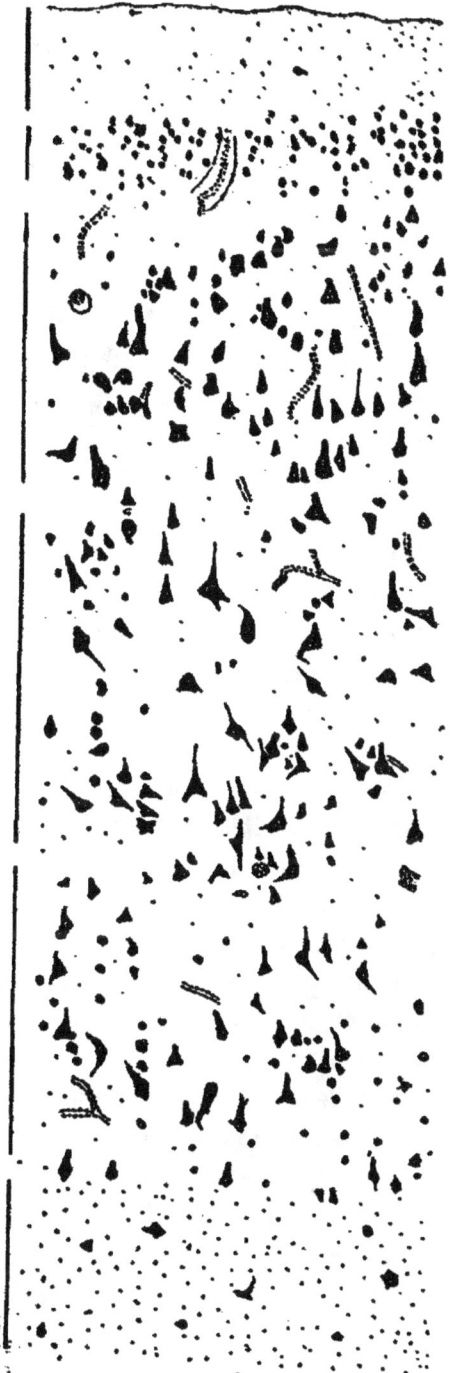

A — Histologie des couches corti-
cales des lobes frontaux chez
l'homme normal.

B — Histologie des couches corti-
cales des lobes frontaux chez le
criminel-né — (*Roncoroni*).

Crâniométrie et calcul différentiel. — Le Prof. C. Winkler
d'Utrecht (1) a mesuré et comparé 50 têtes d'assassins et 50 de
normaux, et a soumis ces mesures au calcul différentiel en
partant des principes suivants : Lorsqu'un groupe d'individus
représente un certain type, il faut que chez tous une même
dimension se rapproche toujours d'une valeur donnée, c'est-à-
dire de la moyenne du type ; et il faut pour cela une loi
commune qui tende à donner à tous les individus les mêmes
dimensions. Autrement la valeur de celles-ci et les écarts de
la moyenne, dans les individus, sont tout à fait fortuits et ne
correspondent à aucune théorie. On peut, par exemple, cal-
culer la moyenne des pages de chaque livre d'une bibliothèque,
mais cette moyenne ne répond à rien de réel.

On peut, donc, présumer que la moyenne représente un
type si la distribution des formes est conforme à une formule
exponentielle donnée ; et, si l'on trouve pour deux séries des
moyennes qui diffèrent entre elles, il est probable que les
individus des deux séries appartiennent à deux variétés.

Tel est le cas pour les mesures que Winkler a prises sur
les criminels et les normaux : mesures dont les moyennes
diffèrent tellement qu'elles rendent sûre l'existence des deux
types ou variétés : c'est-à-dire de celle de l'homme normal
et de celle du criminel.

Pour ce qui est du diamètre frontal minimum, par ex., les
épileptiques et les assassins se comportent d'une façon analogue,
avec une prévalence, cependant, de fronts plus petits chez les
épileptiques. Il en est de même de la ligne oto-mentonnière
(espace entre les deux fosses antitragales et le menton) pour
laquelle les assassins comme les épileptiques donnent des
chiffres plus grands que les trois autres groupes. Dans la largeur
bigoniaque, les assassins seuls présentent des chiffres énormément plus élevés que les autres groupes.

Winkler en a conclu: que les assassins se distinguent par
une microcéphalie frontale remarquable et un agrandissement

(1) WINKLER, *Jets over criminele Antropologie*, Harlem, 1896.

énorme de toutes les mesures faciales ; que le criminel est une variété humaine caractérisée par un front petit et un visage grand.

Des recherches analogues furent faites par un disciple de Winkler, le Dʳ D. H. I. Berings (1), sur 50 paranoïques, 50 épileptiques et 50 imbéciles (idiots), recherches résumées dans des tables graphiques très importantes.

Os, mâchoires et dents. — Talbot (2) sur 477 criminels, dont 468 hommes et 9 femmes, desquels 3 étaient chinois, 18 nègres et les autres blancs, a trouvé 36 % de types normaux, 15,72 %, avaient un développement exagéré des mâchoires (spécialement chez les nègres), dans 5 % il trouva prognathisme ou progénéisme et diverses anomalies plus ou moins importantes de la voute palatine (à forme de selle ou de V, etc.).

Sur 150 prostituées 82,6 % avaient deux ou plus anomalies graves associées (déformité crânienne, prognathisme, asymétrie, oreille défectueuse, etc.), tandis que les femmes honnêtes du grand monde n'en présentaient que 2 % et les paysannes 14 %.

Les irrégularités de la voute palatine paraissent avoir elles aussi une certaine importance comme caractère de dégénéréscence. Dans l'école de médecine et de chirurgie dentaire, dont les élèves viennent de la campagne, la proportion des anomalies en était de 45 %, tandis qu'elle s'élevait de 55 à 65 % dans une réunion de personnes habitant exclusivement la ville.

Chez les dégénérés, les criminels, les alcooliques, les prostituées, cette proportion s'élevait de 85 à 95 %.

Su 41 cadavres de criminels, Maltese (3) a trouvé très

(1) D. H. I. Berings, *Eenige, seden maten mordenares paranoisten epileptischen en embeciles.* Niemegen. Fellinga, 1896.

(2) *The etiology of osseous deformations of the head, face, jaws and teeth.* Chicago, 1894.

(3) *Anomalie dei denti in crani criminali*, 1896.

fréquentes l'asymétrie de l'ellipse alvéole-maxillaire, et l'aplatissement de la voûte palatine tel qu'on l'observe chez les mammifères inférieurs.

Il y trouva encore des sillons perpendiculaires dans la couronne des molaires; et de nombreux tubercules qui sont rares chez les hommes normaux. Beaucoup des crânes examinés avaient, encore, les canines énormes; quelques-uns avaient même des prémolaires à deux racines bifurquées; ce qui est une disposition normale chez le Gorille, l'Orang et le Chimpanzé.

Suture métopique-basilaire. — Bovero et Sperino (1) ont trouvé cette suture dans tous les singes, chez tous les microcéphales et chez les nègres, tandis qu'elle manquait chez les criminels et qu'elle était très rare chez les normaux mâles européens, ce qui serait un autre signe d'une évolution plus grande chez les criminels, tout à fait comme la plus grande fréquence du métopisme, des os Wormiens et la moindre fréquence du 3e molaire. (Voir *H. Criminel*, Vol. I).

Cerveau. — Les anomalies les plus importantes des circonvolutions du cerveau rencontrées par le D.ʳ Mondio (2) sur 18 cerveaux de criminels ont été les suivantes (Voir Planche VI):

La branche postérieure de la scissure de Sylvius était en relation avec celle de Rolando dans 8 cas; avec le sillon postrolandique dans 8 cas et avec le sillon temporal supérieur 3 fois; la scissure de Rolando communiquait avec la scissure prérolandique dans 6 cas et avec la scissure postrolandique dans 6 autres cas; il y avait double racine de la circonvolution frontale supérieure dans 2 cas.

(1) *Sulla sutura metopica.* — Giornale dell'Accademia di medicina di Torino, 1896. Arch. di Psichiatria etc., 1896.

(2) Mondio, Nuovi cervelli di delinquenti (*Archivio di Psichiatria e di Antropologia criminale*, 1896, XVII, pag. 5).

Dans un hémisphère, on a trouvé un remarquable dédoublement des circonvolutions frontales inférieures et supérieures, au point de donner un type avec 5 circonvolutions frontales. On trouva encore :

Interruption fréquente de la frontale ascendante, dans 9 cas.

Interruption de la pariétale ascendante, dans 6 cas.

La scissure postrolandique comuniquait avec la scissure inter-némisphérique dans 4 cas ; et dans tous (sauf trois) elle communiquait avec le sillon interpariétal comme chez les primates inférieurs.

Le premier pli de passage externe manquait dans 4 cas ; et dans 5 autres cas il n'y avait pas le deuxième pli de passage externe.

Le sillon temporal inférieur communiquait avec la scissure transverse occipitale dans 5 cas ;

Id. avec l'operculum occipital dans 2 cas ;

L'île du Reil était découverte dans 5 cas.

La direction du sillon de Rolando était, dans tous ces cas, perpendiculaire aux marges libres du manteau ; la moyenne de l'indice fronto-rolandique supérieur et inférieur était, sauf dans 5 hémisphères, inférieure de plusieurs centimètres à la normale.

Histologie. — Roncoroni (1) a examiné, avec la méthode Niessl modifiée par lui (Durcissement à l'alcool, coloration au bleu de méthylène, au borate de soude, décoloration avec alcool 9 cc., huile d'aniline 1 cc., solution saturée d'éosine 2 gouttes) la structure microscopique de 26 cerveaux d'épileptiques, 21 de criminels-nés et 30 de normaux.

Dans les lobes frontaux des normaux il a trouvé (Voir Planche VII) en allant de la surface à la profondeur : 1° une couche moléculaire ; 2° une couche granuleuse superficielle,

(1) Roncoroni, *La fine morfologia del cervello degli epilettici e dei delinquenti* (*Archivio di Psichiatria*, 1896, vol. XVII, fasc. 1 e 2).

Id., *Les anomalies histologiques du cerveau des épileptiques et des criminels-nés* (*Revue scientifique*, 1896).

formée de plusieurs rangées de cellules nerveuses très petites ;
3° une couche de petites cellules pyramidales ; 4° une couche
de grandes cellules pyramidales ; 5° une couche granuleuse
profonde formée de très petites cellules ; 6° une couche de
cellules polymorphes.

Or, chez le plus grand nombre des épileptiques examinés et
des criminels-nés (les exceptions dans les épileptiques concernent les épilepsies acquises, alcooliques, par exemple), la
couche granuleuse profonde n'existe pas (7 épileptiques et
7 criminels-nés) ou est très réduite (14 épileptiques et 6
criminels-nés), et la couche granuleuse superficielle y est très
réduite, ce qui rapproche leur cerveau de celui des animaux
inférieurs. Le type des cellules y est aussi différent du type
normal ; il y a prédominance des grandes cellules pyramidales
et polymorphes, tandis que, normalement, ce sont les petites
cellules triangulaires ou étoilées qui sont les plus nombreuses ;
et l'on passe presque brusquement des très petites cellules
superficielles aux grandes cellules pyramidales. Enfin les cellules pyramidales géantes sont beaucoup plus nombreuses et
plus grandes que normalement.

En outre : tandis que dans la substance blanche des cerveaux
normaux les cellules nerveuses sont très rares, dans ces cerveaux elles sont souvent nombreuses.

Chez les autres aliénés on n'a constaté aucunes de ces
altérations morphologiques.

Soudure du thalamus opticus (Voir fig. 7). — Cette soudure fut trouvée par le prof. Valenti dans le cerveau d'une
prostituée (1) ; elle était formée par la réunion de la surface
inférieure des deux couches optiques dans leur partie centrale, sans trace de commissure. Cette anomalie, inconnue
jusqu'ici, reproduit une disposition normale chez plusieurs
mammifères inférieurs.

(1) VALENTI, *Un caso di saldatura immediata dei talami ottici*. Atti
dell'Accademia medico-chirurgica di Perugia, 1896.

La prostituée, dont le cerveau présentait cette anomalie avait une physionomie masculine, elle était petite, m. 1,56; et ne présentait aucune anomalie dans la vision, ni dans le mouvement.

Par l'examen histologique, on constata que le tissu de la couche optique se continuait sans démarcation avec celui de

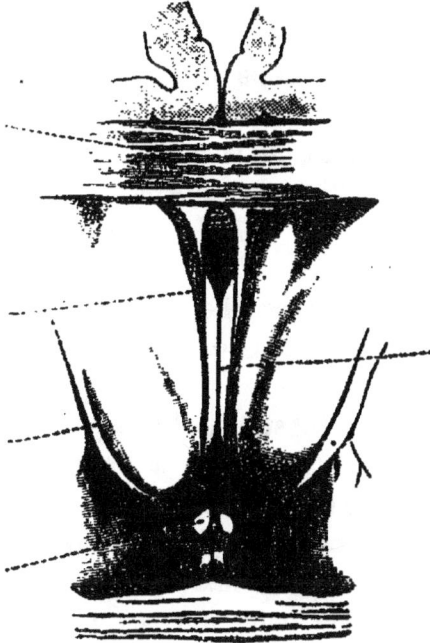

Fig. 7.

la couche optique opposée; seulement, les sections correspondantes au quart postérieur de la soudure, présentaient dans la ligne d'union une striation plus claire, constituée presque exclusivement par les cellules de la névroglie comme dans la *substantia cinerea* dont elle représente un reste.

Dans la section des trois quarts antérieurs de la partie soudée de la couche optique, au milieu de plusieurs cellules de la névroglie, on trouva de petites cellules nerveuses fusiformes avec plusieurs prolongements.

Les circonvolutions et les sillons de la surface cérébrale étaient très simples.

Les cornes postérieures des ventricules latéraux étaient extraordinairement réduites ; le poids de l'encéphale entier n'était que de 1190 grammes.

Tout cela démontre clairement un arrêt de développement.

Processus supracondyloïdéen de l'humérus. — Le même prof. Valenti (1) l'a rencontré trois fois, chez deux criminelles et chez une folle, d'un seul côté, et dans sa forme la plus commune, c'est-à-dire dans celle d'une apophyse écrasée d'avant en arrière et incurvée en bas.

Dans les deux criminelles, le docteur Valenti a pu aussi observer, avant la macération, la présence du canal supracondyloïdéen.

Sillons palmaires. — Dans ces sillons, le docteur Carrara (2) a trouvé des anomalies qu'il a réunies sous 4 types principaux (Planche VIII).

1 Types : les sillons sont constitués par un sillon unique qui intéresse toute la paume de la main et se trouve parfaitement horizontal (Fig. 5). 2 Type (Fig. 6) : le sillon transverse et horizontal est associé à d'autres sillons presque normaux. 3 Type : il y a plusieurs sillons, mais dans une direction horizontale et rectiligne ; ils sont parallèles entre eux, et n'intéressent pas toute la paume de la main (Fig. 7). 4 Type : on ne trouve que le sillon le plus profond et le plus marqué, tandis que les plus superficiels ont disparu (Fig. 8).

Ces formes anormales sont très importantes parce qu'elles rappellent des formes simiesques (Fig. 1, 2, 3), comme la comparaison des figures nous le montre très clairement. Or, sur 212 normaux il n'y en avait que 12 qui eussent des

(1) G. VALENTI, *Processo sopracondiloideo dell'omero in due criminali ed una pazza.* Atti dell'Acc. Med. Chirur. di Perugia, vol. VIII, fasc. I, II.

(2) *Anomalie dei solchi palmari nei normali e nei criminali (Giornale della R. Accad. di Medicina di Torino)*, 1895, fasc. 78, *Archivio di psichiatria*, 1896, vol. XVIII, p. 38.

sillons anormaux, — 5,6 % — tandis que sur 1505 criminels il y en avait 131, c'est-à-dire le 10,6 % avec les sillons anormaux. Une proportion analogue existe chez les aliénés, et cette proportion est plus grande encore chez les idiots, 5 sur les 17 examinés.

Pied plat. — Sur 150 criminels du Reformatory d'Elmira en 1893 on en trouva 5 avec le pied plat congénital : 3,33 %.

En 1895, 58,42 % avaient le pied normal, 22,44 % avaient le pied congénitalement plat.

2. BIOLOGIE.

Marty (1) en étudiant 4704 soldats criminels et 10651 soldats français trouva chez les premiers une taille de 1,650 et chez le seconds de 1,647; le poids au contraire était plus élevé chez les criminels, 63,4 kilos, que chez les normaux, 59,7; ce qui confirme mes observations. (Vol. I, *H. Criminel*). Les premiers avaient aussi un périmètre toracique plus grand, 0,846, mm, que les derniers 0,844.

Dernières études du Reformatory d'Elmira. — Le compte rendu du célèbre Reformatory d'Elmira de l'année qui va du 30 septembre 1894 au 30 septembre 1895 a une importance exceptionnelle, car il démontre avec quelle rapidité le directeur de cette institution s'est assimilées les méthodes d'études et les idées fondamentales de l'école nouvelle.

Comparés avec les collégiens d'Amherst, les criminels d'Elmira ont présenté :

16,82 %, un poids supér. à la moyenne des collég. d'Amherst;
62,58 %, un poids infér.   »   »   »
20,60 %, un poids égal   »   »   »

(1) MARTY, *Recherches statistiques sur le développement physique des délinquents*, Lyon, 1898, *Arch. d'Anthrop. Criminelle.*

LE PLI PALMAIRE

dans l'homme criminel et dans le singe — (*Carrara*).

Fig. 1. Gibbon

Fig. 5. 1° Tipo

Fig. 2. Orang-Utan

Fig. 6. 2° Tipo

Fig. 3. Chimpanzé

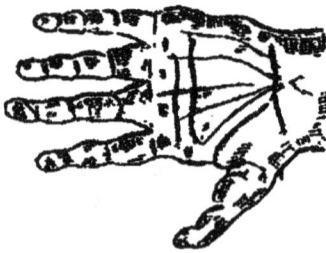

Fig. 7. 3° Tipo

Fig. 4. Uomo normale

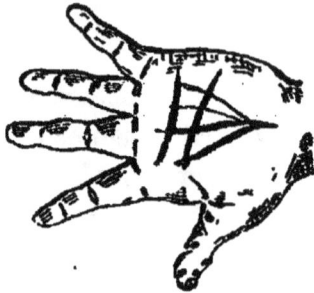

Fig. 8. 4° Tipo

Il est curieux de constater que la moyenne du poids, de la taille et de la capacité pulmonaire des détenus d'Elmira se rapproche sensiblement des moyennes des pensionnaires de Wenwsley qui ne compte que des femmes. Ces chiffres permettraient donc de supposer un caractère de féminisme dans la structure générale du corps du criminel.

Estesiométrie et Algométrie. — Roncoroni et Albertotti mesurèrent en fractions de Volt dans ma clinique avec le faradiréomètre Cerruti, où l'on avait introduit un interrupteur électrique constant, la force électromotrice d'un courant faradique développée par une bobine de Dubois-Reymond (1). Ils trouvèrent que la sensibilité générale et dolorifique réduite en centième de Volt est en moyenne.

	Sensibilité générale	Sensibilité à la douleur
Chez 16 normaux cultivés . . .	3,12	46 centièmes V^t
» 12 » non cultivés . .	7,91	46 » »
» 66 fous	11,9	52,8 » »
» 10 épilept. et 16 criminels-nés	33,5	52,2 » »

Chez tous les épileptiques et tous les criminels, par conséquent, une sensibilité générale obtuse; chez 6 sur 10 la sensibilité à la douleur aussi obtuse.

Sensibilité et âge. — Avec le faradiréomètre Edelmann, le prof. Ottolenghi (2) a trouvé que la sensibilité générale est assez développée chez les enfants de 9 à 14 ans, avec prévalence de la sensibilité moyenne (15-20 cent. de Volt).

Elle devient toujours plus fine en avançant en âge, de la jeunesse à la virilité; cependant que chez les étudiants on

---

(1) Roncoroni e Albertotti, *La sensibilità generale elettrica e dolorifica esaminata col faradireometro nei pazzi e nei criminali* (Arch. di Psichiatria), vol. XVI.

(2) Ottolenghi, *La sensibilità e l'età* (Arch. di Psichiatria), 1895.

encore une sensibilité médiocre dans 8 %, chez les professionnels ou ne la rencontre plus que dans le 2 %.

Chez les gens âgés, la sensibilité est très obtuse (78 %).

La sensibilité à la douleur est obtuse dans la première enfance ; à l'âge de 9 à 14 ans elle ne mesure plus que 90 cent. de Volt dans les 68 à 70 %.

Chez les étudiants de l'Université cette diminution de la sensibilité ne se rencontre que dans la proportion de 17 %, et chez les professionnels elle n'atteint que le 7 % ; c'est-à-dire que la sensibilité à la douleur va en se raffinant du premier âge à la jeunesse et de la jeunesse à la virilité.

Pour ce qui est des gens âgés, pendant que de 40 à 65 ans, 65 % présentent une diminution sensorielle de plus de 90 cent. de Volt, au-dessus de 60 ans cette diminution ne se rencontre plus que chez 45 %, c'est-à-dire que dans l'extrême vieillesse la sensibilité devient plus délicate.

Ergographie des criminels et épileptiques. — R. Roncoroni et Diettrich (1) ont trouvé sur 4 épileptiques 2 fois la gaucherie ergographique. Après les accès épileptiques, il se produit une profonde modification dans les tracés ; les épileptiques perdent, après l'accès, l'éducation ergographique, c'est-à-dire la coordination des mouvements lentement apprise auparavant dans les expériences antérieures.

Le tatouage. — Chez les jeunes gens de 16 à 20 ans, placés dans le Reformatory d'Elmira, le tatouage se trouva dans 34 % ; très souvent les mêmes emblèmes (des initiales, femme nues et danseuses, cœurs percés et organes génitaux), étaient répétés. On y voit prédominer les caractères symboliques de leurs occupations — un cheval, par exemple, ou un fer à cheval chez les charretiers — ou de leurs sentiments, comme celui d'un couple amoureux au-dessous duquel est écrit: *Amour.*

(1) *Archivio di Psichiatria ed Antropologia criminale*, Torino, 1897.

Plusieurs avaient sur les mains les mêmes signes spéciaux cercles, étoiles ; évidemment des signalements sectaires (1).

Un certain Leppman (2) voulant réfuter contre Kurella et moi l'importance du tatouage comme caractère des criminels, finit au contraire par le prouver, soit par la fréquence, avec laquelle il le trouva (33 à 40 %, proportion bien plus élevée que celle rencontrée par moi chez mes criminels), soit par le genre des tatouages, qui indiquait souvent l'intention criminelle, comme les reproductions des parties viriles dans les auteurs de viols, celles des têtes de mort, du poignard et du mot *Vengeance* chez les auteurs de blessures et chez les meurtriers.

Snell a trouvé le tatouage dans la proportion de 3,2 % (3) chez 464 jeunes femmes criminelles allemandes. Le tatouage comme on l'observe toujours chez les femmes n'avait pas de caractère spécial ; il consistait en anneaux, bracelets, initiales et quelques fois dans le portrait du souteneur ou des amies.

Le professeur japonnais Shuze Kure a étudié récemment (4) le tatouage chez les criminels japonnais ; il l'a trouvé dans la proportion du 31 % ; chez les auteurs de blessures de 45 %, chez les meurtriers 86 %, chez les voleurs 30 %, chez les criminels d'occasion 14 %, chez les femmes criminelles, 1,8 % ; la plus grande partie, aux bras et à l'avant bras, était composée de points, lignes, figures géométriques, et par des initiales de noms, sourtout de femmes, par des plantes et par des animaux ; plusieurs faisaient allusion au crime, plusieurs fois ils représentaient un verre de vin, trois fois des jeux de

(1) TWENTIETH YEAR BOOK, *State Reformat. of Elmira*, New-York, 1896.
(2) LEPPMAN, *Die Kriminal psychologie etc.*, 1894.
(3) *Tatouages des femmes criminelles d'Hannover* (Centralblat fur Nerveintreolk in Psych., Apr. 1898).
(4) Dr. SHUZE KURE-Prof an Tokio-*Uber Tattowierung bei Verbrechern* (Friedriechs Blatter, Berlin, 1898).

cartes, deux fois des organes génitaux. Chez les fous non criminels, le tatouage était en proportion de 7 % chez les hommes, et de 2 % chez les femmes. On voit, d'après cela, la complète analogie avec nos observations chez les races européennes. Le prof. Shuze remarque encore que dans les temps anciens, 1550-1600, le tatouage était très en honneur en Chine, et qu'il s'étendait quelquefois à tout le corps.

Deuxième centurie de criminels. — Dans la deuxième série des criminels étudiés dans mes cours d'antropologie criminelle (1), série qui comprenait une forte proportion d'homicides et d'auteurs de blessures, la plupart âgés de 18 à 30 ans, le poids et la taille étaient, en moyenne, inférieurs au poids et à la taille des individus normaux: la circonférence horizontale de 535^{mm} était de beaucoup inférieure à la moyenne des normaux. Parmi les anomalies, on trouva la platicéphalie dans 7 pour %, la plagiocéphalie dans 13, l'oxicéphalie dans 3, la sténocrotaphie dans 2, le prognathisme dans 10, la mâchoire développée dans 27, le strabisme dans 11, les dents canines développées dans 4, les oreilles à anse dans 29, le lobule de Darwin dans 7, le lobule sessile dans 16, le manque de barbe dans 34 pour %.

La sensibilité tactile était de 3^{mm}26 à droite, de 3^{mm}45 à gauche; 18 de ces criminels présentaient des anomalies de la sensibilité topographique; 22 possédaient une grande sensibilité météorique, 13 une grande sensibilité magnétique. Un seul présentait de la dyscromatopsie, une sensibilité olfactive obtuse et 11 une sensibilité gustative obtuse; 33 avaient des blessures à la tête et 19 à d'autres parties du corps, 6 étaient d'une agilité simiesque, 39 avaient des anomalies de la motilité, telles qu'ataxie, tremblements, etc., 25 des anomalies de la parole et 10 des anomalies de l'écriture; sur les 35 dont on mesura les réflexes tendineux, 3 les présentaient très accentués. La réaction

(1) ROSSI et OTTOLENGHI, *Seconda centuria di criminali* 1897, Torino.

vasomotrice contrôlée avec la nitrite d'amyle était rapide dans 8 sur les 17 observés.

18 criminels sur 100 souffraient de céphalée, 14 de délire, 18 d'autres maladies nerveuses, 13 étaient fous, 7 phrénasténiques, 5 fous moraux, 7 hystériques, dont 6 femmes, 14 épileptiques et 17 épileptoïdes. La précocité du crime, avant 20 ans, se montra dans 47 cas seulement; 12 se masturbaient avant l'âge de 10 ans.

Dans l'hérédité, on observait presque toujours des anomalies chez les parents et chez les ascendants collatéraux ou chez les descendants. Dans 22 de ces cas, le père était alcoolique, dans 8 c'était la mère, chez 7 le père était criminel, chez 6 le père était fou et chez 6 la mère était prostituée. Dans 6 familles on observa une grande fécondité suivie d'une mortalité précoce des enfants.

3. Psychologie.

Jeux des criminels. — Le Dr Carrara (1) a décrit les jeux des criminels qui vivent dans les maisons de correction, jeux empreints d'une extraordinaire férocité tel que, par exemple, le jeu de la *patta* dans lequel ils cherchent à faire passer leur tête, sans être touchés, entre deux pointes aiguës, qu'un compagnon agite horizontalement, l'une contre l'autre ; ou bien à éviter de se blesser en écartant les doigts tandis qu'un compagnon cherche à percer d'une pointe aiguë la paume de la main posée sur la table.

D'autres fois, ils se poursuivent en cercle en évitant par des mouvements du corps, les coups de bâton qu'un compagnon cherche à leur donner.

Comme les sauvages et les animaux, les criminels choisissent, ainsi, pour s'amuser, les formes cruelles et féroces qui correspondent à leurs mauvaises tendances.

(1) CARRARA, *I giuochi dei criminali* (*Archivio di Psichiatria*), 1895, vol. XVI, fasc. IV et V.

Hiéroglyphes des criminels. — Dans leurs correspondances clandestines, surtout en prison, les camorristes se servent d'hiéroglyphes (Voir Fig. 8) que le D^r De Blasio nous à révélés (1). Par exemple :

Président du Tribunal	
Juge	
Inspecteur de police	
Procureur du roi	
Carabinier	
Agent de police	
Vol	
Directeur en chef de la police . .	

A
B
C
D
E
F
G
H
I
L
M
N
O
P

Fig. 8.

Ainsi se confirme, comme je l'avais soupçonné (*H. Criminel*, vol. l), l'existence, chez les criminels, d'une écriture hiéroglyphique, fait complètement atavique.

Et l'on voit à côté du signe idéographique un embryon de signes démotiques comme dans les aurores de l'alphabet.

4. ETIOLOGIE, EPILEPSIE, etc.

Dégénérescence psychique. — *Criminalité et folie par l'alcool* (2). — D'un père alcoolique, goutteux et d'esprit obtus et d'une mère alcoolique, souffrant de calculs vésicaux,

---

(1) DE BLASIO, *I geroglifici criminali e i camorristi in carcere* (*Archivio di Psichiatria*), vol. XVII, p. 147.

(2) NARDELLI, *Atti dell' XI Congresso internazionale di Roma 1897.*

naquirent 7 fils: deux filles idiotes, deux autres folles, un enfant maladif, un autre alcoolique et goutteux, un autre à demi imbécile, opéré pour un calcul vésical; et enfin un dernier enfant, criminel impulsif, sans affectivité et d'un caractère instable, il blessa sa mère et des ouvriers de son père; après avoir changé 4 fois de métier, il finit par tomber complètement dans l'oisiveté et le vagabondage. On voit donc ici le crime et la folie dériver d'une source commune — l'alcoolisme.

Équivalent épileptique (1). — P. R., 41 ans, père de famille, tout à fait honnête, présentant cependant quelques stigmates somatiques de l'épilepsie, est impulsivement poussé à exhiber ses organes génitaux. La nature des phénomènes qui accompagne cet acte l'identifie avec un accès épileptique. En effet, l'individu éprouve d'abord un malaise suivit d'une grande excitation sexuelle, des images érotiques indéfinies se présentent à son esprit, il a des sifflements dans les oreilles, une confusion de la vue, etc. Il ne se rappelle ensuite que les phases prémonitoires de l'accès; et tombe dans une crise de larmes.

Cette attaque qui persiste une demi-heure, est souvent accompagnée d'une irrésistible manie de courir, rappelant l'épilepsie propulsive; ce qui confirme la nature épileptoïde des crises exhibitionnistes (2); fait, du reste, que démontrent les autres caractères de l'accès: l'angoisse, l'automatisme, la mémoire confuse, l'absence de la conscience, le sentiment de soulagement après l'accès, lequel est suivi de stupeur et d'incertitude.

Criminels épileptiques. — Dans les 250 criminels étudiés

---

(1) ENRICO MORSELLI, *Esposizione accessuale degli organi genitali* « Esibizionismo » come equivalente epilettoide (*Bollettino della R. Accad. med. di Genova*), vol. IX, fasc. I, 1894.

(2) Voir *Homme Criminel*, Vol. II.

dans ma clinique de 1895 à 1896, Ottolenghi (1) rencontra 84 cas (33 %) d'épilepsie qui présentaient ces caractères:

Épilepsie convulsive motrice dans 31 cas; épilepsie psychique dans 53 cas ainsi divisés: *a)* Vertiges, absences, 20; *b)* Actes automatiques inconscients, non violents, 2; *c)* Automatisme ambulatoire 16 (dans 9 cas on observa les prétendues fuites, et dans 7 cas, de vraies formes de vagabondage); *d)* Accès équivalents à des crimes: la vraie fureur épileptique morbide, dans 25 cas.

Dans 2 cas l'accès d'épilepsie psychique s'était manifesté sous l'influence de l'alcool, 4 fois après une excitation passionnelle, 6 fois à la suite d'un traumatisme: 9 fois pendant le service militaire; et dans tous ces cas il y avait hérédité morbide.

Caractères anatomiques. — Sur 250 criminels plus de 54 % présentaient le type criminel complet, 36 % présentaient le type criminel incomplet.

Caractères sensoriaux. — La sensibilité tactile était normale dans 55 %, obtuse dans 33 %, fine dans 12 %.

La sensibilité générale était normale dans 56,6 %, obtuse dans 41,5 %, fine dans 11,9 %.

La sensibilité à la douleur était normale dans 31,2 %, obtuse dans 65,5 %, fine dans 1,7 %; d'où l'on peut conclure que la diminution de la sensibilité est d'une fréquence plus grande pour la sensibilité à la douleur, et moindre pour la sensibilité tactile.

Sens moral. — Dans 32,6 % on nota les caractères anatomiques et psychiques complets du criminel-né; tous les autres immunes étaient des criminaloïdes. Selon le crime commis, les criminels épileptiques se divisaient ainsi: 18 homicides, parmi lesquels un parricide — 15 auteurs de blessures

(1) OTTOLENGHI, *Seconda centuria di criminali*, 1897.

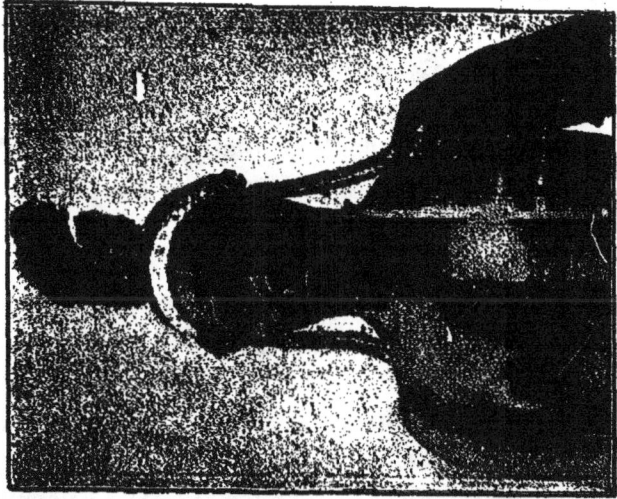

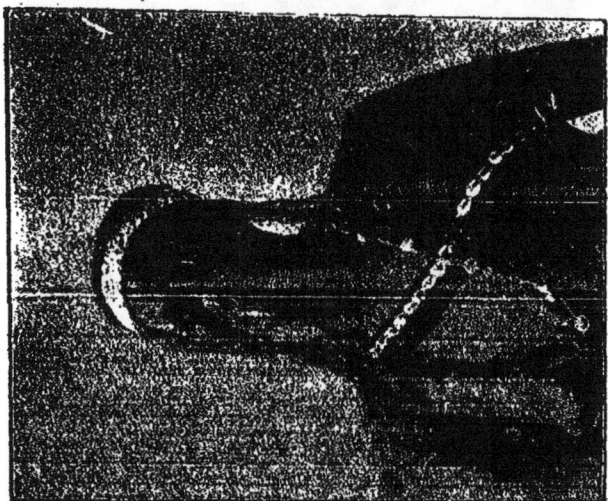

DINKAS

— 12 avaient commis des crimes de sang — 24 étaient voués spécialement aux crimes contre la propriété — 2 étaient escrocs — 4 criminels sexuels, dont un était à la fois empoisonneur — 2 criminels politiques, avec prévalence pourtant des crimes sanguinaires.

Crime passionnel scientifique. — Dans la dernière édition de mon *Homme de Génie* et dans mon *Génie et dégénérescence,* je démontre que le génie a une source commune avec la folie morale et la criminalité dans l'épilepsie, ce qui explique et justifie les anomalies morales si fréquentes chez les hommes de génie; mais recemment Patrizi, l'illustrateur de la pathologie mentale de Leopardi a porté encore plus profondément des investigations dans ce champ; et a découvert le crime passionnel scientifique en illustrant les grands hommes qui, entraînés par la passion scientifique allèrent jusqu'au meurtre pour l'assouvir; tel serait le cas de Vesaille qui aurait sectionné le cœur d'une femme encore vivante pour découvrir le secret de la circulation; tel cet autre médecin qui inocula le cancer dans les mammelles d'une femme saine, afin d'en étudier la contagiosité; tel encore ce médecin Viennois qui aurait inoculé la syphilis à des aliénés afin de savoir si elle provoquerait la paralysie progressive; tel enfin Gœthe qui, venu en possession d'une barre de platine, qu'un ami lui avait montrée, ne voulut plus la rendre (2).

Faits ataviques chez les enfants. — Le Dr Robinson (1) a donné une explication atavique de plusieurs faits de la vie physique, et psychique de l'enfant; c'est ainsi que leur fréquente adiposité était une condition favorable à la préservation de la race, dans la vie nomade des peuples primitifs; la graisse les protégeait contre la faim dans les multiples circonstances où ils manquaient d'aliments; les cris stridents

(1) *North-American Review,* Oct. 1895 — *Arch. di Psichiat.,* 1895, vol. XVI.

(2) LOMBROSO, *Genio e degenerazione,* 1898, Milano.

de l'enfant, la frayeur des personnes inconnues et de l'obscurité, son égoïsme et sa jalousie représentent, pour Robinson,
des facultés qui, pour différentes causes, étaient utiles à la
protection de sa jeune et délicate existence et qui se sont
conservées, quoiqu'elles ne soient maintenant plus nécessaires.

Buchmann (1), à son tour, énumère de nombreuses et importantes particularités communes aux enfants et aux singes de
l'époque actuelle; telles que le nez écrasé, le prognathisme,
le filtre nasal, la manière de se saisir des objets en les ser-
rant entre les doigts et la paume de la main; la manière de
marcher de l'enfant, dont les jambes arquées correspondent
plutôt aux besoins des quadrumanes vivant sur les arbres;
et beaucoup d'autres habitudes infantines, comme de se rouler
par terre, d'arracher ce qui déborde des murs, etc. Tous ces
actes rappelleraient les mœurs simiesques et s'expliqueraient
par l'hérédité atavique; or très souvent ils se rencontrent chez
les criminels.

Enfant matricide. — Un enfant de 13 ans, Robert C., aidé
de son frère de 12 ans, tua à Londres, sa mère avec un
couteau acheté exprès. Après l'homicide les deux enfants
restèrent dans la maison pendant 11 jours, jusqu'à ce qu'on
découvrit le cadavre. Robert avoua son crime en disant avoir
tué sa mère parce qu'elle avait trop grondé son frère.

C'était un enfant très intelligent. A sa naissance on avait
employé le forceps; il souffrait beaucoup de céphalalgie et il se
plaignait d'entendre souvent des voix pendant la nuit. La nuit
qui précéda l'omicide il prétendit les avoir entendues qui lui
criaient: «Tue-la, tue-la et va-t'en» et il l'avait tuée sous
l'empire d'une impulsion irrésistible. Il souffrait aussi d'accès
maniaques.

Fallot et Robiolis (2) publient le cas d'une tentative de

(1) *Nineteenth Century*, Nov. 1895 — *Arch. di Psichiat.*, 1895,
vol. XVI.

(2) *Un cas de criminalité remarquablement précoce* (*Arch. d'anthrop.
criminelle*, 1896, vol. XVII, p. 372).

meurtre par vengeance, commis par une enfant de 2 ans sur sa sœur de 7 ans. La petite criminelle mesure 80 cm. de taille, elle est acrocéphale, à front rentrant, ses sinus frontaux sont très développés; scaphocéphalie, oreilles sessiles, indice crânien 78; sexualité précoce, elle s'introduit souvent des objets dans les parties génitales. Très violente, elle est dépourvue de sensibilité, et ne manifeste aucun repentir de son acte criminel; quelque temps avant le crime elle était restée, par punition, un jour entier, sans manger et sans se plaindre.

Le D[r] De Silvestri (1) a examiné 340 enfants de 3 a 7 ans, desquels 45 % étaient moralement anormaux; les caractères physiques morbides atteignaient le 66 % chez les enfants à caractère moral anormal et le 29 % chez les enfants à caractère intègre; cette proportion était de beaucoup inférieure chez les filles du même âge. Avant 4 ans $^1/_2$ De Silvestri n'a pas trouvé d'autres caractères de dégénérescence, sauf la pélurie.

5. SAUVAGES — DINKAS ET MOÏS (2).

Dinkas. — Les rapports étroits qui unissent les criminels à la psychologie et à la physiologie des sauvages, nous ont poussés à ajouter ici les principaux résultats d'une étude que nous avons faite sur quelques Dinkas, Faschodas, Avellons et Reos, appartenant à des peuplades du Haut-Nil. Parmi les caractères intéressants qu'ils présentaient, nous devons signaler le nez, qui non seulement est excavé, mais trilobé, ressemblant à celui des singes, le menton rentrant et l'étrange uniformité des têtes très longues, dont l'indice, qui descend jusqu'à 64, est de 70 en moyenne.

Plusieurs présentaient l'inversion des caractères sexuels; telle la ginécomastie chez les mâles; on constatait au contraire la virilité des traits chez la femme (Voir Planche IX).

---

(1) *Arch. di Psichiat.*, 1895, vol. XVI, pag. 129.
(2) LOMBROSO et CARRARA, *I Dinka* (*Arch. di Psich.*, 1896). Torino.

Leur taille est très élevée, 1,75 a 1,90, à cause de l'excessif allongement de la partie inférieure des jambes, qui sont adaptées à la course parmi les étangs marécageux où ils vivent.

Ils présentent encore une remarquable disesthésie; la sensibilité tactile était en moyenne de 4-6 jusqu'à 12^{mm}, la sensibilité générale de 45, jusqu'à 70 centièmes de Volt, la sensibilité à la douleur jusqu'à 95 (normal 46) c'est-à-dire que la force maximum du courant dont on disposait ne leur produisait aucune douleur. Cette insensibilité était d'ailleurs démontrée par leurs tatouages et aussi par d'autres faits. Un de ces individus, s'était appliqué des clous très pointus à l'intérieur de ses souliers comme signalement de sa propriété. À l'âge de la puberté, et comme signe de virilité, ils se cassent les dents incisives à coups de marteau. Dans les sens spécifiques, on constatait une diminution de l'olfaction et du goût (les goûts salés étaient les saveurs le plus facilement reconnues). L'ampleur du champ visuel, qui est extraordinaire, et en rapport avec leur vie dans la grande plaine contribue à l'affaiblissement remarquable de leur sensibilité (Voir Planche X). Enfin ils présentaient peu de caractéres dégénératifs.

Mais leur psychologie est plus intéressante encore. Ils ressemblent à de grands enfants, peuvent rester tout le jour tranquilles sans faire autre chose que fumer; mais quelquefois cependant ils ont des explosions violentes pour des causes futiles, montrant ainsi une complète analogie avec le caractère des criminels.

Moïs. — Le juge Paul d'Enjoi se trouvant parmi les *Moïs*, peuple de l'Indo-Chine, dut instruire un procès pour assassinat (1). On arrêta deux indigènes grands et forts comme des géants, ayant la barbe inculte, les cheveux longs, les ongles en griffes. Invités par l'interprète à saluer selon la coûtume orientale le mandarin qui les interrogeait, les *Moïs* répondirent que jamais un homme ne doit se prosterner devant un autre

(1) *Revue des Revues*, 1895.

PLANCHE X.

CHAMPS VISUELS DES DINKAS

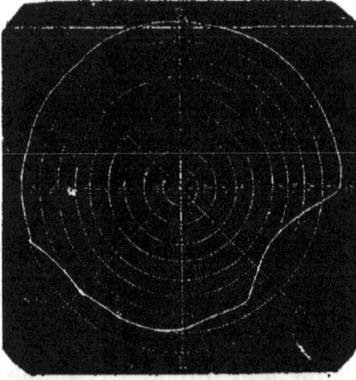

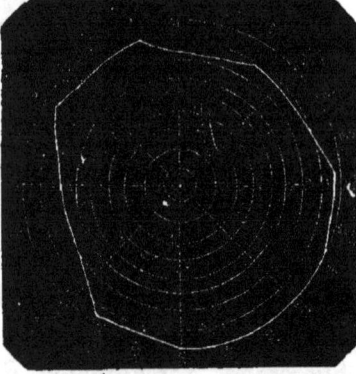

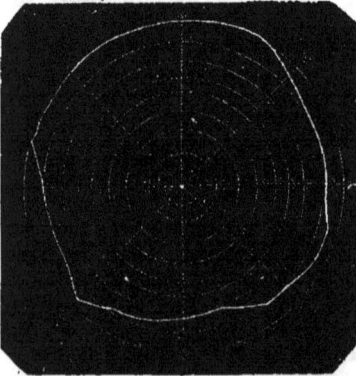

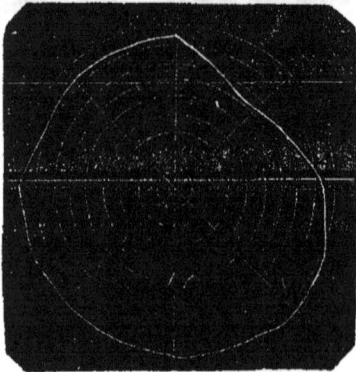

Champ visuel de Lengle (Abvelan) après une représentation.

Champ visuel de Agrat abul (Fancioda).

Champ visuel de Lengle (Abvelan).

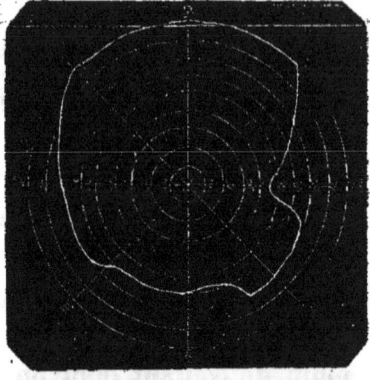

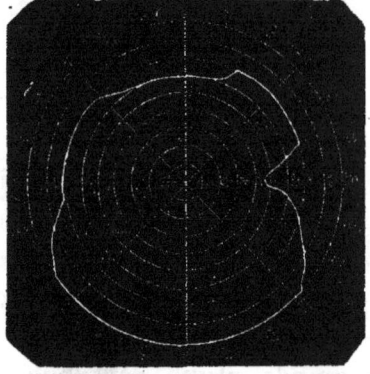

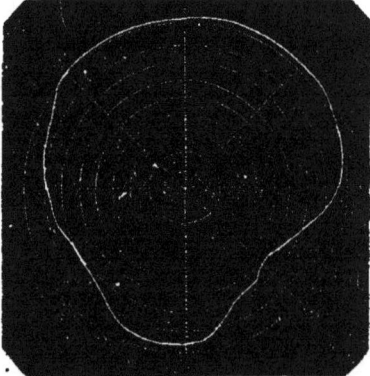

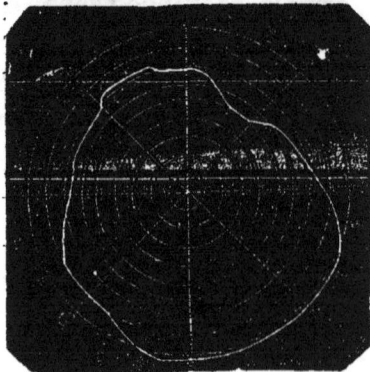

Champ visuel de Kevium (Abvelan).

homme. Ils confessèrent ensuite sans restriction leur crime avec une grande naïveté, s'étonnant que l'on pût le leur reprocher. « Celui qui tue peut tuer, puisque, en effet, il tue », répétaient-ils toujours, avec une logique juste chez les sauvages et atavique chez les criminels-nés ; et aucune bonne raison ne put modifier leur raisonnement. Lorsqu'on leur expliqua que la détention dans laquelle on les tenait était le commencement de leur châtiment, ils répondirent en battant des mains : « Mais nous n'avons jamais été aussi bien qu'à présent ; aucun de nos chefs ne pourrait avoir un palais plus beau que cette prison où l'on mange sans travailler. Pour pouvoir y rester, nous sommes prêts même à tuer quelque autre homme. » C'est la même réponse qu'ont donné les criminels-nés les plus célèbres et les plus farouches (*Homme criminel*, vol. I) ce qui prouve l'atavisme du criminel-né et aussi l'inutilité des peines.

TABLE DES MATIÈRES

DEUXIÈME PARTIE.

Prophilaxie et thérapeutique du crime.

APPENDICE.

Histoire des progrès de l'Anthropologie
et de la Sociologie criminelle pendant les années 1895-1898.

PLANCHES.

Original en couleur

NF Z 43-120-8

www.ingramcontent.com/pod-product-compliance
Lightning Source LLC
Chambersburg PA
CBHW071142270326
41929CB00012B/1849